KB091369

생물정보학 알고리듬 3/e

생물정보학 알고리듬 3/e

필립 콤포·파벨 페브즈너 지음
한헌종·한주현 옮김

ili
에이콘

 에이콘출판의 기틀을 마련하신 故 정완재 선생님 (1935-2004)

나의 가족에게 — P. C.
나의 부모님께 — P. P.

지은이 소개

필립 콤포PHILLIP COMPEAU

카네기 멜론 대학교 컴퓨터 공학부 컴퓨터 생물학과의 교육부장으로 온라인 교육의 미래와 오프라인 교육을 개선할 수 있는 방법에 관심이 많다. 2014년 캘리포니아 대학교 샌디에이고에서 수학 박사 학위를 받았으며 이후 컴퓨터 과학 및 공학부에서 박사후 연구원으로 재직했다. 2012년 니콜라이 뱌히Nikolay Vyahhi와 로잘린드Rosalind를 공동 설립했다. 은퇴한 테니스 선수로 언젠가 프로 골프 선수가 되는 꿈을 꾸고 있다.

파벨 페브즈너PAVEL PEVZNER

캘리포니아 대학교 샌디에이고 컴퓨터 공학과 교수인 로널드 테일러Ronald R. Taylor다. 러시아 모스크바 물리학 및 기술 연구소에서 박사 학위를 받았고 사이먼 프레이저 대학교에서 명예 학위를 받았다. 하워드 휴스 의학 연구소Howard Hughes Medical Institute 교수(2006), 컴퓨터 기계 협회Association for Computing Machinery 펠로우(2010), 국제 전산 생물학과 펠로우International Society for Computational Biology Fellow(2012)를 지냈다. 저서로 『Computational Molecular Biology』(Bradford Book, 2000), 『An Introduction to Bioinformatics Algorithms』(The MIT Press, 2004)(닐 존스Neil Jones 공저)가 있다.

개발자 팀 소개

올가 보트비닉 Olga Botvinnik

챈 주커버그 바이오허브 Chan Zuckerberg Biohub에서 생물정보학 데이터 과학자로 일하고 있다. 캘리포니아 대학교 샌디에이고에서 생물정보학 및 시스템 생물학 박사 학위를 받았다. 캘리포니아 대학교 산타크루즈에서 생물정보학 석사학위를 받았고, 메사추세츠 공과대학에서 수학과 생물정보학 학사 학위를 받았다. 오픈소스 소프트웨어, 춤, 첼로 연주 블로그 포스팅을 좋아한다.

니에마 모시리 Niema Moshiri

캘리포니아 대학교 샌디에이고의 생물정보학과 시스템 생물학 박사과정 학생이다. 그의 연구는 계통발생학에 초점을 맞추고 있다. 교육에도 참여하고 있으며 2016년에 리즈 이치케비시 Liz Izhikevish와 함께 온라인 대화형 교과서인 『Data Structures』를 공동 저술했다. 2017년에는 UCSD에서 Distinguished Teacher Award를 수상했다.

손 팜 Son Pham

BioTuring(http://bioturing.com)의 창립자이자 최고 과학 책임자 Chief Scientific Officer다. 소크 연구소 Salk Institute에서 박사후 연구원을 마쳤다. 캘리포니아 대학교 샌디에이고에서 컴퓨터 과학 및 공학 박사 학위를 받았다. 연구 관심 분야는 그래프 이론, 유전체 조립, 비교 유전체학 및 신경 과학이다. 연구 외에도 걷기 명상과 정원 가꾸기를 좋아한다.

마이크 라이코^{Mike Raiko}

캘리포니아 대학교 샌디에이고의 컴퓨터 과학 및 엔지니어링 부서 박사후 연구원이다. 코마로프 식물 연구소^{Komarov Botanical Institute}에서 생물학 박사 학위를 받았다. 연구 관심 분야는 비교 유전체학, 종 보존 및 분자 진화다. 여러 온라인 공개강좌에 기여했으며 23andMe Education Honorable Mention Education Grant를 수상했다. 자녀 양육과 사회 프로그램 자원 봉사를 좋아한다.

니콜라이 비야히^{Nikolay Vyahhi}

기술에 대한 디지털 학습 환경인 Stepik(http://stepik.org)의 설립자이자 최고 경영자다. 상트페테르부르크 생물정보학 연구소의 창립 이사이며 2012년 필립 컴포와 로잘린드 온라인 교육 프로젝트를 공동 설립했다.

카이 장^{Kai Zhang}

캘리포니아 대학 샌디에이고의 생물정보학 및 시스템 생물학 박사 학생이다. 중국 샤먼 대학교의 석사 학위가 있다. 연구 관심 분야는 후성 유전학, 유전자 조절 네트워크, 머신러닝 알고리듬이다. 연구 외에도 농구와 음악을 좋아한다.

감사의 말

이 책은 감사의 빚을 지고 있는 많은 개인의 노력으로 크게 개선됐다.

개발 팀과 로렌스 번스타인Laurence Bernstein, 크세니아 크라세니니코바Ksenia Krasheninnikova, 맥스 셴Max Shen, 제프리 유안Jeffrey Yuan은 코딩 문제를 구현하고 그림을 그리고 원고를 타이핑하는 데 도움을 줬으며 통찰력 있는 피드백을 줬다.

글렌 테슬러Glenn Tesler는 원고 초판의 각 장을 철저히 살폈고 오류를 잡고자 소프트웨어를 구현했다.

로빈 베츠Robin Betz, 페타르 이바노프Petar Ivanov, 제임스 젠슨James Jensen, 유 린Yu Lin은 초기 단계의 원고에서 통찰력 있는 논평을 줬다. 데이비드 로빈슨David Robinson은 친절하게도 원고 교정 작업을 해줬고 구두점 문제를 해결해 줬다.

랜달 크리스토퍼Randall Christopher는 책의 머리글 만화와 교과서 표지를 포함한 책 전반에 걸친 일러스트의 멋진 아이디어들을 살려 냈다.

안드레이 그리고리예프Andrey Grigoriev와 맥스 알렉세예프Max Alekseyev는 각각 1장과 6장 내용에 조언을 해줬다. 마틴 톰파Martin Tompa는 2장에서 잠복 결핵 감염 분석을 제안해 내용 전개에 도움을 줬다.

니콜라이 비야히Nikolay Vyahi는 안드레이 발란딘Andrey Balandin, 아르템 수셰프Artem Suschev, 알렉세이 클라도프Aleksey Kladov, 키릴 시카노프Kirill Shikhanov의 팀을 이끌었고, 온라인 강의인 코세라Coursera에서 교과서의 대화형 버전을 지원하고자 열심히 노력했다.

코세라의 학생들 중 특히 마크 마멜Mark Mammel, 이사벨 루피아니Isabel Lupiani, 에리카람레즈Erika Ramrez, 드미트리 쿠즈미노프Dmitry Kuzminov는 예비 원고에서 수백 개의 오타를 발견했다.

미하일 겔팬드Mikhail Gelfand, 유리 케이쉬Uri Keich, 호신 모히마니Hosein Mohimani, 손 팜Son Pham, 글렌 테슬러Glenn Tesler는 이 책의 '열린 문제'를 조언했고 온라인 강좌의 첫 세션에서 대규모 공개 온라인 연구 프로젝트MOORs, Massive Open Online Research projects를 주도했다.

국립보건원의 '빅데이터를 지식으로Big Data to Knowledge' 프로그램과 하워드 휴즈 의료원 Howard Huges Medical Institute과 러시아 교육과학부Russian Ministry of Education and Science도 이 책에 포함된 온라인 강좌 개발에 아낌없이 지원해 줬다. 캘리포니아 대학 샌디에이고의 생물정보학 및 시스템 생물학 프로그램과 컴퓨터 공학부는 추가적인 지원을 했다.

마지막으로 가족들은 지난 몇 년 동안 원고를 검토하며 보낸 많은 긴 시간을 잘 견뎌 줬으며 정신적으로도 많은 도움을 줬다.

P. C.와 P. P.

2018년 5월

옮긴이 소개

한현종(hhj6212@gmail.com)
생물정보학을 실생활에 적용해 다양한 문제를 해결하고자 하는 생물정보학자다.
2019년 연세대학교 생명공학과에서 박사학위를 받은 뒤 국립암센터를 거쳐 현재 쓰리빌리언에서 생물정보학 엔지니어로 근무하고 있다.
블로그(https://hhj6212.github.io/)를 통해 생물정보학에 관련된 다양한 정보를 공유하고 있다.

한주현(kenneth.jh.han@snu.ac.kr)
생물정보학자로 생물정보학으로 우리 사회의 문제를 해결하고자 하는 바람을 갖고 있다.
마크로젠을 거쳐 현재 쓰리빌리언에서 생물정보학 엔지니어로 근무하고 있다.
공역서로 『니콜라스 볼커 이야기』(MID, 2016), 『생명정보학 알고리즘』(에이콘출판, 2020)이 있으며 저서로는 『바이오파이썬으로 만나는 생물정보학』(비제이퍼블릭, 2019)이 있다.
생물정보학자의 블로그(https://korbillgates.tistory.com)를 운영하며 온라인 및 오프라인에서 생명정보학을 알리고자 노력 중이다.

옮긴이의 말

사람의 유전체 서열은 어떻게 알아낸 걸까? DNA 서열들을 비교하려면 어떻게 해야 할까? 만약 돌연변이가 발생했다면 이를 어떻게 찾아낼 수 있을까? 바이러스의 감염 경로는 어떻게 알아내는 걸까? DNA부터 단백질까지, 그리고 DNA 복제부터 진화까지, 이 책은 알고리듬이라는 것이 어떻게 생물학적 데이터를 만나 생명의 신비를 풀어가는지 차근차근 보여 주고 있다. 각 장마다 서로 다른 생물정보학 분야의 내용으로 구성돼 있고, 가장 쉽고 단순한 예제부터 시작해서 점점 복잡한 알고리듬까지 나아간다. 또한 모든 부분에서 그림을 사용해 친절하게 설명해 주고 있기 때문에, 어렵게만 느껴지던 알고리듬에 친숙하게 다가갈 수 있게 만들어 준다.

만약 누군가 생물정보학을 공부하고자 한다면 이 책을 강력하게 추천하고 이 분야의 교과서로 쓸 만하다는 생각이 들 정도로 양질의 내용을 담고 있다. 생물정보학 분야의 관련 도서가 많지 않으며 특히 국내 도서가 부족한 실정이기 때문에 이 책이 생물정보학을 공부하려는 사람들에게 조금이나마 도움이 되길 바란다. 부족한 번역이지만 책으로 독자들이 생물정보학과 알고리듬에 편안하게 다가갈 수 있기를 바란다.

이 책을 번역하게 된 것이 무척 영광이며, 좋은 기회를 함께해 준 한주현 선생님께 감사의 말씀을 드린다. 그리고 오랫동안 번역서 출판에 힘써 주신 에이콘출판과 이지은 편집자님께 감사의 말씀을 전한다.

대표역자 **한헌종**

12

2019년 전 세계를 휩쓴 COVID-19 대유행에 인류는 유래 없이 빠른 속도로 개발된 mRNA 기반 백신으로 바이러스를 정복하고 일상생활로 나아가고 있다. 전 인류가 힘을 모아 숨가쁘게 백신과 치료제를 개발하고 팬데믹 상황을 극복하는 기반에는 지금껏 쌓아 온 생물학과 생물정보학 지식이 있었다. 인간 유전체 프로젝트 이후로 인류는 생명체의 분자 생물학적 비밀을 염기서열 단위로 좁혀서 탐구하고 있다. 이러한 생물정보학 분석의 기초가 되는 것은 바로 알고리듬이다.

이 책은 각 장마다 재미난 그림과 줄거리를 생물정보학의 이야기로 풀어 나가며 독자를 사로잡는다. 이 책의 장점이라고 할 수 있는 것은 생물정보학 알고리듬이 의사 코드의 형태로 제공된다. 의사 코드를 보고 자신에게 익숙한 프로그래밍 언어로 학습한 내용을 구현하며 생물정보학 알고리듬을 학습할 수 있다. 또한 이 책의 가장 큰 장점이라고 할 수 있는 점은 웹사이트 rosalind.info 플랫폼에서 자신이 구현한 프로그램을 업로드하고 정답을 맞혀 순위를 매겨 마치 게임처럼 즐겁고 재밌게 프로그래밍 능력과 생물정보학 알고리듬 지식을 쌓을 수 있다. 생물정보학 실력을 키우고 싶은 독자들에게 강력히 추천한다.

이 책에 관심을 갖고 찾아준 독자분들께 감사의 말씀을 드리며 부디 이 책이 여러분들의 생물정보학 지식과 알고리듬적 사고 향상에 도움이 될 수 있기를 기원한다.

끝으로 마지막까지 양질의 번역을 위해 글자 하나하나까지 챙긴 대표역자 한헌종 박사에게 심심한 감사의 말씀을 드린다. 그리고 번역서 출판에 열정을 쏟아 주신 에이콘출판과 이지은 편집자님께도 감사의 말씀을 드린다.

공동역자 **한주현**

차례

지은이 소개 6

개발자 팀 소개 7

감사의 말 9

옮긴이 소개 11

옮긴이의 말 12

환영합니다! 30

1장   DNA 복제는 유전체의 어디서부터 시작되는가?   33

　1,000마일의 여행... 33

　복제 기점의 숨겨진 메시지 35

　　DnaA 상자 35

　　황금벌레의 숨겨진 메시지 37

　　단어 세기 38

　　빈번한 단어 문제 39

　　*Vibrio cholerae*의 빈번한 단어 41

　더욱 놀라운 숨겨진 메시지 42

　숨겨진 메시지의 범람 45

　　여러 유전체에서 숨겨진 메시지 찾기 45

　　군집 찾기 문제 46

　DNA를 복제하는 가장 간단한 방법 47

　복제의 비대칭성 50

　정방향 및 역방향 반가닥의 독특한 통계 53

　　숨어 있는 생물학적 현상 또는 통계적 우연? 53

　　탈아민화 54

　　비대칭 다이어그램 55

　다른 메시지보다 이해하기 어려운 일부 숨겨진 메시지 58

대장균에서 DnaA 상자를 찾는 마지막 시도 62

에필로그: ori 예측의 복잡성 63

열린 문제 64

    박테리아 유전체의 다중 복제 기점 64

    고세균에서 복제 기점 찾기 67

    효모에서 복제 기점 찾기 68

    문자열에서 패턴 확률 계산 69

충전소 70

    빈도 배열 70

    패턴과 숫자를 서로 변환하기 72

    정렬을 사용해 빈번한 단어 찾기 75

    군집 찾기 문제 해결 76

    미스매치를 포함한 자주 나오는 단어 문제 해결 78

    문자열 이웃 생성 80

    정렬로 미스매치를 포함한 빈번한 단어 찾기 82

돌아가기 83

    Big-O 표기법 83

    문자열에서 패턴의 확률 84

    생물학에서 가장 아름다운 실험 88

    DNA 가닥의 방향성 90

    하노이 타워 91

    겹치는 단어 역설 94

참고 문헌 95

2장   **분자 시계 역할을 하는 DNA 패턴은 무엇일까?** 99

우리는 시계 유전자를 갖고 있을까? 99

생각보다 쉽지 않은 모티프 찾기 101

    저녁 요소 찾기 101

    모티프와 숨바꼭질 102

    모티프 검색: 무차별 대입 알고리듬 104

모티프에 점수 매기기 105

    모티프에서 프로필 행렬과 컨센서스 문자열 105

더 적절한 모티프 점수 계산 함수 108

엔트로피와 모티프 로고 109

모티프 찾기에서 중앙 문자열 찾기까지 110

모티프 찾기 문제 110

모티프 찾기 문제의 재구성 111

중앙 문자열 문제 113

모티프 찾기 문제를 다시 만든 이유 115

탐욕 모티프 검색 116

주사위를 굴리고자 프로필 행렬 사용하기 116

탐욕 모티프 검색 분석 119

모티프 검색과 올리버 크롬웰 120

내일 해가 뜨지 않을 확률은 얼마인가? 120

라플라스의 승계 법칙 121

탐욕 모티프 검색의 발전 122

무작위 모티프 검색 125

주사위로 모티프 찾기 125

무작위 모티프 검색이 작동하는 이유 127

무작위 알고리듬은 어떻게 잘 작동하는가? 130

깁스 샘플링 132

깁스 샘플링의 작동 134

에필로그: 결핵균은 어떻게 항생제를 피하려고 동면할까? 138

충전소 140

중앙 문자열 해결 140

돌아가기 142

유전자 발현 142

DNA 어레이 142

뷔퐁의 바늘 143

모티프 찾기의 복잡성 145

상대적 엔트로피 146

참고 문헌 148

폭발하는 신문들 151

문자열 재구축 문제 154

유전체 조립은 당신 생각보다 더 어렵다 154

문자열을 k-mer로부터 재구성하기 155

반복 서열은 유전체 조립을 어렵게 한다 158

겹침 그래프에서의 움직임과 같은 문자열 재구축 159

문자열에서 그래프로 159

유전체가 사라진다 162

그래프 표현법 두 가지 164

해밀턴 경로와 범용 문자열 164

문자열 재구축을 위한 또 다른 그래프 166

노드 접착 및 드 브루인 그래프 166

드 브루인 그래프에서 움직이기 169

오일러 경로 169

드 브루인 그래프를 구축하는 또 다른 방법 170

k-mer 구성으로부터 드 브루인 그래프 구축하기 172

드 브루인 그래프 대 겹침 그래프 173

쾨니히스버그의 7개의 다리 174

오일러 정리 177

오일러 정리에서부터 오일러 순환 경로를 찾는 알고리듬까지 181

오일러 순환 경로 구축하기 181

오일러 순환 경로에서 오일러 경로로 182

범용 문자열 구축하기 183

리드 쌍으로부터 유전체 조립하기 185

리드에서 리드 쌍으로 185

리드쌍을 가상의 긴 리드로 바꾸는 방법 187

구성에서 쌍체 구성으로 189

쌍을 이루는 드 브루인 그래프 190

쌍을 이루는 드 브루인 그래프의 함정 192

에필로그: 유전체 조립이 실제 시퀀싱 데이터를 마주하다 194

리드들을 k-mer들로 쪼개기 194

유전체를 컨티그들로 쪼개기 195

오류가 많은 리드들을 조립하기 197

드 브루인 그래프에서 에지의 다양성 추론하기 198

충전소 200

인접 행렬을 접착하는 효과 200

모든 오일러 순환 경로 만들기 201

쌍을 이루는 드 브루인 그래프의 경로를 따라서 문자열 구축하기 ... 202

그래프의 최대 비분기 경로 205

돌아가기 206

DNA 시퀀싱 기술의 짧은 역사 206

인간 유전체의 반복 서열 208

그래프 209

이코시안 게임 211

다루기 쉬운 문제와 다루기 어려운 문제 212

오일러에서 해밀턴 그리고 드 브루인으로 213

칼리닌그라드의 일곱 다리 215

이중 가닥 DNA를 조립할 때의 함정 215

BEST 정리 217

참고 문헌 218

4장   항생제의 서열은 어떻게 알아낼까?   221

항생제의 발견 221

박테리아는 어떻게 항생제를 만드는가? 223

유전체가 펩티드를 암호화하는 방법 223

바실루스 브레비스 유전체의 어떤 부분이 티로시딘을 암호화하는가? ... 225

선형에서 고리형 펩티드로 227

분자생물학 중심 원리 회피 227

항생제를 작게 조각 내 서열 해독 229

질량 분석법 소개 229

고리형 펩티드 시퀀싱 문제 230

고리형 펩티드 시퀀싱의 브루트 포스 알고리듬 232

분기 한정법 알고리듬을 고리형 펩티드 시퀀싱에 적용 .. 233

골프를 만난 질량 분석법 236

이론에서부터 실제 스펙트럼으로 236

오류가 있는 스펙트럼에 고리형 펩티드 시퀀싱 적용 237

20에서 100개 이상의 아미노산 241

스펙트럼 컨볼루션으로 문제 해결 242

에필로그: 가상의 스펙트럼에서 실제 스펙트럼으로 244

열린 문제 247

순환 도로와 유료 도로 문제 247

영장류에서 고리형 펩티드 시퀀싱 248

충전소 249

펩티드의 이론 스펙트럼 생성 249

CYCLOPEPTIDESEQUENCING은 얼마나 빠를까? 251

펩티드 Leaderboard 자르기 253

돌아가기 254

가우스와 리센코주의 254

코돈의 발견 255

쿼럼 센싱 255

분자 질량 256

셀레노시스테인과 피롤리신 257

유료 도로 문제의 의사 다항식 알고리듬 257

분할 유전자 259

참고 문헌 260

5장   DNA 서열들을 비교하려면 어떻게 해야 할까? 263

비리보솜 코드 해독하기 263

RNA 넥타이 클럽 263

단백질 비교에서 비리보솜 코드까지 264

종양 유전자와 성장 인자의 공통점은 무엇일까? 266

서열 정렬에 대한 소개 267

서열 정렬은 게임과 같다 267

문자열 정렬과 최장 공통 하위문자열 268

맨해튼 관광객 문제 270

최적의 관광 코스는 무엇일까? 270

임의의 방향성 그래프에서 관광하기 273

서열 정렬은 맨해튼 관광객 문제가 위장하고 있는 것일 뿐이다 275

동적 프로그래밍 소개: 변화 문제 277
　　탐욕스럽게 거스름돈 받기 277
　　재귀적으로 돈 거슬러 주기 279
　　동적 프로그래밍을 사용한 거스름돈 계산 281

다시 맨해튼 관광객 문제로 283

맨해튼 문제에서 임의의 방향성 비순환 그래프로 287
　　서열 정렬은 유사-맨해튼 그래프를 구축하는 것과 같다 287
　　임의의 DAG에 동적 프로그래밍 적용하기 288
　　위상학적 순서대로 나열하기 289

정렬 그래프 역추적하기 293

정렬 점수 295
　　LCS 점수 모델의 문제는 뭘까? 295
　　점수 행렬 296

전역 정렬에서 지역 정렬까지 297
　　전역 정렬 297
　　전역 정렬의 한계 299
　　정렬 그래프에서 공짜 택시 타기 301

서열 정렬의 다양한 모습 304
　　수정 거리 304
　　적합 정렬 305
　　겹침 정렬 306

서열 정렬에서 삽입과 삭제에 대한 페널티를 주는 방법 307
　　어파인 갭 페널티 307
　　맨해튼을 3개의 층으로 구축하기 309

공간 효율적인 서열 정렬 312
　　선형적 메모리를 사용해 정렬 점수 계산하기 312
　　중간 노드 문제 313
　　놀랍도록 빠르고 메모리 효율적인 정렬 알고리듬 317
　　중간 에지 문제 318

에필로그: 다중 서열 정렬 320
　　3차원 맨해튼 구축하기 320

탐욕 다중 정렬 알고리듬 323

돌아가기 326

개똥벌레와 비리보솜 코드 326

도시를 만들지 않고 LCS 찾기 327

위상학적 나열 만들기 328

PAM 점수 행렬 329

분할 및 정복 알고리듬 331

다중 정렬에 점수 매기기 334

참고 문헌 335

6장   인간 유전체에도 연약한 영역이 있을까? 337

쥐와 남자 337

사람과 쥐의 유전체는 얼마나 다를까? 337

합성 블록 338

반전 339

재배열 핫스팟 340

염색체 진화의 무작위 절단 모델 342

반전을 통한 나열 344

반전 나열을 위한 탐욕적 발견법 348

절단점 351

절단점이란 무엇인가? 351

절단점 개수 세기 352

절단점을 제거하는 반전 나열 353

종양 유전체를 재배열하기 355

단일 염색체에서 다중 염색체로 357

전좌, 결합, 분열 357

유전체에서 그래프로 358

2-절단 359

절단점 그래프 362

2-절단 거리 계산하기 365

인간 유전체의 재배열 핫스팟 368

무작위 절단 모델과 2-절단 거리 이론의 만남 368

　　　취약 절단 모델 369

에필로그: 합성 블록 구축하기 371

　　　유전체 점 도표 371

　　　공유하고 있는 k-mer들 찾기 373

　　　공유 k-mer로부터 합성 블록 구축하기 375

　　　합성 블록을 그래프의 연결된 요소들로 생각하기 377

미해결 문제: 재배열이 박테리아 진화의 비밀을 밝힐 수 있을까? ... 379

충전소 381

　　　유전체에서 절단점 그래프 만들기 381

　　　2-절단 문제 해결하기 384

돌아가기 387

　　　X 염색체의 유전자는 왜 잘 보존돼 있는 걸까? 387

　　　유전체 재배열의 발견 387

　　　지수 분포 388

　　　빌 게이츠와 데이비드 X. 코헨의 팬케이크 뒤집기 389

　　　반전을 사용해 선형 순열 나열하기 390

참고 문헌 392

7장　　어떤 동물이 우리에게 SARS를 옮겼을까?　　　　395

가장 빠른 전염병 395

　　　메트로폴 호텔에서 생긴 문제 395

　　　SARS의 진화 396

거리 행렬을 진화 트리로 바꾸기 398

　　　코로나 바이러스 유전체에서 거리 행렬 만들기 398

　　　진화 트리를 그래프로 나타내기 400

　　　거리 기반 계통 발생 구축 402

거리 기반 계통 발생 구축을 위한 알고리듬을 향해 405

　　　이웃하고 있는 잎 탐색하기 405

　　　가지의 길이 계산하기 407

가산적 계통 발생 410

　　　트리의 가지 다듬기 410

　　　가지 붙이기 412

거리 기반 계통 발생을 구축하기 위한 알고리듬 412

코로나 바이러스의 진화 트리 구축하기 413

최소 제곱을 사용해 거리의 근사값에 기반한 계통 발생을

구축하는 방법 415

초거리 진화 트리 416

이웃-연결 알고리듬 421

거리 행렬을 이웃-연결 행렬로 바꾸는 방법 421

이웃-연결 알고리듬으로 코로나 바이러스 분석하기 424

트리 구축에 있어서 거리 기반 접근 방법의 한계점 427

특성-기반 트리 재구축 427

특성표 427

해부학적 특성에서 유전적 특성으로 428

곤충의 날개는 얼마나 많은 진화에 의해 만들어졌을까? 429

최소 단순성 문제 431

최대 단순성 문제 436

에필로그: 진화 트리로 범죄에 맞서다 442

돌아가기 444

HIV는 언제 유인원에서 인간으로 전파된 걸까? 444

거리 행렬에 적합한 트리 찾기 445

네 점 조건 446

SARS를 옮긴 것은 박쥐일까? 448

이웃-연결 알고리듬이 어떻게 이웃하는 잎을 찾는 것일까? 449

이웃-연결 알고리듬에서 가지의 길이 계산하기 454

자이언트 판다: 곰일까 라쿤일까? 456

인간은 어디에서 왔을까? 457

참고 문헌 459

8장   효모는 어떻게 와인 제조사가 됐을까?   461

와인 제조의 진화적 역사   461

우리 언제부터 알코올에 중독돼 온 걸까? 461

이중영양적 전환 462

이중영양적 전환에 관련된 유전자 탐색하기   463

다른 운명을 맞이하게 된 두 가지 진화 가설 463

효모 유전자 중 어떤 것들이 이중영양적 전환을 이끌어 내는가? 464

클러스터링 개론 465

유전자 발현량 분석 465

효모 유전자 클러스터링 467

좋은 클러스터링 원칙 469

클러스터링을 최적화 문제로 바라보기 471

최장 최초 횡단 473

k-Means 클러스터링 475

제곱 왜곡 오차 475

k-means 클러스터링과 무게 중심 477

로이드 알고리듬 478

중심적에서 클러스터로 그리고 다시 반대로 478

로이드 알고리듬 초기화하기 481

k-means++ 초기화 482

이중영양적 전환에 관련된 유전자들을 클러스터링하기 483

k-Means 클러스터링의 한계점 484

동전 던지기에서 k-Means 클러스터링으로 485

편향된 정도를 알 수 없는 동전 던지기 485

계산 문제는 어디 있는가? 489

동전 던지기에서 로이드 알고리듬으로 490

클러스터링으로 돌아와서 491

동전 던지기에서 소프트 결정 내리기 492

기대값 극대화: E-step 492

기대값 극대화: M-step 494

기대값 극대화 알고리듬 495

소프트 k-Means 클러스터링 496

클러스터링에 기대값 극대화 알고리듬 적용하기 496

중심점에서 소프트 클러스터로 가기 496

소프트 클러스터에서 중심점으로 가기 498

계층 클러스터링 499

거리 기반 클러스터링에 대한 소개 499

트리에서 클러스터 추론하기 502

계층 클러스터링을 사용해 이중영양적 전환 분석하기 504

에필로그: 암 샘플 클러스터링하기 506

돌아가기 506

전장 유전체 복제일까 아니면 연속적인 단일 유전자 복제일까? 506

유전자 발현량 측정하기 507

마이크로어레이 508

무게 중심 이론의 증명 509

발현량 행렬을 거리/유사도 행렬로 바꾸는 방법 510

클러스터링과 손상된 클리크들 511

참고 문헌 514

9장 질병을 일으키는 돌연변이는 어떻게 찾는 걸까? 517

오도 증후군의 원인은 무엇일까? 517

다중 패턴 매칭에 대한 소개 518

패턴들을 트라이로 만들기 520

트라이 구축하기 520

트라이를 다중 패턴 매칭 문제에 적용하기 522

유전체 전처리로 대신하기 524

접미사 트라이에 대한 소개 524

패턴 매칭에 접미사 트라이 사용하기 525

접미사 트리 529

접미사 배열 532

접미사 배열 구축하기 532

접미사 배열을 사용한 패턴 매칭 533

버로우즈-휠러 변형 535

유전체 압축 535

버로우즈-휠러 변환 구축하기 536

반복 서열에서 런으로 538

버로우즈-휠러 변환을 거꾸로 되돌리는 방법 539

버로우즈-휠러 변환을 되돌리려는 첫 번째 시도 539

처음-끝 특성 541

처음-끝 특성을 사용해 버로우즈-휠러 변환 되돌리기 544

버로우즈-휠러 변환을 사용한 패턴 매칭 547

    버로우즈–휠러를 사용한 첫 번째 패턴 매칭 시도 547

    패턴의 끝에서부터 뒤로 가기 548

    끝-처음 연결 550

버로우즈-휠러 패턴 매칭의 속도 높이기 553

    끝-처음 연결을 횟수 배열로 바꾸기 553

    버로우즈–휠러 행렬에서 첫 번째 열을 제거하는 방법 555

일치하는 패턴들의 위치는 어디인가? 556

과학 역사의 한 페이지를 장식한 버로우즈와 휠러 558

에필로그: 미스매치를 허용하는 리드 매핑 559

    대략적인 패턴 매칭에서 정확한 패턴 매칭으로 나아가는 방법 559

    BLAST: 서열을 데이터베이스에 대조하기 561

    버로우즈–휠러 변환을 사용한 대략적인 패턴 매칭 562

충전소 565

    접미사 트리 구축하기 565

    최장 공유 하위 문자열 문제의 해결 방법 568

    부분 접미사 배열 구축하기 571

돌아가기 571

    표준 인간 유전체 571

    인간 유전체에서의 재배열, 삽입, 삭제 572

    아호-코라식 알고리듬 572

    접미사 트리에서 접미사 배열 만들기 573

    접미사 배열에서 접미사 트리까지 575

    이진 탐색 578

참고 문헌 580

10장   생물학자들은 왜 아직까지 HIV 백신을 개발하지 못했는가?   583

HIV 형질 분류하기 583

    HIV는 어떻게 인간의 면역 체계를 피하는 걸까? 583

    서열 정렬의 한계점 586

야쿠자와 도박하기 587

딜러의 소매에 숨어 있는 2개의 동전 589

CG-아일랜드 찾기 590

은닉 마코프 모델 591

    동전 던지기에서 은닉 마코프 모델까지 591

    HMM 도표 593

    카지노 문제를 수식으로 재구성하기 594

복호화 문제 597

    비터비 그래프 597

    비터비 알고리듬 600

    비터비 알고리듬은 얼마나 빠를까? 600

특정 HMM에서 가장 그럴듯한 결과물 찾기 602

서열 정렬을 위한 프로필 HMM 604

    HMM과 서열 정렬은 어떤 관련이 있는가? 604

    프로필 HMM 구축하기 606

    프로필 HMM에서의 전이 확률과 방출 확률 609

프로필 HMM을 사용해 단백질 분류하기 613

    프로필 HMM에 단백질 정렬하기 613

    유사 횟수의 귀환 614

    골치 아픈 침묵 상태 문제 615

    프로필 HMM은 실제로 유용한가? 622

HMM의 매개변수 배워 보기 624

    감춰진 경로를 알고 있을 때 HMM 매개변수 추정하기 624

    비터비 학습 625

매개변수 추정을 위한 소프트 결정 627

    소프트 복호화 문제 627

    순방향–역방향 알고리듬 628

바움-웰치 학습 632

HMM의 다양한 모습 634

에필로그: 자연은 발명가가 아니라 수선가다 635

돌아가기 636

    붉은 여왕 효과 636

    당화 637

    DNA 메틸화 637

    조건부 확률 638

참고 문헌 639

11장 티라노사우르스는 단지 큰 닭일까? 641

고생물학과 계산의 만남 641

이 샘플에는 어떤 단백질들이 있을까? 642

이상적 스펙트럼 해석 644

이상 스펙트럼에서 실제 스펙트럼으로 647

펩티드 시퀀싱 650

    스펙트럼에 맞는 펩티드 점수 650

    접미사 펩티드는 어디에 있는가? 653

    펩티드 시퀀싱 알고리듬 655

펩티드 식별 656

    펩티드 식별 문제 656

    미지의 티렉스 단백질체에서 펩티드 식별 657

    펩티드-스펙트럼 일치 찾기 658

펩티드 식별과 무한 원숭이 정리 660

    거짓 발견 비율 660

    원숭이와 타자기 661

    펩티드 스펙트럼 일치의 통계적 의의 663

스펙트럼 사전 665

티렉스 펩티드: 오염 물질일까 아니면

고대 단백질의 보물 창고일까? 669

    헤모글로빈 수수께끼 669

    공룡 DNA 논란 671

에필로그: 변형되지 않은 펩티드에서 변형된 펩티드로 672

    번역 후 변형 672

    변형 탐색을 정렬 문제로 673

    스펙트럼 정렬을 위한 맨해튼 그리드 생성 674

    스펙트럼 정렬 알고리듬 678

돌아가기 681

    유전자 예측 681

    그래프에서 모든 경로 찾기 682

반대칭 경로 문제 683

스펙트럼을 스펙트럼 벡터로 변환 684

무한 원숭이 정리 685

스펙트럼 사전의 펩티드 확률 공간 686

육상 공룡은 정말 새의 조상일까? 687

가장 가능성 높은 펩티드 벡터 문제 해결하기 688

스펙트럼을 스펙트럼 벡터로 변환하기 위한 매개변수 선택 689

참고 문헌 691

부록 의사 코드 소개   693

의사 코드란? 693

의사 코드의 기본 696

if 조건문 696

for 반복문 698

while 반복문 699

재귀 프로그래밍 700

배열 701

용어 정리 703

참고 문헌 721

찾아보기 731

환영합니다!

함께해 주셔서 감사합니다! 2014년 초판 이후 20개국 수십 개 대학에서 채택된 이 책은 전산생물학 분야의 베스트셀러가 됐다. 이 책으로 전 세계 수천 명의 학습자가 이수한 생물정보학의 인기 있는 온라인 과정에도 도움이 된다는 점 또한 자랑스럽게 생각한다. 온라인 코스에 등록하고 자료를 탐색하기를 바란다.

또한 웹사이트(http://bioinformaticsalgorithms.org)에서 강의 동영상, 파워포인트 슬라이드, FAQ 및 답변을 찾아볼 수 있다.

이 책은 능동적으로 자신의 속도에 맞게 교재의 내용과 상호 작용하면서 학습할 수 있도록 구성했다.

1. **코드 과제**는 앞으로 만날 알고리듬을 원하는 프로그래밍 언어로 구현하도록 한다. 이러한 코드 과제는 Rosalind(http://rosalind.info)의 "Bioinformatics Textbook Track"에서 진행되며, 독자가 구현한 프로그래밍을 자동으로 테스트해 주는 웹사이트다.

2. 충전소는 독자가 만날 알고리듬 구현에 추가적인 통찰력을 제공한다. 충전소를 방문하기 전에 코드 과제를 해결하는 것을 추천한다.

3. 연습 문제는 다음 주제로 넘어가기 전 '알맞은 때'에 평가를 제공한다.

4. '잠깐 멈추고 생각해 보자'의 질문들은 다음 주제로 계속 진행하기 전에 속도를 늦추고 현재 자료를 좀 더 생각해 볼 수 있도록 한다.

5. '돌아가기'는 본문 내용에는 딱 맞지 않는 추가적인 내용들을 제공한다.

6. '도전 문제'는 학습한 내용을 실제 실험적 데이터 세트에 적용하도록 한다.

7. FAQ는 온라인 강의를 수강한 학습자와 오프라인 강의에서 본 도서로 강의를 수강한 학생들로부터 여러 번 접한 질문들이다. 여백에 물음표 기호가 있으면 현재 주제에 대해 FAQ가 있음을 나타낸다. FAQ에 대한 답변은 웹사이트에 있다.

마지막으로 독자들이 최대한 도서를 재밌게 읽을 수 있도록 노력했다. 예를 들어 생물정보학은 여전히 끊임없이 변화하는 분야이므로 이 책에 미국 야생 서부의 느낌을 담은 테마를 구현하기로 결정했다. 따라서 각 장은 어떠한 모험에 얽힌 작가들을 보여 주는 만화 이미지로 시작하는 것을 발견할 수 있다. 이 만화들이 생물정보학과 어떻게 연관이 있을까? 읽어 보면서 알아보도록 하자.

정오표

한국어판의 정오표는 에이콘출판사의 도서정보 페이지 http://www.acornpub.co.kr/book/ioinformatics-3e에서 볼 수 있다.

문의

한국어판에 관한 질문은 에이콘출판사 편집 팀(editor@acornpub.co.kr)이나 옮긴이의 이메일로 문의하길 바란다.

1
DNA 복제는 유전체의
어디서부터 시작되는가?

알고리듬 준비운동

1,000마일의 여행...

유전체 복제genome replication는 세포가 수행하는 가장 중요한 작업 중 하나다. 세포가 분열하기 전 2개의 딸 세포가 복제물을 가져갈 수 있도록 유전체를 복제해야 한다. 1953년 제임스 왓슨James Watson과 프랜시스 크릭Francis Crick은 다음의 유명한 문구와 함께 DNA 이중 나선 논문을 작성했다.

우리가 가정했던 특정한 쌍이 즉시 유전물질의 가능한 복제 메커니즘을 암시한다는 사실을 놓치지 않았다.

그들은 복제하는 동안 두 가닥의 부모 DNA가 풀려서 새로운 가닥의 합성을 위한 주형template으로 작용한다고 추측했다. 결과적으로 복제 과정은 그림 1.1과 같이 한 쌍의 상보적 가닥complementary strand으로 시작해 두 쌍의 상보적 가닥으로 끝난다.

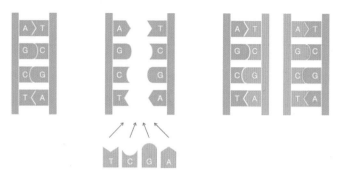

그림 1.1 DNA 복제의 단순한 견해. 뉴클레오티드 아데닌(nucleotide adenine)(A)과 티민(thymine)(T), 시토신(cytosine)(C)과 구아닌(guanine)(G)은 서로 상보적. 상보적 뉴클레오티드는 DNA에서 서로 결합

그림 1.1은 DNA 복제를 단순하게 모델링한 것이지만 복제의 세세한 부분들은 왓슨과 크릭이 상상한 것보다 훨씬 더 복잡한 것으로 밝혀졌다. 앞으로 확인하겠지만 DNA 복제를 진행하려면 엄청난 양의 분자 구조가 필요하다.

언뜻 보기에 컴퓨터 과학자들은 이러한 세부적 복제 과정이 계산적 연관성이 있다고 상상하기 어려울 수 있다. 그림 1.1의 과정을 알고리듬적으로 모방하려면 유전체를 나타내는 문자열을 가져와서 단순히 사본을 반환하면 된다. 그러나 기저에 깔려 있는 생물학적 과정을 검토해 보면 복제에 대한 새로운 알고리듬인 통찰력을 얻게 될 것이다.

복제는 **복제 기점**replication origin(*ori*로 표시)이라 불리는 유전체 영역에서 시작하며 **DNA 중합효소**DNA polymerases라는 분자 복사기가 복제를 수행한다. *ori*를 찾는 것은 세포가 어떻게 복제하는지 이해하는 것뿐만 아니라 다양한 생의학적 문제에서 중요한 작업이다. 예를 들어 일부 유전자 치료법은 유전적으로 조작된 작은 유전체를 사용하는데 이는 실제 바이러스와 마찬가지로 세포벽을 관통할 수 있기에 **바이러스 벡터**viral vector라고 한다. 인공 유전자를 운반하는 바이러스 벡터는 서리 저항성 토마토와 농약 저항성 옥수수를 생산하는 데에 사용돼 왔다. 또한 1990년 중증 복합 면역 결핍 장애로 고통받는 4살 여아의 생명을 구할 때 인간에게 유전자 치료가 처음으로 수행됐으며 그 결과는 성공적이었다. 치료 이전에 이 아이는 감염에 매우 취약해서 살균된 환경에서만 살 수 있었다.

유전자 치료의 개념은 치료 단백질을 포함하는 인공 유전자를 바이러스 벡터에 넣어 환자를 의도적으로 감염시키는 것이다. 바이러스 벡터가 세포 안으로 들어가면 벡터가 복제되고 치료 단백질을 생성해 환자의 질병을 치료한다. 벡터가 실제로 세포 내에서 복제되게 하려면 생물학자들은 벡터 유전체의 어느 곳이 *ori*인지 알아야 하며 유전자 조작이 *ori*에 영향을 주지 않도록 해야 한다.

다음 문제에서는 유전체가 단일 *ori*를 갖고 **DNA 문자열**인 네 글자 알파벳 {A, C, G, T}의 뉴클레오티드 문자열로 표시한다고 가정한다.

복제 기점 찾기 문제

> **입력:** DNA 문자열 유전체
>
> **출력:** 유전체의 *ori* 위치

잠깐 멈추고 생각해 보자 이 문제는 명확하게 제시된 계산 문제를 나타내고 있는가? **STOP**

복제 기점 찾기 문제는 생물학적으로 타당한 질문을 던지기는 하지만 잘 정의된 계산 문제를 제시하지는 않는다. 실제로 생물학자들은 *ori*를 찾기 위한 실험을 계획할 수 있다. 예를 들어 생물학자들은 유전체의 작은 조각들을 삭제해 보면서 어느 부분을 삭제했을 때 복제가 멈추게 되는지 찾아볼 수 있을 것이다. 반면 컴퓨터 과학자들은 이 문제를 생각하기도 전에 고개를 가로저으며 문제 해결을 위해 더 많은 정보를 요구할 것이다.

생물학자들이 왜 컴퓨터 과학자들의 사고에 관심을 가져야 하는가? 계산적 방법은 현대 생물학의 많은 질문에 대답할 수 있는 유일한 현실적인 방법이다. 첫째, 이러한 방법은 실험적 접근법보다 훨씬 빠르다. 둘째, 많은 실험 결과가 계산 분석 없이는 해석을 할 수 없다. 특히 *ori* 예측의 기존 실험적 접근 방법은 많은 시간을 소모한다. 결과적으로 *ori*를 실험적으로 밝혀내는 것은 소수의 종에서만 가능했다. 따라서 생물학자들의 시간과 돈을 다른 일에 쓸 수 있도록 *ori*를 찾는 계산적인 방법을 설계해 보겠다.

복제 기점의 숨겨진 메시지

DnaA 상자

1장의 나머지 부분에서는 박테리아 유전체에서 *ori*(복제 기점)를 발견하는 비교적 쉬운 경우에 집중해 보겠다. 박테리아 유전체는 대부분 원형의 염색체다. 연구에 따르면 *ori*를 코딩하는 박테리아 유전체 영역의 길이는 일반적으로 수백 개의 뉴클레오티드만큼이다. 우선 *ori*가 알려진 박테리아로 시작한 다음 다른 박테리아에서 *ori*를 찾아보도록 하자. 다음 예시는 콜레라를 일으키는 박테리아인 *Vibrio cholerae*(콜레라균)다. *ori*에 나타나 있는 뉴클레오티드 서열은 아래와 같다.

```
atcaatgatcaacgtaagcttctaagcatgatcaaggtgctcacacagtttatccacaac
ctgagtggatgacatcaagataggtcgttgtatctccttcctctcgtactctcatgacca
cggaaagatgatcaagagaggatgatttcttggccatatcgcaatgaatacttgtgactt
gtgcttccaattgacatcttcagcgccatattgcgctggccaaggtgacggagcgggatt
acgaaagcatgatcatggctgttgttctgtttatcttgtttttgactgagacttgttagga
tagacggtttttcatcactgactagccaaagccttactctgcctgacatcgaccgtaaat
tgataatgaatttacatgcttccgcgacgatttacctcttgatcatcgatccgattgaag
atcttcaattgttaattctcttgcctcgactcatagccatgatgagctcttgatcatgtt
tccttaaccctctattttttacggaagaatgatcaagctgctgctcttgatcatcgtttc
```

Vibrio cholerae 박테리아 세포는 어떻게 1,108,250개의 뉴클레오티드 중에서 복제 기점을 알아내는 걸까? 어딘가에는 *ori* 영역에 세포가 복제를 시작하도록 명령하는 숨겨진 메시지가 있어야 한다. 실제로 **DnaA 상자**라고 알려진 *ori* 내부의 짧은 서열에 결합하는 단백질인 *DnaA*가 복제를 시작한다는 것이 알려져 있다. *DnaA* 상자는 *DnaA* 단백질에게 '여기 붙어!'라고 말하는 DNA 서열 메시지가 담겼다고 생각할 수 있다. 문제는 이 숨겨진 메시지가 어떻게 생겼는지 모른 상태로 이 메시지를 찾아야 한다는 것이다. 찾을 수 있겠는가? 다시 말해 *ori*에서 특징적인 부분을 찾을 수 있는가? 이 논의를 통해 아래의 문제가 만들어지게 된다.

숨겨진 메시지 문제

복제 기점에서 숨겨진 메시지를 찾으시오.

   입력: 문자열 *Text*(유전체의 복제 기점을 나타냄)
   출력: *Text*에 숨겨진 메시지

 잠깐 멈추고 생각해 보자   이 문제는 명확하게 제시된 계산 문제를 나타내고 있는가?

황금벌레의 숨겨진 메시지

숨겨진 메시지 문제는 규칙에 들어맞는 직관적인 질문이지만 숨겨진 메시지의 개념이 정확하게 정의돼 있지 않기에 컴퓨터 과학자에게는 의미가 없다. *Vibrio cholerae*의 *ori* 영역은 에드거 앨런 포Edgar Allan Poe의 이야기 '황금벌레The Gold-Bug'에서 윌리엄 레그런드William Legrand가 발견한 양피지의 내용만큼이나 수수께끼다. 양피지에는 다음과 같이 쓰여 있다.

```
53++!305))6*;4826)4+.)4+);806*;48!8'60))85;1+(;:+*8
!83(88)5*!;46(;88*96*?;8)*+(;485);5*!2:*+(;4956*2(5
*-4)8'8*;4069285);)6!8)4++;1(+9;48081;8:8+1;48!85:4
)485!528806*81(+9;48;(88;4(+?34;48)4+;161;:188;+?;
```

양피지를 보며 내레이터는 "골콘다Golconda의 모든 보석이 수수께끼의 해결책을 기다리고 있었다면 난 보석들을 얻을 수 없었을 것이다"라고 말한다. 레그런드는 "사람이 해결할 수 없는 독창적인 문제를 만든다는 것은 말이 안 된다"라고 했다. 그리고 그는 ";48"이라는 연속된 세 문자가 반복되는 것에 주목했다.

```
53++!305))6*;4826)4+.)4+);806*;48!8'60))85;1+(;:+*8
!83(88)5*!;46(;88*96*?;8)*+(;485);5*!2:*+(;4956*2(5
*-4)8'8*;4069285);)6!8)4++;1(+9;48081;8:8+1;48!85:4
)485!528806*81(+9;48;(88;4(+?34;48)4+;161;:188;+?;
```

레그런드는 해적들이 영어를 했다고 추론했으므로 높은 빈도로 나타나는 ";48"이 영어 단어 "THE"를 나타낼 것이라고 가정했다. 레그런트는 각 기호를 대체함으로써 좀 더 해독하기 쉬운 텍스트를 얻을 수 있었고 마침내 보물이 묻힌 곳으로 갈 수 있었다. 그렇다면 다음 메시지도 해독할 수 있을까?

```
53++!305))6*THE26)H+.)H+)TE06*THE!E'60))E5T1+(T:+*E
!E3(EE)5*!TH6(TEE*96*?TE)*+(THE5)T5*!2:*+(TH956*2(5
*-H)E'E*TH0692E5)T)6!E)H++T1(+9THE0E1TE:E+1THE!E5TH
)HE5!52EE06*E1(+9THET(EETH(+?3HTHE)H+T161T:1EET+?T
```

단어 세기

DNA 자체가 언어라는 가정을 하고 레그런드의 방식대로 *Vibrio cholerae*의 ori에서 빈번한 단어를 찾을 수 있는지 알아보자. ori에서 빈번한 단어를 찾아야 하는 이유는 다양한 생물학적 과정을 수행하고자 특정한 뉴클레오티드 서열이 유전체의 작은 영역들 안에서 놀랍도록 자주 나타나기 때문이다. 이는 특정 단백질은 특정 뉴클레오티드 서열이 존재해야만 DNA에 결합할 수 있기 때문인데 서열이 많이 나타날수록 결합이 성공적으로 일어날 가능성이 높아지게 된다(또한 변이가 결합을 방해할 가능성도 낮아진다).

예를 들어 **ACTAT**는 놀랍게도 다음 서열의 하위 서열이다.

ACA**ACTAT**GCAT**ACTAT**CGGGA**ACTAT**CCT.

길이가 k인 문자열을 k-mer라는 용어를 사용해 정의하자. 그리고 k-mer 패턴이 Text의 하위 서열에 몇 번 발생하는지 나타내는 함수를 COUNT(*Text*, *Pattern*)라고 정의해 보자. 예를 들어 다음과 같다.

COUNT(**ACAACTATGCATACTATCGGGAACTATCCT**, **ACTAT**) = 3.

COUNT(**CGATATATCCATAG**, **ATA**)는 *Text*에서 패턴이 중복으로 발생하는 것을 허용하기 때문에 결과가 2가 아닌 3이다. COUNT(*Text*, *Pattern*)를 계산하고자 *Text*를 따라 윈도우 슬라이드^slide a window[1]를 진행하면서 각각의 k-mer 하위 서열이 *Pattern*과 일치하는지 확인한다. *Text*의 i 위치에서 시작하는 k-mer를 *Text*(i, k)라 하자. 이 책에서는 문자열 번호는 **0-based 인덱싱**, 즉 색인의 첫 번째 숫자가 1 대신 0부터 시작하는 방법을 사용할 것이다. 이 경우 *Text*는 0번째 위치에서 시작하고 |*Text*| − 1번째 위치에서 끝난다(|*Text*|는 *Text*의 글자 수를 나타낸다). 예를 들어 *Text* = GACCATACTG일 때 **Text**(4, 3) = **ATA**다. 여기서 마지막 k-mer는 |*Text*| − k에서 시작한다는 것을 알아두자. 예를 들어 GACCATACTG의 3-mer는 10 − 3 = 7로 7번째 위치에서 시작한다. 이 논의의 결과로 COUNT(*Text*, *Pattern*)을 계산하기 위한 아래의 **의사 코드**^pseudocode가 만들어지게 된다.

```
PATTERNCOUNT(Text, Pattern)
    count ← 0
    for i ← 0 to |Text| − |Pattern|
```

---

1 윈도우라는 구간을 정해 한 문자씩 움직여 가며 검색하는 방법 – 옮긴이

```
    if Text(i, |Pattern|) = Pattern
        count ← count + 1
return count
```

이 책에서는 마주치게 되는 현대 생물학 문제를 해결하는 알고리듬을 설명하고자 의사 코드를 사용할 것이다. 의사 코드는 알고리듬을 설명하는 보편적인 방법으로 인간의 언어보다 정확하지만 프로그래밍 언어 구문에 얽매이지 않는다. 의사 코드를 처음 접해봤다면 부록을 참고해 보자.

빈번한 단어 문제

모든 k-mer 중에서 COUNT(*Text*, *Pattern*) 값이 가장 큰 *Pattern*을 *Text*에서 가장 빈번한 k-mer라고 한다. **ACTAT**는 *Text* = ACAACTATGCAT**ACTAT**CGGGAA**ACTAT**CCT에서 가장 빈번한 5-mer이고 **ATA**는 *Text* = CGAT**ATA**TCCATAG에서 가장 빈번한 3-mer다.

> **잠깐 멈추고 생각해 보자** 문자열에서 가장 빈번한 k-mer가 여러 개 있을 수 있을까?

이제 명확하게 명시된 계산 문제가 주어졌다.

빈번한 단어 문제

문자열에서 가장 빈번한 k-mer를 찾으시오.

입력: 문자열 *Text*와 정수 k
출력: *Text*에서 가장 빈번한 k-mer

문자열에서 가장 빈번한 k-mer를 찾는 직관적인 방법은 *Text*에서 발견되는 모든 k-mer를 확인해서(*Text* 안에는 $|Text| - k + 1$개의 k-mer가 있다) 각 k-mer가 *Text*에서 몇 번 나타나는지 확인하는 것이다. **FREQUENTWORDS**라고 불리는 이 알고리듬을 구현하려면 먼저 COUNT라는 배열을 만들어야 한다. 이 배열에서 COUNT(i)는 COUNT(*Text*, *Pattern*)에서 *Pattern* = *Text*(i, k) 값을 담고 있다(그림 1.2 참고).

$$\text{Text} \quad \textbf{A} \textbf{C} \textbf{T} \text{ G } \textbf{A} \textbf{C} \textbf{T} \text{ C C C A C C C C}$$
$$\text{COUNT} \quad \textbf{2} \text{ 1 1 1 } \textbf{2} \text{ 1 1 3 1 1 1 3 3}$$

그림 1.2 *Text* = ACTGACTCCCACCCC 및 *k* = 3인 COUNT 배열. 예를 들어 ACT(굵은 글씨로 표기)는 *Text*의 0과 4 위치에서 두 번 나타나므로 COUNT(0) = COUNT(4) = 2다.

FREQUENTWORDS(*Text, k*)
    FrequentPatterns ← an empty set
    for *i* ← 0 to |*Text*| − *k*
        Pattern ← the *k*-mer *Text*(*i, k*)
        COUNT(*i*) ← PATTERNCOUNT(*Text, Pattern*)
    maxCount ← maximum value in array COUNT
    for *i* ← 0 to |*Text*| − *k*
        if COUNT(*i*) = *maxCount*
            add *Text*(*i, k*) to *FrequentPatterns*
    remove duplicates from *FrequentPatterns*
    return *FrequentPatterns*

 STOP 잠깐 멈추고 생각해 보자 FREQUENTWORDS는 얼마나 빠른가?

FREQUENTWORDS가 가장 빈번한 *k*-mer를 찾아낼 수는 있지만 효율적이지는 않다. PATTERNCOUNT(*Text, Pattern*)는 호출할 때마다 *k*-mer가 *Text*의 0번째 위치, 1번째 위치, 그다음 위치에서 매번 *Pattern*이 나오는지 확인한다. 총 |*Text*| − *k* + 1의 *k*-mer를 *k*개 검사하므로 PATTERNCOUNT(*Text, Pattern*)은 (|*Text*| − *k* + 1) · *k*번의 검사를 수행한다. FREQUENTWORDS는 PATTERNCOUNT를 |*Text*| − *k* + 1번 호출하므로 총 (|*Text*| − *k* + 1) · (|*Text*| − *k* + 1) · *k*번의 단계를 거치게 된다. 문제를 단순화하고자 컴퓨터 과학자들은 FREQUENTWORDS의 계산 시간의 상한선이 |*Text*|^2 · *k*단계만큼이라고 말하며 이 알고리듬의 **시간 복잡도**를 $\mathcal{O}(|Text|^2 \cdot k)$라고 표현한다(돌아가기: Big-O 표기법 참고).

83페이지 ▶

40

충전소: 빈도 배열 만약 |*Text*|와 *k*가 일반적인 박테리아 *ori*의 DnaA 상자와 같이 작은 경우 런타임 $O(|Text|^2 \cdot k)$는 괜찮다. 그러나 매우 긴 *Text*에 대해서 빈번한 단어 문제를 해결하려면 문제가 발생한다. 충전소를 확인해 빈도 배열의 데이터 구조를 사용해 빈번한 단어 문제를 해결해 보자. 또한 이 데이터 구조는 1장의 뒷부분에서 새로운 도전 코딩 문제를 해결하는 데 도움이 될 것이다.

*Vibrio cholerae*의 빈번한 단어

그림 1.3은 *Vibrio cholerae*의 *ori* 영역에서 가장 빈번한 *k*-mer을 보여 준다.

k	3	4	5	6	7	8	9
count	25	12	8	8	5	4	3
k-mers	tga	atga tgatc	gatca	tgatca	atgatca	atgatcaa	atgatcaag cttgatcat tcttgatca ctcttgatc

그림 1.3 *Vibrio cholerae*의 *ori* 영역에서 가장 빈번한 *k*-mer들을 나타냈다. *k*는 3에서 9다.

잠깐 멈추고 생각해 보자 그림 1.3에서 눈에 띄게 높은 값이 있는가?

예를 들어, 9-mer **ATGATCAAG**는 *Vibrio cholerae*의 *ori* 영역에서 세 번 나타난다. 놀랍지 않은가?

atcaatgatcaacgtaagcttctaagcATGATCAAGgtgctcacacagtttatccacaac
ctgagtggatgacatcaagataggtcgttgtatctccttcctctcgtactctcatgacca
cggaaagATGATCAAGagaggatgatttcttggccatatcgcaatgaatacttgtgactt
gtgcttccaattgacatcttcagcgccatattgcgctggccaaggtgacggagcgggatt
acgaaagcatgatcatggctgttgttctgtttatcttgtttttgactgagacttgttagga
tagacggtttttcatcactgactagccaaagccttactctgcctgacatcgaccgtaaat
tgataatgaatttacatgcttccgcgacgatttacctcttgatcatcgatccgattgaag
atcttcaattgttaattctcttgcctcgactcatagccatgatgagctcttgatcatgtt
tccttaaccctctattttttacggaagaATGATCAAGctgctgctcttgatcatcgtttc

실험에 따르면 박테리아 *DnaA* 상자는 보통 9개의 뉴클레오티드 길이라는 것이 밝혀져 있다. 이 때문에 다른 *k* 값이 아닌 9-mer 중에서 빈번하게 나타나는 문자열들을 강조 표시했다. 길이가 500인 무작위로 생성된 DNA 문자열에 9-mer가 세 번 이상 나타날

84페이지

확률은 1/1300이다(돌아가기: 문자열에서 패턴의 확률 참고). 실제로 이 영역에는 **ATGATCAAG**, **CTTGATCAT**, **TCTTGATCA**, **CTCTTGATC** 등 네 가지 다른 9-mer가 3회 이상 반복된다.

 *Vibrio cholerae*의 *ori* 영역에서 반복된 9-mer를 1개 발견할 가능성조차 매우 낮기 때문에 이 4개의 9-mer 중 하나가 짧은 영역에 여러 번 나타난다면 그것이 잠재적인 *DnaA* 박스가 될 것이라는 가설로 이어지게 된다. 과연 어떤 것일까?

STOP 잠깐 멈추고 생각해 보자 *Vibrio cholerae*의 *ori*에서 가장 빈번한 9-mer 중 무엇이 다른 것보다 더 놀라운 것일까?

더욱 놀라운 숨겨진 메시지

뉴클레오티드의 **A**와 **T**, **C**와 **G**는 서로 상보적이라는 것을 떠올려 보자. 그림 1.1과 같이 한 가닥의 DNA와 '자유 부양free floating' 뉴클레오티드가 있으면 주형 가닥template strand에 상보적 가닥complementary strand으로 합성되는 것을 상상할 수 있다. 이 복제 모델은 1958년 매튜 메셀슨Matthew Meselson과 프랭클린 스탈Franklin Stahl이 밝혔다(돌아가기: 생물학에서 가장 아름다운 실험 참고). 그림 1.4는 주형 가닥 **AGTCGCATAGT**와 그 상보적 가닥 **ACTATGCGACT**를 보여 준다.

88페이지

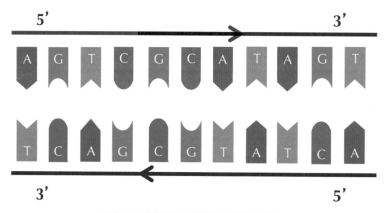

그림 1.4 역방향으로 진행되는 상보적 서열들

그림 1.4에 나온 가닥은 **ACTATGCGACT**가 아니라 왼쪽에서 오른쪽 방향인 **TCAGCGTATCA**이기 때문에 잘못 읽었다고 생각할 수 있다. 그러나 이는 잘못 읽은 것이 아니다. 화살표로 나타낸 것처럼 각 DNA 가닥에는 방향성이 있으며, 상보적 가닥은 주형 가닥과 반대 방향

으로 진행된다. 각 가닥은 5′에서 3′ 방향으로 읽는다(생물학자들이 5′와 3′라는 용어를 사용해 DNA 가닥의 시작과 끝을 언급하는 이유를 알아보려면 '돌아가기: DNA 가닥의 방향성을 참고하자').

90페이지

뉴클레오티드 p가 주어졌을 때 이것의 상보 뉴크레오티드를 $\bar{p}$라고 표현하겠다. 문자열 $Pattern = p_1 \cdots p_n$의 **역상보**$^{\text{reverse complement}}$ 서열은 문자열 $\overline{Pattern} = \bar{p}_n \cdots \bar{p}_1$이다. 이는 $Pattern$의 각 뉴클레오티드의 상보 서열을 알아내서 만들어진 문자열을 뒤집음으로써 만들어진다. 다음 문제의 해법은 이번 장 전체에서 필요하게 될 것이다.

역상보 문제

DNA 서열의 역상보 서열을 찾으시오.

입력: DNA 서열

출력: 역상보 서열

잠깐 멈추고 생각해 보자 그림 1.3의 *Vibrio cholerae ori*에서 가장 빈번한 상위 4개의 9-mers를 보자. 놀라운 점을 발견했는가?

흥미롭게도 *Vibrio cholerae*의 가장 빈번한 상위 4개의 9-mer에서 **ATGATCAAG**와 CTTGATCAT는 서로 역상보적 관계로 다음 문자열에서 6개를 찾을 수 있다.

> atcaatgatcaacgtaagcttctaagcATGATCAAGgtgctcacacagtttatccacaac
> ctgagtggatgacatcaagataggtcgttgtatctccttcctctcgtactctcatgacca
> cggaaagATGATCAAGagaggatgatttcttggccatatcgcaatgaatacttgtgactt
> gtgcttccaattgacatcttcagcgccatattgcgctggccaaggtgacggagcgggatt
> acgaaagcatgatcatggctgttgttctgtttatcttgtttttgactgagacttgttagga
> tagacggtttttcatcactgactagccaaagccttactctgcctgacatcgaccgtaaat
> tgataatgaatttacatgcttccgcgacgatttacctCTTGATCATcgatccgattgaag
> atcttcaattgttaattctcttgcctcgactcatagccatgatgagctCTTGATCATgtt
> tccttaaccctctattttttacggaagaATGATCAAGctgctgctCTTGATCATcgtttc

길이가 500인 DNA 문자열에서 9-mer를 (그대로 혹은 역상보 서열로) 여섯 번 발견하는 것은 9-mer를 (그대로) 세 번 발견하는 것보다 훨씬 놀라운 일이다. 이 발견은 **ATGATCAAG**와 이것의 역상보 서열인 CTTGATCAT가 실제로 *Vibrio cholerae*의 *DnaA* 상자를 나타낸다는 가설로 이끌게 된다.

계산에 따른 이 결론은 생물학적으로 타당하다. 왜냐하면 *DnaA* 박스에 결합해서 복제를 시작하는 *DnaA* 단백질은 DNA 가닥의 두 가닥 중 어디에 결합할지 상관하지 않기 때문이다. 따라서 우리의 목적에 따라 ATGATCAAG와 CTTGATCAT는 모두 *DnaA* 상자를 나타낸다.

그러나 *Vibrio cholerae*의 *DnaA* 상자를 발견했다는 결론을 내리기 전에 비브리오콜레라 유전체에 ATGATCAAG 또는 CTTGATCAT가 여러 번 나타나는 다른 짧은 영역이 있는지 확인해야 한다. 어쩌면 이 문자열들은 *ori* 영역뿐만이 아니라 *Vibrio cholerae* 유전체 전체에 걸쳐 반복되는 문자열일 수도 있다. 이것을 알아보려면 다음 문제를 해결해야 한다.

패턴 일치 문제

문자열에서 패턴이 나타나는 모든 경우를 구하시오.

입력: 문자열 패턴과 유전체

출력: 패턴이 시작하는 유전체의 위치

패턴 일치 문제를 해결하고 나면 *Vibrio cholerae* 유전체의 다음 위치에서 ATGATCAAG가 17번 나타나는 것을 발견할 수 있다.

116556, 149355, **151913**, **152013**, **152394**, 186189, 194276, 200076, 224527, 307692, 479770, 610980, 653338, 679985, 768828, 878903, 985368

ATGATCAAG가 위치 **151913**, **152013**, **152394**에서 시작되는 세 번의 경우를 제외하면 ATGATCAAG가 군집을 이뤄 나타나는 경우 즉 유전체의 작은 영역에서 서로 가까이 나타나는 경우는 발견되지 않는다. CTTGATCAT 역시 마찬가지 결론을 얻을 수 있다. 따라서 ATGATCAAG/CTTGATCAT가 복제를 시작하는 *DnaA*의 숨겨진 메세지라는 강력한 통계적 근거를 갖게 됐다.

잠깐 멈추고 생각해 보자 ATGATCAAG/CTTGATCAT가 다른 박테리아 유전체에서도 *DnaA* 상자를 나타낸다고 말할 수 있을까?

숨겨진 메시지의 범람

여러 유전체에서 숨겨진 메시지 찾기

ATGATCAAG/CTTGATCAT 서열이 다른 박테리아의 알려진 *ori* 영역에 나타나는지 확인해 봐야한다. *Vibrio cholerae*의 *ori* 영역에서 ATGATCAAG/CTTGATCAT가 뭉쳐있는 것은 복제와 상관없이 우연히 발생한 것일 수도 있다. 혹은 다른 박테리아는 다른 *DnaA* 상자를 갖고 있을수도 있다.

매운 더운 환경에서 자라는 박테리아인 *Thermotoga petrophila*의 *ori* 영역을 살펴보자. 이 박테리아의 이름은 온도가 80°C가 넘는 기름 아래의 물 층에서 이 박테리아가 발견된 것에서 유래했다.

```
aactctatacctccttttttgtcgaatttgtgtgattttatagagaaaatcttattaactga
aactaaaatggtaggtttggtggtaggttttgtgtacattttgtagtatctgattttttaa
ttacataccgtatattgtattaaattgacgaacaattgcatggaattgaatatatgcaaa
acaaacctaccaccaaactctgtattgaccattttaggacaacttcagggtggtaggttt
ctgaagctctcatcaatagactatttttagtctttacaaacaatattaccgttcagattca
agattctacaacgctgtttttaatgggcgttgcagaaaacttaccacctaaaatccagtat
ccaagccgatttcagagaaacctaccacttacctaccacttacctaccacccgggtggta
agttgcagacattattaaaaacctcatcagaagcttgttcaaaaatttcaatactcgaaa
cctaccacctgcgtcccctattatttactactactaataatagcagtataattgatctga
```

이 영역에는 ATGATCAAG 또는 CTTGATCAT가 전혀 없다. 따라서 다른 종류의 박테리아는 아마도 다른 종류의 *DnaA* 상자를 '숨겨진 메시지'로 사용하고 있을 것이다.

위의 *ori* 영역에 빈번한 단어 문제를 적용해 보면 다음 6개의 9-mer가 세 번 이상 나타난 것을 확인할 수 있다.

AACCTACCA AAACCTACC ACCTACCAC
CCTACCACC GGTAGGTTT TGGTAGGTT

6개의 다른 9-mer가 임의의 문자열의 짧은 구간 안에서 자주 발생하는 경우는 거의 없기 때문에 뭔가 이상한 일이 일어나고 있는 것이 분명하다. 반칙을 조금만 써서 DNA 서열에서 복제 기점을 찾아 주는 오리-파인더^{Ori-Finder}라는 소프트웨어를 사용해 보자. 오리-파인더는 CCTACCACC와 역상보 서열인 GGTGGTAGG를 *Thermotoga petrophila*의 *DnaA* 상자로 찾아냈다. 서로 상보적인 이 2개의 9-mer는 복제 기점에서 다섯 번 나타난다.

```
aactctatacctcctttttgtcgaatttgtgtgatttatagagaaaatcttattaactga
aactaaaatggtaggtttGGTGGTAGGttttgtgtacattttgtagtatctgattttttaa
ttacataccgtatattgtattaaattgacgaacaattgcatggaattgaatatatgcaaa
acaaaCCTACCACCaaactctgtattgaccattttaggacaacttcagGGTGGTAGGttt
ctgaagctctcatcaatagactattttagtctttacaaacaatattaccgttcagattca
agattctacaacgctgttttaatgggcgttgcagaaaacttaccacctaaaatccagtat
ccaagccgatttcagagaaacctaccacttacctaccacttaCCTACCACCcgggtggta
agttgcagacattattaaaaacctcatcagaagcttgttcaaaaatttcaatactcgaaa
CCTACCACCtgcgtcccctattatttactactactaataatagcagtataattgatctga
```

군집 찾기 문제

새롭게 염기 서열이 밝혀진 박테리아 유전체에서 *ori*를 찾는다고 생각해 보자. ATGATCAAG/CTTGATCAT 또는 CCTACCACC/GGTGGTAGG의 군집을 찾는 것은 도움이 되지 않는다. 왜냐하면 새로운 유전체는 완전히 다른 숨겨진 메시지를 사용할 수도 있기 때문이다. 희망을 버리지 말고 계산의 초점을 바꿔서 생각해 보자. 특정 k-mer 군집을 찾는 대신 유전체에서 군집을 형성하는 모든 k-mer를 찾아보자. 이 군집들이 *ori*의 위치를 밝혀 주길 기대해 보자.

길이가 L인 윈도우를 만들어 유전체를 하나씩 훑어 나가면서 짧은 구간에서 k-mer가 여러 번 나타나는지 관찰해 본다. 매개변수 값 $L = 500$은 박테리아 유전체의 일반적인 *ori* 길이를 나타낸다.

유전체의 짧은 간격 안에서 여러 번 반복이 나타나는 k-mer를 '군집^{clump}'이라고 정의하겠다. 다시 말하면 주어진 정수 L과 t에서 길이 L의 k-mer 패턴이 t번 나타나는 경우 (L, t)-군집을 형성한다고 말할 수 있다. 예를 들어 TGCA는 다음 유전체에 (25, 3)-군집을 형성한다.

gatcagcataagggtccCTGCAATGCATGACAAGCCTGCAGTtgttttac

이전 *ori* 영역의 두 예시에서 ATGATCAAG는 *Vibrio cholerae* 유전체에서 (500, 3)-군집을 형성하고 CCTACCACC는 *Thermotoga petrophila* 유전체에서 (500, 3)-군집을 형성한다. 이제 다음 문제를 공식화할 준비가 됐다.

군집 찾기 문제

문자열에서 군집을 형성하는 패턴을 찾으시오.

입력: 문자열 유전체, 정수 k, L, t

출력: 유전체에서 (L, t)-군집을 형성하는 모든 k-mer

충전소: 군집 찾기 문제 해결   군집 찾기 문제는 빈번한 단어 문제 알고리듬을 길이가 L인 윈도우에 적용함으로써 간단히 해결할 수 있다. 그러나 빈번한 단어 문제 알고리듬이 효율적이지 않다면 이런 접근 방식은 효과적이지 않을 수 있다. 예를 들어, FREQUENTWORDS의 실행 시간이 $O(L^2 \cdot k)$이라는 것을 떠올려 보자. 유전체에서 길이가 L인 윈도우에 이 알고리듬을 적용하면 $O(L^2 \cdot k \cdot |Genome|)$이 된다. 게다가 빈번한 단어 문제에 대한(70페이지에서 빈도 배열을 소개할 때 설명한 것과 같은) 더 빠른 알고리듬을 사용한다고 해도 사람은 말할 것도 없고 박테리아의 유전체를 분석하려 할 때조차 실행 시간은 여전히 클 것이다. 이 충전소를 참고해서 군집 찾기 문제를 해결하는 효과적인 방법을 알아보자.

76페이지

박테리아 유전체학의 주역인 대장균(*Eschericia coli, E. coli*) 유전체에서 군집을 찾아보자. 대장균 유전체에서 $(500, 3)$-군집을 형성하는 수백 가지의 9-mer가 발견됐으며, 이 9-mer 중 어느 것이 *DnaA* 상자를 나타내는지는 불분명하다.

잠깐 멈추고 생각해 보자   그렇지 않다면 이제 무엇을 해볼 것인가?

경험이 없는 연구원이라면 이 시점에서 포기할지도 모른다. 왜냐하면 대장균에서 *ori*를 찾을 수 있는 충분한 정보가 없어 보이기 때문이다. 그러나 베테랑 생물정보학자는 *ori*를 찾는 새로운 알고리듬적 통찰력을 얻고자 복제 과정의 세부 사항을 배우려 할 것이다.

DNA를 복제하는 가장 간단한 방법

복제 과정을 더 자세히 논의해 보자. 그림 1.5의 상단에서 2개의 상보적 DNA 가닥은 *ori*에서 원형의 염색체가 풀림에 따라 서로 반대 방향으로 복제를 진행하는 것을 보여 준다. 가닥이 풀리면서 양쪽 방향으로 확장하는 **복제 포크**replication fork가 생성되고 *ter*라고 표기된 **복제 말단**replication terminus까지 복제가 진행된다. 복제 말단은 *ori*와 반대쪽에 위치한다.

　복제에 대해 알아야 할 중요한 점은 DNA 중합 효소는 복제를 시작할 때 2개의 부모 가닥이 완전히 분리될 때까지 기다리지 않는다는 점이다. 그 대신 가닥이 풀리는 도중에 복제를 시작한다. 따라서 4개의 DNA 중합 효소가 각각의 가닥 절반을 맡아 *ori*에서 시작해 전체 염색체를 복제할 수 있게 된다. 복제를 시작하려면 DNA 중합 효소는 **프라이머**primer 라는 짧은 상보적 가닥이 필요하다(그림 1.5에 빨간색으로 표시함). 가닥들이 분리되기 시작한 뒤 4개의 DNA 중합 효소는 뉴클레오티드를 추가하면서 복제를 시작한다. 이때 프라이머에서 시작해 염색체의 *ori*부터 *ter* 주변에서 시계 또는 반시계 방향으로 진행한다. 4개의 DNA 중합 효소가 모두 *ter*에 도착하면 염색체의 DNA들은 복제가 완료되고 두 쌍의 상보적 가닥이 만들어지며(그림 1.5 아래쪽) 세포는 분열할 준비를 마치게 된다.

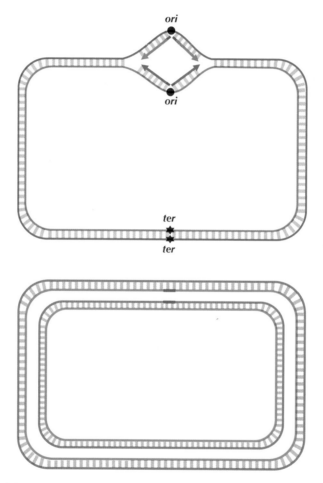

그림 1.5 (위) 4개의 DNA 중합 효소가 *ori*에서 *ter*로 복제 포크를 생성하며 염색체를 복제한다. 파란색 가닥은 시계 방향, 초록색 가닥은 반시계 방향이다. (아래) 복제가 완료됐다.

위 설명을 읽는 동안 아마도 생물학 교수님들은 저자를 해고하고 생물학 수업으로 보내 버리라는 청원을 넣을지도 모른다. 교수님들이 맞다. 왜냐하면 이 설명에는 큰 결함이 있기 때문이다. 이러한 방식으로 복제 과정을 설명한 이유는 앞으로의 진행 내용을 더 잘 이해할 수 있게 하기 위함이었다.

위 설명의 문제점은 DNA 중합 효소가 DNA 가닥을 따라 5′ → 3′ 그리고 3′ → 5′인 어떠한 방향으로든 DNA를 복제할 수 있다고 가정한다는 것이다. 그러나 자연계에서는 DNA 중합 효소에 이러한 기능을 갖고 있지 않다. 즉 복제는 한쪽 방향으로만 진행되며 3′ → 5′ 방향으로만 가능하다. 이것이 DNA의 5′ → 3′ 방향과는 반대라는 것에 주목하자.

> **잠깐 멈추고 생각해 보자** 단방향 DNA 중합 효소는 어떻게 DNA를 복제할 수 있을까? 이 작업을 마치려면 몇 개의 DNA 중합 효소가 필요할까?

DNA 중합 효소의 단방향성 때문에 앞서 설명한 복제 모델을 크게 수정해야 한다. *ori*에서 ter로 DNA를 따라간다고 했을 때 그림 1.6에서 살펴본 것처럼 *ori*와 *ter*를 연결하는 네 종류의 반가닥 DNA가 있다. 이 반가닥 중 2개는 *ori*에서 *ter*까지 5′ → 3′ 방향으로 이동하며 이를 **정방향 반가닥**forward half-strand이라고 한다. 그림 1.6에서 얇은 파란색과 녹색으로 표기했다. 다른 두 반가닥은 *ori*에서 *ter*까지 3′ → 5′ 방향으로 이동하며 **역방향 반가닥**reverse half-strand이라고 한다. 그림 1.6에서 굵은 파란색과 녹색으로 표기했다.

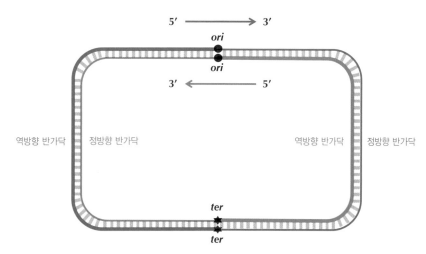

그림 1.6 정방향 및 역방향 반가닥의 상보적 DNA 가닥을 각각 얇고 굵은 선으로 표시했다.

복제의 비대칭성

생물학자들은 DNA 복제 과정 설명을 들으며 편안한 마음을 갖겠지만 컴퓨터 과학자들은 새로운 용어들로 머리가 과부화될지도 모른다. 생물학적으로 복잡해 보인다면 이번 절을 훑어보는 느낌으로 지나가 보자. 단지 복제 과정이 **비대칭**asymmetric이라는 점, 즉 복제에 있어서 정방향 가닥과 역방향 가닥은 서로 매우 다른 운명을 맞이한다는 점을 알아두기만 하면 된다.

DNA 중합 효소는 역방향인 3′ → 5′ 방향으로만 움직일 수 있으므로 역방향 반가닥에서는 멈추지 않고 복제 과정을 진행할 수 있다. 그러나 DNA 중합 효소가 정방향인 5′ → 3′로 이동할 수는 없기 때문에 정방향 반가닥에서의 복제 과정은 무척 다르다. DNA 중합 효소는 ori를 향해 반대로 복제 과정을 진행해야 한다. 그림 1.7을 보면 어떻게 이 과정이 진행되는지 살펴볼 수 있다.

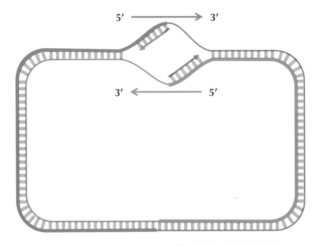

그림 1.7 복제는 ori에서 시작해(프라이머는 빨간색으로 표기함) 역방향 반가닥(두꺼운 선으로 표기함)을 합성한다. DNA 중합 효소는 복제 포크가 짧은 거리를 열 때까지 기다렸다가 ori를 향해 정방향 반가닥(얇은 선으로 표기함)을 복제하기 시작한다.

정방향 반가닥에서 DNA를 복제할 때 DNA 중합 효소는 새로운 프라이머가 복제 포크의 끝에 형성될 때까지 복제 포크가 약 2,000 뉴클레오티드 정도 열리기를 기다려야 한다. 이후 DNA 중합 효소는 프라이머에서 시작해 ori 방향 쪽으로 진행하면서 짧은 DNA 조각을 합성하기 시작한다. 정방향 반가닥에 있는 DNA 중합 효소가 ori에 도착하게 되면 그림 1.8과 같이 된다. 그림 1.5와 비교해 보자.

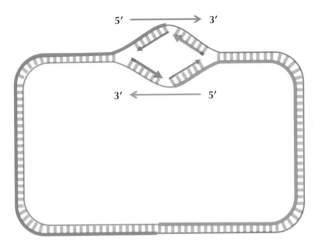

그림 1.8 이제 정방향 반가닥(얇은 선으로 표시됨)에서 딸 조각이 약간의 지연과 함께 합성된다.

이 시점이 지나면 각 역방향 반가닥 복제 과정이 이어서 진행된다. 그러나 정방향 반가닥에 있는 DNA 중합 효소는 복제 포크가 또 다른 2,000개의 뉴클레오티드를 열 때까지 기다릴 수밖에 없다. 따라서 또 다른 단편을 *ori* 방향으로 합성하기 위한 프라이머가 필요하게 된다. 전체적으로 정방향 반가닥의 복제는 멈췄다가 진행하는 과정이 필요하기에 짧은 **오카자키 단편**Okazaki fragment의 합성이 일어날 수밖에 없다. 그림 1.9의 윗그림에서 조각들이 형성되는 것을 볼 수 있다.

복제 포크가 *ter*에 도달하면 복제 과정이 거의 완료되지만 연결되지 않은 오카자키 단편들 사이에는 아직 틈이 남아 있다(그림 1.9 가운데).

마지막으로 연속된 오카자키 단편은 **DNA 연결 효소**DNA ligase에 의해 연결되며, 그림 1.9 (아래쪽)에서 볼 수 있듯이 하나의 부모 가닥과 새로 합성된 딸 가닥으로 구성된 온전한 2개의 딸 염색체가 만들어지게 된다.

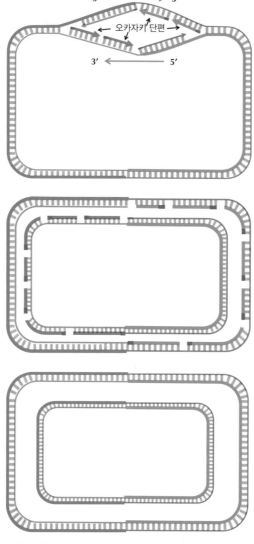

그림 1.9 (위) 복제 포크가 계속해서 자라나고 있다. 각 역방향 반가닥(굵은 선으로 표시됨)에는 프라이머가 하나씩만 필요하지만, 정방향 반가닥(얇은선으로 표시됨)은 오카자키 단편을 합성하고자 여러 개의 프라이머가 필요하다. 정방향 반가닥의 두 프라이머를 빨간색으로 표시했다. (중간) 모든 딸 DNA가 합성됨에 따라 복제가 거의 완료됐다. 그러나 절반의 딸 염색체는 연결이 끊어진 오카자키 단편이 있다. (아래) 오카자키 단편을 연결해 2개의 딸 염색체를 생성했다.

실제로는 DNA 연결 효소가 모든 오카자키 단편들이 만들어지길 기다린 다음 연결을 시작하지는 않는다.

생물학자들은 역방향 반가닥을 **선도 반가닥**leading half-strand이라고 부르는데, 그 이유는 하나의 DNA 중합 효소가 이 반가닥을 쉬지 않고 거쳐 가기 때문이다. 그리고 정방향 반가닥은 **지연 반가닥**lagging half-strand이라고 부르는데, 그 이유는 여러 DNA 중합 효소가 이 반가닥을 주형으로 삼고 복제를 멈추거나 시작하기 때문이다. 개념이 혼동되는 것은 독자 여러분뿐만 아니라 생물학을 배우는 학생들도 마찬가지다. 우리가 다른 교과서와 다른 용어를 썼기에 더욱 혼동된다. 이 혼란을 완화하고자 '역방향'과 '정방향'을 사용한 이유를 이해하길 바란다.

정방향 및 역방향 반가닥의 독특한 통계

숨어 있는 생물학적 현상 또는 통계적 우연?

그림 1.10(왼쪽 위)은 놀라운 패턴을 보여 준다. 대장균 유전체를 실험적으로 검증된 복제 말단에서 시작해 대략 100,000 뉴클레오티드의 46개 조각에서 시토신 비율을 계산했다. *ter*에서 시작한 첫 23개 조각은 역방향 반가닥을 나타내고 *ori*에서 시작한 마지막 23개 조각은 정방향 반가닥을 나타낸다(그림 1.6 참고). 역방향 반가닥 조각은 대부분 높은 시토신 비율(25% 이상)을 보이는 반면, 정방향 반가닥 조각은 대부분 낮은 시토신 비율(25% 미만)을 보였다. 반대로 그림 1.10(오른쪽 위)에서 알 수 있듯이 역방향 반가닥의 대부분은 낮은 구아닌 비율(25% 미만)을 보이는 반면, 정방향 반가닥 조각은 대부분 높은 구아닌 비율(25% 이상)을 보였다.

그림 1.10(왼쪽 하단)은 각 유전체 단편에서 G와 C의 비율 차이를 보여 주며, 역방향 및 정방향 반가닥에서 특이한 뉴클레오티드 비율 통계를 더욱 눈에 띄게 시각화해서 보여 준다. *ori*의 위치를 미리 알지 못한다고 하더라도 그림 1.10과 같이 대장균 유전체의 임의의 위치에서 시작한 경우에도 여전히 패턴을 관찰할 수 있다(오른쪽 아래).

그림 1.10에서 찾은 패턴이 통계적 우연이 아니라고 한다면 *ori*를 찾는 방법의 힌트를 알아냈다고 할 수 있다. 유전체를 하나씩 따라가며 구아닌과 시토신의 비율 차이가 어디에서 음수에서 양수로 바뀌는지 찾아보자. 어떻게 이러한 간단한 테스트로 박테리아의 복제 기점을 찾을 수 있는 것일까?

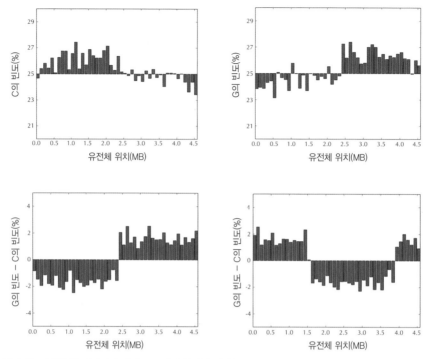

그림 1.10 (왼쪽 위) 대장균 유전체를 46개의 동일한 길이(약 100,000개의 뉴클레오티드)로 나눠 계산한 시토신의 빈도. *ter*는 0에 위치하며 *ori*는 대장균의 원형 염색체상에서 *ter*의 반대편에 있으며 약 230만 뉴클레오티드만큼 떨어져 있다. 역방향 반가닥은 히스토그램 앞쪽 절반을 차지하고 있으며 정방향 반가닥은 히스토그램 뒤쪽 절반을 차지하고 있다. (오른쪽 위) 대장균 유전체에서 동일한 46개 단편으로 나눠 계산한 구아닌의 빈도. (왼쪽 아래) 대장균 유전체에서 46개 단편의 구아닌과 시토신의 비율 차이를 나타낸다. 여기서 유전체의 시작점은 실험적으로 검증했다고 가정한다. (오른쪽 아래) 유전체가 임의의 지점에서 시작한다고 가정했을 때 46개 단편에서 구아닌과 시토신의 비율 차이.

탈아민화

복제 포크가 확장됨에 따라 DNA 중합 효소가 역방향 반가닥의 DNA를 빠르게 합성하지만 정방향 반가닥에서는 지연으로 느리게 합성된다는 것을 배웠다. 역방향 반가닥의 복제가 빠르게 진행되므로 복제 기간의 대부분은 이중 가닥으로 존재한다는 것을 알아두자. 반대로 정방향 반가닥은 복제의 주형으로 사용되길 기다리며 훨씬 많은 시간 동안 단일 가닥 상태로 존재한다. 단일 가닥 DNA는 이중 가닥 DNA보다 돌연변이가 나타날 확률이 훨씬 높기 때문에 둘 간의 차이를 관찰하는 것은 중요하다. 특히 단일 가닥 DNA에서 4개의 뉴클레오티드 중 하나가 다른 뉴클레오티드보다 돌연변이가 나타나는 경향성이 더 크다면 정방향 반가닥에서 이 뉴클레오티드의 수가 줄어들었는지 확인해 봐야 한다.

이 아이디어를 따라 정방향 반가닥과 역방향 반가닥 뉴클레오티드 수를 살펴보자. *Thermotoga petrophila*의 뉴클리오티드 수를 그림 1.11에 표기했다. A와 T의 비율은 2개의 반가닥에서 실질적으로 같지만 C는 정방향 반가닥보다 역방향 반가닥에서 더 빈번하다. 219518 − 207901 = +11617. 반대로 C에 상보관계인 G는 정방향 반가닥보다 역방향 반가닥에서 덜 빈번하다. 201634 − 211607 = −9973.

	#C	#G	#A	#T
전체 가닥	427419	413241	491488	491363
역방향 반가닥	219518	201634	243963	246641
정방향 반가닥	207901	211607	247525	244722
차이	+11617	-9973	-3562	+1919

그림 1.11 *Thermotoga petrophila* 유전체에서 정방향 및 역방향 반가닥의 뉴클레오티드 수

이런 차이가 관찰된 이유는 시토신(C)이 **탈아민화**deamination라고 불리는 과정을 통해 티민(T)으로 변하는 경향이 있기 때문이었던 것으로 밝혀졌다. DNA가 단일 가닥인 경우 탈아민화 비율이 100배 증가하며, 정방향 반가닥에서 시토신이 감소해 일치하지 않는 염기쌍인 T-G를 형성하게 된다. 이러한 미스매치mismatch 쌍은 다음 복제 때 T-A 쌍으로 복제돼 변이가 일어날 수 있으며 이는 역방향 반가닥에서 구아닌(G)의 수가 감소한 이유를 설명해 준다(정방향 부모 반가닥이 역방향 딸 반가닥을 만들고 역방향 부모 반가닥이 역방향 딸 반가닥을 만들어 낸다는 것을 떠올려 보자).

> 잠깐 멈추고 생각해 보자 탈아민화가 시토신을 티민으로 바꾼다면 정방향 반가닥에 시토신이 남아 있는 이유가 무엇이라 생각하는가?

비대칭 다이어그램

탈아민화로 인한 이 독특한 통계량이 그림 1.10에서 설명한 접근 방식보다 더 정확하게 *ori*를 찾을 수 있는지 살펴보자. 그림 1.11에서 알 수 있듯이 구아닌과 시토신 총량 간의 차이는 역방향 반가닥에서 음수(201634 − 219518 = −17884)이고, 정방향 반가닥에서는 양수(211607 − 207901 = +3706)다. 따라서 우리의 아이디어는 G와 C의 숫자 차이를 계속 유지하면서 유전체를 가로질러 보는 것이다. 차이가 증가하기 시작하면, 정방향 반가닥에 있다고 생각할 수 있다. 반대로 차이가 줄어들기 시작하면 역방향 반가닥에 있다고 생각할 수 있다. 그림 1.12를 살펴보자.

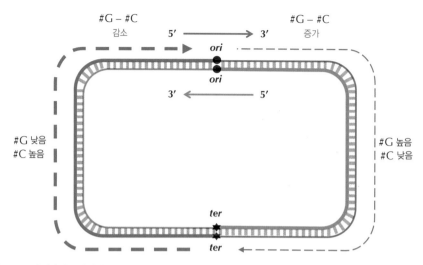

그림 1.12 탈아민화로 정방향 반가닥은 구아닌에 비해 시토신이 부족하고 역방향 반가닥은 시토신에 비해 구아닌이 부족하다. 파란색 점선은 가리키는 방향으로 G와 C의 개수 차이를 세어 나가는 과정을 표현한다. 이 차이는 정방향 반가닥에서 양수이고 역방향 반가닥에서 음수라고 가정한다.

STOP 잠깐 멈추고 생각해 보자 유전체를 5′ → 3′ 방향으로 읽어 나가는 동안 구아닌과 시토신 개수 차이가 감소에서 증가로 바뀌었을 때 이 구간은 유전체에서 어떤 구간이라고 할 수 있을까?

원형 유전체에서 *ori*의 위치를 알 수 없으므로 이를 선형으로 만들어서(즉, 임의의 위치를 선택하고 유전체가 여기에서 시작한다고 가정해서) 선형 문자열 *Genome*을 생성하겠다. $\text{SKEW}_i(Genome)$을 *i*번째 유전체에서 G와 C의 발생 차이로 정의하겠다. **비대칭 다이어그램**skewed diagram은 유전체에서 처음부터 |*Genome*|까지의 뉴클레오티드 범위를 $\text{SKEW}_i(Genome)$ 그래프로 나타낸 것이다. 여기서 $\text{SKEW}_0(Genome)$은 0번째 위치로 정의한다. 그림 1.13은 짧은 DNA 서열의 비대칭 다이어그램을 보여 준다.

유전체의 *i* 위치에 있는 뉴클레오티드를 따라 $\text{SKEW}_i(Genome)$에서 $\text{SKEW}_{i+1}(Genome)$을 계산할 수 있다. 뉴클레오티드가 G이면 $\text{SKEW}_{i+1}(Genome) = \text{SKEW}_i(Genome) + 1$이고, 뉴클레오티드가 C이면 $\text{SKEW}_{i+1}(Genome) = \text{SKEW}_i(Genome) - 1$이다.

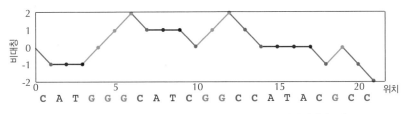

그림 1.13 Genome = CATGGGCATCGGCCATACGCC인 비대칭 다이어그램

그림 1.14에 선형 대장균 유전체의 비대칭 다이어그램을 나타냈다. 패턴이 매우 명확하다는 점에 주목해 보자. 많은 박테리아 유전체의 비대칭 다이어그램이 서로 유사한 특정 모양을 갖고 있음이 밝혀졌다.

잠깐 멈추고 생각해 보자 그림 1.14의 비대칭 다이어그램에서 대장균의 *ori*가 어디라고 생각하는가?

$5' \to 3'$의 방향을 따라가 보자. DNA의 $3'$ 방향으로 염색체를 따라 *ter*에서 *ori*인 역방향 반가닥 방향으로 이동한 다음 *ori*에서 *ter*인 정방향 반가닥 방향으로 이동해 보자. 그림 1.12에서 봤듯이 역방향 반가닥을 따라 기울기가 감소하고 정방향 반가닥을 따라 기울기가 증가함을 알 수 있다. 따라서 비대칭 값은 역방향 반가닥이 끝나고 정방향 반가닥이 시작하는 시점에 최소점이 될 것이며 이는 정확히 *ori*의 위치를 나타낸다. 우리는 *ori*의 위치를 찾는 알고리듬을 막 개발했다. *ori*는 비대칭 값이 최소가 되는 지점에 있어야 한다.

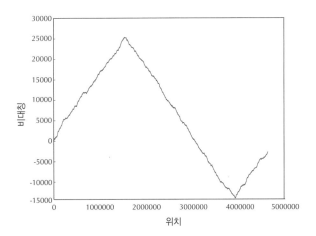

그림 1.14 대장균의 비대칭 다이어그램은 1550413에서 최대, 3923620에서 최소를 나타낸다.

최소 비대칭 문제

비대칭 다이어그램이 최소가 되는 유전체의 위치를 찾으시오.

입력: DNA 문자열 유전체

출력: i의 모든 값 중 $SKEW_i(Genome)$을 최소화하는 모든 정수 i(0부터 |$Genome$|까지)

잠깐 멈추고 생각해 보자　비대칭 다이어그램은 원형 염색체의 어디서부터 시작하는지에 따라 달라진다. 비대칭 다이어그램의 최소값은 비대칭 다이어그램의 시작 위치에 관계없이 유전체에서 동일한 위치를 가리킬까?

다른 메시지보다 이해하기 어려운 일부 숨겨진 메시지

최소 비대칭 문제를 해결하면 대략 대장균의 3923620 위치에 *ori*가 위치한다는 것을 알 수 있다. 이 가설을 확인하고자 이 위치 근처의 잠재적 *DnaA* 상자를 나타내는 숨겨진 메시지를 찾아보겠다. 위치 3923620에서 시작하는 길이가 500인 범위 내에서 FrequentWord 문제를 풀어 보면 역상보를 포함해서 세 번 이상 나타나는 9-mer는 발견되지 않는다. 대장균 *ori*에서는 찾았다고 해도 여전히 이 박테리아에서 복제를 시작하는 *DnaA* 상자를 여전히 찾지 못한 것으로 보인다.

```
aatgatgatgacgtcaaaaggatccggataaaacatggtgattgcctcgcataacgcggt
atgaaaatggattgaagcccgggccgtggattctactcaactttgtcggcttgagaaaga
cctgggatcctgggtattaaaaagaagatctatttatttagagatctgttctattgtgat
ctcttattaggatcgcactgccctgtggataacaaggatccggcttttaagatcaacaac
ctggaaaggatcattaactgtgaatgatcggtgatcctggaccgtataagctgggatcag
aatgaggggttatacacaactcaaaaactgaacaacagttgttctttggataactaccgg
ttgatccaagcttcctgacagagttatccacagtagatcgcacgatctgtatacttattt
gagtaaattaacccacgatcccagccattcttctgccggatcttccggaatgtcgtgatc
aagaatgttgatcttcagtg
```

잠깐 멈추고 생각해 보자　이젠 무엇을 해야 하는가?

포기하기 전에 *Vibrio cholerae*의 ori를 한 번 더 살펴보고 대장균에서 *DnaA* 상자를 찾기 위한 알고리듬을 바꿀 만한 아이디어가 있는지 생각해 보자. ATGATCAAG와 그것의 역상보 서열인 CTTGATCAT가 세 번씩 나타나는 것 외에도 *Vibrio cholerae* ori에는 ATGATCAAC와 CATGATCAT 역시 나타나 있다. 이 서열은 ATGATCAAG 및 CTTGATCAT와 비교해 봤을 때 1개의 뉴클레오티드만 다르다.

atcaATGATCAACgtaagcttctaagcATGATCAAGgtgctcacacagtttatccacaac
ctgagtggatgacatcaagataggtcgttgtatctccttcctctcgtactctcatgacca
cggaaagATGATCAAGagaggatgatttcttggccatatcgcaatgaatacttgtgactt
gtgcttccaattgacatcttcagcgccatattgcgctggccaaggtgacggagcgggatt
acgaaagCATGATCATggctgttgttctgtttatcttgtttttgactgagacttgttagga
tagacggtttttcatcactgactagccaaagccttactctgcctgacatcgaccgtaaat
tgataatgaatttacatgcttccgcgacgatttacctCTTGATCATcgatccgattgaag
atcttcaattgttaattctcttgcctcgactcatagccatgatgagctCTTGATCATgtt
tccttaaccctctattttttacggaagaATGATCAAGctgctgctCTTGATCATcgtttc

처음 우연히 발견했던 ATGATCAAG와 역상보 서열인 CTTGATCAT가 여섯 번 발견된 것보다 이 대략적인 9-mer가 짧은 영역에서 여덟 번이나 발견된 점은 통계적으로 더욱 놀라운 일이다. 게다가 *DnaA*가 완벽한 *DnaA* 상자뿐만 아니라 약간의 변형에도 결합할 수 있기에 이러한 대략적인 9-mer의 발견은 생물학적으로 의미가 있다.

k-mer $p_1 \cdots p_k$와 $q_1 \cdots q_k$의 위치 i에서 $p_i \neq q_i$이면 **미스매치**^mismatch한다고 한다. p와 q 사이의 미스매치 개수를 **해밍 거리**^Hamming distance라고 하며 HAMMINGDISTANCE(p, q)로 나타낼 수 있다.

해밍 거리 문제

두 문자열에서 해밍 거리를 계산하시오.

입력: 같은 길이의 두 문자열

출력: 두 문자열의 해밍 거리

문자열 *Text*의 k-mer 하위 문자열 *Pattern′*과 *Pattern* 사이의 미스매치가 d개 이하일 때, 즉 HAMMINGDISTANCE(*Pattern*, *Pattern′*)$\leq d$일 때 이 k-mer *Pattern*이 *Text*의 하위 문자열로 나타난다고 말한다. *DnaA* 상자에서 약간의 변이가 가능하다는 관찰 결과를 통해 패턴 일치 문제^Pattern Matching Problem를 다음으로 일반화할 수 있다.

이제 우리의 목표는 빈번한 단어 문제에 사용했던 이전 알고리듬을 수정해 미스매치를 허용하면서 *DnaA* 상자에서 자주 나타나는 *k*-mer를 찾는 것이다. 주어진 *Text*, *Pattern*, 정수 *d*를 사용해 *Text*에서 *Pattern*이 최대 *d*개의 미스매치를 보이는 발생 횟수를 $\text{COUNT}_d(Text, Pattern)$로 정의하겠다. 예를 들면 다음과 같다.

$$\text{COUNT}_1(\text{AACAAGCATAAACATTAAAGAG, AAAAA}) = 4$$

AAAAA는 문자열에서 **AACAA**, **ATAAA**, **AAACA**, **AAAGA**와 같은 미스매치로 최대 네 번 나타난다.

연습 문제 $\text{COUNT}_2(\text{AACAAGCATAAACATTAAAGAG, AAAAA})$를 계산하라.

$\text{COUNT}_d(Text, Pattern)$을 계산하는 것은 단순히 *Text*에서의 *k*-mer와 해밍 거리만큼의 *Pattern*을 계산하면 된다.

```
APPROXIMATEPATTERNCOUNT(Text, Pattern, d)
    count ← 0
    for i ← 0 to |Text| − |Pattern|
        Pattern' ← Text(i, |Pattern|)
        if HAMMINGDISTANCE(Pattern, Pattern') ≤ d
            count ← count + 1
    return count
```

연습 문제   **APPROXIMATEPATTERNCOUNT**를 구현하시오. 실행 시간은 어느 정도 걸리는가?

*Text*에서 **최대 *d*개의 미스매치를 갖는 가장 빈번한 *k*-mer**는 모든 *k*-mer 중에서 $\text{COUNT}_d(\textit{Text},$ *Pattern*)가 최대가 되는 문자열 패턴이다. *Pattern*이 실제로 *Text*의 하위 문자열로 나타날 필요는 없다. 예를 들어 위의 예시처럼 AAAAA는 AACAAGCATAAACATTAAAGAG에서 정확하게 나타나지 않더라도 한 번의 미스매치를 허용했을 때 가장 빈번한 5-mer이다. 이 점을 명심해 다음 문제를 해결해 보자.

미스매치가 있는 빈번한 단어 문제

문자열에서 미스매치를 포함한 가장 빈번한 *k*-mer를 찾으시오.

> **입력:** 문자열 *Text*와 정수 *k*와 *d*
> **출력:** *Text*에서 최대 *d*개의 미스매치를 가진 가장 빈번한 *k*-mer 모두

충전소: 미스매치가 있는 빈번한 단어 문제 해결   일치하지 않는 빈번한 단어를 해결하는 한 가지 방법은 모든 4^k의 *k*-mer 패턴을 생성하고 각 *k*-mer에 대해 $\text{COUNT}_d(\textit{Text}, \textit{Pattern}, d)$를 계산한 다음 최대값을 출력하는 것이다. 하지만 이 방법은 효율적이지 않은 접근법이다. 대다수의 4^k의 *k*-mer는 그대로 혹은 미스매치를 허용해도 *Text*에서 나타나지 않기 때문이다. 문제 해결의 더 나은 알고리듬을 일반화하는 방법은 이번 충전소를 확인해 보자.

78페이지

미스매치와 역상보를 빈번한 단어 문제에 적용해 보자. $\overline{\textit{Pattern}}$은 *Pattern*의 역상보 서열임을 기억하자.

미스매치와 역상보의 빈번한 단어 문제

문자열에서 미스매치와 역상보를 고려해 가장 빈번한 *k*-mer를 찾으시오.

> **입력:** DNA 문자열 *Text*와 정수 *k*와 *d*
> **출력:** $\text{COUNT}_d(\textit{Text}, \textit{Pattern}) + \text{COUNT}_d(\textit{Text}, \overline{\textit{Pattern}})$를 최대화하는 가능한 모든 *k*-mer

---

대장균에서 DnaA 상자를 찾는 마지막 시도

이제 최소 비대칭이 제시한 *ori*의 영역에서 미스매치와 역상보를 고려해 가장 빈번한 9-mer를 찾아 대장균에서 *DnaA* 상자를 찾는 마지막 시도를 해보자. 대장균의 비대칭 다이어그램에서 최소값은 3923620 위치에서 발견됐지만 비대칭 값에 임의의 변동이 있을 수 있으니 이 영역을 정확히 *ori*라고 가정해서는 안 된다. 이 문제를 해결하고자 더 큰 윈도우 크기(예: $L = 1000$)를 선택할 수 있지만 윈도우 크기를 늘리면 *DnaA* 상자에 나타나지는 않는 더 빈번한 9-mer가 나올 가능성이 있다. 최소 비대칭의 시작, 끝 또는 중간 지점을 기준으로 하는 작은 크기의 윈도우를 사용하는 것이 더 합리적이다.

대장균 유전체의 3923630 위치에서 시작해 길이 500의 윈도우에서 (1개의 미스매치 및 역상보를 고려해서) 가장 빈번한 9-mer가 잘 나오도록 행운을 빌어 보자. 빙고! 대장균(TTATCCACA)은 역상보 TGTGGATAA와 함께 1개의 미스매치를 포함한 가장 빈번한 9-mer이며 실험적으로도 확인된 서열이다.

aatgatgatgacgtcaaaaggatccggataaaacat**ggtgattgcctcgcataacgcggt**
atgaaaatggattgaagcccgggccgtggattctactcaactttgtcggcttgagaaaga
cctgggatcctgggtattaaaaagaagatctatttatttagagatctgttctattgtgat
ctcttattaggatcgcactgcccTGTGGATAAcaaggatccggcttttaagatcaacaac
ctggaaaggatcattaactgtgaatgatcggtgatcctggaccgtataagctgggatcag
aatgaggggTTATACACAactcaaaaactgaacaacagttgttcTTTGGATAActaccgg
ttgatccaagcttcctgacagagTTATCCACAgtagatcgcacgatctgtatacttattt
gagtaaattaacccacgatcccagccattcttctgccggatcttccggaatgtcgtgatc
aagaatgttgatcttcagtg

이 서열의 내부를 더 어두운 글자로 강조 표시했다. 이 영역은 실험적으로 검증한 대장균의 *ori*이며 3923620 위치에서 37개 뉴클레오티드 다음에서 시작하며 비대칭은 최소값에 도달한다.

다행히 대장균의 *DnaA* 상자가 선택한 윈도우에서 나타났다. 또한 500 뉴클레오티드 윈도우에서 1개의 미스매치 및 역상보를 갖는 가장 빈번한 9-mer는 TTATCCACA만 있는 것이 아니다. GGATCCTGG, GATCCCAGC, GTTATCCAC, AGCTGGGAT, CTGGGATCA도 1개의 미스매치 및 역상보 서열로 네 번 나타난다.

잠깐 멈추고 생각해 보자 1장에서 매번 *ori*를 찾을 때마다 놀라울 정도로 빈번한 서로 다른 9-mer들을 찾는 것처럼 보인다. 왜 그렇다고 생각하는가?

대장균 유전체에서 다른 9-mer가 어떤 목적으로 사용되는지 알 순 없지만 유전체에는 여러 가지 유형의 숨겨진 메시지가 있다는 것을 알고 있다. 이러한 숨겨진 메시지는 유전체 안에서 뭉쳐 있는 경향이 있으며 대부분은 복제와 관련 없다. 한 가지 예로 2장에서 살펴볼 유전자 발현을 담당하는 조절 DNA 모티프가 있다. 중요한 점은 *ori* 예측에 기존 접근 방법이 불완전하고 확실하지 않다는 점이다. 그러나 생물학자에게 *DnaA* 상자 후보로 9-mer들을 제공하는 것은 도움이 될 수 있다.

따라서 컴퓨터적 예측은 강력하지만 생물정보학자들은 생물학자와 협력해 예측 결과를 확인하며 예측력을 높여야 한다. 다음 질문은 진화론적 유사성을 사용한 생물정보학 접근 방법인 **비교 유전체학**comparative genomics으로 *ori* 예측을 수행하는 방법의 단서다.

> **잠깐 멈추고 생각해 보자** *Salmonella enterica*는 장티푸스와 식중독을 일으키는 대장균과 가까운 친척이다. 대장균에서 *DnaA* 상자를 발견하는 방법을 배웠다. *Salmonella enterica*에서 *DnaA* 상자를 어떤 방법으로 찾아볼 것인가?

에필로그에서 *Salmonella enterica*의 *DnaA* 상자를 찾아볼 것이다. 실제 데이터 세트에 배운 내용을 적용해 보는 '도전 문제'가 있다. 일부 장에서는 답변이 없는 연구 문제를 간략히 설명하는 '열린 문제' 절도 있다.

에필로그: ori 예측의 복잡성

1장은 세 가지 유전체를 다뤘고 *DnaA* 상자를 암호화하는 세 가지 다른 9-mer를 발견했다. *Vinao cholerae*의 ATGATCAAG, *Thermotoga petrophila*의 CCTACCACC, 대장균의 TTATCCACA가 그것이다. *ori*를 찾는 것은 앞서 다룬 세 가지 예제 유전체보다 더 복잡하다. 일부 박테리아는 대장균보다 *DnaA* 상자가 훨씬 적기 때문에 식별하기 어렵다. *ter* 영역은 종종 *ori*와 직접적 반대 위치가 아닌 조금 이동한 영역일 수 있기 때문에 서로 다른 길이를 갖는 역방향, 정방향 반가닥이 있을 수 있다. 비대칭 최소값의 위치는 *ori*의 대략적인 위치이기 때문에 *DnaA* 상자를 검색할 때 윈도우를 확장할 수밖에 없으며 그 결과 불필요한 반복 하위 서열을 얻게 되기도 한다. 마지막으로 비대칭 다이어그램은 항상 대장균처럼 멋지게 나타나지는 않는다. 예시로 *Thermotoga petrophila*의 비대칭 다이어그램을 그림 1.15에서 살펴보자.

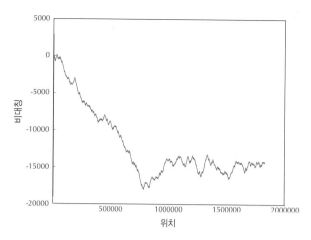

그림 1.15 *Thermotoga petrophila* 비대칭 다이어그램은 787199에서 최소점을 갖지만 대장균에서처럼 딱 떨어지는 모양은 아니다.

 잠깐 멈추고 생각해 보자 어떤 진화 과정이 *Thermotoga petrophila*의 비대칭 다이어그램 모양을 설명할 수 있는가?

*Thermotoga petrophila*의 비대칭 다이어그램은 복잡하고 이 유전체의 *ori*가 실험적으로 검증되지 않았기 때문에 오리-파인더를 사용해 *Thermotoga petrophila*에 대해서 (심지어 *Vibrio cholerae*에 대해서도) *ori* 영역을 예측한 결과는 틀릴 수도 있다.

이제 *ori*와 *DnaA* 상자를 찾는 계산 방법을 잘 알고 있을 것이다. 이제 훈련 장비를 벗어 던지고 도전 문제를 풀어 보자.

도전 문제 *Salmonella enterica*에서 *DnaA* 상자를 찾으시오.

열린 문제

박테리아 유전체의 다중 복제 기점

생물학자들은 각 박테리아 염색체에 단 하나의 *ori*가 있다고 믿어 왔다. Wang *et al.*,(2011) 에서는 대장균에 원래 *ori*에서부터 100만 개의 뉴클레오티드가 떨어진 지점에 합성 *ori*를 삽입해 유전체 변이를 발생시켰다. 놀랍게도 대장균은 두 지점 모두에서 복제 과정을 시작했다.

이 논문 이후 여러 개의 *ori*를 갖는 야생 박테리아에 대한 조사를 시작했다. 2012년 Xia는 '단일 *ori*'에 대한 의문을 제기하고 매우 특이한 비대칭을 갖는 박테리아 예시를 제시했다. 사실 진화에 비춰 보았을 때 하나 이상의 *ori*를 갖는 것은 타당한 결과다. 만약 유전체가 길고 복제가 느리다면 복제 기점을 여러 개 갖는 것은 박테리아가 DNA 복제에 소비하는 시간을 줄일 수 있도록 해주기 때문이다.

예를 들어 체체^{tsetse} 파리의 내장에 서식하는 공생 박테리아인 *Wigglesworthia glossinidia*는 그림 1.16에 나타난 일반적이지 않은 비대칭 다이어그램을 갖고 있다. Xia는 이 다이어그램에 적어도 2개의 뚜렷한 최소값이 발견됐기 때문에 이 박테리아가 2개 이상의 *ori* 영역을 갖고 있다고 주장했다.

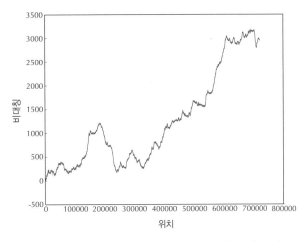

그림 1.16 *Wigglesworthia glossinidia*의 비대칭 다이어그램

이 박테리아가 2개의 *ori*를 갖고 있다는 Xia의 가설은 주의해야 하는데 이는 비대칭 다이어그램에서 여러 영역의 최소값이 나타난다는 대안적 해석이 될 수 있기 때문이다. 예를 들어 6장에서 학습할 **유전체 재배열**$^{\text{genome rearrangement}}$은 유전체 안에서 유전자를 옮기고 정방향 반가닥과 역방향 반가닥을 옮겨 다니며 재배치를 진행해 비대칭 다이어그램을 불규칙하게 만드는 원인이 된다. 유전체 재배열의 일례로 **반전**^{reversal}이라는 과정이 있는데 이는 염색체의 한 부분을 뒤집어 반대 가닥으로 만드는 것이다. 그림 1.17은 반전이 일어난 후에 비대칭 다이어그램이 어떻게 되는지를 보여 주고 있다.

또 다른 어려움은 박테리아 사이에 서로서로 유전자를 **수평으로 전달하는 기전**이 있다는 사실이다. 박테리아의 정방향 반가닥에서 나온 유전자가 다른 박테리아 역방향 반가닥으로 또는 그 반대로 옮겨간다면 비대칭 다이어그램에서 불규칙성이 관찰된다. 결과적으로 *Wigglesworthia glossinidia*의 ori의 개수는 여전히 밝혀지지 않은 상태다.

 잠깐 멈추고 생각해 보자 3장에서 유전체 조립에 대해 학습한 후 그림 1.16의 *Wigglesworthia glossinidia* 비대칭 다이어그램에서 나타난 특이한 모양에 대해 다른 설명을 제시할 수 있는가? (힌트: 박테리아 유전체는 때로 잘못 조립된다.)

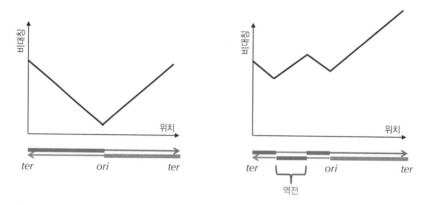

그림 1.17 (왼쪽) ori에서 최소 비대칭을 달성하는 이상적인 V 모양의 비대칭 다이어그램. 비대칭 다이어그램은 역방향 반가닥(굵은 선)을 따라 감소하고, 정방향 반가닥(얇은 선)을 따라 증가한다. 원형 염색체는 ter에서 절단돼 ter에서 시작하고 끝나는 선형 염색체를 생성한다고 가정했다. (오른쪽) 역방향과 정방향 반가닥에서 반전이 일어난 경우의 비대칭 다이어그램. 이전과 마찬가지로 비대칭 다이어그램은 굵은 선을 따라 감소하고 얇은 선을 따라 증가한다.

그러나 *Wigglesworthia glossinidia*의 비대칭 다이어그램에서 2개의 최소값 근처에 동일한 DnaA 상자가 있다는 것을 증명할 수 있다면 박테리아에 여러 개의 ori가 있다는 확실한 증거가 될 것이다. 미스매치와 역상보를 FrequentWords에 적용하면 간단하게 DnaA 상자를 찾을 수 있을 것이다. 단일 ori가 의심되는 다른 박테리아 유전체를 찾아서 실제로 여러 개의 ori가 있는지 확인할 수 있는가?

고세균에서 복제 기점 찾기

고세균archaea은 단세포 유기체로서 다른 생명체들과는 매우 다르다. 이 때문에 생물학자들은 고세균을 박테리아와 진핵생물이 아닌 별도의 새로운 도메인에 추가했다. 고세균은 시각적으로는 박테리아와 유사하지만 유전체적 입장에서는 진핵생물과 더 밀접한 관련이 있다. 특히 고세균의 복제 메커니즘은 박테리아보다 진핵생물과 더 유사하다. 그러나 고세균은 진핵생물보다 더욱 다양한 에너지원으로부터 자원을 얻는다. 고세균은 암모니아, 금속심지어 수소 기체로부터 에너지를 얻는다.

그림 1.18은 80℃ 이상의 온도에서 산성 화산 온천에서 자라는 *Sulfolobus solfataricus*의 비대칭 다이어그램을 보여 준다. 비대칭 다이어그램에서 적어도 3개의 최소값을 관찰할 수 있다.

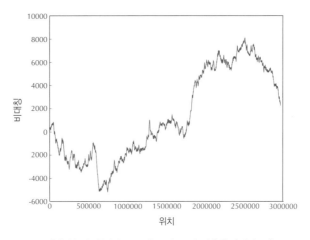

그림 1.18 *Sulfolobus solfataricus*의 비대칭 다이어그램

Lundgren *et al.*,(2004)은 *Sulfolobus solfataricus*가 실제로 3개의 *ori*를 갖고 있음을 실험적으로 증명했다. 이후로 많은 다른 고세균에서 여러 개의 *ori*가 있음을 확인했다. 그러나 새로 시퀀싱sequencing한 고세균 유전체로부터 여러 개의 *ori*를 확인하는 정확한 계산적 접근법은 개발되지 않았다. 예를 들어 메탄을 생산하는 고세균인 *Methanococcus jannaschii*는 고세균 유전체학의 주역으로 여겨지지만 *ori*는 여전히 미확인 상태로 남아 있다. 그림 1.19의 비대칭 다이어그램은 여러 복제 기점이 있을 수 있음을 나타내고 있다.

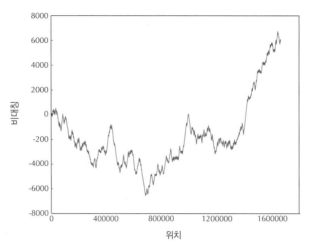

그림 1.19 *Methanococcus jannaschii*의 비대칭 다이어그램

효모에서 복제 기점 찾기

박테리아에서 복제 기점을 찾는 것은 복잡한 문제일까? 효모나 인간과 같이 더욱 복잡한 유기체에서는 수백 개의 복제 기점이 있다. 다양한 효모 종 중에서 *Saccharomyces cerevisiae*는 복제 기점이 잘 알려졌다. 약 400개의 *ori*가 있고 효모 세포 하나가 복제할 때 이를 사용한다.

많은 수의 *ori*를 갖는 것은 아직 완전히 이해되지 않은 방식으로 유전체의 다른 위치에서 수십 개의 복제 포크를 형성한다. 연구자들은 *Saccharomyces cerevisiae*의 복제 기점이 **자율 복제 보존 서열**ACS, ARS Consensus Sequence이라 불리는 약간은 가변적인 패턴을 공유한다는 것을 발견했다. ACS는 **ori 인식 복합체**Origin Recognition Complex가 결합하는 위치로서 복제가 시작될 때 필요한 추가적인 단백질들이 적재되는 곳이다. 많은 ACS가 길이가 11이고 티민이 풍부한 다음의 표준 패턴을 갖고 있다.

TTTAT(G/A)TTT(T/A)(G/T)

(X/Y) 표기법은 뉴클레오티드 X 또는 Y가 나타날 수 있음을 의미한다.

그러나 다양한 ACS는 이러한 표준 패턴과 다를 수 있으며 길이는 11에서 17개의 뉴클레오티드로 다양하다. 예를 들어 위에 표시된 11-뉴클레오티드의 패턴은 17-뉴클레오티드 패턴의 일부다.

68

$$(T/A)(T/A)(T/A)(T/A)TTTAT(G/A)TTT(T/A)(G/T)(T/G)(T/C)$$

최근 몇몇 다른 효모 종에서 ACS를 밝혀내는 성과가 있었다. *S. bayanus*와 같은 일부 종에서 ACS는 *S. cerevisiae*와 거의 동일하지만 *K. lactis*와 같은 종에서는 매우 다르다. 놀랍게도 *S. pombe*와 같은 일부 효모 종은 *ori* 인식 복합체가 느슨하게 정의된 AT가 풍부한 영역에 결합하기 때문에 서열 분석만으로 복제 기점을 찾는 것을 불가능하게 만든다.

최근의 노력에도 불구하고 효모에서 *ori*를 찾는 것은 여전히 해결되지 않은 열린 문제로 남아 있으며 효모 유전체 서열에서 복제 기점을 정확하게 예측하는 소프트웨어는 존재하지 않는다. 이 문제를 해결하는 알고리듬을 고안할 수 있는가?

문자열에서 패턴 확률 계산

본문에서 길이가 500인 임의의 DNA 문자열에서 세 번 이상 나타나는 9-mer를 포함할 확률은 대략 1/1300이라고 얘기했다. '돌아가기: 문자열에서 패턴의 확률'에서 이 확률에 대해 추정하는 방법을 설명했지만 다소 부정확하다. 이번 열린 문제는 더 나은 근사값을 찾거나 문자열 패턴 확률의 정확한 공식 도출을 목표로 한다.

84페이지

특정 k-mer 패턴이 길이 N의 임의 문자열의 하위 문자열로 나타날 가능성은 얼마일까? 이 질문은 간단한 질문이 아니며 1966년 솔로비에프[Solov'ev]가 처음 다뤘다(Sedgewick and Flajolet, 2013 참고).

놀라운 점은 서로 다른 k-mer들이 임의의 문자열에서 다른 확률로 나타날 수 있다는 것이다. 예를 들어 *Pattern* = "01"이 길이 4의 임의 이진 문자열에 나타날 확률은 11/16인 반면 *Pattern* = "11"이 길이 4의 이진 문자열에 나타날 확률은 8/16이다. 이러한 현상을 **겹치는 단어 역설**[overlapping words paradox]이라 부른다. 패턴의 발생이 서로 겹치는 경우(예: "11") 도 있고 서로 겹치지 않는 경우(예: "01")도 있기 때문이다. '돌아가기: 겹치는 단어 역설'을 참고하자.

94페이지

다음 임의의 N-문자 문자열의 A-문자 알파벳의 확률을 계산해 보자.

- $\Pr(N, A, Pattern, t)$, 임의의 문자열에서 *Pattern*이 최소 t번 이상 발생하는 확률
- $\Pr^*(N, A, Pattern, t)$, 임의의 문자열에서 *Pattern*과 역상보 관계인 $\overline{Pattern}$이 최소 t번 이상 발생하는 확률

이 두 확률은 계산하기가 비교적 간단하다. 다음 질문은 이 질문의 변형된 형태다.

- $\Pr_d(N, A, Pattern, t)$, 임의의 문자열에서 최대 d개의 미스매치를 포함해 최소 t회 이상 발생하는 확률
- $\Pr(N, A, k, t)$, 임의의 문자열에서 k-mer가 적어도 t회 발생하는 확률
- $\Pr_d(N, A, k, t)$, 임의의 문자열에서 최대 d개의 미스매치를 포함해 최소 t회 이상하는 k-mer가 존재할 확률

충전소

빈도 배열

FREQUENTWORDS를 더 빨리 만들고자 이 알고리듬이 왜 느린지부터 생각해 보자. 이 알고리듬은 길이가 k인 윈도우를 *Text*를 따라 움직이며 각 단계마다 *Text*의 k-mer *Pattern*을 찾는다. 이러한 각 k-mer에 대해 PATTERNCOUNT(*Text*, *Pattern*)을 계산하려면 *Text*의 전체 길이에 대해 슬라이딩을 해야 한다. 이 모든 슬라이딩을 수행하는 대신 윈도우를 한 번만 슬라이딩하려 한다. 윈도우를 움직여 가면서 각 k-mer 패턴이 이미 텍스트에 나타난 횟수를 추적함으로써 윈도우를 움직임과 동시에 이 숫자들을 갱신한다.

목표를 이루고자 먼저 모든 4^k개의 k-mer를 **사전 순서에 따라** 정렬한 다음 0에서 $4^k - 1$ 사이의 다른 정수로 변환한다. 주어진 정수 k에 대해 문자열 *Text*의 **빈도 배열**^{frequency array}을 길이가 4^k이고 배열의 i번째 요소가 텍스트에서 i번째 k-mer가 나타난 횟수를 저장하고 있는 배열이라고 정의하겠다(그림 1.20).

k-mer	AA	AC	AG	AT	CA	CC	CG	CT	GA	GC	GG	GT	TA	TC	TG	TT
인덱스	0	1	2	3	4	5	6	7	8	9	10	11	12	13	14	15
빈도	3	0	2	0	1	0	0	0	0	1	3	1	0	0	1	0

그림 1.20 (위) 2-mer인 DNA를 사전 순서로 배열, (중간) 인덱스 (아래) 문자열 AAGCAAAGGTGGG의 빈도. 예를 들어 사전 순서로 열 번째인 DNA 2-mer는 GG로 AAGCAAAGGTGGG에서 세 번 발생하므로 인덱스 10의 빈도 배열 값은 3이다.

빈도 배열을 계산하려면 PATTERNTONUMBER(*Pattern*) 함수를 사용해 k-mer 패턴을 정수로 변환하는 함수를 만들어야 한다. 또한 NUMBERTOPATTERN(*index*, k) 함수를 사용해 0에서 $4^k - 1$ 사이의 정수를 k-mer로 변환해 과정을 되돌리는 함수를 만들어야 한다. 그림 1.20은 PATTERNTONUMBER(GT) = 11이고 NUMBERTOPATTERN(11, 2) = GT인 것을

보여 주고 있다.

연습 문제 다음을 계산하시오.

1. PATTERNTONUMBER(ATGCAA)

2. NUMBERTOPATTERN(5437, 7)

3. NUMBERTOPATTERN(5437, 8)

충전소: 패턴과 숫자를 서로 변환하기 다음 충전소를 확인해 PATTERNTONUMBER와 NUMBERTOPATTERN
을 구현하는 방법을 확인하시오.

72페이지

아래의 의사 코드는 빈도 배열을 4^k번 연산해 0으로 초기화한 다음 $Text$를 한 번만 거쳐가
면서 (약 $|Text| \cdot k$번 연산) 빈도 배열을 생성한다. 이때 만나는 각 k-mer마다 패턴의 빈도 값
을 1씩 증가시킨다. 이전과 마찬가지로 $Text$의 i 위치에서 시작하는 k-mer를 $Text(i, k)$라
고 한다.

```
COMPUTINGFREQUENCIES(Text, k)
    for i ← 0 to 4^k − 1
        FREQUENCYARRAY(i) ← 0
    for i ← 0 to |Text| − k
        Pattern ← Text(i, k)
        j ← PATTERNTONUMBER(Pattern)
        FREQUENCYARRAY(j) ← FREQUENCYARRAY(j) + 1
    return FREQUENCYARRAY
```

이제 빈번한 단어 문제를 해결하는 더 빠른 알고리듬을 만들었다. 가장 빈번하게 발생한
k-mer는 빈도 배열을 생성한 다음 간단히 빈도 배열의 최대값에 해당하는 k-mer로 찾을
수 있다.

```
FASTERFREQUENTWORDS(Text, k)
    FrequentPatterns ← an empty set
    FREQUENCYARRAY ← COMPUTINGFREQUENCIES(Text, k)
```

```
    maxCount ← maximal value in FREQUENCYARRAY
    for i ← 0 to 4^k − 1
        if FREQUENCYARRAY(i) = maxCount
            Pattern ← NUMBERTOPATTERN(i, k)
            add Pattern to the set FrequentPatterns
    return FrequentPatterns
```

충전소: 정렬을 사용해 빈번한 단어 찾기 FASTERFREQUENTWORDS는 k 값이 작은 경우인 ori 영역에서 DnaA 상자를 찾을 때는 빠르지만 k 값이 큰 경우에는 실용적이지 않다. 정렬 알고리듬에 익숙하면서 더 빠른 알고리듬을 알고 싶다면 다음 충전소를 확인하라.

연습 문제 FASTERFREQUENTWORDS는 특정 |Text|와 k에 대해서만 FREQUENTWORDS보다 빠르다. FASTERFREQUENTWORDS의 실행 시간을 측정하고 |Text| FASTERFREQUENTWORDS가 FREQUENTWORDS보다 빨라지는 k 값을 알아내 보자.

패턴과 숫자를 서로 변환하기

PATTERNTONUMBER(Pattern) 계산은 간단한 관찰에 기반한다. 사전 순서로 정렬한 모든 k-mer에서 마지막 글자를 제거하더라도 나머지 배열은 여전히 사전 순서를 갖추고 있을 것이다. DNA 문자열의 경우 모든 (k − 1)-mer는 네 번씩 반복될 것이다(그림 1.21).

AAA	AAC	AAG	AAT	ACA	ACC	ACG	ACT
AGA	AGC	AGG	AGT	ATA	ATC	ATG	ATT
CAA	CAC	CAG	CAT	CCA	CCC	CCG	CCT
CGA	CGC	CGG	CGT	CTA	CTC	CTG	CTT
GAA	GAC	GAG	GAT	GCA	GCC	GCG	GCT
GGA	GGC	GGG	GGT	GTA	GTC	GTG	GTT
TAA	TAC	TAG	TAT	TCA	TCC	TCG	TCT
TGA	TGC	TGG	TGT	TTA	TTC	TTG	TTT

그림 1.21 사전 순서로 정렬한 DNA 3-mer에서 마지막 글자를 제거하면 빨간색으로 표시한 2-mer가 남으며 이들은 사전 순서를 유지하고 있다. 여기서 각 2-mer는 네 번씩 반복된다.

따라서 **AGT** 이전에 발생한 3-mer의 수는 **AG** 이전에 발생하는 2-mer 수에 4를 곱하고 **T** 이전에 발생하는 1-mer 수를 더한다.

$$\text{PatternToNumber}(\textbf{AGT}) = 4 \cdot \text{PatternToNumber}(\textbf{AG}) + \text{SymbolToNumber}(\textbf{T})$$
$$= 8 + 3 = 11,$$

여기서 $\text{SymbolToNumber}(symbol)$은 문자 A, C, G, T를 각각의 정수 0, 1, 2, 3으로 변환하는 함수다.

$\text{LastSymbol}(Pattern)$으로 나타난 $Pattern$의 마지막 문자를 제거하면 $\text{Prefix}(Pattern)$으로 나타난 $(k-1)$-mer를 얻을 수 있다. 따라서 위의 내용은 다음 공식으로 일반화할 수 있다.

$$\text{PatternToNumber}(Pattern) = 4 \cdot \text{PatternToNumber}(\text{Prefix}(Pattern)) +$$
$$\text{SymbolToNumber}(\text{LastSymbol}(Pattern)). \quad (*)$$

이 수식은 다음과 같은 **재귀 알고리듬**^{recursive algorithm}으로 표현할 수 있다. 재귀 알고리듬의 자세한 내용은 '돌아가기: 하노이 타워'를 참고하자.

91페이지

```
PATTERNTONUMBER(Pattern)
    if Pattern contains no symbols
        return 0
    symbol ← LASTSYMBOL(Pattern)
    Prefix ← PREFIX(Pattern)
    return 4 · PATTERNTONUMBER(Prefix) + SYMBOLTONUMBER(symbol)
```

역함수인 $\text{NumberToPattern}(index, k)$를 계산하고자 위의 $(*)$로 돌아가 보면 $index = \text{PatternToNumber}(Pattern)$을 4로 나눴을 때 나머지는 $\text{SymbolToNumber}(symbol)$과 동일하며 몫은 $\text{PatternToNumber}(\text{Prefix}(Pattern))$과 같다. 따라서 이 사실을 이용해 그림 1.22에 나타난 것처럼 $Pattern$ 끝에서 한 번에 하나씩 $symbol$을 얻을 수 있다.

잠깐 멈추고 생각해 보자 그림 1.22에서 $\text{NumberToPattern}(9904, 7)$을 계산했다. NumberToPattern(9904, 8)은 어떻게 계산하는가?

다음 의사 코드는 정수 n을 정수 m으로 나눌 때 몫과 나머지를 각각 QUOTIENT(n, m), REMAINDER(n, m)로 나타낸다. 예를 들어 QUOTIENT(11, 4) = 2, REMAINDER(11, 4) = 3이다. 다음 의사 코드는 NUMBERTOSYMBOL($index$) 함수를 사용하며 이 함수는 SYMBOLTONUMBER의 역과정으로서 정수 0, 1, 2, 3을 A, C, G, T로 바꾼다.

n	QUOTIENT(n, 4)	REMAINDER(n, 4)	NUMBERTOSYMBOL
9904	2476	0	A
2476	619	0	A
619	154	3	T
154	38	2	G
38	9	2	G
9	2	1	C
2	0	2	G

그림 1.22 $Pattern$ = NUMBERTOPATTERN(9904, 7)을 계산한 과정. 9904를 4로 나눠서 2476을 몫으로 0을 나머지로 얻었다. 나머지는 마지막 뉴클레오티드를 나타낸다. 즉 NUMBERTOSYMBOL(0) = A다. 결과로 나온 몫을 4로 나눠 몫이 0이 될 때까지 이 과정을 반복해 아래에서부터 결과를 읽으면 $Pattern$ = GCGGTAA를 얻을 수 있다.

```
NUMBERTOPATTERN(index, k)
    if k = 1
        return NUMBERTOSYMBOL(index)
    prefixIndex ← QUOTIENT(index, 4)
    r ← REMAINDER(index, 4)
    symbol ← NUMBERTOSYMBOL(r)
    PrefixPattern ← NUMBERTOPATTERN(prefixIndex, k − 1)
    return concatenation of PrefixPattern with symbol
```

연습 문제 그림 1.22에 설명된 알고리듬을 적용해 NUMBERTOPATTERN(11, 3)을 계산하시오. 예상했던 답이 나오는가? 그림 1.22의 설명에서 서술한 멈춤 규칙에서 무엇이 잘못됐는지 설명하고 규칙을 고치시오.

정렬을 사용해 빈번한 단어 찾기

정렬이 어떻게 k-mer을 찾는 데 도움이 되는지 알아보고자 $k = 2$인 경우를 예로 들어 보자. 문자열 $Text$ = AAGCAAAGGTGGG가 주어졌을 때 모든 2-mer를 $Text$에서 나타나는 순서대로 나열한 다음 PATTERNTONUMBER를 사용해 각 2-mer를 숫자로 변환해서 다음과 같이 INDEX를 생성한다.

2-mer	AA	AG	GC	CA	AA	AA	AG	GG	GT	TG	GG	GG
INDEX	0	2	9	4	0	0	2	10	11	14	10	10

INDEX를 정렬해 그림 1.23에 나온것과 같이 SORTEDINDEX 배열을 생성한다.

2-mer	AA	AA	AA	AG	AG	CA	GC	GG	GG	GG	GT	TG
SORTEDINDEX	0	0	0	2	2	4	9	10	10	10	11	14
COUNT	1	2	3	1	2	1	1	1	2	3	1	1

그림 1.23 AAGCAAAGGTGG(위)의 2-mer를 사전 순서로 정렬해 배열 SORTEDINDEX(중간) 및 COUNT(하단)를 생성한 결과.

잠깐 멈추고 생각해 보자 그림 1.23의 정렬된 배열이 빈번한 단어를 찾는 데 어떻게 도움이 될 수 있을까?

정렬된 배열에서 동일한 k-mer는 서로 모이게 되므로(예: 그림 1.23에서 AA의 경우 (0, 0, 0) 또는 GG의 경우 (10, 10, 10)) 빈번한 k-mer는 SORTEDINDEX에서 길게 나타나게 된다. 이 아이디어는 다음 의사 코드인 **FINDINGFREQUENTWORDSBYSORTING**에 표현했다. 이 알고리듬은 COUNT 배열을 사용한다. COUNT(i)는 배열 SORTEDINDEX의 위치 i에 있는 정수가 몇 번 나타났는지 계산한다. 의사 코드 **FINDINGFREQUENTWORDSBYSORTING**에서는 알고리듬 **SORT**를 사용해 배열을 정렬하는 방법을 이미 알고 있음을 가정한다.

```
FINDINGFREQUENTWORDSBYSORTING(Text, k)
    FrequentPatterns ← an empty set
    for i ← 0 to |Text| − k
        Pattern ← Text(i, k)
        INDEX(i) ← PATTERNTONUMBER(Pattern)
        COUNT(i) ← 1
```

```
    SORTEDINDEX ← SORT(INDEX)
    for i ← 1 to |Text| − k
        if SORTEDINDEX(i) = SORTEDINDEX(i − 1)
            COUNT(i) = COUNT(i − 1) + 1
    maxCount ← maximum value in the array COUNT
    for i ← 0 to |Text| − k
        if COUNT(i) = maxCount
            Pattern ← NUMBERTOPATTERN(SORTEDINDEX(i), k)
            add Pattern to the set FrequentPatterns
    return FrequentPatterns
```

군집 찾기 문제 해결

70페이지

> **노트** 이 충전소는 '충전소: 빈도 배열'을 읽었음을 가정한다.

다음 의사 코드는 길이가 L인 윈도우로 유전체를 따라 내려간다. 현재 윈도우의 빈도 배열을 계산한 다음, 윈도우 안에서 적어도 k번 발생하는 k-mer를 찾아 (L, t)-군집을 알아낸다. 이러한 군집을 찾고자 알고리듬은 값이 모두 0으로 초기화된 길이 4^k의 배열 CLUMP를 사용한다. 0부터 $4^k - 1$ 사이의 각 i의 값에 대해 유전체의 NUMBERTOPATTERN(i, k)가 (L, t)-군집을 형성할 경우 CLUMP(i)를 1로 설정한다.

```
CLUMPFINDING(Genome, k, L, t)
    FrequentPatterns ← an empty set
    for i ← 0 to 4^k − 1
        CLUMP(i) ← 0
    for i ← 0 to |Genome| − L
        Text ← the string of length L starting at position i in Genome
        FREQUENCYARRAY ← COMPUTINGFREQUENCIES(Text, k)
        for index ← 0 to 4^k − 1
            if FREQUENCYARRAY(index)) ≥ t
                CLUMP(index) ← 1
    for i ← 0 to 4^k − 1
```

```
        if CLUMP(i) = 1
            Pattern ← NUMBERTOPATTERN(i, k)
            add Pattern to the set FrequentPatterns
    return FrequentPatterns
```

연습 문제 CLUMPFINDING의 실행 시간을 예측하시오.

CLUMPFINDING은 $|Genome| - L + 1$회 반복해 각 반복에서 길이 L인 문자열의 빈도 배열을 생성한다. 이 작업은 대략 $4^k \cdot k$시간이 소요되므로 CLUMPFINDING의 전체 실행 시간은 $O\left(|Genome| \cdot (4^k + L \cdot k)\right)$다. 결과적으로 박테리아 유전체 ($|Genome| > 1000000$)에서 DnaA 상자 ($k = 9$)를 탐색하게 되면 CLUMPFINDING의 실행 시간은 매우 길어지게 된다.

잠깐 멈추고 생각해 보자 반복 구간에서 새로운 빈도 배열 생성 과정을 없애서 CLUMPFINDG의 속도를 올릴 수 있겠는가?

길이가 L인 윈도우를 오른쪽으로 미는 동안 빈도 배열이 크게 변하지 않았기에 CLUMPFINDING의 개선을 위한 빈도 배열 생성은 그다지 효율적이지 않다(그림 1.24). 다음과 같이 CLUMPFINDING을 수정해 보자. COMPUTINGFREQUENCIES를 단 한 번만 호출해 빈도 배열을 업데이트할 수 있다.

```
BETTERCLUMPFINDING(Genome, k, t, L)
    FrequentPatterns ← an empty set
    for i ← 0 to 4^k − 1
        CLUMP(i) ← 0
    Text ← Genome(0, L)
    FREQUENCYARRAY ← COMPUTINGFREQUENCIES(Text, k)
    for i ← 0 to 4^k − 1
        if FREQUENCYARRAY(i) ≥ t
            CLUMP(i) ← 1
    for i ← 1 to |Genome| − L
        FirstPattern ← Genome(i − 1, k)
        index ← PATTERNTONUMBER(FirstPattern)
```

```
            FREQUENCYARRAY(index) ← FREQUENCYARRAY(index) − 1
        LastPattern ← Genome(i + L − k, k)
        index ← PATTERNTONUMBER(LastPattern)
        FREQUENCYARRAY(index) ← FREQUENCYARRAY(index) + 1
        if FREQUENCYARRAY(index) ≥ t
            CLUMP(index) ← 1
    for i ← 0 to 4^k − 1
        if CLUMP(i) = 1
            Pattern ← NUMBERTOPATTERN(i, k)
            add Pattern to the set FrequentPatterns
    return FrequentPatterns
```

k-mer	**AA**	AC	AG	AT	CA	CC	CG	CT	GA	**GC**	GG	GT	TA	TC	TG	TT
INDEX	0	1	2	3	4	5	6	7	8	9	10	11	12	13	14	15
frequency	3	0	2	0	1	0	0	0	0	1	3	1	0	0	1	0
frequency'	2	0	2	0	1	0	0	0	0	2	3	1	0	0	1	0

그림 1.24 Text = AAGCAAAGGTGGGC의 위치 0과 1에서 시작하고 길이가 13인 연속적인 하위 문자열의 빈도 배열은 서로 Text의 첫 번째 k-mer인 AA와 Text의 마지막 k-mer인 GC 두 요소에서만 차이를 나타낸다.

미스매치를 포함한 자주 나오는 단어 문제 해결

70페이지

> **노트** 이 충전소는 '충전소: 빈도 배열' 표기법을 사용한다.

미스매치를 포함한 FrequentWords 문제에서 4^k개의 k-mer를 생성하지 않고 문제를 해결하고자 Text에서 k-mer에 가까운 k-mer, 즉 최대 해밍 거리가 d인 k-mer만 고려해 보자. 주어진 k-mer에서 NEIGHBORS(Pattern, d)는 Pattern과 유사한 모든 k-mer의 집합이다. 예를 들어 NEIGHBORS(ACG, 1)은 다음 열 개의 3-mer로 나타낼 수 있다.

ACG CCG GCG TCG AAG AGG ATG ACA ACC ACT

연습 문제 NEIGHBORS(Pattern, d)의 크기를 예측하시오.

주어진 정수 k와 d에서 빈도 배열의 개념을 일반화해 최대 d개의 미스매치를 가진 k-mer의 빈도를 나타내 보자. 문자열 *Text*에서 **최대 d개의 미스매치를 허용하는 빈도 배열**은 길이가 4^k이며, 이 배열은 사전 순서로 돼 있었고 i번째 요소는 i번째 k-mer가 *Text*에서 최대 d개의 미스매치를 허용한 채로 나타나는 횟수로 돼 있다(그림 1.25). 예를 들어 AAGCAAAGGTGGG에서 CT는 없지만 하나의 미스매치를 허용하면 두 번(CA와 GT) 나타난다고 할 수 있다.

k-mer	AA	AC	AG	AT	CA	CC	CG	CT	GA	GC	GG	GT	TA	TC	TG	TT
index	0	1	2	3	4	5	6	7	8	9	10	11	12	13	14	15
frequency	6	6	9	6	4	2	7	2	9	5	8	5	5	2	6	2

그림 1.25 사전 순서로 나열한 DNA 2-mer(위)와 인덱스 번호(중간). 14개의 길이를 갖는 AAGCAAAGGTGGG에 대해 1개의 미스매치를 허용하는 빈도 배열(아래).

다음 의사 코드는 최대 d개의 미스매치를 가진 빈도 배열을 계산하며 파란색으로 표시한 세 줄이 **COMPUTINGFREQUENCIES**와 차이가 나는 곳이다.

```
COMPUTINGFREQUENCIESWITHMISMATCHES(Text, k, d)
    for i ← 0 to 4^k − 1
        FREQUENCYARRAY(i) ← 0
    for i ← 0 to |Text| − k
        Pattern ← Text(i, k)
        Neighborhood ← NEIGHBORS(Pattern, d)
        for each string ApproximatePattern in Neighborhood
            j ← PATTERNTONUMBER(ApproximatePattern)
            FREQUENCYARRAY(j) ← FREQUENCYARRAY(j) + 1
    return FREQUENCYARRAY
```

이제 **FASTERFREQUENTWORDS**를 일반화해 d개의 미스매치를 허용한 빈번한 단어 찾기 알고리듬을 만들어 보고, 이를 **FREQUENTWORDSWITHMISMATCHES**라고 부르자. **COMPUTINGFREQUENCIES**는 새 알고리듬인 **COMPUTINGFREQUENCIESWITHMISMATCHES**로 교체하자.

충전소: 문자열 이웃 생성 COMPUTINGFREQUENCIESWITHMISMATCHES는 k-mer 패턴에서 d-neighbor hood를 생성하는 NEIGHBORS(*Pattern*, *d*)를 호출한다. 이 함수를 구현하는 방법을 다음 충전소에서 확인해 보자.

잠깐 멈추고 생각해 보자 FREQUENTWORDSWITHMISMATCHES로 *ori*를 찾는 것은 일반적인 매개변수 에서는 본문에서 나온 알고리듬보다 빠르지만 모든 매개변수에서 빠르지는 않다. 어떤 매개변수에서 FREQUENTWORDSWITHMISMATCHES가 느릴까?

충전소: 정렬로 미스매치를 포함한 빈번한 단어 찾기 만약 정렬에 익숙하고 미스매치를 포함한 빈번 한 단어 찾기 문제에 더욱 빠른 알고리듬을 알고 싶다면 다음 충전소를 확인해 보자.

문자열 이웃 생성

이제 목표는 *Pattern*에서 해밍 거리가 *d*를 초과하지 않는 모든 *k*-mer 집합인 *d*-neighborhood NEIGHBORS(*Pattern*, *d*)를 생성하는 것이다. 먼저 다음과 같은 의사 코드를 사용해 *Pattern* 의 1-neighborhood를 생성해 보자.

```
IMMEDIATENEIGHBORS(Pattern)
    Neighborhood ← the set consisting of the single string Pattern
    for i = 1 to |Pattern|
        symbol ← i-th nucleotide of Pattern
        for each nucleotide x different from symbol
            Neighbor ← Pattern with the i-th nucleotide substituted by x
            add Neighbor to Neighborhood
    return Neighborhood
```

NEIGHBORS(*Pattern*, *d*)를 생성하는 아이디어는 다음과 같다. *Pattern*의 첫 번째 문자인 FIRSTSYMBOL(*Pattern*)을 제거하면 SUFFIX(*Pattern*)라는 (*k* − 1)-mer를 얻을 수 있다.

NEIGHBORS(SUFFIX(*Pattern*), *d*)에 해당하는 $(k-1)$-mer *Pattern'*을 고려해 보자. *d*-neighborhood NEIGHBORS(SUFFIX(*Pattern*), *d*)의 정의에 따라 HAMMINGDISTANCE (*Pattern'*, SUFFIX(*Pattern*))은 *d*와 같거나 *d*보다 작다는 것을 알고 있다. 전자의 경우 *Pattern'* 시작 부분에 FIRSTSYMBOL(*Pattern*)을 추가해 NEIGHBORS(*Pattern*, *d*)에 속하는 *k*-mer를 얻을 수 있다. 후자의 경우 *Pattern'* 시작 부분에 아무 문자를 추가해 NEIGHBORS (*Pattern*, *d*)에 속하는 *k*-mer를 얻을 수 있다.

예를 들어 NEIGHBORS(CAA, 1)을 생성하고자 먼저 NEIGHBORS(AA, 1) = {AA, CA, GA, TA, AC, AG, AT}를 생성한다. AA와 나머지 6개의 이웃 사이의 해밍 거리는 1이다. 먼저 이러한 각 문자열 앞에 C를 더하면 NEIGHBORS(CAA, 1)에 해당하는 {CAA, CCA, CGA, CTA, CAC, CAG, CAT}를 얻을 수 있다. 그다음 AA에 뉴클레오티드를 결합해 NEIGHBORS(CAA, 1)에 해당하는 {AAA, CAA, GAA, TAA}를 생성한다. 따라서 NEIGHBORS(CAA, 1)은 10개의 패턴으로 구성하게 된다.

다음 의사 코드에서는 ● 기호를 사용해 문자와 문자열을 연결한다. 예를 들어 A ● GCATG는 AGCATG다.

```
NEIGHBORS(Pattern, d)
    if d = 0
        return {Pattern}
    if |Pattern| = 1
        return {A, C, G, T}
    Neighborhood ← an empty set
    SuffixNeighbors ← NEIGHBORS(SUFFIX(Pattern), d)
    for each string Text from SuffixNeighbors
        if HAMMINGDISTANCE(SUFFIX(Pattern), Text) < d
            for each nucleotide x
                add x ● Text to Neighborhood
        else
            add FIRSTSYMBOL(Pattern) ● Text to Neighborhood
    return Neighborhood
```

잠깐 멈추고 생각해 보자 다음 질문들을 생각해 보자.

1. NEIGHBORS의 실행 시간은 어떤가?

2. NEIGHBORS는 *Pattern*에서 최대 *d*의 해밍 거리만큼 떨어진 모든 *k*-mer를 생성한다. NEIGHBORS를 수정해 *Pattern*에서 정확히 *d*의 해밍 거리만큼 떨어진 *k*-mer를 결과로 얻어 보자.

재귀 알고리듬을 사용하지 않는다면 다음의 반복 버전의 NEIGHBOR로 구현해 볼 수 있다.

ITERATIVENEIGHBORS(*Pattern, d*)
    Neighborhood ← set consisting of single string *Pattern*
    for *j* = 1 to *d*
        for each string *Pattern'* in *Neighborhood*
            add IMMEDIATENEIGHBORS(*Pattern'*) to *Neighborhood*
            remove duplicates from *Neighborhood*
    return *Neighborhood*

정렬로 미스매치를 포함한 빈번한 단어 찾기

> **노트** 이 충전소는 '충전소: 정렬을 사용해 빈번한 단어 찾기'의 표기법을 사용한다.

다음 의사 코드는 미스매치를 포함한 FrequentWords 문제를 정렬 문제로 축소시킨다. 먼저 *Text*의 모든 *k*-mer에 대해 최대 미스매치 d를 고려한 모든 이웃을 생성하고 배열 NEIGHBORHOODARRAY에 추가한다. *k*-mer 패턴은 이 배열에서 $COUNT_d$(*Text, Pattern*)번 나타난다는 것을 알아두자. 이제 이 배열을 정렬하고 각 *k*-mer가 정렬된 배열에서 나타난 횟수를 세고 최대 횟수만큼 발생한 *k*-mer를 반환하면 된다.

FINDINGFREQUENTWORDSWITHMISMATCHESBYSORTING(*Text, k, d*)
    FrequentPatterns ← an empty set
    Neighborhoods ← an empty list
    for *i* ← 0 to |*Text*| − *k*
        add NEIGHBORS(*Text*(*i, k*), *d*) to *Neighborhoods*
    form an array NEIGHBORHOODARRAY holding all strings in *Neighborhoods*

```
    for i ← 0 to |Neighborhoods| − 1
        Pattern ← NEIGHBORHOODARRAY(i)
        INDEX(i) ← PATTERNTONUMBER(Pattern)
        COUNT(i) ← 1
    SORTEDINDEX ← SORT(INDEX)
    for i ← 0 to |Neighborhoods| − 2
        if SORTEDINDEX(i) = SORTEDINDEX(i + 1)
            COUNT(i + 1) ← COUNT(i) + 1
    maxCount ← maximum value in array COUNT
    for i ← 0 to |Neighborhoods| − 1
        if COUNT(i) = maxCount
            Pattern ← NUMBERTOPATTERN(SORTEDINDEX(i), k)
            add Pattern to FrequentPatterns
    return FrequentPatterns
```

돌아가기

Big-O 표기법

컴퓨터 과학자들은 일반적으로 **최악의 조건에서 실행 시간으로** 알고리듬의 효율성을 측정하는데 이는 주어진 가장 어려운 입력에 대해 알고리듬이 수행하는 최대 시간을 의미한다. 최악의 실행 시간을 고려한다는 것의 장점은 알고리듬이 최악으로 예상한 것보다 더 나빠지지 않는다는 점이다.

Big-O 표기법은 알고리듬의 실행 시간을 간결하게 설명한다. 예를 들어 가장 어려운 데이터로 구성한 n개의 배열을 정렬하는 알고리듬이 대략 n^2개의 연산이 필요한 경우 알고리듬의 실행 시간은 $O(n^2)$로 나타낼 수 있다. 실제로는 구현에 따라 $1.5n^2$번, $n^2 + n + 2$번, 또는 $0.5n^2 + 1$번의 작업을 수행할 수도 있다. 이러한 알고리듬은 모두 $O(n^2)$로 나타낼 수 있는데 그 이유는 Big-O 표기법은 입력 크기에 대해 가장 빠르게 증가하는 항에만 관심이 있기 때문이다. n이 매우 커짐에 따라 $999 \cdot n^2$와 $n^2 + 3n + 9999999$의 차이는 $O(n^2)$ 혹은 $O(n^6)$와 같은 항과 비교했을 때 큰 차이가 나지 않는다. 물론 $1000 \cdot n^2$보다는 $1/2 \cdot n^2$가 더욱 선호되는 알고리듬이다.

알고리듬의 실행 시간이 $O(n^2)$라고 쓴다면 기술적으로는 실행 시간이 상수 c를 쓴 $c \cdot n^2$ 보다 더 빠르게 커지지 않음을 의미한다. 일반적으로 함수 $f(n)$과 $g(n)$에서 상수 c와 충분히 큰 n의 경우에 $f(n) \le c \cdot g(n)$라고 말할 수 있다.

문자열에서 패턴의 확률

길이가 500인 임의의 DNA 문자열에서 일부 9-mer가 3회 이상 나타날 확률은 대략 1/1300이라고 언급했다. 이 계산 값은 갑자기 나온 것이 아니다. 구체적으로 말하면 확률 1/4의 임의의 위치에 대해 각각 뉴클레오티드를 선택해 **무작위 문자열**random string을 만들 수 있다. 무작위 문자열을 만드는 것은 임의의 알파벳 A로 일반화할 수 있는데 이는 각 문자가 선택될 확률이 $1/A$라는 것을 의미한다.

> 연습 문제 길이가 n인 임의의 두 A-문자 문자열이 서로 같을 확률은 얼마인가?

이제 간단한 질문을 해보자. 특정 k-mer 패턴이 길이가 N인 임의의 문자열의 하위 문자열로 나타날 확률은 얼마인가? 예를 들어 길이가 4인 임의의 **이진 문자열**binary string ($A = 2$)에 "01"이 나타날 확률을 계산한다고 가정해 보자. 가능한 모든 문자열은 다음과 같다.

```
0000 0001 0010 0011 0100 0101 0110 0111
1000 1001 1010 1011 1100 1101 1110 1111
```

"01"은 16개의 4-mer 중 11개의 하위 문자에서 11번 나타나고, 각 1-mer는 1/16의 확률이기에 11/16의 확률이라고 말할 수 있다.

> 잠깐 멈추고 생각해 보자 Pattern = "11"이 위의 임의의 이진 4-mer의 하위 문자로 나타날 확률은 얼마인가?

놀랍게도 Pattern을 "01"에서 "11"로 변경하면 확률이 변경된다. 실제로 "11"은 8번 이진 4-mer에서 나타난다.

```
0000 0001 0010 0011 0100 0101 0110 0111
1000 1001 1010 1011 1100 1101 1110 1111
```

결과적으로 길이 4의 임의의 이진 문자열에 "11"이 나타날 확률은 8/16 = 1/2이다.

잠깐 멈추고 생각해 보자 무작위 이진 4-mer에서 "11"이 "01"보다 나타날 확률이 적은 이유는 무엇일까?

A-문자의 알파벳으로 구성한 길이가 N인 임의의 문자열에서 문자열 패턴이 t 이상 나타날 확률을 $\Pr(N, A, Pattern, t)$라고 하자. $\Pr(4, 2, \text{"01"}, 1) = 11/16$인 반면 $\Pr(4, 2, \text{"11"}, 1) = 1/2$이다. 재미있는 사실은 t를 1보다 크게 하면 "01"이 "11"보다 여러 번 나타날 가능성이 작아진다. 예를 들어 임의의 이진 4-mer에서 "01"을 두 번 이상 발견할 확률은 $\Pr(4, 2, \text{"01"}, 2) = 1/16$이다. "0101"이 유일한 이진 4-mer이기 때문이다. "11"의 경우 "0111", "1110", "1111"에서 발생하므로 $\Pr(4, 2, \text{"11"}, 2) = 3/16$이라고 할 수 있다.

연습 문제 $\Pr(100, 2, \text{"01"}, 1)$를 계산하시오.

이전 내용을 통해 무작위 문자열에서 서로 다른 k-mer는 하위 문자열로 여러 번 발생할 확률이 다르다는 것을 알았다. 일반적으로 이 현상은 패턴의 다른 부분 문자열 발생이 패턴의 일부와 서로 겹칠 수 있기 때문에 겹치는 단어 역설[overlapping words paradox]이라고 부른다 (돌아가기: 겹치는 단어 역설 참고).

94페이지

예를 들어 "1110"에서 "11"은 두 번의 중복이 있고 "1111"에서 "11"은 세 번의 중복이 있다. 그러나 "01"의 발생은 서로 겹칠 수 없기에 이진 4-mer에서 "01"은 두 번보다 많이 발생할 수 없다. 겹치는 단어 역설은 $\Pr(N, A, Pattern, t)$ 계산을 더욱 어렵게 한다. 그러므로 계산을 정확하게 하기보다는 근사적으로 계산한다.

$\Pr(N, A, Pattern, t)$의 근사값을 계산하고자 k-mer $Pattern$이 겹치지 않는다고 가정한다. 예를 들어 길이가 7인 **삼진 문자열**[ternary strings]($A = 3$)에서 "01"이 적어도 두 번 발생하는 경우를 계산한다고 해보자. "01"이 두 번 발생하는 부분을 제외하면 문자열에는 3개의 문자가 남게 된다. 이를 모두 "2"라고 가정하자. "01"이 두 번 발생하고 나머지를 "2"로 채운 경우는 다음과 같이 10가지의 다른 방식으로 나타낼 수 있다.

```
0101222 0120122 0122012 0122201 2010122
2012012 2012201 2201012 2201201 2220101
```

"01"이 두 번 발생한 문자열을 "222"에 넣었는데 "222"뿐만 아니라 다른 3-mer에도 넣어 볼 수 있다. $3^3 = 27$ 이므로 두 번 이상의 "01"을 포함한 삼진 문자열 7-mer를 만드는 경우의 수는 $10 \cdot 27 = 270$다. 모든 가능한 7-mer는 $3^7 = 2187$이기에 Pr(7, 3, "01", 2)는 270/2187이라 할 수 있다.

잠깐 멈추고 생각해 보자 270/2187은 Pr(7, 3, "01", 2)의 좋은 근사값인가? 실제 확률은 Pr(7, 3, "01", 2)보다 클까 작을까?

임의의 매개변수 값에 대한 Pr(N, A, *Pattern*, t) 근사값 계산 방법을 일반화하고자 k-mer에 *Pattern*이 최소 t번 발생하는 길이 N의 *Text*를 생각해 보자. 발생 횟수를 정확히 t로 선택하면 *Text*를 t개의 k-mer *Pattern*이 삽입돼 끊기게 된 $n = N - t \cdot k$개의 문자로 된 서열이라고 생각할 수 있다. 이러한 n을 고정한다면 다른 수의 문자열 *Text*를 셀 수 있다. *Text*는 n 문자들로 형성된 문자열에 k-mer *Pattern*의 t번 나타나는 삽입으로 형성됐다.

예를 들어 두 번의 "01"을 "222"($n = 3$)에 포함하는 문제를 다시 생각해 보자. 그리고 5개의 대문자 "X"가 각 7-mer 포함된 것을 보자.

```
0101222   0120122   0122012   0122201   2010122
X X XXX   X XX XX   X XXX X   X XXXX    XX X XX


2012012   2012201   2201012   2201201   2220101
XX XX X   XX XXX    XXX X X   XXX XX    XXXX X
```

"X"는 무슨 의미일까? 두 번의 "01"을 "222"에 삽입하는 방법의 수를 세는 대신 5개의 "X" 중 2개의 파란색 "X"를 세는 방법으로 숫자를 세어 볼 수 있다.

```
XXXXX XXXXX XXXXX XXXXX XXXXX
XXXXX XXXXX XXXXX XXXXX XXXXX
```

다시 말해 **이항 계수**binomial coefficient $\binom{5}{2} = 10$으로 계산할 수 있는 5개 개체 중 2개를 선택하는 방법의 수를 세는 것이다. 일반적으로 얘기해 보면 이항 계수$\binom{m}{k}$는 m개의 객체 중 k를 선택하는 방법의 수이며 이는 $m!/k!(m-k)!$와 같다.

잠깐 멈추고 생각해 보자 서로 겹치지 않는 t개의 k-mer를 길이 n의 문자열에 이식해 길이 $n + t \cdot k$의 문자열을 생성하는 방법은 몇 가지인가?

86

Pr($N, A, Pattern, t$)에 근사치로 t개의 k-mer Pattern을 고정 문자열 $n = N - t \cdot k$에 넣는 방법의 수를 세어 보자. 결과로 $n + t$개의 "X"가 나타나게 되는데 여기서 Pattern을 배치할 t개의 X를 선택해야 하므로 총 경우의 수는 $\binom{n+t}{t}$이 된다. 그리고 $\binom{n+t}{t}$에 길이 n의 문자열의 경우의 수를 곱해서 마침내 Pattern을 t개 삽입하게 되는 총 경우의 수의 근사값 $\binom{n+t}{t} \cdot A^n$을 얻게 된다(실제 값은 이보다 작다). 이를 길이가 N인 문자열의 경우의 수로 나누면 원하는 근사값을 얻게 된다.

$$\Pr(N, A, Pattern, t) \approx \frac{\binom{n+t}{t} \cdot A^n}{A^N} = \frac{\binom{N-t \cdot k + t}{t} \cdot A^{N-t \cdot k}}{A^N} = \frac{\binom{N-t \cdot (k-1)}{t}}{A^{t \cdot k}}$$

이제 특정 5-mer ACTAT가 길이 $N = 30$인 임의의 DNA 문자열 ($A = 4$)에서 $t = 3$회 이상 발생할 확률을 계산하자. $n = N - t \cdot k = 15$이므로 추정 확률은 다음과 같다.

$$\Pr(30, 4, \text{ACTAT}, 3) \approx \frac{\binom{30-3 \cdot 4}{3}}{4^{15}} = \frac{816}{1073741824} \approx 7.599 \cdot 10^{-7}$$

정확한 확률은 $7.572 \cdot 10^{-7}$에 가깝다. 이는 겹치지 않는 패턴에 대해 근사값이 비교적 정확함을 보여 준다. 그러나 겹치는 패턴, 예를 들어 Pr(30, 4, AAAAA, 3) $\approx 1.148.10\text{^-}7$에 대해서는 정확하지 않다.

길이가 30인 임의의 DNA 문자열에서 ACTAT를 찾을 확률이 매우 낮다는 사실에 놀랄 필요는 없다. 원래 목표는 5-mer가 세 번 이상 나타나는 확률을 어림잡아 계산하는 것이었다. 일반적으로 길이 N의 임의의 문자열에서 k-mer가 t회 이상 나타날 확률은 Pr(N, A, k, t)로 표현할 수 있다.

Pr($N, A, Pattern, t$)를 다음과 같이 근사할 수 있다.

$$p = \frac{\binom{N-t \cdot (k-1)}{t}}{A^{t \cdot k}}$$

Pattern이 t번 이상 나타나지 않을 대략적 확률은 $1 - p$임에 주목하자. 따라서 길이가 N인 임의의 문자열에서 모든 A^k 패턴이 t보다 적은 횟수로 나타날 확률은 다음과 같이 근사할 수 있다.

$$(1-p)^{A^k}$$

또한 k-mer가 t번 이상 나타날 확률은 1에서 이 값을 뺀 값이어야 하며, 이는 다음과 같이 근사할 수 있다.

$$\Pr(N, A, k, t) \approx 1 - (1-p)^{A^k}$$

여러분의 계산기는 1에 가까운 숫자를 매우 큰 거듭제곱으로 올려야 하는 이 공식에 어려움을 겪을 수 있기 때문에 반올림 오류를 일으킬 수 있다. 이를 해결하고자 p가 어떤 *Pattern*에 대해서도 거의 같다고 가정하면 p에 총 k-mer A^k를 곱하는 방식으로 $\Pr(N, A, k, t)$ 값을 근사할 수 있다.

$$\Pr(N, A, k, t) \approx p \cdot A^k = \frac{\binom{N-t\cdot(k-1)}{t}}{A^{t\cdot k}} \cdot A^k = \frac{\binom{N-t\cdot(k-1)}{t}}{A^{(t-1)\cdot k}}$$

이 과정이 근사 과정을 과도하게 난순화했다는 것을 인정한다. 그 이유는 다른 k-mer를 고른 경우 $\Pr(N, A, Pattern, t)$ 확률이 달라지며 서로 다른 k-mer가 발생할 확률이 서로 독립적이라고 가정하고 있기 때문이다. 예를 들어 본문에서 $\Pr(500, 4, 9, 3)$은 다음 근사 과정을 거친다.

$$\Pr(500, 4, 9, 3) \approx \frac{\binom{500-3\cdot8}{3}}{4^{(3-1)\cdot9}} = \frac{17861900}{68719476736} \approx \frac{1}{3847}$$

서로 겹치는 문자열이 존재하기 때문에 이 근사값 $\Pr(500, 4, 9, 3)$은 1/1300에 가까운 실제 값과 차이가 있다.

생물학에서 가장 아름다운 실험

매튜 메셀슨과 프랭클린 스탈이 1958년에 수행한 메셀슨-스탈Meselson-Stahl 실험은 '생물학에서 가장 아름다운 실험'으로 불린다. 1950년대 후반 생물학자들은 그림 1.26에 설명한 세 가지 상충하는 DNA 복제 모델에 대해 토론했다. **반보존 가설**semiconservative hypothesis(34페이지의 그림 1.1 참고)은 딸 가닥의 합성에 부모 가닥이 주형으로 작용한다고 제안했다. 결과적으로 합성된 딸 가닥은 하나의 부모 가닥과 하나의 새로 합성된 딸 가닥을 갖고 있다. **보존 가설**conservatice hypothesis은 부모 가닥은 새로운 딸 가닥의 합성에 주형으로 작용해 결과적으로는 한 가닥은 부모 가닥만 다른 하나는 새로 합성된 가닥만 갖는 것으로 제안했다. **분산 가설**dispersive hypothesis은 DNA 골격을 조각으로 나눠 각 딸 가닥과 부모 가닥이 섞여서 복제된다고 제안했다.

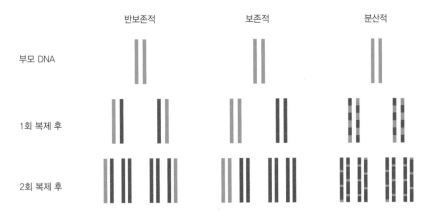

반보존적   보존적   분산적

그림 1.26 DNA 복제의 반보존, 보존, 분산 모델. 세 모델은 복제 후 DNA 가닥 분포에 대해 서로 다르게 예측했다. 노란색 가닥은 ^{15}N(무거운) DNA 조각을 나타내고 검은색 가닥은 ^{14}N(가벼운) 조각을 나타낸다. 메셀슨-스탈 실험은 100% ^{15}N로 구성한 DNA로 시작했다.

메셀슨과 스탈은 **질소-14**(^{14}N)가 동위 원소인 **질소-15**(^{15}N)보다 더 가볍고 자연계에 풍부하다는 점에 주목했다. 메셀슨과 스탈은 ^{15}N 배지에서 대장균을 여러 세대를 키웠다. 무거운 동위원소(^{15}N)로 대장균 DNA가 포화됐다고 확신했을 때 ^{14}N 배지로 대장균을 옮겼다.

잠깐 멈추고 생각해 보자 무거운 동위원소를 포함한 대장균이 가벼운 ^{14}N 배지에서 복제할 때 어떠한 일이 발생할지 생각해 보자.

메셀슨-스탈 실험의 진가는 새롭게 합성될 DNA는 오직 ^{14}N로만 만들어지게 되는데 DNA 복제에 대한 3개의 가설은 이 ^{14}N 동위원소가 DNA에 어떻게 들어가게 될지 서로 다른 결과를 예측하고 있다는 점이다. 구체적으로는 보존 모델에서는 첫 번째 복제 후 대장균에서 DNA의 절반이 여전히 ^{15}N을 갖고 나머지 절반은 ^{14}N만을 가질 것이라 예측했다. 실제로 첫 번째 복제가 진행된 다음 원심 분리기를 사용해 무게에 따라 대장균 DNA를 분리해 보니 모든 DNA의 밀도가 동일했다. 이로써 보존 모델이 잘못됐음을 증명했다.

하지만 분산 및 반보존 가설 모두 첫 번째 복제 후에는 동일한 DNA 밀도를 나타내므로 둘 중 어떤 것이 맞는지는 알 수 없었다.

잠깐 멈추고 생각해 보자 두 번째 복제 후 분산 및 반보존 가설에서 DNA 밀도는 어떻게 나타날까?

먼저 복제 시 DNA의 딸 가닥이 부모 가닥의 사이로 들어가는 분산 모델을 고려해 보자. 이 가설이 맞다면 두 번째 복제 후 DNA의 모든 딸 가닥은 약 25%의 ^{15}N 그리고 약 75% 의 ^{14}N을 포함할 것이다. 다시 말해 모든 DNA는 여전히 같은 밀도다. 그러나 두 번째 대장균 복제 후 원심분리기 결과는 이러한 결과가 나오지 않았다.

대신 DNA가 두 가지 밀도로 나뉘어 있다는 것을 발견했다. 이는 반보존적 가설이 예측한 것과 정확히 같다. 첫 번째 복제 후 모든 세포는 하나의 ^{14}N 가닥과 하나의 ^{15}N 가닥을 갖는다. 두 번째 복제 후 DNA 분자의 절반은 ^{14}N-^{15}N로 구성되고 나머지 DNA 분자는 ^{14}N-^{14}N로 구성돼 결과적으로 두 DNA 분자는 다른 밀도를 나타내게 된 것이다.

STOP 잠깐 멈추고 생각해 보자 반보존 모델에서 대장균의 세 번째 복제 후 DNA 밀도는 어떻게 나타날까?

두 번의 복제 결과로 메셀슨과 스탈은 보존 및 분산 복제 가설을 기각했지만 반보존적 가설을 확실하게 확인하고 싶었다. 그래서 반보존적 모델이 맞다면 세 번째 복제 후에는 DNA 분자의 1/4는 여전히 ^{15}N 가닥을 가져서 DNA의 25%가 중간 밀도를 보여 주고 나머지 75%는 ^{14}N만 가진 낮은 밀도를 보여 줘야 했다. 이는 실제로 메셀슨과 스탈이 실험실에서 관찰한 결과이며 이로써 반보존적 가설은 오늘날까지 확고히 자리 잡게 됐다.

DNA 가닥의 방향성

뉴클레오티드의 당^{sugar} 성분은 5개의 탄소 원자로 구성된 고리 구조이며, 그림 1.27 왼쪽에서 1′, 2′, 3′, 4′, 5′로 표시했다. 5′ 원자는 뉴클레오티드의 인산^{phosphate} 그룹에 결합하고 이는 인접한 뉴클레오티드 3′ 말단에 결합한다. 3′ 원자는 핵산 사슬에서 다른 이웃하는 뉴클레오티드와 결합한다. 결과적으로 뉴클레오티드의 두 끝을 **5′-말단**$^{five prime end}$과 **3′-말단**$^{three prime end}$이라고 부른다.

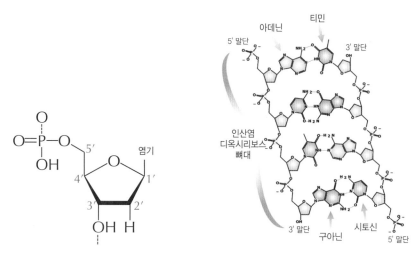

그림 1.27 1′, 2′, 3′, 4′, 5′로 표시한 당 고리 탄소 원자가 있는 뉴클레오티드

그림 1.27(왼쪽) 1′, 2′, 3′, 4′, 5′로 표시한 당 고리 탄소 원자가 있는 뉴클레오티드를 나타냈다. (오른쪽) 이중 나선 형태로 표현하면 DNA 조각의 한쪽 끝이 3′ 원자이고 다른 쪽 끝이 5′ 원자임을 알 수 있다. 표준적으로 DNA 가닥은 항상 5′에서 3′의 방향으로 읽는다. 상보적 가닥들은 서로 반대 방향으로 진행하게 된다.

하노이 타워

하노이 타워 Tower of Hanoi 퍼즐은 3개의 수직 축과 크기가 다른 여러 개의 디스크로 구성된다. 각 디스크는 중앙에 구멍이 있어 축에 들어갈 수 있다. 맨 처음 디스크는 가장 왼쪽 축에 쌓여 있으며 위에서 아래로 내려갈수록 디스크의 크기가 커진다(그림 1.28). 왼쪽 축에 있는 디스크를 가장 오른쪽 축으로 옮기는 것이 퍼즐의 목표이며, 한 번에 하나의 디스크를 이동할 수 있다. 그리고 작은 디스크 위에 큰 디스크를 옮길 수 없다.

그림 1.28 하노이 타워 퍼즐

하노이 타워 문제

하노이 타워 퍼즐을 해결하시오.

> **입력:** 정수 n
> **출력:** 하노이 타워 퍼즐을 해결하는 n개 디스크의 움직임 순서

STOP 잠깐 멈추고 생각해 보자 3개의 디스크가 있는 하노이 타워 문제를 해결하는 데 최소 몇 번의 움직임이 필요한가?

하노이 타워 문제를 해결하는 데 4개의 디스크에 몇 번의 움직임이 필요한지 알아보자. 첫 번째로 중요하게 봐야 할 부분은 가장 큰 디스크가 언젠가는 가장 오른쪽으로 이동해야 한다는 점이다. 그러나 가장 큰 디스크를 이동하려면 그 위에 있는 작은 디스크 3개를 첫 번째 축에서 모두 제거해야 한다. 그리고 가장 큰 디스크는 다른 디스크들 위에 올릴 수 없으므로 나머지 3개의 디스크는 같은 축에 있어야 한다. 따라서 먼저 상단에 있는 3개의 디스크를 중간 축으로 이동시키고(일곱 번 이동), 가장 큰 디스크를 가장 오른쪽 축으로 이동시킨 후(한 번 이동), 나머지 작은 3개의 디스크를 중간 축에서 가장 오른쪽 축으로 이동하면 된다(일곱 번 이동). 그래서 총 열다섯 번의 이동으로 계산할 수 있다.

일반적으로 $T(n)$을 n개의 디스크가 있는 하노이 타워 퍼즐을 해결하는 데 필요한 최소 이동 수로 정의하자. 왼쪽 축에서 가장 오른쪽 축으로 n개의 디스크를 이동하려면 먼저 왼쪽 축에서 중간 축으로 $n-1$개의 작은 디스크를 이동한 다음, 가장 큰 디스크를 오른쪽 축으로 이동한 다음, 중간 축에 있는 $n-1$개의 작은 디스크를 오른쪽 축으로 옮기면 된다. 여기서 되풀이 관계가 발생한다.

$$T(n) = 2T(n-1) + 1$$

> **잠깐 멈추고 생각해 보자** 위의 되풀이 관계를 사용해 재귀를 사용하지 않는 $T(n)$ 공식을 찾을 수 있는가?

이제 왼쪽 축에서 오른쪽 축으로 옮기는 재귀 알고리듬을 알게 됐다. 다음 코드에서 3개의 변수를 사용하겠다. 각각 축을 나타내는 startPeg(시작 지점), destinationPeg(종점), transitPeg(중간 지점)로 1, 2, 3의 값을 갖는다. 이 세 변수는 항상 다른 축을 가리키며 startPeg + destinationPeg + transitPeg은 항상 $1+2+3 = 6$이다. HANOITOWERS(n, startPeg, destinationPeg)는 transitPeg를 중간 지점으로 삼아 startPeg에서 출발해 destinationPeg까지 총 n개의 디스크를 옮긴다.

```
HANOITOWERS(n, startPeg, destinationPeg)
    if n = 1
        Move top disk from startPeg to destinationPeg
        return
    transitPeg = 6 − startPeg − destinationPeg
    HANOITOWERS(n − 1, startPeg, transitPeg)
    Move top disk from startPeg to destinationPeg
    HANOITOWERS(n − 1, transitPeg, destinationPeg)
    return
```

이 알고리듬은 간단해 보이지만 100개의 디스크를 이동하려면 우주의 원자 수보다 많은 단계가 필요하다. n개의 디스크를 옮기는 과정에서 HANOITOWERS는 $n-1$을 두 번 호출하고 이는 $n-2$를 네 번 호출한다. 예를 들어 HANOITOWERS(4, 1, 3)을 실행한다고 하면 HANOITOWERS(3, 1, 2)와 HANOITOWERS(3, 2, 3)가 호출된다. 이러한 호출은 차례로 HANOITOWERS(2, 1, 3), HANOITOWERS(2, 3, 2), HANOITOWERS(2, 2, 1), HANOITOWERS(2, 1, 3)를 호출하게 된다.

겹치는 단어 역설

'심플턴을 위한 최선의 베팅Best Bet for Simpletons'이라는 2인용 게임으로 겹치는 단어 역설을 설명해 보겠다. 플레이어 1은 이진 k-mer인 A를 선택하고, 플레이어 2는 A가 어떤 것인지 알고 나서 다른 이진 k-mer B를 선택한다. 그런 다음 두 플레이어는 앞면이면 "1", 뒷면이면 "0"을 나타내는 동전 뒤집기를 해 연속으로 나온 숫자가 A 또는 B이면 나온 숫자가 승리하며 게임을 종료한다.

STOP 잠깐 멈추고 생각해 보자   두 선수가 항상 같은 승률을 얻는가?

언뜻 보면 모든 k-mer의 승률이 같다고 생각할 수도 있다. 그러나 플레이어 1이 "00"을 선택하고 플레이어 2가 "10"을 선택한다고 가정해 보자. 두 번 동전 뒤집기를 했을 때의 경우의 수는 "00"이 나와서 플레이어 1이 이기거나, "10"이 나와서 플레이어 2가 이기거나, 다른 숫자인 "01" 또는 "11"이 나와서 게임이 끝나지 않고 계속 진행하는 경우가 있다. 만약 게임이 계속된다면 "0" 또는 "1"이 뒤집기 결과로 나오는데 이는 이전 결과의 마지막 뒤집기인 "1"과 조합해 보면 "10", "11"이 나오므로 플레이어 2가 이길 확률이 더 높다.

플레이어 1이 더 좋은 k-mer를 선택해야 공정할 것 같은데 'Best Bet for Simpletons'의 흥미로운 점은 $k > 2$인 경우 플레이어 2는 플레이어 1이 선택한 A와 관계없이 A를 항상 이기는 k-mer B를 선택할 수 있다는 것이다. 'Best Bet for Simpletons'의 또 다른 재밌는 점은 가위바위보와 같은 **비전이성 게임**non-transitive game이라는 점이다. A가 B를 이기고 B가 C를 이긴다 해도 A가 C를 이긴다고 결론을 내릴 수 없다는 것이다.

'Best Bet for Simpletons' 분석을 위해 다음과 같이 가정해 보자. A의 마지막 i 자리가 B의 첫 번째 i 자리와 일치하는 경우 B i-오버랩 A라고 하자. 예를 들어 "110110"의 1-오버랩, 2-오버랩, 5-오버랩을 그림 1.29에 나타냈다.

2개의 k-mer A, B에서 이 둘의 **상관 관계**correlation를 $\text{CORR}(A, B) = (c_0, ..., c_{k-1})$로 나타낼 수 있고, 겹치는 경우 1, 그렇지 않다면 1로 나타내자. A와 B의 **상관 관계 빈도**correlation frequency는 다음과 같이 정의할 수 있다.

$$K_{A,B} = c_0 + c_1 \cdot \frac{1}{2} + c_2 \cdot \left(\frac{1}{2}\right)^2 + \cdots + c_{k-1} \cdot \left(\frac{1}{2}\right)^{k-1}$$

그림 1.29의 문자열 A와 B의 상관 관계는 "010011"이고 상관 관계 빈도는 $K_{A,B} = (1/2) + (1/2)^4 + (1/2)^5 = 19/32$다.

$$\text{CORR}(A, B)$$

$$
\begin{array}{lr}
B = 110110 & 0 \\
B = 110110 & 1 \\
B = 110110 & 0 \\
B = 110110 & 0 \\
B = 110110 & 1 \\
B = 110110 & 1 \\
A = 011011 &
\end{array}
$$

그림 1.29 k-mer A = "011011"과 B = "110110"의 상관 관계는 문자열 "010011"이다.

존 콘웨이^{John Conway}는 B가 A를 이길 확률을 계산하는 간단한 공식을 만들었다.

$$\frac{K_{A,A} - K_{A,B}}{K_{B,B} - K_{B,A}}$$

콘웨이는 이 공식을 증명하지 않았지만 유명한 수학 작가인 마틴 가드너^{Martin Gardner}는 이 공식에 다음과 같이 말했다.

왜 작동하는지는 모르겠지만 콘웨이의 다른 알고리듬과 마찬가지로 마술처럼 답이 나온다.

참고 문헌

비대칭을 사용해 복제 원점을 찾는 방법은 1996년 로브리^{Lobry}가 처음 제안했으며 1998년 그리고리에프^{Grigoriev}의 논문에 설명돼 있다. 비대칭을 사용한 접근법의 훌륭한 설명은 2011 Grigoriev에 있다. 2008년 Sernova와 Gelfand는 박테리아에서 복제 기점을 찾는 알고리듬과 툴을 리뷰했다. Lundgren et al.,은 2004년에 고세균에서 복수의 복제 기점이 있음을 설명했다. Wang et al., 2011년에 대장균 유전체에 인공 ori를 넣어 복제를 일으킬 수 있음을 보였다. Xia는 2012년에 박테리아가 복수의 복제 기점이 있을 것이라고 최초로 추측했다. Gao와 Zhang은 2008년에 박테리아의 복제 기점을 찾아주는 오리-파인더 프로그램을 개발했다.

Liachko et al., 2013년에 효모의 복제 기점에 대해 가장 포괄적인 설명을 했다. Solov'ev는 1966년에 문자열 패턴 확률의 근사값을 얻는 정확한 공식을 도출한 최초의 인물이다. 1974년 Gardner는 '심플턴을 위한 최선의 베팅' 역설에 관한 훌륭한 입문서를 썼다. 1981년 Guibas와 Odlyzko는 임의의 텍스트에서 패턴 확률의 계산 복잡도를 훌륭하게 설명했다. 또한 Conway의 '심플턴을 위한 최선의 베팅' 식을 다소 복잡하게 증명했다. Sedgewick과 Flajolet은 2013년 문자열에서 패턴의 확률을 계산하는 다양한 접근 방법의 개요를 제시했다.

2
분자 시계 역할을 하는
DNA 패턴은 무엇일까?

무작위 알고리듬

우리는 시계 유전자를 갖고 있을까?

동물, 식물 심지어 박테리아의 하루 스케줄은 **생체 시계**^{circadian clock}라는 내부 시계가 관리한다. 비행 시차로 불편을 겪어 본 사람은 알겠지만 이 시계는 멈추지 않고 계속 똑딱거리며 진행한다. 벙커와 같이 어두운 환경에 둔 실험 쥐와 연구 지원자의 경우 자연스럽게 활동과 휴식을 갖는 24시간의 활동 주기를 유지한다. 다른 시계와 마찬가지로 생체 시계는 오작동할 수 있으며 **수면 위상 지연 증후군**^{DSPS, Delayed Sleep-phase Syndrome}으로 알려진 유전 질환을 초래한다.

생체 시계는 분자 수준에 기반하는 것이 분명하며 이는 많은 궁금증을 일으킨다. 박테리아는 말할 것도 없고 동물과 식물의 개별 세포는 언제 특정한 단백질의 생산을 늘리고 줄여야 하는지 어떻게 알 수 있을까? 시계 유전자^{clock gene}가 있는 것일까? 아침에 심장 마비가 더 자주 발생하고 밤에 천식이 더 흔한 이유가 무엇일까? 생체 시계를 파괴해 DSPS를 유발하는 유전자들을 알아낼 수 있을까?

1970년대 초 론 코놉카^{Ron Konopka}와 시모어 벤저^{Seymour Benzer}는 비정상적인 생체 시계를 가진 돌연변이 파리를 발견했고 단일 유전자 수준에서 변이를 추적했다. 생물학자들은 포유류에서 이와 유사한 시계 유전자를 찾는 데 약 20년 이상의 시간이 걸렸다. 오늘날 더 많은 생체 시계 유전자들이 발견됐으며 이는 timeless, clock, cycle의 이름을 갖고 있다. 이 유전자들은 수백 개의 유전자들의 행동을 조화롭게 조절하며, 이러한 유전자들은 종 전체에 걸쳐 잘 보존돼 있다.

먼저 식물을 살펴보자. 식물에서 생체 시계를 잘 유지하는 것은 삶과 죽음의 문제다. 얼마나 많은 식물 유전자들이 해가 뜨고 지는 시간에 주의를 기울이는지 생각해 보자. 실제로 생물 학자들은 광합성과 개화와 관련한 유전자를 포함해 1,000개가 넘는 식물 유전자가 생체 시계와 관련 있다고 추정했다. 이 유전자들은 하루 종일 유전자 전사체 생산, 즉 **유전자 발현**gene expression을 조절하고자 몇 시인지를 알아내야 한다(돌아가기: 유전자 발현 참고).

142페이지

모든 식물 세포는 다른 세포들과 독립적으로 낮과 밤을 추적하며 LHY, CCA1, TOC1이는 3개의 유전자가 식물에서 시계를 담당하는 관리자라는 것이 밝혀졌다. 이러한 조절 유전자 및 이들이 만들어 내는 **조절 단백질**regulatory protein은 유기체가 유전자 발현을 조절할 수 있도록 하고자 외부 인자(예: 영양 상태 또는 햇빛)들에 의해 통제된다.

예를 들어 식물의 생체 시계를 제어하는 조절 단백질은 다음과 같이 생체 활동을 조절한다. TOC1은 LHY와 CCA1의 발현을 촉진하는 반면, LHY와 CCA1은 TOC1의 발현을 억제해 **음성 피드백 고리**negative feedback loop를 형성한다. 아침의 햇빛은 LHY와 CCA1의 전사를 활성화해 TOC1의 전사 억제를 유발한다. 빛이 감소함에 따라 LHY 및 CCA1의 생산도 감소해 TOC1을 더이상 억제하지 않는다. TOC1의 전사는 밤에 최고점에 도달하고 LHY 및 CCA1의 전사를 촉진한다. 이는 차례로 TOC1의 전사를 억제하고 생체 주기가 다시 시작하게 만든다.

LHY, CCA1, TOC1이 암호화하는 조절 단백질은 **전사 인자**transcript factor, 즉 다른 유전자를 켜고 끄는 조절 단백질이기에 다른 유전자의 전사를 제어할 수 있다. 전사 인자는 유전자 **상류 영역**upstream region에서 **조절 모티프**regulatory motif 또는 **전사 인자 결합 부위**transcription factor binding site라는 특정 짧은 DNA 영역에 결합해 유전자를 조절한다. 이는 유전자의 시작 위치에서 600에서 1000 뉴클레오티드 앞부분의 영역이다. 예를 들어 CCA1은 CCA1에 의해 조절받는 여러 유전자의 상류 영역에 있는 AAAAAATCT에 결합한다.

조절 모티프가 완벽히 보존된다면 생물 정보학자들에게 참 좋겠지만 현실 세계에서 조절 모티프는 일부 위치에서 변할 수 있기에 더 복잡하다. 예를 들어 CCA1은 AAGAACTCT에도 결합할 수 있다. 이 모티프들이 어떻게 생겼는지 모르는 채로 이런 조절 모티프들을 어떻게 찾아낼 수 있을까? 이를 위해서는 여러 문자열 집합이 공유하고 있는 숨겨진 메시지를 발견하는 문제인 **모티프 찾기**motif finding를 위한 알고리듬을 개발해야 한다.

생각보다 쉽지 않은 모티프 찾기

저녁 요소 찾기

2000년 스티브 케이^{Steve Kay}는 **DNA 어레이**(돌아가기: DNA 어레이 참고)를 사용해 *Arabidopsis thaliana* 식물에서 하루 중 다른 시간대에 어떤 유전자가 활성화되는지 확인했다. 그는 주기적으로 행동을 보이는 500여 개의 유전자 상류 지역을 추출했고, 이 상류 지역에서 자주 나타나는 패턴을 찾아냈다. 이러한 상류 영역을 단일 문자열로 연결해 보면 놀랍게도 AAAATATCT가 46번 나타난다는 것을 발견할 수 있다.

142페이지

> 잠깐 멈추고 생각해 보자   모든 상류 지역을 하나의 문자열로 연결하고 빈번한 단어를 찾아 모티프를 밝혀내는 것의 문제점은 무엇인가?

> 연습 문제   1000개 길이로 이뤄진 500개의 무작위 DNA 문자열에서 9-mer의 발생 횟수를 계산해 보자.

스티브 케이는 AAAATATCT를 **저녁 요소**^{evening element}라고 명명하고 이것이 *Arabidopsis thaliana*에서 24시간 주기에 관련된 유전자의 발현을 담당하는 조절 모티프라는 것을 입증하는 간단한 실험을 수행했다. 어떤 유전자의 상류 영역에 있는 저녁 요소에 돌연변이를 일으켜 보니 해당 유전자는 더 이상 24시간 주기에 따른 행동을 나타내지 않았다.

식물에서 저녁 요소는 매우 잘 보존돼 있어서 쉽게 찾을 수 있는 반면, 많은 돌연변이를 가진 모티프의 경우 발견하기 쉽지 않다. 예를 들어 파리를 박테리아에 감염시키면 파리는 감염에 맞서려고 **면역 유전자**^{immunity gene} 스위치를 켠다. 따라서 감염 후 발현 수준이 높은 일부 유전자는 면역 유전자일 가능성이 높다. 실제로 이들 유전자 중 일부는 상류 영역에서 TCGGGGATTTCC와 유사한 12-mer을 가지며, 이는 파리의 다양한 면역 유전자를 활성화시키는 NF-κB라는 전사 인자의 결합 부위다. 그러나 NF-κB 결합 부위는 저녁 요소만큼 보존성이 높지 않다. 그림 2.1은 *Drosophila melanogaster* 유전체에서 10개의 NF-κB 결합 부위를 보여 준다. 각 열에서 가장 많이 나타나는 뉴클레오티드는 대문자로 표시했다.

```
1   TCGGGGgTTTtt
2   cCGGtGActTaC
3   aCGGGGATTTtC
4   TtGGGGAcTTtt
5   aaGGGGAcTTCC
6   TtGGGGAcTTCC
7   TCGGGGATTcat
8   TCGGGGATTcCt
9   TaGGGAacTaC
10  TCGGGtATaaCC
```

그림 2.1 *Drosophila melanogaster* 유전체에 나타나는 10개의 NF-κB 결합 부위 후보. 대문자로 표기한 글자는 각 열에서 가장 많이 출현한 뉴클레오티드를 나타낸다.

모티프와 숨바꼭질

이제 목표는 조절 모티프를 찾는 생물학적 문제를 계산 문제로 바꾸는 것이다. 아래에서 무작위로 생성한 10개의 DNA 문자열 각각의 무작위 위치에 15-mer짜리 숨겨진 메시지를 넣어 뒀다. 이 예시는 10개 유전자의 상류 영역에 숨어 있는 전사 인자 결합 부위를 흉내 낸 것이다.

```
1   atgaccgggatactgataaaaaaaaggggggggggcgtacacattagataaacgtatgaagtacgttagactcggcgccgccg
2   acccctatttttttgagcagatttagtgacctggaaaaaaaatttgagtacaaaacttttccgaataaaaaaaaaaggggggga
3   tgagtatccctgggatgacttaaaaaaaaggggggggtgctctcccgatttttgaatatgtaggatcattcgccagggtccga
4   gctgagaattggatgaaaaaaaagggggggtccacgcaatcgcgaaccaacgcggacccaaaggcaagaccgataaaggaga
5   tcccttttgcggtaatgtgccgggaggctggttacgtagggaagcccaacggacttaataaaaaaaagggggggcttatag
6   gtcaatcatgttcttgtgaatggatttaaaaaaaaggggggggaccgcttggcgcacccaaattcagtgtgggcgagcgcaa
7   cggttttggcccttgttagaggcccccgtaaaaaaaaaggggggggcaattatgagagagctaatctatcgcgtgcgtgttcat
8   aacttgagttaaaaaaaaggggggggctggggcacatacaagaggagtcttccttatcagttaatgctgtatgacactatgta
9   ttggcccattggctaaaagcccaacttgacaaatggaagatagaatccttgcataaaaaaaaagggggggaccgaaagggaag
10  ctggtgagcaacgacagattcttacgtgcattagctcgcttccggggatctaatagcacgaagcttaaaaaaaaagggggggga
```

 잠깐 멈추고 생각해 보자 숨겨진 메시지를 찾을 수 있는가?

사실 이것은 간단한 문제다. 빈번한 단어 문제의 알고리듬을 문자열 연결에 적용하면 다음과 같이 가장 자주 나타나는 15-mer를 표현할 수 있다. 문자열이 짧기 때문에 빈번하게 발생하는 다른 15-mer가 있을 가능성은 낮다.

```
 1  atgaccgggatactgatAAAAAAAAGGGGGGGggcgtacacattagataaacgtatgaagtacgttagactcggcgccgccg
 2  acccctattttttgagcagatttagtgacctggaaaaaaaatttgagtacaaaacttttccgaataAAAAAAAAGGGGGGGa
 3  tgagtatccctgggatgacttAAAAAAAAGGGGGGGtgctctcccgattttttgaatatgtaggatcattcgccagggtccga
 4  gctgagaattggatgAAAAAAAAGGGGGGGtccacgcaatcgcgaaccaacgcggacccaaaggcaagaccgataaaggaga
 5  tccctttttgcggtaatgtgccgggaggctggttacgtagggaagccctaacggacttaatAAAAAAAAGGGGGGGcttatag
 6  gtcaatcatgttcttgtgaatggatttAAAAAAAAGGGGGGGaccgcttggcgcacccaaattcagtgtgggcgagcgcaa
 7  cggttttggcccttgttagaggcccccgtAAAAAAAAGGGGGGGcaattatgagagagctaatctatcgcgtgcgtgttcat
 8  aacttgagttAAAAAAAAGGGGGGGctggggcacatacaagaggagtcttccttatcagttaatgctgtatgacactatgta
 9  ttggcccattggctaaaagcccaacttgacaaatggaagatagaatccttgcatAAAAAAAAGGGGGGGaccgaaagggaag
10  ctggtgagcaacgacagattcttacgtgcattagctcgcttccggggatctaatagcacgaagcttAAAAAAAAGGGGGGGa
```

이제 정확히 동일한 패턴을 서열에 넣어 두는 대신, 패턴을 서열에 넣기 전에 다음과 같이 각 15-mer 내부에 무작위로 선택한 4개의 위치에서 뉴클레오티드를 무작위로 변경한다고 상상해 보자.

```
 1  atgaccgggatactgatAgAAgAAAGGttGGGggcgtacacattagataaacgtatgaagtacgttagactcggcgccgccg
 2  acccctattttttgagcagatttagtgacctggaaaaaaaatttgagtacaaaacttttccgaatacAAtAAAAcGGcGGGa
 3  tgagtatccctgggatgacttAAAAtAAtGGaGtGGtgctctcccgattttttgaatatgtaggatcattcgccagggtccga
 4  gctgagaattggatgcAAAAAAAGGGattGtccacgcaatcgcgaaccaacgcggacccaaaggcaagaccgataaaggaga
 5  tccctttttgcggtaatgtgccgggaggctggttacgtagggaagccctaacggacttaatAtAAtAAAGGaaGGGcttatag
 6  gtcaatcatgttcttgtgaatggatttAAcAAtAAGGGctGGgaccgcttggcgcacccaaattcagtgtgggcgagcgcaa
 7  cggttttggcccttgttagaggcccccgtAtAAAcAAGGaGGGccaattatgagagagctaatctatcgcgtgcgtgttcat
 8  aacttgagttAAAAAAtAGGGaGcccctggggcacatacaagaggagtcttccttatcagttaatgctgtatgacactatgta
 9  ttggcccattggctaaaagcccaacttgacaaatggaagatagaatccttgcatActAAAAAGGaGcGGaccgaaagggaag
10  ctggtgagcaacgacagattcttacgtgcattagctcgcttccggggatctaatagcacgaagcttActAAAAAGGaGcGGa
```

이제 AAAAAAAAGGGGGGG가 위 문자열들에서 나타나지 않기 때문에 빈번한 단어 문제의 해결 방법은 도움이 되지 않을 것이다. 그렇다면 미스매치가 있는 빈번한 단어 문제의 해결 방법을 적용해 볼 수 있을 것이다. 그러나 1장에서 미스매치가 있는 빈번한 단어 문제를 위해 구현한 알고리듬은 미스매치 개수가 적고 k-mer 크기가 작은 숨겨진 메시지($DnaA$ 박스의 9-mer에 1~2개의 미스매치가 있는 경우)를 찾는 것을 목표로 한 것이었다. 이 알고리듬은 위와 같이 길고 변이가 많은 상황에서 삽입된 모티프를 찾을 때는 매우 느릴 것이다.

또한 모든 서열을 단일 문자열로 연결하는 것은 모티프를 발견하는 데 있어 생물학적인 문제를 정확하게 모델링하지 않기 때문에 부적절하다. 그리고 $DnaA$ 박스는 유전체의 상대적으로 짧은 간격 내에서 뭉치거나 자주 나타나는 패턴이다. 대조적으로 조절 모티프는 유전체 전체에 흩어져 있는 많은 다른 영역에서 변이를 포함해 적어도 한 번씩은 나타나는 패턴이다.

모티프 검색: 무차별 대입 알고리듬

주어진 문자열들의 집합 *Dna*와 정수 *d*가 있을 때 *Dna*의 모든 문자열에서 *d*개 이하의 미스매치를 가진 채로 발견된 경우 해당 *k*-mer를 (*k*, *d*)-motif라고 한다. 예를 들어 위의 예시에서 이식돼 있는 15-mer는 (15, 4)-motif로 표현할 수 있다.

모티프 이식 문제

문자열 집합에서 모든 (*k*, *d*)-motif를 찾아라.

입력: 문자열 *Dna*와 정수 *k*, *d*

출력: *Dna*의 모든 (*k*, *d*)-motif

무차별 대입 검색brute force search 또는 **완전 탐색**exhaustive search은 가능한 모든 해결 방법을 탐색해 각 방법이 문제를 해결할 수 있는지 확인하는 기술이다. 이러한 알고리듬은 설계에 노력이 거의 들지 않고 답을 찾을 수 있다는 보장을 갖지만, 방법 수가 너무 많은 경우 시간이 오래 걸린다.

모티프 이식 문제 해결을 위한 무차별 대입 검색 방법은 모든 (*k*, *d*)-motif가 *Dna*의 첫 번째 문자열에 있는 특정 *k*-mer 문자열과 비교했을 때 *d*개 이하의 미스매치를 갖고 있어야 한다는 관찰에 기반한다. 따라서 가능한 모든 *k*-mer를 생성한 다음 어느 것이 (*k*, *d*)-motif인지 확인할 수 있는 것이다. *k*-mer 생성 방법을 잊었다면 '충전소: 문자열 이웃 생성'을 참고하자.

MotifEnumeration(*Dna*, *k*, *d*)
 Patterns ← an empty set
 for each *k*-mer *Pattern* in the first string in *Dna*
  for each *k*-mer *Pattern'* differing from *Pattern* by at most *d* mismatches
   if *Pattern'* appears in each string from *Dna* with at most *d* mismatches
    add *Pattern'* to *Patterns*
 remove duplicates from *Patterns*
 return *Patterns*

MOTIFNUMERATION은 k, d 값이 큰 경우 상대적으로 느리기 때문에 다른 접근 방법을 시도해 볼 것이다. Dna의 각 문자열 쌍 사이에 가장 유사한 두 k-mer를 찾아서 이식된 패턴을 찾을 수 있지 않을까? 그러나 이식된 15-mer AgAAgAAAGGttGGG 및 cAAtAAAAcGGGGcG를 생각해 보자. 각각은 AAAAAAAAGGGGGGG와 4개의 미스매치가 있다. 이 15-mer는 AAAAAAAAGGGGGGG와는 비슷하지만 서로를 비교할 때는 8개의 미스매치가 있다.

AgAAgAAAGGttGGG
|| || | | | |
cAAtAAAAcGGGGcG

이 두 가지 이식된 패턴은 매우 다르기 때문에 Dna에서 문자열 쌍 중에 가장 유사한 k-mer를 검색하는 방법으로 이식된 패턴을 찾을 수 있을지는 걱정된다.

2장의 나머지 부분에서는 이식 모티프 문제의 까다로운 사례를 사용해 모티프 찾기 알고리듬을 벤치마킹할 것이다. 미묘한 **모티프 문제**^{Subtle Motif Problem}는 600-뉴클레오티드(많은 상류 영역의 전형적인 길이)만큼의 문자열을 무작위로 10개 생성하고, 여기에 특정 15-mer를 4개의 무작위 미스매치를 허용한 상태로 이식하는 문제다. 우리가 보게 될 미묘한 모티프 문제의 예시는 15-mer AAAAAAAAGGGGGGG를 이식한 것이다.

미묘한 모티프 문제에 대한 데이터 집합에서 수천 개의 무작위로 발생하는 15-mer는 서로 8개 이하의 뉴클레오티드 차이를 보였으며, 이는 쌍으로 비교하는 방법으로는 실제로 이식된 모티프를 찾을 수 없다는 것을 나타낸다.

모티프에 점수 매기기

모티프에서 프로필 행렬과 컨센서스 문자열

모티프 이식 문제는 모티프를 발견하는 생물학적인 문제를 추상화하는 데 유용성을 제공하지만, 이는 몇 가지 한계가 있다. 예를 들어 스티브 케이가 DNA 배열을 사용해 식물의 주기 유전자들을 추정했을 때 그는 추정한 모든 유전자들의 상류 영역에 저녁 요소가 (혹은 그것의 돌연변이가) 있을 것이라고 생각하지는 않았다. 이와 유사하게 생물학자들 역시 감염된 파리에서 발현량이 증가한 모든 유전자가 NF-𝜘B에 의해 조절될 것이라고 예상하지는 않는다. DNA array 실험은 본질적으로 오류가 많고, 이 실험으로 발견된 유전자들 중 일부는 식물의 주기 혹은 파리의 면역 유전자와 관련성이 없다. 이렇게 오류가 많은 데이터 집합에서는 단일 서열이 전사 인자 결합 부위를 포함하지 않는 한 (k, d)-motif가 존재하지 않으므로 모티프 이식 문제에 도입할 알고리듬들이 실패로 돌아갈 것이다.

문제를 보다 적절하게 수식화하는 방법은 각 모티프와 이상적인 모티프(즉 전사 인자가 가장 잘 결합하는 전사 인자 결합 위치)가 얼마나 가까운지 점수를 매겨 보는 것이다. 그러나 이상적인 모티프를 알 수 없기 때문에 각 문자열에서 k-mer를 선택해 서로 얼마나 유사한지에 따라 이 k-mer들에 점수를 매겨 보고자 한다.

점수를 정의하고자 길이가 n인 t개의 DNA 문자열이 있고 각 문자열에서 하나의 k-mer를 선택해 Motif라는 집합을 생성한다고 해보자. Motif 집합은 $t \times k$ **모티프 행렬**motif matrix로 표현한다. 그림 2.2는 그림 2.1의 NF-κB 결합 위치에 대한 모티프 행렬을 나타내는데 각 열에서 가장 빈번하게 나타나는 뉴클레오티드는 대문자로 표시했다. 하나의 열에서 가장 빈번한 뉴클레오티드가 여러 개인 경우 그중 하나를 임의로 선택했다. 위치 2와 3은 가장 보존성이 높고(뉴클레오티드 G가 해당 위치에서 완벽히 보존됐다), 위치 10은 가장 보존성이 낮다는 것을 알아 두자.

각 문자열에서 선택하는 k-mer를 바꿈으로써 주어진 DNA 문자열 샘플에 대해 엄청나게 많은 수의 서로 다른 모티프 행렬을 구성할 수 있다. 우리의 목표는 가장 '보존된' 모티프 매트릭스를 생성하는 k-mer를 선택하는 것이다. 이는 대문자가 가장 많은, 즉 가장 적은 수의 소문자 행렬을 의미한다. 이러한 k-mer를 어떻게 선택하는가에 대한 질문보다 우선 모티프 행렬 Motif에서 빈번하지 않은 (소문자) 글자의 수를 나타내는 SCORE(Motifs)를 정의해 모티프 행렬을 점수화하는 방법에 초점을 맞출 것이다. 우리의 목표는 이 점수를 최소화하는 k-mer 집합을 찾는 것이다.

	T	C	G	G	G	G	g	T	T	T	t	t
	c	C	G	G	t	G	A	c	T	T	a	C
	a	C	G	G	G	G	A	T	T	T	t	C
	T	t	G	G	G	G	A	c	T	T	t	t
Motifs	a	a	G	G	G	G	A	c	T	T	C	C
	T	t	G	G	G	G	A	c	T	T	C	C
	T	C	G	G	G	G	A	T	T	c	a	t
	T	C	G	G	G	G	A	T	T	c	C	t
	T	a	G	G	G	G	A	a	c	T	a	C
	T	C	G	G	G	t	A	T	a	a	C	C

SCORE(*Motifs*) $3 + 4 + 0 + 0 + 1 + 1 + 1 + 5 + 2 + 3 + 6 + 4 = 30$

COUNT(*Motifs*)												
A:	2	2	0	0	0	0	9	1	1	1	3	0
C:	1	6	0	0	0	0	0	4	1	2	4	6
G:	0	0	10	10	9	9	1	0	0	0	0	0
T:	7	2	0	0	1	1	0	5	8	7	3	4

PROFILE(*Motifs*)												
A:	.2	.2	0	0	0	0	.9	.1	.1	.1	.3	0
C:	.1	.6	0	0	0	0	0	.4	.1	.2	.4	.6
G:	0	0	1	1	.9	.9	.1	0	0	0	0	0
T:	.7	.2	0	0	.1	.1	0	.5	.8	.7	.3	.4

CONSENSUS(*Motifs*)   T C G G G G A T T T C C

그림 2.2 모티프 행렬에서 SCORE, COUNT, PROFILE, CONSENSUS 행렬, 모티프 로고까지. NF-κB 결합 부위는 10×12 모티프 행렬을 형성하며, 각 열에서 가장 빈번한 뉴클레오티드는 대문자로 표기하고 다른 모든 뉴클레오티드는 소문자로 표기했다. SCORE(*Motifs*)는 모티프 행렬에서 가장 덜 빈번한 (소문자) 기호 숫자의 합계로 계산된다. 해당 모티프 행렬로부터 열마다의 각 뉴클레오티드의 횟수가 있는 4×12의 횟수 행렬, 모티프 행렬에서 각 열마다 뉴클레오티드의 빈도를 갖고 있는 프로필 행렬 그리고 횟수 행렬에서 각 열마다 가장 많은 빈도로 나타나는 뉴클레오티드로 이뤄진 컨센서스 문자열이 만들어지게 된다. 마지막으로 모티프 로고는 각 열의 뉴클레오티드를 보존된 정도에 따라 시각화할 때 널리 쓰이는 방법이다. 글자의 높이는 해당 위치에서 각 뉴클레오티드의 빈도를 나타낸다.

연습 문제   SCORE(*Motifs*)에서 가능한 최소값은 0이다. 이는 모든 $t \times k$ 행렬 *Motifs*가 같을 때다. 그렇다면 t, k가 주어졌을 때 SCORE(*Motifs*)의 가능한 최대값은 얼마인가?

먼저 모티프 행렬의 각 열에서 각 뉴클레오티드의 발생 횟수를 세어서 $4 \times k$의 **횟수 행렬** count matrix COUNT(*Motifs*)를 생성한다. COUNT(*Motifs*)의 (i, j)번째 요소에는 뉴클레오티드 i가 *Motifs*의 j번째 열에 나타난 횟수를 저장한다. 이제 더 나아가서 COUNT(*Motifs*) 행렬의 모든 요소를 모티프 행 수인 t로 나눠 **프로필 행렬** profile matrix $P = $ PROFILE(*Motifs*)을 만들 수 있다. 여기서 P_{ij}는 모티프 행렬의 j번째 열에서 i번째 뉴클레오티드의 빈도다. 행렬에서 어떠한 열이라도 그 요소들의 합은 1임을 알아 두자.

마지막으로 모티프 행렬의 각 열에서 가장 빈번한 뉴클레오티드로 **컨센서스 문자열** consensus string인 CONSENSUS(*Motif*)을 만들 수 있다(동수의 경우 임의의 뉴클레오티드를 고른다). 상류 영역에서 모티프를 올바르게 선택했다면 CONSENSUS(*Motifs*)는 이상적인 조절 모티프 후보를 만들어 줄 것이다. 예를 들어 그림 2.2의 NF-κB 결합 부위에 대한 컨센서스 문자열은 TCGGGGATTTCC다.

더 적절한 모티프 점수 계산 함수

그림 2.2의 모티프 행렬에서 두 번째 열(C가 6개, A가 2개, T가 2개)과 마지막 열(C가 6개, T가 4개)을 생각해 보자. 두 열 모두 SCORE(*Motifs*)에 4만큼 기여한다.

STOP 잠깐 멈추고 생각해 보자 두 열의 점수가 같은 것은 생물학적으로 타당한가?

많은 생물학적 모티프의 경우 특정 위치에서 전사 인자에 결합하는 능력이 거의 동일한 2개의 뉴클레오티드가 존재한다. 예를 들어 *S. cerevisiae* 효모의 16개 뉴클레오티드 길이의 CSRE 전사 인자 결합 부위는 11개의 약하게 보존된 위치와 5개의 강하게 보존된 위치로 구성되며, 유사한 빈도를 가진 2개의 뉴클레오티드가 존재한다(그림 2.3).

예시와 같이 NF-κB 결합 부위에 대한 컨센서스 문자열 TCGGGGATTTCC을 더 적절하게 표현하려면 각 열에서 가장 빈번한 뉴클레오티드와 함께 또 다른 대체 뉴클레오티드도 표시해야 한다(그림 2.4). 이런 의미에서 그림 2.2의 모티프 행렬에서 마지막 열(6 C, 4 T)은 두 번째 열(6 C, 2 A, 2 T)보다 더 보존적이며 더 낮은 점수를 받아야 한다.

1	2	3	4	5	6	7	8	9	10	11	12	13	14	15	16
C	G/C	G/T	T/A	C/T	G/C	C/G	A	T	G/T	C/G	A	T	C/T	C/T	G/T

그림 2.3 *S. cerevisiae*의 CSRE 전사 인자 결합 부위는 16개의 뉴클레오티드이며, 이 중 5개 위치(1, 8, 9, 12, 13)만이 강하게 보존돼 있다. 나머지 11개의 위치는 2개 뉴클레오티드 중 하나가 위치할 수 있다.

1	2	3	4	5	6	7	8	9	10	11	12
T	C	G	G	G	G	A	T/C	T	T	C	C/T

그림 2.4 그림 2.2의 NF-κB 결합 부위 모티프 매트릭스의 각 컬럼에서 빈도를 최소 0.4 이상의 뉴클레오티드를 가져오면 10개의 위치는 단일 뉴클레오티도로 표기할 수 있고, 8, 12번째 위치는 2개의 뉴클레오티드로 표기할 수 있다.

엔트로피와 모티프 로고

PROFILE(*Motifs*)의 모든 열은 **확률 분포**probability distribution에 해당하는데 이는 각 숫자가 음수가 아니며 총합이 1이라는 뜻이다. 예를 들어 그림 2.2의 두 번째 열은 A, C, G, T의 각 확률인 0.2, 0.6, 0.0, 0.2에 해당한다.

엔트로피entropy는 확률 분포 $(p_1, ..., p_N)$의 불확실성을 측정한 것으로 다음과 같이 정의할 수 있다.

$$H(p_1, \ldots, p_N) = - \sum_{i=1}^{N} p_i \cdot \log_2 (p_i)$$

예를 들어 그림 2.2의 프로필 행렬의 두 번째 열에 해당하는 확률 분포 (0.2, 0.6, 0.0, 0.2)의 엔트로피는 다음과 같다.

$$-(0.2 \log_2 0.2 + 0.6 \log_2 0.6 + 0.0 \log_2 0.0 + 0.2 \log_2 0.2) \approx 1.371$$

이에 비해 더 보존적인 마지막 열은 (0.0, 0.6, 0.0, 0.4)로 엔트로피를 계산하면 다음과 같다.

$$-(0.0 \log_2 0.0 + 0.6 \log_2 0.6 + 0.0 \log_2 0.0 + 0.4 \log_2 0.4) \approx 0.971$$

그리고 더 보존적인 다섯 번째 열의 엔트로피는 다음과 같다.

$$-(0.0 \log_2 0.0 + 0.0 \log_2 0.0 + 0.9 \log_2 0.9 + 0.1 \log_2 0.1) \approx 0.467$$

실제로 $\log_2 0$은 정의돼 있지 않지만 엔트로피 계산에서 $0 \cdot \log_2 0$은 0과 같다고 가정한다.

잠깐 멈추고 생각해 보자 4개의 값으로 나타낼 수 있는 확률 분포 엔트로피의 최대값과 최소값은 얼마인가?

그림 2.2에서 PROFILE(*Motifs*) 행렬에서 완전하게 보존된 세 번째 열의 엔트로피는 0이며 이는 가능한 최소 엔트로피 값이다. 반면에 뉴클레오티드의 개수가 모두 같아 확률이 1/4

인 열은 가능한 최대 엔트로피 $-4 \cdot 1/4 \cdot \log_2(1/4) = 2$를 갖게 된다. 일반적으로 잘 보존된 열일수록 엔트로피는 작아진다. 따라서 엔트로피는 모티프 행렬 계산의 개선된 방법이다. 모티프 행렬의 엔트로피는 열의 엔트로피 값들의 합으로 정의한다. 이 책에서는 단순성을 위해 SCORE(*Motifs*)를 계속 사용하지만 실제로는 엔트로피 점수가 더 자주 사용된다.

연습 문제   그림 2.2에서 NF-κB 모티프 행렬을 계산해 보시오.

엔트로피의 또 다른 적용은 모티프의 보존된 정도를 시각화하는 다이어그램인 **모티프 로고**motif logo다(그림 2.2 아래쪽). 문자의 상대적 크기는 해당 열에서의 빈도를 나타낸다. 각 열에서 분자의 높이는 **정보량**information content에 기반하며 이는 $2 - H(p_1, ..., p_N)$으로 정의한다. 엔트로피가 낮을수록 정보량 높아지며, 모티프 로고에서 높이가 높은 열은 잘 보존돼 있다는 뜻이다.

모티프 찾기에서 중앙 문자열 찾기까지

모티프 찾기 문제

이제 k-mer 집합을 점수화하는 방법을 잘 이해했으므로 모티프 찾기 문제를 수식화할 준비가 됐다.

모티프 찾기 문제

주어진 문자열 집합에서 모티프 점수를 최소화하는 k-mer 집합을 찾으시오.

입력: 문자열 *Dna*와 정수 k의 집합
출력: *Dna*의 각 문자열에서 하나씩 선택해 만든 k-mer들의 집합 *Motifs*를 만드는 가능한 모든 선택지 중 SCORE(*Motifs*)를 최소로 만드는 집합

모티프 찾기 문제에서 무차별 대입 알고리듬을 사용한 **BRUTEFORCEMOTIFSEARCH**는 *Dna*에서 k-mers의 집합 *Motifs*를 만드는 가능한 모든 선택지(길이가 n인 각 문자열마다 하나의 k-mer를 선택)들을 고려해 가장 낮은 점수를 나타내는 집합 *Motifs*를 반환한다. 각각의

t개의 서열에서 $n-k+1$개의 선택을 할 수 있기 때문에 *Motifs*를 만들 수 있는 경우의 수는 총 $(n-k+1)^t$다. 각 *Motifs*에 대해 SCORE(*Motifs*)를 계산하는데 이는 $k\cdot t$ 단계에 걸쳐 진행된다. 따라서 k가 n보다 훨씬 작다고 가정한다면 알고리듬 실행 시간은 $O(n^t\cdot k\cdot t)$다. 더 빠른 알고리듬이 필요하다!

모티프 찾기 문제의 재구성

BRUTEFORCEMOTIFSEARCH는 비효율적이므로 모티프를 찾는 다른 방법을 생각해 보자. *Dna*의 모든 *Motifs*를 탐색한 후 컨센서스 문자열을 도출하는 대신,

$$Motifs \rightarrow \text{CONSENSUS}(Motifs)$$

가능한 모든 k-mer 컨센서스 문자열을 먼저 탐색한 후 각 컨센서스 문자열 중 가장 가능성이 높은 *Motifs*를 찾아낼 것이다.

$$\text{CONSENSUS}(Motifs) \rightarrow Motifs$$

모티프 찾기 문제를 재구성하려면 SCORE(*Motifs*)를 계산하는 다른 방법을 고안해야 한다. 지금까지는 모티프 행렬에서 각 열마다의 소문자 개수로 SCORE(*Motifs*)를 계산했다. 예를 들어 그림 2.2에서 NF-κB 모티프 행렬의 SCORE(*Motifs*)를 다음과 같이 계산했다.

$$3+4+0+0+1+1+1+5+2+3+6+4=30$$

그림 2.5는 SCORE(Motifs)가 행 단위로 쉽게 계산할 수 있음을 보여 준다.

$$3+4+2+4+3+2+3+2+4+3=30$$

여기서 후자의 경우 합계는 컨센서스 문자열 TCGGGGATTTCC와 모티프 행렬에서 행에 있는 모티프 사이의 미스매치 개수, 즉 해밍 거리^{Hamming distance}를 나타낸다. 그림 2.5에서 모티프 행렬의 첫 번째 행을 계산해 보면 d(TCGGGGATTTCC, TCGGGGgTTTtt) = 3이다.

T	C	G	G	G	G	g	T	T	T	t	t	**3**
c	C	G	G	t	G	A	c	T	T	a	C	**4**
a	C	G	G	G	G	A	T	T	T	t	C	**2**
T	t	G	G	G	G	A	c	T	T	t	t	**4**
a	a	G	G	G	G	A	c	T	T	C	C	**3**
T	t	G	G	G	G	A	c	T	T	C	C	**2**
T	C	G	G	G	G	A	T	T	c	a	t	**3**
T	C	G	G	G	G	A	T	T	c	C	t	**2**
T	a	G	G	G	G	A	a	c	T	a	C	**4**
T	C	G	G	G	t	A	T	a	a	C	C	**+3**

$Motifs$

SCORE($Motifs$) $3 + 4 + 0 + 0 + 1 + 1 + 1 + 5 + 2 + 3 + 6 + 4 = $ **30**

CONSENSUS($Motifs$)   T C G G G G A T T T C C

그림 2.5 그림 2.2를 통해 만들어진 NF-κB 결합 부위의 컨센서스 문자열, 모티프, 점수 행렬. 소문자로 표기한 비컨센서스(non-consensus) 요소를 열별로 계산하지 않고 모티프 행렬의 오른쪽 굵은 글씨로 표시한 대로 행 별로 계산할 수 있다. 행 끝의 각 값은 해당 행과 컨센서스 문자열 사이의 해밍 거리다.

k-mer $Motifs = \{Motif_1, ..., Motif_t\}$와 k-mer $Pattern$이 주어졌을 때 각 $Pattern$과 $Motif_i$ 사이의 해밍 거리의 합을 나타내는 $d(Pattern, Motifs)$를 정의할 수 있다.

$$d(Pattern, Motifs) = \sum_{i=1}^{t} \text{HAMMINGDISTANCE}(Pattern, Motif_i)$$

SCORE($Motifs$)는 열별로 $Motifs$의 소문자 요소를 세는 것이고, d(CONSENSUS($Motifs$), $Motifs$)는 이러한 요소들을 행별로 세는 것이므로 다음과 같은 식을 얻을 수 있다.

$$\text{SCORE}(Motifs) = d(\text{CONSENSUS}(Motifs), Motifs).$$

이 방정식으로 아이디어를 얻을 수 있다. SCORE($Motifs$)를 최소화하는 k-mer $Motifs$ 집합을 검색하는 대신 가능한 모든 k-mers $Pattern$과 Dna의 k-mer $Motifs$에서 가능한 모든 경우의 수 중에서 $d(Pattern, Motifs)$을 최소화하는 컨센서스 문자열 $Pattern$을 찾아 보는 것이다. 이 문제는 모티프 찾기 문제와 동일하다.

동등한 모티프 찾기 문제

주어진 문자열 집합에서 가능한 모든 패턴과 가능한 모든 k-mer 집합(각 문자열에서 하나씩 선택함) 사이의 거리를 최소화하는 패턴과 k-mer 집합을 찾으시오.

입력: 문자열 Dna 및 정수 k의 집합

출력: 가능한 모든 *Pattern*과 *Motifs* 중 (*Pattern*, *Motifs*)를 최소화하는 k-mer *Pattern* 및 *Motifs* (Dna의 각 문자열에서 하나씩 선택해 만든 k-mer 집합)

중앙 문자열 문제

그런데 잠깐, 지금 해야 하는 일을 더 어렵게 만든 건 아닌가? 모든 *Motifs*를 검색하는 대신 모든 k-mers *Pattern*과 모든 *Motifs*를 검색해야 한다. 동등한 모티프 찾기 문제를 해결하기 위한 중요한 관찰은 *Pattern*이 주어졌을 때 모든 가능한 *Motifs*를 탐색하지 않고 d(*Pattern*, *Motifs*)를 최소화하는 것이다.

이를 어떻게 할 수 있는지 설명하고자 먼저 주어진 *Pattern*과 Dna에서 k-mer *Motifs*의 가능한 모든 집합에서 d(*Pattern*, *Motifs*)을 최소화하는 k-mer 집합을 MOTIFS(*Pattern*, Dna)라고 정의하겠다. 예를 들어 아래의 Dna에서 색칠한 5개의 3-mer를 MOTIFS(AAA, Dna)로 표현한다.

$$
Dna \quad
\begin{array}{l}
\texttt{ttacctt}\textbf{AAC} \\
\texttt{g}\textbf{ATA}\texttt{tctgtc} \\
\textbf{ACG}\texttt{gcgttcg} \\
\texttt{ccct}\textbf{AAA}\texttt{gag} \\
\texttt{cgtc}\textbf{AGA}\texttt{ggt}
\end{array}
$$

> **잠깐 멈추고 생각해 보자** 문자열 Dna와 k-mer *Pattern*이 주어졌을 때 MOTIFS(*Pattern*, Dna)를 생성하는 빠른 알고리듬을 설계해 보시오.

$Dna = \{Dna_1, ..., Dna_t\}$에서 모든 가능한 *Motifs*를 고려할 필요가 없는 이유는 MOTIFS(*Pattern*, Dna)에서 한 번에 하나의 k-mer를 생성할 수 있기 때문이다. 즉 Dna의 다른 문자열에서 선택하는 k-mer와는 독립적으로 Dna_i에서 k-mer를 선택할 수 있다. k-mer *Pattern*과 긴 문자열 *Text*가 주어졌을 때 *Text*에서 k-mer와 *Pattern* 사이의 해밍 거리를 최소값을 d(*Pattern*, *Text*)이라고 나타내겠다.

$$
d(Pattern, Text) = \min_{\text{all } k\text{-mers } Pattern' \text{ in } Text} \text{HAMMINGDISTANCE}(Pattern, Pattern')
$$

예를 들면 다음과 같다.

$$d(\textbf{GATTCTCA}, \text{gcaaa}\textbf{GACGCTGA}\text{ccaa}) = 3$$

*Pattern*와의 최소 해밍 거리를 나타내는 *Text*의 k-mer는 MOTIF(*Pattern*, *Text*)로 나타낸다. 위의 예에서,

$$\text{MOTIF}(\textbf{GATTCTCA}, \text{gcaaa}\textbf{GACGCTGA}\text{ccaa}) = \textbf{GACGCTGA}$$

*Text*에서 *Pattern*과 최소 해밍 거리를 만드는 k-mer가 여러 개 있을 수 있기에 MOTIF(*Pattern*, *Text*)는 모호할 수 있다. 예를 들어 MOTIF(AAG, gcAATcctCAGc)는 AAT 또는 CAG가 될 수 있다. *Text*에 최소 해밍 기리를 갖는 여러 k-mer가 있다면 MOTIF(*Pattern*, *Text*)에서 첫 번째 k-mer를 선택하기로 하자.

k-mer *Pattern*과 *Dna* = {*Dna*₁, ..., *Dna*ₜ} 문자열 집합이 주어졌을 때 *Pattern*과 *Dna*의 모든 문자열 사이의 거리 합을 $d(Pattern, Dna)$라고 정의하겠다.

$$d(Pattern, Dna) = \sum_{i=1}^{t} d(Pattern, Dna_i)$$

예를 들어 다음과 같은 *Dna*가 주어지면 $d(\text{AAA}, Dna) = 1 + 1 + 2 + 0 + 1 = 5$다.

$$
\begin{array}{lll}
 & \text{ttacctt}\textbf{AAC} & \textbf{1} \\
 & \text{g}\textbf{ATA}\text{tctgtc} & \textbf{1} \\
Dna & \textbf{ACG}\text{gcgttcg} & \textbf{2} \\
 & \text{ccct}\textbf{AAA}\text{gag} & \textbf{0} \\
 & \text{cgtc}\textbf{AGA}\text{ggt} & \textbf{1} \\
\end{array}
$$

우리의 목표는 전체 k-mer *Pattern* 중 $d(Pattern, Dna)$를 최소화하는 k-mer *Pattern*을 찾는 것이며 이는 동등한 모티프 찾기 문제에서 하는 일과 같다. 이러한 k-mer를 **중앙 문자열**median string이라 하자.

중앙 문자열 문제

중앙 문자열을 찾으시오.

입력: 문자열 Dna와 정수 k의 집합

출력: 모든 k-mer 중 $d(Pattern, Dna)$를 최소화하는 k-mer *Pattern*

114

중앙 문자열을 찾으려면 최소화 문제를 이중으로 해결해야 한다. 이를 위해 $d(Pattern,$ $Dna)$를 최소화하는 k-mer $Pattern$을 찾아야 하고, 이 함수는 Dna의 각 문자열에서 선택한 k-mer 집합의 모든 선택지 중 최소값을 계산한다. 무차별 대입 알고리듬의 의사 코드인 **MEDIANSTRING**은 다음과 같다.

```
MEDIANSTRING(Dna, k)
    distance ← ∞
    for each k-mer Pattern from AA...AA to TT...TT
        if distance > d(Pattern, Dna)
            distance ← d(Pattern, Dna)
            Median ← Pattern
    return Median
```

충전소: 중앙 문자열 해결 이 의사 코드는 짧지만 잠재적인 함정을 갖고 있다. 이 함정 중 하나에 걸렸다면 이 충전소를 살펴보자.

140페이지

잠깐 멈추고 생각해 보자 **MEDIANSTRING**에서 가능한 모든 k-mer을 검색하는 대신 Dna에만 나타나는 k-mer만 검색하게 할 수 있는가?

모티프 찾기 문제를 다시 만든 이유

모티프 찾기 문제를 동등한 모티프 찾기 문제로 다시 만든 이유를 알아보고자 **MEDIANSTRING**과 **BRUTEFORCEMOTIFS**의 실행 시간을 생각해 보자. 전자는 각 4^k의 k-mer들 $Pattern$에 대해 $d(Pattern, Dna)$를 계산한다. $d(Pattern, Dna)$를 한 번 계산하려면 Dna의 각 문자열을 한 번씩 거쳐가야 하고, 이는 Dna의 각 문자열 길이가 n이고 t개의 문자열이 있다고 했을 때 약 $k \cdot n \cdot t$ 연산이 필요하다. 따라서 **MEDIANSTRING**의 실행 시간은 $O(4^k \cdot n \cdot k \cdot t)$이며, 이는 실제로 **BRUTEFORCEMOTIFS**의 실행 시간인 $O(n^k \cdot n \cdot k \cdot t)$보다 선호된다. 그 이유는 모티프의 길이 k는 일반적으로 20개의 뉴클레오티드를 초과하지 않지만 t는 수천 개에 달하기 때문이다.

중앙 문자열 문제는 중요한 가르침을 주고 있는데 바로 문제를 어떻게 수식화하는지 다시 생각해 보는 것이 문제 해결에 필요한 실행 시간을 크게 개선할 수 있다는 것이다. 이 경우 SCORE(*Motifs*)를 열 단위로 계산하는 것처럼 행 단위로 간단하게 계산할 수 있다는 관찰을 통해 더 빠른 MEDIANSTRING 알고리듬을 생성할 수 있었다.

물론 이렇게 만든 생물정보학 알고리듬이 실제로 어떻게 수행되는지는 측정해 봐야 한다. 불행하게도 MEDIANSTRING은 4^k개의 k-mer를 고려하고 있기 때문에 $k = 15$인 미묘한 모티프 문제에서 매우 느려진다. $k = 15$에서 올바른 하위 문자열을 골랐기를 바라며 $k = 13$으로 MEDIANSTRING을 실행해 보겠다. 이 알고리듬은 여전히 컴퓨터로 하루의 절반 정도의 시간이 필요할 만큼 느리며 그 결과로 거리가 29인 중앙 문자열 AAAAAtAGaGGGG를 반환한다. 이 13-mer는 AAAAAAAAGGGGGGG의 하위 서열은 아니지만 가까운 관계에 있다.

STOP 잠깐 멈추고 생각해 보자 길이가 13으로 살짝 정확하지 않은 중앙 문자열은 길이가 15인 올바른 중앙 문자열을 찾는 데 어떻게 도움이 되는가?

지금까지 k값은 미리 알고 있다고 가정했지만 실제로는 그렇지 않다. 결과적으로 다른 k값들에서 모티프 찾기 알고리듬을 실행한 후 정확한 모티프 길이를 추론해야 한다. 2장의 뒷부분에서는 몇몇 조절 모티프들은 길이가 다소 길기 때문에 생물학적으로 중요한 길이인 20으로 모티프 검색을 하겠다. 길이 20은 MEDIANSTRING으로 찾기에는 너무 느릴 것이다.

탐욕 모티프 검색

주사위를 굴리고자 프로필 행렬 사용하기

많은 알고리듬은 각 반복에서 여러 대안 중 하나를 선택하는 과정이다. 이러한 대안 중 일부는 올바른 해결 방법으로 이어질 수 있지만 다른 대안은 그렇지 않을 수 있다. **탐욕 알고리듬**greedy algorithm은 각 반복에서 가장 매력적인 대안을 선택한다.

예를 들어 체스에서 탐욕 알고리듬은 움직임마다 상대방의 가장 중요한 말을 잡고자 한다. 그러나 체스를 해봤으면 알겠지만 단 한 수 앞만 본다면 좋지 않은 결과를 낳을 수 있다. 일반적으로 대부분의 탐욕 알고리듬은 문제의 정확한 해결 방법을 제시하지 못한다. 그 대신 대략적인 해결 방법을 찾고자 속도와 정확성을 교환하는 **휴리스틱**heuristics이라는 방

116

법을 사용한다. 그럼에도 이 책에서 학습할 많은 생물학적 문제에서 탐욕 알고리듬은 꽤 유용할 것이다.

이 절에서는 모티프 찾기에 대한 탐욕 접근법을 알아보겠다. *Motifs*를 t개의 문자열 *Dna*에서 얻은 k-mer들의 집합이라고 다시 한번 정의하자. 엔트로피의 내용을 떠올려 보면 PROFILE(*Motifs*)의 각 열을 편향된 4면의 주사위로 볼 수 있다. 그러므로 k개 열이 있는 프로필 행렬은 k개의 주사위 집합으로 볼 수 있으며 k-mer를 무작위로 생성하고자 주사위를 굴린다. 예를 들어 프로필 행렬의 첫 번째 열이 $(0.2, 0.1, 0.0, 0.7)$이면 A가 0.2, C가 0.1, G가 0.0, T가 0.7 확률로 첫 번째 뉴클레오티드가 생성된다.

그림 2.6은 그림 2.2의 NF-κB 결합 부위의 프로필 행렬을 재현했다. i번째 열에서 홀로 색칠된 항목은 각각 ACGGGGATTACC의 i번째 뉴클레오티드다. *Profile*이 ACGGGGATTACC를 생성할 가능성인 Pr(ACGGGGATTACC|*Profile*)은 단순히 행렬에서 강조한 항목들을 곱해 계산한다.

$$
\textit{Profile} \quad
\begin{array}{l}
\textbf{A: } \textbf{.2} \ .2 \ .0 \ .0 \ .0 \ .0 \ \textbf{.9} \ .1 \ .1 \ \textbf{.1} \ .3 \ .0 \\
\textbf{C: } .1 \ \textbf{.6} \ .0 \ .0 \ .0 \ .0 \ .4 \ .1 \ .2 \ \textbf{.4} \ \textbf{.6} \\
\textbf{G: } .0 \ .0 \ \textbf{1} \ \textbf{1} \ \textbf{.9} \ \textbf{.9} \ .1 \ .0 \ .0 \ .0 \ .0 \ .0 \\
\textbf{T: } .7 \ .2 \ .0 \ .0 \ .1 \ .1 \ .0 \ \textbf{.5} \ \textbf{.8} \ .7 \ .3 \ .4
\end{array}
$$

$$
\text{Pr}(\textbf{ACGGGGATTACC}|\textit{Profile}) = \textbf{.2} \cdot \textbf{.6} \cdot \textbf{1} \cdot \textbf{1} \cdot \textbf{.9} \cdot \textbf{.9} \cdot \textbf{.9} \cdot \textbf{.5} \cdot \textbf{.8} \cdot \textbf{.1} \cdot \textbf{.4} \cdot \textbf{.6} = 0.000839808
$$

그림 2.6 프로필 행렬에 기반해서 무작위 문자열을 생성할 수 있다. 바로 프로필 행렬의 i-번째 열에서 뉴클레오티드에 해당하는 각 확률에 따라 i-번째 뉴클레오티드를 선택하는 것이다. 프로필 행렬이 주어진 문자열을 생성할 확률은 개별 뉴클레오티드 확률을 곱한 값이다.

k-mer는 프로필에서 컨센서스 문자와 더 가까울 때 더 높은 확률을 갖는다. 예를 들어 그림 2.6에 표시한 NF-κB 프로필 행렬과 컨센서스 문자열 TCGGGGATTTCC의 경우 다음과 같다.

$$
\text{Pr}(\textbf{TCGGGGATTTCC}|\textit{Profile}) = .7 \cdot .6 \cdot 1 \cdot 1 \cdot .9 \cdot .9 \cdot .9 \cdot .5 \cdot .8 \cdot .7 \cdot .4 \cdot .6
$$
$$
= 0.0205753
$$

이는 그림 2.6에서 계산한 Pr(ACGGGGATTACC|*Profile*) = 0.000839808보다 크다.

> **연습 문제** Pr(TCGTGGATTTCC|*Profile*)을 계산하라. 여기서 *Profile*은 그림 2.6에 표시한 행렬이다.

주어진 프로필 행렬 *Profile*에서 문자열 *Text*의 모든 k-mer의 확률을 평가해 *Profile*-most probable, 즉 *Text*의 k-mer 중 *Profile* 행렬에서 가장 생성될 가능성이 높은 k-mer를 찾을 수 있다. NF-κB *Profile* 행렬의 경우 ACGGGGATTACC는 ggtACGGGGATTACCt의

가장 가능성이 높은 12-mer다. 실제로 이 문자열에서 다른 12-mer의 가능성은 0이다. 일반적으로 여러 개의 *Profile*-most probable *k*-mer가 *Text*에 존재한다면 *Text*에서 가장 먼저 나타난 *k*-mer를 선택한다.

Profile-most Probable *k*-mer 문제

k-mer 문자열에서 가장 가능성이 높은 *k*-mer를 찾으시오.

> **입력:** 문자열 *Text*, 정수 *k*, 4×*k Profile* 행렬
> **출력:** *Text*에서 가장 가능성이 높은 *k*-mer

탐욕 모티프 검색 알고리듬인 **GREEDYMOTIFSEARCH**는 *Dna*의 각 문자열에서 임의로 선택한 *k*-mer들을 통해 모티프 행렬을 형성하는 것으로 시작한다(우리가 구현할 특정 예시에서는 각 문자열의 첫 번째 *k*-mer들을 고른다). 그다음 첫 번째 모티프 *Dna*$_1$로 모티프 행렬의 개선을 시도한다. 주어진 *Dna*$_1$의 *k*-mer인 *Motif*$_1$로 이 외로운 *k*-mer에 대한 프로필 행렬인 *Profile*을 생성한다. 그다음 *Dna*$_2$의 가장 가능성이 높은 *k*-mer를 *Motif*$_2$로 한다. 이후 *Motif*$_1$과 *Motif*$_2$로 갱신한 프로필 행렬을 통해 *Profile*을 갱신하고 *Motif*$_3$를 *Dna*$_3$에서 가장 가능성 높은 *k*-mer로 선택한다. 이를 일반화하면 *Dna*의 첫 $i-1$ 문자열에서 $i-1$ *k*-mer *Motifs*를 찾은 다음 **GREEDYMOTIFSEARCH**는 *Profile*(*Motifs*)를 생성하고 *Dna*$_i$에서 가장 가능성이 높은 *k*-mer를 얻는다. *Motifs* 집합을 얻고자 각 문자열에서 *k*-mer를 얻은 후 **GREEDYMOTIFSEARCH**는 *Motifs*에서 현재 최고 점수보다 더 좋은 모티프가 있는지 검사한 다음 *Dna*$_1$에서 *Motif*$_1$을 한 글자 이동해 모티프 생성의 전체 프로세스를 다시 수행한다.

GREEDYMOTIFSEARCH(*Dna*, *k*, *t*)
    BestMotifs ← motif matrix formed by first *k*-mers in each string from *Dna*
    for each *k*-mer *Motif* in the first string from *Dna*
        Motif$_1$ ← *Motif*
        for *i* = 2 to *t*
            form *Profile* from motifs *Motif*$_1$, ..., *Motif*$_{i-1}$
            Motif$_i$ ← *Profile*-most probable *k*-mer in the *i*-th string in *Dna*
        Motifs ← (*Motif*$_1$, ..., *Motif*$_t$)
        if SCORE(*Motifs*) < SCORE(*BestMotifs*)

> *BestMotifs ← Motifs*
> **return** *BestMotifs*

제대로 구현했다고 하더라도 **GREEDYMOTIFSEARCH**의 성능이 만족스럽지 않을 수도 있다. 다음 절에서 알고리듬을 논의해 보겠다.

탐욕 모티프 검색 분석

MEDIANSTRING과는 대조적으로 **GREEDYMOTIFSEARCH**는 빠르고 $k = 15$에 대해서도 미묘한 모티프 문제를 해결할 수 있다(**MEDIANSTRING**의 경우 $k = 13$에서 만족해야 했던 것을 떠올려 보자). 그러나 이 알고리듬은 정확도와 속도를 맞바꿔서 **gtAAAtAgaGatGtG**라는 15-mer를 만들어 냈고(총 거리: 58), 이는 이식된 모티프 **AAAAAAAAGGGGGGG**와는 매우 다르다.

> 잠깐 멈추고 생각해 보자   **GREEDYMOTIFSEARCH**는 왜 제대로 작동하지 않을까?

언뜻 보기에 **GREEDYMOTIFSEARCH**는 합리적인 알고리듬처럼 보이나 실제로는 그렇지 않다. 다음 문자열 *Dna*에 (4,1)-motif **ACGT**를 이식한 것을 **GREEDYMOTIFSEARCH**가 찾은 결과를 살펴보자.

```
ttACCTtaac
gATGTctgtc
acgGCGTtag
ccctaACGAg
cgtcagAGGT
```

가장 긍정적인 시나리오를 가정해서 이 알고리듬이 *Dna*의 첫 번째 문자열에서 이식된 4-mer **ACCT**를 정확하게 선택했고 해당하는 *Profile*을 구축했다고 해보자.

```
A:  1   0   0   0
C:  0   1   1   0
G:  0   0   0   0
T:  0   0   0   1
```

두 번째 서열에서 알고리듬은 *Profile* 행렬에서 가장 생성될 가능성이 높은 4-mer를 검색할 준비가 됐다. 그러나 문제는 프로필 행렬에서 0이 너무 많아서 ACCT가 아니면 확률이 0이라는 점이다. 따라서 *Dna*의 문자열에 ACCT가 있다고 해도 **GREEDYMOTIFSEARCH**가 이식한 모티프를 찾을 가능성이 거의 없다. 프로필 행렬에서 0은 사소한 골칫거리가 아닌 반드시 생각해야 할 지속적인 문제다.

모티프 검색과 올리버 크롬웰

내일 해가 뜨지 않을 확률은 얼마인가?

1650년 영국 내전에서 스코틀랜드인이 찰스 2세^{Charles II}를 왕으로 선포한 후 올리버 크롬웰^{Oliver Cromwell}은 스코틀랜드 교회에 유명한 말을 남겼다. 그들의 왕실 동맹의 잘못을 봐달라고 간청하며 기도했다.

> 그리스도의 자비를 빌어 간청한다. 이 결정이 실수일 수 있음을 생각해 달라.

스코틀랜드 사람들은 크롬웰의 간청을 거절했고 크롬웰은 스코틀랜드를 침공했다. 그의 인용문은 **크롬웰의 법칙**^{Cromwell's rule}이라는 통계적 최대값에 영향을 줬고, 이는 논리적으로 참 또는 거짓일 수밖에 없는 경우가 아니면 확률을 0 또는 1로 둬서는 안 된다는 것이다. 다시 말해 아주 작은 가능성을 허용하는 것으로, 예를 들어 "이 책은 외계인이 썼다" 또는 "내일 해가 뜨지 않을 것이다"와 같은 것이다. 이에 대한 가능성을 얘기할 수는 없지만 18세기의 프랑스 수학자 피에르-시몽 라플라스^{Pierre-Simon Laplace}는 실제로 내일 태양이 떠오르지 않을 확률(1/1826251)을 예측했다. 당시에는 동시대 사람들이 조롱했으나 라플라스의 접근 방법은 통계에서 중요한 역할을 한다.

관찰된 데이터 집합, 특히 확률이 낮은 사건 또는 작은 데이터 집합의 경우 확률이 0이 아닌 사건이라도 발생하지 않을 확률이 존재한다. 이에 따라 관측한 빈도는 0이 된다. 그러나 사건의 경험적 확률을 0으로 설정하는 것은 부정확한 단순화의 일환으로써 문제를 일으킬 수 있다. 잘 일어나지 않는 사건에 대한 확률을 인위적으로 조절함으로써 이러한 문제를 완화할 수 있다.

라플라스의 승계 법칙

크롬웰의 규칙은 프로필 행렬을 기반으로 한 문자열의 확률 계산과 관련 있다. 다음 *Profile* 을 예로 들어 보자.

$$
\textit{Profile} \quad
\begin{array}{l}
\text{A:} \quad .2 \ \ .2 \ \ .0 \ \ .0 \ \ .0 \ \ .0 \ \ .9 \ \ .1 \ \ .1 \ \ .1 \ \ .3 \ \ .0 \\
\text{C:} \quad .1 \ \ .6 \ \ .0 \ \ .0 \ \ .0 \ \ .0 \ \ .0 \ \ .4 \ \ .1 \ \ .2 \ \ .4 \ \ .6 \\
\text{G:} \quad .0 \ \ .0 \ \ 1 \ \ 1 \ \ .9 \ \ .9 \ \ .1 \ \ .0 \ \ .0 \ \ .0 \ \ .0 \ \ .0 \\
\text{T:} \quad .7 \ \ .2 \ \ .0 \ \ .0 \ \ .1 \ \ .1 \ \ .0 \ \ .5 \ \ .8 \ \ .7 \ \ .3 \ \ .4 \\
\end{array}
$$

$$
\Pr(\text{TCGTGGATTTCC}|\textit{Profile}) = .7 \cdot .6 \cdot 1 \cdot .0 \cdot .9 \cdot .9 \cdot .9 \cdot .5 \cdot .8 \cdot .7 \cdot .4 \cdot .6 = 0
$$

TCGTGGATTTCC의 네 번째 문자는 Pr(TCGTGGATTTCC|*Profile*)이 0이 되도록 한다. 결과적으로 TCGTGGATTTCC에서 한 위치만 컨센서스 문자열과 다른데도 전체 문자열의 확률이 0이 된다. 이러한 이유로 TCGTGGATTTCC는 컨센서스 문자열과 모든 위치에서 다른 AAATCTTGGAA와 같은 낮은 확률을 받게 된다.

이렇게 공정하지 않은 점수 체계를 향상시키고자 생물정보학자들은 종종 **의사수** pseudocount라는 작은 숫자로 0을 대체한다. **라플라스 승계 법칙**Laplace's Rule of Succession 의사수 도입은 라플라스가 태양이 내일 뜨지 않을 확률을 계산하는 데 사용한 원리와 유사하다. 모티프에서 의사수는 COUNT(*Motifs*)의 각 요소에 1 또는 다른 작은 숫자를 더하는 것이다. 다음과 같은 Motif, COUNT, PROFILE 행렬이 있다고 해보자.

$$
\textit{Motifs} \quad
\begin{array}{llll}
\text{T} & \text{A} & \text{A} & \text{C} \\
\text{G} & \text{T} & \text{C} & \text{T} \\
\text{A} & \text{C} & \text{T} & \text{A} \\
\text{A} & \text{G} & \text{G} & \text{T} \\
\end{array}
$$

$$
\text{COUNT}(\textit{Motifs}) \quad
\begin{array}{l}
\text{A:} \ 2 \ 1 \ 1 \ 1 \\
\text{C:} \ 0 \ 1 \ 1 \ 1 \\
\text{G:} \ 1 \ 1 \ 1 \ 0 \\
\text{T:} \ 1 \ 1 \ 1 \ 2 \\
\end{array}
\qquad
\text{PROFILE}(\textit{Motifs}) \quad
\begin{array}{l}
2/4 \ \ 1/4 \ \ 1/4 \ \ 1/4 \\
\ \ 0 \ \ \ 1/4 \ \ 1/4 \ \ 1/4 \\
1/4 \ \ 1/4 \ \ 1/4 \ \ \ \ 0 \\
1/4 \ \ 1/4 \ \ 1/4 \ \ 2/4 \\
\end{array}
$$

라플라스의 승계 법칙은 COUNT(*Motifs*)의 모든 요소에 1을 더해 두 행렬을 다음과 같이 만들어 낸다.

$$\text{COUNT}(Motifs) \quad \begin{array}{l} \text{A: } 2{+}1 \ \ 1{+}1 \ \ 1{+}1 \ \ 1{+}1 \\ \text{C: } 0{+}1 \ \ 1{+}1 \ \ 1{+}1 \ \ 1{+}1 \\ \text{G: } 1{+}1 \ \ 1{+}1 \ \ 1{+}1 \ \ 0{+}1 \\ \text{T: } 1{+}1 \ \ 1{+}1 \ \ 1{+}1 \ \ 2{+}1 \end{array} \qquad \text{PROFILE}(Motifs) \quad \begin{array}{l} 3/8 \ \ 2/8 \ \ 2/8 \ \ 2/8 \\ 1/8 \ \ 2/8 \ \ 2/8 \ \ 2/8 \\ 2/8 \ \ 2/8 \ \ 2/8 \ \ 1/8 \\ 2/8 \ \ 2/8 \ \ 2/8 \ \ 3/8 \end{array}$$

 잠깐 멈추고 생각해 보자 라플라스의 승계 법칙을 사용해 GREEDYMOTIFSEARCH의 단점을 어떻게 극복하겠는가?

탐욕 모티프 검색의 발전

만들어지는 프로필 행렬에서 0을 제거하고자 GREEDYMOTIFSEARCH에서 바꿔야 할 유일한 부분은 의사 코드의 6번째 행을 수정하는 것이다.

기존 의사 코드는 다음과 같다.

 모티프 $Motif_1, ..., Motif_{i-1}$에서 Profile을 생성한다.

이를 다음과 같이 수정한다.

라플라스 승계 법칙을 적용해 $Motif_1, ..., Motif_{i-1}$에서 Profile을 생성한다.

라플라스 승계 법칙을 적용해 다음 문자열 Dna에 이식한 (4,1)-motif ACGT를 검색해보자.

$$Dna \quad \begin{array}{l} \text{tt} \textbf{ACCT} \text{taac} \\ \text{g} \textbf{ATGT} \text{ctgtc} \\ \text{acg} \textbf{GCGT} \text{tag} \\ \text{cccta} \textbf{ACGA} \text{g} \\ \text{cgtcag} \textbf{AGGT} \end{array}$$

알고리듬이 첫 번째 서열에서 4-mer ACGT를 선택했다고 가정해 보자. 라플라스 승계 법칙을 사용해 다음과 같은 행렬을 만들 수 있다.

Motifs   **ACCT**

	COUNT(*Motifs*)					PROFILE(*Motifs*)			
A:	1+1	0+1	0+1	0+1		2/5	1/5	1/5	1/5
C:	0+1	1+1	1+1	0+1		1/5	2/5	2/5	1/5
G:	0+1	0+1	0+1	0+1		1/5	1/5	1/5	1/5
T:	0+1	0+1	0+1	1+1		1/5	1/5	1/5	2/5

이 프로필 행렬을 사용해 *Dna*의 두 번째 문자열에서 모든 4-mer의 확률을 계산할 수 있다.

g**ATG**	**ATGT**	**TGT**c	**GT**ct	**T**ctg	ctgt	tgtc
$1/5^4$	$4/5^4$	$1/5^4$	$4/5^4$	$2/5^4$	$2/5^4$	$1/5^4$

두 번째 서열에서 2개의 가장 가능성이 높은 4-mer(**ATGT** 및 **GT**ct)가 있다. 여기서 다시 운이 좋아서 4-mer **ATGT**를 선택한다고 가정해 보자. 다음과 같은 Motif, COUNT, PROFILE 행렬을 계산할 수 있다.

Motifs   **ACCT**
           ATGT

	COUNT(*Motifs*)					PROFILE(*Motifs*)			
A:	2+1	0+1	0+1	0+1		3/6	1/6	1/6	1/6
C:	0+1	1+1	1+1	0+1		1/6	2/6	2/6	1/6
G:	0+1	0+1	1+1	0+1		1/6	1/6	2/6	1/6
T:	0+1	1+1	0+1	2+1		1/6	2/6	1/6	3/6

이 프로필 행렬을 사용해 세 번째 문자열에서 모든 4-mer의 확률을 계산할 수 있다.

acg**G**	cg**GC**	g**GCG**	**GCGT**	**CGT**t	**GT**ta	**T**tag
$12/6^4$	$2/6^4$	$2/6^4$	$12/6^4$	$3/6^4$	$2/6^4$	$2/6^4$

다시 두 번째 서열에서 가장 가능성이 높은 4-mer가 2개 발견된다(acg**G** 및 **GCGT**). 이번에는 **GCGT** 대신 acg**G**를 선택했다고 가정해 보자. 다음과 같은 Motif, COUNT, PROFILE 행렬을 계산할 수 있다.

$$
\textbf{ACCT}
$$

$$
\textit{Motifs} \quad \textbf{ATGT}
$$

$$
\text{acg}\textbf{G}
$$

<table>
<tr><td rowspan="4">COUNT(Motifs)</td><td>A:</td><td>3+1 0+1 0+1 1+1</td><td rowspan="4">PROFILE(Motifs)</td><td>4/7 1/7 1/7 1/7</td></tr>
<tr><td>C:</td><td>0+1 2+1 1+1 0+1</td><td>1/7 3/7 2/7 1/7</td></tr>
<tr><td>G:</td><td>0+1 0+1 2+1 1+1</td><td>1/7 1/7 3/7 2/7</td></tr>
<tr><td>T:</td><td>0+1 1+1 0+1 2+1</td><td>1/7 2/7 1/7 3/7</td></tr>
</table>

이 프로필 행렬을 사용해 네 번째 문자열에서 모든 4-mer의 확률을 계산할 수 있다.

ccct	ccta	ctaA	taAC	aACG	ACGA	CGAg
$18/7^4$	$3/7^4$	$2/7^4$	$1/7^4$	$16/7^4$	$36/7^4$	$2/7^4$

세 번째 문자열에서 이식한 4-mer를 놓쳤음에도 *Dna*의 네 번째 문자열에서 이식한 4-mer를 *Profile* 행렬에서 가장 생성될 가능성이 높은 4-mer로 ACGA를 찾았다. 이는 다음과 같은 Motif, COUNT, PROFILE 행렬을 제공한다.

$$
\textbf{ACCT}
$$

$$
\textit{Motifs} \quad \textbf{ATGT}
$$

$$
\text{acg}\textbf{G}
$$

$$
\textbf{ACGA}
$$

<table>
<tr><td rowspan="4">COUNT(Motifs)</td><td>A:</td><td>4+1 0+1 0+1 0+1</td><td rowspan="4">PROFILE(Motifs)</td><td>5/8 1/8 1/8 2/8</td></tr>
<tr><td>C:</td><td>0+1 3+1 1+1 0+1</td><td>1/8 4/8 2/8 1/8</td></tr>
<tr><td>G:</td><td>0+1 0+1 3+1 1+1</td><td>1/8 1/8 4/8 2/8</td></tr>
<tr><td>T:</td><td>0+1 1+1 0+1 2+1</td><td>1/8 2/8 1/8 3/8</td></tr>
</table>

이제 이 프로필 행렬을 사용해 다섯 번째 문자열에서 모든 4-mer에 대한 확률을 계산할 수 있게 된다.

cgtc	gtca	tcag	cagA	agAG	gAGG	AGGT
$1/8^4$	$8/8^4$	$8/8^4$	$8/8^4$	$10/8^4$	$8/8^4$	$60/8^4$

*Dna*의 다섯 번째 문자열에서 *Profile* 행렬에서 생성될 가능성이 가장 높은 4-mer는 이식돼 있는 4-mer AGGT이다. 결과적으로 **GREEDYMOTIFSEARCH**는 다음과 같은 모티프 행렬을 생성했으며 이는 옳은 컨센서스 문자열인 ACGT를 암시함을 의미한다.

	ACCT
	ATGT
Motifs	acg**G**
	ACGA
	AGGT
Consensus(*Motifs*)	**ACGT**

작은 예제에서 의사수의 위력을 확인했다. 미묘한 모티프 문제를 해결하고자 의사수와 함께 **GreedyMotifSearch**를 실행하면 Score(*Motifs*) = 41이고 Onsensus(*Motifs*) = AAAAAtAgaGGGGtt인 15-mer Motifs를 반환한다. 따라서 라플라스 승계 법칙을 적용해 **GreedyMotifSearch**를 크게 개선했으며 이는 컨센서스 문자열 gTtAAAtAgaGatGtG를 Score(*Motifs*) = 58로 반환했다.

이제 **GreedyMotifSearch**의 성능에 만족할 수도 있겠지만 지금쯤이면 저자는 절대 만족하지 않는다는 것을 알고 있을 것이다. 보다 정확한 모티프 검색 알고리듬을 설계할 수 있을까?

무작위 모티프 검색

주사위로 모티프 찾기

모티프를 검색하고자 동전을 던지고 주사위를 굴리는 **무작위 알고리듬**randomized algorithm으로 돌아가 보자. 임의로 알고리듬 결정을 내리는 것은 좋지 않은 생각처럼 들릴 수 있다. 주사위를 굴려서 체스 게임의 움직임을 결정하는 것처럼 말이다. 그러나 18세기 프랑스의 수학자이자 자연과학자인 뷔퐁 백작Comte de Buffon은 평행한 목판 위에 바늘을 떨어뜨리며 나온 결과를 사용해 정밀하게 상수 π를 예측했다(돌아가기: 뷔퐁의 바늘 참고).

143페이지

무작위 알고리듬은 기존 알고리듬을 제어하지 않기 때문에 직관적이지 않아 보인다. 무작위 알고리듬 중 하나인 **라스베가스 알고리듬**Las Vegas algorithm은 무작위 결정에 기반함에도 정확한 해답을 내놓는다. 2장에서 고려할 모티프 검색 알고리듬을 포함한 대부분 무작위 알고리듬은 **몬테 카를로 알고리듬**Monte Carlo algorithm이다. 이 알고리듬은 정확한 해답을 반환한다는 보장은 없지만 대략적인 해답을 빠르게 찾는다. 속도가 빨라 여러 번 실행할 수 있으므로 수천 번의 실행 중 가장 가까운 근사값을 선택할 수 있다.

이전에 PROFILE(*Motifs*)를 *Dna*의 *k*-mer 집합 *Motifs*으로 구축한 프로필 행렬로 정의했다. 문자열 집합 *Dna*와 임의의 $4 \times k$ 프로필 행렬이 주어졌을 때 MOTIFS(*Profile*, *Dna*)를 *Dna*의 각 서열에서 얻은 *Profile* 행렬에서 가장 생성될 가능성이 높은 *k*-mer들의 집합으로 정의하자. 다음 프로필과 *Dna*를 예로 들어 보자.

$$
\begin{array}{c}
Profile
\end{array}
\quad
\begin{array}{lcccc}
\text{A:} & 4/5 & 0 & 0 & 1/5 \\
\text{C:} & 0 & 3/5 & 1/5 & 0 \\
\text{G:} & 1/5 & 1/5 & 4/5 & 0 \\
\text{T:} & 0 & 1/5 & 0 & 4/5
\end{array}
\qquad
Dna
\quad
\begin{array}{l}
\texttt{ttaccttaac} \\
\texttt{gatgtctgtc} \\
\texttt{acggcgttag} \\
\texttt{ccctaacgag} \\
\texttt{cgtcagaggt}
\end{array}
$$

*Dna*의 각 행에서 가장 가능성 있는 4-mer를 선택하면 아래의 4-mer들이 나타나게 된다 (빨간색으로 표시).

$$
\text{MOTIFS}(Profile, Dna)
\quad
\begin{array}{l}
\texttt{tt}\textbf{acct}\texttt{taac} \\
\texttt{ga}\textbf{tgt}\texttt{ctgtc} \\
\texttt{acg}\textbf{gcgt}\texttt{tag} \\
\texttt{ccta}\textbf{acga}\texttt{g} \\
\texttt{cgtcag}\textbf{aggt}
\end{array}
$$

일반적으로 *Dna*에서 무작위로 선택된 *k*-mer들인 *Motifs*에서 시작해서 PROFILE(*Motifs*)를 구축하고, 이 프로필을 사용해 새로운 *k*-mer 집합을 생성할 수 있다.

$$\text{MOTIFS}(\text{PROFILE}(Motifs), Dna)$$

왜 이렇게 하는 것일까? MOTIFS(PROFILE(*Motifs*), *Dna*)가 기존의 *k*-mer 집합인 *Motifs* 보다 더 나은 점수를 갖게 될 것이라고 기대하기 때문이다. 이제 이 *k*-mer들을 사용해 프로필 행렬을 구축할 수 있고,

$$\text{PROFILE}(\text{MOTIFS}(\text{PROFILE}(Motifs), Dna)),$$

그리고 이를 사용해 가장 가능성이 높은 *k*-mer를 만들 수 있다.

$$\text{MOTIFS}(\text{PROFILE}(\text{MOTIFS}(\text{PROFILE}(Motifs), Dna)), Dna).$$

형성된 모티프의 점수가 계속 향상될 때까지 이를 계속 반복한다.

$$\dots \text{PROFILE}(\text{MOTIFS}(\text{PROFILE}(\text{MOTIFS}(\text{PROFILE}(Motifs), Dna)), Dna)) \dots$$

이것이 바로 **RANDOMIZEDMOTIFSEARCH**가 하는 작업이다. 이 알고리듬을 구현하려면 모티프 행렬인 *Motif*를 형성하는 k-mer의 초기 집합을 무작위로 선택해야 한다. 이를 위해 1에서 N까지의 정수를 모두 같은 확률로 반환하는 **무작위 숫자 생성기**random number generator(RANDOMNUMBER(N)으로 표기)가 필요하다. 이 무작위 숫자 생성기를 편향되지 않은 N개의 면이 있는 주사위라고 생각할 수 있다.

RANDOMIZEDMOTIFSEARCH(*Dna*, *k*, *t*)
    randomly select *k*-mers *Motifs* = (*Motif*$_1$, . . . , *Motif*$_t$) in each string from *Dna*
    BestMotifs ← *Motifs*
    while forever
        Profile ← PROFILE(*Motifs*)
        Motifs ← MOTIFS(*Profile*, *Dna*)
        if SCORE(*Motifs*) < SCORE(*BestMotifs*)
            BestMotifs ← *Motifs*
        else
            return *BestMotifs*

연습 문제 RANDOMIZEDMOTIFSEARCH가 결국 멈추게 됨을 증명하시오.

RANDOMIZEDMOTIFSEARCH를 한 번 실행하는 것은 좋지 않은 모티프 집합을 만들어내므로 일반적으로 생물정보학자들은 이 알고리듬을 수천 번 실행한다. 각 실행은 무작위로 선택한 k-mer 집합에서 시작하며 전체 실행을 통해 최상의 k-mer 집합을 고른다.

무작위 모티프 검색이 작동하는 이유

언뜻보기에 **RANDOMIZEDMOTIFSEARCH**는 그다지 좋지 않아 보인다. 무작위 추측에서 시작하는 이 알고리듬이 어떻게 유용한 정보를 찾아낼 수 있을까? **RANDOMIZEDMOTIFSEARCH**를 탐색하고자 이식한 (4,1)-motif ACGT(다음 문자열에서 대문자로 표기)를 사용해 5개의 짧은 문자열에서 이를 수행해 본다. 첫 번째 실행에서 예상한 것처럼 거의 모든 행에서 이식한 모티프들을 놓치고 있다.

```
            ttACCTtaac
            gATGTctgtc
    Dna     ccgGCGTtag
            cactaACGAg
            cgtcagAGGT
```

아래에서 선택한 4-mer에 대해 PROFILE(*Motifs*)를 생성했다.

Motifs					PROFILE(*Motifs*)				
t	a	a	c		A:	0.4	0.2	0.2	0.2
G	T	c	t		C:	0.2	0.4	0.2	0.2
c	c	g	G		G:	0.2	0.2	0.4	0.2
a	c	t	a		T:	0.2	0.2	0.2	0.4
A	G	G	T						

프로필 행렬을 기반으로 *Dna*에서 모든 4-mer의 확률을 계산할 수 있다. 예를 들어 *Dna*의 첫 번째 문자열에서 첫 번째 4-mer인 ttAC의 확률은 PR(ttAC|*Profile*) = $0.2 \cdot 0.2 \cdot 0.2 \cdot 0.2 = 0.0016$이다. 각 행에서 가장 확률이 높은 값을 다음 텍스트에 빨간색으로 표기했다.

ttAC	tACC	ACCT	CCTt	CTta	Ttaa	taac
.0016	.0016	**.0128**	.0064	.0016	.0016	.0016

gATG	ATGT	TGTc	GTct	Tctg	ctgt	tgtc
.0016	**.0128**	.0016	.0032	.0032	.0032	.0016

ccgG	cgGC	gGCG	GCGT	CGTt	GTta	Ttag
.0064	.0036	.0016	**.0128**	.0032	.0016	.0016

cact	acta	ctaA	taAC	aACG	ACGA	CGAg
.0032	.0064	.0016	.0016	.0032	**.0128**	.0016

cgtc	gtca	tcag	cagA	agAG	gAGG	AGGT
.0016	.0016	.0016	.0032	.0032	.0032	**.0128**

각 행에서 가장 가능성이 높은 4-mer를 선택해 새로운 *Motifs* 집합(아래에 표기)을 만들었다. 이 집합에는 *Dna*에 모든 이식된 5개의 모티프를 잘 잡아냈다.

```
            ttACCTtaac
            gATGTctgtc
       Dna  ccgGCGTtag
            cactaACGAg
            cgtcagAGGT
```

잠깐 멈추고 생각해 보자   어떻게 무작위로 선택한 *k*-mer가 이식한 *k*-mer를 정확하게 맞출 수 있도록 했는가? 우리가 이 예시를 조작했다고 생각한다면 스스로 초기의 4-mer를 선택하고 어떻게 논리가 진행되는지 살펴보자.

이식한 15-mer AAAAAAAAGGGGGGG의 미묘한 모티프 문제에 대해 매번 새롭게 무작위 *k*-mer를 선택하는 **RANDOMIZEDMOTIFSEARCH**를 10만 번 실행하면(매회 새로운 *k*-mer가 무작위로 선택된다) 그림 2.7에 나타난 15-mer를 가장 낮은 점수의 집합 *Motif*를 반환하고 점수가 43인 컨센서스 서열 AAAAAAAAacaGGG를 만들어 낸다. 이는 (15,4)-*motifs*가 40점(혹은 **GREEDYMOTIFSEARCH**의 41점)에 비해 아주 조금 덜 보존된 문자열이며 이식된 모티프를 많이 잡아낸다. 게다가 **GREEDYMOTIFSEARCH**와는 달리 **RANDOMIZEDMOTIFSEARCH**는 더 많은 반복 시행이 가능하기 때문에 더 나은 결과를 얻을 수 있다.

		Score
	AAAtAcAgACAGcGt	5
	AAAAAAtAgCAGGGt	3
	tAAAAtAAACAGcGG	3
	AcAgAAAAAaAGGGG	3
Motifs	AAAAtAAAACtGcGa	4
	AtAgAcgAACAcGGt	6
	cAAAAgAgaAGGGG	4
	AtAgAAAAggAaGGG	5
	AAgAAAAAAgAGaGG	3
	cAtAAtgAACtGtGa	7
CONSENSUS(*Motifs*)	AAAAAAAAACAGGGG	**43**

그림 2.7 RANDOMIZEDMOTIFSEARCH를 10만 번 실행한 결과 가장 낮은 점수를 보여 준 문자열 *Motifs*와 컨센서스 서열 및 미묘한 모티프 문제에 대한 점수

RANDOMIZEDMOTIFSEARCH의 결과 모티프가 MEDIANSTRING보다 살짝 덜 보존된 결과를 반환하지만 RANDOMIZEDMOTIFSEARCH는 더욱 긴 모티프 결과를 얻을 수 있다. 왜냐하면 MEDIANSTRING은 긴 모티프에서 실행 속도가 훨씬 느리기 때문이다. 이러한 점이 실전에서 매우 중요함을 에필로그에서 알 수 있다.

무작위 알고리듬은 어떻게 잘 작동하는가?

이전 단락에서 컨센서스 문자열이 ACGT인 이식된 모티프의 집합으로 시작해 아래와 같은 프로필 행렬을 결과로 얻었다.

A:	**0.8**	0.0	0.0	0.2
C:	0.0	**0.6**	0.2	0.0
G:	0.2	0.2	**0.8**	0.0
T:	0.0	0.2	0.0	**0.8**

Dna 문자열이 정말 무작위로 구성된 경우 선택한 k-mer의 모든 뉴클레오티드가 동일하게 나타날 것이며 모든 항목은 약 0.25인 프로필 행렬을 생성할 수 있다.

A:	0.25	0.25	0.25	0.25
C:	0.25	0.25	0.25	0.25
G:	0.25	0.25	0.25	0.25
T:	0.25	0.25	0.25	0.25

이러한 **균일한 프로필**uniform profile은 근본적으로 도움되지 않는다. 그 이유는 어떠한 문자열도 다른 문자열보다 이 프로필에 더 적합하지 않고, 이식된 모티프가 어떻게 생겼는지에 대한 어떤 정보도 제공하지 않기 때문이다.

이와는 반대로 만약 운이 좋다면 처음부터 이식한 k-mer 모티프를 선택해 위의 두 프로필 행렬 중 첫 번째 행렬을 얻을 수도 있다. 실제로 이러한 두 극단의 사이에 있는 특정 프로필을 얻을 가능성이 높다. 예를 들면 다음과 같다.

A:	**0.4**	0.2	0.2	0.2
C:	0.2	**0.4**	0.2	0.2
G:	0.2	0.2	**0.4**	0.2
T:	0.2	0.2	0.2	**0.4**

이 프로필 행렬은 이미 이식한 모티프 ACGT를 결과로 내놨다. 즉 ACGT가 가장 가능성 높은 4-mer다. 운 좋게도 **RANDOMIZEDMOTIFSEARCH**는 후속 단계를 거치면 (확실하지는 않지만) 높은 확률로 이식된 모티프를 찾아낼 수 있도록 설계됐다.

무작위 알고리듬의 효과가 여전히 의심스럽다면 다음 내용을 살펴보자. *Dna*의 문자열이 무작위인 경우 **RANDOMIZEDMOTIFSEARCH**가 거의 균일한 프로필 행렬로 시작할 것이며 이를 통해 할 수 있는 것이 없을 것이다. 그러나 여기서의 핵심은 *Dna*의 문자열에는 모티프가 이식됐기에 임의가 아니라는 것이다. 동일한 모티프들이 문자열들에 들어 있다는 것은 프로필 행렬이 균일하지 않게 만들고 이는 이식된 모티프를 찾을 수 있게 한다. 예를 들어 다음과 같이 무작위로 선택한 *k*-mer 모티프를 살펴보자.

$$
\begin{array}{cl}
& \text{ttACCT\textbf{taac}} \\
& \text{gAT\textbf{GT}ctgtc} \\
Dna & \text{\textbf{ccg}GCGTtag} \\
& \text{c\textbf{acta}ACGAg} \\
& \text{cgtcag\textbf{AGGT}}
\end{array}
$$

마지막 줄에서 우연히 4-mer AGGT를 포착한 것을 확인할 수 있다. 사실 나머지 4-mer(taac, GTct, ccgG, acta)로 만들어진 프로필은 균일하다. 부분적으로 잡힌 모티프 (GTct 혹은 ccgC)가 아닌 완전히 일치하는 모티프(AGGT와 같이)만이 프로필 행렬에 통계적 편향을 만드는 데 영향을 줄 수 있다.

> **연습 문제** 600개의 긴 뉴클레오티드로 구성된 10개의 문자열 각각에서 무작위로 선택한 10개의 15-mer(미묘한 모티프 문제에서처럼)가 하나 이상의 이식된 15-mer를 포착할 확률을 계산하시오.

무작위로 선택한 *k*-mer가 모든 이식한 모티프를 맞출 확률은 매우 낮지만 적어도 하나의 이식한 모티프를 포착할 확률은 매우 유의미하다. 모티프를 찾는 것이 어려워 확률이 매우 작다고 해도 **RANDOMIZEDMOTIFSEARCH**를 여러 번 실행한다면 적어도 하나의 이식한 모티프를 포착해 정확한 모티프로 향하는 통계적 확률에 영향을 준다.

불행하게도 이식한 모티프 하나만 포착하는 것은 **RANDOMIZEDMOTIFSEARCH**가 올바른 방향으로 이끌기에는 충분하지 않다. *k*-mer의 시작 위치가 다양하기 때문에 모티프를 무작위로 선택하는 전략은 위의 간단한 예제에서처럼 성공적이지 않다. 무작위로 선택된 *k*-mer가 최적의 해결 방법이 될 가능성은 상대적으로 낮다.

연습 문제   미묘한 모티프 문제에서 600 뉴클레오티드 길이의 10개 문자열 각각에서 선택한 10개의 무작위로 선택한 15-mer가 적어도 2개의 이식한 15-mer를 포착할 확률을 계산해 보시오.

깁스 샘플링

RANDOMIZEDMOTIFSEARCH는 단일 반복에서 모티프의 모든 *t* 문자열을 변경할 수 있음을 기억하자. 이 전략은 *Motifs*에서 옳게 포착한 모티프를 다음 반복에서 버릴 가능성이 있기에 무모하게 보일 수도 있다. **GIBBSSAMPLER**는 반복 과정에서 현재 모티프 집합에서 *k*-mer를 버리고 새것으로 대체하는 결정에 좀 더 신중을 기하는 반복 알고리듬이다. 아래 예시와 같이 이 알고리듬은 모든 모티프 공간에서 더 조심스럽게 이동한다.

ttaccttaac		ttaccttaac		ttaccttaac		ttaccttaac
gatatctgtc		gatatctgtc		gatatctgtc		gatatctgtc
acggcgttcg	→	acggcgttcg		acggcgttcg	→	acggcgttcg
ccctaaagag		ccctaaagag		ccctaaagag		ccctaaagag
cgtcagaggt		cgtcagaggt		cgtcagaggt		cgtcagaggt

RANDOMIZEDMOTIFSEARCH
(한 번의 단계에서 모든 *k*-mer를 바꿀 가능성이 있다)

GIBBSSAMPLER
(한 번의 단계에서 하나의 *k*-mer를 바꾼다)

RANDOMIZEDMOTIFSEARCH와 같이 **GIBBSSAMPLER**는 각 *t* DNA 서열에서 무작위로 선택한 *k*-mer로 시작하지만 각 반복에서 결정적인 선택이 아닌 무작위 선택을 진행한다. 무작위로 선택한 *k*-mer *Motifs* = (*Motif*₁, ..., *Motif*ₜ)를 사용해 다른 *k*-mer 집합(더 나은 점수를 희망하며)을 사용한다. 새로운 모티프를 결정적으로 정의하는 **RANDOMIZEDMOTIFSEARCH**와는 달리,

$$\text{MOTIFS}(\text{PROFILE}(Motifs), Dna),$$

GIBBSSAMPLER는 1에서 t 사이의 정수 i를 무작위로 선택한 다음 하나의 k-mer $Motif_i$를 무작위로 변경한다.

GIBBSSAMPLER가 $Motif$를 업데이트하는 방법을 설명하고자 더 고급스러운 난수 생성기가 필요하다. 주어진 확률 분포 $(p_1, ..., p_n)$에서 난수 생성기는 $RANDOM(p_1, ..., p_n)$로 n개의 면이 있는 편향된 주사위를 모델링하며 p_i 확률로 정수 i를 반환한다. 예를 들어 일반적인 6면 주사위는 다음과 같이 표현할 수 있다.

$$\text{RANDOM}(1/6, 1/6, 1/6, 1/6, 1/6, 1/6),$$

반면에 편향된 주사위는 다음과 같이 표현할 수 있다.

$$\text{RANDOM}(0.1, 0.2, 0.3, 0.05, 0.1, 0.25).$$

GIBBSSAMPLER는 음수가 아닌 숫자에 대해 정의된 $RANDOM(p_1, ..., p_n)$ 함수를 사용해 난수 생성기를 일반화한다. 즉 반드시 다음 조건을 만족하지는 않는다. $\sum_{i=1}^{n} p_i = 1$. 특히, 만약에 $\sum_{i=1}^{n} p_i = C > 0$인 경우 $RANDOM(p_1, ..., p_n)$는 확률 분포 $(p_1/C, ..., p_n/C)$를 사용한 $RANDOM(p_1/C, ..., p_n/C)$로 정의할 수 있다. 예를 들어 $(p_1, p_2, p_3) = (0.1, 0.2, 0.3)$, $0.1 + 0.2 + 0.3 = 0.6$으로 주어진다면,

$$\text{RANDOM}(0.1, 0.2, 0.3) = \text{RANDOM}(0.1/0.6, 0.2/0.6, 0.3/0.6)$$
$$= \text{RANDOM}(1/6, 1/3, 1/2).$$

잠깐 멈추고 생각해 보자 $RANDOM(p_1, ..., p_n)$를 구현해 적절하게 선택된 정수 X에 대해 $RANDOMNUMBER(X)$를 서브루틴으로 사용할 수 있도록 만들어 보자.

앞서 문자열의 $Profile$ 행렬에서 가장 생성될 가능성이 높은 k-mer의 개념을 정의했다. 이제 $Text$ 문자열에 대해 $Profile$ 행렬에서 무작위로 생성된 k-mer($Profile$-randomly generated k-mer)을 정의하자. $Text$의 각 k-mer $Pattern$에 대해 확률 $Pr(Pattern|Profile)$을 계산하면 $n = |Text| - k + 1$개의 확률 $(p_1, ..., p_n)$가 만들어진다. 이 확률들은 반드시 합이 1이 아닐 수도 있지만 이를 기반으로 난수 생성기 $RANDOM(p_1, ..., p_n)$를 만들 수는 있다. **GIBBSSAMPLER**는 이 난수 생성기를 사용해 각 단계에서 무작위로 생성한 k-mer 프로필을 사용할 수 있다. 만약 주사위가 숫자 i를 나타낸다면 $Text$에서 i번째 k-mer를 무작위로 생성한 k-mer 프로필로 정의한다. 다음에 나오는 의사 코드는 이 과정을 N번 반복하지만 실제로 **GIBBSSAMPLER**는 다양한 중단 규칙이 있으며 이 내용은 2장의 범위를 벗어난다.

```
GIBBSSAMPLER(Dna, k, t, N)
    randomly select k-mers Motifs = (Motif₁, ..., Motifₜ) in each string from Dna
    BestMotifs ← Motifs
    for j ← 1 to N
        i ← RANDOM(t)
        Profile ← profile matrix formed from all strings in Motifs except for Motifᵢ
        Motifᵢ ← Profile-randomly generated k-mer in the i-th sequence
        if SCORE(Motifs) < SCORE(BestMotifs)
            BestMotifs ← Motifs
    return BestMotifs
```

STOP 잠깐 멈추고 생각해 보자 항상 높은 점수에서 낮은 점수의 모티프로 이동하는 RANDOMIZED MOTIFSEARCH와 달리 GIBBSSAMPLER는 낮은 점수에서 높은 점수 모티프로도 이동할 수 있다. 이것이 합리적인 이유는 무엇일까?

깁스 샘플링의 작동

GIBBSSAMPLER가 이전에 살펴본 *Dna*에서 작동하는 것을 그림으로 설명해 보겠다. 초기 단계에서 알고리듬은 아래의 빨간색으로 표시한 4-mer를 선택했고 세 번째 문자열을 무작위로 선택해 삭제한다고 상상해 보자. 좀 더 정확히 말하자면 GIBBSSAMPLER는 실제로 세 번째 문자열을 제거하지는 않고 특정 단계에서 이를 무시하는 것이며 이후 과정에서 다시 분석한다.

	ttACCTtaac	ttACCTtaac
	gATGTctgtc	gATGTctgtc
Dna	ccgGCGTtag ⟶	----------
	cactaACGAg	cactaACGAg
	cgtcagAGGT	cgtcagAGGT

결과적으로 다음과 같은 모티프 행렬, 횟수 행렬, 프로필 행렬을 만들 수 있다.

$$
\textit{Motifs} \quad
\begin{array}{cccc}
t & a & a & c \\
G & T & c & t \\
a & c & t & a \\
A & G & G & T
\end{array}
$$

$$
\text{COUNT}(\textit{Motifs}) \quad
\begin{array}{l}
\text{A: } 2\ 1\ 1\ 1 \\
\text{C: } 0\ 1\ 1\ 1 \\
\text{G: } 1\ 1\ 1\ 0 \\
\text{T: } 1\ 1\ 1\ 2
\end{array}
\qquad
\text{PROFILE}(\textit{Motifs}) \quad
\begin{array}{l}
\text{A: } 2/4\ 1/4\ 1/4\ 1/4 \\
\text{C: } 0\ \ \ 1/4\ 1/4\ 1/4 \\
\text{G: } 1/4\ 1/4\ 1/4\ \ 0 \\
\text{T: } 1/4\ 1/4\ 1/4\ 2/4
\end{array}
$$

프로필 행렬은 균일한 프로필보다 아주 조금 더 보존된 행렬이기 때문에 과연 이식한 모티프로 나아갈 수 있는지 궁금해진다. 이제 이 프로필 행렬을 사용해 삭제한 문자열 ccgGCGTtag의 모든 4-mer의 확률을 계산해 보자.

ccgG	cgGC	gGCG	GCGT	CGTt	GTta	Ttag
0	0	0	1/128	0	1/256	0

이 확률 중 2개를 제외한 모든 확률은 0이다. 이 상황은 **GREEDYMOTIFSEARCH**과 유사하며 따라서 이전과 마찬가지로 아주 작은 의사수를 더해 확률이 0이 되는 것을 피해야 한다.

라플라스의 승계 규칙을 위의 횟수 행렬에 적용하면 다음과 같이 갱신된 횟수 행렬과 프로필 행렬이 만들어진다.

$$
\text{COUNT}(\textit{Motifs}) \quad
\begin{array}{l}
\text{A: } 3\ 2\ 2\ 2 \\
\text{C: } 1\ 2\ 2\ 2 \\
\text{G: } 2\ 2\ 2\ 1 \\
\text{T: } 2\ 2\ 2\ 3
\end{array}
\qquad
\text{PROFILE}(\textit{Motifs}) \quad
\begin{array}{l}
\text{A: } 3/8\ 2/8\ 2/8\ 2/8 \\
\text{C: } 1/8\ 2/8\ 2/8\ 2/8 \\
\text{G: } 2/8\ 2/8\ 2/8\ 1/8 \\
\text{T: } 2/8\ 2/8\ 2/8\ 3/8
\end{array}
$$

의사수를 더한 후 삭제된 문자열 ccgGCGTtag의 4-mer 확률은 다음과 같이 다시 계산할 수 있다.

ccgG	cgGC	gGCG	GCGT	CGTt	GTta	Ttag
$4/8^4$	$8/8^4$	$8/8^4$	$24/8^4$	$12/8^4$	$16/8^4$	$8/8^4$

이러한 확률의 합은 $C = 80/8^4$이므로 가상의 7면 주사위는 다음 난수 생성기로 표현할 수 있다.

$$
\text{RANDOM}\left(\frac{4/8^4}{80/8^4}, \frac{8/8^4}{80/8^4}, \frac{8/8^4}{80/8^4}, \frac{24/8^4}{80/8^4}, \frac{12/8^4}{80/8^4}, \frac{16/8^4}{80/8^4}, \frac{8/8^4}{80/8^4} \right)
$$

$$= \text{RANDOM}\left(\frac{4}{80}, \frac{8}{80}, \frac{8}{80}, \frac{24}{80}, \frac{12}{80}, \frac{16}{80}, \frac{8}{80}\right).$$

이러한 7면의 주사위를 굴린 후 무작위로 생성된 4-mer GCGT(삭제된 서열의 네 번째 4-mer)에 도달했다고 가정해 보자. 삭제했던 문자열 ccgGCGTtag가 모티프 집합에 다시 추가됐고 GCGT는 아래 표시된 것과 같이 *Dna*의 세 번째 문자열에서 이전에 선택된 ccgG를 대체한다. 그다음 확률이 공평한 5면의 주사위를 굴려 *Dna*에서 무작위로 선택된 첫 번째 문자열을 제거한다.

$$
Dna \quad
\begin{matrix}
\texttt{ttACCTtaac} \\
\texttt{gATGTctgtc} \\
\texttt{ccgGCGTtag} \\
\texttt{cactaACGAg} \\
\texttt{cgtcagAGGT}
\end{matrix}
\quad \longrightarrow \quad
\begin{matrix}
\texttt{----------} \\
\texttt{gATGTctgtc} \\
\texttt{ccgGCGTtag} \\
\texttt{cactaACGAg} \\
\texttt{cgtcagAGGT}
\end{matrix}
$$

모티프 행렬과 프로필 행렬을 구축하면 아래 결과를 얻을 수 있다.

$$
Motifs \quad
\begin{matrix}
\texttt{G T c t} \\
\texttt{G C G T} \\
\texttt{a c t a} \\
\texttt{A G G T}
\end{matrix}
\qquad
\text{PROFILE}(Motifs) \quad
\begin{matrix}
\text{A:} & 2/4 & 0 & 0 & 1/4 \\
\text{C:} & 0 & 2/4 & 1/4 & 0 \\
\text{G:} & 2/4 & 1/4 & 2/4 & 0 \\
\text{T:} & 0 & 1/4 & 1/4 & 3/4
\end{matrix}
$$

프로필 행렬은 이전 프로필 행렬보다 이식한 모티프와 더 가까워진 것처럼 보인다. 횟수 행렬과 프로필 행렬을 의사수로 업데이트해 보자.

$$
\text{COUNT}(Motifs) \quad
\begin{matrix}
\text{A:} & 3 & 1 & 1 & 2 \\
\text{C:} & 1 & 3 & 2 & 1 \\
\text{G:} & 3 & 2 & 3 & 1 \\
\text{T:} & 1 & 2 & 2 & 4
\end{matrix}
\qquad
\text{PROFILE}(Motifs) \quad
\begin{matrix}
\text{A:} & 3/8 & 1/8 & 1/8 & 2/8 \\
\text{C:} & 1/8 & 3/8 & 2/8 & 1/8 \\
\text{G:} & 3/8 & 2/8 & 3/8 & 1/8 \\
\text{T:} & 1/8 & 2/8 & 2/8 & 4/8
\end{matrix}
$$

그런 다음 삭제한 문자열 ttACCTtaac에서 모든 4-mer의 확률을 계산한다.

ttAC	tACC	ACCT	CCTt	CTta	Ttaa	taac
$2/8^4$	$2/8^4$	$72/8^4$	$24/8^4$	$8/8^4$	$4/8^4$	$1/8^4$

7면의 주사위를 굴리면 프로필이 무작위로 생성한 *k*-mer ACCT에 도달하며 이를 집합 *Motifs*에 추가한다. 5면의 주사위를 다시 굴린 후 무작위로 선택된 네 번째 문자열을 제거한다.

```
        ttACCTtaac          ttACCTtaac
        gATGTctgtc          gATGTctgtc
  Dna   ccgGCGTtag    ⟶     ccgGCGTtag
        cactaACGAg          ----------
        cgtcagAGGT          cgtcagAGGT
```

의사수를 추가하고 아래와 같이 횟수 행렬과 프로필 행렬을 구축한다.

$$
\begin{array}{cc}
       & \text{A C C T} \\
Motifs & \text{G T c t} \\
       & \text{G C G T} \\
       & \text{A G G T}
\end{array}
$$

$$
\text{COUNT}(Motifs)\quad
\begin{array}{l}
\text{A: } 3\ 1\ 1\ 1 \\
\text{C: } 1\ 3\ 3\ 1 \\
\text{G: } 3\ 2\ 3\ 1 \\
\text{T: } 1\ 2\ 1\ 5
\end{array}
\qquad
\text{PROFILE}(Motifs)\quad
\begin{array}{l}
\text{A: } 3/8\ 1/8\ 1/8\ 1/8 \\
\text{C: } 1/8\ 3/8\ 3/8\ 1/8 \\
\text{G: } 3/8\ 2/8\ 3/8\ 1/8 \\
\text{T: } 1/8\ 2/8\ 1/8\ 5/8
\end{array}
$$

이제 삭제한 문자열 **cactaACGAg**의 모든 4-mer에 대한 확률을 계산한다.

cact	acta	ctaA	taAC	aACG	ACGA	CGAg
$15/8^4$	$9/8^4$	$2/8^4$	$1/8^4$	$9/8^4$	$27/8^4$	$2/8^4$

무작위로 생성한 4-mer를 생성하고자 7면의 주사위를 굴려 보자. **ACGA**를 선택하는 가장 가능성이 높은 시나리오 가정하고 선택된 4-mer를 다음과 같이 갱신한다.

```
        ttACCTtaac
        gATGTctgtc
  Dna   ccgGCGTtag
        cactaACGAg
        cgtcagAGGT
```

알고리듬이 수렴하기 시작함을 알 수 있다. 이어지는 반복에서 *Dna*에서 두 번째 줄을 선택하면 (잘못된 4-mer **GTct**가 이식된 (4, 1)-모티프 **ATGT**로 변경될 때) 모든 이식한 모티프를 생성하므로 안심하자.

잠깐 멈추고 생각해 보자 미묘한 모티프 문제에서 GIBBSSAMPLER를 실행해 보자. 무엇을 발견했는가?

GIBBSSAMPLER가 많은 경우에 좋은 성능을 발휘하지만, 특히 찾기 어려운 모티프가 있는 어려운 검색 문제에 대해서는 차선책이 될 수도 있다. **지역 최적**local optimum은 인접한 해결 방법 집합 안에서 최적의 해결 방법이고, 이와 대조적인 **전역 최적**global optimum은 가능한 모든 해결 방법 중 최적의 해결책이다.

GIBBSSAMPLER는 해결 방법 중 작은 부분만 탐색하므로 지역 최적에 갇힐 수 있다. 이러한 이유로 RANDOMIZEDMOTIFSEARCH와 유사하게 이 알고리듬을 여러 번 수행해서 가장 좋은 점수를 주는 모티프를 찾기 바라야 한다. 그러나 지역 최적에 수렴하게 되는 것은 모티프 찾기에서 직면하게 될 여러 가지 이슈 중 하나일 뿐이다. 다른 문제들은 '돌아가기: 모티프 찾기의 복잡성'을 참고하자.

145페이지

15-mer AAAAAGGGGGGGGGG가 이식돼 있는 미묘한 모티프 문제에서 GIBBSSAMPLER를 2,000회 반복하면($N = 200$ 반복 동안 매번 새롭게 무작위로 선택된 k-mer를 사용한다) 컨센서스 문자열이 AAAAAgAGGGGGGGt인 집합 *Motifs*와 SCORE(*Motifs*) = 38을 얻을 수 있다. 이 점수는 이식한 모티프의 40점보다 훨씬 낮은 점수다.

에필로그: 결핵균은 어떻게 항생제를 피하려고 동면할까?

결핵TB, TuBerculosis은 박테리아MTB, Mycobacterium TuBerculosis가 일으키는 감염병으로 매년 100만 명 이상의 사망자를 발생시킨다. 항생제 덕분에 결핵 확산이 크게 줄었지만 이제는 모든 항생제에 저항하는 균주가 나타나고 있다. MTB는 질병을 일으키지 않고 수십 년 동안 인간 몸속에서 살아갈 수 있기에 성공적인 병원체라고 할 수 있다. 사실 세계 인구의 3분의 1에는 MTB가 **잠복 감염**latent infection하고 있으며, MTB는 숙주의 몸 안에서 잠복하고 있다가 이후 활성화될 수도 안 될 수도 있다. 잠복 감염이 널리 퍼져 있기 때문에 결핵 유행을 통제하는 것은 어렵다. 따라서 생물학자들은 무엇이 이 병을 잠복하게 만드는지 그리고 MTB가 어떻게 숙주에서 활성화되는지 알아내는 데 관심이 많다.

MTB가 어떻게 오랫동안 잠복할 수 있는지, 잠복하는 동안 어떻게 살아남아 있는지는 여전히 의문점이 많다. 잠복 상태 결핵균이 항생제에 저항성을 가지는 점은 곰이 겨울잠을 자는 것과는 달리 결핵균이 대부분의 유전자 발현을 멈추고 휴면 상태를 지속할 수 있음을 암시한다. 박테리아가 잠복상태에 들어가는 것을 **포자 형성**sporulation이라 하는데 이는 많은 박테리아가 거친 환경에서도 생존할 수 있게 해준다.

저산소증^{hypoxia}, 즉 산소 부족은 잠복성 결핵과 관련이 많다. 생물학자들은 MTB가 저산소 환경에서 휴면 상태가 된다는 것을 발견했는데 아마도 숙주의 폐가 미래에 잠재적으로 병을 퍼뜨릴 수 있을 만큼 충분히 회복할 것을 기대하기 때문일 것이다. MTB는 산소가 없어도 수년간 생존할 수 있는 놀라운 능력이 있기 때문에 저산소 조건에서 잠복 상태를 유지하는 MTB 유전자를 알아내는 것이 중요하다. 생물학자들은 산소 부족을 '감지'하고 많은 유전자 발현의 영향을 미치는 유전 프로그램을 시작해 MTB가 저산소증에 적응할 수 있도록 하는 **전사 인자**^{transcription factor}를 찾는 데 관심이 많다.

2003년 생물학자들은 **잠복 생존 조절자**^{DosR, Dormacy survival Regulator}를 발견했다. 이것은 전사 인자로서 저산소 조건에서 발현이 극적으로 변하는 많은 유전자들을 조절한다. 그러나 DosR이 이러한 유전자를 어떻게 조절하는지 여전히 불분명하며 전사 인자 결합 부위는 여전히 알려지지 않았다. 이 문제를 해결하기 위한 시도로 생물학자들은 DNA 어레이^{array} 실험을 해 저산소 환경에서 발현이 바뀌는 25개의 유전자를 발견했다. 각 유전자의 상류 지역에 있는 250 뉴클레오티드 길이의 영역에서 DosR이 이러한 유전자들의 발현을 조절하는 데 사용하는 '숨겨진 메시지'를 발견하려 한다.

문제를 단순화하고자 DosR 유전자 25개 중 10개를 선택했다. DosR 모티프에 대해 힌트는 없으며 모티프를 찾으려고 지금까지 개발했던 프로그램들을 사용해 보자.

MEDIANSTRING과 **RANDOMIZEDMOTIFSEARCH**를 사용해 DosR 데이터를 분석하려면 k-mer 크기를 어떻게 설정해야 할까? 대략적으로 추정해서 8에서 12 정도로 정한다면 결과는 다음과 같다.

	MEDIANSTRING			RANDOMIZEDMOTIFSEARCH	
k	Consensus	Score	k	Consensus	Score
8	CATCGGCC	11	8	CCGACGGG	13
9	GGCGGGGAC	16	9	CCATCGGCC	16
10	GGTGGCCACC	19	10	CCATCGGCCC	21
11	GGACTTCCGGC	20	11	ACCTTCGGCCC	25
12	GGACTTCCGGCC	23	12	GGACCAACGGCC	28

잠깐 멈추고 생각해 보자 중위 문자열에서 DosR 결합 위치를 유추할 수 있는가? 결합 위치의 길이는 몇이라 생각하는가?

STOP

RANDOMIZEDMOTIFSEARCH가 반환하는 컨센서스 문자열은 일반적으로 중위 문자열에서 벗어나지만 컨센서스 서열 12-mer(**GGACCAACGGCC**, 28점)는 중위 문자열(**GGACTTCCGGCC**, 23점)

과 매우 유사하다는 것을 알아 두자.

RANDOMIZEDMOTIFSEARCH가 반환한 모티프는 **MEDIANSTRING**이 반환한 모티프보다 보존이 약간 적은 반면 더 긴 모티프를 찾을 수 있다는 장점이 있다. **MEDIANSTRING**은 긴 문자열에서 훨씬 느리기 때문이다. **RANDOMIZEDMOTIFSEARCH**가 반환한 길이 20의 모티프는 CGGGACCTACGTCCCTAGCC(57점)다. 아래와 같이 **RANDOMIZEDMOTIFSEARCH**와 **MEDIANSTRING**가 찾은 길이 12의 컨센서스 문자열은 길이 20인 서열에 약간의 변형을 가진 채로 내재돼 있다.

GGACCAACGGCC
CGGGACCTACGTCCCTAGCC
GGACTTCCGGCC

마지막으로 $N = 200$으로 2,000번 수행한 **GIBBSSAMPLER**는 DosR 데이터에서 **RANDOMIZEDMOTIFSEARCH**와 동일한 길이 20의 문자열을 반환하지만 더 낮은 점수 55점을 가진 모티프의 집합을 생성한다.

2장에서 살펴보았듯이 모티프를 찾는 알고리듬은 각각 다소 다른 결과를 생성하며 MTB의 DosR 모티프 검색 결과도 불분명하다. MTB에서 모든 가능한 DosR 모티프와 조절하는 모든 유전자를 찾아보자. 문제를 해결할 수 있도록 DosR 연구에서 확인된 25개의 모든 유전자들의 상류 지역을 제공하겠다.

> 도전 문제 DosR 모티프 프로필을 유추하고 *Mycobacterium tuberculosis*에서 추정되는 발생을 찾아보자.

충전소

중앙 문자열 해결

MEDIANSTRING를 구현할 때 발생할 수 있는 첫 번째 문제는 패턴과 각 문자의 거리인 $Dna = \{Dna_1, ..., Dna_t\}$의 합인 $d(Pattern, Dna) = \sum_{i=1}^{t} d(Pattern, Dna_i)$를 계산하는 함수를 만드는 것이다. 이는 다음 의사 코드로 표현할 수 있다.

```
DISTANCEBETWEENPATTERNANDSTRINGS(Pattern, Dna)
    k ← |Pattern|
    distance ← 0
    for each string Text in Dna
        HammingDistance ← ∞
        for each k-mer Pattern' in Text
            if HammingDistance > HAMMINGDISTANCE(Pattern, Pattern')
                HammingDistance ← HAMMINGDISTANCE(Pattern, Pattern')
        distance ← distance + HammingDistance
    return distance
```

중위 문자열 문제를 해결하려면 $d(Pattern, Dna)$를 계산하기 전에 가능한 4^k k-mers $Pattern$을 모두 반복해야 한다. 아래의 의사 코드는 NUMBERTOPATTERN 함수를 사용해 **MEDIANSTRING**을 수정한 것이며(충전소: 패턴과 숫자를 서로 변환하기 참고), 이 함수는 모든 0부터 $4^k - 1$ 사이의 숫자를 모든 k-mer 패턴으로 바꿨다.

72페이지

```
MEDIANSTRING(Dna, k)
    distance ← ∞
    for i 0 to 4^k − 1
        Pattern ← NUMBERTOPATTERN(i, k)
        if distance > DISTANCEBETWEENPATTERNANDSTRINGS(Pattern, Dna)
            distance ← DISTANCEBETWEENPATTERNANDSTRINGS(Pattern, Dna)
            Median ← Pattern
    return Median
```

돌아가기

유전자 발현

유전자는 단백질을 암호화하고, 단백질은 세포의 기능을 지시한다. 변화하는 주변 환경에 반응하고자 세포는 단백질 수치를 조절해야 한다. DNA에서 RNA, 단백질로의 정보 흐름은 세포가 전사(DNA에서 RNA를 만드는 과정)와 번역(RNA에서 단백질을 만드는 과정)에서 환경에 맞게 단백질 양을 조절할 수 있음을 의미한다.

전사는 RNA 중합 효소가 DNA의 **프로모터 서열**promoter sequence에 결합할 때 시작하는데 이 프로모디 시열은 대부분 전사의 시작점 상류에 위치한다. 진사의 시직은 딘벡질 생성 과정의 초기 단계이기 때문에 유전자 발현을 조절하기에 편리한 조절 지점이다. 세포에서 일어나는 유전자의 전사 과정은 다양한 전사 조절자를 통해 조절돼 전사량을 늘리거나 줄일 수 있다.

DNA 어레이

DNA 어레이DNA array는 고체 표면에 부착된 DNA 분자들의 집합이다. 어레이의 각 지점에는 **프로브**probe라는 특정한 DNA 서열이 있고 **타깃**target으로 알려진 특정 유전자의 발현 수준을 측정할 수 있다. 대부분 어레이에서 프로브는 합성돼 유리나 실리콘 칩에 부착된다(그림 2.8).

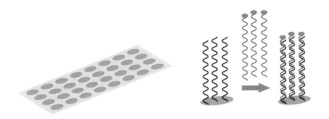

그림 2.8 형광이 붙어 있는 DNA는 DNA 어레이의 상보적 서열에 결합한다.

형광이 붙어 있는 표적은 그들의 해당하는 (서열이 상보적인) 프로브에 붙어서 형광 신호를 발생한다. 신호의 강도는 해당 지점의 프로브에 얼마나 많은 샘플의 표적이 결합하느냐에 따라 다르다. 그러므로 유전자의 발현량이 높으면 어레이의 형광 신호가 강해진다. 어레이에는 수백 개의 프로브가 있기 때문에 생물학자들은 한 번의 어레이 실험에서 많은 유전자의 발현을 측정할 수 있다. *Arabidopsis thaliana*에서 저녁 요소를 알아낸 DNA 어레

142

이 실험은 한 번에 8,000개의 유전자 발현을 측정했다.

뷔퐁의 바늘

뷔퐁은 자연사가 인기 있던 18세기의 자연주의자였다. 그러나 그의 첫 번째 논문은 수학에 관한 것이었다. 1733년에 그는 '르 주 드 프랑 카레오Le jeu de franc carreau'라는 중세 프랑스 게임에 대한 에세이를 썼다. 이 게임에서는 한 명의 플레이어가 동전을 공중 위로 던져 체커판checkerboard에 떨어지게 한다. 동전이 보드의 사각형 중 하나에 완전히 들어가면 이기고 그렇지 않으면 지게 된다(그림 2.9 왼쪽). 뷔퐁은 자연스럽게 질문했다. 플레이어가 이길 확률은?

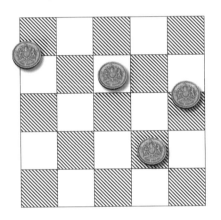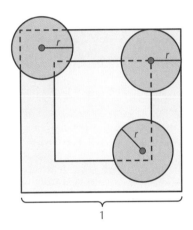

그림 2.9 (왼쪽) 동전 4개가 있는 '프랑 카레오(franc carreau)' 게임. 2개의 동전은 사각형 안에 들어가서 승자가 됐으며, 나머지 2개의 동전은 경계에 걸려서 패자가 됐다. (오른쪽) 체커판의 사각형 중 하나(녹색의 바깥쪽 사각형)에 들어 있는 3개의 동전. 하나는 이겼고, 하나는 졌고, 나머지 하나는 경계에 있다. 동전의 반경이 r인 경우 게임에서 이길 확률은 빨간색 점으로 표기한 동전의 중심이 길이가 $1 - 2r$인 파란색 사각형 내에 도달할 확률과 같다. 이 확률은 사각형의 면적의 비율과 같으며 그 값은 $(1 - 2r)^2$이다.

체커판이 측면 길이가 1인 사각형 하나로 돼 있었다고 가정해 보자. 그리고 동전의 반경은 $r < 1/2$이고 동전의 중심은 항상 정사각형 안에 있다고 가정하자. 원의 중심이 $1 - 2r$인 가상의 정사각형 내에 있는 경우에만 플레이어가 이길 수 있다(그림 2.9 오른쪽). 동전이 동일한 확률로 큰 사각형의 아무 곳에나 떨어졌다고 가정하고, 동전이 작은 사각형 안에 완전히 떨어질 확률은 두 사각형의 면적 비율인 $(1 - 2r)^2$다.

40년 후 뷔퐁은 플레이어가 동일한 너비의 긴 나무로 덮인 바닥에 바늘을 균일하게 떨어뜨리는 유사한 게임을 설명하는 논문을 발표했다. **뷔퐁의 바늘**Buffon's needle로 알려진 이 게임에서 바늘이 나무판 안에 완전히 들어가면 플레이어가 승리하게 된다. 이 게임의 승리 확률을 계산하려면 바늘의 위치뿐만 아니라 방향도 고려해야 한다. 하지만 첫 번째 게임에서 이 문제의 해결 아이디어를 얻을 수 있다. 일단 바늘 중심의 위치를 고정하면 바늘이 가질 수 있는 가능한 방향의 집합은 하나의 원을 만들게 된다(그림 2.10 왼쪽).

 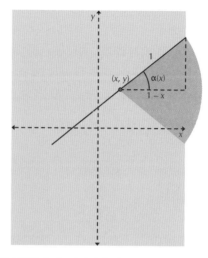

그림 2.10 (왼쪽) 바늘 중심(빨간색 점으로 표시)에 대한 점을 고정하면 바늘이 가질 수 있는 가능한 방향의 집합은 하나의 원을 만들게 된다. 왼쪽 원에서 바늘은 방향에 관계없이 항상 진한 갈색 나무 안에 있다. 오른쪽 원에서 두 바늘 중 하나는 짙은 나무 갈색 안에 있고, 다른 하나는 옆 나무로 넘어간다. (오른쪽) 바늘 중심점을 나타내는 지점 (x, y)를 고정하면 각도 $\alpha(x)$를 설정할 수 있는데 이는 각도 $-\alpha(x)$와 $\alpha(x)$ 사이에서는 바늘이 옆 나무로 넘어가게 되는 각도를 나타낸다. 이 그림에서 바늘의 길이는 나무의 폭과 같다.

플레이어가 이길 확률은 나무와 바늘의 길이와 나무 조각 사이의 거리에 영향을 받는다. 나무와 바늘의 길이가 모두 2라고 가정하고 승리 확률 대신 패배 확률을 계산해 볼 것이다. 이를 위해 먼저 더 간단한 질문을 해보자. 바늘 중심이 매번 같은 장소에 놓이면 바늘이 나무를 넘어갈 가능성은 얼마일까?

이 질문에 답을 하고자 바늘이 좌표 평면에 떨어진다고 가정해 보자(그림 2.10 오른쪽). 이 좌표 평면에서 y축은 나무 조각을 폭이 1인 더 작은 나무 조각 2개로 나눈다. 바늘의 중심이 $x > 0$인 위치 (x, y)에 놓이면 각도 θ로 방향을 설명할 수 있다. 여기서 θ는 $-\pi/2$와 $\pi/2$ 사이의 값이다. $\theta = 0$이면 수직선 $x = 1$을 넘어간다. θ가 $\pi/2$인 경우 수직선 $x = 1$을 넘어가지 않는다. 중요한 점은 바늘의 중심이 고정돼 있기 때문에 바늘이 항상 이 선에 닿는 임계각 $\alpha(x)$가 있다는 것이다. 즉 $-\alpha(x) < \theta < \alpha(x)$인 경우 바늘은 항상 경계선에 닿게 된다. 만약 바늘이 무작위로 떨어진다면 θ의 값은 $-\pi/2$와 $\pi/2$ 사이의 값을 가진다. 그러므로 패배 확률은 $2 \cdot \alpha(x)/\pi$다.

동일한 추론에 따라 바늘은 동일한 확률로 모든 위치 x를 가질 수 있다. 지는 확률 $\Pr(loss)$를 구하고자 x가 연속적으로 -1에서 1까지 범위에 따라 갖는 $2 \cdot \alpha(x)/\pi$의 평균을 계산해야 한다. 이 평균은 적분을 사용해 나타낼 수 있다.

$$\Pr(loss) = \frac{\int_{-1}^{1} \dfrac{2 \cdot \alpha(x)}{\pi} \, dx}{1 - (-1)} = \int_{-1}^{1} \frac{\alpha(x)}{\pi} \, dx = 2 \int_{0}^{1} \frac{\alpha(x)}{\pi} \, dx$$

그림 2.10(오른쪽)을 다시 보자. 기본 삼각법을 적용하면 $\cos \alpha(x)$는 $1 - x$와 같다. 따라서 $\alpha(x) = \arccos(1 - x)$가 된다. 위 수식을 이와 같이 치환하고 (그리고 미적분학 교과서를 참고해보면) $\Pr(loss)$는 $2/\pi$와 같음을 알 수 있다. 이 확률이 나무 조각의 개수에 상관없이 같다는 것을 어렵지 않게 알 수 있을 것이다.

그런데 뷔퐁의 바늘이 무작위 알고리듬과 어떤 관련이 있는가? 1812년 라플라스 외에는 뷔퐁의 바늘이 π를 근사화하는 데 사용할 수 있다고 말한 적이 없었다. 그리고 몬테 카를로 알고리듬이 탄생했다. 구체적으로 말하면 바늘을 공중에 수천 번 던짐으로써(또는 컴퓨터에게 해달라고 요청함으로써) 손실 확률 P_e를 경험적으로 근사할 수 있다. 이 경험적 확률을 계산하면 P_e가 $2/\pi$와 같다고 결론 지을 수 있다. 따라서 다음과 같다.

$$\pi \approx \frac{2}{P_e}$$

잠깐 멈추고 생각해 보자 다음과 같은 경우 근사치가 어떻게 변경되는가?

1. 바늘이 나무 사이 너비보다 짧은 경우

2. 바늘이 나무 사이 너비보다 긴 경우

모티프 찾기의 복잡성

샘플에서 뉴클레오티드의 분포가 편향되면 모티프를 찾기가 어려워진다. 이러한 경우 최소 점수 또는 엔트로피를 갖는 k-mer를 찾는다면 생물학적으로 관련성 없는 모티프를 찾게 된다. 예를 들어 A가 85%이고 T, G, C가 각 5%라고 하면 k-mer AA...AA가 가장 낮은 점수를 얻을 것이고, 생물학적으로 의미 있는 모티프들을 가려 버리게 된다. 다음의 예시에서 aaaa는 1점의 모티프로 5점인 모티프 GCCG를 제외시킨다.

```
        taaaaGTCGa
        acGCTGaaaa
Dna     aaaaGCCTat
        aCCCGaataa
        agaaaaGGCG
```

146페이지 편향된 뉴클레오티드에서 생물학적으로 관련성 있는 모티프를 찾으려면 상대적 엔트로피라고 하는 엔트로피의 일반화를 사용하는 것이 좋다(돌아가기: 상대적 엔트로피 참고).

모티프 발견의 또 다른 복잡성은 많은 모티프가 4개의 뉴클레오티드 알파벳과 다른 알파벳으로 가장 잘 표현된다는 것이다. W는 A 또는 T, S는 G 또는 C, K는 G 또는 T, Y는 C 또는 T를 나타낸다. 이제 108페이지의 그림 2.3에서 봤던 효모의 CSRE 모티프로 표현한 CSKWYWWATKWATYYK 모티프를 떠올려 보자. 이 모티프는 혼합 글자로 나타나 있으며 이는 기존의 네 글자의 뉴클레오티드로 나타낼 수 있는 2^{11}개의 모티프를 의미한다. 그러나 2^{11}개의 모티프는 2장에서 고려한 알고리듬으로 찾기엔 무리가 있다.

상대적 엔트로피

문자열 Dna의 집합이 주어지면 **상대적 엔트로피**relative entropy $4 \times k$ 프로필 행렬 $P = (p_{r,j})$는 다음과 같이 정의할 수 있다.

$$\sum_{j=1}^{k} \sum_{r \in \{A,C,G,T\}} p_{r,j} \cdot \log_2(p_{r,j}/b_r) =$$

$$\sum_{j=1}^{k} \sum_{r \in \{A,C,G,T\}} p_{r,j} \cdot \log_2(p_{r,j}) - \sum_{j=1}^{k} \sum_{r \in \{A,C,G,T\}} p_{r,j} \cdot \log_2(b_r)$$

여기서 b_r은 Dna에서 뉴클레오티드 r의 빈도다. 엔트로피 식의 합계 앞에는 음수 부호 $-\sum_{j=1}^{k} \sum_{r \in \{A,C,G,T\}} p_{r,j} \cdot \log_2(p_{r,j})$가 오는 반면, 상대 엔트로피 방정식인 왼쪽의 합계는 음의 부호가 없다. 따라서 그동안 모티프 매트릭스의 엔트로피를 최소화했으니 이제는 상대적 엔트로피를 최대화해 보자.

용어 $-\sum_{j=1}^{k} \sum_{r \in \{A,C,G,T\}} p_{r,j} \cdot \log_2(b_r)$은 프로필 행렬 P의 **교차 엔트로피**cross-entropy라고 한다. 프로필 행렬의 상대적 엔트로피는 간단히 프로필의 크로스 엔트로피와 엔트로피의 차이로 나타낼 수 있다. 예를 들어 '돌아가기: 모티프 찾기의 복잡성'의 예시로 나온 GCCG 모티프의 상대적 엔트로피는 아래와 같이 $9.85 - 3.53 = 6.32$와 같다. 이 예에서 $b_A = 0.5$,

145페이지

$b_C = 0.18$, $b_G = 0.2$, $b_T = 0.12$다.

	G	T	C	G
	G	C	T	G
Motifs	G	C	C	T
	c	C	C	G
	G	G	C	G

A:	0.0	0.0	0.0	0.0
C:	0.2	0.6	0.8	0.0
G:	0.8	0.2	0.0	0.8
T:	0.0	0.2	0.2	0.2

PROFILE(*Motifs*)

Entropy $0.72 + 1.37 + 0.72 + 0.72 = 3.53$

Cross-entropy $2.35 + 2.56 + 2.47 + 2.47 = 9.85$

보다 보존적이지만 관련성 없어 보이는 모티프 aaaa의 경우 상대적 엔트로피는 $4.18 - 0.72 = 3.46$과 같다. 따라서 GCCG는 엔트로피로는 aaaa에게 지겠지만 상대적 엔트로피로는 이긴다.

	a	a	a	a
	a	a	a	a
Motifs	a	a	a	a
	a	t	a	a
	a	a	a	a

A:	1.0	0.8	1.0	1.0
C:	0.0	0.0	0.0	0.0
G:	0.0	0.0	0.0	0.0
T:	0.0	0.2	0.0	0.0

PROFILE(*Motifs*)

Entropy $0.0 + 0.72 + 0.0 + 0.0 = 0.72$

Cross-entropy $0.94 + 1.36 + 0.94 + 0.94 = 4.18$

참고 문헌

1971년 코놉카와 벤저는 비정상적으로 짧고(19시간), 긴(28시간) 순환 리듬을 가진 파리를 번식시킨 후 이러한 이상을 추적해 하나의 유전자를 찾았다. 해머 등은 2000년 식물의 순환 시계를 조절하는 저녁 전사 인자 결합 위치를 발견했다. 이 발견은 크리스티아니니Cristianini와 한Hahn이 2006년에 발표했다. Park *et al.*은 2003년 *Mycobacterium tuberculosis*의 저산소 반응을 매개하는 전사 인자를 발견했다.

1999년 논문에서 허츠Hertz와 스토모Stormo는 모티프를 찾는 탐욕 알고리듬을 기술했다. 깁스 샘플링Gibbs sampling의 일반적인 프레임워크는 1984년 게만Geman이 설명했다. 통계 역학의 접근 방식과 유사성을 참조해 깁스 샘플링으로 명명했다. 조사이어 윌러드 깁스Josiah Willard Gibbs는 통계 역학의 창시자 중 하나였다. Lawrence *et al.*은 1993년 모티프를 찾기 위해 깁스 샘플링을 사용했다.

3
유전체는 어떻게 조립하는가?

그래프 알고리듬

폭발하는 신문들

2000년 6월 27일자 뉴욕타임스^{New York Times} 수백 부를 다이너마이트 한 무더기 위에 쌓아 놓은 다음 퓨즈에 불을 켠다고 상상해 보자. 그리고 잠시만 의심을 접어 두고, 신문들이 모두 타 버리는 대신 만화처럼 폭발해서 그을린 종이 조각들이 될 것이라고 가정해 보자. 이 작은 신문 조각들을 어떻게 해야 2000년 6월 27일 뉴스가 무엇이었는지 알아낼 수 있을까? 이 정신 나간 난제를 **신문 문제**^{Newspaper Problem}라고 하자(그림 3.1 참고).

 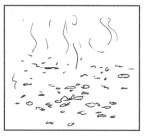 

그림 3.1 집에서 따라 하지 말 것! 미친 것처럼 보일지 모르지만 신문 문제는 컴퓨터로 유전체를 조립하는 과정을 빗대어 표현한 것이다.

신문 문제는 생각보다 훨씬 더 어렵다. 우리가 그 신문의 여러 복사본을 갖고 있기 때문에, 그리고 의심할 여지 없이 정보의 일부분을 잃어버렸기 때문에 직소 퍼즐을 푸는 것처럼 신문 조각들을 간단하게 붙일 수는 없다. 그 대신 그림 3.2와 같이 서로 다른 복사본끼리 겹쳐지는 조각들을 사용해야 그날의 뉴스를 재구성할 수 있다.

atshirt, app   shirt, approximately 6'2" 1

e have not yet named   t yet named any suspects

mation is wel   is welcomed. Please ca

그림 3.2 신문 문제에서, 뉴스를 파악하고자 겹쳐지는 종이 조각들을 사용해야 한다.

아마도 다음과 같은 궁금증이 생길 수 있다. "좋아. 그런데 폭발하는 신문이 생물학이랑 무슨 상관이 있는 거지?" 유전체에서 뉴클레오티드의 순서를 결정하는 것, 또는 **유전체 시퀀싱** genome sequencing이라고도 불리는 이것은 생물정보학의 근본적인 과제 중 하나다. 유전체는 길이가 다양하다. 인간의 유전체는 약 3억 개의 뉴클레오티드로 이뤄져 있으나 Amoeba dubia라는 무정형 단세포 생물의 유전체는 인간의 유전체보다 약 200배나 긴 길이를 갖고 있다. 이 단세포 생물은 가장 긴 유전체를 가진 종 타이틀을 두고 일본의 희귀한 꽃인 Paris japonica와 경쟁하고 있다.

처음 서열이 밝혀진 유전체는 φX174 박테리오파지(즉, 다른 박테리아를 잡아먹는 바이러스)의 것이었는데, 고작 5,386개의 뉴클레오티드에 불과하며 1977년에 프레더릭 생어^{Frederick} ^{Sanger}에 의해 완성됐다. 노벨상을 수상한 이 발견 이후 40년 동안 시퀀싱 비용이 급감함에 따라 유전체 시퀀싱은 생물정보학 연구의 선두로 달려왔다. 시퀀싱 비용의 감소 덕분에 우리는 많은 포유류를 포함한 수천 가지 유전체의 서열을 밝혀낼 수 있었다(그림 3.3 참조).

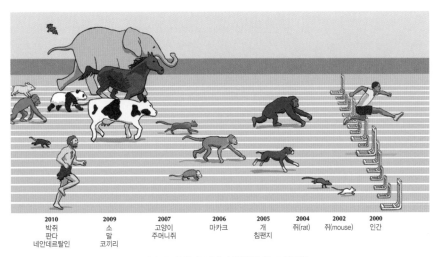

2010	2009	2007	2006	2005	2004	2002	2000
박쥐	소	고양이	마카크	개	쥐(rat)	쥐(mouse)	인간
판다	말	주머니쥐		침팬지			
네안데르탈인	코끼리						

그림 3.3 유전체 서열이 밝혀진 첫 포유류들

유전체 서열을 밝혀내기 위해서는 몇 가지 실제적인 장애물을 제거해야 한다. 가장 큰 장애물은 우리가 책을 읽는 것과 같이 유전체의 뉴클레오티드를 시작부터 끝까지 읽는 기술이 아직 생물학자들에게 없다는 점이다. 그들이 할 수 있는 최선은 **리드**^{read}라고 불리는 훨씬 작은 DNA 조각들의 염기 서열을 알아내는 것이다. 연구자들이 작은 DNA 조각의 염기 서열은 알아낼 수 있지만 긴 유전체는 알아낼 수 없는 이유는 '돌아가기: DNA 시퀀싱 기술의 짧은 역사'에서 더 알아보겠다. 3장의 목표는 이러한 불리한 조건들을 유전체를 조립하는 유용한 도구로 바꾸는 것이다.

206페이지

유전체 시퀀싱을 위한 전통적인 방법은 다음과 같다. 연구자들은 동일한 DNA를 가진 세포들이 수백만 개씩 포함된 작은 조직이나 혈액 샘플을 얻고, 그 DNA들을 생화학적 방법으로 조각 내고, 이 조각들의 서열을 알아내 리드를 만들어 내는 것이다(그림 3.4 참고). 문제는 연구자들은 그 리드들이 유전체의 어느 부분에서 왔는지 모르기 때문에 그들은 겹쳐지는 조각들을 사용해 유전체를 재구성해야 한다. 그러므로 유전체를 리드로부터 원래대로 합치는 작업, 즉 **유전체 조립**^{genome assembly}은 신문 문제와 같다.

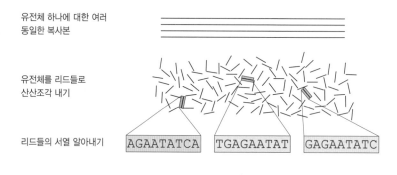

유전체 하나에 대한 여러
동일한 복사본

유전체를 리드들로
산산조각 내기

리드들의 서열 알아내기

AGAATATCA   TGAGAATAT   GAGAATATC

겹쳐지는 조각들을 사용해
유선체 조립하기

AGAATATCA
GAGAATATC
TGAGAATAT
...TGAGAATATCA...

그림 3.4 DNA 시퀀싱에서, 동일한 유전체의 수많은 복제본들이 임의의 위치에서 조각나서 작은 리드들이 만들어진다. 이후 서열을 읽어 내고 유전체의 뉴클레오티드 서열로 조립된다.

비록 연구자들이 많은 유전체들의 염기 서열을 알아냈지만 Amoeba dubia의 것과 같이 거대한 유전체는 현대 시퀀싱 기술의 범위를 벗어난다. 아마 그 장벽이 실험적인 부분에 있을 것이라 추측하겠지만 이는 사실이 아니다. 생물학자들은 거대한 유전체를 분석할 충분한 리드들을 손쉽게 만들어 낼 수 있지만, 이 리드들을 조립하는 것은 아직까지도 거대한 계산적인 부분의 과제로 남아 있다.

문자열 재구축 문제

유전체 조립은 당신 생각보다 더 어렵다

유전체 조립을 위한 계산 문제를 소개하기 전에 잠시 시간을 내서 유전체 조립을 신문 문제보다 더 어렵게 만드는 몇 가지 실제적인 문제들을 논의해 보자.

첫 번째로 DNA는 이중 가닥이고 우리는 주어진 리드 하나가 어떤 가닥에서 왔는지 알수가 없는데, 그 말은 특정 가닥의 유전체를 조립할 때 그 리드를 써야 할지 또는 그것의 **역상보**reverse complement 서열을 써야 할지 알 수 없다는 것을 뜻한다. 두 번째로 현대 시퀀싱 기계들은 완벽하지 않아서 그것들이 생산해 내는 리드들은 종종 오류를 포함하고 있다. 시퀀싱 오류들은 겹쳐지는 모든 리드를 찾아낼 수 없게 만들어 유전체 조립을 복잡하게 한다.

세 번째로 유전체의 일부 영역은 어떤 리드로도 탐지해 낼 수 없어서 전체 유전체를 재구성하는 것을 불가능하게 한다.

현대 시퀀서들이 생산해 내는 리드들은 보통 같은 길이로 돼 있기 때문에 우리는 안심하고 리드들이 모두 특정 숫자 k로 된 k-mer라고 가정할 수 있다. 3장의 첫 부분은 이상적인, 그리고 비현실적인 상황을 가정해서 모든 리드가 같은 strand에서 왔고 오류도 없으며 전체 유전체를 **완벽히 포괄**perfect coverage해서 유전체의 모든 가능한 k-mer 길이의 문자열이 리드로 생산됐다고 가정한다. 나중에 보다 현실적인 데이터 세트를 위해 이 가정들을 완화하는 방법들을 보여 줄 것이다.

문자열을 k-mer로부터 재구성하기

이제 유전체 조립을 모델링하기 위한 계산 문제를 정의할 준비가 됐다. 문자열 텍스트가 주어졌을 때 그 k-mer 구성 Composition$_k$($Text$)는 그 텍스트의 모든 k-mer 하위 문자열들의 집합을 말한다(반복 서열 k-mer들을 포함해서). 예를 들어,

Composition$_3$(TATGGGGTGC) = {ATG, GGG, GGG, GGT, GTG, TAT, TGC, TGG}.

k-mer들은 그들이 TATGGGGTGC에서 나타나는 순서대로가 아니라 **사전식 순서**lexicographic order(즉, 사전에서 나타나는 방식)로 나열돼 있다. 리드들이 생산됐을 때는 그들의 올바른 순서를 알 수 없기 때문에 이렇게 한 것이다.

문자열 구성 문제

문자열의 k-mer 구성을 만들어라.

입력: 문자열 텍스트와 정수 k

출력: Composition$_k$($Text$), k-mer들은 사전식으로 나열됨

문자열 구성 문제를 푸는 것은 간단한 연습이지만 유전체 조립을 모델링하려면 그것의 역 문제를 풀어야 한다.

문자열 재구축 문제

k-mer 구성으로부터 문자열을 재구축하라.

입력: 정수 k와 k-mer의 패턴들 모음

출력: k-mer 구성이 패턴들과 동일한 문자열 텍스트(만약 그런 문자열이 존재한다면)

문자열 재구축 문제를 풀기 전에 다음 예제의 3-mer 구성을 한번 살펴보자.

AAT ATG GTT TAA TGT

문자열 재구축 문제를 푸는 가장 자연스러운 방법은 신문 문제의 해결책을 모방해서 한 쌍의 k-mer들이 $k-1$개의 글자가 겹쳐지는 경우 연결하는 것이다. 위 예제에서는 문자열이 TAA로 시작해야 하는데 그 이유는 TA로 끝나는 3-mer가 없기 때문이다. 이는 다음 3-mer는 AA로 시작해야 한다는 것을 말해 준다. 이것을 만족하는 3-mers는 단 하나, AAT다.

TAA
AAT

차례대로 AAT는 ATG에 의해서만 연장될 수 있으며 이는 또 TGT에 의해서만 연장될 수 있고 이 방식대로 TAATGTT를 재구축하게 된다.

TAA
AA**T**
ATG
T**G**T
G**TT**
TAATGTT

이렇게 보면 문자열 재구축 문제는 끝났고 4장으로 넘어가야 할 것 같다. 확실히 하고자 다른 3-mer 구성을 한번 고려해 보자.

AAT ATG ATG ATG CAT CCA GAT GCC GGA GGG GTT TAA TGC TGG TGT

연습 문제   이 3-mer 구성으로 문자열을 재구축하라.

만약 TAA로 한 번 더 시작한다면 그럼 그 문자열의 다음 3-mer는 AA로 시작해야 하고 그리고 그런 3-mer는 AAT 하나뿐이다. 그다음 AAT는 ATG에 의해서만 연장될 수 있다.

```
         TAA
          AAT
           ATG
         TAATG
```

ATG는 TGC, TGG, 또는 TGT에 의해서 연장될 수 있다. 이제 어떤 3-mer를 선택할지 결정해야 한다. TGT를 선택해 보자.

```
         TAA
          AAT
           ATG
            TGT
         TAATGT
```

TGT 이후 선택지는 GTT밖에 없다.

```
         TAA
          AAT
           ATG
            TGT
             GTT
         TAATGTT
```

불행하게도 지금 구성 중에는 TT로 시작하는 3-mer가 없어서 GTT에 멈추게 된다. TAA를 왼쪽으로 연장시키는 것을 시도해 볼 수 있지만 구성 중에 TA로 끝나는 3-mer는 없다.

당신은 어쩌면 스스로 이 함정을 발견하고 어떻게 이를 해결할지 알아냈을지도 모른다. 뛰어난 체스 선수처럼 당신이 몇 단계 앞서 생각한다면 유전체의 끝에 다다를 때까지 ATG를 TGT로 연장하지는 않을 것이다. 이런 생각을 갖고 있다면 몇 단계 뒤로 돌아가서 ATG를 대신 TGC로 연장해 보자.

```
         TAA
          AAT
           ATG
            TGC
         TAATGC
```

이 과정을 계속하면 다음과 같이 조립할 수 있다.

```
        TAA
         AAT
          ATG
           TGC
            GCC
             CCA
              CAT
               ATG
                TGG
                 GGA
                  GAT
                   ATG
                    TGT
                     GTT
   TAATGCCATGGATGTT
```

그러나 이 조립 결과는 3-mers 구성 15개 중에서 14개만 사용했기 때문에 정확하지 않으며(GGG가 생략됐다) 재구축된 유전체가 한 뉴클레오티드만큼이나 짧아졌다.

반복 서열은 유전체 조립을 어렵게 한다

이 유전체 조립의 어려움은 3-mer 구성에서 ATG가 세 번 반복되기 때문인데 그 결과 ATG를 연장하기 위한 TGG, TGC, TGT라는 세 가지 선택지를 갖게 된다. 반복 서열은 15개의 리드만 갖고 있다면 별 문제가 되지 않지만 수백만 개의 리드는 반복 서열들이 몇 단계 '앞서 생각해' 정확한 조립을 만드는 걸 훨씬 어렵게 한다.

84페이지 ▶ 만약 1장의 '돌아가기: 문자열에서 패턴의 확률'을 따라해 봤다면 임의의 뉴클레오티드 서열에서 긴 반복 서열을 발견할 가능성이 얼마나 낮은지 알 것이다. 또한 실제 유전체들이 단지 랜덤에 불과하다는 것을 알고 있을 것이다. 실제로 인간 유전체의 거의 50%는 반복 서열로 이뤄져 있다. 예를 들어 거의 300 뉴클레오티드 길이의 Alu 서열Alu sequence은 매208페이지 ▶번 약간의 뉴클레오티드가 삽입/삭제/치환된 상태로 100만 번에 걸쳐 반복된다(돌아가기: 인간 유전체의 반복 서열 참고).

반복 서열이 많은 유전체를 조립할 때의 어려운 점은 Triazzle® 직소 퍼즐에 비유할 수 있다(그림 3.5). 사람들은 보통 맞는 조각끼리 연결하는 방식으로 직소 퍼즐을 조립한다. 그러나 Triazzle에는 모든 조각이 하나 이상의 다른 조각과 일치한다. 그림 3.5를 보면 개구리 모양이 여러 번 나타난다. 부주의하게 진행한다면 거의 모든 조각을 맞추겠지만 마지막 하나는 못 맞출 것이다. 그런데 Triazzle은 고작 16개의 조각들로 이뤄져 있으므로 몇

100만 개의 리드로 유전체를 조립하는 것은 잠시 멈춰서 생각해 봐야 한다.

그림 3.5 각 Triazzle은 단 16 조각으로 이뤄져 있지만 한 가지 주의 사항이 있다. "보기보다 어렵다!"

연습 문제　Triazzle 퍼즐을 조립하는 전략을 설계하라.

겹침 그래프에서의 움직임과 같은 문자열 재구축

문자열에서 그래프로

유전체상의 반복 서열은 정확한 조립을 위해 몇 단계를 앞서 생각하게 만든다. 이전 예제로 돌아가 보면 당신은 아래 그림에 나온 것처럼 이전 절의 15개의 3-mer를 사용한 문자열 재구축 문제의 정답이 **TA**ATGCCATGGGATGTT라는 것을 이미 찾아냈을 것이다. 여기서 ATG 사이의 각 구간을 서로 다른 색으로 표현했다.

```
                TAA
                 AAT
                  ATG
                   TGC
                    GCC
                     CCA
                      CAT
                       ATG
                        TGG
                         GGG
                          GGA
                           GAT
                            ATG
                             TGT
                              GTT
        TAATGCCATGGGATGTT
```

잠깐 멈추고 생각해 보자 과연 이것이 이 3-mer 구성으로 된 문자열 재구축 문제의 유일한 해답일까?

그림 3.6에서 TAATGCCATGGGATGTT에 있는 연속된 3-mer이 서로 연결돼 유전체 경로를 형성하고 있다.

그림 3.6 TAATGCCATGGGATGTT를 이루고 있는 색으로 구분된 15개의 3-mer들이 유전체상의 순서대로 연결돼서 유전체 경로(genome path)를 형성하고 있다.

유전체 경로 문제로 만들어진 문자열

유전체 경로로부터 문자열을 재구축하라.

입력: $1 \leq i \leq n-1$을 만족하는 i에 대해 $Pattern_i$의 마지막 $k-1$개 글자가 $Pattern_{i+1}$의 첫 $k-1$개 글자와 일치하는 연속된 k-mers $Pattern_1, ..., Pattern_n$

출력: $1 \leq i \leq n$을 만족하는 i에 대해 $Text$의 i번째 k-mer가 $Pattern_i$와 일치하는 길이 $k+n-1$로 이뤄진 문자열 텍스트

유전체 경로로부터 유전체를 재구축하는 것은 쉽다. 왼쪽부터 오른쪽으로 진행하면 3-mer들은 각각의 새로운 3-mer가 나올 때마다 새로운 글자 하나씩을 유전체에 더해 가면서 **TAATGCCATGGGATGTT**를 만들어 낼 것이다. 불행하게도 이 문자열의 유전체 경로를 구축하는 것은 유전체를 이미 알고 있다는 것을 전제로 한다.

잠깐 멈추고 생각해 보자 유전체의 3-mer 구성만 갖고 유전체 경로를 구축할 수 있는가?

3장에서는 각 k-mer의 첫 $k-1$ 뉴클레오티드와 마지막 $k-1$개의 뉴크레오티드를 가리키고자 PREFIX와 SUFFIX라는 용어를 사용하겠다. 예를 들어 PREFIX(**TAA**) = **TA**이고 SUFFIX(**TAA**) = **AA**다. 유전체 경로에서 어떤 3-mer의 SUFFIX는 그다음 3-mer의 PREFIX와 동일하다는 것을 알아두자. 예를 들어 **TAATGCCATGGGATGTT**의 유전체 경로에서 SUFFIX(**TAA**) = PREFIX(**AAT**) = **AA**이다.

이 관찰 결과는 어떤 문자열의 k-mer 구성으로부터 유전체 경로를 만들 수 있는 방법을 제시해 준다. 특정 k-mer 패턴의 접미사가 $Pattern'$의 접두사와 일치할 때 $Pattern$과 $Pattern'$를 화살표로 연결하는 것이다.

잠깐 멈추고 생각해 보자 방금 설명한 규칙을 **TAATGCCATGGGATGTT**의 3-mer 구성에 적용해 보자. **TAATGCCATGGGATGTT**의 유전체 경로를 재구축할 수 있겠는가?

만약 하나의 접미사가 다른 하나의 접두사와 동일할 때마다 두 3-mer를 화살표로 연결하는 규칙을 따른다면 우리는 그림 3.6처럼 **TAATGCCATGGGATGTT**에 있는 모든 3-mer를 연결할 수 있을 것이다. 그러나 유전체를 미리 알 수 없기 때문에 다른 많은 3-mer도 연결해야 한다. 예를 들어 그림 3.7처럼 3개의 **ATG**는 나타날 때마다 **TGC**, **TGG**, **TGT**와 연결돼야 한다.

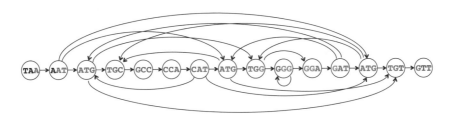

그림 3.7 **TAATGCCATGGGATGTT**의 3-mer 구성을 나타내는 노드(node) 간의 모든 연결을 보여 주고 있는 그래프. 이 그래프는 15개의 노드와 28의 에지(edge)로 이뤄져 있다. 유전체는 여전히 **TAA**에서 **GTT**까지의 수평 에지를 따라가면 그 서열을 알 수 있다.

그림 3.7은 **그래프**의 예시 또는 **노드**들이 에지들로 연결된 네트워크의 예시를 보여 주고 있다. 이 특정한 그래프는 **방향성 그래프**의 예시인데 이는 에지들이 방향을 갖고 있고 화살표로 표현되는 것을 말한다(**비방향성 그래프**에서 에지들에 방향이 없는 것과는 반대다). 만약 그래프에 익숙지 않다면 '돌아가기: 그래프'를 참고하자.

209페이지

유전체가 사라진다

그림 3.7의 그래프에 나타난 유전체는 여전히 **TAA**에서 **GTT**까지의 수평 에지를 따라가면 그 서열을 알아낼 수 있다. 그러나 유전체 시퀀싱에서 리드들의 정확한 순서를 미리 알 수 없다. 그러므로 3-mer들을 사전식으로 배열해 그림 3.8에 있는 **겹침 그래프**overlap graph를 만들 것이다. 이렇게 만들고 나니 유전체 경로가 사라지고 말았다.

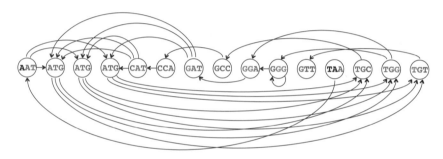

그림 3.8 그림 3.7에 있는 것과 똑같지만 3-mer들이 사전식으로 배치된 그래프. 이제 올바른 조립을 나타내는 경로를 그래프에서 찾기가 더 어려워졌다.

유전체 경로는 사라진 것처럼 보이지만 단순히 그래프의 노드들만 재배열한 것이기 때문에 여전히 그곳에 존재해야 한다. 실제로 그림 3.9(위쪽)는 **TAATGCCATGGGATGTT**를 나타내는 유전체 경로를 강조하고 있다. 그러나 만약 당신에게 이 그래프를 주고 시작하라고 했다면 각 노드를 정확히 한 번만 거치는 경로를 찾아야만 했을 것이다. 그것이 유전체에 있는 3-mer 구성의 모든 3-mer를 설명하는 경로다. 비록 아직은 그런 경로를 찾는 것이 유전체를 손으로 조립하는 것만큼 어렵지만 그래프는 리드 간의 겹치는 관계를 시각화하는 멋진 방법을 제공해 준다.

 잠깐 멈추고 생각해 보자 그림 3.8의 모든 노드를 거치는 경로를 따라가면 다른 문자열이 재구축될 수도 있는가?

그림 3.8에 있는 구축 그래프를 임의의 k-mer *Patterns*에 일반화하고자 *Patterns*에 들어 있는 각 k-mer의 노드를 만들고 SUFFIX(*Pattern*) = PREFIX(*Pattern'*)인 경우 *Pattern*과 *Pattern'*를 방향성 에지로 연결한다. 결과로 나오는 그래프를 이 k-mer들의 겹침 그래프라 부르고 OVERLAP(*Patterns*)이라고 표현한다.

겹침 그래프 문제

k-mer 구성으로부터 겹침 그래프를 생성하라.

입력: k-mer들의 *Patterns* 모음
출력: 겹침 그래프 OVERLAP(*Patterns*)

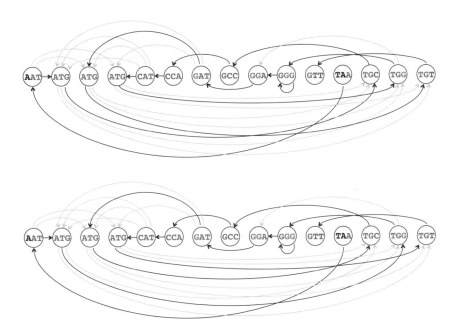

그림 3.9 (위)**TA**ATGCCATGGGATGTT를 나타내는 유전체 경로에서 겹침 그래프를 강조한 것. (아래) **TA**ATGCCATGGGATGTT를 나타내는 유전체 경로에 있는 또 다른 해밀턴 경로(Hamiltonian path). 이 두 유전체는 CC와 GG의 위치가 바뀌었지만 같은 3-mer 구성을 갖고 있다.

그래프 표현법 두 가지

만약 그래프로 작업해 본 적이 없다면 프로그램에서 어떻게 그래프를 표현할지 의문이 들 것이다. 유전체 조립 이야기에서 잠깐 벗어나서 그림 3.10(위 왼쪽)에 있는 그래프를 생각해 보자. 이 그래프의 노드들을 이리저리 움직일 수 있다(예를 들어 그림 3.7과 3.8의 그래프는 같은 그래프다). 따라서 만약 그래프를 컴퓨터로 나타낸다면 필요한 유일한 정보는 각각의 에지가 연결하는 두 노드 쌍이다.

그래프를 나타내는 데는 두 가지 표준 방법이 있다. n개의 노드가 있는 방향성 그래프에서 $n \times n$ **인접 행렬**adjacency matrix은 다음 규칙에 따라 정의된다. 만약 방향성 에지가 node i로부터 node j를 연결한다면 $A_{ij} = 1$이고 그렇지 않다면 $A_{ij} = 0$이다. 더 메모리 효율적인 방법으로는 **인접 목록**adjacency list을 사용하는 것인데 단순히 각 노드에 연결된 모든 노드를 나열하는 것이다(그림 3.10 참고).

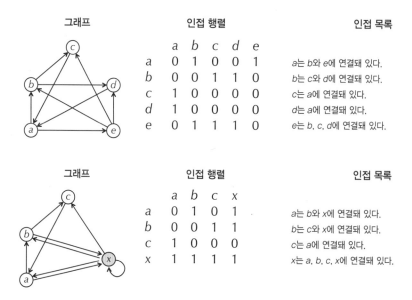

그림 3.10 (위) 5개의 노드와 9개의 에지로 구성된 그래프 및 인접 행렬과 인접 목록. (아래) 노드 d와 e를 단일 노드 x에 접착해서 만들어진 그래프 및 새로운 인접 행렬과 인접 목록

해밀턴 경로와 범용 문자열

이제 겹침 그래프에서 각 노드가 단 한 번씩만 거쳐가게 하는 경로를 찾음으로써 문자열 재구축 문제를 해결할 수 있다는 것을 안다. 그래프에서 각 노드를 한 번씩만 거치는

경로를 **해밀턴 경로**Hamiltonian path라고 하는데 이는 아일랜드 수학자 윌리엄 해밀턴William Hamilton(돌아가기: 이코시안 게임 참고)을 기리고자 그렇게 부른다. 그림 3.9에 나와 있듯이 어떤 그래프는 하나 이상의 해밀턴 경로를 가질 수 있다.

211페이지

해밀턴 경로 문제

그래프에서 해밀턴 경로를 구축하라.

입력: 방향성 그래프

출력: 그래프의 각 노드를 한 번씩만 거쳐가는 경로(만약 존재한다면)

아직 효율적인 알고리듬을 어떻게 설계할지 명확하지 않기 때문에 곧바로 해밀턴 경로를 풀어 보라고 요구하지는 않겠다. 그 대신 니콜라스 드 브루인Nicolaas de Bruijn이라는 네덜란드 수학자를 만나 보기 바란다. 1946년 드 브루인은 다음과 같이 순수하게 이론적인 문제를 푸는 데에 관심이 있었다. **이진 문자열**binary string은 0과 1로 이뤄진 문자열이다. 어떤 이진 문자열이 각 이진 k-mer를 한 번씩만 갖고 있다면 k-universal이다. 예를 들어 **0001110100**은 3-universal 문자열인데 이는 8개의 이진 3-mer(**000, 001, 011, 111, 110, 101, 010, 100**)를 단 한 번씩만 갖고 있기 때문이다.

k-universal 문자열을 찾는 것은 k-mer 구성이 모든 이진 k-mer의 모음인 경우 문자열 재구축 문제를 푸는 것으로 축소될 수 있다. 그러므로 k-universal 문자열을 찾는 것은 모든 이진 k-mers로 이뤄진 겹침 그래프에서 해밀턴 경로를 찾는 것과 동일하다. 그림 3.11에 있는 해밀턴 경로는 손으로 쉽게 풀 수 있지만 드 브루인은 임의의 수 k에 대해 k-universal 문자열을 구축하는 것에 관심이 있었다. 예를 들어 20-universal 문자열을 찾으려면 거의 100만 개의 노드로 이뤄진 그래프를 생각해야 할 것이다. 그렇게 큰 그래프에서는 어떻게 해밀턴 경로를 찾을 수 있는지 심지어 그런 경로가 존재하는지조차 알아내기 힘들다.

거대한 그래프에서 해밀턴 경로를 찾는 대신 드 브루인은 그래프를 사용해 k-mer를 표현하는 완전히 다른(그리고 어느 정도 비직관적인) 방법을 개발했다. 3장의 뒷부분에서는 이 방법을 사용해서 어떻게 universal string을 찾는지 배울 것이다.

연습 문제   4-universal 문자열을 구축하라.

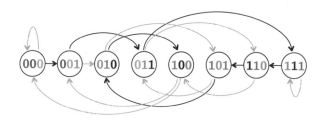

그림 3.11 모든 이진 *k*-mer의 겹침 그래프에서 강조 표시된 해밀턴 경로(노드 000에서 100까지 연결). 이 경로는 3-univeral 이진 문자열 0001110100을 나타낸다.

문자열 재구축을 위한 또 다른 그래프

노드 접착 및 드 브루인 그래프

다시 한번 유전체 **TA**ATGCCATGGGATGTT를 3-mer들의 서열로 나타내 보자.

TAA AAT ATG TGC GCC CCA CAT ATG TGG GGG GGA GAT ATG TGT GTT

이번엔 3-mer들을 노드에 할당하는 대신 그림 3.12에 나온 것처럼 3-mer들을 에지에 할당할 것이다. 이 경로를 왼쪽에서 오른쪽으로 따라가면서 각 단계마다 뉴클레오티드를 하나씩 추가함으로써 유전체를 다시 만들 수 있다. 각각의 연속된 에지 쌍이 두 뉴클레오티드가 겹치는 연속된 3-mer를 나타내기 때문에 이 그래프의 각 노드를 에지들이 공유하는 두 뉴클레오티드를 나타내는 2-mer로 표시할 것이다. 예를 들어 들어오는 에지 **CAT**와 나가는 에지 **ATG**에 연결된 노드는 **AT**라고 표시할 것이다.

그림 3.12 3-mer로 표시된 에지(노드 대신)와 2-mer로 표시된 노드들로 이뤄진 경로로 표현된 유전체 **TA**ATGCCATGGGATGTT

똑같이 표시된 노드들을 **접착**하기 전까지는 새로운 게 없어 보인다. 그림 3.13에서(상단 패널) 3개의 AT 노드를 서로 하나의 노드로 접착될 때까지 계속 가까이 가져간다. 또한 TG로 표시된 노드도 3개가 있는데 그림 3.13(중간 패널)에서 서로 접착시켜 놓았다. 마지막으로 그림 3.13(아래 패널)에 나온 것처럼 GG로 표시된 2개의 노드를 접착시켰는데 그 결과 **루프**

loop라고 불리는 **GG**를 자기 자신에게 연결하는 새로운 형태의 에지를 만들어 냈다.

결과로 나온 그래프(그림 3.13 아래 오른쪽)에서 노드의 수는 16개에서 11개로 줄어든 반면, 에지의 수는 달라지지 않았다. 이 그래프를 **TAATGCCATGGGATGTT**의 **드 브루인 그래프**de Bruijn graph라고 하며 $\text{DeBruijn}_3(\textbf{TAATGCCATGGGATGTT})$이라고 표시한다. 이 드 브루인 그래프는 **AT**를 **TG**에 연결하는 3개의 서로 다른 에지가 있는데 **ATG** 반복 서열의 세 복사본을 나타낸다.

일반적으로 제시된 유전체의 *Text*에서 $\text{PathGraph}_k(Text)$은 $|Text| - k + 1$개의 에지로 구성된 경로를 말하는데 그 경로의 i번째 에지는 *Text*에 있는 i번째 k-mer로 표시되고 i번째 노드는 *Text*에서 i번째 $(k-1)$-mer로 표시된다. 드 브루인 그래프 $\text{DeBruijn}_k(Text)$은 $\text{PathGraph}_k(Text)$에서 똑같이 표시된 노드들을 접착시켜서 만들어진다.

문자열 문제에서의 드 브루인 그래프

문자열의 드 브루인 그래프를 구축하라.

> **입력:** 문자열 *Text*와 정수 k
> **출력:** $\text{DeBruijn}_k(Text)$

잠깐 멈추고 생각해 보자 다음 문제를 생각해 보자.

1. 만약 *Text* 없이 드 브루인 그래프 $\text{DeBruijn}_k(Text)$만 주어진다면 *Text*를 재구축할 수 있겠는가?

2. *Text* = **TAATGCCATGGGATGTT**에 대해 드 브루인 그래프 $\text{DeBruijn}_2(Text)$, $\text{DeBruijn}_3(Text)$, $\text{DeBruijn}_4(Text)$를 구축하라. 뭔가 눈치챘는가?

3. $\text{DeBruijn}_3(\textbf{TAATGCCATGGGATGTT})$와 $\text{DeBruijn}_3(\textbf{TAATGGGATGCCATGTT})$는 어떻게 다른가?

충전소: 인접 행렬을 접착하는 효과 그림 3.10(아래)은 접착 과정이 어떻게 인접 행렬과 인접 그래프에 영향을 주는지 보여 준다. 이 충전소를 참고해 드 브루인 그래프에서 접착 과정이 어떻게 작동하는지 알아보자.

200페이지

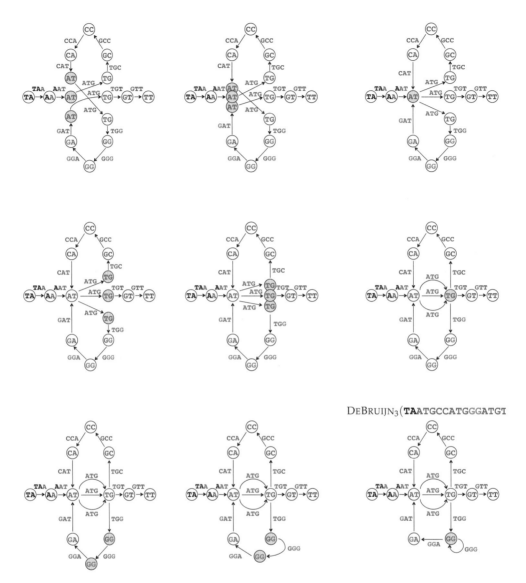

DeBruijn₃(**TA**ATGCCATGGGATGT

그림 3.13 (위쪽 그림) 그림 3.12에서 AT로 표시된 세 노드를 서로 가까이(왼쪽) 더 가까이(가운데) 가져와서 결국 엔 하나의 노드로 접착시킨다(오른쪽). (가운데 그림) TG로 표시된 세 노드를 서로 가까이(왼쪽) 더 가까이(가운데) 가져와서 결국엔 하나의 노드로 접착시킨다(오른쪽). (아래쪽 그림) GG로 표시된 두 노드를 서로 가까이(왼쪽) 더 가 까이(가운데) 가져와서 결국엔 하나의 노드로 접착시킨다(오른쪽). 그림 3.12에 있는 16개의 노드로 된 경로는 11 개의 노드로 된 DeBruijn₃(**TA**ATGCCATGGGATGTT)로 변환됐다.

드 브루인 그래프에서 움직이기

오일러 경로

노드들을 접착시켜서 드 브루인 그래프를 만들었지만 그래프의 에지들을 바꾸지는 않았고, 그래서 유전체를 재구축하는 **TA**로부터 TT까지의 경로는 접착 과정 이후에 엉켜졌지만 여전히 DeBruijn₃(**TAATGCCATGGGATGTT**) 안에 숨겨져 있다(그림 3.14). 그러므로 이 문자열 재구축 문제는 드 브루인 그래프에서 각 에지를 정확히 한 번만 거치는 경로를 찾는 것으로 축소될 수 있다. 이 그래프는 위대한 수학자 레온하르트 오일러Leonhard Euler를 기리고자 **오일러 경로**Eulerian path라고 부른다.

오일러 경로 문제

그래프에서 오일러 경로를 구축하라.

  입력: 방향성 그래프

  출력: 모든 에지를 정확히 한 번만 방문하는 경로(그런 경로가 존재한다면)

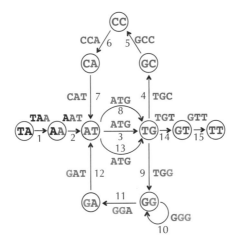

그림 3.14 **TA**ATGCCATGGGATGTT를 나타내는 **TA**로부터 TT까지 가는 경로가 드 브루인 그래프에서 엉켜졌다. 15개 에지의 숫자는 유전체를 재구축하는 오일러 경로를 나타낸다.

이제 드 브루인 그래프의 오일러 경로를 찾는 것에 해당하는 문자열 재구축 문제의 또 다른 해결 방법을 알게 됐다. 그런데 잠시만, 유전체에서 드 브루인 그래프를 구축하고자 $\text{PathGraph}_k(Text)$의 노드들을 서로 접착시켰으나 이 그래프를 그리려면 $Text$에서 k-mer들의 정확한 순서를 알아야 한다.

드 브루인 그래프를 구축하는 또 다른 방법

그림 3.15(위쪽)에는 **TA**ATGCCATGGGATGTT의 3-mer 구성을 구성 그래프 $\text{CompositionGraph}_3($**TA**ATGCCATGGGATGTT$)$로 나타내고 있다. 드 브루인 그래프와 같이 각 3-mer가 방향성 에지에 할당돼 있고, 그들의 접두사는 에지의 첫 번째 노드를 표시하고 접미사는 에지의 두 번째 노드를 표시한다. 그러나 그래프의 에지들은 모두 분리돼 있는데 이는 에지들이 노드를 공유하지 않는다는 것을 뜻한다.

그림 3.15는 $Text =$ **TA**ATGCCATGGGATGTT일 때 같은 표시의 노드들을 모두 접착시킨 후에 $\text{CompositionGraph}_3(Text)$가 어떻게 변하는지 보여 준다. 이 과정은 $\text{CompositionGraph}_3(Text)$에 있는 15개의 에지를 붙여서 $\text{PathGraph}_3(Text)$로 만든다. 이후의 접착 과정은 $\text{PathGraph}_3(Text)$에서 노드들을 접착한 것과 동일하게 진행되고 그 결과 $\text{DeBruijn}_3(Text)$가 만들어진다. 따라서 우리는 유전체를 모르는 상태에서 유전체의 3-mer 구성으로부터 드 브루인 그래프를 구축할 수 있게 됐다.

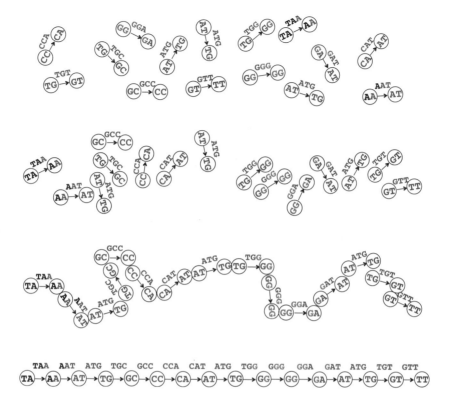

그림 3.15 똑같이 표시된 노드들을 접착시킴으로써 그래프 CompositionGraph₃(**TAA**TGCCATGGGATGTT)(위쪽)을 그래프 PathGraph₃(**TAA**TGCCATGGGATGTT)(아래쪽)으로 변환시켰다. 똑같이 표시된 모든 노드를 접착시키면 그림 3.14의 DeBruijn₃(**TAA**TGCCATGGGATGTT)가 만들어진다.

임의의 문자열 *Text*에서 CompositionGraph$_k$(*Text*)는 |*Text*| − *k* + 1개의 독립된 에지로 구성되고 그들이 *Text*의 *k*-mer들로 표시된 그래프로 정의된다. *k*-mer로 표시된 모든 에지는 각 *k*-mer의 접두사와 접미사로 표시된 노드들을 연결한다. 그래프 CompositionGraph$_k$(*Text*)는 단지 *Text*에 나타난 *k*-mer 구성에 있는 *k*-mer들로 표시된 에지들의 모음인데, 그 말은 *Text*의 *k*-mer 구성으로부터 CompositionGraph$_k$(*Text*)를 구축할 수 있다는 걸 의미한다. CompositionGraph$_k$(*Text*)에서 똑같이 표시된 노드들을 접착시키면 DeBruijn*k*(*Text*)가 만들어진다.

임의의 *k*-mer들로 이뤄진 집합 *Patterns*에서(몇몇 *k*-mer가 여러 번 나올 때), CompositionGraph(*Patterns*)을 |*Patterns*|만큼의 독립된 에지가 있는 그래프라고 정의한다. 모든 에지는 *Patterns*에 있는 *k*-mer로 표시되고, 에지의 시작 및 끝나는 노드는 에지를 표시하는 *k*-mer의 접두사와 접미사로 표시된다. 그 후 DeBruijn(*Patterns*)를

COMPOSITIONGRAPH(*Patterns*)의 똑같이 표시된 노드들을 접착시키는 것으로 정의하는데 그러면 다음 알고리듬이 나타난다.

DEBRUIJN(*Patterns*)
 *Patterns*에 있는 모든 *k*-mer를 그들의 접두사와 접미사를 연결하는 독립된 에지로 만들고 똑같이 표시된 노드들을 접착시켜서 그래프 DEBRUIJN(*Patterns*)를 만들어 내는 것을 나타낸다.
 return DEBRUIJN(*Patterns*)

---

k-mer 구성으로부터 드 브루인 그래프 구축하기

똑같이 표시된 노드들을 접착시켜서 드 브루인 그래프를 구축하는 것은 이후에 드 브루인 그래프를 다른 곳에 적용시키는 것을 일반화할 때 도움이 될 것이다. 접착 없이 드 브루인 그래프를 구축하는 또 다른 유용한 방법을 소개하겠다. 제시된 *k*-mer 구성 예시 *Patterns*에서, DEBRUIJN$_k$(*Patterns*)의 노드들은 단순히 *Patterns*에 있는 3-mer들의 접두사와 접미사로 나타나는 모든 고유한 $(k-1)$-mer들을 말한다. 예를 들어 다음 3-mer 구성을 받았다고 하자.

AAT ATG ATG ATG CAT CCA GAT GCC GGA GGG GTT **TAA** TGC TGG TGT

그러면 이 구성에서 나타나는 모든 고유한 11개의 2-mer들은 다음과 같다.

AA AT CA CC GA GC GG GT **TA** TG TT

패턴들에 있는 모든 *k*-mer에서, DEBRUIJN(*Patterns*)을 만들고자 접두사 노드를 접미사 노드에 방향성 에지로 연결한다. 이 과정이 우리가 작업하던 것과 똑같은 드 브루인 그래프를 만들어 낸다는 것을 확인할 수 있을 것이다(그림 3.16).

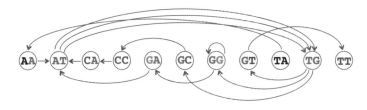

그림 3.16 위의 드 브루인 그래프는 약간 다르게 그려졌지만 그림 3.14에 있는 그래프와 같은 그래프다.

3E

---

k-mer들로 드 브루인 그래프 만드는 문제

k-mer들의 모음에서 드 브루인 그래프를 구축하라.

입력: *k*-mer들을 모아 놓은 *Patterns*

출력: 드 브루인 그래프 DEBRUIJN(*Patterns*)

드 브루인 그래프 대 겹침 그래프

이제 문자열 재구축 문제를 풀 수 있는 두 가지 방법이 있다. 겹침 그래프에서 해밀턴 경로를 찾을 수도 있고 드 브루인 그래프에서 오일러 경로를 찾을 수도 있다(그림 3.17). 당신의 속마음은 이미 불평하기 시작했을 수도 있다. 같은 문제를 푸는 약간 다른 두 가지 방법을 배우는 게 정말 가치가 있을까? 결국에 해밀턴과 오일러 경로 문제에서 단어 하나만 바꿨는데 바로 모든 노드를 한 번씩만 거치는 경로를 찾는 것에서 모든 에지를 한 번씩만 거치는 경로를 찾는 것으로 말이다.

잠깐 멈추고 생각해 보자 겹침 그래프와 드 브루인 그래프 중 어떤 그래프를 사용할 것인가? **STOP**

아마도 드 브루인 그래프가 더 작기 때문에 사용하고 싶어 할 것이다. 그러나 이는 그래프를 선택하는 잘못된 이유가 될 것이다. 실제 조립 문제의 경우 두 그래프 모두 수백만 개의 노드를 갖게 될 것이므로 중요한 것은 유전체를 재구성하는 효율적인 알고리듬을 찾는 것이다. 만약 해밀턴 경로 문제에서는 효율적이고 오일러 경로 문제에서는 비효율적인 알고리듬을 찾을 수 있다면 비록 그 알고리듬이 복잡해 보인다 해도 겹침 그래프를 선택해야 한다.

두 그래프 사이에서 선택하는 것이 3장의 중추적인 결정이다. 결정을 돕고자 18세기로 가는 생명정보학 타임머신에 탑승해 보길 바란다.

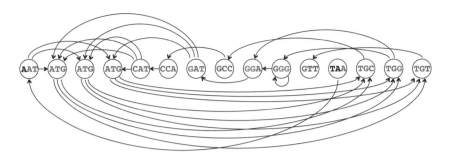

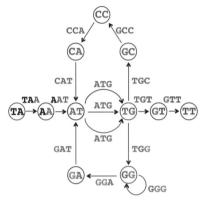

그림 3.17 같은 3-mer 모음에 대한 겹침 그래프(위쪽)와 드 브루인 그래프(아래)

쾨니히스버그의 7개의 다리

우리의 목적지는 1735년 쾨니히스버그^{Königsberg}의 프로이센 시티^{Prussian city}다. 오늘날 러시아의 칼리닌그라드^{Kaliningrad}에 해당하는 이 도시는 프레겔 강둑과 강에 있는 2개의 섬으로 구성돼 있다. 그림 3.18(위쪽)에 나와 있는 것처럼 7개의 다리가 이 도시의 네 지역을 연결하고 있다. 쾨니히스버그의 주민들은 산책하면서 이야기하는 것을 좋아했는데 그들은 다음과 같은 간단한 질문을 했다. 우리 집에서 출발해서 각 다리를 단 한 번만 건너고 집에 돌아올 수 있을까? 그들의 질문은 오늘날 **쾨니히스버그의 다리 문제**^{Bridges of Königsberg Problem}로 알려지게 된다.

연습 문제 쾨니히스버그의 다리 문제에 답이 있는가?

1735년에 오일러는 그림 3.18(아래)에 있는 그래프를 그렸는데 바로 쾨니히스버그라고 부르는 그것이다. 이 그래프의 노드는 도시의 네 지역을 나타내고 에지들은 지역들을 연결하는 7개의 다리를 나타낸다. 쾨니히스버그의 다리들은 방향이 없는데 이는 양쪽 방향 모두 지나갈 수 있다는 뜻이다.

잠깐 멈추고 생각해 보자 쾨니히스버그의 다리 문제를 쾨니히스버그 그래프에 대한 질문으로 다시 정의해 보자.

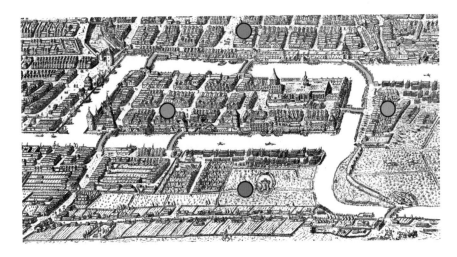

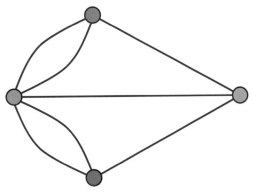

그림 3.18 (위쪽) 1613년에 요아힘 베링(Jachim Bering)이 각색한 쾨니히스버그의 지도. 도시는 파란색, 빨간색, 노란색, 초록색 점으로 표현된 네 지역으로 돼 있다. 각 지역들을 서로 연결하는 7개의 다리가 잘 보이도록 강조돼 있다. (아래쪽) 쾨니히스버그 그래프

이미 그래프의 각 에지를 단 한 번만 지나가는 것을 오일러 경로라고 정의해 놓았다. 각 에지를 단 한 번만 거치는 순환 경로를 **오일러 순환 경로**Eulerian cycle라고 하는데 그런 순환 경로를 갖고 있는 그래프를 **오일러식**이라고 한다. 쾨니히스버그의 오일러 순환 경로는 즉시 거주자들이 원하던 산책 경로를 제공해 준다. 쾨니히스버그 문제를 다음과 같은 더 일반적인 문제로 재정의할 수 있다.

오일러 순환 경로 문제

그래프에서 오일러 순환 경로를 찾아보라.

    입력: 그래프
    출력: 그래프의 오일러 순환 경로, 만약 그것이 존재한다면

오일러는 쾨니히스버그의 다리 문제를 풀었는데 어떤 경로도 각 다리를 한 번만 건널 수 없다는 것을 보여 줬으며(즉, 쾨니히스버그 그래프는 오일러식이 아니다) 아마 당신도 스스로 알아챘을 것이다. 그러나 오일러의 진짜 공헌은, 그리고 그가 오늘날에도 번성하고 있는 연구 분야인 **그래프 이론**graph theory의 설립자로 보이는 이유는, 그래프가 오일러 순환 경로를 가질 수 있는지 명시하는 이론을 증명했기 때문이다. 오일러의 이론은 오일러 그래프가 설사 100만 개의 에지를 가졌을지라도 오일러 순환 경로를 구축할 수 있는 효율적인 알고리듬을 제시하고 있다. 게다가 이 알고리듬은 오일러 경로를 구축하는 알고리듬으로도 쉽게 확장할 수 있는데(그런 경로가 존재하는 그래프라면) 이 방법은 드 브루인 그래프를 사용해 문자열 재구축 문제를 풀 수 있게 해줄 것이다.

한편 해밀턴 경로를 푸는 효율적인 알고리듬은 그 누구도 찾지 못했다는 것이 밝혀졌다. 그런 알고리듬을 찾는 것 또는 그 문제를 푸는 알고리듬이 존재하지 않는다는 증거를 찾는 것이 컴퓨터 과학에서 아직 풀리지 않은 가장 근본적인 질문 중 하나다. 컴퓨터 과학에서는 실행 속도가 입력 데이터 길이의 다항식으로 제한될 수 있는 경우 그 알고리듬을 **다항식 알고리듬**polynomial algorithm으로 분류한다. 반면 실행 속도가 입력 데이터 길이의 지수에 비례하는 경우 그 알고리듬을 **지수식 알고리듬**exponential algorithm으로 분류한다.

연습 문제 1장에서 만난 알고리듬들을 다항식 또는 지수식으로 분류하라.

오일러의 알고리듬은 다항식이지만 해밀턴 경로 문제는 다항식 알고리듬을 개발하는 시도가 실패했던 특별한 부류의 문제에 속한다(돌아가기: 다루기 쉬운 문제와 다루기 어려운 문제 참고). 여기서는 몇십 년 동안 컴퓨터 과학자들을 괴롭혀 온 문제를 푸는 대신, 겹침 그래프에서 벗어나서 유전체를 조립하는 드 브루인 그래프 접근법에 집중할 것이다.

212페이지

DNA 시퀀싱 방법이 개발된 이후 첫 20년 동안 생물학자들은 겹침 그래프를 사용해 유전체를 조립했는데, 그 이유는 쾨니히스버그의 다리 문제가 DNA 조립의 열쇠라는 것을 알아차리지 못했기 때문이다(돌아가기: 오일러에서 해밀턴 그리고 드 브루인으로 참고). 실제로 겹침 그래프는 인간 유전체를 조립하는 데 사용돼 왔다. 처음엔 완전히 이론상의 문제를 푸는 데에 사용됐던 드 브루인 그래프가 유전체 조립에 관련 있다는 것을 생명정보학자들이 밝혀내기까지는 어느 정도 시간이 걸렸다. 게다가 생명정보학자들에게 드 브루인 그래프가 소개됐을 때는 실용적인 적용이 제한된 이국적인 수학적 개념으로 받아들여졌다. 오늘날 드 브루인 그래프는 유전체 조립에서 주요한 접근법이 됐다.

213페이지

오일러 정리

이제 오일러 순환 경로 문제를 풀기 위한 오일러의 방법을 살펴볼 것이다. 오일러는 쾨니히스버그와 같은 비방향성 그래프로 작업했지만, 우리는 유전체 조립에 오일러의 방법을 적용하고자 방향성 그래프에서 그의 알고리듬과 유사한 것을 생각할 것이다.

오일러 순환 경로의 에지를 걸어다니는 개미를 상상해 보자. 개미의 이름은 레오라고 한다. 레오가 에지를 통과해 노드를 마주칠 때마다, 레오는 사용하지 않은 다른 에지를 통과해 노드를 벗어날 수 있다. 그러므로 그래프가 오일러식이 되려면 어떤 노드든지 들어오는 에지의 수는 나가는 에지의 수와 동일해야 한다. 노드 v의 **indegree** 및 **outdegree**(각각 $\text{IN}(v)$와 $\text{OUT}(v)$로 표시한다)는 v로 들어오는 에지의 수와 v에서 나가는 에지의 수로 정의한다. $\text{IN}(v) = \text{OUT}(v)$인 경우 노드 v가 **균형을 이룬다**balanced고 하고, 그래프의 모든 노드가 균형을 이룰 때 그 그래프 역시 **균형을 이룬다**고 한다. 레오는 아직 지나가지 않은 에지를 통해 노드를 벗어나야 하기 때문에 모든 오일러 그래프는 균형을 이뤄야 한다. 그림 3.19는 균형 그래프와 불균형 그래프를 나타낸다.

잠깐 멈추고 생각해 보자   우리는 이제 모든 오일러 그래프가 균형을 이루는 것을 알고 있다. 모든 균형 그래프가 오일러식인가?

그림 3.20에 있는 그래프는 균형을 이루고 있으나 몇몇 노드가 다른 노드에서 접근할 수 없게 **끊어져 있기**^{disconnected} 때문에 오일러식이라 할 수 없다. 끊어져 있는 어떤 그래프에서도 오일러 순환 경로를 찾는 것은 불가능하다. 반면 특정 방향성 그래프는 어떤 노드에서도 다른 모든 노드에 접근할 수 있다면 **강력하게 연결됐다**^{strongly connected}라고 말한다.

이제 오일러 그래프가 균형을 이루면서도 강력하게 연결돼 있어야 한다는 것을 안다. 오일러 정리에서는 이 두 가지 조건을 충족하면 특정 그래프가 오일러식임을 보장하기에 충분하다고 말한다. 이에 따라 어떤 순환 경로들을 그려 볼 필요 없이 특정 그래프가 오일러식인지 확인할 수 있게 됐다.

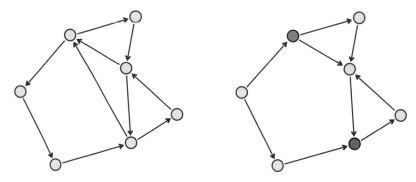

그림 3.19 균형 그래프(왼쪽)와 불균형 그래프(오른쪽). (불균형 그래프의) 파란색 노드 v에 대해 $\text{IN}(v) = 1$이고 $\text{OUT}(v) = 2$인 반면, (불균형 그래프의) 빨간색 노드 w는 $\text{IN}(w) = 2$이고 $\text{OUT}(w) = 1$이다.

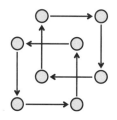

그림 3.20 균형을 이룬 끊어진 그래프

오일러 정리　모든 균형을 이룬, 강력하게 연결된 방향성 그래프는 오일러식이다.

증명　임의의 그래프 *Graph*가 균형을 이루고 강력하게 연결된 방향성 그래프라고 하자. *Graph*가 오일러 순환 경로를 갖고 있다는 것을 증명하고자 레오^{Leo}를 *Graph*의 어떤 노드 v_0에 올려놓고(그림 3.21의 초록색 노드), 레오가 같은 에지를 두 번 통과하지 못한다는 조건 하에 그래프에서 무작위로 걸어다니게 해보자.

레오가 믿을 수 없이 운이 좋다면(또는 천재라면) 그는 각 에지를 정확히 한 번만 건너고 v_0로 돌아올 것이다. 그러나 확률적으로 레오는 오일러 순환 경로를 완성하지 못한 채 어딘가에서 멈추게 될 것인데 이는 레오가 어떤 노드에 도착했고 그 노드에는 사용되지 않은 에지가 없다는 뜻이다.

잠깐 멈추고 생각해 보자 레오가 어디에 멈추게 됐을까? 레오는 그래프의 모든 노드에서 멈출 수 있을까 아니면 특정 노드에서만 멈추게 될까?

레오가 멈출 수 있는 유일한 노드는 바로 시작한 노드 v_0이다! 그 이유는 *Graph*가 균형을 이루기 때문이다. 레오가 v_0가 아닌 다른 노드로 걸어간다면(들어오는 에지를 통해) 그는 언제나 아직 사용하지 않은 나가는 에지를 통해 벗어날 수 있을 것이다. 이 규칙의 유일한 예외는 시작한 노드 v_0인데 이는 레오가 처음 움직일 때 나가는 에지를 사용했기 때문이다. 이제 레오가 v_0로 돌아오면 그 움직임의 결과물이 바로 순환 경로이고 우리는 이를 $Cycle_0$라고 부를 것이다(그림 3.22(왼쪽)).

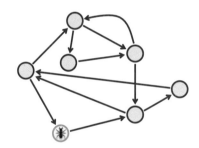

그림 3.21 레오는 초록색 노드 v_0에서 시작해 균형을 이루고 강력하게 연결된 그래프에서 걷게 된다.

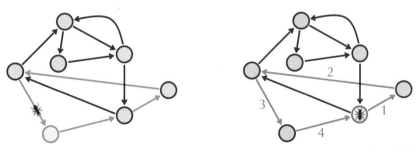

그림 3.22 (왼쪽) 레오는 초록색 노드 v_0에 멈춤으로써 순환 경로 $Cycle_0$(초록색 에지로 만들어진)를 만들게 된다. 이 경우 그는 그래프의 모든 에지를 방문하지는 않았다. (오른쪽) 레오는 노드 v_1(파란색으로 표시된 노드)에서 시작해서 $Cycle_0$를 거쳐서 v_1으로 돌아온다. 파란색 노드 v_1은, 초록색 노드 v_0와 달리 아직 사용하지 않은 나가는 에지와 들어오는 에지가 있다.

언급한 것처럼 $Cycle_0$가 오일러식이라면 이제 끝난 것이다. 그렇지 않다면 $Graph$가 강력하게 연결돼 있기 때문에 $Cycle_0$ 위의 일부 노드는 들어가고 나가는 사용 안 한 에지가 있을 것이다(왜?). 이 노드를 v_1이라고 하고, 그림 3.22(오른쪽)에 나온 것처럼 레오에게 v_0 대신 v_1에서 시작해서 $Cycle_0$를 순회하도록(그래서 v_1으로 돌아오도록) 요청해 보자.

완전히 똑같은 순환 경로를 돌도록 요청해서 레오는 아마 화가 났을 텐데 그 이유는 결국 레오는 이전처럼 출발했던 노드인 v_1으로 돌아올 것이기 때문이다. 그러나 이 노드에는 아직 사용하지 않은 에지들이 있고, 이 때문에 레오는 새로운 에지들을 사용해서 v_1으로부터 계속 움직일 수 있다. 방금 써먹은 주장에 따르면 레오는 결국 v_1에서 멈출 것이다. 레오의 움직임은 새로운 순환 경로, $Cycle_1$(그림 3.23)이고 이것은 $Cycle_0$보다 더 크다.

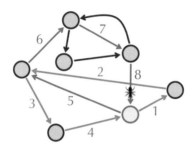

그림 3.23 이전에 구축된 초록색 순환 경로 $Cycle_0$를 거쳐간 후에 레오는 계속 움직여서 초록색 경로와 파란색 경로를 하나의 경로로 합친 더 큰 순환 경로인 $Cycle_1$를 만들어 낸다.

만약 $Cycle_1$이 오일러 순환 경로라면 레오는 맡은 바 임무를 다한 것이다. 만약 그게 아니라면 다시 $Cycle_1$에서 아직 사용되지 않은 에지를 가진 노드 v_2를 선택한다(그림 3.24(왼쪽)의 빨간색 노드). 그림 3.24(왼쪽)에 나온 것처럼 레오에게 v_2에서 시작해서 $Cycle_1$을 순회하고 v_2로 돌아오도록 요청한다. 그런 후에 레오는 v_2에서 다시 멈출 때까지 랜덤으로 움직이는데 이를 통해 $Cycle_2$라 불리는 더 큰 순환 경로가 만들어진다.

그림 3.24(오른쪽)에서 $Cycle_2$는 어쩌다 보니 오일러식이 됐는데 이는 임의의 그래프에서는 전혀 일어나지 않는 일이다. 일반적으로는 레오가 각 반복 시행마다 더욱 큰 순환 경로를 만들어내고 얼마 지나지 않아 $Cycle_m$이 $Graph$의 모든 에지들을 반드시 거쳐가게 된다. 이 순환 경로는 오일러식이어야 하며, 그제서야 우리는 (그리고 레오는) 할 일을 다 한 것이다. ■

잠깐 멈추고 생각해 보자　비방향성 그래프에서 오일러 정리과 유사한 이론을 공식화하고 증명해 보자.

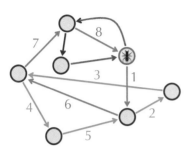
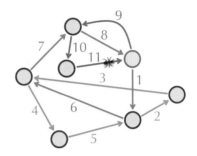

그림 3.24　(왼쪽) 새로운 노드 v_2(빨간색으로 나타남)에서 시작해서 레오는 먼저 이전에 만들어진 $Cycle_1$(초록색과 파란색으로 표시됨)을 순회한다. (오른쪽) $Cycle_1$에서의 순회를 끝내고 레오는 그래프에서 랜덤으로 움직이고 마침 내 오일러 순환 경로를 만들어 낸다.

오일러 정리에서부터 오일러 순환 경로를 찾는 알고리듬까지

오일러 순환 경로 구축하기

오일러 정리의 증명은 수학자들이 **건설적 증명**constructive proof이라고 부르는 것의 한 예시가 된다. 이것은 원하는 결과를 증명할 뿐 아니라 필요한 객체를 구축하는 방법 또한 제공해 준다. 짧게 말하면 다음 의사 코드에 요약한 것처럼 레오가 강력하게 연결되고 균형을 이루는 $Graph$에서 언젠가 오일러 순환을 만들 때까지 레오의 움직임을 따라가는 것이다.

```
EULERIANCYCLE(Graph)
    form a cycle Cycle by randomly walking in Graph (don't visit the same edge twice!)
    while there are unexplored edges in Graph
        select a node newStart in Cycle with still unexplored edges
        form Cycle' by traversing Cycle (starting at newStart) and randomly walking
        Cycle ← Cycle'
    return Cycle
```

이게 분명해 보이지 않을 수 있지만 **EULERIANCYCLE**을 잘 구현하면 걸리는 시간은 선형적이 될 것이다. 이렇게 실행 속도를 빠르게 하려면 레오가 만들고 있는 현재 순환 경로뿐아니라 노드의 사용하지 않은 에지 정보 및 아직 사용되지 않은 에지를 갖고 있는 노드의 목록을 효율적으로 사용할 수 있는 데이터 구조를 사용해야 할 것이다.

오일러 순환 경로에서 오일러 경로로

이제 방향성 그래프가 오일러 순환 경로를 갖고 있는지 확인할 수 있지만 오일러 경로는 어떤가? 그림 3.25(왼쪽)에 있는 드 브루인 그래프를 한번 생각해 보면 이미 오일러 경로가 있다는 것을 알고 있지만 **TA** 노드와 **TT** 노드가 균형을 이루지 못했기 때문에 오일러 순환 경로는 존재하지 않는다. 그러나 그림 3.25(오른쪽)에 나온 것처럼 **TT**에서 **TA**로 연결되는 에지 하나를 더해 줌으로써 이 오일러 경로를 오일러 순환 경로로 바꿀 수 있다.

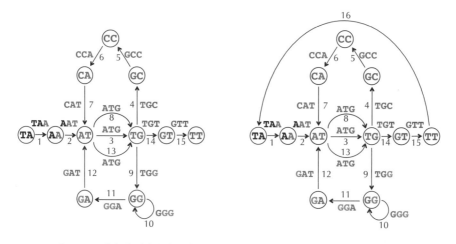

그림 3.25 오일러 경로(왼쪽)에 에지 하나를 더해서 오일러 순환 경로(오른쪽)로 바꾸는 방법

 잠깐 멈추고 생각해 보자   오일러 경로가 있는 그래프는 몇 개의 불균형 노드를 갖고 있을까?

더 일반적으로는, 오일러 순환 경로는 없지만 오일러 경로가 있는 그래프를 상상해 보자. 만약 어떤 오일러 경로가 노드 v에서 또 다른 노드 w까지 연결된다면 그 그래프는 **거의 균형을 이룬다**nearly balanced라고 하는데 이는 노드 v와 w 빼고 균형을 이루고 있다는 뜻이다. 이런 경우 노드 w에서 v로 연결되는 에지 하나를 추가하면 이 오일러 경로는 오일러 순환 경로로 바뀌게 된다. 그러므로 거의 균형을 이루는 그래프는 불균형 노드들 사이에 에지를 추가해서 그래프가 균형을 이루고 강력하게 연결되는 경우에 오일러 경로를 갖게 된다.

이제 문자열 재구축 문제가 리드들로부터 만들어진 드 브루인 그래프에서 오일러 경로를 찾는 것으로 축소됐으니 당신에겐 유전체를 조립하는 방법이 생겼다.

> **연습 문제** 비방향성 그래프에 오일러 경로가 있는지 결정할 수 있는 거의 균형을 이루는 조건과 비슷한 조건을 찾아라.

비방향성 그래프에서 오일러 정리과 유사한 이론은 곧바로 18세기 쾨니히스버그에는 오일러 경로가 없다는 것을 암시하지만, 현대의 칼리닌그라드에서는 이야기가 달라진다(돌아가기: 칼리닌그라드의 일곱 다리 참고).

215페이지

범용 문자열 구축하기

이제 드 브루인 그래프를 사용해 문자열 재구축 문제를 풀게 됐으니 k라는 값이 정해졌을 때 k-universal 문자열 또한 구축할 수 있을 것이다. 드 브루인은 k-universal 순환 문자열을 구축하는 데에 관심이 있었다는 것을 알아두자. 예를 들어 **00011101**은 3-universal 순환 문자열인데 이는 문자열에 있는 8개의 3-mer가 단 한 번씩만 나타나기 때문이다(그림 3.26 참고).

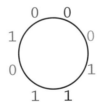

그림 3.26 순환 3-universal 문자열 00011101는 각 이진 3-mer(000, 001, 011, 111, 110, 101, 010, 100)를 단 1개씩만 갖고 있다.

---

k-Universal 순환 문자열 문제

k-universal 순환 문자열을 찾아라.

입력: 정수 k

출력: k-universal 순환 문자열

선형 문자열에서와 같이 k-Universal 순환 문자열 문제는 k-mer 구성으로부터 순환 문자열을 구축해야 하는 더 일반적인 문제의 한 가지 케이스일 뿐이다. 이 문제는 대부분의 박테리아의 유전체처럼 염색체를 하나만 갖고 있는 순환형 유전체 조립의 모델이 된다. 이제 k-mer 구성으로 구축된 드 브루인 그래프에서 오일러 순환 경로를 찾는 방법을 통해 k-mer 구성으로부터 순환 문자열을 구축할 수 있다는 것을 알고 있다. 그러므로 모든 이진 k-mer 구성으로 구축된 드 브루인 그래프에서 오일러 순환 경로를 찾아내서 k-universal 순환 문자열 또한 구축할 수 있다(그림 3.27 참고).

연습 문제   3-universal 순환 문자열은 몇 개 존재하는가?

20-universal 순환 문자열을 찾는 것은 100만 개가 넘는 에지를 가진 그래프에서 오일러 순환 경로를 찾는 것과 같지만 이 문제를 풀 수 있는 빠른 알고리듬이 있다. 모든 2^k개의 k-mer의 집합을 $BinaryStrings_k$라고 하자. k-Universal 순환 문자열 문제를 풀고자 해야 할 유일한 일은 DeBruijn($BinaryStrings_k$)에서 오일러 순환 경로를 찾는 것뿐이다. 이 그래프의 노드들은 가능한 모든 이진 $(k-1)$-mer를 나타낸다는 것을 알아 두자. 이 그래프에서는 어떤 k-mer의 접두사가 $Pattern$이고 접미사가 $Pattern'$일 때 $(k-1)$-mer $Pattern$에서 $(k-1)$-mer $Pattern'$을 방향성 에지로 연결한다.

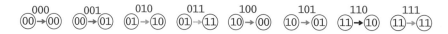

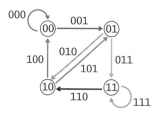

그림 3.27 (위쪽) 각각이 이진 3-mer를 나타내는 독립된 8개의 방향성 에지로 이뤄진 그래프. 각 에지의 노드들은 3-mer의 접두사와 접미사다. (아래쪽) 위쪽 그래프에서 똑같이 표시된 노드들을 접착시켜서 4개의 노드를 가진 드 브루인 그래프를 만들었다. 에지 000→001→011→111→110→101→010→100→000를 거쳐가는 오일러 순환 경로는 3-universal 순환 경로 문자열인 00011101을 만들어 낸다.

잠깐 멈추고 생각해 보자　그림 3.28은 DEBRUIJN($BinaryStrings_4$) 그래프가 균형을 이루며 강력하게 연결됐으므로 오일러식이라는 것을 표현하고 있다. 모든 k 값에 대해 DEBRUIJN($BinaryStrings_k$)가 오일러식이라는 것을 증명할 수 있는가?

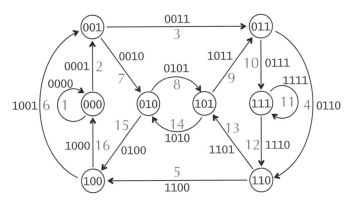

그림 3.28 DEBRUIJN($BinaryStrings_4$) 그래프에 있는 순환형 4-universal string 00001100101111101을 만들어 내는 오일러 순환 경로

리드 쌍으로부터 유전체 조립하기

리드에서 리드 쌍으로

이전에 드 브루인 그래프를 직관적으로 이해할 수 있도록 하고자 유전체 조립의 이상적인 형태를 설명했다. 3장의 나머지 부분에서는 몇 가지 주제를 논의함으로써 현대의 어셈블러assembler들이 사용하는 발전된 방법들에 대한 이해를 도울 것이다.

이전에 언급했던 것처럼 무작위로 만들어진 문자열에서 나온 리드들을 조립하는 건 사소한 문제에 속하는데 이는 무작위 문자열에는 긴 반복 서열이 없을 것이기 때문이다. 게다가 드 브루인 그래프는 리드 길이가 길어지면 길어질수록 덜 엉키게 될 것이다(그림 3.29 참고). 유전체의 모든 반복 서열들보다 리드 길이가 길면(리드에 에러가 없다고 가정한다면) 드 브루인 그래프는 하나의 경로로 바뀔 것이다. 그러나 수많은 시도에도 불구하고, 생물학자들은 길고 정확한 리드들을 어떻게 만들어 낼지 아직도 알아내지 못했다. 오늘날 가장 정확한 시퀀싱 기술은 고작 300 뉴클레오티드 길이의 리드를 만들어 낼 뿐인데 이는 대부분의 반복 서열에 비해, 심지어 작은 박테리아 유전체에 있는 것들에 비해서도 너무 짧다.

이미 문자열 **TAA**TGCCATGGGATGTT가 그 3-mer 구성으로 만들 수 있는 유일한 문자열이 아니라는 사실을 알고 있는데 이는 또 다른 문자열 **TA**ATGCCATGGGATGTT 역시 똑같은 3-mer 구성으로 돼 있기 때문이다.

 잠깐 멈추고 생각해 보자 **TA**ATGCCATGGGATGTT가 유일한 결과물이 되려면 어떤 추가적인 실험 정보가 필요할까?

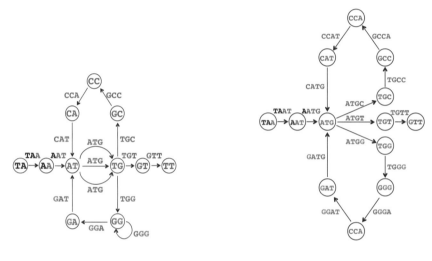

그림 3.29 그래프 DEBRUIJN₄(**TAA**TGCCATGGGATGTT)(위 오른쪽)은 그래프 DEBRUIJN₃(**TAA**TGCCATGGGATGTT)(위 왼쪽)에 비해 덜 엉켜 있다. 그래프 DEBRUIJN₅(**TAA**TGCCATGGGATGTT)(아래쪽)은 하나의 경로다.

 리드 길이를 늘리는 것은 정확한 조립에 도움이 되지만, 길이를 늘리는 것은 실험적인 어려움이 있기 때문에 생물학자들은 유전체상에서 고정된 길이 d만큼 떨어져 있는 **리드쌍** read-pair을 만들어서 리드 길이를 늘리는 독창적인 실험 방법을 고안해 냈다(그림 3.30). 리드쌍을 마치 중간에 긴 간격gap이 있고 처음과 끝 k-mer의 서열은 알지만 중간에 길이 d만큼은 알 수 없는 길이 $k + d + k$짜리 리드처럼 생각할 수 있다. 중간에 간격이 있음에도 불구하고 리드쌍은 k-mer만 있는 것보다 훨씬 많은 정보를 포함하고 있는데, 이 정보를 활용해서 조립 방법을 더욱 향상시킬 수 있어야 한다. 리드쌍의 가운데 뉴클레오티드들을 추측해 낼 수만 있다면 그 즉시 리드 길이는 k에서 $2 \cdot k + d$로 늘어난다.

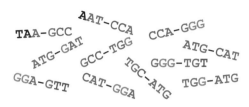

그림 3.30 **TAA**TGCCATGGGATGTT에서 얻은 리드들 중 길이가 3이고 길이 1만큼의 간격으로 떨어져 있는 리드들로 만든 리드쌍들. 이 리드쌍들을 조립하는 간단하지만 비효율적인 방법은 리드쌍에 있는 각 리드(3-mer)에 대해 드 브루인 그래프를 구축하는 것이다.

리드쌍을 가상의 긴 리드로 바꾸는 방법

*Reads*를 N개의 리드쌍으로 이뤄진 $2N$개의 k-mer 리드들이라 하자. k-mer 리드들인 $Read_1$과 $Read_2$로 이뤄진 리드쌍은 드 브루인 그래프인 DEBRUIJN$_k$(*Reads*)의 두 에지에 해당한다. 이 리드들은 유전체상에서 d만큼 떨어져 있기 때문에 DEBRUIJN$_k$(*Reads*)에는 그림 3.31에 나온 것처럼 길이 $k + d + 1$만큼의 경로가 노드 $Read_1$에 해당하는 에지의 시작 부분과 노드 $Read_2$에 해당하는 에지의 끝부분을 연결하고 있을 것이다. 만약 이 두 노드를 연결하는 길이 $k + d + 1$만큼의 경로가 단 하나라면, 또는 그런 경로가 모두 똑같은 문자열을 나타낸다면, $Read_1$과 $Read_2$로 이뤄진 이 리드쌍을 $Read_1$으로 시작하고 $Read_2$로 끝나면서 이 경로를 표현하는 길이 $2 \cdot k + d$만큼의 가상의 리드로 바꿀 수 있다.

예를 들어 그림 3.31의 드 브루인 그래프를 보면 이 그래프는 그림 3.30에 있는 모든 리드쌍으로부터 만들어졌다. 중간에 간격이 있는 리드쌍 **AAT-CCA**를 나타내는 **AAT**와 **CCA**라고 표시된 에지 사이에는 길이 $k + d + 1 = 5$만큼의 경로를 만들어 내는 문자열은 단 하나 존재한다. 그러므로 길이 k만큼의 두 리드로부터 길이 $2 \cdot k + d$만큼의 가상의 리드를 만들어 냈고, 이는 연구자들이 아직도 실험적으로 얻어내지 못한 것을 컴퓨터 계산을 통해 얻어낸 것이다. 드 브루인 그래프에서 가상의 리드들을 만들어 내는 사전 작업을 한 후에는 단순히 이 긴 리드들을 통해 드 브루인 그래프를 만들어 유전체를 조립할 수 있다.

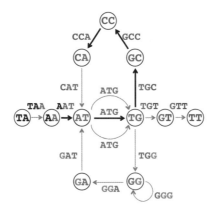

그림 3.31 (노드 **AAT**와 **CCA**를 잇는) 길이 $k + d + 1 = 3 + 1 + 1 = 5$만큼의 하이라이트된 경로가 **AATGCCA**를 만들어 내고 있다. (**ATG**라고 표시된 에지가 3개 있기 때문에 세 가지 경로가 존재한다) 그러므로 간격이 있는 리드 **AAT-CCA**는 가상의 긴 리드 **AATGCCA**로 바뀔 수 있다.

리드쌍을 긴 가상의 리드로 바꾸는 아이디어는 많은 어셈블리 프로그램에서 사용됐지만 긍정적으로 가정해 보면 다음과 같다. "이 노드들을 연결하는 길이 $k + d + 1$만큼의 경로가 단 하나만 있다면, 또는 그런 모든 경로가 같은 문자열을 나타낸다면 ...". 실제로는 이런 가정이 긴 가상의 리드를 리드쌍 조립에 적용하는 것을 제한한다. 그 이유는 엄청나게 반복이 많은 유전체 영역에는 종종 두 에지를 연결하는 같은 길이의 경로가 여러 개 존재하고 이런 경로들이 서로 다른 문자열을 만들어 내기 때문이다(그림 3.32). 이런 경우라면 리드쌍을 긴 리드로 바꾸는 방법에 의존할 수 없다. 그 대신 리드쌍을 분석하는 또 다른 접근법을 설명하겠다.

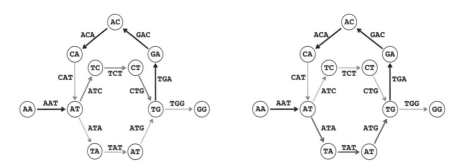

그림 3.32 (왼쪽) DEBRUIJN$_3$(**AATCTGACATATGG**) 그래프에서 강조돼 있는 경로가 **AATCTGACATATGG**에 포함돼 있는 긴 가상의 리드 **AATCTGACA**를 나타내고 있다. (오른쪽) 같은 그래프에서 강조돼 있는 또 다른 경로가 긴 가상의 리드 **AAATATGACA**를 만들어 내고 있는데 이는 **AATCTGACATATGG**에는 없는 서열이다.

구성에서 쌍체 구성으로

주어진 문자열 *Text*에서 (k, d)-mer는 *Text*에 존재하고 서로 d만큼 떨어져 있는 k-mer 쌍을 나타낸다. 또한 (k, d)-mer에 있는 두 k-mer가 각각 $Pattern_1$, $Pattern_2$일 때 이를 $(Pattern_1|Pattern_2)$라고 표시한다. 예를 들어 (**AAT**|**TGG**)는 **TA**ATGCCATGGGATGTT 문자열에 있는 $(3, 4)$-mer이다. *Text* 구성에 있는 (k, d)-mer는 PAIREDCOMPOSITION$_{k,d}$(*Text*)로 표현하고, 이는 *Text*에 있는 모든 (k, d)-mer들을 나타낸다(반복 서열 (k, d)-mers를 포함해서). 예를 들어 PAIREDCOMPOSITION$_{3,1}$(**TA**ATGCCATGGGATGTT)는 다음과 같다.

```
        TAA GCC
        AAT CCA
        ATG CAT
         TGC ATG
          GCC TGG
           CCA GGG
            CAT GGA
             ATG GAT
              TGG ATG
               GGG TGT
                GGA GTT
TAATGCCATGGGATGTT
```

> 연습 문제 문자열 **TA**ATGCCATGGGATGTT에서 $(3, 2)$-mer 구성을 만들어 보자.

PAIREDCOMPOSITION(**TA**ATGCCATGGGATGTT)에 있는 $(3, 1)$-mer들의 순서를 모르기 때문에 3-mer를 붙여 놓은 6-mer들을 사전식으로 배열했다.

(**AAT** | **CCA**) (**ATG** | **CAT**) (**ATG** | **GAT**) (**CAT** | **GGA**) (**CCA** | **GGG**) (**GCC** | **TGG**)

(**GGA** | **GTT**) (**GGG** | **TGT**) (**TAA** | **GCC**) (**TGC** | **ATG**) (**TGG** | **ATG**)

이 문자열의 3-mer 구성에는 반복되는 3-mer가 있는 반면, 이들의 쌍체 구성paired composition $(3, 1)$-mer에는 반복 서열이 없다. 게다가 **TA**ATGCCATGGGATGTT와 **TAA**TGCCATGGGATGTT는 같은 3-mer 구성을 갖고 있지만 $(3, 1)$-mer 구성은 다르다. 그러므로 이 문자열의 $(3, 1)$-mer 구성을 만들 수 있다면 그 둘을 구분할 수 있을 것이다. 그런데 (k, d)-mer 구성에서 그 문자열을 어떻게 재구축할까? 그리고 이를 위해 드 브루인 그래프 접근법을 적용할 수 있을까?

쌍체 구성으로부터 문자열을 재구축하라.

입력: k-mer 쌍 모음인 *PairedReads*와 정수 d

출력: (k, d)-mer 구성이 *PairedReads*와 동일한 문자열 *Text*(만약 그런 문자열이 존재 한다면)

쌍을 이루는 드 브루인 그래프

주어진 (k, d)-mer $(a_1 \ldots a_k | b_1, \ldots b_k)$에서 이들의 **접두사**prefix와 **접미사**suffix를 다음과 같이 $(k-1, d+1)$-mer로 정의한다.

$$\text{PREFIX}((a_1 \ldots a_k | b_1, \ldots b_k)) = (a_1 \ldots a_{k-1} | b_1 \ldots b_{k-1})$$
$$\text{SUFFIX}((a_1 \ldots a_k | b_1, \ldots b_k)) = (a_2 \ldots a_k | b_2 \ldots b_k)$$

예를 들어 $\text{PREFIX}((\text{GAC}|\text{TCA})) = (\text{GA}|\text{TC})$이고 $\text{SUFFIX}((\text{GAC}|\text{TCA})) = (\text{AC}|\text{CA})$이다.

*Text*에서 나타나는 연속된 (k, d)-mer에 대해서 첫 번째 (k, d)-mer의 접미사는 두 번째 (k, d)-mer의 접두사와 같다. 예를 들어 문자열 **TAA**TGCCATGGGATGTT에 있는 연속된 (k, d)-mer인 $(\textbf{TAA}|\textbf{GCC})$와 $(\textbf{AAT}|\textbf{CCA})$를 보면 다음과 같다.

$$\text{SUFFIX}((\textbf{TAA}\,|\,\textbf{GCC})) = \text{PREFIX}((\textbf{AAT}\,|\,\textbf{CCA})) = (\textbf{AA}\,|\,\textbf{CC})$$

주어진 문자열 *Text*에 대해 구축된 $\text{PATHGRAPH}_{k,d}(Text)$는 *Text*에 있는 모든 (k, d)-mer에 해당하는 $|Text| - (k + d + k) + 1$개의 에지로 이뤄진 경로를 나타낸다. 이 경로의 각 에지는 (k, d)-mer라고 표시하고, 에지의 시작과 끝 노드는 각각 에지의 접두사와 접미사로 표시한다(그림 3.33 참고).

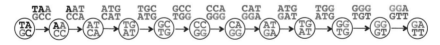

그림 3.33 $\text{PATHGRAPH}_{3,1}(\textbf{TAA}\text{TGCCATGGGATGTT})$에 해당하는 그래프. 각각의 $(3, 1)$-mer는 공간 절약을 위해 두 줄 로 표시됐다.

쌍을 이루는 드 브루인 그래프는 $\text{DEBRUIJN}_{k,d}(Text)$라고 나타내는데 이는 $\text{PATHGRAPH}_{k,d}$ $(Text)$에 있는 노드들 중 똑같이 표시된 노드들을 접착해서 만들어진다(그림 3.34 참고). 쌍을 이루는 드 브루인 그래프는 그림 3.13처럼 각 리드로 이뤄진 드 브루인 그래프보다 덜 엉켜 있는 것을 알 수 있다.

> **잠깐 멈추고 생각해 보자** $Text$로부터 드 브루인 그래프를 구축하는 것은 쉽다. 그런데 $Text$의 (k, d)-mer 구성을 사용해서 어떻게 쌍을 이루는 드 브루인 그래프를 구축할 수 있을까?

그래프에 $|Text| - (k + d + k) + 1$만큼의 에지가 있고 이 에지들을 $Text$에 있는 (k, d)-mer들로 표시하면서 노드들은 이 에지들의 접두사 및 접미사로 표시한 이 그래프를 $\text{PAIREDCOMPOSITIONGRAPH}_{k,d}(Text)$라고 정의한다(그림 3.35 참고). 예상했듯이 $\text{PAIREDCOMPOSITIONGRAPH}_{k,d}(Text)$에서 똑같이 표시된 노드들을 접착시키면 $\text{PATHGRAPH}_{k,d}(Text)$에서 똑같이 표시된 노드들을 접착시킨 것과 똑같은 드 브루인 그래프가 만들어진다. 물론 실제로는 $Text$를 알 수 없다. 그러나 $Text$의 (k, d)-mer 구성으로부터 바로 $\text{PAIREDCOMPOSITIONGRAPH}_{k,d}(Text)$를 만들 수 있으며, 접착시키는 과정을 통해 이 구성으로부터 쌍을 이루는 드 브루인 그래프를 만들 수 있다. 이 드 브루인 그래프에서 오일러 경로를 찾아가면 유전체를 재구축할 수 있다.

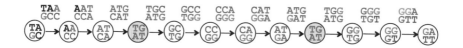

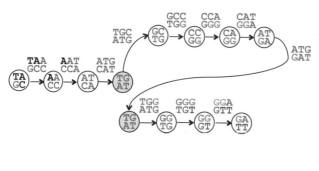

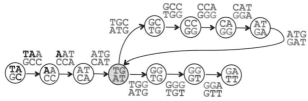

그림 3.34 (위쪽) 11개의 에지와 12개의 노드로 구축된 PATHGRAPH_{3,1}(**TAA**TGCCATGGGATGTT). 이 중 2개의 노드 (TG|AT)만 똑같이 표시돼 있다. (가운데) 똑같이 표시된 두 노드를 접착시키고자 가까이 가져온다. (아래쪽) PATHGRAPH_{3,1}(**TAA**TGCCATGGGATGTT)에서 (TG|AT)라고 표시된 노드들을 접착시켜서 쌍을 이루는 드 브루인 그래프 DEBRUIJN_{3,1}(**TAA**TGCCATGGGATGTT)를 얻었다. 쌍을 이루는 이 드 브루인 그래프는 단 하나의 오일러 경로를 갖고 이 경로를 따라가면 **TAA**TGCCATGGGATGTT가 만들어진다.

쌍을 이루는 드 브루인 그래프의 함정

앞서 모든 문자열 재구축 문제의 해결 방법은 드 브루인 그래프에서 k-mer 구성으로부터 오일러 경로를 구축하는 것과 같다는 것을 확인했다. 마찬가지로 리드쌍에서부터 문자열을 재구축하는 문제의 해결 방법 또한 (k, d)-mer 구성으로 만들어진 쌍을 이루는 드 브루인 그래프에서 오일러 경로를 찾는 것과 같다.

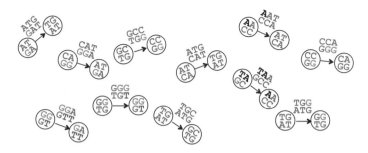

그림 3.35 그래프 PAIREDCOMPOSITIONGRAPH₃,₁(**TAA**TGCCATGGGATGTT)는 독립된 에지들의 집합이다. 각각의 에지는 **TAA**TGCCATGGGATGTT에 있는 (3, 1)-mer로 표시돼 있다. 각 에지의 시작 노드는 해당 에지의 (3, 1)-mer의 접두사로 표시돼 있고 끝 노드는 이 (3, 1)-mer의 접미사로 표시돼 있다. 똑같이 표시된 노드들을 접착시키면 그림 3.34(아래쪽)에 있는 쌍을 이루는 드 브루인 그래프가 만들어진다.

연습 문제 그림 3.36의 쌍을 이루는 드 브루인 그래프에서 다음 (2, 1)-mer들의 오일러 경로를 따라가서 유전체를 재구축하라. (AG|AG) → (GC|GC) → (CA|CT) → (AG|TG) → (GC|GC) → (CT|CT) → (TG|TG) → (GC|GC) → (CT|CA).

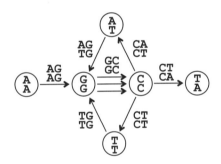

그림 3.36 다음 9개의 (2, 1)-mer로부터 구축된 쌍을 이루는 드 브루인 그래프: (AG|AG), (AG|TG), (CA|CT), (CT|CA), (CT|CT), (GC|GC), (GC|GC), (GC|GC), (TG|TG).

또한 k-mer 구성으로부터 만들어진 드 브루인 그래프의 모든 오일러 경로는 문자열 재구축 문제의 해결 방법이 된다는 것을 확인했다. 그런데 과연 쌍을 이루는 드 브루인 그래프에서도 그럴까?

잠깐 멈추고 생각해 보자 그림 3.36에 있는 그래프는 또 다른 오일러 경로를 갖고 있다. (AG|AG) → (GC|GC) → (CT|CT) → (TG|TG) → (GC|GC) → (CA|CT) → (AG|TG) → (GC|GC) → (CT|CA). 이 경로로부터 유전체를 재구축할 수 있는가?

앞의 문제를 시도해 봤다면 (k, d)-mer 구성으로 구축된 쌍을 이루는 드 브루인 그래프에 있는 모든 오일러 경로가 문자열 재구축 문제의 해법은 아니라는 것을 알아냈을 것이다. 이제 이 문제를 풀어서 유전체 조립 전문가가 될 준비가 됐다.

충전소: 모든 오일러 순환 경로 만들기   이제 그래프에서 오일러 순환 경로 하나를 만드는 방법을 알고 있지만 모든 가능한 오일러 순환 경로를 찾는 방법은 아직 명확하지 않다. 이는 리드쌍에서 문자열을 재구축하는 문제를 풀 때 도움이 될 것이다. 이 충전소를 통해 그래프의 모든 오일러 순환 경로를 만드는 방법을 살펴보자.

충전소: 쌍을 이루는 드 브루인 그래프의 경로를 따라서 문자열 구축하기   리드쌍에서 문자열을 재구축하는 문제를 풀려면 쌍을 이루는 드 브루인 그래프의 경로를 따라서 문자열을 재구축해야 한다. 이 충전소의 예제를 통해 이것을 어떻게 하는지 살펴보자.

에필로그: 유전체 조립이 실제 시퀀싱 데이터를 마주하다

유전체 조립에 대한 우리의 토론은 지금까지 많은 가정에 의지하고 있다. 드 브루인 그래프를 실제 시퀀싱 데이터에 적용하는 것은 간단한 절차가 아니다. 아래에서는 현대 시퀀싱 기술의 단점과 이런 문제를 해결하고자 고안된 몇 가지 컴퓨터 기술을 소개하고 있다. 단순하게 하고자 이 토론에서는 먼저 리드쌍 대신 연속된 하위 문자열에서 리드들이 만들어 졌다고 가정할 것이다.

리드들을 k-mer들로 쪼개기

유전체의 k-mer 문자열이 주어졌을 때 이 k-mer가 포함된 리드의 수를 유전체의 **포괄 범위**coverage라고 정의한다. 시퀀싱 머신이 유전체의 모든 k-mer를 만들어 낼 수 있다는 것을 당연하게 생각했지만 이런 '완벽한 k-mer 포괄 범위' 가정은 실제로 일어나지 않는 일이다. 예를 들어 가장 유명한 Illumina의 시퀀싱 기술은 거의 300 뉴클레오티드 길이의 리드들을 만들어 내지만 아직 이 기술은 유전체에 있는 수많은 300-mer를 놓치고 있고(평균 포괄 범위가 매우 높더라도) 만들어진 리드의 거의 대부분이 시퀀싱 오류를 갖고 있다.

잠깐 멈추고 생각해 보자 k-mer 포괄 범위가 완벽하지 않은 리드들이 주어졌을 때 이 리드들이 완벽한 l-mer 포괄 범위를 갖는 매개변수 $l < k$ 값을 찾을 수 있는가? 이 매개변수의 최대값은 몇인가?

그림 3.37(왼쪽)은 예제 유전체에 있는 10-mer 중 일부분만을 잡아낸 4개의 10-mer 리드를 나타낸다. 그러나 만약 우리가 어떤 식으로든 이 리드들을 더 짧은 5-mer들로 쪼갠다면(그림 3.37 오른쪽) 이 5-mer들은 완벽한 포괄 범위를 나타낸다. 이렇게 리드들을 더 작은 k-mer들로 나누는 **리드 쪼개기**read breaking 접근법은 현대의 여러 어셈블러들에 의해 사용되고 있다.

```
ATGCCGTATGGACAACGACT          ATGCCGTATGGACAACGACT
ATGCCGTATG                    ATGCC
    GCCGTATGGA                 TGCCG
        GTATGGACAA              GCCGT
            GACAACGACT           CCGTA
                                  CGTAT
                                   GTATG
                                    TATGG
                                     ATGGA
                                      TGGAC
                                       GGACA
                                        GACAA
                                         ACAAC
                                          CAACG
                                           AACGA
                                            ACGAC
                                             CGACT
```

그림 3.37 10-mer 리드들(왼쪽)을 쪼개서 5-mer로 만들면 완벽한 포괄 범위를 나타내는 유전체의 5-mer들이 만들어진다(오른쪽).

리드 쪼개기는 실제적인 절충이 필요하다. k 값이 작으면 작을수록 k-mer 포괄 범위가 완벽해질 가능성이 높아진다. 그러나 k 값이 작으면 드 브루인 그래프가 더 엉켜지게 되고 이 그래프에서 유전체를 찾아내기가 더 어려워진다.

유전체를 컨티그들로 쪼개기

리드를 쪼갠 뒤에도 대부분의 조립 결과물에서 k-mer 포괄 범위에 간격이 생기는데 이 때문에 드 브루인 그래프의 에지가 누락돼 오일러 경로를 찾을 수 없게 된다. 이런 경우 생물학자들은 종종 전체 염색체를 조립하기보다 **컨티그**contig(유전체상의 연속된 긴 조각)를 조립하는 것을 목표로 하게 된다. 예를 들어 전형적인 박테리아 시퀀싱 프로젝트는 몇백 개의 컨티그들을 만들어 내게 되는데 이 컨티그들의 길이는 작게는 몇천 뉴클레오티드에서 크게는 몇백 몇십만 뉴클레오티드까지 다양하다. 대부분의 유전체에서 이 컨티그들의 순서는 알려지지 않았다. 두말할 필요 없이 생물학자들은 전체 유전체 서열을 알고 싶어 하지만 이 컨티그들을 나열해서 조립한 뒤 값비싼 실험들을 통해 결과물의 간격을 없애는 비용은 무척 비싸다.

다행히도 우리는 드 브루인 그래프에서 컨티그를 만들어 낼 수 있다. 그래프에서 어떤 경로는 **비분기 경로**non-branching path라 불리는데 이는 경로에 있는 모든 중간 노드 v에 대해 $\text{IN}(v) = \text{OUT}(v) = 1$이 성립할 때를 말한다. 여기서 중간 노드는 그 경로의 시작과 끝 노드를 제외한 노드를 말한다. 또한 **최대 비분기 경로**maximal non-branching path는 비분기 경로 중 더욱 긴 비분기 경로로 길어질 수 없는 경로를 말한다. 우리는 이런 경로에 관심이 있는데 그 이유는 이 경로를 따라가면 만들어지는 뉴클레오티드 문자열은 주어진 k-mer 구성에서 나온 어떤 조립 결과에도 존재해야 하기 때문이다. 따라서 컨티그는 드 브루인 그래프의 최대 비분기 경로를 따라가면 만들어지는 문자열에 해당한다. 예를 들어 그림 3.38에 있는 드 브루인 그래프는 **TA**ATGCCATGGGATGTT에 있는 3-mer 구성으로부터 만들어졌는데 이는 다음과 같은 9개의 최대 비분기 경로를 갖고 있다. **TAAT, TGTT, TGCCAT, ATG, ATG, ATG, TGG, GGG, GGAT**. 실제로 생물학자들은 완벽한 포괄 범위를 갖고 있다 하더라도 유전체를 컨티그로 쪼갤 수밖에 없는데(그림 3.38과 같이) 이는 반복 서열 때문에 오일러 경로를 단 하나만 추론하는 것이 불가능하기 때문이다.

컨티그 생성 문제

리드 집합으로부터 컨티그를 생성하라(완벽하지 않은 포괄 범위로).

   입력: k-mer 구성 *Patterns*
   출력: DEBRUIJN(*Patterns*)에 있는 모든 컨티그

충전소: 그래프의 최대 비분기 경로   만약 그래프에서 최대 비분기 경로를 찾는 게 어렵다면 이 충전소를 참고해 보자.

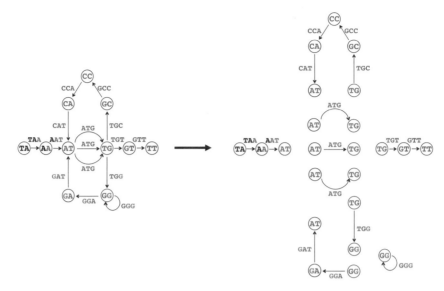

그림 3.38 그래프 DeBruijn₃(**TA**ATGCCATGGGATGTT)를 다음과 같이 컨티그를 나타내는 9개의 비분기 경로로 쪼개는 과정: **TA**AT, TGTT, TGCCAT, ATG, ATG, ATG, TGG, GGG, GGAT.

오류가 많은 리드들을 조립하기

오류가 많은 리드들은 실제 시퀀싱 프로젝트의 또 다른 장벽이다. 그림 3.37에 있는 리드 모음에 오류가 있는 리드 CGTACGGACA(T를 C로 잘못 읽은 오류) 하나를 추가하면 리드 쪼개기 이후 오류가 있는 다음 5-mer들이 만들어지게 된다. CGTAC, GTACG, TACGG, ACGGA, CGGAC. 이 5-mer들은 드 브루인 그래프에서 노드 CGTA에서 노드 GGAC로 가는 오류 가득한 경로가 되는데(그림 3.39 위쪽) 이는 만약 정상적인 리드 CGTATGGACA 또한 만들어진다면 이 드 브루인 그래프에서 CGTA에서 GGAC로 가는 경로가 2개가 된다는 뜻이다. 이 구조는 버블^{bubble}이라고 불리며 드 브루인 그래프에서 동일한 노드 쌍을 연결하는 2개의 분리된 짧은 경로(예를 들어 특정 길이보다 짧은)로 정의된다.

잠깐 멈추고 생각해 보자 리드에 오류 하나가 만들어졌을 때(*k*-mer로부터 구축된 드 브루인 그래프에서) 버블의 크기는 어떻게 되는가?

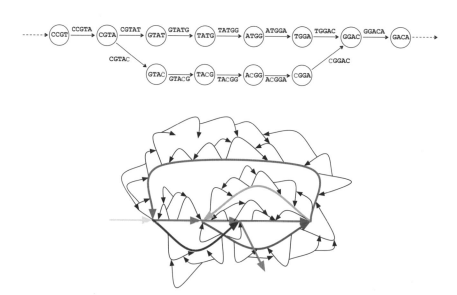

그림 3.39 (위쪽) 정확한 경로 CGTA → GTAT → TATG → ATGG → TGGA → GGAC와 잘못된 경로 CGTA → GTAC → TACG → ACGG → CGGA → GGAC가 드 브루인 그래프에서 버블을 형성하고 있어 둘 중 어떤 게 정확한지 알기 어렵다. (아래쪽) 버블이 많이 있는 드 브루인 그래프를 표현한 것. 버블을 제거하면 색칠한 경로만 남게 된다.

잠깐 멈추고 생각해 보자 드 브루인 그래프에서 버블을 찾는 알고리듬을 설계해 보자. 버블을 찾은 후에는 버블에 있는 두 경로 중 어떤 것을 제거할지 결정해야 한다. 어떻게 정해야 할까?

현존하는 어셈블러들은 드 브루인 그래프에서 버블을 제거한다. 거의 모든 리드들이 오류를 갖고 있기 때문에 드 브루인 그래프에 수백만 개의 버블이 생긴다는 점이 실질적인 어려움이다(그림 3.39 아래쪽 참고). 버블을 제거할 때 종종 정확한 경로를 제거하게 되는데 이 때문에 고치기보다는 오류를 더 추가하게 된다. 더 심각하게는 유전체상의 반복 서열에서 반복 영역들이 뉴클레오티드 하나씩 다르거나 작은 차이가 있는 경우 두 반복 서열에서 나온 리드들은 서로를 오류라고 생각하는 버블을 만들어 낼 것이다. 이 영역에 버블을 제거하는 것은 결국 반복 서열이 더 비슷해지게 만들어서 조립 결과에 오류가 발생할 것이다. 그러므로 현대의 유전체 어셈블러들은 시퀀싱 오류로 만들어진(없어져야 하는) 버블과 서열 차이 때문에 나타난(남겨 둬야 하는) 버블을 구분하고자 한다.

드 브루인 그래프에서 에지의 다양성 추론하기

드 브루인 그래프 프레임워크는 유전체의 각 k-mer들의 다양성을 알고 있어야 하지만

(즉, 각 k-mer가 나타나는 횟수) 이 정보는 리드들로부터 쉽게 알 수 없다. 그러나 유전체에서 k-mer 하나의 다양성은 그것의 포괄 범위로부터 추측할 수 있다. 실제로 유전체에서 t 횟수만큼 나타난 k-mer는 한 번만 나타난 k-mer보다 포괄 범위가 t배만큼 많을 것으로 기대된다. 두말할 필요 없이 유전체상에서 포괄 범위는 다양하게 나타나므로 이런 조건은 종종 맞지 않는다. 그 결과 현존하는 어셈블러들은 유전체상의 반복 서열을 조립할 때 각각의 k-mer가 유전체상에서 몇 번 나오는지 모른 채로 조립을 진행하는 경우가 많다.

실제 유전체 시퀀싱에서 나올 법한 고려 사항들을 어느 정도 소개했지만 아직 몇 가지 의문이 남을 것이다. 예를 들어 유전체가 이중 나선이라는 것은 어떻게 대처하는가?(돌아가기: 이중 가닥 DNA를 조립할 때의 함정 참고) 실제로 연구자들은 결국 유전체 시퀀싱 실험에서 215페이지 컨티그 모음을 얻게 될 것이다. 그러나 이 컨티그들을 각 이중 나선 가닥에 따라 둘로 나누는 것은 현대 어셈블러도 완벽히 해결하지 못한 문제다. 예를 들어 어떤 어셈블러에서 5개의 컨티그가 나왔다면 컨티그 1번과 3번은 한쪽 가닥에 속하고 나머지 2번, 4번, 5번 컨티그는 반대쪽 가닥에 속할 것이다.

그러나 그런 이슈가 발생하지 않는 문제들을 소개할 것이다. 왜? 거대한 유전체를 조립하는 알고리듬을 개발하는 것은 엄청난 일이기 때문이다. 그 이유는 수백만 개의 리드에 나타난 모든 k-mer에서 드 브루인 그래프를 구축하는 간단해 보이는 문제도 사실은 그렇지 않기 때문이다. 문제를 좀 더 쉽게 하고자 일단 작은 박테리아 유전체부터 조립해 보겠다.

도전 문제　Carsonella ruddii는 몇몇 곤충 안에 공생하고 있는 박테리아다. 이렇게 보호받는 생활 덕에 이 박테리아의 유전체의 길이는 염기쌍 160,000 정도로 줄어들 수 있었다. 유전자가 200개밖에 안 되기 때문에 생존에 필수적인 몇몇 유전자가 없지만, 이런 유전자들은 곤충 숙주에게 공급받는다. 사실 Carsonella의 유전체는 너무 작아서 생물학자들이 박테리아의 정체성을 잃고 숙주 유전체의 일부인 **세포 기관**으로 변하고 있다고 추측했다. 박테리아에서 세포 기관으로의 변화는 진화의 역사 동안 여러 번 일어났다. 사실 인간 세포에서 에너지 생산 역할을 하는 미토콘드리아는 한때 자유롭게 돌아다니는 박테리아였는데 먼 과거에 우리와 동화된 것이다.

오류가 없는 가상의 리드쌍 모음이 주어졌을 때 쌍을 이루는 드 브루인 그래프를 사용해 Carsonella ruddii의 유전체를 재구축하라. 이렇게 만든 조립 결과를 기존의 드 브루인 그래프로 만든 조립 결과와 비교해 보자(즉, 우리가 아는 건 리드들 그 자체일 뿐 리드쌍의 거리는 모를 때). 이는 리드쌍을 사용했을 때의 이점이 무엇인지 더 잘 이해해 보기 위함이다. 각 k 값에 대해 (k, d)-mer 구성으로부터 Carsonella ruddii의 전체 유전체를 구축하는 데 필요한 최소한의 d 값은 무엇인가?

연습 문제　그런데 한 가지 더 ... 2000년 6월 27일자 뉴욕타임스의 헤드라인은 도대체 무엇이었는가?

인접 행렬을 접착하는 효과

그림 3.40은 $Text =$ **TAATGCCATGGGATGTT**을 사용해 접착하는 과정이 어떻게 PATHGRAPH$_3$ ($Text$)의 인접 행렬을 DEBRUIJN$_3$($Text$)로 바꾸는지 보여 주고 있다.

	TA	AA	AT$_1$	TG$_1$	GC	CC	CA	AT$_2$	TG$_2$	GG$_1$	GG$_2$	GA	AT$_3$	TG$_3$	GT	TT
TA	0	1	0	0	0	0	0	0	0	0	0	0	0	0	0	0
AA	0	0	1	0	0	0	0	0	0	0	0	0	0	0	0	0
AT$_1$	0	0	0	1	0	0	0	0	0	0	0	0	0	0	0	0
TG$_1$	0	0	0	0	1	0	0	0	0	0	0	0	0	0	0	0
GC	0	0	0	0	0	1	0	0	0	0	0	0	0	0	0	0
CC	0	0	0	0	0	0	1	0	0	0	0	0	0	0	0	0
CA	0	0	0	0	0	0	0	1	0	0	0	0	0	0	0	0
AT$_2$	0	0	0	0	0	0	0	0	1	0	0	0	0	0	0	0
TG$_2$	0	0	0	0	0	0	0	0	0	1	0	0	0	0	0	0
GG$_1$	0	0	0	0	0	0	0	0	0	0	1	0	0	0	0	0
GG$_2$	0	0	0	0	0	0	0	0	0	0	0	1	0	0	0	0
GA	0	0	0	0	0	0	0	0	0	0	0	0	1	0	0	0
AT$_3$	0	0	0	0	0	0	0	0	0	0	0	0	0	1	0	0
TG$_3$	0	0	0	0	0	0	0	0	0	0	0	0	0	0	1	0
GT	0	0	0	0	0	0	0	0	0	0	0	0	0	0	0	1
TT	0	0	0	0	0	0	0	0	0	0	0	0	0	0	0	0

	TA	AA	AT	TG	GC	CC	CA	GG	GA	GT	TT
TA	0	1	0	0	0	0	0	0	0	0	0
AA	0	0	1	0	0	0	0	0	0	0	0
AT	0	0	0	3	0	0	0	0	0	0	0
TG	0	0	0	0	1	0	0	1	0	1	0
GC	0	0	0	0	0	1	0	0	0	0	0
CC	0	0	0	0	0	0	1	0	0	0	0
CA	0	0	1	0	0	0	0	0	0	0	0
GG	0	0	0	0	0	0	0	1	1	0	0
GA	0	0	1	0	0	0	0	0	0	0	0
GT	0	0	0	0	0	0	0	0	0	0	1
TT	0	0	0	0	0	0	0	0	0	0	0

그림 3.40 인접 행렬들. (위쪽) PATHGRAPH$_3$(**TAATGCCATGGGATGTT**)의 16×16 인접 행렬. PATHGRAPH$_3$ (**TAATGCCATGGGATGTT**)에서 여러 번 나오는 **AT**, **TG**, **GG**를 구분하기 위해 인덱싱을 했다. (아래쪽) DEBRUIJN$_3$ (**TAATGCCATGGGATGTT**)의 11×11 인접 행렬. 똑같이 표시된 2-mer들을 접착시켜 만들었다. 노드 i와 노드 j를 연결하는 m개의 에지가 있다면, 인접 행렬에서 (i, j)번째 요소는 m이다.

모든 오일러 순환 경로 만들기

어떤 그래프에서 모든 오일러 순환 경로를 만들어 낼 때의 어려움은 주어진 노드에서 가능한 모든 대안을 계속 추적하는 부분이다. 스펙트럼의 반대쪽 끝에 있는 **단순한 방향성 그래프** simple directed graph는 모든 노드의 indegree와 outdegree가 1로 동일하기 때문에 매우 쉬운 경우라 할 수 있는데 이는 오일러 순환 경로가 단 하나만 존재하기 때문이다.

그럼 우리의 아이디어는, 오일러 순환 경로를 $n \geq 1$개 갖고 있는 방향성 그래프 *Graph* 하나를, 각각이 단 하나의 오일러 순환 경로를 갖고 있는 n개의 서로 다른 단순한 방향성 그래프로 바꿔 버리는 것이다. 이 방법은 매우 가역적invertible이라는 특성이 있는데, 즉 단순한 방향성 그래프 중 하나에 있는 유일한 오일러 순환 경로가 주어졌을 때 기존의 *Graph* 에 있는 오일러 경로를 재구축할 수 있다는 것이다.

*Graph*에 있는 노드 v(indegree가 1보다 큰)에 들어오는 에지 (u, v)와 나가는 에지 (v, w) 가 있다고 할 때 *Graph*에서 에지 (u, v)와 (v, w)를 없애고 더 간단한 (u, v, w) **우회 그래프**bypass graph를 구축하고 에지 (u, x)와 (x, w)를 갖는 새로운 노드 x를 추가할 것이다(그림 3.41 위쪽 참고). 이 우회 그래프의 새로운 에지 (u, x)와 (x, w)는 제거된 에지 (u, v)와 (v, w)에 있는 표시를 물려받는다. 이 그래프의 가장 중요한 특성은 다음 연습 문제에서 밝혀진다.

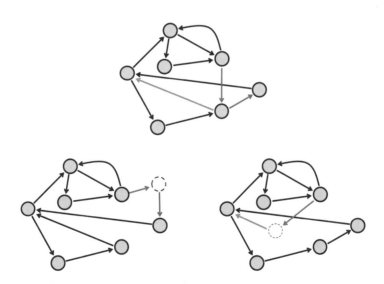

그림 3.41 (위쪽) 오일러식 그래프. (아래 왼쪽) 파란색 에지와 빨간색 에지로 구축된 (u, v, w)-우회 그래프 (오른쪽). (아래 오른쪽) 파란색 에지와 초록색 에지로 구축된 또 다른 우회 그래프

연습 문제 (u, v)를 통해 (v, w)를 거쳐가는 모든 오일러 순환 경로가 (u, x)를 통해 (x, w)를 거쳐가는 (u, v, w)-우회 그래프의 (똑같이 표시돼 있는) 오일러 순환 경로에 해당한다는 것을 보여라.

일반적으로 노드 v로 들어오는 에지 (u, v)와 노드 v에서 나가는 k개의 에지 (v, w_1) ..., (v, w_k)가 주어졌을 때 k개의 서로 다른 우회 그래프를 구축할 수 있다(그림 3.41 아래쪽 참고). 어떤 우회 그래프도 서로 같은 오일러 순환 경로를 가질 수 없으므로 이 k개의 우회 그래프에 있는 오일러 순환 경로의 수는 기존 그래프의 오일러 순환 경로의 수와 같다.

우리의 아이디어는, 대략적으로 설명하자면 단순한 방향성 그래프들의 집합이 만들어질 때까지 *Graph*에 있는 모든 가능한 우회 그래프를 반복적으로 구축하는 것이다. 각각의 그래프는 *Graph*에 있는 서로 다른 오일러 경로에 해당한다. 이 아이디어는 아래 의사 코드에 구현돼 있다.

```
AllEulerianCycles(Graph)
    AllGraphs ← the set consisting of a single graph Graph
    while there is a non-simple graph G in AllGraphs
        v ← a node with indegree larger than 1 in G
        for each incoming edge (u, v) into v
            for each outgoing edge (v, w) from v
                NewGraph ← (u, v, w)-bypass graph of G
                if NewGraph is connected
                    add NewGraph to AllGraphs
        remove G from AllGraphs
    for each graph G in AllGraphs
        output the (single) Eulerian cycle in G
```

오일러식 그래프에 있는 모든 오일러 순환 경로를 구축하는 더 우아한 방법이 있는데 이는 드 브루인이 증명한 이론에 기반한 방법이다. 이 이론을 배우고 싶다면 '돌아가기: BEST 정리'를 참고하자.

217페이지

쌍을 이루는 드 브루인 그래프의 경로를 따라서 문자열 구축하기

그림 3.36의 쌍을 이루는 드 브루인 그래프에 있는 9개의 에지로 구축된 다음 오일러 경로

를 생각해 보자.

$$AG\text{-}AG \to GC\text{-}GC \to CA\text{-}CT \to AG\text{-}TG \to$$
$$GC\text{-}GC \to CT\text{-}CT \to TG\text{-}TG \to GC\text{-}GC \to CT\text{-}CA$$

이 경로에 있는 (2, 1)-mer를 아래에 나온 것처럼 9개의 행으로 나열할 수 있는데 이를 따라가면 **AGCAGCTGCTGCA** 문자열이 나타난다.

AG-AG
GC-GC
CA-CT
AG-TG
GC-GC
CT-CT
TG-TG
GC-**G**C
CT-CA
AGCAGCTGCTGCA

이제 그림 3.36의 쌍을 이루는 드 브루인 그래프에 있는 또 다른 오일러 경로를 생각해 보자.

$$AG\text{-}AG \to GC\text{-}GC \to CT\text{-}CT \to TG\text{-}TG \to$$
$$GC\text{-}GC \to CA\text{-}CT \to AG\text{-}TG \to GC\text{-}GC \to CT\text{-}CA$$

이 (2, 1)-mer들을 조립해 보려고 하면 모든 열이 같은 뉴클레오티드로 돼 있지는 않다는 것을 알 수 있다(아래에 빨간색으로 표시된 두 칼럼을 보자). 이 예제는 쌍을 이루는 드 브루인 그래프에 있는 모든 오일러 경로가 리드쌍에서 문자열 재구축하기 문제의 해답을 주는 게 아니라는 것을 보여 준다.

AG-**AG**
GC-GC
CT-CT
TG-**TG**
GC-GC
CA-CT
AG-**TG**
GC-**G**C
CT-CA
AGC?GC?GCTGCA

간격이 있는 유전체의 경로를 따라 문자열 만들기 문제

쌍을 이루는 드 브루인 그래프의 경로에 해당하는 (k, d)-mer의 서열을 재구축하라.

입력: $1 \leq i \leq n-1$인 i에 대해 $\text{SUFFIX}((a_i|b_i)) = \text{PREFIX}((a_{i+1}|b_{i+1}))$를 만족하는 (k, d)-mer의 서열 $(a_1|b_1), \ldots, (a_n|b_n)$

출력: $1 \leq i \leq n$인 i에 대해 i번째 (k, d)-mer가 $(a_i|b_i)$와 동일하고 길이가 $k + d + k + n - 1$인 문자열 $Text$(만약 그런 문자열이 존재한다면)

이 문제를 해결하는 접근법은 먼저 주어진 (k, d)-mer $(a_1|b_1), \ldots, (a_n|b_n)$를 그들의 앞부분 k-mer인 $FirstPatterns = (a_1, \ldots, a_n)$과 뒷부분 k-mer인 $SecondPatterns = (b_1, \ldots, b_n)$로 나누는 것이다. 유전체의 경로를 따라 문자열 만들기 문제를 해결하는 알고리듬($\text{STRINGSPELLEDBYPATTERNS}$라고 표시한다)을 구현했다는 가정하에 $FirstPatterns$와 $SecondPatterns$를 조립해 각각 $PrefixString$라는 문자열과 $SuffixString$라는 문자열을 만들 수 있다.

위에 있는 첫 번째 예제에서 $PrefixString =$ AGCAGCTGCT이고 $SuffixString =$ AGCTGCTGCA 이다. 이 문자열들은 $PrefixString$의 네 번째 뉴클레오티드부터 서로 완벽하게 겹친다.

$$
\begin{array}{rcl}
PrefixString & = & \text{AGCAGCTGCT} \\
SuffixString & = & \phantom{\text{AGC}}\text{AGCTGCTGCA} \\
Genome & = & \text{AGCAGCTGCTGCA}
\end{array}
$$

그러나 위에 있는 두 번째 예제에서는 완벽하게 겹치지 않는다.

$$
\begin{array}{rcl}
PrefixString & = & \text{AGC}\textbf{T}\text{GC}\textbf{A}\text{GCT} \\
SuffixString & = & \phantom{\text{AGC}}\textbf{A}\text{GC}\textbf{T}\text{GCTGCA} \\
Genome & = & \text{AGC?GC?GCTGCA}
\end{array}
$$

다음에 나오는 알고리듬 $\textbf{STRINGSPELLEDBYGAPPEDPATTERNS}$은 이 접근법을 임의의 (k, d)-mer에 대한 서열 $GappedPatterns$에 대해 일반화한 것이다. 이 알고리듬은 위에 설명한 대로 문자열 $PrefixString$과 $SuffixString$을 구축하고 이 둘이 완벽히 겹치는지 확인한다(즉, 재구축한 문자열의 접두사와 접미사를 형성). 이것은 또한 $GappedPatterns$의 (k, d)-mer의 수가 적어도 d 이상이라고 가정한다. 그렇지 않으면 연속된 문자열을 재구축하는 것이 불가능하다.

```
STRINGSPELLEDBYGAPPEDPATTERNS(GappedPatterns, k, d)
    FirstPatterns ← the sequence of initial k-mers from GappedPatterns
    SecondPatterns ← the sequence of terminal k-mers from GappedPatterns
    PrefixString ← STRINGSPELLEDBYPATTERNS(FirstPatterns, k)
    SuffixString ← STRINGSPELLEDBYPATTERNS(SecondPatterns, k)
    for i = k + d + 1 to |PrefixString|
        if the i-th symbol in PrefixString ≠ the (i − k − d)-th symbol in SuffixString
            rerurn "there is no string spelled by the gapped patterns"
    return PrefixString concatenated with the last k + d symbols of suffixString
```

그래프의 최대 비분기 경로

방향성 그래프 *Graph*에 있는 노드 v는 indegree와 outdegree가 둘 다 1인 경우 **1-in-1-out 노드**라 불린다. 이를 활용해 본문에 있는 '최대 비분기 경로'의 정의를 바꿔 말하면 중간 노드들은 1-in-1-out 노드들이고 처음과 끝 노드들은 1-in-1-out 노드가 아닌 경로라고 할 수 있다. 또한 본문에 있는 정의는 *Graph*에 **닫힌 순환 경로**isolated cycle가 있어서 모든 노드가 1-in-1-out 노드인 경우를 다루지 못한다(그림 3.38을 기억해 보자).

아래에 나와 있는 **MAXIMALNONBRANCHINGPATHS**는 그래프에 있는 1-in-1-out이 아닌 노드를 순회하면서 각 노드의 모든 비분기 경로를 만들어 낸다. 그리고 마지막 단계에서는 그래프에 있는 모든 닫힌 순환 경로를 찾아낸다.

```
MAXIMALNONBRANCHINGPATHS(Graph)
    Paths ← empty list
    for each node v in Graph
        if v is not a 1-in-1-out node
            if OUT(v) > 0
                for each outgoing edge (v, w) from v
                    NonBranchingPath ← the path consisting of the single edge (v, w)
                    while w is a 1-in-1-out node
                        extend NonBranchingPath by the outgoing edge (w, u) from w
                        w ← u
                    add NonBranchingPath to the set Paths
```

```
for each isolated cycle Cycle in Graph
    add Cycle to Paths
return Paths
```

돌아가기

DNA 시퀀싱 기술의 짧은 역사

1988년, 라도예 드르마낙Radoje Drmanac, 안드레이 미르자베코프Andrey Mirzabekov, 에드윈 서던 Edwin Southern은 DNA 시퀀싱을 위한 **DNA array** 방법을 동시에 그리고 독자적으로 제안했는 데 이 방법은 미래 지향적이었으며 그 시대에는 완전히 믿기지 않는 방법이었다. 이 세 명 의 생물학자는 오일러, 해밀턴, 드 브루인의 업적을 알지 못했다. 그중 누구도 그들의 실험 적인 연구가 결국에는 이 수학의 거장들과 마주하게 될 것이라고는 상상도 하지 못했다.

그보다 10년 전 프레더릭 생어는 길이가 5,386 뉴클레오티드만큼인 φX174 바이러스 의 유전체 서열을 밝혀냈다. 1980년대 후반 생물학자들은 길이가 수십만 뉴클레오티드 인 바이러스의 유전체 서열을 일상적으로 밝혀냈으나 (인간은 고사하고) 박테리아의 유전체 를 밝혀낸다는 생각은 실험적으로나 컴퓨터적으로나 터무니없는 것으로 받아들여졌다. 실 제로 1980년대에 리드 하나를 만들어 내는 것은 1달러 이상의 비용이 들어갔으므로 포유 류의 유전체 서열의 가격은 수십억 달러에 이르렀다. 이에 따라 기존의 DNA 시퀀싱 기술 의 리드 길이 k보다는 작지만 유전체의 k-mer 구성을 싸게 만들어 내는 것을 목표로 하는 DNA array 기술이 발명됐다. 예를 들어 1988년 생어의 비싼 시퀀싱 기술은 길이가 500 뉴클레오티드인 리드들을 만들어 냈지만 DNA array 개발자들은 처음에 길이가 단 10 뉴 클레오티드인 리드들을 만들어 내는 것을 목표로 했다.

DNA array는 다음과 같이 진행된다. 먼저 가능한 모든 DNA k-mer 4^k개를 합성하 고 각 k-mer를 DNA array의 격자상에서 고유한 위치에 할당한다. 그다음 어떤 (아직 서 열을 모르는) 단일가닥 DNA 조각을 형광으로 표지하고 이 DNA 조각이 포함된 수용액을 DNA array에 도포한다. DNA 조각에 있는 k-mer는 그들의 역 서열에 해당하는 array의 k-mer에 결합할 것이다. 이제 해야 할 일은 형광 현미경을 사용해 array상에서 어떤 지 점이 형광을 방출하는지 분석하는 것뿐이다. 그 지점에 있는 k-mer의 역 서열이 (아직 서열을 모르는) DNA 조각의 서열일 것이다. 따라서 array에 있는 형광 k-mer 모음이 DNA fragment의 구성을 밝혀내는 것이다(그림 3.42 참고).

처음에는 DNA array가 제대로 작동할 거라고 생각한 사람이 거의 없었는데 그 이유는 수백만 개의 작은 DNA 조각을 합성해야 하는 생화학적 어려움뿐 아니라 서열을 재구축해야 하는 알고리듬상의 어려움이 너무 복잡해 보였기 때문이다. 1988년 『사이언스Science』 저널은 DNA array를 합성하는 작업의 양을 보고 "DNA array를 사용하는 것은 단순히 하나의 끔찍한 업무를 다른 것으로 대체하는 것뿐"이라고 썼다. 『사이언스』 저널은 절반만 맞았던 것으로 드러났다. 1990년대 중반 몇몇 회사는 커다란 DNA array를 설계하는 기술을 완성했으나 그 k 값이 너무 작았기 때문에 DNA array는 그것을 발명한 사람들의 원동력이 됐던 꿈을 결국 실현하지 못했다.

AAA	AGA	CAA	CGA	GAA	GGA	TAA	TGA
AAC	AGC	CAC	CGC	GAC	GGC	TAC	TGC
AAG	AGG	CAG	CGG	GAG	GGG	TAG	TGG
AAT	AGT	CAT	CGT	GAT	GGT	TAT	TGT
ACA	ATA	CCA	CTA	GCA	GTA	TCA	TTA
ACC	ATC	CCC	CTC	GCC	GTC	TCC	TTC
ACG	ATG	CCG	CTG	GCG	GTG	TCG	TTG
ACT	ATT	CCT	CTT	GCT	GTT	TCT	TTT

그림 3.42 가능한 모든 3-mer를 포함한 예시 DNA array. 형광으로 표지된 3-mer의 역 서열을 사용하면 {ACC, ACG, CAC, CCG, CGC, CGT, GCA, GTT, TAC, TTA} 집합이 만들어지는데 이는 12 뉴클레오티드 길이의 문자열 CGCACGTTACCG의 구성을 나타낸다. 이 DNA array는 3-mer가 여러 번 나오는 문제에 대한 정보는 전혀 제공하지 않는다는 것을 알아두자.

그러나 DNA array의 실패는 매우 놀라운 일이었다. 기존의 목표(DNA 시퀀싱)는 도달할 수 없었던 반면 DNA array의 예상치 못한 적용 대상 두 가지가 발견된 것이다. 오늘날 어레이는 유전자 발현량을 측정하는 데에 쓰일 뿐 아니라 유전 변이를 분석하는 일에도 사용되고 있다. 이런 예상치 못한 적용 대상은 DNA array를 수십억 달러짜리 산업으로 바꾸어 놓았는데 여기에는 DNA array의 초기 개발자인 라도예 드르마낙이 설립한 하이세크Hyseq 라는 회사도 포함돼 있다.

하이세크를 설립한 뒤에도 드르마낙은 또 다른 DNA 시퀀싱 기술을 개발하는 그의 꿈을 버리지 않았다. 2005년에 그는 컴플리트 제노믹스Complete Genomics라는 회사를 설립했는데,

이는 첫 차세대 시퀀싱NGS, Next Generation Sequencing 회사들 중 하나였다. 컴플리트 제노믹스, 일루미나Illumina, 라이프 테크놀로지스Life Technologies 그리고 다른 NGS 회사들은 이후에 유전체에서 거의 모든 k-mer를 싸게 생산해 내는 기술을 개발했는데 덕분에 마침내 오일러식 조립 방법을 가능하게 했다. 이런 기술들은 1988년에 제안된 DNA array 기술과는 꽤 다르지만 DNA array의 지적 유산이 NGS 접근법에 남아 있다는 것은 알아볼 수 있다. 이는 좋은 아이디어는 처음에 실패하더라도 절대 없어지지 않는다는 증거다.

DNA array와 유사하게 2005년에 첫 NGS 혁신이 시작됐을 때 NGS 기술들은 처음에 다소 짧고 (거의 20 뉴클레오티드 길이) 오류가 많은 리드들을 수백만 개 만들어 냈다. 그러나 고작 몇 년 만에 NGS 회사들은 리드 길이를 더 길게 만들고 정확도를 수십 배 향상시켰다. 게다가 퍼시픽 바이오사이언시스Pacific Biosciences와 옥스퍼드 나노포어 테크놀로지스Oxford Nanopore Technologies는 이미 오류가 있지만 길이가 수천 뉴클레오티드에 이르는 리드들을 만들어 냈다. 아마도 당신의 스타트업 회사는 전체 유전체를 포괄하는 하나의 리드를 생산해 내는 방법을 개발해 내서 3장을 유전체 시퀀싱의 역사의 각주로 만들어 버릴지도 모른다. 미래가 어떻든지 최근의 NGS 기술 개발은 유전체학의 혁명을 가져왔고, 생물학자들은 지구에 있는 모든 포유류들의 유전체를 조립할 준비를 하고 있다. 이 모든 것이 1735년에 오일러가 고안한 간단한 아이디어에 기반을 두고 있는 것이다.

인간 유전체의 반복 서열

트랜스포존transposon은 DNA상에서 위치가 바뀔 수 있는 DNA 조각인데 종종 중복(반복 서열)을 만들어 낸다. 트랜스포존이 유전자 안으로 삽입insert되면 보통 그 유전자를 무력화시킬 가능성이 높다. 트랜스포존으로 나타나는 질병은 혈우병hemophilia, 포르피린증porphyria, 뒤센 근이영양증Duchenne muscular dystrophy 등이 있다. 트랜스포존은 인간 유전체의 많은 부분을 차지하고 있으며 전치transition 메커니즘에 따라 두 부류로 나뉘는데 바로 **레트로 트랜스포존**retrotransposon과 **DNA 트랜스포존**DNA transposon이다.

레트로 트랜스포존은 두 단계를 통해 복제된다. 먼저 그들은 DNA에서 RNA로 전사transcribe되고, 만들어진 RNA가 **역전사 효소**reverse transcriptase에 의해 역전사돼 DNA로 만들어진다. 이렇게 복제된 DNA 조각은 유전체의 새로운 위치에 삽입된다. DNA 트랜스포존은 RNA 중간 물질이 없지만 **전이 효소**transposase에 의해 촉매된다. 전이 효소는 DNA 트랜스포존을 잘라서 유전체의 새로운 위치에 삽입해 반복 서열을 만들게 된다.

트랜스포존은 바바라 맥클린톡Barbara McClintock에 의해 옥수수에서 처음 발견됐는데 그녀는 이를 통해 1983년에 노벨상을 받았다. 옥수수 유전체의 85%와 인간 유전체의 50%는 트랜스포존으로 돼 있다. 인간에게서 가장 흔한 트랜스포존은 Alu 서열인데 길이는 거의 염기 300개만큼이고 인간 유전체상에서 (돌연변이를 포함해) 거의 몇 백만 번 반복된다. **마리너 서열**Mariner sequence이라는 또 다른 트랜스포존은 인간 유전체에서 1만 4,000번 반복되는데 이것이 거의 260만 염기 쌍에 이른다. 유사-마리너 트랜스포존은 여러 종에서 존재하며 심지어 한 종에서 다른 종으로 옮겨지기도 한다. 마리너 트랜스포존은 **잠자는 숲 속의 공주 트랜스포존 시스템**Sleeping Beuaty transposon system을 개발하는 데 사용됐는데 이는 동물에 새로운 형질을 전달하거나 유전자 치료를 목적으로 합성된 DNA 트랜스포존이다.

그래프

이 책에서 쓰이는 그래프graph라는 단어는 고등학교 수학시간에 쓰이는 것과 조금 다르다. 여기선 데이터의 차트를 의미하지 않는다. 그래프를 도로로 연결된 도시의 그림이라고 생각할 수 있다.

그림 3.43의 첫 번째 그림은 4×4 체스판에서 모서리의 네모 부분이 없어진 그림을 보여 준다. 기사knight는 네 방향(왼쪽, 오른쪽, 위, 아래) 중 하나로 두 칸 이동하고 대각선으로 한 칸 이동할 수 있다. 예를 들어 네모칸 1에 있는 기사는 네모칸 7(두 칸 아래 한 칸 왼쪽), 네모칸 9(두 칸 아래 한 칸 오른쪽) 또는 네모칸 6(두 칸 오른쪽 한 칸 아래)으로 이동할 수 있다.

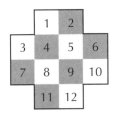 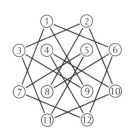 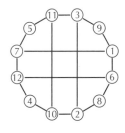

그림 3.43 (왼쪽) 가상의 체스판. (가운데) 각 네모칸을 노드로 하고 기사가 한 번에 이동할 수 있는 노드끼리 에지로 연결한 기사 그래프. (오른쪽) 나이트 그래프를 똑같이 나타낸 그래프

잠깐 멈추고 생각해 보자 기사가 이 체스판을 움직이면서 각 네모칸을 단 한 번씩만 지나서 원래 자리로 돌아올 수 있을까?

그림 3.43의 두 번째 그림은 체스판의 12개 네모칸을 노드로 나타내고 있다. 기사가 한 네모칸에서 다른 네모칸으로 한 번에 움직일 수 있는 경우 이 두 네모칸을 에지로 연결했다. 예를 들어 노드 1은 노드 6, 7, 9에 연결돼 있다. 이런 방식으로 노드를 연결하면 12개의 노드와 16개의 에지로 된 '기사 그래프Knight Graph'가 만들어진다.

하나의 그래프는 노드와 에지들의 모음으로 설명할 수 있는데 여기서 모든 에지는 노드 쌍의 연결로 표현한다. 그림 3.43의 두 번째 그림의 그래프는 아래 노드 모음

$$1, 2, 3, 4, 5, 6, 7, 8, 9, 10, 11, 12,$$

그리고 아래의 에지 모음으로 설명할 수 있다.

1 — 6	1 — 7	1 — 9	2 — 3	2 — 8	2 — 10	3 — 9	3 — 11
4 — 10	4 — 12	5 — 7	5 — 11	6 — 8	6 — 12	7 — 12	10 — 11

그래프에서의 **경로**path는 에지들을 나열한 것인데 각 에지는 바로 전 에지의 끝 노드로 시작한다. 예를 들어, 그림 3.43의 경로 $8 \to 6 \to 1 \to 9$는 노드 8에서 시작해서 노드 9로 끝나고 3개의 에지로 구성돼 있다. 똑같은 노드에서 시작하고 끝나는 에지를 **순환 경로**cycle 라고 말한다. 순환 경로 $3 \to 2 \to 10 \to 11 \to 3$은 노드 3에서 시작하고 끝나며 4개의 에지로 구성돼 있다.

그래프를 그리는 방법은 상관 없다. 2개의 그래프가 똑같은 노드 모음과 에지 모음을 갖고 있다면 아무리 그래프를 나타내는 그림이 다르더라도 똑같은 그래프다. 중요한 것은 연결된 노드가 무엇이고 연결돼 있지 않은 노드가 무엇이냐다. 그러므로 그림 3.43의 두 번째 그림에 있는 그래프는 세 번째 그림에 있는 그래프와 동일한 것이다. 이 그래프에서는 기사 그래프에서 기사가 모든 노드를 한 번씩만 지나고 모든 네모칸을 정확히 한 번만 방문하는 이동 순서를 설명할 수 있는 순환 경로가 드러난다.

연습 문제　그림 3.43의 체스판에서 기사의 이동 경로는 몇 가지나 될까?

주어진 노드 v에 있는 에지의 수를 v의 **degree**라고 한다. 예를 들어 기사 그래프에서 노드 1의 degree는 3이고, 노드 5의 degree는 2다. 모든 12개 노드의 degree를 다 더하면 이 경우에는 32(8개 노드는 degree가 3이고 4개 노드는 degree가 2다)인데 이는 그래프에 있는 에지 수의 두 배다.

210

잠깐 멈추고 생각해 보자   각 전화기를 정확히 3개의 다른 전화기와 연결시키는 방법으로 7개의 전화기를 연결시킬 수 있는가?

많은 생명정보학 문제들이 **방향성 그래프**directed graph를 분석하는데 이 그래프에서 모든 에지는 그림 3.44에서 화살표로 표현된 것처럼 한 노드에서 다른 노드로 향하고 있다. 방향성 그래프를 도시들을 연결하는 일방통행 도로의 그림으로 생각할 수 있다. 방향성 그래프에서 모든 노드들은 들어가는 에지들과 나가는 에지들로 특정된다.

잠깐 멈추고 생각해 보자   모든 방향성 그래프에서 전체 노드의 indegree의 합이 전체 노드의 outdegree의 합과 같다는 것을 증명하라.

비방향성 그래프에서는 두 노드 사이를 연결하는 경로가 있는 모든 노드를 **연결**한다. 연결이 끊긴 그래프들은 **분리된 연결 요소**disjoint connected component들로 분할할 수 있다.

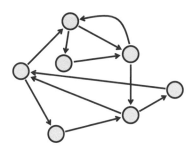

그림 3.44 방향성 그래프

이코시안 게임

더블린Dublin으로 역사가 가득한 우회 여정을 떠나 보면 아일랜드의 수학자 윌리엄 해밀턴 William Hamilton이 1857년에 만든 **이코시안 게임**Icosian game을 만나볼 수 있다. 이 게임은 상업적으로는 실패했는데 20개의 페그 구멍pegholes과 그 구멍들을 연결하는 줄, 그리고 20까지 숫자가 메겨져 있는 페그peg가 있는 나무 판으로 구성돼 있다(그림 3.45 왼쪽). 이 게임의 목표는 숫자가 표시된 페그들을 구멍에 배치해서 페그 1은 판 위에서 페그 2에 연결시키고, 이후 페그 3에 연결시키고, 이런 식으로 계속해서 페그 20을 페그 1에 연결시킬 때까지 계속된다. 다시 말해 판 위의 줄을 따라서 페그 숫자의 오름차순으로 움직이면 모든 페그를 단 한 번씩만 만난 뒤 시작했던 페그로 돌아오게 된다.

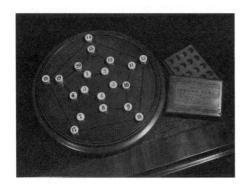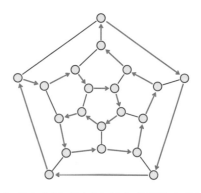

그림 3.45 (왼쪽) 해밀턴의 이코시안 게임에서 승리하게 되는 페그들의 배치를 보여 주고 있다. (오른쪽) 승리하게 되는 페그들의 배치는 그래프에서 해밀턴 순환 경로로 나타낼 수 있다. 그래프의 각 노드는 판 위의 페그 구멍을 나타내고 판 위에서 줄로 연결돼 있는 두 페그 구멍은 에지로 연결돼 있다.

그래프를 사용해서 이코시안 게임을 모델링할 수 있는데, 각 페그 구멍을 노드로 나타내고 페그 구멍들을 연결하는 줄을 해당 노드를 연결하는 에지로 나타내면 된다. 이 그래프는 이코시안 게임을 풀 수 있는 해밀턴 순환 경로를 갖고 있다. 그중 하나는 그림 3.45(오른쪽)에 나타나 있다. 이런 무차별적인 접근법은 작은 그래프에서 해밀턴 순환 문제를 풀 때는 쓸 만하지만 그래프가 커질수록 쓸모없게 된다.

다루기 쉬운 문제와 다루기 어려운 문제

오일러의 이론에 영감을 받고 해밀턴 순환 경로 문제를 풀 수 있는 더 빠른 알고리듬이 있는지 궁금할 수도 있다. 중요한 문제는 오일러 순환 경로 문제를 풀 때는 오일러의 이론에 따라 풀게 되지만 해밀턴 순환 경로 문제를 푸는 데 필요한 간단하고 유사한 조건은 알려진 것이 없다는 점이다. 물론 그래프의 모든 경로를 탐색해 보고 해밀턴 순환 경로를 찾는 즉시 기록할 수도 있다. 이런 거친 방법의 문제는 노드 수가 수천 개만 돼도 탐색해야 할 경로 수가 우주에 있는 원자 수보다 더 많아진다는 것이다.

몇 년 동안 전 세계에서 가장 똑똑한 연구자들조차 해밀턴 순환 문제를 풀지 못했다. 몇 년 간의 성과 없는 노력 끝에 컴퓨터 과학자들은 이 문제가 **다루기 쉬운**tractable 문제인지, 즉 통찰력이 부족해서 다항식 알고리듬을 찾지 못한 게 아니라 해밀턴 순환 경로 문제를 푸는 알고리듬이 그저 존재하지 않기 때문이 아닌지 의심하기 시작했다. 1970년대에 컴퓨터 과학자들은 해밀턴 순환 경로 문제와 같은 운명을 맞이한 수천 가지 문제들을 찾아냈다.

이 문제들은 간단해 보이지만 이를 해결할 수 있는 간단한 알고리듬은 그 누구도 찾지 못했다. 이런 문제들 중 많은 수가 해밀턴 순환 경로 문제를 포함해서 이제는 묶어서 **NP-완전**NP-complete 문제라고 알려져 있다. NP-완전의 형식적인 정의는 이 단락에서 다루지 않을 것이다.

모든 NP-완전 문제들은 서로 동일하다. 어떤 NP-완전 문제의 한 예시는 다항식 시간 복잡도polynomial time 안에 다른 NP-문제의 예시로 바뀔 수 있다. 그러므로 하나의 NP-완전 문제의 빠른 알고리듬을 찾는다면 이 알고리듬을 사용해 다른 어떤 알고리듬에도 적용할 수 있는 빠른 알고리듬을 설계할 수 있다. NP-완전 문제를 효율적으로 해결하는 문제는, 또는 그 문제들이 다루기 힘든intractable 것임을 증명하는 문제는, 너무 근본적이어서 2000년에 클레이 수학 연구소Clay Mathematics Institute에서 일곱 가지 '밀레니엄 문제Millenium Problem' 중 하나로 선정됐다. NP-완전 문제 중 어떤 것이든 상관없이 효율적인 알고리듬을 찾는다면 또는 이 문제 중 하나라도 다루기 힘든 것임을 증명하면 클레이 연구소에서 100만 달러를 상금으로 줄 것이다.

NP-완전 문제에 착수하기 전에 다시 한 번 생각해 보자. 지금까지 일곱 가지의 밀레니엄 문제 중 단 하나만이 해결됐다. 2003년 그리고리 페렐만Grigori Perelman은 푸앵카레 추측Poincaré Conjecture 문제를 증명해 냈다. 진정한 수학자였던 페렐만은 100만 달러의 상금을 거절했는데 그 이유는 수학의 순수함과 아름다움이 그 어떤 보상보다 값진 것이라고 믿었기 때문이었다.

NP-완전 문제는 어려운 컴퓨터 문제의 한 범주 안에 포함된다. 어떤 NP-완전 문제를 다항식 시간복잡도 안에 문제 A로 환산할 수 있다면 문제 A는 **NP-어려움**NP-hard 문제다. NP-완전 문제들끼리는 서로 다항식 시간 안에 환산될 수 있으므로 모든 NP-완전 문제는 NP-어려움 문제다. 그러나 모든 NP-어려움 문제가 NP-완전 문제는 아니다(전자가 후자보다는 더 어렵다는 뜻임). NP-어려움 문제이지만 NP-완전 문제는 아닌 문제로는 **떠도는 세일즈맨**Traveling Salesperson 문제가 있는데 여기서는 주어진 그래프에서 에지에 가중치가 적용돼 있고 총 가중치를 최소화하는 해밀턴 문제를 찾아내야 한다.

오일러에서 해밀턴 그리고 드 브루인으로

1735년에 오일러는 상트페테르부르크St. Petersburg에 있는 러시아 제국 과학 아카데미에 쾨니히스버그의 다리 문제의 해답을 보냈다. 그림 3.46은 오일러가 그린 쾨니히스버그의 7개의 다리를 보여 준다.

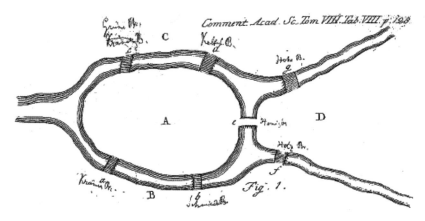

그림 3.46 오일러가 그린 쾨니히스버그에서 도시의 네 부분은 A, B, C, D로 표시돼 있고 프레겔 강의 서로 다른 부분을 건너는 7개의 다리를 볼 수 있다.

오일러는 역사상 가장 많은 업적을 남긴 수학자다. 그는 그래프 이론뿐 아니라 함수를 나타내는 표기법 $f(x)$, -1의 제곱근을 나타내는 i, 원형 상수를 나타내는 p를 처음 도입했다. 평생 동안 열심히 일한 오일러는 1735년 오른쪽 눈이 멀게 됐다. 그래도 오일러는 계속 일했다. 1766년 오일러는 왼쪽 눈을 잃고 말했다. "이제 덜 산만해지겠군." 오일러는 계속 일했다. 완전히 장님이 된 뒤에도 그는 수백 개의 논문을 출판했다.

3장에서 서로 다른 3세기에 걸쳐 유럽 전역에 퍼져 있는 오일러, 해밀턴, 드 브루인이라는 3명의 수학자를 만났다(그림 3.47). 그들의 업적에서 모험심을 느끼며 그들의 업적이 어떻게 현대 생물학의 한 지점으로 수렴하는지 알아차릴 수도 있다. 그렇지만 DNA 시퀀싱을 연구한 첫 생물학자들은 그래프 이론을 이 주제에 어떻게 적용할 수 있을지 생각도 하지 못했다. 게다가 이 3명의 수학자의 아이디어를 유전체 조립에 적용한 첫 번째 논문은 오일러와 해밀턴이 죽은 지 한참 뒤에, 그리고 드 브루인이 70대일 때 출판됐다. 그러니 어쩌면 이들을 모험가가 아닌 외로운 방랑자라고 볼 수도 있다. 수학자의 저주가 종종 그렇듯 이 3명은 추상적인 질문을 열정적으로 추구하면서도 그 답이 추후에 그들이 없을 때 어디로 이끌게 될지 전혀 알지 못했다.

그림 3.47 레온하르트 오일러(왼쪽), 윌리엄 해밀턴(가운데), 니콜라스 드 브루인(오른쪽)

칼리닌그라드의 일곱 다리

쾨니히스버그는 제2차 세계대전 당시 대부분 파괴됐다. 이 폐허는 소련 군대가 점령했다. 도시는 이후 1946년에 소련의 혁명가인 미하일 칼리닌 $^{Mikhail\ Kalinin}$ 을 기려서 칼리닌그라드라고 개명됐다.

18세기부터 쾨니히스버그의 형태는 무척 많이 달라졌고 어쩌다 보니 오늘날의 칼리닌그라드 도시를 본떠 만들어진 다리 그래프는 여전히 오일러 순환 경로를 갖고 있지 않다. 그러나 이 그래프는 오일러 경로를 갖고 있는데 이는 칼리닌그라드 시민들은 모든 다리를 단 한 번만 건널 수 있지만 시작점으로 돌아가지는 못한다는 것을 뜻한다. 그러므로 칼리닌그라드의 시민들은 마침내 쾨니히스버그 시민들이 설정한 목표의 최소한 작은 부분은 이뤘다고 할 수 있다(비록 집에 갈 땐 택시를 타야겠지만). 그러나 칼리닌그라드를 걸어다니는 것은 1735년 당시만큼 즐겁지는 않을 것이다. 그 이유는 아름다운 옛 쾨니히스버그가 제2차 세계대전 당시 연합군의 폭격과 소련이 만든 끔찍한 건축물 때문에 황폐해졌기 때문이다.

이중 가닥 DNA를 조립할 때의 함정

실제 유전체를 조립하고자 생명정보학자들은 각 리드가 어느 가닥에서 왔는지 모른 채로 리드들을 다루게 된다. 이 문제를 해결하고자 먼저 각 리드의 역상보 $^{reverse\ complement}$ 서열을 리드의 모음에 추가해 리드 수를 두 배로 늘렸다. 이상적인 세상에서는 이 리드들로 만들어진 드 브루인 그래프는 각 DNA 가닥에 하나씩, 구조적으로는 같지만 표시가 다르게 된 2개의 연결된 요소로 이뤄져 있을 것이다(그림 3.48 참고).

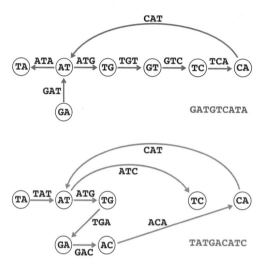

그림 3.48 유전체 서열 GATGTCATA와 TATGACATC를 각각에 해당하는 그래프 DEBRUIJN₃(GATGTCATA)(위쪽)와 DEBRUIJN₃(TATGACATC)(아래쪽)을 사용해 조립하는 것은 매우 간단하다. 각 그래프에는 따라갈 수 있는 경로가 하나씩만 존재하기 때문이다.

현실에서는 이 2개의 요소는 서로 접착돼 있을 것이다. 그 이유는 유전체의 한 가닥 안에서도 각 *k*-mer의 역상보 서열이 매우 많이 존재하기 때문이다. 실제로 유전체에는 **정방향 반복 서열**direct repeat(마치 GATGTATGA 안에 있는 ATG처럼)뿐 아니라 한 문자열이 다른 문자열의 역상보 서열인 **역방향 반복 서열**inverted repeat(마치 GATGTCATA 안에 있는 ATG/CAT처럼)도 존재하기 때문이다. 그 결과 GATGTCATA 가닥 하나는 3-mer 반복 서열이 존재하지 않아서 조립하기 쉬워 보일 수 있지만 역상보 서열인 GATGTCATA와 TATGACATC는 3-mer 반복 서열이 존재하게 된다. 그림 3.49는 역상보 서열인 GATGTCATA와 TATGACATC의 드 브루인 그래프를 보여 주고 있다. 여기서 서로 다른 두 문자열에서 온 노드들을 접착시키게 되는데 이 때문에 유전체 조립이 복잡해지게 된다.

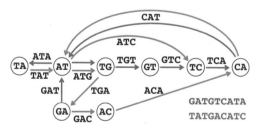

그림 3.49 GATGTCATA와 이것의 역상보 서열인 TATGACATC에 있는 3-mer들로 만들어진 드 브루인 그래프. 이제 원래의 유전체를 조립하는 게 간단하지만은 않은 문제가 됐다.

216

BEST 정리

방향성 오일러 그래프 G의 인접 행렬 $A(G)$가 주어졌을 때 행렬 $A^*(G)$는 그래프 G에 있는 모든 i에 대해서 $A(G)$에 있는 i-번째 대각선 항목을 INDEGREE(i)로 대체한 것으로 정의한다(그림 3.50).

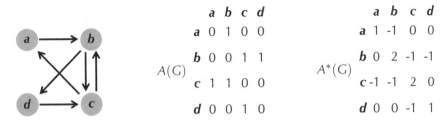

그림 3.50 (왼쪽) 2개의 오일러 순환 경로를 갖고 있는 그래프 G. (가운데) 그래프 G의 인접 행렬 $A(G)$. (오른쪽) 행렬 $A^*(G)$. $A^*(G)$에 있는 각각의 i-cofactor는 2이다. 그러므로 BEST 정리는 오일러 순환 경로의 수를 다음과 같이 계산한다. $2 \cdot 0! \cdot 1! \cdot 1! \cdot 0! = 2$.

행렬 M의 i-cofactor는 i-번째 행과 i-번째 열을 행렬 M에서 삭제해서 얻은 행렬식이다. 주어진 오일러 그래프 G에서 $A^*(G)$의 모든 i-cofactor는 같은 값을 갖게 되는데 이를 $c(G)$라고 표시한다.

아래에 나오는 이론은 그래프에서 오일러 순환 경로의 수를 계산하는 공식을 제공한다. 이것의 이름은 이를 발견한 사람들의 이름을 약자로 나타낸 것이다. de Bruijn, van Aardenne-Ehrenfest, Smith, Tutte.

BEST 정리 오일러식 그래프에 있는 오일러 순환 경로의 수는 다음과 같다.

$$c(G) \cdot \prod_{\text{all nodes } v \text{ in graph } G} (\text{INDEGREE}(v) - 1)!$$

BEST 정리를 증명하는 것은 이 단락의 범위에서 벗어난 내용이지만 오일러식 방향성 그래프에 있는 모든 오일러 순환 경로를 구축하는 또 다른 방법을 제시해 준다.

참고 문헌

쾨니히스버그의 다리 문제에 대한 오일러의 업적 이후(오일러, 1758), 그래프 이론은 거의 100년 동안이나 잊혀져 있었으나 19세기 중반 이후에 다시 활력을 얻었다. 그래프 이론은 20세기에 번창했는데 이때 많은 실용적인 응용이 이뤄지면서 수학의 중요한 영역으로 자리매김했다. 드 브루인 그래프는 니콜라스 드 브루인(de bruijn, 1946)과 I. J. 굿(I. J. Good)(Good, 1946)에 의해 독립적으로 소개됐다.

DNA 시퀀싱 방법은 1977년 프레데릭 생어가 이끄는 그룹(Sanger, Nicklen, Coulson, 1977)과 월터 길버트[Walter Gilbert]가 이끄는 그룹(Maxam, Gilbert, 1977)에 의해 독자적으로 그리고 동시에 발명됐다. 그 1년 전 월터 플라이어스[Walter Flyers]와 동료들은 MS2라고 불리는 더 작은 바이러스의 서열을 밝혀냈는데 생어의 접근법은 더 큰 유전체로 확장됐다. DNA array는 1998년에 라도예 드르마낙(Drmanac et al., 1989)과 안드레이 미르자베코프(Lysov et al., 1988) 그리고 에드윈 서던(Southern, 1988)에 의해 독자적으로 그리고 동시에 제안됐다. DNA array에 대한 오일러식 접근법은 1989년에 설명됐다(Pevzner, 1989).

DNA 시퀀싱에 대한 오일러식 접근법은 아이두리[Idury]와 워터맨[Waterman]에 의해 1995년에 설명됐고 페브즈너[Pevzner], 탕[Tang], 워터맨에 의해 발전됐다. 차세대 시퀀싱 기술로 만들어진 짧은 리드로 유전체를 조립하는 난제를 풀고자 드 브루인 그래프에 기반한 여러 어셈블리 도구가 개발됐다(Zerbino and Birney, 2008, Butler et al., 2008). 쌍을 이루는 드 브루인 그래프는 메드베데프 등(Medvedev et al., 2011)의 논문에서 소개됐다. 잠자는 숲속의 공주 트랜스포존 시스템은 아이빅스 등(Ivics et al., 1997)의 논문에서 개발됐다.

4
항생제의 서열은 어떻게 알아낼까?

두 남자와 한 원숭이의 인생에 가장 환상적인 여행

항생제의 발견

1928년 8월 스코틀랜드의 미생물학자 알렉산더 플레밍Alexander Fleming은 휴가를 떠나기 전 실험실 벤치에서 감염성이 있는 포도상구균을 배양했다. 휴가를 마치고 몇 주 뒤 돌아왔을 때 플레밍은 배양 접시 중 하나가 페니실리움Penicillium 곰팡이로 오염된 것을 발견했고 그 주변의 포도상구균 군집이 파괴된 것을 발견했다. 플레밍은 박테리아를 죽이는 이 물질을 **페니실린**penicillin이라고 이름 붙이고 인간의 박테리아 감염증을 치료할 수 있을 것이라고 제안했다.

1929년 플레밍이 자신의 발견을 발표했을 당시 그의 논문은 즉각적인 영향이 없었다. 후속 실험은 실제로 박테리아를 죽인 물질인 항생물질antibiotic을 추출하고자 고군분투했다. 결과적으로 플레밍은 페니실린이 박테리아 감염에 실질적으로 적용할 수 없다고 결론짓고 항생제 연구를 포기했다.

제2차 세계대전이 시작되고 나서 미국과 영국 정부는 부상당한 병사들을 치료할 수 있는 새로운 항생제를 찾아 나섰다. 그러나 항생제를 대량 생산해야 하는 큰 문제가 남아 있었다. 1942년 봄 전체 페니실린 생산량의 절반을 차지하는 거대 제약 회사 머크Merck가 생산한 페니실린으로 단 한 명의 감염 환자를 치료하는 데 사용했다.

또한 1942년 러시아 생물학자인 게오르기 가우스Georgy Gause와 마리아 브라즈니코바Maria Brazhnikova는 박테리아가 병원성 박테리아인 황색포도상구균Staphylococcus aureus을 죽였다는 사실을 발견했다. 플레밍이 페니실린 추출에 실패했던 것과 달리 이 과학자들은 바실루스 브레비스Bacillus brevis에서 성공적으로 항생물질을 추출해 냈다. 그들은 이 항생물질을 그라미시딘 SGramicidin Soviet라고 이름을 지었다. 1년 만에 이 항생제는 소련 군병원에 보급됐다.

한편 미국 과학자들은 식품 시장에서 썩은 식료품을 수색했고 마침내 일리노이Illinois에서 고농도의 페니실린을 함유한 곰팡이투성이의 칸탈루프cantaloupe[1]를 발견했다. 이 평범한 발견으로 미국은 1944년 연합군의 노르망디 침공에 맞춰 페니실린 200만 개를 생산했고 수천 명의 부상당한 병사들의 생명을 구했다.

가우스는 제2차 세계대전 이후에도 그라미시딘 S를 계속 연구했으나 화학 구조를 밝히지는 못했다. 영국의 생화학자 리처드 싱Richard Synge은 가우스의 연구를 물려받아 그라미시딘 S와 바실루스 브레비스가 만들어 내는 다양한 항생제를 연구했다. 제2차 세계대전이 끝난 지 몇 년 후 그는 **펩티드**peptide로 불리는 짧은 아미노산 서열(즉, 작은 단백질)을 보여 줬다. 가우스는 1946년에 스탈린 상을 받았으며, 싱은 1952년 노벨상을 받았다. 스탈린상은 더 가치가 있었는데 이 상 덕분에 가우스는 전후 시대에 부르주아 유전학자를 반대하는 소련의 **리센코주의**Lysenkoism로부터 사형을 면할 수 있었다(돌아가기: 가우스와 리센코주의 참고).

254페이지

항생제의 대량 생산으로 제약 회사와 병원성 박테리아의 전쟁이 시작됐다. 제약 회사는 새로운 항생제 개발에 노력을 기울였고 병원성 박테리아는 이러한 약물에 대해 내성을 얻기 시작했다. 현대 의학은 60년간 이 전쟁에서 승리했으나 지난 10년 간 어떠한 항생제로도 치료할 수 없는 항생제 내성 세균이 늘어나기 시작했다. 특히 1942년 가우스가 연구한 황색포도상구균은 **메티실린 내성 황색포도상구균**MRSA, Methicillin-resistant Staphylococcus aureus으로 알려진 내성 변종으로 변이됐다. 현재 MRSA는 병원에서 감염으로 인한 사망의 주요 원인이며 그 수는 미국의 AIDS 사망자 수를 훌쩍 뛰어넘었다.

MRSA의 출현으로 현대 의학의 핵심적인 과제는 새로운 항생제를 개발하는 것이다. 항생제 연구에서 어려운 점은 새롭게 발견된 항생제의 **서열**을 알아내는 것, 즉 항생제 펩티드 아미노산들의 순서를 알아내는 것이다.

---

1 멜론의 종류 중 하나 – 옮긴이

박테리아는 어떻게 항생제를 만드는가?

유전체가 펩티드를 암호화하는 방법

바실루스 브레비스가 생산하는 수많은 항생제 중 하나인 **티로시딘 B1**[Tyrocidine B1]부터 살펴보자. 티로시딘 B1은 아래에 표시한 10개의 아미노산 서열로 구성된다. 아미노산은 세 문자 표기법, 단일 문자 표기법으로 나타냈다. 이번 절의 목표는 바실루스 브레비스가 어떻게 항생제를 만드는지 알아내는 것이다.

세 문자 표기법	Val-Lys-Leu-Phe-Pro-Trp-Phe-Asn-Gln-Tyr
단일 문자 표기법	V K L F P W F N Q Y

분자생물학의 중심 원리는 "DNA가 RNA를 만들고 RNA가 단백질을 만든다"라고 말한다. 중심 원리에 따르면 유전체의 유전자는 아데닌[adenine], 시토신[cytosine], 구아닌[guanine], 우라실[uracil]의 네 가지 **리보뉴클레오티드**[ribonucleotide]로 구성된 RNA 가닥으로 **전사**[transcribe]가 일어난다. 이 네 가지 리보뉴클레오티드는 (A, C, G, U)로 표기할 수 있다. 유전체를 하나의 큰 요리책이라고 생각해 보자. 이 경우 유전자와 이에 해당하는 RNA 전사물은 요리법으로 생각할 수 있다. 이후 RNA 전사물은 단백질인 아미노산 서열로 **번역**[translate]된다.

복제와 마찬가지로 전사와 번역의 기본이 되는 화학적 기작은 대단히 흥미롭지만 컴퓨터 연산의 관점에서는 매우 직관적이다. 전사 과정은 단순히 DNA 문자열에서 T를 U로 바꾸는 것만으로 RNA 문자열을 만들 수 있다.

생성한 RNA 가닥은 다음과 같이 아미노산 서열로 번역된다. 번역 과정에서 RNA 가닥은 **코돈**[codon]이라고 하는 겹치지 않는 세 문자인 3-mer로 나뉜다. 그런 다음 각 코돈은 **유전 코드**[genetic code]를 통해 20개 아미노산 중 하나로 변환된다. 그림 4.1에 나와 있듯이 64개의 RNA 코돈은 각각 아미노산을 암호화한다. 이들 중 일부 코돈은 동일한 아미노산을 암호화한다. 여기서 예외적으로 아미노산으로 번역되지 않고 번역을 중지시키는 3개의 **종결 코돈**[stop codon]이 있다(돌아가기: 코돈의 발견 참고). 예를 들어 DNA 문자열 TATACGAAA는 RNA 문자열 UAUACGAAA로 전사되고 RNA는 아미노산 문자열 YTK로 번역된다.

255페이지 ▶

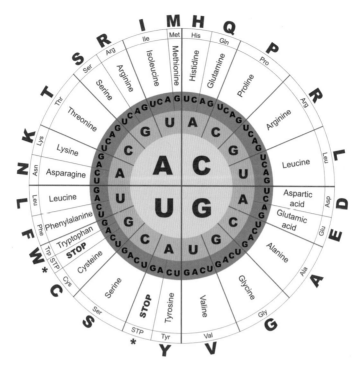

그림 4.1 유전 코드는 RNA 3-mer인 코돈이 20개의 아미노산 중 하나로 번역되는 것을 보여 준다. 3개의 원에서 가장 안쪽의 원은 첫 번째 뉴클레오티드, 그다음 두 번째, 세 번째 원은 각각 두 번째, 세 번째 뉴클레오티드를 의미한다. 네 번째, 다섯 번째, 여섯 번째 원은 번역된 아미노산을 세 가지 방식으로 표현했다. 각각 아미노산의 전체 이름, 세 글자 약어, 단일 문자 약어다. 64개의 RNA 코돈 중 3개는 번역을 멈추는 종결 코돈이다.

그림 4.2에 나타난 것처럼 유전 코드를 64개의 요소를 갖는 GENETICCODE 배열로 나타내 보자. 다음은 RNA 문자열을 아미노산 문자열로 번역하는 문제다.

단백질 번역 문제

RNA 문자열을 아미노산 문자열로 번역하시오.

입력: RNA 문자열 *Pattern*과 GENETICCODE 배열

출력: *Pattern*을 아미노산 문자열 *Peptide*로 번역

연습 문제 30개의 문자로 구성된 DNA 문자열 중 몇 개가 티로시딘 B1으로 전사 및 번역될 수 있는가?

224

0	AAA	K	16	CAA	Q	32	GAA	E	48	UAA	⋆
1	AAC	N	17	CAC	H	33	GAC	D	49	UAC	Y
2	AAG	K	18	CAG	Q	34	GAG	E	50	UAG	⋆
3	AAU	N	19	CAU	H	35	GAU	D	51	UAU	Y
4	ACA	T	20	CCA	P	36	GCA	A	52	UCA	S
5	ACC	T	21	CCC	P	37	GCC	A	53	UCC	S
6	ACG	T	22	CCG	P	38	GCG	A	54	UCG	S
7	ACU	T	23	CCU	P	39	GCU	A	55	UCU	S
8	AGA	R	24	CGA	R	40	GGA	G	56	UGA	⋆
9	AGC	S	25	CGC	R	41	GGC	G	57	UGC	C
10	AGG	R	26	CGG	R	42	GGG	G	58	UGG	W
11	AGU	S	27	CGU	R	43	GGU	G	59	UGU	C
12	AUA	I	28	CUA	L	44	GUA	V	60	UUA	L
13	AUC	I	29	CUC	L	45	GUC	V	61	UUC	F
14	AUG	M	30	CUG	L	46	GUG	V	62	UUG	L
15	AUU	I	31	CUU	L	47	GUU	V	63	UUU	F

그림 4.2 GENETICCODE 배열은 64개의 요소를 포함한다. 각 요소는 아미노산이며 종결 코돈의 경우 ⋆ 문자로 표기했다.

바실루스 브레비스 유전체의 어떤 부분이 티로시딘을 암호화하는가?

수천 개의 서로 다른 DNA 30-mer가 티로시딘 B1을 암호화할 수 있으며 이 중 어떤 30-mer가 바실루스 브레비스 유전체에 있는지 알아보고자 한다. 번역 과정을 수행하고자 DNA 문자열을 코돈으로 나누는 세 가지 방법이 있다. 문자열의 첫 번째 세 문자들의 각각에서 번역을 시작할 수 있다. DNA 문자열을 코돈으로 나누는 방식을 **번역틀**reading frame이라 한다. DNA는 이중 가닥이기 때문에 유전체에는 그림 4.3에 표시한 것과 같이 6개의 번역틀이 존재한다.

```
                          ────────────►
                  GluThrPheSerLeuValSTPSerIle
번역된 펩티드          STPAsnPhePheLeuGlyLeuIleAsn
                  ValLysLeuPheProTrpPheAsnGlnTyr

전사된 RNA         GUGAAACUUUUUCCUUGGUUUAAUCAAUAU

            5' GTGAAACTTTTTCCTTGGTTTAATCAATAT 3'
DNA
            3' CACTTTGAAAAAGGAACCAAATTAGTTATA 5'

전사된 RNA         CACUUUGAAAAAGGAACCAAAUUAGUUAUA

                  HisPheLysLysArgProLysIleLeuIle
번역된 펩티드          SerValLysGluLysThrSTPAspIle
                  PheSerLysGlyGlnAsnLeuSTPTyr
                          ◄────────────
```

그림 4.3 동일한 DNA 조각에서 6개의 다른 번역틀은 DNA 조각을 전사, 번역하는 여섯 가지 방법을 제시한다(각 가닥에서 세 가지 방법). DNA 가닥에서 윗부분은 왼쪽에서 오른쪽의 방향으로 읽으며, DNA 가닥에서 아랫부분은 오른쪽에서 왼쪽의 방향으로 읽는다. 강조 표시한 아미노산 문자열은 티로시딘 B1의 서열을 나타낸다. 종결 코돈은 STP로 표기했다.

RNA 문자열이 *Pattern* 또는 역상보^{reverse complement}인 $\overline{Pattern}$으로부터 전사돼 *Peptide*로 번역되면 DNA 문자열 *Pattern*은 *Peptide* 문자열을 암호화한다고 말할 수 있다. 예를 들어 DNA 문자열 GAAACT는 GAAACU로 전사되고 ET로 번역된다. 이 DNA 문자열의 역상보인 AGTTTC는 AGUUUC로 전사되고 SF로 번역된다. 따라서 GAAACT는 ET와 SF를 모두 암호화한다.

펩티드 암호화 문제

주어진 아미노산 서열을 암호화하는 유전체의 부분 문자열을 찾아라.

(4B)

입력: DNA 문자열 *Text*와 아미노산 문자열 *Peptid*

출력: *Peptide*를 암호화하는 *Text*의 모든 하위 문자열(해당 하위 문자열이 있는 경우 반환한다)

STOP 잠깐 멈추고 생각해 보자 바실루스 브레비스와 티로시딘 B1의 펩티드 암호화 문제를 해결하자. 이 펩티드를 암호화하는 바실루스 브레비스의 시작점은 어디인가?

티로시딘 B1 펩티드 암호화 문제를 해결하면서 바실루스 브레비스 유전체에서 티로시딘 B1을 암호화하는 30-mer를 찾아야 했지만 아직 그러한 30-mer는 존재하지 않는다.

잠깐 멈추고 생각해 보자　박테리아는 어떻게 박테리아 유전체에서 암호화되지 않은 펩티드를 만들어 낼 수 있을까?

선형에서 고리형 펩티드로

가우스와 싱 모두 알지 못했지만 티로시딘과 그라미시딘은 사실 **고리형 펩티드**cyclic peptide다. 그림 4.4 왼쪽에 티로시딘 B1의 고리형을 표현했다. 따라서 티로시딘 B1은 10개의 선형 표현을 갖고 있으며, 이러한 모든 서열을 입력 값으로 펩티드 암호화 문제를 해결해 티로시딘 B1을 암호화하는 30-mer를 찾아야 한다. 그러나 그림 4.4의 오른쪽 10개의 문자열로 펩티드 암호화 문제를 해결한다고 해도 바실루스 브레비스 유전체에서 티로시딘 B1을 암호화하는 30-mer를 찾을 수 없다.

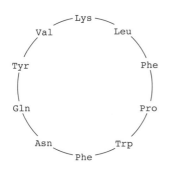

```
 1  Val-Lys-Leu-Phe-Pro-Trp-Phe-Asn-Gln-Tyr
 2  Lys-Leu-Phe-Pro-Trp-Phe-Asn-Gln-Tyr-Val
 3  Leu-Phe-Pro-Trp-Phe-Asn-Gln-Tyr-Val-Lys
 4  Phe-Pro-Trp-Phe-Asn-Gln-Tyr-Val-Lys-Leu
 5  Pro-Trp-Phe-Asn-Gln-Tyr-Val-Lys-Leu-Phe
 6  Trp-Phe-Asn-Gln-Tyr-Val-Lys-Leu-Phe-Pro
 7  Phe-Asn-Gln-Tyr-Val-Lys-Leu-Phe-Pro-Trp
 8  Asn-Gln-Tyr-Val-Lys-Leu-Phe-Pro-Trp-Phe
 9  Gln-Tyr-Val-Lys-Leu-Phe-Pro-Trp-Phe-Asn
10  Tyr-Val-Lys-Leu-Phe-Pro-Trp-Phe-Asn-Gln
```

그림 4.4　티로시딘 B1은 고리형 펩티드다(왼쪽). 그리고 이에 따른 서로 다른 10개의 선형 표현법이 존재한다(오른쪽).

분자생물학 중심 원리 회피

분자생물학의 중심 원리는 모든 단백질은 유전체로부터 나온다고 말하기에 당혹스러울 수 있을 것이다. 노벨상 수상자인 에드워드 테이텀Edward Tatum도 마찬가지로 당혹스러웠고 1963년 새로운 실험을 고안했다. 단백질 번역은 **리보솜**ribosome이라는 분자적 기계가 수행하므로 테이텀은 리보솜을 억제하면 바실루스 브레비스가 단백질을 생성하지 못할 것이라 생각했다. 놀랍게도 티로시딘과 그라미시딘을 제외한 모든 단백질의 생산이 중단됐다. 이 실험으로 테이텀은 아직 알려지지 않은 비리보솜non-ribosomal 메커니즘이 이러한 펩티드를 조립한다는 가설을 세울 수 있게 됐다.

1969년 또 다른 노벨상 수상자인 프리츠 리프만Fritz Lipmann은 티로시딘과 그라미시딘이 리보솜이 아닌 거대한 단백질인 NRPNon-Ribosomal Peptide 합성 효소가 만들어 낸 NRPs라는 것을 증명했다. 이 효소 조각들은 RNA나 유전 암호 없이도 함께 항생제 펩티드를 생성할 수 있다. 모든 NRP 합성 효소는 그림 4.5에 표기한 것과 같이 한 번에 하나의 아미노산을 붙여 펩티드를 조립한다.

많은 NRPs가 제약 분야에 적용되고 있는 이유는 이들이 박테리아와 균류들이 적들을 죽이는 데 사용한 '분자 총알'로 수많은 진화를 거쳤기 때문이다. 만약 적이 병원체인 경우 연구자들은 이 총알을 항균제로써 사용하고자 한다. 그러나 NRPs는 항생제에 국한되지 않고 많은 수는 항암제와 면역억제제, 박테리아가 다른 세포와 소통하는 데 사용된다(돌아가기: 쿼럼 센싱Quorum Sensing 참고).

255페이지 ▶

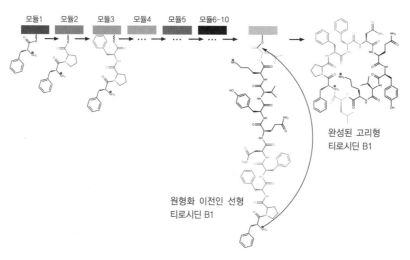

그림 4.5 NRP 합성 효소는 고리형 펩티드를 한 번에 한 아미노산씩 조립하는 거대한 다중 모듈 단백질이다. 다른 색상으로 표시한 10개의 각각 다른 모듈은 하나의 아미노산을 펩티드에 추가하며 그림에서 바실루스 브레비스가 생산하는 많은 티로시딘 중 하나다. 마지막 단계에서 펩티드가 원형화된다.

228

항생제를 작게 조각 내 서열 해독

질량 분석법 소개

NRP는 중심 원리를 지키지 않으므로 유전체로부터 NRP를 추론할 수 없다. 이러한 펩티드의 서열 분석을 더욱 어렵게 만드는 것은 많은 NRP가 티로시딘과 그라미시딘처럼 순환 구조라는 점이다. 따라서 차차 알아볼 선형 펩티드의 서열 분석 표준 툴은 NRP 분석에 적용할 수 없다.

펩티드 서열 분석의 핵심은 분자를 조각으로 쪼개고 결과 조각의 무게를 측정하는 고가의 **질량 분석기**mass spectrometer다. 질량 분석기는 분자의 질량을 **달톤**Da, Dalton 단위로 측정한다. 1 Da은 단일 핵입자인 양성자 또는 중성자의 질량과 거의 같다.

256페이지 ▶

분자의 질량은 분자를 구성하는 핵의 양성자와 중성자의 개수를 단순히 더해서 분자의 정수 질량을 구해 대략적으로 추정한다. 예를 들어 화학식이 C_2H_3ON인 아미노산 글리신의 경우 $2 \cdot 12 + 3 \cdot 1 + 1 \cdot 16 + 1 \cdot 14 = 57$로 질량이 57이다. 그러나 1 Da은 양성자/중성자의 무게와 정확히 일치하지 않으며 자연적으로 발생하는 동위원소를 고려해야 한다(돌아가기: 분자 질량 참고). 결과적으로 아미노산은 일반적으로 정수가 아닌 질량을 갖는다. 글리신의 경우 대략 57.02 Da이다. 계산을 간단하게 하고자 그림 4.6에 제시한 질량표를 사용할 것이다. VKLFPWFNQY로 표시된 티로시딘 B1은 총 질량이 1322 Da ($99 + 128 + 113 + 147 + 97 + 186 + 147 + 114 + 128 + 163 = 1322$)이다.

```
G   A   S   P   V   T   C   I   L   N   D   K   Q   E   M   H   F   R   Y   W
57  71  87  97  99  101 103 113 113 114 115 128 128 129 131 137 147 156 163 186
```

그림 4.6 아미노산의 정수 질량. 각 아미노산의 정수 질량은 아미노산 분자에 있는 양성자와 중성자의 수를 더해 계산했다.

질량 분석기는 티로시딘 B1의 각 분자를 2개의 선형 조각으로 분해할 수 있으며 수십억의 동일한 펩티드가 들어 있는 샘플을 분석한다. 어떤 사본은 LFP와 WFNQYVK로 분해돼 질량이 357과 965로 분석될 수 있고 다른 사본은 PWFN과 QYVKLF로 분해될 수 있다. 목표는 이러한 단편의 질량 정보를 사용해 펩티드 서열을 알아내는 것이다. 질량 분석기로 생성된 조각들의 질량을 모두 모은 집합을 **실험 스펙트럼**experimental spectrum이라 한다.

> 잠깐 멈추고 생각해 보자   실험 스펙트럼을 펩티드 시퀀싱에 어떻게 활용할까?

STOP

고리형 펩티드 시퀀싱 문제

당분간은 단순성을 위해 질량 분석기가 고리형 펩티드의 모든 가능한 연결을 끊어서 실험 스펙트럼이 **하위 펩티드**subpeptide로 불리는 펩티드의 가능한 모든 선형 펩티드 조각을 포함한다고 가정해 보자. 예를 들어 선형 펩티드 NQEL은 N, Q, E, L, NQ, QE, EL, LN, NQE, QEL, ELN, LNQ의 12개 하위 펩티드를 갖는다. 또한 아미노산이 펩티드에서 여러 번 발생하면 하위 펩티드가 두 번 이상 발생할 수 있다고 가정하자. 예를 들면 ELEL에는 E, L, E, L, EL, LE, EL, LE, ELE, LEL, ELE, LEL의 12개의 하위 펩티드가 있다.

연습 문제   길이 n의 고리형 펩티드는 몇 개의 하위 펩티드를 갖고 있는가?

고리형 펩티드의 **이론 스펙트럼**theoretical spectrum은 질량 0과 전체 펩티드의 질량 외에 하위 펩티드의 모든 질량을 모두 모은 것으로, 가장 작은 질량부터 가장 큰 질량까지 순서대로 정렬돼 있다. CYCLOSPECTRUM(*Peptide*)는 *Peptide*의 이론 스펙트럼을 표시하며 이론 스펙트럼에는 중복되는 요소가 포함될 수 있다고 가정한다. 아래와 같이 NQEL의 하위 펩티드인 **NQ**와 **EL**은 질량이 동일함을 확인할 수 있다.

	L	N	Q	E	LN	**NQ**	**EL**	QE	LNQ	ELN	QEL	NQE	NQEL
0	113	114	128	129	227	**242**	**242**	257	355	356	370	371	484

이론 스펙트럼 생성 문제

고리형 펩티드의 이론 스펙트럼을 생성하시오.

입력: 아미노산 문자열 *Peptide*

출력: CYCLOSPECTRUM(*Peptide*)

249페이지

충전소: 펩티드의 이론 스펙트럼 생성   이론 스펙트럼 생성 문제를 해결하는 한 가지 방법은 *Peptide* 의 모든 하위 펩티드를 포함한 목록을 생성한 다음, 펩티드를 구성하는 아미노산의 질량을 더해 하위 펩티드의 질량을 찾는다. 이 접근법은 잘 작동하지만 좀 더 멋진 방법을 알고 싶다면 충전소를 확인해 보자.

알려진 펩티드의 이론 스펙트럼을 생성하는 것은 쉽지만 해결할 목표는 이 과정의 역과정인 펩티드의 실험 스펙트럼에서 미지의 펩티드를 재구성하는 것이다. 한 생물학자가 운이 너무 좋아서 펩티드의 이론 스펙트럼과 일치하는 **이상적인 스펙트럼**ideal spectrum을 생성할 수 있다고 가정해 보자.

> **잠깐 멈추고 생각해 보자** 그림 4.7에 표시한 티로시딘 B1의 이론 스펙트럼을 고려해 보자. 실험으로 이 스펙트럼을 생성했다고 하면 티로시딘 B1의 아미노산 서열을 어떻게 재구성할 수 있겠는가?

0	97	99	113	114	128	128	147	147	163	186	227
241	242	244	260	261	262	283	291	333	340	357	388
389	390	390	405	430	430	447	485	487	503	504	518
543	544	552	575	577	584	631	632	650	651	671	672
690	691	738	745	747	770	778	779	804	818	819	835
837	875	892	892	917	932	932	933	934	965	982	989
1031	1039	1060	1061	1062	1078	1080	1081	1095	1136	1159	1175
1175	1194	1194	1208	1209	1223	1225	1322				

그림 4.7 티로시딘 B1(VKLFPWFNQY)의 이론 스펙트럼. 정수 99-128-113-147-97-186-147-114-128-163로 나타냈다.

고리형 펩티드 시퀀싱 문제

주어진 이상적 스펙트럼에서 이론 스펙트럼과 실험 스펙트럼이 일치하는 고리형 펩티드를 찾으시오.

입력: 이상적인 스펙트럼에 해당하는(반복이 있을 수 있는) 정수 모음 *Spectrum*

출력: CYCLOSPECTRUM(*Peptide*) = *Spectrum*를 만족하는 아미노산 문자열 *Peptide*
(그런 문자열이 존재하는 경우)

지금부터 멋대로 펩티드를 구성하는 아미노산의 정수 질량의 서열로 펩티드를 나타내 직접 아미노산 질량으로 작업할 것이다. 예를 들어 NQEL은 114-128-129-113으로, 티로시딘 B1(VKLFPWFNQY)은 99-128-113-147-97-186-147-114-128-163으로 나타낼 수 있다. 이런 방식으로 20개의 아미노산을 18개의 정수로 표현할 수 있다. 18개의 정수로 표현할 수 있는 이유는 그림 4.6에서처럼 I/L, K/Q가 동일한 정수 질량을 갖고 있기 때문이다.

아미노산 표현을 알파벳으로 제한하지 않게 된다면 고리형 펩티드 시퀀싱 문제에서 여러 답안이 나올 수 있다. 예를 들어 펩티드 1-1-3-3과 1-2-1-4는 동일한 이론 스펙트럼을 갖는다. {1, 1, 2, 3, 3, 4, 4, 5, 5, 6, 7, 7}.

잠깐 멈추고 생각해 보자   이론적으로 동일한 스펙트럼을 가진 2개의 펩티드(18개의 아미노산 질량 알파벳)를 찾을 수 있는가?

고리형 펩티드 시퀀싱의 브루트 포스 알고리듬

2장에서 모티프를 찾을 때 처음으로 브루트 포스^{brute force} 알고리듬을 접했다. 4장에서는 펩티드 시퀀싱에서 브루트 포스 알고리듬을 실용적으로 사용하고자 속도를 높이는 방법을 논의하겠다.

고리형 펩티드 시퀀싱 문제를 해결할 직관적인 브루트 포스 알고리듬을 디자인해 보자. 아미노산 문자열 *Peptide*의 총 질량을 Mass(*Peptide*)로 표현하자. 질량 분석 실험에서 *Spectrum*을 생성한 펩티드는 알려지지 않았지만 펩티드의 질량은 일반적으로 알려져 있으며 ParentMass(*Spectrum*)으로 표시된다.

단순성을 위해 모든 실험 스펙트럼에서 ParentMass(*Spectrum*)이 *Spectrum*에서 가장 큰 질량과 같다고 가정하자. 다음 브루트 포스 고리형 펩티드 시퀀싱 알고리듬은 질량이 ParentMass(*Spectrum*)과 동일한 모든 가능한 펩티드를 생성한 후 펩티드 중 어떤 것이 이론 스펙트럼과 *Spectrum*이 일치하는지 확인한다.

BFCyclopeptideSequencing(*Spectrum*)
    for ParentMass(*Spectrum*)와 Mass(*Peptide*)가 일치하는 모든 *Peptide*
       if *Spectrum* = CycloSpectrum(*Peptide*)
          output *Peptide*

BFCyclopeptideSequencing이 고리형 펩티드 시퀀싱 문제를 해결할 것에는 의문의 여지가 없다. 그러나 실행 시간을 신경써야 한다. ParentMass(*Spectrum*)과 질량이 같은 펩티드는 얼마나 있을까?

주어진 질량에 따른 펩티드 수를 세는 문제
주어진 질량에 따른 펩티드 수를 세어 보시오.

> **입력:** 정수 m
>
> **출력:** 정수 질량 m을 갖는 선형 펩티드 수

문제를 해결하거나 실행 시간 단축에 어려움이 있다면 5장의 동적 프로그래밍 알고리듬을 학습한 뒤 돌아오자. 티로시딘 B1과 동일한 질량(1322)을 가진 수조 개의 펩티드가 있다고 밝혀졌다(그림 4.8). 그러므로 **BFCYCLOPEPTIDESEQUENCING**은 완전히 비실용적임이 드러났고 구현하지 않도록 하겠다.

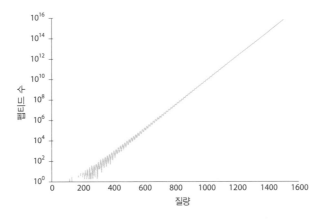

그림 4.8 질량에 따라 지수적으로 늘어나는 펩티드 수

잠깐 멈추고 생각해 보자 그림 4.8에서 펩티드의 질량을 나타내는 큰 값의 m은 $k \cdot C^m$으로 근사할 수 있음을 보여 준다. 여기서 k, C는 상수다. 이 상수를 찾을 수 있는가?

분기 한정법 알고리듬을 고리형 펩티드 시퀀싱에 적용

이전 절의 알고리듬이 처참하게 실패했다고 해서 모든 브루트 포스 알고리듬이 끝장난 것은 아니다. 다른 아이디어를 기반으로 더 빠른 브루트 포스 알고리듬을 설계할 수 있을까?

주어진 질량으로 모든 고리형 펩티드를 확인하는 대신 고리형 펩티드 시퀀싱 문제를 해결할 새로운 접근 방법은 이론적 스펙트럼이 실험 스펙트럼과 일치하는 후보 선형 펩티드를 성장시키는 것이다.

잠깐 멈추고 생각해 보자 선형 펩티드가 실험 펩티드가 일치한다는 것은 무슨 의미일까? VKF를 그림 4.7에 표시된 스펙트럼과 일치한다고 분류할 수 있는가? VKY는 어떠한가?

주어진 실험 스펙트럼 *Spectrum*에서 질량이 0인 빈 문자열(""로 표기)인 **빈 펩티드**empty peptide로 구성된 후보 선형 펩티드 모음 *Peptide*를 형성할 것이다. 다음 단계에서 길이가 1인 모든 선형 펩티드를 포함하도록 *Peptide*를 확장할 것이다. 이 과정을 계속해 길이가 k인 펩티드에서 가능한 모든 아미노산 질량을 추가해 $k+1$인 새로운 18개의 펩티드를 생성한다.

펩티드 후보군의 숫자가 지수적으로 늘어나는 것을 막고자 *Peptides*를 확장할 때마다 실험 스펙트럼과 일치하는 선형 펩티드만 남기도록 자른다. 그다음 새로운 선형 펩티드 중 질량이 Mass(*Spectrum*)과 같은지 확인한다. 생성한 펩티드를 원형화하고 고리형 펩티드 시퀀싱 문제에 맞는 답인지 확인한다.

조금 더 일반적으로 말하자면 **분기 한정법 알고리듬**branch-and-bound algorithm은 브루트 포스 알고리듬처럼 답이 될 만한 모든 후보군을 나열한 후 제거하는 방식이다. 각 알고리듬은 답이 될 후보를 늘리는 **분기 단계**branching step와 답이 되지 않는 후보를 쳐내는 제거 단계 bounding step로 구성된다. 분기 한정법 알고리듬은 고리형 펩티드 시퀀싱 문제에서 길이 k의 펩티드에서 18개의 펩티드를 붙여 $k+1$의 후보군을 만들고, 제거 단계에서 조건에 맞지 않는 펩티드를 제거한다.

선형 펩티드의 스펙트럼은 동일한 아미노산 서열을 가진 고리형 펩티드의 스펙트럼만큼 다양한 질량을 포함하지 않는다. 예를 들어 고리형 펩티드 NQEL의 이론 스펙트럼은 14개의 질량을 포함한다("", N, Q, E, L, LN, NQ, QW, EL, ELN, LNQ, NQE, QEL, NQEL). 그러나 그림 4.9에 나타난 선형 펩티드의 NQEL의 이론 스펙트럼은 LN, LNQ 또는 ELN의 질량이 포함돼 있지 않다. 이러한 하위 펩티드는 선형 펩티드의 끝부분에 감싸져 있기 때문이다.

0	113	114	128	129	242	242	257	370	371	484
" "	L	N	Q	E	NQ	EL	QE	QEL	NQE	NQEL

그림 4.9 펩티드 NQEL의 이론 스펙트럼

연습 문제 길이 n의 선형 펩티드는 몇 개의 하위 펩티드를 갖고 있는가?

주어진 고리형 펩티드의 실험 스펙트럼 *Spectrum*에서 이론 스펙트럼이 *Spectrum*에 모두 포함돼 있으면 선형 펩티드는 *Spectrum*과 일치한다. 만약 어떠한 질량이 선형 펩티드에서 한 번 이상 나타나는 경우 선형 펩티드가 *Spectrum*과 일관되려면 *Spectrum*에서 최소 여러 번 나타나야 한다. 예를 들어 선형 펩티드의 스펙트럼에서 242가 두 번 나온다면 NQEL의 이론 스펙트럼과 일치한다. 그러나 스펙트럼에 113이 두 번 나온 경우 NQEL의 이론 스펙트럼과 일치할 수 없다.

새로운 알고리듬의 핵심은 고리형 펩티드 *Peptide*의 모든 하위 선형 펩티드가 CYCLOSPECTRUM(*Peptide*)와 일치한다는 점이다. 따라서 *Spectrum*에 대한 고리형 펩티드 시퀀싱 문제를 해결하고자 위에서 설명한 제거 단계, 즉 *Spectrum*과 일치하지 않는 펩티드를 안전하게 제거할 수 있다. 예를 들어 스펙트럼 {0, 99, 128, 147, 227, 275, 374}를 갖고 있는 선형 펩티드 VKF는 그림 4.7의 티로시딘 B1의 스펙트럼과 일치하지 않으므로 제거할 수 있다. 그러나 스펙트럼 {0, 99, 128, 163, 227, 291, 390}를 갖고 있는 선형 펩티드 VKY는 그림 4.7에 나타나 있으므로 제거하지 않는다.

분기 단계는 어떠한가? 현재의 선형 펩티드 모음인 *Peptides*에 대해 EXPAND(*Peptides*)는 하나의 아미노산 질량을 추가해 가능한 모든 펩티드 *Peptides*의 모음으로 정의한다. 이제 다음 분기 한정법 알고리듬의 의사 코드 **CYCLOPEPTIDESEQUENCING**을 확인해 보자.

CYCLOPEPTIDESEQUENCING(*Spectrum*)
   Peptides ← 빈 펩티드를 포함한 세트
   while *Peptides*가 비어 있지 않는 동안
      Peptides ← EXPAND(*Peptides*)
      for *Peptides*에서 각 *peptide*
         if MASS(*Peptide*) = PARENTMASS(*Spectrum*)
            if CYCLOSPECTRUM(*Peptide*) = Spectrum
               output *Peptide*
            remove Peptide from *Peptides*
         else if *Peptide*가 *Spectrum*과 일치하지 않는 경우
            remove *Peptide* from *Peptides*

충전소: CYCLOPEPTIDESEQUENCING은 얼마나 빠를까? BFCYCLOPEPTIDESEQUENCING가 실패한 이후 CYCLOPEPTIDESEQUENCING의 구현을 망설일 수 있다. 이 알고리듬의 잠재적인 문제는 중간 단계에서 맞지 않는 *k*-mer를 생성할 수 있다는 점이다. 즉 하위 펩티드인 *k*-mer가 옳지 않은 답이라는 것이다. 그러나 실제로 이것은 문제가 되지 않는다. 충전소를 방문해 예시를 확인해 보자.

4장 항생제의 서열은 어떻게 알아낼까? | 235

CYCLOPEPTIDESEQUENCING의 실행 시간이 오래 걸리는 최악의 경우를 생각하는 것은 어렵지만 이 알고리듬이 수많은 잘못된 k-mer를 생성하지 않으리라는 보장은 할 수 없다. 그럼에도 BFCYCLOPEPTIDESEQUENCING은 실제로 지수적이며 CYCLOPEPTIDESEQUENCING 쪽이 훨씬 빠르긴 하나 다항식으로 증명되지는 않았다. 따라서 이론 컴퓨터 과학에 초점을 맞춘 입문 알고리듬의 관점에서 바라본다면 두 식 모두 다항식으로 제한을 할 수 없기에 CYCLOPEPTIDESEQUENCING은 BFCYCLOPEPTIDESEQUENCING만큼 비효율적이다. 이 문제에 관련한 알고리듬 과제의 자세한 내용은 열린 문제 절을 참고하자.

골프를 만난 질량 분석법

이론에서부터 실제 스펙트럼으로

CYCLOPEPTIDESEQUENCING이 성공적으로 티로시딘 B1을 재구성했지만 이 알고리듬은 이상적인 스펙트럼인 경우에만 작동한다. 즉 펩티드의 실험 스펙트럼이 이론 스펙트럼과 정확히 일치하는 경우에만 알고리듬이 작동한다. 이러한 CYCLOPEPTIDESEQUENCING의 유연하지 못한 특성은 실제 세계에서 질량 분석기가 이상과는 거리가 먼 잡음 스펙트럼을 생성해 **거짓 질량**false mass과 **누락 질량**missing mass이 포함된 잘못된 질량 정보가 있기 때문에 사용하기에는 실질적인 장벽이 있다. 거짓 질량은 실험 스펙트럼에는 있으나 이론 스펙트럼에는 없는 것을 말하고 누락 질량은 이론 스펙트럼에는 있으나 실험 스펙트럼에는 없는 것을 의미한다(그림 4.10).

이론: 0   113 114 128 **129** 227 **242 242** 257   355 356 370 371 484

실험: 0 **99** 113 114 128   227   257 **299** 355 356 370 371 484

그림 4.10 NQEL의 이론 스펙트럼과 모의 실험 스펙트럼. 실험 스펙트럼의 누락 질량은 파란색으로, 거짓 질량은 초록색으로 표기했다.

그림 4.10의 예시에서 특히 우려스러운 점은 아미노산 E(129)의 질량이 누락됐고 V(99)가 거짓으로 들어갔다는 점이다. 결과적으로 CYCLOPEPTIDESEQUENCING의 첫 단계는 후보 펩티드로 부정확한 (V, L, N, Q)를 생성했다. 이론 스펙트럼과 실험 스펙트럼이 다르기 때문에 거짓 또는 누락 질량은 CYCLOPEPTIDESEQUENCING이 올바른 펩티드를 폐기하는 원인이 된다.

잠깐 멈추고 생각해 보자 오류를 포함한 실험 스펙트럼을 처리하고자 고리형 펩티드 시퀀싱 문제를 어떻게 재구성해 보겠는가?

STOP

오류가 있는 스펙트럼에 고리형 펩티드 시퀀싱 적용

고리형 펩티드 시퀀싱 문제를 일반화해 잡음이 있는 스펙트럼을 처리하려면 후보 펩티드의 이론 스펙트럼이 실험적 스펙트럼과 완전히 일치해야 한다는 조건을 느슨하게 할 필요가 있다. 그리고 이론 스펙트럼이 주어진 실험 스펙트럼과 가장 근접한 펩티드를 고르기 위한 점수 체계를 도입해야 한다. 위의 예시를 다시 가져와 보자. 만약에

$$Spectrum = \{0, 99, 113, 114, 128, 227, 257, 299, 355, 356, 370, 371, 484\},$$

이라고 한다면 $\text{SCORE}(\text{NQEL}, Spectrum) = 11$이 된다.

점수 함수scoring function는 공유된 질량의 **다중성**multiplicity, 즉 각 스펙트럼에서 발생하는 횟수를 고려해야 한다. 예를 들어 $Spectrum$이 NQEL의 이론 스펙트럼(그림 4.7)을 포함한다고 가정해 보자. 이 스펙트럼의 경우 질량 242는 2개의 다중도를 갖고 있다. 만약 242가 $Peptide$의 이론 스펙트럼에서 1개의 다중도를 가진다면 242는 $\text{SCORE}(Peptide, Spectrum)$에서 1을 기여한다. 만약 242가 $Peptide$의 이론 스펙트럼에서 더 많은 다중도를 가진다면 $\text{SCORE}(Peptide, Spectrum)$에서 2를 기여한다.

고리형 펩티드 점수 문제

스펙트럼에 대해 고리형 펩티드 점수를 계산하시오.

  입력: 아미노산 문자열 $Peptide$와 정수 모음 $Spectrum$

  출력: $Spectrum$에 대한 $Peptide$의 점수, $\text{SCORE}(Peptide, Spectrum)$

이제 잡음 스펙트럼에서 고리형 펩티드 시퀀싱 문제를 재정의할 수 있다.

고리형 펩티드 시퀀싱 문제(오류가 있는 스펙트럼)

실험 스펙트럼에서 가장 점수가 높은 고리형 펩티드를 찾으시오.

입력: 정수 모음 *Spectrum*

출력: PARENTMASS(*Spectrum*)과 동일한 질량을 가진 모든 펩티드 *Peptide*에 대해 SCORE(*Peptide*, *Spectrum*)을 최대화하는 고리형 펩티드 *Peptide*

CYCLOPEPTIDESEQUENCING 알고리듬을 적용해 점수가 최대치인 펩티드를 찾는 것이 목표다. 이 알고리듬은 엄격해 스펙트럼이 일치하지 않는 모든 선형 펩티드는 폐기된다는 점을 기억하자. 예를 들어 선형 펩티드 *VKF*는 그림 4.7의 이론 스펙트럼과 일치하지 않을 수도 있다는 점을 봤다. 그러나 누락 질량이 있을 수 있기 때문에 실험 스펙트럼에서 *VKF* 를 폐기해서는 안 된다. 따라서 더 많은 선형 펩티드 후보들을 포함하고자 경계 단계를 수정해야 하며 동시에 펩티드의 수가 통제를 벗어나지 않도록 제한할 필요도 있다.

> **STOP** 잠깐 멈추고 생각해 보자 실험 스펙트럼에서 선형 펩티드 후보의 수를 어떻게 제한할 수 있을까?

고려할 만한 후보 선형 펩티드 수를 제한하고자 *Peptide*의 목록을 *Leaderboard*의 목록으로 대체해 보겠다. *Leaderboard*에는 최고 점수를 획득한 N개의 후보 펩티드가 들어 있다. 각 단계에서 *Leaderboard*에 있는 모든 후보 펩티드를 확장한 다음 새로 계산한 점수가 *Leaderboard*에 유지될 만큼 높지 않으면 제거한다. 이러한 아이디어는 골프 토너먼트의 컷 cut 개념과 비슷하다. 컷 후에는 상위 N명의 골프 선수들이 우승할 수 있는 선수들이며 다음 라운드 경기를 할 수 있다.

공정하게 말하자면 컷에는 N 위의 경쟁자와 동률인 모든 사람들이 포함돼야 한다. 따라서 *Leaderboard*는 N개 이상의 펩티드를 포함한 동률을 포함한 N개의 상위 점수 선형 펩티드로 구성된다. 주어진 펩티드 *Leaderboard*의 목록, 스펙트럼 *Spectrum*, 정수 N으로 TRIM(*Leaderboard*, *Spectrum*, N)을 동률을 포함한 N개의 *Spectrum* 상위 점수 선형 펩티드 *Leaderboard*라고 정의한다.

> **STOP** 잠깐 멈추고 생각해 보자 현재 펩티드 점수 함수는 펩티드가 원형으로 가정하고 있으나 최종 단계까지 기술적으로 펩티드는 선형으로 점수가 계산돼야 한다. 스펙트럼의 선형 펩티드 점수를 어떻게 계산하겠는가?

현재 SCORE(*Peptide*, *Spectrum*)은 *Peptide*가 고리형인 경우 *Spectrum*에 대해서만 *Peptide* 점수를 계산하고 있다. 그러나 *Peptide*가 선형인 경우 점수 함수를 일반화하고자 문자열 끝 부분을 감싸는 *Peptide*의 하위 펩티드를 제거하면 LINEARSCORE(*Peptide*, *Spectrum*) 함수가 결과로 나온다. 예를 들어 *Spectrum*이 그림 4.10 NQEL의 스펙트럼인 경우 LINEARSCORE(NQEL, *Spectrum*) = 8임을 확인할 수 있다. 이는 **LEADERBOARDCYCLOPEPTIDESEQUENCING** 의사 코드에서 확인할 수 있다.

```
LEADERBOARDCYCLOPEPTIDESEQUENCING(Spectrum, N)
    Leaderboard ← 빈 펩티드만을 담고 있는 세트
    LeaderPeptide ← 빈 펩티드
    while Leaderboard가 비어 있지 않는 동안
        Leaderboard ← EXPAND(Leaderboard)
        for Leaderboard의 각 Peptide
            if MASS(Peptide) = PARENTMASS(Spectrum)
                if SCORE(Peptide, Spectrum) > SCORE(LeaderPeptide, Spectrum)
                    LeaderPeptide ← Peptide
            else if MASS(Peptide) > PARENTMASS(Spectrum)
                Leaderboard에서 Peptide 제거
        Leaderboard ← TRIM(Leaderboard, Spectrum, N)
    output LeaderPeptide
```

충전소: 펩티드 Leaderboard 자르기 LEADERBOARDCYCLOPEPTIDESEQUENCING 구현의 까다로운 점은 TRIM 함수가 올바르게 구현됐는지 확인하는 것이다. Leaderboard를 자르는 방법에 대한 도움말은 충전소를 확인해 보자.

253페이지

가장 높은 점수를 받은 고리형 펩티드를 생성하는 선형 펩티드는 초기에 잘려 나갈 수 있기에 **LEADERBOARDCYCLOPEPTIDESEQUENCING**은 휴리스틱[2]할 수 있으며 고리형 펩티드 문제를 올바르게 해결한다고 말할 수 없다. 휴리스틱을 개발할 때 반드시 얼마나 정확한지 질문을 던져 봐야 한다. 그림 4.11(위)에 나온 티로시딘 B1의 $Spetrum_{10}$ 스펙트럼에서 약 10%의 누락/거짓 질량이 있다. **LEADERBOARDCYCLOPEPTIDESEQUENCING**을 $N = 1000$의 이 스펙트럼에 적용하면 정답 고리형 펩티드인 VKLFPWFNQY가 86점으로 나온다.

---

2 문제 해결에 있어 반복적인 시행착오를 거치며 답을 찾아내는 방법 – 옮긴이

지금까지 **LEADERBOARDCYCLOPEPTIDESEQUENCING**는 잘 작동했지만 오류 개수가 증가하면 알고리듬이 틀린 펩티드를 결과로 반환할 가능성이 높아진다. 알고리듬이 잡음이 들어 있는 가상의 스펙트럼에서 어떻게 작동하는지 알아보자. 그림 4.11(아래)는 티로시딘 B1의 $Spectrum_{25}$로 25%의 누락/거짓 질량을 나타낸다.

$Spectrum_{25}$를 실행할 때 N=1000의 **LEADERBOARDCYCLOPEPTIDESEQUENCING**은 82점의 VKLFPWFNQY 대신 83점의 VKLFPADFNQY를 가장 높은 점수의 고리형 펩티드로 나타냈다. A(71), D(115)의 질량이 W(186)과 같기에 두 펩티드는 유사하다.

0	97	99	**113**	114	**128**	128	147	147	163	186	227
241	242	244	260	261	**262**	283	291	333	340	357	385
388	389	390	390	405	430	430	447	485	487	503	504
518	543	544	552	575	577	584	**631**	632	650	651	671
672	690	691	738	745	747	770	778	779	804	818	819
820	835	837	875	892	**892**	917	932	932	933	934	965
982	989	**1030**	**1031**	1039	1060	1061	1062	1078	1080	1081	1095
1136	1159	1175	1175	1194	1194	1208	1209	1223	1225	1322	

0	97	99	113	114	**115**	128	128	147	147	163	186
227	241	242	**244**	244	**256**	260	261	262	283	291	**309**
330	333	340	**347**	357	**385**	388	389	390	390	405	**430**
430	**435**	447	485	487	503	504	518	**543**	544	552	575
577	584	**599**	**608**	631	632	650	651	**653**	**671**	672	690
691	**717**	738	745	747	770	778	779	804	818	819	**827**
835	837	875	892	892	917	932	932	933	934	965	982
989	**1031**	1039	1060	**1061**	1062	1078	1080	1081	1095	1136	1159
1175	1175	1194	1194	1208	1209	1223	**1225**	1322			

그림 4.11 (위) 티로시딘 B1의 가상 실험 스펙트럼 $Spectrum_{10}$. 이 스펙트럼에는 약 10%의 누락(파란색), 거짓(초록색) 질량이 들어 있다. 파란색 질량은 실제 스펙트럼에 없지만 어떠한 질량이 빠져 있는지 명확히 하고자 표시했다. (아래) 티로시딘 B1의 가상 실험 스펙트럼 $Spectrum_{25}$. 약 25%의 누락과 거짓 질량이 들어 있다.

잠깐 멈추고 생각해 보자 $Spectrum_{25}$에서 부정확한 펩티드 VKLFPADFNQY를 어떻게 제거할 수 있을까?

정확한 펩티드와 부정확한 펩티드는 유사하지만 서로 간의 아미노산 구성은 다르다. 만약 티로시딘 B1의 스펙트럼으로만 아미노산 구성을 알아낼 수 있고, 모든 아미노산 알파벳이 아닌 작은 구성의 알파벳에서 **LEADERBOARDCYCLOPEPTIDESEQUENCING**를 실행한다면 부정확한 펩티드 VKLFPADFNQY를 고려 대상에서 제외할 수 있다.

20에서 100개 이상의 아미노산

지금까지 20개 아미노산이 단백질을 구성한다고 가정했다. 이러한 구성 요소를 **단백질 생성 아미노산**proteinogenic amino acids이라고 부른다. 실제로 **셀레노시스테인**selenocysteine과 **피롤리신**pyrrolysine이라는 2개의 아미노산이 더 있다. 이 둘은 특수 생합성 메커니즘에서 단백질에 통합된다(돌아가기: 셀레노시스테인과 피롤리신 참고). 그러나 22의 단백질 생성 아미노산 외에도 NRP에는 **비단백질 아미노산**non-proteinogenic amino acids이 포함돼 있으며 항생제 펩티드 구성 요소 숫자는 20개에서 100개 이상으로 확장될 수 있다.

257페이지

아미노산 알파벳을 확장하면 현재 고리형 펩티드 접근법에 문제가 발생한다. 실제로 정답 펩티드는 점수판에 오른 틀린 펩티드와 경쟁해야 한다. 이는 정답 펩티드가 중간에 떨어져 나갈 가능성이 높아짐을 의미한다.

예를 들어 티로시딘 B1에는 단백질 생성 아미노산만 포함돼 있으나 관계가 가까운 티로시딘 B(Val-Orn-Leu-Phe-Pro-Trp-Phe-Asn-Gln-Tyr)은 비단백질성 아미노산인 **오르니틴**Orn, Ornithine이 들어 있다. 많은 비단백질성 아미노산이 존재하기 때문에 생물정보학자들은 종종 아미노산의 질량을 57에서 200이라고 가정한다. 가장 가벼운 아미노산인 Gly는 질량이 57Da이고 대부분의 아미노산은 질량이 200Da보다 작다.

> **잠깐 멈추고 생각해 보자** 확장된 아미노산 알파벳(57~200 사이의 값의 144개 정수)으로 $Spectrum_{10}$을 LEADERBOARDCYCLOPEPTIDESEQUENCING에 적용해 가장 높은 점수를 받은 펩티드를 확인해 보자.

$Spectrum_{10}$에 확장된 알파벳으로 LEADERBOARDCYCLOPEPTIDESEQUENCING을 적용하면 높은 점수를 얻은 펩티드 중 하나는 VKLFPWFNQXZ다. 여기서 X의 질량은 98, Z의 질량은 65다. 확실히 비표준 아미노산은 성공적으로 표준 아미노산과 순위표에서 경쟁을 했고 결과적으로 VKLFPWFNQXZ는 정답 펩티드인 VKLFPWFNQY보다 점수가 높았다. LEADERBOARDCYCLOPEPTIDESEQUENCING은 단지 10%의 거짓 질량과 누락 질량으로도 올바른 펩티드를 인식하지 못하므로 이전 절에서 언급했던 목표가 더욱 중요해졌다. 아미노산의 작은 알파벳으로 LEADERBOARDCYCLOPEPTIDESEQUENCING을 실행할 수 있도록 스펙트럼에서 펩티드 아미노산을 결정해야 한다.

> **잠깐 멈추고 생각해 보자** 실험 스펙트럼만을 사용해 알려지지 않은 펩티드에 어떤 아미노산이 들어 있는지 알 수 있을까?

스펙트럼 컨볼루션으로 문제 해결

실험 스펙트럼에서 펩티드 아미노산 조성을 결정하는 한 가지 방법은 57~200 Da 사이 값을 갖는 스펙트럼에서 가장 작은 질량 값을 가져오는 것이다. 그러나 만약 하나의 아미노산 질량이 누락된다고 하면 이 방법은 펩티드 아미노산 구성을 재구성하지 못한다.

다른 접근 방식을 찾아보자. 실험 스펙트럼의 하위 펩티드에 NQE와 NQ가 있다고 가정해 보자. 만약 두 질량의 차를 계산한다면 E가 실험 스펙트럼에서 존재하지 않더라도 이 질량을 거저 얻을 수 있다. 기본 펩티드가 NQEL이면 QE와 Q 또는 NQEL과 LNQ의 질량을 빼서 E의 질량을 찾을 수 있다.

이 예시에 따라 스펙트럼의 모든 질량차를 스펙트럼 **컨볼루션**convolution이라 정의하자. 그림 4.12는 그림 4.10에서 살펴본 NQEL의 이론 스펙트럼(위)과 가상 스펙트럼(아래)의 컨볼루션을 나타낸다.

예상대로 그림 4.12의 일부 값은 다른 값들보다 더 자주 나타난다. 예를 들어 L의 질량인 113은 8의 다중도를 나타낸다. 113의 발생에서 8개 중 6개는 서로 다른 하위 펩티드 L에서 발생한다. L과 "", LN과 N, EL과 E, LNQ와 NQ, QEL과 QE, NQEL과 NQE다. 재미있는 사실은 E의 질량 129는 스펙트럼에서 누락됐음에도 가상 스펙트럼의 컨볼루션에서 세 번 나온다는 점이다.

알려지지 않은 펩티드 아미노산의 구성을 추측할 때 자주 나타나는 정수를 사용한다는 확신이 필요하다. 가상의 스펙트럼 NQEL의 컨볼루션에서 57~200 사이의 가장 자주 나타나는 요소는 다음과 같다. 괄호 안은 횟수를 나타낸다.

$$113 \ (4), \ 114 \ (4), \ 128 \ (4), \ 99 \ (3), \ 129 \ (3) \, .$$

이러한 빈번한 요소들은 NQEL의 4개 아미노산을 모두 갖고 있다.

스펙트럼 컨볼루션 문제

스펙트럼의 컨볼루션을 생성하시오.

    입력: 스펙트럼 정수의 모음

    출력: 다중성의 값으로 내림차순한 컨볼루션 요소 목록

| "" | L | N | Q | E | LN | NQ | EL | QE | LNQ | ELN | QEL | NQE |
0	113	114	128	129	227	242	242	257	355	356	370	371
0												
113	**113**											
114	**114**	1										
128	**128**	15	14									
129	**129**	16	15	1								
227	227	**114**	**113**	99	98							
242	242	**129**	**128**	**114**	**113**	15						
242	242	**129**	**128**	**114**	**113**	15						
257	257	144	143	**129**	**128**	30	15	15				
355	355	242	241	227	226	**128**	**113**	**113**	98			
356	356	243	242	228	227	**129**	**114**	**114**	99	1		
370	370	257	256	242	241	143	**128**	**128**	**113**	15	14	
371	371	258	257	243	242	144	**129**	**129**	**114**	16	15	1
484	484	371	370	356	355	257	242	242	227	**129**	**128**	**114**	**113**

| "" | false | L | N | Q | LN | QE | false | LNQ | ELN | QEL | NQE |
0	99	113	114	128	227	257	299	355	356	370	371
0											
99	**99**										
113	**113**	14									
114	**114**	15	1								
128	**128**	29	15	14							
227	227	**128**	**114**	**113**	**99**						
257	257	158	144	143	**129**	30					
299	299	200	186	185	171	72	42				
355	355	256	242	241	227	**128**	98	56			
356	356	257	243	242	228	**129**	99	57	1		
370	370	271	257	256	242	143	**113**	71	15	14	
371	371	272	258	257	243	144	**114**	72	16	15	1
484	484	385	371	370	356	257	227	185	**129**	**128**	**114**	**113**

그림 4.12 (위) 이론 스펙트럼 NQEL의 스펙트럼 컨볼루션. 57~200의 가장 빈번한 요소와 다중도: 113(8), 114(8), 128(8), 129(8). (아래) NQEL의 가상 스펙트럼에 대한 스펙트럼 컨볼루션. 57~200의 가장 빈번한 요소와 다중도: 113(4), 114(4), 128(4), 99(3), 129(3).

$Spectrum_{10}$에서 **LEADERBOARDCYCLOPEPTIDESEQUENCING**이 확장된 아미노산 알파벳을 사용해 티로시딘 B1을 재구성하는 데 실패했었다. 57~200의 스펙트럼 컨볼루션 spectral convolution의 10개 상위 요소와 다중도는 다음과 같다.

147 (35)	128 (31)	97 (28)	113 (28)	114 (26)
186 (23)	57 (21)	163 (21)	99 (18)	145 (18)

이 질량 목록에서 57과 145를 제외하면 티로시딘 B1의 아미노산을 찾아냈다.

이제 새로운 고리형 펩티드 시퀀싱 알고리듬의 개요를 살펴보자. 먼저 주어진 실험 스펙트럼에서 컨볼루션을 계산한다. 그다음 컨볼루션에서 57~200 사이의 가장 빈번한 M개 요소를 선택해 확장된 아미노산 질량 알파벳을 생성한다. 공평성을 위해 컨볼루션 상위 M 개 요소에서는 '동점'도 고려한다. 마지막으로 제한된 알파벳에서 **LEADERBOARDCYCLOPEPTIDESEQUENCING**를 수행한다. 이 알고리듬을 **CONVOLUTIONCYCLOPEPTIDESEQUENCING**라고 하자.

잠깐 멈추고 생각해 보자 $N = 1000$, $M = 20$인 스펙트럼 $Spectrum_{10}$과 $Spectrum_{25}$에서 **CONVOLUTIONCYCLOPEPTIDESEQUENCING**를 수행해 보자. 가장 점수가 높은 펩티드는 무엇인가?

$N = 1000$, $M = 20$인 **CONVOLUTIONCYCLOPEPTIDESEQUENCING**는 $Spectrum_{10}$에서 티로시딘 B1을 올바르게 재구성한다. 이 알고리듬의 진정한 테스트는 잡음이 있는 스펙트럼에서 작동하는지 여부를 측정하는 것이다. 이전 알고리듬은 $Spectrum_{25}$에서 잘 작동하지 않았다. 반면에 $N = 1000$, $M = 20$에서 **CONVOLUTIONCYCLOPEPTIDESEQUENCING**는 이 스펙트럼에서 티로시딘 B1을 올바르게 찾아낸다.

에필로그: 가상의 스펙트럼에서 실제 스펙트럼으로

4장에서는 거짓 또는 누락 질량이 포함되기는 했지만 가상의 스펙트럼을 제공해 섬뜩한 현실에서 벗어났다. 질량 분석기를 '척도'로 느슨히 표현하고 이 복잡한 기계가 한 번에 하나씩 작은 펩티드 조각을 측정한다고 가정해 누락의 가능성을 제공했다. 사실 질량 분석기는 먼저 하위 펩티드를 이온, 즉 하전 입자로 변환한다. 입자를 이온화하는 것은 질량 분석기가 전자기장을 사용해 이온을 분류하는 데 도움이 된다. 이온은 질량이라기보다는 **질량/전하 비율**mass/charge ratio로 나뉜다. 만약 $114 + 128 + 163 = 405$ 질량의 이온 조각 NQY가 11의 전하를 갖는 경우 추가적인 양성자를 포함해 총 질량은 406이고 질량/전하 비율은 $406/1 = 406$이다. 더 정확히 한다면 단일 동위 원소 질량은 약

114.043 + 128.058 + 163.063 = 405.164이고 양성자 질량은 1.007Da로 질량/전하 비율은 (405.164 + 1.007)/1 = 406.171다(돌아가기: 분자 질량 참고).

256페이지

질량 분석기는 실제 티로시딘 B1의 스펙트럼을 나타낸 그림 4.13과 같은 **피크**peak 모음을 제공한다. 각 피크에서 x축은 이온의 질량/저하 비율이며 높이는 질량/전하 비율을 갖는 이온의 상대적인 **강도**intensity를 나타낸다. 예를 들어 그림 4.13의 티로시딘 B1의 실험 스펙트럼에서 질량/전하 비율 값이 406.30인 아주 작은 피크를 찾을 수 있다. 이는 NQY의 질량/전하 비율 406.171을 나타내며 오차는 약 0.13Da다.

상상할 수 있듯이 실제 스펙트럼을 분석하려면 몇 가지 실질적인 장벽들이 있다. 첫째, 각 피크의 전하를 알 수 없기 때문에 연구자들은 종종 가능한 전하를 1에서 *maxCharge*(최대 전하)로 시도해 본다. 여기서 *maxCharge*을 결정하는 것은 사용한 조각화 기술에 따라 바뀐다. 이 방법은 각 피크마다 *maxCharge* 질량을 생성하므로 *maxCharge*의 값이 커질수록 스펙트럼에서 거짓 질량이 많아진다.

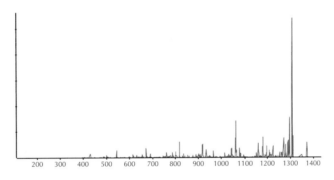

그림 4.13 티로시딘 B1의 실제 스펙트럼. 피크의 x축은 질량/전하 비율을 나타내며 높이는 질량/전하 비율을 갖는 이온의 강도를 나타낸다.

둘째, 그림 4.13의 스펙트럼은 거의 1,000개의 피크가 있고 대부분은 거짓 피크false peak다. 이는 질량/전하 비율과 일치하는 하위 펩티드의 질량/전하 비율이 없다는 것을 의미한다. 다행히도 거짓 피크는 낮은 강도를 갖고 있으며 알고리듬을 적용하기 전 전처리로 낮은 강도 피크를 제거하는 단계가 필수적이다. 그림 4.14는 전처리 단계 후 남은 95개의 질량/전하 비율 피크를 보여 준다. 그럼에도 불구하고 강도는 2~3배 정도 차이가 난다. 예를 들어 질량/전하 비율의 강도에서 가장 낮은 값은 372.2이고, 가장 높은 값은 1306.5로 3배 높다.

$$
\begin{array}{ccccccccc}
372.2 & 397.2 & 402.0 & \mathbf{406.3} & 415.1 & \mathbf{431.2} & \mathbf{448.3} & 449.3 & 452.2 \\
471.3 & \mathbf{486.3} & \mathbf{488.2} & 500.5 & \mathbf{505.3} & 516.1 & 536.1 & \mathbf{544.2} & \mathbf{545.3} \\
562.5 & 571.3 & 599.2 & 614.4 & 615.4 & 616.4 & 618.2 & \mathbf{632.0} & 655.5 \\
656.3 & \mathbf{672.5} & \mathbf{673.3} & 677.3 & \mathbf{691.4} & \mathbf{692.4} & 712.1 & 722.3 & \mathbf{746.5} \\
760.4 & 761.6 & 762.5 & \mathbf{771.6} & 788.4 & 802.3 & 803.3 & 818.5 & \mathbf{819.4} \\
831.4 & \mathbf{836.3} & 853.3 & 875.5 & \mathbf{876.5} & 901.5 & 915.9 & 916.5 & 917.8 \\
\mathbf{918.4} & \mathbf{933.4} & 934.7 & 935.5 & 949.4 & \mathbf{966.2} & 995.4 & 1015.6 & 1027.5 \\
1029.5 & 1031.5 & 1044.5 & 1046.5 & \mathbf{1061.5} & \mathbf{1063.4} & \mathbf{1079.2} & 1083.7 & \\
1088.4 & 1093.5 & \mathbf{1096.5} & 1098.4 & 1158.5 & 1159.5 & \mathbf{1176.6} & 1177.7 & \\
1178.6 & 1192.7 & \mathbf{1195.4} & 1207.5 & \mathbf{1210.4} & \mathbf{1224.6} & 1252.5 & 1270.5 & \\
1271.5 & 1278.6 & 1279.6 & 1295.6 & 1305.6 & 1306.5 & 1307.5 & 1309.6 &
\end{array}
$$

그림 4.14 그림 4.13에서 가장 높은 강도를 갖는 95개의 질량/전하 비율. 굵게 표시한 값은 티로시딘 B1의 하위 펩티드다(0.3 Da의 차이 허용). 그림 4.15 참조.

질량	하위 펩티드	질량	하위 펩티드	질량	하위 펩티드
406.2	NQY	431.2	FPW	448.2	WFN
486.2	KLFP	488.2	VKLF	505.2	NQYV
544.2	LFPW	545.2	PWFN	632.3	QYVKL
672.3	KLFPW	673.3	PWFNQ	691.3	LFPWF
692.3	FPWFN	746.3	NQYVKL	771.3	VKLFPW
819.4	KLFPWF	836.4	PWFNQY	876.4	QYVKLFP
918.4	VKLFPWF	933.4	LFPWFNQ	934.4	YVKLFPW
935.4	PWFNQYV	966.4	WFNQYVK	1061.5	KLFPWFNQ
1063.5	PWFNQYVK	1079.5	WFNQYVKL	1096.5	LFPWFNQY
1176.5	NQYVKLFPW	1195.6	LFPWFNQYV	1210.6	FPWFNQYVK
1224.6	KLFPWFNQY				

그림 4.15 그림 4.14의 값은 *maxCharge* = 1, 0.3 Da까지 불일치 허용한 티로시딘 B1의 하위 펩티드들의 질량이다. 이 31개의 질량은 티로시딘 B1의 이론적 스펙트럼에서 95개의 하위 펩티드 중 1/3을 나타낸다.

그림 4.14에서 굵게 표시한 95개의 질량/전하 비율 중 31개만 그림 4.15에 나타난 것처럼 티로시딘 B1의 하위 펩티드로 일치시킬 수 있다.

질량의 2/3가 거짓인 실제 스펙트럼에서 티로시딘 B1을 시퀀싱하는 것은 가상의 *Spectrum*$_{25}$에서 펩티드를 시퀀싱하는 것만큼 어렵다는 것을 알 수 있다. 다음 도전 문제에서 실제 스펙트럼을 분석하고자 추가적으로 개발할 사항에 대해 알아보겠다.

티로시딘 B1은 바실루스 브레비스가 만드는 알려진 NRP들 중 하나다. 단일 박테리아 종은 수십 개의 다른 항생제를 만들어 낼 수 있다. 70년의 연구가 있었지만 여전히 바실루스 브레비스가 생산할 미지의 항생제가 있을 수 있다. 아래 실제 실험 스펙트럼에서 티로시딘을 시퀀싱해 보자. 이 스펙트럼을 생성하는 데 사용한 조각화 기술은 전하가 +1인 이온을 생성하는 경향성이 있기에 모든 전하가 +1이라 가정할 수 있다.

371.5	375.4	390.4	392.2	409.0	420.2	427.2	443.3	446.4	461.3
471.4	477.4	491.3	505.3	506.4	519.2	536.1	546.5	553.3	562.3
588.2	600.3	616.2	617.4	618.3	633.4	634.4	636.2	651.5	652.4
702.5	703.4	712.5	718.3	721.0	730.3	749.4	762.6	763.4	764.4
779.6	780.4	781.4	782.4	797.3	862.4	876.4	877.4	878.6	879.4
893.4	894.4	895.4	896.5	927.4	944.4	975.5	976.5	977.4	979.4
1005.5	1007.5	1022.5	1023.7	1024.5	1039.5	1040.3	1042.5	1043.4	1057.5
1119.6	1120.6	1137.6	1138.6	1139.5	1156.5	1157.6	1168.6	1171.6	1185.4
1220.6	1222.5	1223.6	1239.6	1240.6	1250.5	1256.5	1266.5	1267.5	1268.6

힌트: 이 스펙트럼에서 생성된 펩티드는 티로시딘 계열에 속하므로 티로시딘 B1과 비슷해야 한다.

열린 문제

순환 도로와 유료 도로 문제

임의의 정수 알파벳의 경우 고리형 펩티드 시퀀싱 문제는 컴퓨터 공학에서 **순환 도로 문제** Beltway Problem라 알려져 있다. 순환 도로 문제는 원 위의 점들의 집합을 찾는 것으로 각 점들의 거리는 주어진 정수와 일치한다.

점들이 원 대신 선에 있는 경우 **유료 도로 문제** Turnpike Problem라고 부른다. 순환 도로와 유료 도로라는 용어는 각각 원형 도로와 선형 도로의 출구를 비유한다. 원과 선에 n개의 점이 있는 경우 순환 도로와 유료 도로 문제의 입력은 각각 $n(n-1)+2$와 $\frac{n(n-1)}{2}+2$다. 이 공식에는 거리 0과 전체 길이가 포함된다.

순환 도로와 유료 도로 문제의 다항식 알고리듬을 디자인 또는 문제를 해결할 수 없다고 증명하는 다양한 시도들이 실패했다. 그러나 유료 도로 문제에 대해 의사 다항식 알고리듬 pseudopolynomial algorithm이 있다(돌아가기: 유료 도로 문제의 의사 다항식 알고리듬 참고). 입력 길이로 다항식이 제한되는 진정한 다항식 알고리듬과는 달리 유료 도로 문제의 의사 다항식 알

257페이지 ▶

고리듬은 선분 전체 길이에 대한 다항식이다. 예를 들어 만약 n개의 점이 2^{100} 정도의 거리만큼 떨어져 있는 경우 다항식 알고리듬은 빠른 반면 의사 알고리듬은 엄청나게 느리다. 거리 자체는 크지만 각 거리는 약 100비트 정도를 사용해 저장할 수 있다. 이는 입력 길이가 그렇게 먼 거리에 대해서도 작다는 것을 의미한다.

의사 다항식 알고리듬은 문제에서 큰 거리를 포함하지 않기에 실제로 유용하다. 흥미롭게도 유료 도로에서 의사 다항 알고리듬이 존재하지만 순환 도로 문제에서는 아직 발견되지 않았다. 이 알고리듬을 개발할 수 있는가?

영장류에서 고리형 펩티드 시퀀싱

박테리아와 균류만이 고리형 펩티드를 생산하는 것은 아니다. 동물과 식물도 비록 다른 기작이긴 하지만 고리형 펩티드를 생산할 수 있다. 동물에서 발견된 첫 고리형 펩티드는 θ-디펜신$^{\theta\text{-defensin}}$으로 1999년 마카크원숭이^{macaques}에서 발견됐다. θ-디펜신은 바이러스가 세포에 유입되는 것을 막고 강한 항-HIV 작용을 한다. 영장류가 어떻게 θ-디펜신을 만드는지에 대한 질문은 아직 미스테리다.

말할 필요도 없이 마카크원숭이의 유전체에는 θ-디펜신의 18개 아미노산을 암호화하는 54-mer가 없다. 그 대신에 이 고리형 펩티드는 그림 4.16에서 보는 것과 같이 RTD1a와 RTD1b라 불리는 두 다른 단백질에서 9개 아미노산이 잘려 나와 서로 붙어서 생성된다. 이렇게 자르고 붙이는 과정에서 어떠한 효소가 관여하는지는 아직 불분명하다.

```
RTD1a    ...KGLRCICTRGFCRLL

RTD1b    ...RGLRCLCRRGVCQLL

                 FCRCLCR
                G        R
θ-디펜신        R        G
                 TCICRCV
```

그림 4.16 RTD1a와 RTD1b 단백질에서 9개의 아미노산 RCICTRGFC와 RCLCRRGVC가 잘려 나와 서로 붙고 고리화가 진행돼 18개 아미노산의 θ-디펜신이 생성된다. 두 단백질의 결합에는 3개의 이황화 결합(disulfide bridge)이 있다.

흥미롭게도 마카크원숭이와 개코원숭이^{baboon}는 θ-디펜신을 생산하지만 사람과 침팬지는 그렇지 않다. 이러한 차이는 인간과 침팬지의 조상에서 어떠한 변이가 발생해 유용한 펩티드를 생성하지 못하게 됐는지 궁금증을 자아낸다. 흥미롭게도 인간은 RTD1a와

RTD1b와 매우 유사한 유전자가 있다. 그러나 한 유전자에서 변이가 발생했고 이는 종결 코돈이 돼 단백질의 길이를 짧게 만들었다. 종결 코돈은 9개 아미노산 전에 발생해 인간에서 θ-디펜신을 생성할 수 없다.

알렉산더 콜$^{Alexander Cole}$은 인간이 θ-디펜신을 되찾을 수 있는 멋진 실험을 보였다. 특정 약물은 리보솜이 종결 코돈을 무시하고 계속해서 RNA를 합성하도록 한다. 연구원들은 인간 세포가 인간 버전의 θ-디펜신을 합성하는 것을 시연했다. 이 실험의 놀라운 결론은 인간과 침팬지가 θ-디펜신를 수백만 년 전 잃어버리긴 했지만, 구성 펩티드를 자르고 붙이는 데 필요한 미지의 효소를 여전히 갖고 있다는 사실을 알게 됐다.

일부 생물학자들은 θ-디펜신을 만드는 효소들이 여전히 인간에서 작용하기 때문에 이 효소들은 무언가 다른 곳에 필요할 것이라 믿고 있다. 만약 이 효소들이 일부 선택적인 이점을 제공하지 않는다면 시간이 지날수록 변이로 인해 유전자가 **유사 유전자**^{pseudogene}, 즉 기능을 하지 않는 유전자의 잔재가 될 것이다. 이러한 효소들이 여전히 작동하는 이유에 대한 가장 자연스러운 설명은 인간이 아직 발견되지 않은 고리형 펩티드를 생산하고 있고 θ-디펜신을 자르고 붙이는 효소가 이 고리형 펩티드에도 사용된다는 것이다. 발견되지 않은 고리형 펩티드를 가질 수 있다는 가설은 생각만큼 불가능한 것은 아니다. 그 이유는 고리형 펩티드를 발견할 탄탄한 알고리듬이 아직 부족하기 때문이다.

기본적으로 연구자들은 인간 단백질체 연구에서 얻은 모든 스펙트럼은 선형에서 왔다고 가정한다. 연구자들이 틀린 것일까? 모든 스펙트럼을 분석하고 인간에서 고리형 펩티드를 분석할 빠른 알고리듬을 고안할 수 있을까?

충전소

펩티드의 이론 스펙트럼 생성

아미노산 문자열 *Peptide*가 주어지면 이는 선형 펩티드를 나타내는 것으로 가정한다. 이론적 스펙트럼을 생성하는 접근법으로 하위 펩티드 질량이 *Peptide*의 두 접두사 사이의 차이와 같다는 가정을 기반한다. 예를 들어 *Peptide* = NQEL, PREFIXMASS = (0, 114, 242, 371, 484)에 대해 오름차순으로 *Peptide*의 각 접두사 질량을 저장하는 배열 PREFIXMASS를 계산할 수 있다. 그다음 위치 $i + 1$에서 시작해 위치 j에서 끝나는 *Peptide*의 하위 펩티드 질량은 PREFIXMASS(j) − PREFIXMASS(i)로 계산할 수 있다. 예를 들어 *Peptide* = NQEL의 경우 다음과 같다.

$$\text{MASS}(\text{QE}) = \text{PREFIXMASS}(3) - \text{PREFIXMASS}(1) = 371 - 114 = 257$$

다음 의사 코드는 이 아이디어를 구현했다. 또한 그림 4.6의 맨 위 행과 맨 아래 행에 각각 해당하는 20개 아미노산의 알파벳과 정수 질량을 20개의 요소로 구성된 배열 AMINOACID와 AMINOACIDMASS로 나타냈다.

```
LINEARSPECTRUM(Peptide, AMINOACID, AMINOACIDMASS)
    PREFIXMASS(0) ← 0
    for i ← 1 to |Peptide|
        for j ← 1 to 20
            if AMINOACID(j) = i-th amino acid in Peptide
                PREFIXMASS(i) ← PREFIXMASS(i − 1) + AMINOACIDMASS(j)
    LinearSpectrum ← 단일 정수 0으로 구성된 리스트
    for i ← 0 to |Peptide| − 1
        for j ← i + 1 to |Peptide|
            add PREFIXMASS(j) − PREFIXMASS(i) to LinearSpectrum
    return 정렬된 리스트 LinearSpectrum
```

아미노산 문자열 *Peptide*가 고리형 펩티드를 나타내는 경우 이론적 스펙트럼 질량은 **LINEARSPECTRUM**에서 찾은 질량과 선형화된 펩티드의 끝을 감싸는 하위 펩티드에 해당하는 질량으로 나눌 수 있다. 또한 각 하위 펩티드는 MASS(*Peptide*)와 **LINEARSPECTRUM**으로 확인되는 하위 펩티드의 질량 차가 같다. 예를 들어 *Peptide* = NQEL의 경우 다음과 같다.

$$\text{MASS}(\textbf{LN}) = \text{MASS}(\textbf{NQEL}) - \text{MASS}(\textbf{QE}) = \textbf{484} - \textbf{257} = \textbf{227}$$

따라서 **LINEARSPECTRUM**의 의사 코드를 약간만 수정하면 순환 스펙트럼을 생성할 수 있다.

```
CYCLICSPECTRUM(Peptide, AMINOACID, AMINOACIDMASS)
    PREFIXMASS(0) ← 0
    for i ← 1 to Peptide
        for j ← 1 to 20
```

```
        if AMINOACID(j) = Peptide의 i번째 아미노산
            PREFIXMASS(i) PREFIXMASS(i − 1) + AMINOACIDMASS(j)
peptideMass ← PREFIXMASS(|Peptide|)
CyclicSpectrum ← 단일 정수 0으로 구성된 리스트
for i ← 0 to |Peptide| − 1
    for j ← i + 1 to |Peptide|
        add PREFIXMASS(j) − PREFIXMASS(i) to CyclicSpectrum
        if i > 0 and j < |Peptide|
            add peptideMass − (PREFIXMASS(j) − PREFIXMASS(i)) to CyclicSpectrum
    return 정렬된 리스트 CyclicSpectrum
```

CYCLOPEPTIDESEQUENCING은 얼마나 빠를까?

다음 *Spectrum*에서 **CYCLOPEPTIDESEQUENCING**을 실행해 보자.

0	97	97	99	101	103	196	198	198	200	202
295	297	299	299	301	394	396	398	400	400	497

CYCLOPEPTIDESEQUENCING은 먼저 *Peptide* 세트를 *Spectrum*과 일치하는 모든 1-mer 세트로 확장한다.

97	99	101	103
P	V	T	C

알고리듬은 각각의 18개 아미노산 질량을 각 1-mer에 추가한다. 결과적으로 길이가 2인 4·18 = 72개의 *Peptide* 세트는 스펙트럼과 일치하는 펩티드 10개만 남도록 자른다.

97-99	97-101	97-103	99-97	99-101
PV	PT	PC	VP	VT

99-103	101-97	101-99	103-97	103-99
VC	TP	TV	CP	CV

확장과 자름을 한 번 더 진행해 다음 3-mer의 15개 *Peptide*를 생성할 수 있다.

97-99-103	97-99-101	97-101-97	97-101-99	97-103-99
PVC	**PVT**	PTP	**PTV**	PCV
99-97-103	99-97-101	99-101-97	99-103-97	101-97-99
VPC	VPT	**VTP**	VCP	TPV
101-97-103	101-99-97	103-97-101	103-97-99	103-99-97
TPC	**TVP**	CPT	**CPV**	CVP

다음 반복에서 얻어지는 4-mer에서는 10개의 *Peptide* 세트를 얻을 수 있다. 위의 빨간색으로 강조한 6개 3-mer는 4-mer에서 제외된 사실에서 미뤄 봤을 때 CYCLOPEPTIDESEQUENCING은 중간 단계에서 잘못된 k-mer를 생성할 수 있다.

97-99-103-97	97-101-97-99	97-101-97-103	97-103-99-97
PVCP	PTPV	PTPC	PCVP
99-97-101-97	99-103-97-101	101-97-99-103	101-97-103-99
VPTP	VCPT	TPVC	TPCV
	103-97-101-97	103-99-97-101	
	CPTP	CVPT	

마지막 단계에서 10개의 5-mer를 생성했다.

97-99-103-97-101	97-101-97-99-103	97-101-97-103-99
PVCPT	PTPVC	PTPCV
97-103-99-97-101	99-97-101-97-103	99-103-97-101-97
PCVPT	VPTPC	VCPTP
101-97-99-103-97	101-97-103-99-97	103-97-101-97-99
TPVCP	TPCVP	CPTPV
	103-99-97-101-97	
	CVPTP	

이러한 선형 펩티드는 동일한 고리형 펩티드 PVCPT에 해당하며 고리형 펩티드 시퀀싱 문제를 해결한다. 그림 4.7의 스펙트럼에서 CYCLOPEPTIDESEQUENCING가 티로시딘 B1을 빠르게 재구성한다는 것을 확인할 수 있다.

펩티드 Leaderboard 자르기

> **노트**   이 충전소에서는 '충전소: 펩티드의 이론 스펙트럼 생성'을 사용하겠다.

LEADERBOARDCYCLOPEPTIDESEQUENCING에서 TRIM 함수를 구현하고자 먼저 *Leaderboard*에서 모든 선형 펩티드의 이론 스펙트럼을 생성한다. 그다음 실험 스펙트럼 *Spectrum*에 대해 각 이론 스펙트럼의 점수를 계산한다. 이를 위해 LINEARSCORE(*Peptide*, *Spectrum*)을 구현해야 한다.

그림 4.17은 10개의 선형 펩티드 순위표를 보여 주고 있으며 각각의 점수를 LINEARSCORES 배열에서 보여 주고 있다.

Leaderboard	PVT	PTP	PTV	PCP	VPC	VTP	VCP	TPV	TPC	TVP
LINEARSCORES	6	2	4	6	5	2	5	4	4	3

그림 4.17 펩티드의 *Learderboard* 모음이 위에 있고 아래에는 각 펩티드의 점수를 담고 있는 LINEARSCORES의 배열이 있다.

다음의 **TRIM** 알고리듬은 *Leaderboard*의 모든 펩티드를 점수에 따라 정렬해 정렬된 순위 표를 만든다(그림 4.18). 그런 다음 TRIM은 동점을 포함한 상위 *N*개 점수 펩티드를 제외한 나머지를 *Leaderboard*에서 제외시킨다. 즉 *N* = 5인 경우 파란색으로 표시한 동점을 포함한 상위 7개의 펩티드가 남게 된다.

```
TRIM(Leaderboard, Spectrum, N, AMINOACID, AMINOACIDMASS)
    for j ← 1 to |Leaderboard|
        Peptide ← Leaderboard의 j번째 peptide
        LINEARSCORES(j) ← LINEARSCORE(Peptide, Spectrum)
    LINEARSCORES에서 점수의 내림차순으로 Leaderboard를 정렬
    LINEARSCORES를 내림차순으로 정렬
    for j ← N + 1 to |Leaderboard|
        if LINEARSCORES(j) < LINEARSCORES(N)
        Leaderboard의 j번째 펩티드로 시작하는 모든 펩티드를 제거
        return Leaderboard
    return Leaderboard
```

Leaderboard	PVT	PCP	VPC	VCP	PTV	TPV	TPC	TVP	PTP	VTP
LINEARSCORES	6	6	5	5	4	4	4	3	2	2

그림 4.18 그림 4.17의 LINEARSCORES 점수에 따라 정렬한 *Leaderboard* 배열. $N = 5$로 TRIM을 진행한 7개의 상위 펩티드(파란색으로 표기). 순위표에서 제거될 펩티드는 빨간색으로 표기함.

돌아가기

가우스와 리센코주의

리센코주의Lysenkoism라는 용어는 1920년대 후반에 시작돼 스탈린이 사망할 때까지 30년 동안 지속된 소련의 유전학 정치화를 나타낸다. 리센코주의는 멘델의 법칙에 어긋나는 후천적 특성의 유전 이론에 기초해 만들어졌다.

1928년 우크라이나 농민의 아들인 트로핌 리센코Trofim Lysenko는 밀의 수확량을 크게 증가시키는 방법을 찾았다고 주장했다. 스탈린 통치 기간 소련의 선전은 노동계급 시민에게 영감을 주는 이야기에 초점이 맞춰졌고 리센코가 실험 데이터를 조작했음에도 그를 천재로 묘사했다. 갑작스러운 영웅 지위에 힘입어 리센코는 유전학을 비난했고 그 자신의 과학적 견해를 홍보했다. 그는 유전학자들을 파리를 좋아하고 사람을 싫어하는 사람들이라 불렀고 그들이 소련의 농업을 약화시키려 한다고 주장했다.

소련의 생물학자 중 한 사람인 가우스는 리센코를 공개적으로 비난하는 것을 두려워하지 않는 사람 중 하나였다. 1935년까지 리센코는 유전학자들이 자신의 이론을 반대함으로써 마르크스주의를 반대하고 있다고 발표했다. 이를 지켜보고 있던 스탈린은 "브라보 리센코 동지!"라고 외쳤다. 이 사건으로 리센코는 자신에게 반대하는 모든 유전학자를 비방할 자유를 얻었다. 많은 리센코주의의 반대자가 투옥되거나 심지어 처형됐다.

제2차 세계대전 이후 리센코는 가우스의 비판을 잊지 않았다. 리센코의 지지자들은 가우스를 러시아 과학 아카데미Russian Academy of Sciences에서 쫓아내기를 요구했다. 리센코주의자들은 가우스를 초대해 유전학을 비난하고 사이비 과학을 받아들이도록 여러 시도를 했다. 가우스는 그 당시 이러한 '초대'를 단순히 무시할 수 있었던 유일한 소련의 생물학자였을 것이다. 반리센코주의에서 살아남은 소련의 또 다른 과학자 집단은 핵물리학자였다. 스탈린의 생각에는 항생제와 원자폭탄 개발이 매우 중요했다. 1949년 러시아의 비밀 경찰 국장인 라브렌티 베리아Lavrentiy Beria가 반체제 과학자들을 스탈린에게 말하자 스탈린은 "과학자들이 일을 하는 데 모든 것을 갖추도록 하라. 나중에 쓸 일이 있을 것이다"라고 말했다.

코돈의 발견

1961년 시드니 브레너Sydney Brenner와 프란시스 크릭Francis Crick은 단백질 번역 과정에서 '하나의 코돈, 하나의 아미노산' 규칙을 만들었다. 유전자에서 하나의 뉴클레오티드 또는 2개의 뉴클레오티드를 삭제하면 단백질 산물이 극적으로 바뀌는 것을 관찰했다. 역설적이게도 3개의 뉴클레오티드를 삭제하면 단백질에 약간의 변화만 발생했다. 예를 들어, 다음 구문에서

THE · SLY · FOX · AND · THE · SHY · DOG

하나의 문자를 삭제하면 알아들을 수 없게 바뀌게 된다.

THE · SYF · OXA · NDT · HES · HYD · OG

2개의 문자를 지우게 된 경우도 알아들을 수 없다.

THE · SFO · XAN · DTH · ESH · YDO · G

그러나 3개의 문자를 지운 경우는 알아들을 수 있다.

THE · FOX · AND · THE · SHY · DOG

1964년 찰스 야노프스키Charles Yanofsky는 유전자와 유전자가 생산하는 단백질이 **동일 선상**collinear에 있음을 보여 줬다. 즉, 첫 번째 코돈은 단백질의 첫 번째 아미노산을 암호화하고, 두 번째 코돈은 단백질의 두 번째 아미노산을 암호화한다는 것이다. 향후 13년 동안 생물학자들은 연속적인 3개의 뉴클레오티드로 단백질이 암호화된다고 믿었다. 그러나 1977년 분할 유전자split gene의 발견으로 이 사실이 잘못된 것으로 알려졌고 유전체 서열을 사용해 유전자 위치를 예측하는 계산이 필요했다(돌아가기: 분할 유전자 참고).

259페이지

쿼럼 센싱

박테리아가 군집과 상호작용 없이 홀로 행동한다는 전통적인 관점은 **쿼럼 센싱**quorum sensing이라는 통신 방법의 발견으로 도전받았다. 이 발견은 박테리아가 영양 공급이 더 낮거나

적대적 환경을 방어할 **바이오 필름**biofilm을 형성할 때 공동 활동을 할 수 있다는 것을 보여 줬다. 쿼럼 센싱에 사용된 언어는 **박테리아 페로몬**bacterial pheromone이라고 불리는 펩티드(또는 다른 물질)의 교환에 기반한다. 박테리아 간 의사소통은 우호적일 수도 있고 적대적일 수도 있다.

단일 박테리아가 환경으로 페로몬을 방출할 때 대부분 그 농도가 너무 낮아 감지하기 어렵다. 그러나 일단 박테리아의 밀도가 증가한다면 박테리아는 페로몬 농도에 반응해 특정 유전자를 활성화할 임계값에 도달한다.

예를 들어 Burkholderia cepacia는 **낭포성 섬유증**cystic fibrosis 환자에 영향을 주는 병원체다. B. cepacia가 군집을 이룬 대부분 환자들은 Pseudomonas aeruginosa가 함께 감염된다. 이 환자들에서 두 균주의 상관 관계는 생물학사들이 P. aeruginosa의 종간 소통이 B. cepacia enhance의 병원성을 높이는 데 도움을 줄 수 있다는 가설을 세우게 해줬다. 실제로 B. cepacia의 클론에 P. aeruginosa를 추가하면 **프로테아제**protease(단백질을 분해하는 효소) 합성이 크게 증가해 쿼럼 센싱의 존재를 시사한다. B. cepacia는 생존 가능성을 높이고자 다른 종이 만든 페로몬으로부터 이득을 얻는다.

분자 질량

달톤Da은 분자 규모의 원자 질량을 측정하는 데 사용하는 단위다. 1달톤은 탄소-12의 12분의 1에 해당하며 약 $1.66 \cdot 10^{-27}$kg다. 분자의 **단일 동위원소 질량**monoisotopic mass은 각 원소에 대해 가장 양이 많은 **동위원소**isotope의 질량을 사용하며 해당 분자의 원자 질량 합과 같다. 그림 4.19는 모든 20개 표준 아미노산의 단일 동위원소 질량을 보여 준다.

아미노산	세 글자 코드	화학식	질량(Da)
Alanine	Ala	C_3H_5NO	71.03711
Cysteine	Cys	C_3H_5NOS	103.00919
Aspartic acid	Asp	$C_4H_5NO_3$	115.02694
Glutamic acid	Glu	$C_5H_7NO_3$	129.04259
Phenylalanine	Phe	C_9H_9NO	147.06841
Glycine	Gly	C_2H_3NO	57.02146
Histidine	His	$C_6H_7N_3O$	137.05891
Isoleucine	Ile	$C_6H_{11}NO$	113.08406
Lysine	Lys	$C_6H_{12}N_2O$	128.09496
Leucine	Leu	$C_6H_{11}NO$	113.08406
Methionine	Met	C_5H_9NOS	131.04049
Asparagine	Asn	$C_4H_6N_2O_2$	114.04293
Proline	Pro	C_5H_7NO	97.05276
Glutamine	Gln	$C_5H_8N_2O_2$	128.05858
Arginine	Arg	$C_6H_{12}N_4O$	156.10111
Serine	Ser	$C_3H_5NO_2$	87.03203
Threonine	Thr	$C_4H_7NO_2$	101.04768
Valine	Val	C_5H_9NO	99.06841
Tryptophan	Trp	$C_{11}H_{10}N_2O$	186.07931
Tyrosine	Tyr	$C_9H_9NO_2$	163.06333

그림 4.19 아미노산의 원소 구성과 단일 동위원소 질량

셀레노시스테인과 피롤리신

셀레노시스테인selenocysteine은 셀레노단백질이라고 하는 특별한 종류의 단백질을 구성하는 물질로 모든 생명체에 존재하는 단백질 생성 아미노산이다. 다른 아미노산과 달리 셀레노시스테인은 유전 코드에 직접 암호화돼 있지 않다. 대신에 **번역 재부호화**translational recoding로 알려진 기작을 통해 일반적으로 종결 코돈인 UGA 코돈의 특별한 방법으로 암호화돼 있다.

　피롤리신pyrrolysine은 일부 고세균 및 메탄 생성 박테리아에 존재하는 단백질 생성 아미노산이다. 피롤리신을 포함하는 유기체에서 이 아미노산은 UAG로 암호화되며 이는 일반적으로 종결 코돈이다.

유료 도로 문제의 의사 다항식 알고리듬

만약 $A = (a_1 = 0, a_2, \ldots, a_n)$가 $(a_1 < a_2 < \cdots < a_n)$ 순서의 오름차순으로 선분에 있는 n개의 점 집합이면 ΔA는 A에 있는 점 사이의 모든 쌍들의 차이의 집합을 나타낸다. 예를 들어

$A = (0, 2, 4, 7)$의 경우 다음과 같이 나타낼 수 있다.

$$\Delta A = (-7, -5, -4, -3, -2, -2, 0, 0, 0, 0, 2, 2, 3, 4, 5, 7).$$

유료 도로 문제는 ΔA에서부터 A를 재구성하는 것이다.

유료 도로 문제

선분에서 점 사이의 모든 쌍들의 거리가 주어졌을 때 해당 점의 위치를 재구성하시오.

입력: 정수 모음 L

출력: 정수의 집합 A. 여기서 $\Delta A = L$

선분의 길이가 다항식인 유료 도로 문제를 해결하는 방법을 간략히 설명해 보겠다. 정수 집합 $A = (a_2,...,a_n)$이 주어지면, A의 **생성 함수**^{generating function}는 다항식이다.

$$A(x) = \sum_{i=1}^{n} x^{a_i}$$

예를 들어 $A = (0, 2, 4, 7)$이면,

$$A(x) = x^0 + x^2 + x^4 + x^7$$
$$\Delta A(x) = x^{-7} + x^{-5} + x^{-4} + x^{-3} + 2x^{-2} + 4x^0 + 2x^2 + x^3 + x^4 + x^5 + x^7$$

위의 $\Delta A(x)$ 생성 함수가 $A(x) \cdot A(x^{-1})$와 같은지 확인할 수 있다. 따라서 유료 도로 문제는 다항식 인수분해 문제로 축소된다. 정수가 소인수로 분해될 수 있는 것처럼 정수 계수를 갖는 다항식은 정수 계수를 갖는 '소수' 다항식으로 인수분해될 수 있다. $\Delta A(x)$를 인수분해하고 $A(x)$에 기여하는 소인수와 $A(x^{-1})$에 기여하는 소인수를 결정할 수 있다면 $A(x)$와 A를 알 수 있다. 1982년 로젠블랫^{Rosenblatt}과 시모어^{Seymour}는 $\Delta A(x)$를 $A(x) \cdot A(x^{-1})$로 표현하는 방법을 설명했다. 다항식은 최대 지수의 시간 다항식으로 인수분해될 수 있으므로 $\Delta A(x)$는 선분의 전체 길이에서 시간 다항식으로 인수분해될 수 있으며 이는 유료 도로 문제에서 원하는 의사 다항식 알고리듬을 생성한다.

잠깐 멈추고 생각해 보자　쌍별 차이에 오류가 있는 경우를 해결하고자 생성 함수 접근 방식을 수정할 수 있는가?

분할 유전자

1977년 필립 샤프Phillip Sharp와 리처드 로버트Richard Roberts는 DNA의 불연속 간격으로 형성되는 유전자인 **분할 유전자**split gene를 독자적으로 발견했다.

샤프는 단일 가닥의 아데노바이러스 DNA에 대해 **헥손**hexon이라는 아데노바이러스 단백질을 암호화하는 RNA를 혼성화했다. 헥손 유전자가 연속적이라면 RNA 염기와 DNA 염기의 일대일 혼성화를 관찰할 것으로 기대했다.

그러나 놀랍게도 샤프는 전자 현미경으로 RNA-DNA 혼성화를 봤을 때 인접 유전자 모델에서 제안한 연속 이중체 조각이 아닌 3개의 고리 구조를 봤다(그림 4.20). 이 관찰은 헥손 mRNA가 아데노바이러스 유전체에서 4개의 비연속적 단편으로부터 구성됐음을 의미했다. **엑손**exon이라는 이 4개의 단편은 **인트론**intron이라는 3개의 단편(그림 4.20의 고리)으로 분리돼 분할 유전자를 형성한다. 분할 유전자는 12, 17, 40, 95페이지에 인쇄된 잡지 기사와 유사하며 그 사이에 많은 광고 페이지가 들어 있다.

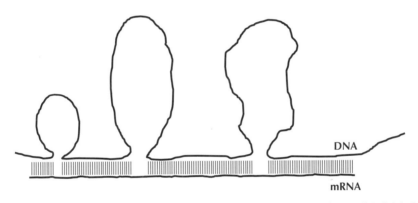

그림 4.20 분할 유전자의 발견으로 이어진 샤프의 전자 현미경 실험 그림. hexon RNA가 DNA에 혼성화될 때 3개의 고리가 형성됐다. 고리는 DNA 존재하고 RNA에는 존재하지 않기 때문에 이렇게 인트론으로 불리는 고리는 RNA 형성 과정에서 제거돼야 한다.

분할 유전자의 발견은 흥미로운 난제를 야기했다. "인트론은 어떻게 되는 거지?" 즉, 분할 유전자에서 전사되는 **전구체 mRNA**precursor mRNA, pre-mRNA는 단백질 합성에 주형으로 사용되는 **mRNA**messenger RNA보다 더 길어야 한다. 일부 생물학적 과정은 pre-mRNA에서 인트론을 제거하고 엑손을 단일 mRNA 문자열로 연결해야 한다. pre-mRNA를 mRNA로 변환하는 과정을 splicing이라고 하고 **스플라이소솜**spliceosome이라는 분자 기계가 이를 수행한다.

분할 유전자의 발견은 많은 새로운 연구 방법을 제시했다. 생물학자들은 여전히 인트론의 목적이 무엇인지에 대해 논쟁하고 있다. 일부 인트론은 정크 DNAjunk DNA로 간주되는 반면 다른 인트론은 중요한 조절 요소를 포함한다. 더욱이 유전자의 엑손 분할은 종종 종마다 다르다. 예를 들어 닭 유전체의 유전자는 인간 유전체의 관련 유전자와 다른 수의 엑손을 가질 수 있다.

참고 문헌

유료 도로 문제의 의사 다항식 알고리듬은 로젠블랫과 시모어가 1982년 제안했다. 첫 번째 고리형 펩티드 시퀀싱 알고리듬은 2009년 온 등(Ng et al.)이 제안했다. 탕 등(Tang et al.)은 1999년 θ-디펜신을 발견했다. 벵카타라만 등(Venkataraman et al.)은 2009년 인간 세포가 θ-디펜신을 생성할 수 있음을 보여 줬다.

5
DNA 서열들을 비교하려면
어떻게 해야 할까?

동적 프로그래밍

비리보솜 코드 해독하기

RNA 넥타이 클럽

1953년에 왓슨Watson과 크릭Crick이 DNA의 이중 나선 구조에 대한 논문을 출판한 이후 물리학자 조지 가모브George Gamow는 저명한 과학자들을 위한 'RNA 넥타이 클럽'이라는 것을 설립했다. 이중 나선으로 수놓은 넥타이가 이 클럽의 상징이었으며, 20명의 정규 회원(각 아미노산마다 1명씩)과 4명의 명예 회원(각 뉴클레오티드마다 1명씩)으로만 제한됐다. 가모브는 RNA 넥타이 클럽이 사회적인 기능 이상의 역할을 하길 바랐다. 가장 과학자다운 정신을 가진 사람들을 모아서 RNA가 아미노산으로 어떻게 바뀌는지를 알아내서 DNA에 쓰여 있는 메시지를 해독하고자 했다. 실제로 1년 뒤 시드니 브레너Sydney Brenner와 프랜시스 크릭Francis Crick은 아미노산들이 코돈(즉, 뉴클레오티드 3개의 쌍)으로부터 번역된다는 것을 처음으로 발견했다.

RNA 넥타이 클럽은 결국 8명의 노벨상 수상자를 자랑스럽게 배출해 냈지만 클럽에 속하지 않은 과학자들은 유전자 코드code를 해석하고자 했다. 1961년 마셜 니런버그Marshall

Nirenberg는 우라실^{uracil}로만 이뤄진 RNA 가닥(UUUUUUUUUUU...)을 합성해서 리보솜^{ribosome}과 아미노산을 추가해 페닐알라닌^{phenylalanine}만으로 이뤄진 펩티드(PhePhePhePhe...)를 만들어 냈다. 니런버그는 곧 RNA 코돈 UUU가 페닐알라닌이라는 아미노산을 위한 코드라고 결론을 내렸다. 니런버그의 성공 이후 하르 고빈드 코라나^{Har Gobind Khorana}는 RNA 가닥 UCUCUCUCUCUC...를 합성했고 이것이 SerLeuSerLeu...로 번역된다는 것을 증명했다. 이와 같은 통찰력에 힘입어 나머지 리보솜 유전자 코드들은 빠르게 밝혀졌다.

거의 40년 이후 모하메드 마라히엘^{Mohamed Marahiel}은 **비리보솜 코드**^{non-ribosomal code}를 해독해 내는 훨씬 더 어려운 문제를 풀기 시작했다. 4장에서 박테리아와 진균이 리보솜이나 유전자 코드에 의존하지 않고 항생제와 비리보솜 펩티드^{NRPs, Non-Ribosomal Peptides}를 만들어 낸다는 것을 기억할 것이다. 그 대신 이 유기체들은 NRP 합성 효소^{NRP synthetase}라고 불리는 거대한 단백질을 통해 NRP를 제조한다.

$$DNA \rightarrow RNA \rightarrow NRP \text{ 합성 효소} \rightarrow NRP$$

아미노산 10개 길이의 항생제 Tyrocidine B1(4장에서 활용했던)을 만들어 내는 NRP 합성 효소는 **아데닐화 도메인**^{A-domain, Adenylation domain}이라고 불리는 10개의 조각을 갖고 있다. 각 A-domain은 거의 아미노산 500개만큼 길고 Tyrocidine B1에 아미노산 하나를 추가하는 역할을 한다.

한 세대 전에 RNA 넥타이 클럽이 이렇게 물었다. "RNA가 어떻게 아미노산을 암호화하는 걸까?" 이제 마라히엘은 훨씬 더 어려운 문제를 묻기 시작했다. "각 A-domain이 어떻게 아미노산을 암호화하는 걸까?"

단백질 비교에서 비리보솜 코드까지

다행스럽게도 마라히엘은 몇 가지 A-domain의 아미노산 서열과 그들이 펩티드를 길어지게 할 때 추가하는 아미노산들을 이미 알고 있었다. 아래에는(서로 다른 세 가지 박테리아에서 가져온) 3개의 A-domain이 있다. 이들 각각은 아스파르트산^{aspartic acid}(Asp), 오르니틴^{ornithine}(Orn), 발린^{valine}(Val)을 암호화한다. 공간을 절약하기 위해서 3개의 A-domain의 작은 단편들만 보여 주고자 한다.

```
YAFDLGYTCMFPVLLGGGELHIVQKETYTAPDEIAHYIKEHGITYIKLTPSLFHTIVNTASFAFDANFESLRLIVLGGEKIIPIDVIAFRKMYGHTEFINHYGPTEATIGA
AFDVSAGDFARALLTGGGQLIVCPNEVKMDPASLYAIIKKYDITIFEATPALVIPLMEYIYEQKLDISQLQILIVGSDSCSMEDFKTLVSRFGSTIRIVNSYGVTEACIDS
IAFDASSWEIYAPLLNGGTVVCIDYYTTIDIKALEAVFKQHHIRGAMLPPALLKQCLVSAPTMISSLEILFAAGDRLSSQDAILARRAVGSGVYNAYGPTENTVLS
```

잠깐 멈추고 생각해 보자 만약 당신이 마라히엘이 1999년에 비리보솜 코드를 발견했을 때 갖고 있던 데이터의 일부를 갖고 있다고 해보자. 비리보솜 코드를 알아내기 위해 무엇을 할 것인가?

마라히엘은 A-domain들이 비슷한 기능을 하기 때문에(길어지고 있는 펩티드에 아미노산을 추가하는 것) 서로 다른 A-domain들이 비슷한 부분을 갖고 있을 것이라고 추측했다. 또한 A-domain들은 서로 다른 아미노산을 사용할 수 있도록 서로 다른 부분을 갖고 있어야 했다. 그러나 (아래에 빨간색으로 나타난) 단 3개의 열만 공통 부분이고 아마도 우연히 나타난 것 같았다.

```
YAFDLGYTCMFPVLLGGGELHIVQKETYTAPDEIAHYIKEHGITYIKLTPSLFHTIVNTASFAFDANFESLRLIVLGGEKIIPIDVIAFRKMYGHTEFINHYGPTEATIGA
AFDVSAGDFARALLTGGQLIVCPNEVKMDPASLYAIIKKYDITIFEATPALVIPLMEYIYEQKLDISQLQILIVGSDSCSMEDFKTLVSRFGSTIRIVNSYGVTEACIDS
IAFDASSWEIYAPLLNGGTVVCIDYYTTIDIKALEAVFKQHHIRGAMLPPALLKQCLVSAPTMISSLEILFAAGDRLSSQDAILARRAVGSGVYNAYGPTENTVLS
```

잠깐 멈추고 생각해 보자 이 3개의 서열이 또 어떻게 비슷한가?

이 중 두 번째 서열을 아미노산 하나만큼 오른쪽으로 움직이고 서열의 시작 부분에 공백 기호("-")를 추가하면 11개의 공통된 열을 찾을 수 있다.

```
YAFDLGYTCMFPVLLGGGELHIVQKETYTAPDEIAHYIKEHGITYIKLTPSLFHTIVNTASFAFDANFESLRLIVLGGEKIIPIDVIAFRKMYGHTEFINHYGPTEATIGA
-AFDVSAGDFARALLTGGQLIVCPNEVKMDPASLYAIIKKYDITIFEATPALVIPLMEYIYEQKLDISQLQILIVGSDSCSMEDFKTLVSRFGSTIRIVNSYGVTEACIDS
IAFDASSWEIYAPLLNGGTVVCIDYYTTIDIKALEAVFKQHHIRGAMLPPALLKQCLVSAPTMISSLEILFAAGDRLSSQDAILARRAVGSGVYNAYGPTENTVLS
```

공백 기호 몇 개를 더 추가하면 14개의 공통된 열이 나타난다.

```
YAFDLGYTCMFPVLLGGGELHIVQKETYTAPDEIAHYIKEHGITYIKLTPSLFHTIVNTASFAFDANFESLRLIVLGGEKIIPIDVIAFRKMYGHTEFINHYGPTEATIGA
-AFDVSAGDFARALLTGGQLIVCPNEVKMDPASLYAIIKKYDITIFEATPALVIPLMEYI-YEQKLDISQLQILIVGSDSCSMEDFKTLVSRFGSTIRIVNSYGVTEACIDS
IAFDASSWEIYAPLLNGGTVVCIDYYTTIDIKALEAVFKQHHIRGAMLPPALLKQCLVSA----PTMISSLEILFAAGDRLSSQDAILARRAVGSGVYNAYGPTENTVLS
```

좀 더 움직이면 19개의 공통된 열이 나타난다.

```
YAFDLGYTCMFPVLLGGGELHIVQKETYTAPDEIAHYIKEHGITYIKLTPSLFHTIVNTASFAFDANFESLRLIVLGGEKIIPIDVIAFRKMYGHTE-FINHYGPTEATIGA
-AFDVSAGDFARALLTGGQLIVCPNEVKMDPASLYAIIKKYDITIFEATPALVIPLMEYI-YEQKLDISQLQILIVGSDSCSMEDFKTLVSRFGSTIRIVNSYGVTEACIDS
IAFDASSWEIYAPLLNGGTVVCIDYYTTIDIKALEAVFKQHHIRGAMLPPALLKQCLVSA----PTMISSLEILFAAGDRLSSQDAILARRAVGSGV-Y-NAYGPTENTVLS
```

빨간색으로 나타난 부분이 여러 A-domain들이 공유하고 있는 **보존된 코어**conserved core라는 것이 밝혀졌다. A-domain을 올바르게 정렬하는 방법을 알아냈으니 이제 마라히엘은 나머지 변화하는 부분 중 일부가 Asp, Orn, Val을 암호화하고 있을 것이라는 가설을 세웠다. 그는 비리보솜 코드가 아미노산 8개 길이의 비리보솜 **시그니처**signature에 의해 결정된다는 것을 밝혀냈는데 이는 아래에 보라색 열로 나타나 있다.

```
YAFDLGYTCMFPVLLGGGELHIVQKETYTAPDEIAHYIKEHGITYIKLTPSLFHTIVNTASFAFDANFESLRLIVLGGEKIIPIDVIAFRKMYGHTE-FINHYGPTEATIGA
-AFDVSAGDFARALLTGGQLIVCPNEVKMDPASLYAIIKKYDITIFEATPALVIPLMEYI-YEQKLDISQLQILIVGSDSCSMEDFKTLVSRFGSTIRIVNSYGVTEACIDS
IAFDASSWEIYAPLLNGGTVVCIDYYTTIDIKALEAVFKQHHIRGAMLPPALLKQCLVSA----PTMISSLEILFAAGDRLSSQDAILARRAVGSGV-Y-NAYGPTENTVLS
```

보라색 열들은 시그니처 LTKVGHIG, VGEIGSID, AWMFAAVL을 결정하고 이들은 각각 Asp, Orn, Val을 암호화한다.

$$\text{LTKVGHIG} \;\to\; \text{Asp}$$
$$\text{VGEIGSID} \;\to\; \text{Orn}$$
$$\text{AWMFAAVL} \;\to\; \text{Val}$$

중요한 점은 보존된 코어를 먼저 구축하지 않았다면 마라히엘은 비리보솜 코드를 절대 알아낼 수 없었을 것이다. 그 이유는 위의 시그니처에 나타난 24개의 아미노산은 기존의 정렬 방법으로는 절대 일치하지 않기 때문이다.

```
YAFDLGYTCMFPVLLGGGELHIVQKETYTAPDEIAHYIKEHGITYIKLTPSLFHTIVNTASFAFDANFESLRLIVLGGEKIIPIDVIAFRKMYCHTEFINHYGPTEATIGA
AFDVSAGDFARALLIGGQLIVCPNEVKMDPASLYAIIKKYDITIFEATPALVIPLMEYIYEQKLDISQLQILIVGSDSCSMEDFKTLVSRFGSTIRIVNSYGVTEACIDS
IAFDASSWEIYAPLLNGGTVVCIDYYTTIDIKALEAVFKQHHIRGAMLPPALLKQCLVSAPTMISSLEILFAAGDRLSSQDAILARRAVGSGVYNAYGPTENTVLS
```

보존된 코어를 찾아낸 이후 당신은 마라히엘이 수정구슬이라도 갖고 있었는지 의문이 들 것이다. 그는 왜 이 8개의 보라색 열을 선택한 것일까? 시그니처는 왜 3개나 5개가 아닌 8개의 아미노산을 갖고 있는 걸까? 마라히엘의 업적에 깔려 있는 복잡성을 더 잘 이해하고자 '돌아가기: 개똥벌레와 비리보솜 코드'를 참고해 보자. 마라히엘의 첫 발견 이후 15년이 지났지만 비리보솜 코드는 아직 완벽히 이해되지 않았다고만 말해 두자.

326페이지

종양 유전자와 성장 인자의 공통점은 무엇일까?

마라히엘이 비리보솜 코드를 해독해 낸 것은 서열 비교의 혜택을 받은 많은 생물학적 문제 중 하나일 뿐이다. 서열 비교의 또 다른 놀라운 예시는 1983년에 확립됐는데 러셀 두리틀Ressel Doolittle이 새로 서열이 밝혀진 **혈소판 유래 성장 인자**PDGF, Platelet Derived Growth Factor 유전자를 그 당시에 알려진 모든 유전자와 비교해 봤을 때다. 두리틀이 PDGF의 서열이 v-sis라고 알려진 유전자의 서열과 매우 유사하다는 것을 보여 줬을 때 종양 생물학자들은 모두 얼어붙어 버렸다. 두 유전자의 유사성은 매우 혼란스러웠는데 그 이유는 그들의 기능이 매우 달랐기 때문이다. PDGF 유전자는 세포 성장을 자극하는 단백질을 만들어 냈고, v-sis는 **암 유전자**oncogene 또는 바이러스의 유전자인데 감염시킨 인간 세포를 종양 세포와 유사하게 바꿔 버리는 기능을 했다. 두리틀의 발견 이후 과학자들은 종양의 형태 중 일부는 어쩌면 좋은 유전자가 올바른 일을 잘못된 시간에 해서 만들어지는 게 아닐까 하는 가설을 세웠다. PDGF와 v-sis의 연결고리는 새로운 패러다임을 불러일으켰다. 새로 서열이 밝혀진 모든 서열들을 데이터베이스에서 찾아보는 것은 이제 유전학에서 첫 번째로 하는 일이됐다.

그러나 아직 의문은 남아 있다. 알고리듬적으로 두 서열을 비교하는 가장 좋은 방법은 무엇일까? A-domain 예시로 다시 돌아와서, 공백 문자를 삽입하는 것이 보존된 코어를 밝혀내는 마술같이 보였을 수도 있다. 공백 문자를 어디에 삽입할지 결정하고자 어떤 알고리듬을 사용해야 할지, 또는 세 서열을 최적으로 정렬하는 것을 어떻게 정량화할지는 아주 불확실하다.

서열 정렬에 대한 소개

서열 정렬은 게임과 같다

문제를 간단히 하고자 한 번에 2개의 서열만 비교하고 5장의 끝에 가서 여러 서열을 비교하는 것으로 돌아오자. 해밍 거리Hamming distance는 한 문자열의 i번째 문자를 다른 문자열의 i번째 문자와 비교한다고 가정할 때 두 문자열이 불일치하는 개수를 의미한다. 그러나 생물학적인 서열들은 삽입insertion과 삭제deletion가 일어날 수 있기 때문에 한 문자열의 i번째 문자는 다른 문자열에서 위치가 완전히 다른 문자열에 해당할 수도 있다. 그러므로 우리의 목표는 가장 적절하게 대응하는 문자들을 찾는 것이다.

예를 들어 ATGCATGC와 TGCATGCA는 일치하는 위치가 없어서 해밍 거리는 8이 된다.

```
ATGCATGC
TGCATGCA
```

그러나 이 문자열을 다르게 정렬하면 7개의 위치가 일치하게 된다.

```
ATGCATGC-
-TGCATGCA
```

문자열 ATGCTTA와 TGCATTAA는 좀 더 미묘하게 비슷하다.

```
ATGC-TTA-
-TGCATTAA
```

이 예시들은 가능한 한 많은 문자들을 일치하게 하는 좋은 정렬의 개념을 생각할 수 있도록 이끌어 준다. 두 문자열 사이의 일치하는 문자 개수를 최대화하는 작업을 한 사람이 하는 게임으로 생각해 볼 수 있다(그림 5.1). 매 차례 두 가지 선택지가 제공된다. 하나는 각 문자열의 첫 문자들을 삭제하고 삭제한 두 문자들이 똑같다면 점수를 얻게 된다. 반대로 두 문자열 중 하나의 첫 문자를 삭제하고 이번엔 점수를 얻을 수 없지만 다음 차례에서 더 많은 점수를 얻을 수도 있다. 이 게임의 목표는 점수를 최대한 높게 만드는 것이다.

잠깐 멈추고 생각해 보자　그림 5.1은 두 문자열 ATGCATGC와 TGCATGCA로 하는 정렬 게임에서 할 수 있는 많은 경우의 수 중 하나를 보여 준다. 이 문자열들로 하는 정렬 게임에서 더 좋은 방법을 찾을 수 있는가?

문자열 정렬과 최장 공통 하위문자열

문자열 v와 w를 **정렬**alignment하는 것을 다음과 같이 행 2개로 이뤄진 행렬로 정의하자. 첫 번째 행은 문자열 v의 문자들로 이뤄져 있고(순서대로), 두 번째 행은 문자열 w의 문자들로 이뤄져 있고(순서대로), 그리고 공백 문자(갭 문자gap symbol라고 부른다)는 두 문자열에 걸쳐 산재돼 있는데 두 문자열에서 같은 열에 존재하지는 않는다. 다음은 그림 5.1에서 나온 문자열 ATGTTATA와 ATCGTCC을 정렬한 것이다.

```
A T - G T T A T A
A T C G T - C - C
```

정렬 결과 하나는 문자열 v가 어떻게 w로 진화했는지에 대한 시나리오를 보여 준다. 두 행에서 같은 문자를 가진 열은 매치matche라고 하고 보존된 뉴클레오티드를 나타내며, 다른 문자를 가진 열은 미스매치mismatche라 하고 단일 뉴클레오티드 치환을 나타낸다. 공백 문자를 가진 열은 삽입과 삭제indels, insertions and deletions라고 한다. 위쪽 행에서 공백 문자를 가진 열은 삽입insertion이라 하는데 이는 문자열 v가 w로 바뀔 때 삽입이 일어났다는 것을 의미한다. 아래쪽 행에서 공백 문자를 가진 열은 **삭제**deletion라고 하는데 이는 문자열 v가 w로 바뀔 때 삭제가 일어났다는 것을 의미한다. 위에 있는 정렬에서는 4개의 매치, 2개의 미스매치, 1개의 삽입, 2개의 삭제가 일어났다.

두 문자열에서의 매치는 두 문자열의 **공통 하위 서열**common subsequence, 즉 두 문자열에서 같은 순서로 나타나는 문자들의 서열(꼭 연속돼 있을 필요는 없음)을 정의한다. 예를 들어 그림 5.1은 문자열 ATGTTATA와 ATCGTCC의 공통 하위 서열이 ATGT라는 것을 나타낸다. 두 문자열을 정렬했을 때 매치의 개수를 최대한으로 하는 정렬은 **최장 공통 하위 서열**LCS, Longest Common Subsequence이라고 한다. 두 문자열은 1개 이상의 LCS를 갖고 있을 수 있다.

자라나는 정렬	남아 있는 문자들	점수
	A T G T T A T A A T C G T C C	
A A	T G T T A T A T C G T C C	+1
A T A T	G T T A T A C G T C C	+1
A T – A T C	G T T A T A G T C C	
A T – G A T C G	T T A T A T C C	+1
A T – G T A T C G T	T A T A C C	+1
A T – G T T A T C G T –	A T A C C	
A T – G T T A A T C G T – C	T A C	
A T – G T T A T A T C G T – C –	A C	
A T – G T T A T A A T C G T – C – C		

그림 5.1 문자열 ATGTTATA와 ATCGTCC에 대한 정렬 게임을 하는 한 가지 방법. 이 게임 결과의 점수는 4점이다. 각 단계마다 '남아 있는 문자들'에 있는 두 서열에서 한쪽 서열의 한 문자 혹은 양쪽 서열의 한 문자씩 2개의 문자를 왼쪽에서 선택해 제거한다. 양쪽 서열에서 문자를 하나씩 제거했다면 이 두 문자를 '자라나는 정렬' 칸에 정렬한다. 한쪽 서열의 문자 하나만 제거했다면 이 문자 하나를 공백 문자와 함께 자라나는 정렬 칸에 정렬한다. 매치가 일어난 문자들은 빨간색으로 표시돼 있다(그리고 점수 1점을 얻는다). 미스매치가 일어난 문자들은 보라색으로 표시돼 있다. 공백 문자와 정렬된 문자들은 어떤 서열에서 왔는지에 따라 파란색 혹은 초록색으로 표시돼 있다.

LCS 문제

두 문자열의 LCS를 찾아라.

입력: 두 문자열

출력: 두 문자열의 LCS

연습 문제 ACTGCA와 CATCGC의 모든 LCS를 찾아라. 이런 서열이 몇 개나 있는가?

서문에 나왔던 A-domain들 중 Asp와 Orn을 암호화하는 서열에 집중해 보면 이미 발견했던 19개의 매치에 더해서 10개 더 많은 매치를 찾을 수 있고(아래에 파란색으로 표시됨) 이에 따라 길이 29짜리 공통 하위 서열을 만들 수 있다.

```
YAFDLGYTCMFPVLLGGGELHIVQKETYTAPDEIAHYIKEHGITYIKLTPSLFHTIVNTASFAFDANFESLRLIVLGGGEKIIPIDVIAFRKMYGHTE-FINHYGPTEATIGA
-AFDVSAGDFARALLTGGQLIVCPNEVKMDPASLYAIIKKYDITIFEATPALVIPLMEYI-YEQKLDISQLQILIVGSDSCSMEDFKTLVSRFGSTIRIVNSYGVTEACIDS
```

잠깐 멈추고 생각해 보자 이 문자열들의 LCS는 무엇인가?

지금까지 배운 알고리듬들은 LCS 문제를 푸는 데에는 도움이 되지 않는다. 따라서 이 문제를 풀기 전에 문자열 정렬과 완전히 관련 없어 보이는 다른 문제를 설명하겠다.

맨해튼 관광객 문제

최적의 관광 코스는 무엇일까?

당신이 맨해튼^{Manhattan} 미드타운^{Midtown}의 관광객이라고 상상해 보자. 59번가와 8번가 골목에서 42번가와 3번가 골목으로 가면서 가능한 한 많은 장소를 관광하고 싶다(그림 5.2 왼쪽). 그러나 시간이 부족하고 각 교차로에서 남쪽(↓) 또는 동쪽(→)으로만 움직일 수 있다. 지도의 수많은 경로 중 하나를 고를 수 있지만, 모든 장소를 관광하는 경로는 없을 것이다. 가장 많은 장소를 관광하면서 도시를 합법적으로 통과할 수 있는 경로를 찾는 문제를 **맨해튼 관광객 문제**^{Manhattan Tourist Problem}라고 부른다.

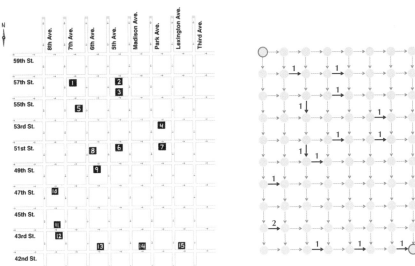

그림 5.2 (왼쪽) 맨해튼 미드타운을 간략화한 것. 북서쪽에 있는 59번가와 8번가의 교차로에서 시작해서 남동쪽에 있는 42번가와 3번가의 교차로까지 가야 하는데 교차로에서 오직 남쪽(↓) 또는 동쪽(→)으로만 움직일 수 있다. 표시된 관광지는 카네기홀(1), 티파니(2), 소니 건물(3), 현대미술관(4), 포시즌스 호텔(5), 성 패트릭 성당(6), 제너럴 일렉트릭 빌딩(7), 라디오 시티 뮤직 홀(8), 록펠러 센터(9), 파라마운트 빌딩(10), 뉴욕타임스 빌딩(11), 타임스퀘어(12), 종합 기계 및 무역 협회(13), 그랜드 센트럴 터미 (14), 크라이슬러 빌딩(15)이다. (오른쪽) 각각의 에지가 도시 블럭을 따라서 관광지의 개수만큼 가중치를 받는 방향성 그래프 ManhattanGraph(에지의 가중치가 0인 것은 보여지지 않는다).

맨해튼의 지도를 방향성 그래프 *ManhattanGraph*로 나타낼 수 있는데 여기서 그림 5.2(오른쪽)에 나온 것처럼 각 교차로는 노드가 되고 교차로 사이의 각 도시 블럭은 방향성 에지가 돼서 합법적인 여행 코스를 나타낸다. 이후 각각의 방향성 에지에 해당 도시 블럭에 있는 관광지의 수에 해당하는 **가중치**weight를 부여한다. 시작 지점(파란색) 노드는 **소스 노드**source node라고 하고, 끝나는 지점(빨간색) 노드는 **싱크 노드**sink node라고 한다. 소스 노드에서 싱크 노드로 향하는 경로를 따라 이동하며 가중치들을 더하면 해당 경로에서 만날 수 있는 관광지의 수를 알 수 있다. 따라서 맨해튼 관광객 문제를 풀려면 *ManhattanGraph*에서 소스 노드에서 싱크 노드까지 연결하는 **최대-가중치 경로**^{maximum-weight path}를 찾아야 한다 (**최장 경로**^{longest path}라고도 불린다).

도로를 나타내는 모든 직사각형 격자는 이와 비슷한 방향성 그래프로 모델링할 수 있다. 그림 5.3(왼쪽)은 더욱 많은 관광지가 있는 가상 도시의 그래프를 보여 주고 있다. 데카르트 평면과는 대조적으로 이 격자의 축은 아래쪽 그리고 오른쪽 방향으로 돼 있다. 그러므로 파란색 소스 노드는 좌표$(0, 0)$에 해당하고 빨간색 싱크 노드는 좌표(n, m)에 해당한다. 이 방식은 기존의 문제를 다음과 같이 일반화할 수 있음을 암시한다.

맨해튼 관광객 문제

직사각형 도시에서 최장 경로를 찾아라.

입력: $n + 1$개의 행과 $m + 1$개의 열을 갖고 있고 가중치가 있는 $n \times m$ 직사각형 격자

출력: 격자상에서 소스 $(0, 0)$에서 싱크 (n, m)로 가는 최장 경로

연습 문제 $n \times m$ 직사각형 격자의 소스에서 싱크로 가는 경로는 몇 개가 존재하는가?

맨해튼 관광객 문제에서 무식하게 접근하는 것은 비현실적인데 그 이유는 가능한 경로의 수가 무척 많기 때문이다. 합리적인 **탐욕적 접근법**^{greedy appraoch}을 따르면 각 노드에서 남쪽으로 가는 것과 동쪽으로 가는 두 가지 경우의 수를 비교해서 몇 개의 관광지를 갈 수 있는지에 따라 둘 중 하나의 경로를 선택할 것이다. 예를 들어 그림 5.3(오른쪽)에서는 $(0, 0)$에서 남쪽보다는 동쪽으로 가는 길을 선택할 것인데, 이는 수평 방향 에지는 3개의 관광지가 있고 수직 방향 에지에는 하나의 관광지만 있기 때문이다. 불행하게도 이 탐욕적 전략은 길게 봤을 때는 최장 경로를 놓치게 될 것이다. 그림 5.3(오른쪽)을 참고하자.

잠깐 멈추고 생각해 보자   그림 5.3(오른쪽)에 있는 경로보다 더 긴 경로를 찾아라.

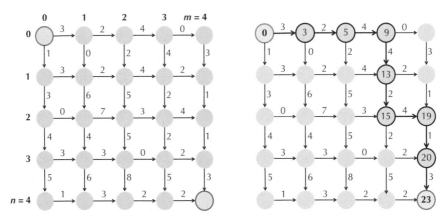

그림 5.3 (왼쪽) $n = m = 4$이고 에지에 가중치가 있는 그래프로 나타낸 $n \times m$ 도시 격자. 아래 왼쪽 노드는 (4, 0)으로 표시돼 있고, 위 오른쪽 노드는 (0, 4)로 표시돼 있다. (오른쪽) 탐욕 알고리듬으로 찾아낸 그래프의 경로는 최장 경로가 아니다.

임의의 방향성 그래프에서 관광하기

현실에서 맨해튼 미드타운의 도로들은 실제로 직사각형이 아니다. 그 이유는 브로드웨이 애버뉴Braodway Avenue가 격자를 대각선으로 가로지르기 때문인데 그럼에도 도로들로 만들어진 네트워크는 여전히 방향성 그래프로 나타낼 수 있다. 사실 맨해튼 관광객 문제는 그림 5.4에 나와 있는 것처럼 임의의 방향성 그래프에서 최장 경로를 찾는 일반적인 문제의 특별한 케이스에 불과하다.

방향성 그래프에서 최장 경로를 찾는 문제

에지에 가중치가 있는 방향성 그래프에서 두 노드 사이의 최장 경로를 구하라.

입력: 에지에 가중치가 있는 방향성 그래프와 소스 노드 및 싱크 노드

출력: 해당 방향성 그래프의 소스 노드에서 싱크 노드로 가는 최장 경로

잠깐 멈추고 생각해 보자 그림 5.4(오른쪽)에 나와 있는 방향성 그래프의 소스 노드에서 싱크 노드로 가는 최장 경로의 길이는 얼마인가?

만약 방향성 그래프가 방향성 순환 경로(즉 그림 5.4(오른쪽)에서 가중치가 1인 4개의 가운데 에지)를 갖고 있다면 관광객은 이 순환 경로를 무한히 돌면서 같은 관광지를 보고 또 보게 돼 길이가 엄청나게 큰 경로를 만들게 될 것이다. 이런 이유 때문에 5장에서 이야기할 그래프에는 방향성 순환 경로가 없다. 이런 그래프를 **방향성 비순환 그래프**DAG, Directed Acyclic Graphs라고 부른다.

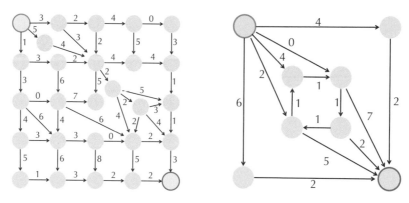

그림 5.4 가상의 비정형적인 도시 격자에 해당하는 방향성 그래프

DAG에서 최장 경로를 찾는 문제

에지에 가중치가 있는 DAG에서 두 노드 사이의 최장 경로를 찾아라.

입력: 에지에 가중치가 있는 DAG와 소스노드 및 싱크 노드

출력: 해당 DAG에서 소스 노드에서 싱크 노드로 가는 최장 경로

 잠깐 멈추고 생각해 보자 DAG에서 최장 경로를 찾는 문제와 LCS 문제에서 어떤 비슷한 점이 보이는가?

274

서열 정렬은 맨해튼 관광객 문제가 위장하고 있는 것일 뿐이다

그림 5.5에서 두 문자열 ATGTTATA와 ATCGTCC의 정렬에 2개의 정수 배열이 추가됐다. 배열 [0 1 2 2 3 4 5 6 7 8]은 해당 정렬에서 ATGTTATA에 있는 문자가 각 열마다 몇 개 쓰였는지를 나타낸다. 이와 유사하게 배열 [0 1 2 3 4 5 5 6 6 7]은 해당 정렬에서 ATCGTCC에 있는 문자가 각 열마다 몇 개 쓰였는지를 나타낸다. 그림 5.5에서 세 번째 배열이 추가됐는데 [↘↘→↘↘↓↘↓↘] 각 열이 매치/미스매치(↘/↘)인지 삽입(→)이 일어났는지 삭제(↓)가 일어났는지가 기록돼 있다.

```
0   1   2   2   3   4   5   6   7   8
A   T   -   G   T   T   A   T   A
A   T   C   G   T   -   C   -   C
0   1   2   3   4   5   5   6   6   7
  ↘   ↘   →   ↘   ↘   ↓   ↘   ↓   ↘
```

그림 5.5 ATGTTATA와 ATCGTCC의 정렬 결과. 첫 번째 행에 있는 배열은 ATGTTATA에 있는 문자가 몇 개 쓰였는지를 각 위치마다 나타낸다. 네 번째 행에 있는 배열은 ATCGTCC에 있는 문자가 몇 개 쓰였는지를 각 위치마다 나타낸다. 그리고 마지막 행에 있는 배열은 각 열이 매치/미스매치(↘/↘)인지, 삽입(→)이 일어났는지, 삭제(↓)가 일어났는지가 기록돼 있다.

그림 5.6(왼쪽)에 나온 것과 같이 세 번째 배열은 8×7 직사각형 격자의 소스 노드에서 싱크 노드로 가는 경로에 해당한다. 이 경로의 i번째 노드는 배열 [0 1 2 2 3 4 5 6 7 8]의 i번째 요소와 배열 [0 1 2 3 4 5 5 6 6 7]의 i번째 요소로 만들어진다.

$$(0,0) \searrow (1,1) \searrow (2,2) \rightarrow (2,3) \searrow (3,4) \searrow (4,5) \downarrow (5,5) \searrow (6,6) \downarrow (7,6) \searrow (8,7)$$

수평 에지와 수직 에지에 더해서 그림 5.6에는 (i, j)와 $(i+1, j+1)$를 잇는 대각선 에지가 추가돼 있다.

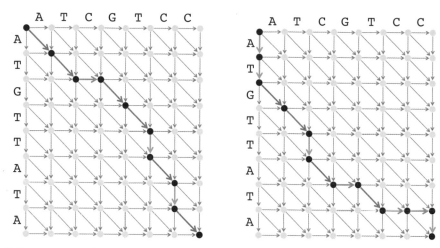

그림 5.6 모든 정렬 결과는 정렬 그래프에서 소스 노드에서 싱크 노드로 향하는 경로에 해당하고, 그 반대도 마찬가지다. (왼쪽) 경로 (0, 0) ↘ (1, 1) ↘ (2, 2) → (2, 3) ↘ (3, 4) ↘ (4, 5) ↓ (5, 5) ↘ (6, 6) ↓ (7, 6) ↘ (8, 7)가 강조돼 있고, 이는 그림 5.5에 나와 있는 ATGTTATA와 ATCGTCC의 정렬 결과에 해당한다. (오른쪽) 정렬 그래프에 있는 또 다른 경로

그림 5.6에 있는 DAG를 문자열 v와 w의 **정렬 그래프**alignment graph라고 하고 ALIGNMENT GRAPH(v, w)로 표시하며, 이 DAG의 소스 노드에서 싱크 노드로 가는 경로를 **정렬 경로** alignment path라고 한다. v와 w의 모든 정렬 결과는 ALIGNMENTGRAPH(v, w)에 있는 고유한 정렬 경로를 구축하는 일련의 지시 사항으로 볼 수 있다. 이 지시 사항에서 매치/미스매치, 삽입, 삭제는 각각 에지[↘/↘, →, ↓]로 나타낸다. 그러므로 문자열 v와 w 사이의 정렬은 ALIGNMENTGRAPH(v, w)에 있는 한 경로에 해당하며 그 반대도 마찬가지다.

연습 문제 그림 5.6(오른쪽)에 있는 정렬 경로에 해당하는 ATGTTATA와 ATCGTCC의 정렬을 구축하라.

잠깐 멈추고 생각해 보자 두 문자열의 LCS를 찾기 위해 정렬을 사용할 수 있는가?

두 문자열의 LCS를 찾는 것은 두 문자열의 매치 개수를 최대화하는 정렬을 찾는 것과 동일하다. 그림 5.7에서 그래프 ALIGNMENTGRAPH(ATGTTATA, ATCGTCC)의 매치에 해당하는 모든 대각선 에지가 강조돼 있다. 만약 매치에 해당하는 모든 에지에 가중치 1을 할당하고 다른 모든 에지에는 가중치 0을 할당하면 LCS 문제는 이 DAG에서 최장 경로를 찾는 것과 동일하다.

276

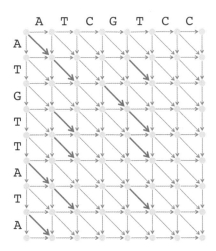

그림 5.7 가중치가 1인 에지를 빨간색으로 나타낸 (다른 모든 에지는 가중치가 0임) 그래프 ALIGNMENTGRAPH (ATGTTATA, ATCGTCC). 이 에지들은 두 문자열을 정렬했을 때 가능한 모든 매치에 해당하는 문자를 나타낸다.

그러므로 우리는 DAG 문제에서 최장 경로를 찾는 알고리듬을 디자인해야 한다. 이를 위해서는 **동적 프로그래밍**dynamic programming을 좀 더 알아야 하는데 이는 다양한 과학 분야에서 수많은 문제를 해결하는 데에 사용돼 온 강력한 알고리듬 패러다임이다. 만약 동적 프로그래밍에 이미 익숙하다면 이 다음 단락은 넘어가도 좋다.

동적 프로그래밍 소개: 변화 문제

탐욕스럽게 거스름돈 받기

당신이 서점에서 이 책을 69.24달러에 사면서 70달러를 냈다고 하자. 76센트만큼 거스름돈을 받아야 하는데 계산원은 1센트짜리 76개를 한 움큼 줄지 또는 동전 4개만 줄지(25 + 25 + 25 + 1 = 76) 결정해야 한다. 이 예제에서 거스름돈을 계산하는 것은 쉽지만 이는 더 일반화된 문제를 조명한다. 계산원이 가장 적은 수의 동전만 사용하려면 어떻게 해야 할까?

통화가 다르면 동전의 가치 또한 **액면가**denomination가 매우 다를 수 있다. 미국에서는 동전의 액면가는 (100, 50, 25, 10, 5, 1)이다. 로마 공화국에서는 (120, 40, 30, 24, 20, 10, 5, 4, 1)이다. 전 세계의 계산원이 거스름돈을 만들고자 발견한 방법을 우리는

GREEDYCHANGE라고 부르는데 이는 각 회차마다 가능한 한 가장 큰 동전을 선택하는 것을 반복하는 것이다.

GREEDYCHANGE(*money*)
  Change ← empty collection of coins
  while *money* > 0
    coin ← largest denomination that is less than or equal to *money*
    add a coin with denomination *coin* to the collection of coins *Change*
    money ← *money* − *coin*
  return *Change*

 잠깐 멈추고 생각해 보자 GREEDYCHANGE가 언제나 가장 적은 수의 동전을 결과로 제공할까?

만약 고대 로마의 통화를 48단위(데나리denarri) 바꾸고 싶다고 가정하자. **GREEDYCHANGE**는 5개의 동전(48 = 40 + 5 + 1 + 1 + 1)을 결과물로 주지만 사실 이는 동전 2개(48 = 24 + 24)로 가능하다. 따라서 **GREEDYCHANGE**가 항상 최적의 결과를 주는 건 아니다.

잠깐 멈추고 생각해 보자 아우구스투스 황제의 통치 기간 로마 동전의 액면가는 (1600, 800, 400, 200, 100, 50, 25, 2, 1)로 바뀌었다. 어떻게 이것이 로마 계산원들의 삶을 더 편하게 만들었을까? 보다 일반화해서, GREEDYCHANGE을 사용해 가장 적은 수의 동전으로 거스름돈을 만드는 데 필요한 동전 액면가의 조건을 찾아라.

GREEDYCHANGE 방법이 정확하지 않으므로 다른 접근법을 개발해야 한다. 액면가가 임의의 수 d만큼 있는 동전을 정수의 배열로 나타낼 수 있다.

$$\text{COINS} = (coin_1, \ldots, coin_d)$$

여기서 $coin_i$의 값은 내림차순으로 주어진다. d개의 양의 정수의 배열 ($change_1, \ldots, change_d$)과 **동전의 수**number of coins를 나타낸 배열 $change_1 + \cdots + change_d$이 다음과 같을 때 정수 *money*로 **거슬러진다**change고 말한다.

$$coin_1 \cdot change_1 + \cdots + coin_d \cdot change_d = money$$

예를 들어 로마 동전의 액면가 Coins = (120, 40, 30, 24, 20, 10, 5, 4, 1)에 대해서 배열 (0, 1, 0, 0, 0, 0, 0, 1, 0, 3) 또는 배열 (0, 0, 0, 2, 0, 0, 0, 0, 0)는 정수 $money$ = 48로 거슬러진다.

실제로 이 동전들을 만드는 대신 거스름돈을 만드는 데 필요한 동전 수의 최소값을 찾는 문제를 생각해 보자. 주어진 동전들의 액면가에 대해 $money$만큼을 거슬러 주는 데 필요한 동전 수의 최소값을 MinNumCoins($money$)이라 하자(즉 로마 동전의 액면가에서는 MinNumCoins(48) = 2다).

거스름돈 문제

거스름돈을 만드는 데 필요한 최소한의 동전 수를 찾아라.

입력: 정수 $money$와 양의 정수 d만큼의 배열 Coins

출력: 동전의 액면가 Coins를 사용해 $money$만큼을 거슬러 줄 수 있는 동전 수의 최소값

재귀적으로 돈 거슬러 주기

거스름돈 문제를 풀고자 로마의 계산원이 사용했던 탐욕적 해결법이 틀렸기 때문에 이와는 다른 접근법을 생각해 볼 것이다. 당신이 76데나리를 거슬러 줘야 한다고 가정하고, 동전의 액면가가 다음 세 가지밖에 없다고 해보자. Coins = (5, 4, 1). 76데나리를 만들기 위한 동전 수의 최소값은 다음 중 하나일 것이다.

- 총 75데나리 어치의 최소 동전 모음 및 1-데마리우스^{demarius} 동전 1개
- 총 72데나리 어치의 최소 동전 모음 및 4-데마리우스 동전 1개
- 총 75데나리 어치의 최소 동전 모음 및 5-데마리우스 동전 1개

Coins = ($coin_1$,.... $coin_d$)라고 하는 일반화된 동전 액면가에 대해서 MinNumCoins($money$)는 최소 d개의 숫자들과 같다.

$$\text{MinNumCoins}(money) = \min \begin{cases} \text{MinNumCoins}(money - coin_1) + 1 \\ \quad\quad\quad \vdots \\ \text{MinNumCoins}(money - coin_d) + 1 \end{cases}$$

방금 더 작은 값 m에 대해 반복적 작업인 MINNUMCOINS($money$)에 대한 방정식을 세웠다. 위의 반복적 작업은 아래의 재귀 알고리듬에 대한 아이디어를 제공하는데 이는 더욱더 작은 m 값에 대한 MINNUMCOINS(m)를 계산해 거스름돈 문제를 풀 수 있는 알고리듬이다. 이 알고리듬에서 |COINS|는 COINS에 있는 동전 액면가의 수다. 1장에 나왔던 재귀 함수를 본 적이 없다면 '돌아가기: 하노이 타워'를 참고하자.

91페이지

RECURSIVECHANGE($money$, COINS)
    if $money = 0$
        return 0
    $minNumCoins \leftarrow \infty$
    for $i \leftarrow 1$ to |COINS|
        if $money \geq coin_i$
            $numCoins \leftarrow$ RECURSIVECHANGE($money - coin_i$, COINS)
            if $numCoins + 1 < minNumCoins$
                $minNumCoins \leftarrow numCoins + 1$
    return $minNumCoins$

잠깐 멈추고 생각해 보자   RECURSIVECHANGE를 구현하고 $money = 76$ 및 COINS $= (5, 4, 1)$에 대해 실행해 보아라. 어떤 일이 일어나는가?

RECURSIVECHANGE는 효율적인 것처럼 보이지만 엄청나게 비실용적이다. 그 이유는 주어진 값 $money$에 대한 최적의 동전 조합을 찾는 계산을 똑같이 계속 반복하기 때문이다. 예를 들어 $money = 76$이고 COINS $= (5, 4, 1)$일 때 MINNUMCOINS(70)은 여섯 번 계산하게 되고 이중 다섯 번은 그림 5.8에 나와 있다. 이걸 보면 큰 문제가 아닌 것 같지만 MINNUMCOINS(30)는 수십억 번이나 계산하게 된다.

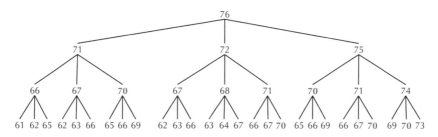

그림 5.8 주어진 동전 액면가 COINS = (5, 4, 1)를 사용해 MINNUMCOINS(76)를 계산하는 과정을 나타낸 나무 그림. 이 나무의 에지는 서로 다른 입력값에 대한 RECURSIVECHANGE 함수를 재귀로 호출하는 것을 나타낸다. 총 여섯 번의 MINNUMCOINS(70) 계산 중 다섯 번이 빨간색으로 표시돼 있다. MINNUMCOINS(70)이 여섯 번째로 계산될 때 (76 → 75 → 74 → 73 → 72 → 71 → 70에 해당하는 경로) RECURSIVECHANGE 함수는 이미 몇 백 번이나 호출됐다.

동적 프로그래밍을 사용한 거스름돈 계산

MINNUMCOINS($money$)를 계산하기 위해 너무 많이 재귀적 호출을 하는 것을 방지하고자 동적 프로그래밍 전략을 사용할 것이다. MINNUMCOINS($money$)를 계산할 시점에 이미 모든 MINNUMCOINS($money - coin_i$)의 값을 알고 있다면 얼마나 좋겠는가? MINNUMCOINS($money\ coin_i$, COINS)를 계산하기 위해 시간이 많이 드는 **RECURSIVECHANGE**($money - coin_i$, COINS)를 호출하는 대신, 그저 MINNUMCOINS($money - coin_i$)의 값을 배열에서 찾아보기만 하면 MINNUMCOINS($money$)의 계산은 |COINS|만큼의 비교만 필요하다.

동적 프로그래밍의 핵심은 비직관적으로 보이는 단계를 밟는 것이다. MINNUMCOINS(m)에 대한 계산을 m이 76일 때부터 m이 1일 때까지 재귀로 호출하는 대신 생각을 뒤집어서 MINNUMCOINS(m) 계산을 m이 1일 때부터 m이 76일 때까지 계산하는 것이다. 이때 각 m에 대한 계산 결과를 배열에 저장해서 각 m 값에 대한 MINNUMCOINS(m) 계산이 단 한 번씩만 필요하게끔 하는 것이다. MINNUMCOINS(m)는 여전히 똑같은 반복적 작업을 통해 계산된다.

$$\text{MINNUMCOINS}(m) = \min \begin{cases} \text{MINNUMCOINS}(m-5) + 1 \\ \text{MINNUMCOINS}(m-4) + 1 \\ \text{MINNUMCOINS}(m-1) + 1 \end{cases}$$

예를 들어 $m < 6$인 m 값에 대해 MINNUMCOINS(m)를 이미 계산했다고 가정하자,

$$\text{MinNumCoins}(6) = \min \begin{cases} \text{MinNumCoins}(1) + 1 = 2 \\ \text{MinNumCoins}(2) + 1 = 3 \\ \text{MinNumCoins}(5) + 1 = 2 \end{cases}$$
$$= 2.$$

같은 방식으로,

$$\text{MinNumCoins}(7) = \min \begin{cases} \text{MinNumCoins}(2) + 1 = 3 \\ \text{MinNumCoins}(3) + 1 = 4 \\ \text{MinNumCoins}(6) + 1 = 3 \end{cases}$$
$$= 3.$$

이런 계산을 계속하면 그림 5.9의 결과가 나온다.

m	0	1	2	3	4	5	6	7	8	9	10	11	12
MinNumCoins(m)	0	1	2	3	1	1	2	3	2	2	2	3	3

그림 5.9 1과 12 사이의 m 값에 대한 MinNumCoins(m) 결과

연습 문제 동적 프로그래밍을 통해 그림 5.9에 있는 MinNumCoins(m)의 그 다음 10개의 값을 채워 보자.

MinNumCoins(2)의 값이 MinNumCoins(6) 계산과 MinNumCoins(7) 계산 둘 모두에 쓰인다는 것을 알아두자. 이 둘을 모두 계산하고자 컴퓨터 자원을 쏟는 대신 배열에 있는 미리 계산된 값을 참조하면 된다. 아래의 동적 프로그래밍 알고리듬이 MinNumCoins($money$)를 계산하는 시간은 $\mathcal{O}(money \cdot |\text{Coins}|)$다.

```
DPChange(money, Coins)
    MinNumCoins(0) ← 0
    for m ← 1 to money
        MinNumCoins(m) ← ∞
        for i ← 1 to |Coins|
            if m ≥ coin_i
                if MinNumCoins(m − coin_i) + 1 < MinNumCoins(m)
                    MinNumCoins(m) ← MinNumCoins(m − coin_i) + 1
    return MinNumCoins(money)
```

잠깐 멈추고 생각해 보자 *money* = 10⁹일 때 DPCHANGE는 크기가 10⁹인 배열을 필요로 한다. DPCHANGE 알고리듬을 수정해서 필요한 배열의 크기가 동전의 액면가 중 최대값을 넘지 않도록 해 보자.

잠깐 멈추고 생각해 보자 기존의 목표가 MINNUMCOINS(*money*)를 계산하는 게 아니라 거스름돈 만들기라는 것을 기억하라. DPCHANGE를 수정해서 동전의 최소 개수뿐 아니라 이 동전이 어떤 것들인지도 출력하게 만들어 보자.

다시 맨해튼 관광객 문제로

이제 맨해튼 관광객 문제를 풀기 위한 알고리듬을 구현할 준비가 됐다. 아래의 의사 코드는 직사각형 격자에서 노드 (i, j)로 가는 최장 경로의 길이를 계산한다. 이는 맨해튼 관광객 문제에서 노드 (i, j)에 도달하려면 $(i-1, j)$에서 남쪽으로 가거나 $(i, j-1)$에서 동쪽으로 가는 길밖에 없다는 전제하에 만들어졌다.

```
SOUTHOREAST(i, j)
    if i = 0 and j = 0
        return 0
    x ← −∞, y ← −∞
    if i > 0
        x ← SOUTHOREAST(i − 1, j) + weight of vertical edge into (i, j)
    if j > 0
        y ← SOUTHOREAST(i, j − 1) + weight of horizontal edge into (i, j)
    return max{x, y}
```

잠깐 멈추고 생각해 보자 SOUTHOREAST(9, 7)를 계산하고자 SOUTHOREAST(3, 2)를 호출해야 하는 횟수는 몇 번인가?

RecursiveChange와 비슷하게 SouthOrEast는 엄청나게 많은 재귀적 호출로 어려움을 겪고 있기 때문에 이 알고리듬을 동적 프로그래밍을 사용해 재구성해야 한다. DPChange가 위에서 본 작은 예제들에서 어떻게 작동했는지 기억하는가? 소스 노드 (0, 0)에서 싱크 노드 (n, m)으로 가는 최장 경로의 길이를 찾고자 먼저 소스 노드에서 시작해서 격자에 있는 모든 노드로 가는 최장 경로의 길이를 소스 노드에서부터 천천히 확장해 나가면서 계산할 것이다.

언뜻 보면 개별 문제를 푸는 대신 $n \times m$개의 서로 다른 문제를 해결하는 일을 추가로 만들었다고 생각할 수도 있다. 그러나 SouthOrEast 또한 더 작은 문제들을 풀어내는데 RecursiveChange와 DPChange가 $m < money$를 만족하는 m에 대한 MinNumCoins(m)를 모두 계산한 것처럼 말이다. 동적 프로그래밍의 비결은 이 작은 문제들을 수십억 번이 아닌 단 한 번만 푼다는 것이다.

그러므로 노드 (0, 0)에서 노드 (i, j)로 가는 최장 경로의 길이를 $s_{i,j}$라고 할 것이다. $0 < j < m$를 만족하는 j에 대해 $s_{0,j}$를 계산하는 것은 간단하다. 이는 $(0, j)$에 도달하려면 다른 경로를 선택할 것 없이 오른쪽으로만 이동해야 하기 때문이다. 그러므로 $s_{0,j}$는 소스 노드에서부터 첫 번째 행에 있는 j개의 수평 에지들의 가중치를 더한 것이다. 비슷하게 $s_{i,0}$은 소스 노드에서부터 첫 번째 열에 있는 i개의 수직 에지의 가중치를 더한 것이다(그림 5.10 참고).

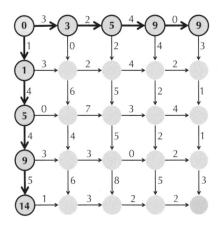

그림 5.10 $s_{i,0}$와 $s_{0,j}$를 계산하는 것은 쉽다. 그 이유는 소스 노드에서 $(i, 0)$으로 가는 경로도 하나뿐이고 소스 노드에서 $(0, j)$로 가는 경로도 하나뿐이기 때문이다.

$i > 0$이고 $j > 0$일 때 노드 (i, j)에 도달하기 위해서는 노드 $(i - 1, j)$에서 아래로 이동하거나 노드 $(i, j - 1)$에서 오른쪽으로 이동하는 것뿐이다. 그러므로 $s_{i,j}$는 2개의 값 중 최대

값으로 계산할 수 있다.

$$s_{i,j} = \max \begin{cases} s_{i-1,j} + \text{weight of vertical edge from } (i-1,j) \text{ to } (i,j) \\ s_{i,j-1} + \text{weight of horizontal edge from } (i,j-1) \text{ to } (i,j) \end{cases}$$

이제 $s_{0,1}$과 $s_{1,0}$을 계산했으니 $s_{1,1}$을 계산할 수 있다. 노드 $(1,1)$은 노드 $(0,1)$에서 아래로 가거나 노드 $(1,0)$에서 오른쪽으로 가는 방법뿐이다. 그러므로 $s_{1,1}$은 2개의 값 중 최대값이다.

$$s_{1,1} = \max \begin{cases} s_{0,1} + \text{weight of vertical edge from } (0,1) \text{ to } (1,1) \quad = 3+0 = 3 \\ s_{1,0} + \text{weight of horizontal edge from } (1,0) \text{ to } (1,1) = 1+3 = 4 \end{cases}$$

우리의 목표가 $(0,0)$에서 $(1,1)$로 가는 최장 경로를 찾는 것이기 때문에 $s_{1,1}=4$라고 결론을 내릴 수 있다. 그리고 $(1,0)$에서 $(1,1)$로 가는 수평 에지를 선택했기 때문에 $(1,1)$로 가는 최장 경로는 이 에지를 반드시 써야 한다. 그림 5.11(왼쪽)에 이 에지가 강조돼 있다. 1번 열에 있는 나머지 값에 대해서도 비슷한 논리로 계산할 수 있다. 그림 5.11(오른쪽 위)에는 각각의 $s_{i,1}$에 대해 $(i,1)$로 가기 위해 선택된 에지들이 강조돼 있다.

각 열에 대해 순차적으로 진행하면(그림 5.11 왼쪽 아래), 그래프에서 모든 $s_{i,j}$ 값을 한 번에 계산할 수 있고 마침내 $s_{4,4}=34$임을 알 수 있다. 각 노드 (i,j)에 대해 우리는 $s_{i,j}$를 계산하는 데 사용돼 (i,j)로 향하는 에지들을 강조해 볼 것이다. 그런데 $s_{3,3}$을 계산할 때 동점이 있었다는 것을 알아두자.

$$s_{3,3} = \max \begin{cases} s_{2,3} + \text{weight of vertical edge from } (2,3) \text{ to } (3,3) \quad = 20+2 = 22 \\ s_{3,2} + \text{weight of horizontal edge from } (3,2) \text{ to } (3,3) = 22+0 = 22 \end{cases}$$

$(3,3)$에 도착하려면 수평 에지 또는 수직 에지를 사용해야 한다. 따라서 그림 5.11(왼쪽 아래)에서는 완성된 그래프에서 이 에지들을 강조 표시해 봤다.

잠깐 멈추고 생각해 보자 지금까지 우리는 최장 경로의 길이를 어떻게 찾을지에 대해 이야기했다. 그러면 그림 5.11(왼쪽 아래)에 강조 표시된 에지들을 어떻게 사용해야 최장 경로를 구축할 수 있을까?

이제 우리는 맨해튼 관광객 문제에서 최장 거리의 길이를 찾기 위한 동적 프로그래밍 알고리듬의 윤곽을 알게 됐다. 이 알고리듬을 **MANHATTANTOURIST**라고 하자. 아래의 의사 코드에서 $down_{i,j}$ 그리고 $right_{i,j}$는 노드 (i,j)로 가고자 사용할 수 있는 수직 에지 그리고 수평 에지의 가중치를 각각 나타낸 것이다. $(down_{i,j})$와 $(right_{i,j})$ 값을 갖고 있는 행렬을 각각 *Down*, *Right*라고 각각 표시했다.

연습 문제 MANHATTANTOURIST를 약간 수정해서 그림 5.11(오른쪽 아래)에 있는 그래프에서 소스 노드로부터 싱크 노드로 가는 최장 경로의 길이를 찾아보자.

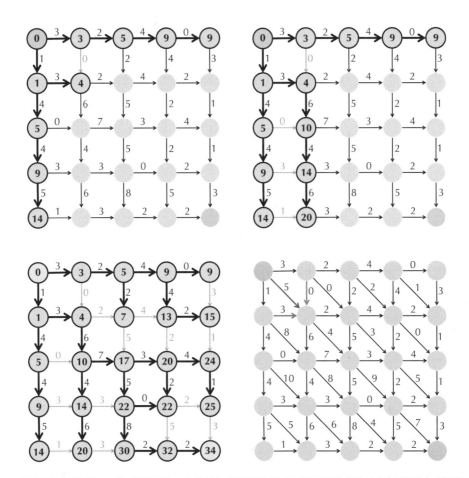

그림 5.11 (왼쪽 위) $s_{1,1}$를 계산하고자 그림에서 강조된 것처럼 (1, 0)에서 연결된 수평 에지가 사용된다. (오른쪽 위) 1번 열에 있는 모든 $s_{i,1}$ 값을 계산하는 과정. (왼쪽 아래) $s_{i,j}$ 값을 모두 나타내고 있는 그래프. (오른쪽 아래) 가상의 도시에서 대각선 에지가 추가된 그래프. 노드 (1, 1)로 갈 수 있는 노드는 이제 3개((0, 0), (0, 1), (1, 0))가 됐고 이들은 모두 $s_{1,1}$를 계산하고자 사용된다.

```
ManhattanTourist(n, m, Down, Right)
    s_{0,0} ← 0
    for i ← 1 to n
        s_{i,0} ← s_{i-1,0} + down_{i,0}
    for j ← 1 to m
        s_{0,j} ← s_{0,j-1} + right_{0,j}
    for i ← 1 to n
        for j ← 1 to m
            s_{i,j} ← max{s_{i-1,j} + down_{i,j}, s_{i,j-1} + right_{i,j}}
    return s_{n,m}
```

맨해튼 문제에서 임의의 방향성 비순환 그래프로

서열 정렬은 유사-맨해튼 그래프를 구축하는 것과 같다

동적 프로그래밍이 어떻게 맨해튼 문제를 풀었는지 봤으니 이제 **ManhattanTourist**를 대각선 에지가 있는 정렬 그래프에 적용할 수 있어야 한다. 그림 5.7로 돌아가 보면 LCS 문제를 도시라는 정렬 그래프로 모델링했는데 여기서 모든 관광지(매치)는 가중치가 1인 대각선 에지에 놓여 있다.

아마도 당신은 스스로 정렬 그래프에서 반복적 관계를 계산해 볼 수 있겠지만 잠시 LCS 를 정렬 그래프의 최장 경로로 나타내는 법을 아직 배우지 못했다고 생각해 보자. '돌아가 기: 도시를 만들지 않고 LCS 찾기'에서 설명하는 것처럼 LCS를 구하고자 유사-맨해튼 도 시를 구축할 필요가 없다. 그러나 이를 실행하기 위한 내용은 매우 지루하다. 더 중요한 건 정렬 알고리듬을 다양한 분야에 적용하는 것은 LCS 문제보다 훨씬 더 복잡하고, 특정 생 물학적 문제를 모델링하려면 에지들의 가중치가 적절하게 선택된 DAG를 구축하는 일이 필요하다는 것이다. 따라서 이 단락에서는 정렬 알고리듬을 적용하는 후속 단계들을 새롭 게 문제로 제시하기보다 먼저 일반적인 동적 프로그래밍 알고리듬 기술을 익히도록 해서 모든 DAG에서 최장 경로를 찾을 수 있도록 할 예정이다. 또한 많은 생명 정복한 문제들이 정렬과는 무관하지만 이들 또한 DAG에서 최장 경로를 찾는 문제를 적용해서 해결될 수도 있다.

327페이지

임의의 DAG에 동적 프로그래밍 적용하기

어떤 DAG에 있는 노드 b가 주어졌을 때 s_b는 소스 노드에서 노드 b까지의 최장 경로의 길이를 나타낸다. DAG에서 노드 a와 노드 b를 잇는 에지가 있을 때 노드 a를 노드 b의 **직전 노드**predecessor라고 한다. 여기서 어떤 노드의 들어오는 에지 수는 직전 노드의 나가는 에지 수와 동일하다는 것을 알아두자. 들어오는 에지 수가 k인 노드 b의 점수 s_b는 k개의 항목들 중 최대값으로 계산된다.

$$s_b = \max_{\substack{\text{all predecessors } a \text{ of node } b}} \{s_a + \text{weight of edge from } a \text{ to } b\}.$$

예를 들어 그림 5.11(오른쪽 아래)에 나온 그래프에서 노드 $(1, 1)$은 3개의 직전 노드가 있다. 노드 $(1, 1)$로 가려면 $(1, 0)$에서 오른쪽으로 가거나 $(0, 1)$에서 아래로 가거나 또는 $(0, 0)$에서 대각선으로 갈 수 있다. 만약 우리가 $s_{0,0}, s_{0,1}, s_{1,0}$을 이미 계산해 놨다면 $s_{1,1}$의 값을 세 값 중 최대값으로 계산할 수 있다.

$$s_{1,1} = \max \begin{cases} s_{0,1} + \text{weight of edge} \;\downarrow\; \text{connecting } (0,1) \text{ to } (1,1) = 3+0 = 3 \\ s_{1,0} + \text{weight of edge} \;\rightarrow\; \text{connecting } (1,0) \text{ to } (1,1) = 1+3 = 4 \\ s_{0,0} + \text{weight of edge} \;\searrow\; \text{connecting } (0,0) \text{ to } (1,1) = 0+5 = 5 \end{cases}$$

그래프에 있는 임의의 노드 (i, j)의 점수를 계산하려면 아래에 나온 반복적 접근법을 사용할 수 있다.

$$s_{i,j} = \max \begin{cases} s_{i-1,j} \;\; + \text{weight of edge} \;\downarrow\; \text{between } (i-1,j) \text{ and } (i,j) \\ s_{i,j-1} \;\; + \text{weight of edge} \;\rightarrow\; \text{between } (i,j-1) \text{ and } (i,j) \\ s_{i-1,j-1} + \text{weight of edge} \;\searrow\; \text{between } (i-1,j-1) \text{ and } (i,j) \end{cases}$$

비슷한 내용을 정렬 그래프에 적용해서 서열 v와 w 사이의 LCS의 길이를 계산할 수 있다. 이 경우에는 매치를 나타내는 $(v_i = w_j)$ 대각선 에지의 가중치가 1이고 나머지 에지의 가중치가 0이므로 아래의 반복적 접근법을 사용해 LCS를 계산할 수 있다.

$$s_{i,j} = \max \begin{cases} s_{i-1,j} \;\;\;\; + 0 \\ s_{i,j-1} \;\;\;\; + 0 \\ s_{i-1,j-1} + 1, \text{ if } v_i = w_j \end{cases}$$

잠깐 멈추고 생각해 보자 위의 반복적 접근법은 미스매치에 해당하는 에지를 고려하지 않았다. 이것이 왜 문제가 되지 않는 걸까?

다음 연습 문제에 나온 것처럼 DAG에서 최장 경로를 찾고자 비슷한 접근법을 개발해 볼 수 있다.

> **연습 문제** 그림 5.12에 나온 파란 노드와 빨간 노드를 연결하는 최장 경로의 길이는 무엇인가?

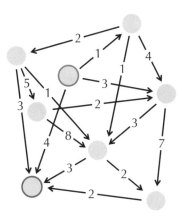

그림 5.12 5장에서 나왔던 노드들 간의 순서가 분명하지 않고 가중치가 있는 DAG

위상학적 순서대로 나열하기

이전 연습문제가 어렵더라도 걱정하지 말자. 어떤 DAG의 최장 경로의 길이를 찾고자 동적 프로그래밍을 사용할 때의 문제는 반복적으로 s_b 값을 계산할 때 어떤 노드를 먼저 방문할지 그 순서를 정해야 한다는 것이다.

$$s_b = \max_{\text{all predecessors } a \text{ of node } b} \{s_a + \text{weight of edge from } a \text{ to } b\}.$$

노드의 순서가 중요한 이유는 노드 b에 도달했을 때 그 노드의 모든 직전 노드들의 s_a 값이 이미 다 계산돼 있어야 하기 때문이다. 이 문제는 직사각형 격자를 사용할 때는 굳이 언급하지 않았다. 그 이유는 $s_{i,j}$를 계산한 순서상 해당 노드의 모든 직전 노드를 계산하기 전에는 그 노드를 고려하지 않는다는 것이 보장됐기 때문이다.

노드를 정확한 순서대로 방문하는 것이 중요하다는 것을 보여 주고자 그림 5.13에 있는 DAG를 살펴보자. 이것은 **옷 입기 문제**^{Dressing Challenge Problem}라고 불린다. 노드들의 순서를 어떻게 배치해야 타이즈를 입기 전에 부츠를 신게 되는 불상사를 방지할 수 있을까?

그림 5.13 옷 입기 문제와 관련된 DAG. 만약 방향성 에지 하나가 2개의 옷 항목을 연결하고 있다면 첫 번째 항목을 두 번째 항목보다 먼저 입어야 한다.

옷 입기 문제를 해결하려면 그림 5.13에 있는 DAG의 노드들을 한 줄로 정렬해서 모든 방향성 에지가 오른쪽 노드로 향하도록 해야 한다(그림 5.14). 불상사 없이 옷을 입으려면 그저 노드들을 왼쪽부터 오른쪽으로 방문하기만 하면 된다.

임의의 DAG에서 최장 경로를 찾으려면 먼저 DAG에 있는 노드들을 순서대로 나열해서 항상 직전 노드 다음에 해당 노드가 오도록 만들어야 한다. 공식적으로는 DAG에 있는 노드 $(a_1, \dots, a_k)$에 대해서 만약 그 DAG에 있는 모든 에지 (a_i, a_j)가 연결하고 있는 노드 a_i, a_j가 항상 $i < j$를 만족하고 있는 경우 이를 **위상학적 나열**topological ordering이라고 한다.

연습 문제   그림 5.12에 있는 DAG의 위상학적 나열을 만들어 보자.

연습 문제   옷 입기 문제에 있는 DAG는 몇 개의 위상학적 나열을 갖고 있는가?

MANHATTANTOURIST는 직사각형 격자에서 최장 경로를 찾을 수 있는데 그 이유는 그림 5.15(왼쪽)에 나온 것처럼 이 의사 코드가 내부적으로 노드들을 행 단위row-by-row 순서로 나열하고 있기 때문이다. 그림 5.15(오른쪽)에 나온 열 단위column-by-column 나열 방식은 직사각형 격자를 나열하는 또 다른 방법이 된다.

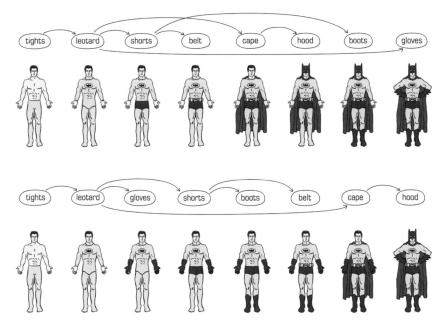

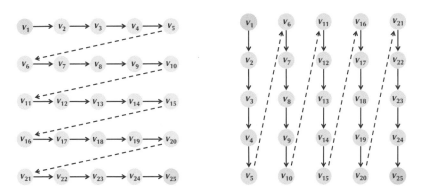

그림 5.14 그림 5.13에 있는 옷 입기 문제 DAG에 존재하는 두 가지 위상학적 나열

그림 5.15 직사각형 격자에서 행 단위(왼쪽) 그리고 열 단위(오른쪽)로 만들어진 위상학적 나열

잠깐 멈추고 생각해 보자 MANHATTANTOURIST를 그림 5.16에 나와 있는 위상학적 나열에 기반해서 다시 작성해 보자.

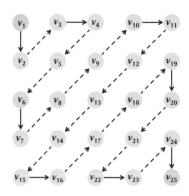

그림 5.16 그림 5.15에 있는 직사각형 격자의 또 다른 위상학적으로 나열

모든 DAG는 위상학적 나열을 갖고 있다는 것과 이런 위상학적 나열을 만드는 데 걸리는 시간은 그래프에 있는 에지의 수에 비례한다는 것은 증명이 가능하다(돌아가기: 위상학적 나열 만들기 참고). 위상학적 나열을 만든 뒤에는 소스 노드에서 싱크 노드로 가는 최장 경로의 길이를 구할 수 있다. 이는 DAG에 있는 노드들을 위상학적 나열에 따라 방문하면 되는데 다음 알고리듬을 따르면 그 결과를 얻을 수 있다. 단순하게 하고자 그래프에서 소스 노드는 들어가는 에지 수가 0인 유일한 노드라고 가정한다.

328페이지

LONGESTPATH(*Graph, source, sink*)
    for each node *b* in *Graph*
        $s_b \leftarrow -\infty$
    $s_{source} \leftarrow 0$
    topologically order *Graph*
    for each node *b* in *Graph* (following the topological order)
        $s_b \leftarrow \max_{\text{all predecessors } a \text{ of node } b}\{s_a + \text{weight of edge from } a \text{ to } b\}$
    return s_{sink}

모든 에지가 한 번만 반복되기 때문에 **LONGESTPATH**를 계산하는 시간은 *Graph*라는 DAG에 있는 에지의 수에 비례한다.

이제 우리는 임의의 DAG에 있는 최장 경로의 길이를 효율적으로 계산할 수 있게 됐다. 그러나 **LONGESTPATH**를 조금 수정해서 최장 경로를 구축하는 알고리듬을 만드는 방법은 아직 모른다. 다음 단락에서 LCS 문제를 사용해서 DAG의 최장 경로를 어떻게 구축하는지 설명할 것이다.

정렬 그래프 역추적하기

그림 5.11(왼쪽 아래)에는 **ManhattanTourist**로 만들어진 경로들이 강조돼 있다. 최장 경로를 만들려면 이렇게 강조돼 있는 에지를 따라서 소스 노드로부터 싱크 노드까지 가는 경로를 찾으면 된다(하나 이상의 경로가 존재할 수 있다). 그런데 이렇게 강조돼 있는 에지들을 따라가다 보면 노드 (1, 2)처럼 막다른 길에 다다르기도 한다. 반대로 싱크 노드에서 출발해 강조돼 있는 에지들을 **역방향으로 추적해** 가면 싱크 노드에 연결된 이 모든 경로들은 소스 노드까지 도달할 수 있게 해준다(그림 5.17).

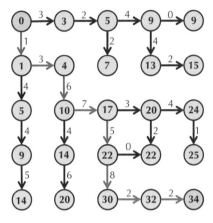

그림 5.17 위의 DAG에서 싱크 노드에서부터 소스 노드로 거꾸로 따라가는 경로를 빨간색으로 강조했다. 이 경로는 소스 노드에서 싱크 노드까지의 최장 경로를 나타낸다.

이렇게 경로를 **역추적**backtracking하는 아이디어를 문자열 v와 w에 대한 LCS를 구축하는 문제에 적용해 볼 수 있다. 만약 AlignmentGraph(v, w)에서 매치에 해당하는 에지에 가중치 1을 할당하고 다른 모든 에지에 가중치 0을 할당하면 $s_{|v|,|w|}$는 LCS의 길이가 될 것이다. 다음 알고리듬은 AlignmentGraph(v, w)에서 **역추적 포인터**backtracking pointer를 사용해 $s_{i,j}$를 계산할 때 사용된 에지들을 기록해 놓는데 세 가지 값 ↓, →, ↘ 중 하나로 기록한다. 역추적 포인터들은 *Backtrack*이라는 행렬에 저장된다.

> 잠깐 멈추고 생각해 보자 **LCSBacktrack** 의사 코드에 있는 3개의 if 문의 순서를 바꾸면 *Backtrack* 을 계산하는 데 어떤 영향을 줄까?

```
LCSBACKTRACK(v, w)
    for i ← 0 to |v|
        s_{i, 0} ← 0
    for j ← 0 to |w|
        s_{0, j} ← 0
    for i ← 1 to |v|
        for j ← 1 to |w|
                          ⎧ s_{i-1,j}
            s_{i, j} ← max ⎨ s_{i,j-1}
                          ⎩ s_{i-1,j-1} + 1, if v_i = w_j
            if s_{i,j} = s_{i-1,j}
                Backtrack_{i,j} ← "↓"
            else if s_{i,j} = s_{i,j-1}
                Backtrack_{i,j} ← "→"
            else if s_{i,j} = s_{i-1,j-1} + 1 and v_i = w_j
                Backtrack_{i,j} ← "↘"
    return Backtrack
```

이제 강조돼 있는 에지들로 이뤄진 소스 노드에서 싱크 노드로 가는 경로를 찾아야 한다. 아래의 알고리듬은 *Backtrack* 행렬을 사용해 최장 하위 공통 서열 문제를 해결한다. **OUTPUTLCS**(*Backtrack*, *v*, *i*, *j*)는 결과로 문자열 *v*의 *i*-접두사와 문자열 *w*의 *j*-접두사 사이의 LCS를 출력한다. 문자열 *v*와 *w*의 LCS를 출력하는 초기 호출은 **OUTPUTLCS**(*Backtrack*, *v*, |*v*|, |*w*|)이다.

```
OUTPUTLCS(Backtrack, v, i, j)
    if i = 0 or j = 0
        return
    if Backtrack_{i,j} = ↓
        OUTPUTLCS(Backtrack, v, i - 1, j)
    else if Backtrack_{i,j} = →
        OUTPUTLCS(Backtrack, v, i, j - 1)
    else
        OUTPUTLCS(Backtrack, v, i - 1, j - 1)
        output v_i
```

이 역추적 방법을 일반화해서 모든 DAG에서 최장 경로를 구축할 수 있다. 다음과 같이 sb 값을 계산할 때마다

$$s_b = \max_{\text{all predecessors } a \text{ of node } b} \{s_a + \text{weight of edge from } a \text{ to } b\},$$

단순히 노드 b에 대해 s_b를 계산할 때 b의 직전 노드를 저장해 두고 역추적할 때 사용하면 된다. 이제 임의의 DAG에 대해 역추적을 사용해서 최장 경로를 찾을 준비가 됐다.

정렬 점수

LCS 점수 모델의 문제는 뭘까?

마라히엘이 Asp와 Orn을 코딩하는 A-domain을 정렬한 것을 기억해 보자. 19 + 10개의 매치가 있었다.

```
YAFDLGYTCMFPVLLGGGELHIVQKETYTAPDEIAHYIKEHGITYIKLTPSLFHTIVNTASFAFDANFESLRLIVLGGEKIIPIDVIAFRKMYGHTE-FINHYGPTEATIGA
-AFDVSAGDFARALLTGGQLIVCPNEVKMDPASLYAIIKKYDITIFEATPALVIPLMEYI-YEQKLDISQLQILIVGSDSCSMEDFKTLVSRFGSTIRIVNSYGVTEACIDS
```

더 많이 indel을 만들면 더 많은 매치가 있는 정렬을 만드는 건 어렵지 않다. 그렇지만 indel을 많이 넣을수록 두 서열의 정렬은 마라히엘이 발견한 생물학적으로 올바른 정렬에서 더욱 멀어질 것이다. 아래 그림은 가장 많은 수의 매치를 갖는 정렬인데 길이가 19 + 8 + 19 = 46인 LCS를 나타내고 있다(초록색 문자가 새로운 매치를 나타낸다). 이 정렬은 너무 길어서 한 줄에 다 나타내기도 힘들다.

```
YAFDL--G-YTCMFP--VLL-GGGELHIV---Q-K-E--T-YTAPDEIAHYIK--EHGITYI---KLTPSL-FHT
-AFDVSAGD----FARA-LLTGG-QL-IVCPNEVKMDPASLY-A---I---IKKYD--IT-IFEA--TPALV---

IVNTASFAFDANFE-----S-LR-LIVLGG-----EKIIPIDVIAFRK-M---YGHTEFI---NHYGPTEATIGA
IPLMEYIY-----EQKLDISQLQILIV-GSDSCSME-----D---F-KTLVSRFGST--IRIVNSYGVTEACIDS
```

잠깐 멈추고 생각해 보자   만약 마라히엘이 이런 정렬 결과를 만들었다면 아미노산 8개짜리 비리보솜 코드 시그니처를 추론해 낼 수 있었을까?

아래 그림은 비리보솜 시그니처에 해당하는 아미노산들을 보라색으로 표시한 것이다. 이 시그니처를 5장 시작에 나왔던 마라히엘의 정렬 결과와 비교해 보면 열들의 묶음 8개가 보존돼 있지만 그중 5개만 LCS 정렬에 남아 있어서 비리보솜 시그니처를 추론하는 것은 불가능하다.

```
YAFDL--G-YTCMFP--VLL-GGGELHIV---Q-K-E--T-YTAPDEIAHYIK--EHGITYI---KLTPSL-FHT
-AFDVSAGD----FARA-LLTGG-QL-IVCPNEVKMDPASLY-A---I---IKKYD--IT-IFEA--TPALV---

IVNTASFAFDANFE-----S-LR-LIVLGG-----EKIIPIDVIAFRK-M---YGHTEFI---NHYGPTEATIGA
IPLMEYIY-----EQKLDISQLQILIV-GSDSCSME-----D---F-KTLVSRFGST--IRIVNSYGVTEACIDS
```

LCS를 만드는 과정에서 과도하게 많은 indel을 사용해도 누구도 뭐라 하지 않았기 때문에 실제 진화의 시나리오를 알 수 없는 경솔한 매치가 나타나게 됐다. 처음에 했던 정렬 게임에서 매치인 문자에 대해 점수를 받았던 걸 생각해 보면 indel과 미스매치에 대해 감점하는 방법이 필요해 보인다. 먼저 indel을 처리해 보자. 매치에 대해 +1점을 추가로 주는 것에 더해서 각 indel에 대한 페널티로 −4점을 준다고 해보자. A-domain에 대한 최고점 정렬은 생물학적으로 올바른 정렬에 가까워지는데 6개의 열이 올바른 시그니처와 정렬돼 있는 것을 볼 수 있다.

```
YAFDLGYTCMFP-VLL-GGGELHIV-QKETYTAPDEI-AHYIKEHGITYI-KLTPSLFHTIVNTASFAFDANFE
-AFDVS-AGDFARALLTGG-QL-IVCPNEVKMDPASLYA-IIKKYDIT-IFEATPAL--VIPLME-YIYEQKLD

-S-LR-LIVLGGEKIIPIDVIAFRKM--YGHTE-FINHYGPTEATIGA
ISQLQILIV-GSDSC-SME--DFKTLVSRFGSTIRIVNSYGVTEACIDS
```

점수 행렬

정렬 점수 모델을 일반화하고자 기존처럼 매치에 대해 +1점을 부여하지만 미스매치에 대한 페널티로 양의 상수 μ(미스매치 페널티mismatch penalty)과 indel에 대한 페널티로 양의 상수 σ(indel 페널티indel penalty)를 부여한다. 그 결과 정렬에 대한 점수score는 다음과 같다.

$$\# \text{ matches} - \mu \cdot \# \text{ mismatches} - \sigma \cdot \# \text{ indels}$$

예를 들어 $\mu = 1$이고 $\sigma = 2$라는 매개변수를 사용하면 아래의 정렬에 대한 점수는 −4가 될 것이다.

```
A T - G T T A T A
A T C G T - C - C
+1 +1 -2 +1 +1 -2 -1 -2 -1
```

생물학자들은 이런 비용 함수를 더욱 개량해서 어떤 돌연변이는 다른 돌연변이보다 더 있을 법하다는 사실을 적용하고자 했다. 이를 통해 미스매치 페널티와 indel 페널티가 특정 문자에 따라 달라지게 됐다. 이 k개만큼의 문자들을 확장해서 공백 문자도 포함한 다음 $(k+1) \times (k+1)$ **점수 행렬**scoring matrix $Score$를 만들어서 모든 문자쌍에 대한 점수를 나타내게 할 수 있다. DNA 서열들을 비교할 때 $(k=4)$ 모든 미스매치의 페널티가 μ이고 모든 indel의 페널티가 σ인 점수 행렬은 아래와 같다.

```
      A    C    G    T    -
A    +1   -μ   -μ   -μ   -σ
C    -μ   +1   -μ   -μ   -σ
G    -μ   -μ   +1   -μ   -σ
T    -μ   -μ   -μ   +1   -σ
-    -σ   -σ   -σ   -σ
```

DNA 서열에 대한 점수 행렬은 보통 매개변수 μ와 σ만 사용해서 정의하지만 단백질 서열 비교에 쓰이는 점수 행렬은 서로 다른 돌연변이끼리 다른 가중치를 갖게 되고 이것이 꽤 영향을 미치게 된다(돌아가기: PAM 점수 행렬 참고).

329페이지

전역 정렬에서 지역 정렬까지

전역 정렬

이제 정렬 그래프를 수정해서 점수 행렬을 입력받는 일반화된 형태의 정렬 문제를 풀어야 한다.

전역 정렬 문제

점수 행렬이 정의돼 있을 때 두 문자열의 최고점 정렬을 찾아라.

입력: 두 문자열과 점수 행렬 $Score$

전역 정렬 문제를 풀려면 마찬가지로 정렬 그래프에서 최장 경로를 찾아야 하는데 이때 점수 행렬의 값을 반영해 에지의 가중치를 새로 정한 뒤에 찾아야 한다(그림 5.18). 삭제에 해당하는 게 수직 에지(↓)고 삽입에 해당하는 게 수평 에지(→)이며 매치/미스매치에 해당하는 게 대각선 에지(↘/↘)라는 것을 떠올려 보면 $(0, 0)$에서 (i, j)로 가는 최장 경로의 길이에 해당하는 $s_{i,j}$를 구하고자 다음과 같은 반복적 방법을 생각해 낼 수 있다.

$$s_{i,j} = \max \begin{cases} s_{i-1,j} & + Score(v_i, -) \\ s_{i,j-1} & + Score(-, w_j) \\ s_{i-1,j-1} & + Score(v_i, w_j). \end{cases}$$

매치에 대해 점수 +1점이 부여되고 미스매치 페널티가 μ이며 indel 페널티가 σ인 경우 정렬 반복적 작업은 다음과 같이 쓸 수 있다.

$$s_{i,j} = \max \begin{cases} s_{i-1,j} & - \sigma \\ s_{i,j-1} & - \sigma \\ s_{i-1,j-1} + 1, & \text{if } v_i = w_j \\ s_{i-1,j-1} - \mu, & \text{if } v_i \neq w_j. \end{cases}$$

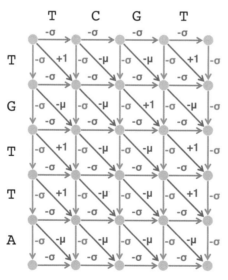

그림 5.18 그래프 ALIGNMENTGRAPH(TGTTA, TCGT). 각 에지가 매치, 미스매치, 삽입, 삭제에 따라 다른 색으로 나타나 있다.

298

전역 정렬의 한계

homeobox 유전자들의 정렬 결과를 보면 전역 정렬은 생물학적으로 관련된 유사성을 찾지 못할 수도 있는 문제가 있다는 걸 알 수 있다. 이 유전자들은 배아 발달을 조절하고 초파리에서 인간까지 다양한 종에서 나타난다. homeobox 유전자들은 길이가 길고 종 간의 차이가 큰데 각 유전자에서 homeodomain이라고 불리는 약 60개 아미노산으로 이뤄진 영역은 매우 잘 보존돼 있다. 예를 들어 아래에 있는 쥐와 인간의 homeodomain을 생각해 보자.

쥐

...**AR**RSR**THF**TK**F**Q**T**DILIE**AFE**KNRFP**GIV**TRE**KLA**QQ**TGIP**ESRI**HIWFQ**NRRARHPDPG...
...**AR**QK**TF**ITW**T**Q**K**NRLVQ**AFER**NPFP**DTATRKKLAE**Q**TGLQ**ESRI**QMWFQ**KQRSLYLKKS...

인간

이걸 보고 즉시 드는 의문은 더욱 긴 유전자에서 보존된 영역을 어떻게 찾는지 그리고 그 주변의 유사도가 낮은 지역을 어떻게 무시하는지다. 전역 정렬은 두 문자열 간의 유사도를 전체 길이에 걸쳐서 계산한다. 그러나 homeodomain을 찾을 때에는 더 작은 지역의 유사도만 필요할 뿐 전체 문자열을 정렬할 필요는 없다. 예를 들어 아래의 전역 정렬은 매치 22개, indel 18개, 미스매치 2개를 통해 결과적으로 점수는 22 − 18 − 2 = 2($\sigma = \mu = 1$ 일 때)가 된다.

GCC−C−AGTC−TATGT−CAGGGGG**CACG−−A−G**CATGCAC**A−**
GCCGCC−GTCGT−T−TTCAG−−−−**CA−G**TT**ATGT−T−CA**GAT

그러나 이 서열을 다르게 정렬할 수도 있는데(매치 17개와 indel 32개) 이번엔 CAGTCTATGTCAG 와 CAGTTATGTTCAG로 나타나 있는 잘 보존된 하위 서열에 기반한 방법이다.

−−−**G**−−−−**C**−−−−−**C**−−**CAGT**C**TATG**−**TCAG**GGGG**C**ACGAGCATGCACA
GCC**GCC**GT**C**GTTTT**CAGCAGT**−**TATG**TT**CAG**−−−−−**A**−−−−−−**T**−−−−−

이 정렬은 매치가 더 적고 점수도 17 − 32 = −15로 더 낮다. 위에서 언급한 보존된 영역에서 12 − 2 = 10이라는 높은 점수를 받았지만 전체적으로 점수가 낮은 것은 전혀 이상한 현상이 아니다.

그림 5.19는 위의 두 가지 정렬 방법에 따른 정렬 경로를 보여 준다. 위쪽 경로는 두 번째 방식의 정렬에 해당하는데 보존된 영역에 해당하는 대각선 경로의 양쪽에 indel에 대한 페널티를 많이 받기 때문에 결국 선택되지 않을 것이다. 그 결과 전역 정렬은 생물학적으로 의미가 없는 아래쪽 경로를 출력해 줄 것이다.

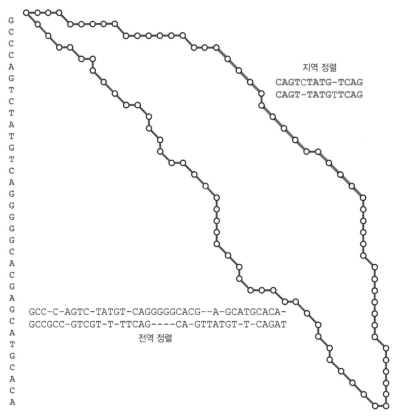

GCCGCCGTCGTTTTCAGCAGTTATGTTCAGAT

지역 정렬
CAGTCTATG-TCAG
CAGT-TATGTTCAG

GCC-C-AGTC-TATGT-CAGGGGGCACG--A-GCATGCACA-
GCCGCC-GTCGT-T-TTCAG----CA-GTTATGT-T-CAGAT
전역 정렬

그림 5.19 서로 보존된 영역을 공유하고 있는 2개의 DNA 문자열에 대한 전역 정렬과 지역 정렬 결과. 이 보존된 영역을 찾아내서 생물학적으로 의미 있는 정렬(위쪽 경로)은 생물학적인 의미가 없는 정렬(아래쪽 경로)에 비해 낮은 점수를 받게 되는데 그 이유는 위쪽 경로가 indel에 의한 페널티를 많이 받기 때문이다.

어떤 서열 v와 w의 일부분에만 생물학적으로 중요한 유사성이 존재하고 나머지 부분에서는 그렇지 않은 경우 생물학자들은 전역 정렬을 사용하지 않고 서열 v와 w의 하위 서열을 정렬해서 두 문자열의 **지역 정렬**local alignment을 만들어 낸다. 이처럼 서열 v와 w의 하위 서열 중 다른 하위 서열들에 비해 전역 정렬 점수가 가장 높은 하위 서열을 찾는 문제를 **지역 정렬 문제**Local Alignment Problem라고 부른다.

지역 정렬 문제

두 문자열에서 점수가 가장 높은 지역 정렬을 찾아라.

입력: 문자열 v와 w 그리고 점수 행렬 Score

출력: *Score*로 계산했을 때 문자열 v와 w의 모든 하위 서열 중 전역 정렬 점수가 가장 높은 하위 서열

지역 정렬 문제를 해결하는 단순하지만 비효율적인 방법은 (전역 정렬 문제에서처럼 단순히 소스 노드와 싱크 노드를 연결하는 게 아니라) 정렬 그래프에 있는 모든 노드쌍에 대해 최장 경로를 찾고, 그중 가중치가 가장 높은 최장 경로를 선택하는 것이다.

> **잠깐 멈추고 생각해 보자** 이 방식을 계산하는 시간은 어떻게 되는가?

정렬 그래프에서 공짜 택시 타기

좀 더 빠른 지역 정렬 방법을 떠올리고자 소스 노드 (0, 0)부터 보존된 영역(그림 5.19의 빨간색)의 시작 노드에 해당하는 노드까지 '공짜 택시를 탄다'고 상상해 보자. 그리고 이 보존된 영역의 끝 노드에서 싱크 노드까지 다시 공짜 택시를 탄다고 생각해 보자. 만약 그런 택시를 탈 수 있다면(그림 5.20) 전역 정렬을 할 때처럼 많은 페널티를 받지 않은 채로 보존된 영역의 시작 노드까지 갈 수 있을 것이다. 그리고 보존된 영역에서 끝 노드까지 가면서 많은 매치 점수를 받고 미스매치 또는 indel 페널티를 거의 받지 않을 수 있다. 마지막으로 보존된 영역의 끝 노드에서 싱크 노드까지 공짜 택시를 한 번 더 타고 가면 된다. 이렇게 만들어진 경로의 정렬 점수는 우리가 원했던 것처럼 보존된 영역만 사용해 만든 정렬 점수와 같을 것이다.

이런 '공짜 택시를 타는' 아이디어의 유일한 문제점은 지역 정렬의 시작과 끝이 어디인지(즉 그림 5.19의 보존된 영역이 어디인지) 미리 알 수 없다는 것이다. 대신 우리가 소스 노드에서 모든 노드까지 그리고 모든 노드에서 싱크 노드까지 공짜 택시를 제공할 것이다.

소스 노드 (0, 0)을 모든 노드에 가중치가 0인 에지로 연결하고 모든 노드를 싱크 노드 (n, m)에 가중치가 0인 에지로 연결하면 지역 정렬 문제를 풀기에 완벽한 DAG가 만들어진다(그림 5.21). 공짜 택시 덕분에 그래프에 모든 노드 쌍에 대한 최장 경로를 만들 필요가 없어졌다. 소스 노드에서 싱크 노드까지의 최장 경로가 바로 최적의 지역 정렬이 되는 것이다.

그림 5.20 그림 5.19를 약간 수정해서 소스 노드에서 보존된 영역의 시작 노드까지, 보존된 영역의 끝 노드에서 싱크 노드까지 '공짜 택시를 타는' 에지(가중치 0)를 추가한 것. 이 새로운 에지는 보존된 영역을 포함하는 지역 정렬에 대한 점수만 계산할 수 있게 해준다.

그림 5.21에 있는 총 에지 수는 $O(|v| \cdot |w|)$이고 이는 여전히 작다. DAG에서 최장 경로를 찾을 때의 계산 시간은 그래프의 에지 수에 의해 결정되기 때문에 이 지역 정렬 알고리듬은 매우 빠를 것이다. $s_{i,j}$ 값을 구할 때 모든 노드의 직전 노드로서 가중치가 0인 노드 $(0, 0)$을 추가하면 된다. 그러므로 이제 노드 (i, j)로 갈 수 있는 에지는 이제 4개가 되는데 이는 최장 경로를 찾는 반복적 작업에 새로운 항목 하나만 추가되는 것이다.

$$s_{i,j} = \max \begin{cases} 0 \\ s_{i-1,j} \quad + Score(v_i, -) \\ s_{i,j-1} \quad + Score(-, w_j) \\ s_{i-1,j-1} + Score(v_i, w_j) \end{cases}$$

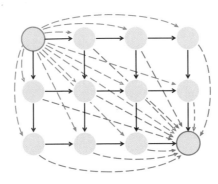

그림 5.21 지역 정렬 알고리듬은 정렬 그래프에 소스 노드 (0, 0)을 모든 노드에 연결하는 가중치 0짜리 에지(파란색 점선으로 표시됨)들과 모든 노드를 싱크 노드에 연결하는 가중치 0짜리 에지(빨간색 점선으로 표시됨)들이 추가돼 있다.

위에 나와 있는 반복적 작업은 소스 노드 = (0, 0)에서 시작하는 공짜 택시는 구현돼 있지만 싱크 노드 = (n, m)으로 가는 공짜 택시는 구현돼 있지 않다. 싱크 노드는 모든 노드를 직전 노드로 갖고 있기 때문에 $s_{n,m}$ 값은 전체 정렬 그래프에 있는 $s_{i,j}$ 값 중 가장 큰 값이 된다.

$$s_{n,m} = \max_{0 \le i \le n, 0 \le j \le n} s_{i,j}.$$

잠깐 멈추고 생각해 보자 $s_{i,j}$의 모든 값을 구한 다음, 정렬 그래프에서 최적의 지역 정렬이 어디서 시작하고 끝나는지를 어떻게 찾을 수 있을까?

왜 정렬 그래프에서 공짜 택시를 타도 되는 건지 의문이 들 수도 있다. 중요한 점은 주어진 문제에 맞게 당신 마음에 드는 맨해튼 같은 DAG를 디자인해야 한다는 점이다. 공짜 택시 같은 변동 사항은 5장에서 흔하게 있는 일이다. 계산 시간을 최소화하고자 최소한의 에지만 갖고 있는 적절한 DAG를 구축하면 다양한 정렬 문제를 해결할 수 있다. 이때 문제의 요구 사항을 모델링할 수 있도록 에지의 가중치를 할당하고 해당 DAG에서 최장 경로를 찾으면 된다.

서열 정렬의 다양한 모습

이 단락에서는 세 가지 서열 비교 문제를 설명하고 지금까지 배운 것들을 적용해 풀어 보도록 할 것이다. 힌트: 핵심 아이디어는 각 문제의 골격을 DAG에서 최장 경로를 찾는 문제의 한 가지 형태로 만드는 것이다.

수정 거리

1966년 블라디미르 레벤시테인Vladimir Levenshtein은 **수정 거리**edit distance라는 개념을 도입했는데 이는 두 문자열이 있을 때 한 문자열을 다른 문자열로 바꾸는 데 필요한 **수정 작업**edit operation의 최소 횟수를 말한다. 여기서 수정 작업이란 삽입, 삭제, 또는 단일 문자 치환을 말한다. 예를 들어 TGCATACT는 여섯 번의 수정 작업을 통해 ATCCGAT로 바꿀 수 있는데 이는 두 문자열의 수정 거리는 최대 6이라는 것을 의미한다.

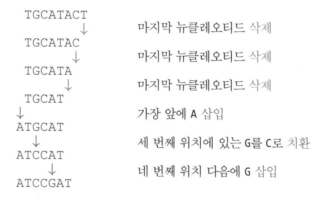

 잠깐 멈추고 생각해 보자   더 적은 횟수의 수정 작업으로 TGCATACT를 ATCCGAT로 바꿀 수 있는가?

사실 TGCATACT와 ATCCGAT 사이의 수정 거리는 5다.

```
      TGCATACT
         ↓                      가장 앞에 A 삽입
      ATGCATACT
         ↓                      여섯 번째 뉴클레오티드 삭제
      ATGCAACT
         ↓                      다섯 번째 위치의 A를 G로 치환
      ATGCGACT
         ↓                      일곱 번째 위치의 뉴클레오티드 삭제
      ATGCGAT
         ↓                      세 번째 위치의 G를 C로 치환
      ATCCGAT
```

레벤시테인은 수정 거리를 도입했지만 이를 계산하는 알고리듬은 설명하지 않았는데 이는 당신을 위해 남겨 두겠다.

수정 거리 문제

두 문자열 사이의 수정 거리를 찾아라.

입력: 문자열 2개

출력: 이 문자열들 사이의 수정 거리

적합 정렬

아미노산 약 2만 개 길이인 *Bacillus brevis*의 NRP 중합 효소와 아미노산 약 600개 길이인 *Streptomyces roseosporus*의 A-domain을 비교한다고 해보자. *Streptomyces roseosporus*는 댑토마이신Daptomycin이라는 강력한 항생제를 만들어 내는 박테리아다. 우리의 목표는 긴 서열 v에 있는 영역 중에서 짧은 서열 w의 전체 영역과 유사한 영역을 찾는 것이다. 전역 정렬은 v의 모든 지역과 w의 모든 지역을 비교하기 때문에 쓸 수 없다. 지역 정렬은 v의 하위 서열과 w의 하위 서열을 정렬하기 때문에 쓸 수 없다. 따라서 **적합 알고리듬 문제**Fitting Alignment Problem라고 불리는 독특한 정렬 방법을 사용해야 한다.

문자열 w를 v에 **적합**Fitting하기 위해서는 v의 모든 하위 문자열 중 w와의 전역 정렬 점수가 최대가 되는 하위 문자열 v_0를 찾아야 한다. 예를 들어 두 문자열 $v =$ CGTAGGCTTAAGGTTA와 $w =$ ATAGATA 사이의 최적의 전역, 지역, 적합 정렬 결과는 그림 5.22에 나와 있다(미스매치와 indel 페널티는 동일하게 1점으로 했을 때).

Global	Local	Fitting
CGTAGGCTTAAGGTTA	CGTAGGCTTAAGGTTA	CGTAGGCTTAAGGTTA
A-TAG----A---T-A	ATAGATA	ATAGA--TA

그림 5.22 매치 점수를 1점으로 하고 미스매치/indel의 페널티를 1점으로 했을 때 두 문자열 CGTAGGCTTAAGGTTA 와 ATAGATA에 대한 최적의 전역 정렬(왼쪽), 지역 정렬(가운데), 적합 정렬(오른쪽) 결과. 검정색 문자는 지역 정렬 과 적합 정렬에 기여하지 않았으며 양쪽 영역을 표현하기 위해 나타낸 것이다. (왼쪽) 최적의 전역 정렬에는 1개의 미스매치와 9개의 deletion이 포함돼 있다. (가운데) 두 문자열이 공유하고 있는 하위 서열 TAG가 최적의 지역 정렬 에 해당한다. (오른쪽) 이 경우에는 적합 정렬이 가장 적절한 정렬 방법인데 그 이유는 문자열 ATAGATA의 모든 문자가 CGTAGGCTTAAGGTTA의 특정 영역에 잘 정렬되기 때문이다.

그림 5.22에서 최적의 지역 정렬(점수 3)이 유효한 적합 정렬이 아니라는 것을 알아두자. 또한 최적의 전역 정렬 점수($6 - 9 - 1 = -4$)는 최적의 적합 정렬 점수($5 - 2 - 2 = +1$)보 다 낮다.

적합 정렬 문제

두 문자열 사이에서 점수가 가장 높은 적합 정렬을 구축하라.

입력: 문자열 v와 w, 그리고 점수 행렬 $Score$

출력: $Score$로 계산했을 때 문자열 v와 w 사이에서 점수가 가장 높은 적합 정렬

겹침 정렬

3장에서 유전체를 조립하고자 겹치는 리드들을 어떻게 활용하는지 이야기했는데 이때 리 드에 있는 에러들이 유전체 조립 문제를 더 어렵게 만들었다. 가상의 리드들의 끝부분을 정렬하는 것은 에러가 많은 리드들이 겹치는 부분을 찾기 위한 방법을 제공한다.

ATGCA**TGCCGG**
　　　T-CC-GAAAC

문자열 $v = v_1 \ldots v_n$과 $w = w_1 \ldots w_m$ 사이의 **겹침 정렬**^{overlap alignment}은 v의 접미사와 w의 접 두사 사이의 전역 정렬이다. 문자열 v와 w에 대한 최적의 전역 정렬은 가능한 모든 i와 j에 대해 v의 i-접미사와 w의 j-접두사 사이의 전역 정렬(즉, $v_i \ldots v_n$과 $w_1 \ldots v_j$ 사이의 정렬)의 점 수가 최대가 되는 정렬이다.

> **겹침 정렬 문제**
>
> 두 문자열 사이에서 점수가 가장 높은 겹침 정렬을 구축하라.
>
> **입력:** 두 문자열과 점수 행렬 $Score$
>
> **출력:** $Score$로 계산했을 때 두 문자열 사이에서 점수가 가장 높은 겹침 정렬

서열 정렬에서 삽입과 삭제에 대한 페널티를 주는 방법

어파인 갭 페널티

미스매치와 indel을 만드는 것이 생물학적으로 더 관련 있는 전역 정렬을 만들 수 있다는 것을 알아봤다. 그러나 이렇게 탄탄한 점수 모델을 사용해도 이전에 indel 페널티 $\sigma = 4$를 사용해 구축했던 A-domain 정렬 결과는 보라색으로 표시했던 8개의 비리보솜 시그니처에 해당하는 보존된 열 중 6개만 알아낼 수 있었다.

```
YAFDLGYTCMFP-VLL-GGGELHIV-QKETYTAPDEI-AHYIKEHGITYI-KLTPSLFHTIVNTASFAFDANFE
-AFDVS-AGDFARALLTGG-QL-IVCPNEVKMDPASLYA-IIKKYDIT-IFEATPAL--VIPLME-YIYEQKLD

-S-LR-LIVLGGEKIIPIDVIAFRKM---YGHTE-FINHYGPTEATIGA
ISQLQILIV-GSDSC-SME--DFKTLVSRFGSTIRIVNSYGVTEACIDS
```

> 잠깐 멈추고 생각해 보자   indel 페널티를 $s = 4$에서 $s = 10$으로 증가시키면 생물학적으로 정확한 정렬이 만들어지는가?

이전에 정의했던 **선형 점수 모델**linear scoring model에서 σ가 문자 하나의 삽입 또는 삭제 페널티라고 하면 문자 k개의 삽입 또는 삭제 페널티는 $\sigma \cdot k$가 된다. 이런 비용 모델은 불행하게도 생물학적인 서열들에 적절한 점수를 주지 못하게 된다. 돌연변이는 DNA 복제에서 종종 k개의 뉴클레오티드가 각각이 아닌 한 번에 삽입 또는 삭제됐을 때 생기는 오류로 인해 발생한다. 따라서 이런 indel에 대해 $\sigma \cdot k$만큼의 페널티는 과한 페널티다. 예를 들어 오른쪽의 정렬은 왼쪽의 정렬보다 더 적절한 정렬이지만 현재 이 두 정렬은 같은 점수를 받을 것이다.

```
GATCCAG        GATCCAG
GA-C-AG        GA--CAG
```

갭gap은 정렬에서 한쪽 행에 나타난 연속된 공백 문자들을 말한다. 갭에 점수를 주는 한 가지 방법은 **어파인 페널티**affine penalty를 정의하는 것이다. 이는 길이가 k인 갭에 대한 점수로 $\sigma + \epsilon \cdot (k-1)$를 주는 것이다. 여기서 σ는 **갭 생성 페널티**gap opening penalty라고 부르며 갭의 첫 번째 문자에 할당되는 것이고, ϵ는 **갭 연장 페널티**gap extension penalty라고 부르며 갭에 있는 추가 문자열들에 할당되는 것이다. 여기서 ϵ를 σ보다 작게 함으로써 길이가 k인 갭에 대한 어파인 페널티가 각 단일-뉴클레오티드 indel에 대해 페널티를 주는 것($\sigma \cdot k$)보다 작아지게 만들 것이다. 예를 들어 어파인 갭 페널티를 시용하면 왼쪽 위에 있는 정렬의 페널티는 2σ가 될 것이고, 오른쪽에 있는 정렬의 페널티는 $\sigma + \epsilon$만큼만 될 것이다.

어파인 갭 페널티를 사용한 정렬 문제

어파인 갭 페널티를 사용해 두 문자열 사이에서 가장 점수가 높은 전역 정렬을 구축하라.

입력: 두 문자열과 점수 행렬 *Score*, 숫자 σ와 ϵ

출력: *Score*로 계산하고 갭 생성 페널티와 갭 연장 페널티를 각각 σ와 ϵ로 했을 때 두 문자열 사이에서 가장 점수가 높은 전역 정렬

STOP 잠깐 멈추고 생각해 보자 정렬 그래프를 어떻게 수정해야 이 문제를 풀 수 있을까?

그림 5.23에서는 어파인 갭 페널티를 어떻게 모델링하는지 보여 주고 있다. 바로 정렬 그래프에서 각각의 갭마다 새로 더욱 긴 에지를 추가하는 것이다. 갭이 어디에 있을지 미리 알 수 없기 때문에 가능한 모든 갭에 대해 에지를 추가해야 한다. 따라서 어파인 갭 페널티는 가능한 모든 수직 그리고 수평 에지를 정렬 그래프에 추가해 모든 가능한 갭을 나타냄으로써 모델링할 수 있다. 더 자세히 이야기하면 그림 5.24에 나온 것처럼 (i, j)를 연결하는 에지들에 $(i + k, j)$와 $(i, j + k)$를 연결하고 가능한 모든 k 값에 대해 가중치를 $\sigma + \epsilon \cdot (k - 1)$을 할당하는 것이다. 길이가 n인 두 문자열이 있을 때 어파인 갭 페널티가 있는 정렬 그래프의 총 에지 수는 $\mathcal{O}(n^2)$에서 $\mathcal{O}(n^3)$으로 늘어난다.

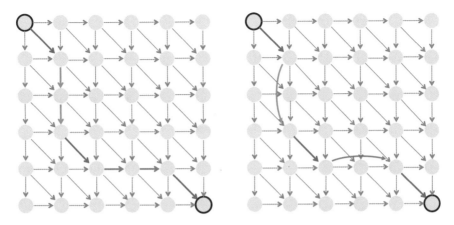

그림 5.23 왼쪽 정렬 그래프의 갭 여러 개를 오른쪽 정렬 그래프에서는 더욱 긴 삽입 및 삭제 에지로 나타냈다. 길이가 k인 갭에 대해 더욱 긴 에지에 해당하는 가중치는 $\sigma + \epsilon \cdot (k-1)$이다.

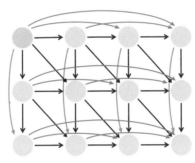

그림 5.24 가능한 모든 크기의 indel에 해당하는 갭을 에지로 추가함으로써 정렬 그래프에 매우 많은 수의 에지를 추가하게 됐다.

잠깐 멈추고 생각해 보자 에지 수가 $O(n^2)$인 DAG를 디자인해서 어파인 갭 페널티가 있는 정렬 문제를 해결할 수 있을까?

맨해튼을 3개의 층으로 구축하기

어파인 갭 페널티가 있는 정렬 문제를 풀 때 DAG에서 에지의 수를 줄이는 비법은 노드의 수를 늘리는 것이다. 이를 위해 정렬 그래프를 3개의 계층으로 만들 것이다. 각 노드 (i, j)에 대해 3개의 서로 다른 노드를 만들 것이다. $(i, j)_{\text{lower}}$, $(i, j)_{\text{middle}}$, $(i, j)_{\text{upper}}$. 중간 계층은 가중치 $Score(v_i, v_j)$에 해당하는 대각선 에지로 구성돼 매치와 미스매치를 나타낼 것이다. lower 계층은 수직 에지만 갖고 있을 것이고 가중치 $-\epsilon$를 할당해서 v에서의 갭 연장을 나타낼 것이다. 그리고 upper 계층은 수평 에지만 갖고 있을 것이고 가중치 $-\epsilon$을 할당해서 w에서의 갭 연장을 나타낼 것이다(그림 5.25).

이렇게 세 계층으로 된 도시에 사는 것은 매우 힘들 것이다. 이는 계층 사이를 오갈 수 있는 방법이 없기 때문이다. 이 문제를 해결하고자 갭 생성 및 마감에 해당하는 에지를 추가할 것이다. 갭 생성을 모델링하고자 각 $(i, j)_{\text{middle}}$ 노드를 $(i + 1, j)_{\text{lower}}$ 노드와 $(i, j + 1)_{\text{upper}}$ 노드에 연결할 것이다. 이 에지의 가중치로 σ를 할당한다. 갭 마감은 페널티를 받지 않으므로 $(i, j)_{\text{lower}}$ 노드와 $(i, j)_{\text{upper}}$ 노드를 $(i, j)_{\text{middle}}$ 노드에 가중치가 0인 에지로 연결할 것이다. 이렇게 하면 길이가 k인 갭은 middle 계층에서 시작해서 첫 번째 문자에 대해 페널티 σ를 받고, 각각의 후속 문자에 대해 페널티 ϵ를 받고, 갭 마감에 대해 페널티 0을 받게 돼 결국 우리가 원하던 대로 $\sigma + \epsilon \cdot (k - 1)$만큼의 페널티를 받게 된다. 그림 5.26은 그림 5.23에 있는 경로를 어떻게 세 계층짜리 정렬 그래프로 나타내는지를 보여 주고 있다.

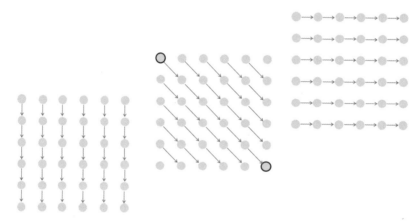

그림 5.25 어파인 갭 페널티가 있는 정렬 그래프를 세 계층으로 구축하는 방법. lower 계층은 v의 갭 연장에 해당하고, middle 계층은 매치와 미스매치에 해당하고, upper 계층은 w의 갭 연장에 해당한다.

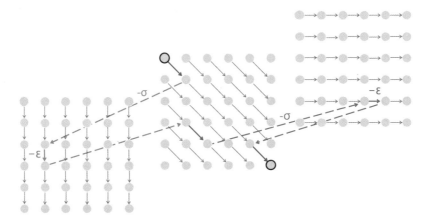

그림 5.26 그림 5.23에 나온 정렬 그래프에서 소스 노드로부터 싱크 노드로 가는 모든 경로는 세 계층짜리 그래프에서 소스 노드로부터 싱크 노드로 가는 똑같은 길이의 경로에 해당하며, 그 반대도 마찬가지다. middle 계층의 모든 노드는 upper 계층으로 나가는 파란색 에지와 lower 계층으로 가는 초록색 에지를 갖고 있다. 각각의 에지는 점선으로 나타나 있으며 갭 생성 페널티와 같은 가중치를 갖고 있다. middle 계층의 모든 노드는 또한 upper 계층에서 들어오는 파란색 에지와 lower 계층에서 들어오는 초록색 에지를 갖고 있는데 이 에지들 또한 점선으로 나타나 있으며 이 에지들은 갭 마감에 해당하므로 가중치가 0이다.

> **연습 문제** 두 문자열의 길이가 각각 n과 m이라 할 때 그림 5.26에 있는 그래프의 에지 수는 최대 $7 \cdot n \cdot m$이라는 것을 증명하라.

그림 5.26에 있는 DAG가 복잡해 보일 수 있지만 길이가 n, m인 서열에 대해서 $\mathcal{O}(n \cdot m)$만큼의 에지만 사용하며 이 그래프의 최장 경로는 어파인 갭 페널티를 사용한 최적의 정렬로 만들어진다. 세 계층짜리 정렬 그래프는 아래에 나오는 3개의 반복적 관계 시스템으로 바꿀 수 있다. $lower_{i,j}$, $middle_{i,j}$, $upper_{i,j}$는 각각 소스 노드에서 $(i, j)_{lower}$, $(i, j)_{middle}$, $(i, j)_{upper}$ 노드까지의 최장 경로의 길이를 나타낸다.

$$lower_{i,j} = \max \begin{cases} lower_{i-1,j} & - \epsilon \\ middle_{i-1,j} & - \sigma \end{cases}$$

$$middle_{i,j} = \max \begin{cases} lower_{i,j} \\ middle_{i-1,j-1} + Score(v_i, w_j) \\ upper_{i,j} \end{cases}$$

$$upper_{i,j} = \max \begin{cases} upper_{i,j-1} & - \epsilon \\ middle_{i,j-1} & - \sigma \end{cases}$$

$lower_{i,j}$는 v의 i-접두사와 w의 j-접두사 사이의 정렬에서 끝에 삭제 하나가 있는(즉 수직 에지로 끝나는) 최적의 정렬 점수를 나타낸다. 또한 $upper_{i,j}$는 이 접두사 사이의 정렬에서 끝에 삽입이 하나 있는(즉 수평 에지로 끝나는) 최적의 정렬 점수를 나타낸다. 그리고 $middle_{i,j}$는 매치 또는 미스매치로 끝나는 최적의 정렬 점수를 나타낸다. $lower_{i,j}$와 $upper_{i,j}$의 첫 번째 항목은 갭 연장에 해당하고 두 번째 항목은 갭 생성에 해당한다.

잠깐 멈추고 생각해 보자 이 단락 처음에 나왔던 A-domains에 대해 어파인 갭 페널티를 사용한 최적의 정렬을 계산해 보자. 갭 생성과 갭 연장 페널티를 다르게 하면 정렬의 품질에 어떤 영향을 주는가?

연습 문제 어파인 갭 페널티를 사용해 지역 정렬(전역 정렬이 아닌)을 계산하는 알고리듬을 설계해 보자.

공간 효율적인 서열 정렬

선형적 메모리를 사용해 정렬 점수 계산하기

이전에 적합 정렬을 소개하고자 *Bacillus brevis*에 있는 아미노산 2만 개 길이의 NRP 합성 효소와 *Streptomyces roseosporus*에 있는 아미노산 600개 길이의 A-domain를 예시로 사용했다. 그러나 당신의 컴퓨터로는 이 정렬을 구축할 수 없었을 것이다. 그 이유는 동적 프로그래밍 행렬을 저장하는 데 필요한 메모리가 상당하기 때문이다.

길이가 각각 n과 m인 두 문자열을 정렬하는 문제에서 동적 프로그래밍 알고리듬을 계산하는 데 걸리는 시간은 정렬 그래프에 있는 에지의 수에 비례하는데 이는 $O(n \cdot m)$으로 나타낼 수 있다. 이 알고리듬에 필요한 메모리도 역시 $O(n \cdot m)$인데 그 이유는 역추적 경로를 저장해야 하기 때문이다. 이제 계산 시간을 두 배로 늘리는 대신 메모리를 $O(n)$만 사용하는 정렬을 구축하는 방법을 보여 줄 것이다. 이때 계산 시간은 여전히 $O(n \cdot m)$임을 알 수 있다. 간단하게 설명하고자 이 단락에서는 어파인 갭 페널티가 없는 전역 정렬, 즉 각 갭에 해당하는 모든 문자가 같은 점수를 받게 되는 정렬만 고려할 것이다.

분할 및 정복 알고리듬divide-and-conquer algorith은 큰 문제의 해결책을 작은 문제들의 해결책으로 구성할 수 있는 경우에 종종 효과가 있는 알고리듬이다. 이 전략은 두 단계로 진행된다.

분할 단계는 문제들을 더 작은 문제들로 나눈 다음 각각을 해결하는 단계다. **정복** 단계는 작은 해결책들을 기존 문제의 해결책으로 연결하는 단계다(돌아가기: 분할 및 정복 알고리듬 참고). 331페이지

선형 공간 정렬을 위한 분할 및 정복 알고리듬을 시작하기 전에 먼저 다음 사실을 알아 두자. 정렬 자체가 아닌 정렬 점수만 계산하려 한다면 필요한 공간이 정렬 그래프의 열 하나에 있는 노드 개수의 두 배만큼으로, 즉 $O(n)$으로 줄어든다. 이렇게 줄어들 수 있는 것은 열 j에 있는 정렬 점수를 계산하는 데 필요한 유일한 값들이 열 $j-1$에 있는 정렬 점수들 뿐이라는 사실에 기인한다. 따라서 그림 5.27에 나와 있는 것처럼 열 j의 정렬 점수를 계산할 때는 열 $j-1$ 이전에 계산했던 열들의 정렬 점수들은 버려도 된다. 불행하게도 최장 경로를 찾을 때는 역추적 행렬을 모두 저장하고 있어야 하는데 이 때문에 2차원 공간이 필요하게 된다. 공간을 줄이는 것의 아이디어는 시간을 조금만 더 쓸 수 있다면 역추적 행렬을 저장하지 않아도 된다는 것에 있다. 실제로 역추적 행렬을 저장하지 않고 정렬을 구축하는 것을 보여 주겠다.

중간 노드 문제

문자열 $v = v_1 \dots v_n$과 $w = w_1 \dots w_m$이 주어졌을 때 $middle = \lceil m/2 \rceil$라고 정의하겠다. ALIGNMENTGRAPH$(v, w)$에서 **중간 열**$^{\text{middle column}}$은 $0 \le i \le n$인 i에 대해 $(i, middle)$에 해당하는 열이다. 정렬 그래프에서 소스 노드로부터 싱크 노드로 가는 최장 경로는 중간 열의 어딘가를 가로지르게 된다. 먼저 해야 할 일은 어디서 $O(n)$ 만큼의 메모리만 사용할지 알아내는 것이다. 중간 열에 속한 최장 경로의 노드를 **중간 노드**$^{\text{middle node}}$라고 하자. (최장 경로가 달라지면 중간 노드도 달라지며 주어진 최장 경로는 하나 이상의 중간 노드를 가질 수 있다.) 그림 5.28(왼쪽 위)에서 $middle = 3$이며 정렬 경로는 중간 노드 (4, 3)에서 (유일하게) 중간 열을 가로지른다.

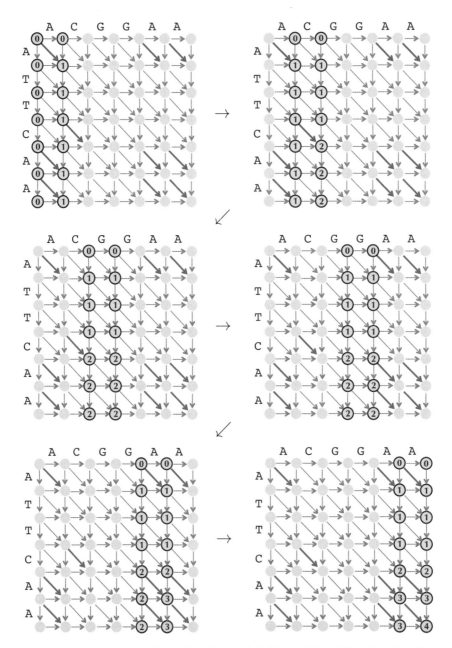

그림 5.27 정렬 그래프에서 두 열의 점수만 저장하면서 LCS 정렬 점수를 계산하는 방법. 그림 5.7과 같이 모든 빨간색 에지는 가중치가 1이며, 다른 에지는 가중치가 0이다.

연습 문제 ACCA와 CAAC에서 최장 공통 하위 서열을 찾을 때의 모든 최장 경로의 모든 중간 노드들을 찾아보자.

여기서 중요한 점은 최장 경로의 중간 노드는 정렬 그래프의 경로를 만들지 않고도 찾을 수 있다는 점이다. 이제 소스 노드에서 싱크 노드까지의 경로들을 분류해서 만약 중간 노드가 i번째 행을 지나면 해당 경로를 i-**경로**path라고 할 것이다. 예를 들어 그림 5.28에서 강조 표시된 경로는 4-경로인데 그 이유는 이 경로가 4행에서 중간 열을 가로지르기 때문이다. 0과 n 사이의 각 i에 대해 최장 경로의 길이(LENGTH(i)라고 하자)를 계산했을 때 모든 i값에 대한 LENGTH(i) 중 최대값을 알게 되면 중간 노드를 알 수 있게 된다.

소스 노드부터 (i, $middle$)까지 가는 최장 경로의 길이를 FROMSOURCE(i)라 하고, (i, $middle$)부터 싱크 노드까지 가는 최장 경로의 길이를 TOSINK(i)라 하자. 이를 통해

$$\text{LENGTH}(i) = \text{FROMSOURCE}(i) + \text{TOSINK}(i)$$

이므로 각 i에 대해 FROMSOURCE(i)와 TOSINK(i)를 구하면 된다.

잠깐 멈추고 생각해 보자 FROMSOURCE(i)와 TOSINK(i)를 선형적 공간에서 계산할 수 있는가? 이를 계산하는 데는 얼마나 걸리는가?

FROMSOURCE(i)의 값은 단순히 s_i, $middle$이므로 이미 선형적 공간에서 계산할 수 있다는 것을 알고 있다. 그러므로 모든 i에 대한 FROMSOURCE(i) 값은 정렬 그래프의 중간 열에 대한 s_i, $middle$ 값으로 저장된다. 그리고 이를 계산하는 것은 정렬 그래프의 0번 열에서 중간 열까지 절반을 훑어야 계산할 수 있다. 정렬 그래프의 거의 절반을 훑어야 FROMSOURCE(i)를 계산할 수 있으므로 모든 FROMSOURCE(i)를 계산하는 데 걸리는 시간은 정렬 그래프 전체 면적의 절반, 즉 $n \cdot m / 2$에 비례한다고 말할 수 있다(그림 5.28 오른쪽 위 참고).

TOSINK(i)를 계산하는 것은 모든 에지의 방향을 거꾸로 한 다음 싱크 노드에서 (i, $middle$) 노드까지의 최장 경로를 찾는 것과 동일하다. 실제로 에지를 거꾸로 하는 대신 문자열 $v = v_1...v_n$과 $w = w_1...w_m$을 거꾸로 해서 $v_n...v_1$과 $w_m...w_1$의 정렬 그래프에서 $s_{n-i,m-middle}$를 계산하면 된다. 따라서 TOSINK(i)를 계산하는 것은 FROMSOURCE(i)를 계산하는 것과 비슷하며, 이 역시 $O(n)$ 공간에서 계산이 가능하고 걸리는 시간은 $n \cdot m / 2$, 즉 정렬 그래프 면적의 절반에 비례한다(그림 5.28 아래쪽 참고). 결국 모든 i에 대한 LENGTH

$(i) = \text{FromSource}(i) + \text{ToSink}(i)$ 값을 선형적 공간에서 계산할 수 있으며 계산 시간은 $n \cdot m/2 + n \cdot m/2 = n \cdot m$에 비례한다. 이는 정렬 그래프의 전체 면적과 같다.

이걸 보면 정렬 그래프에서 노드 하나를 찾고자 너무 많은 시간을 낭비한 것처럼 보인다. 아마도 아주 조금의 정보를 얻고자 $O(n \cdot m)$의 시간을 (정렬 그래프의 전체 면적) 이미 소비했기 때문에 이 접근법이 실패할 거라 생각할 수도 있다.

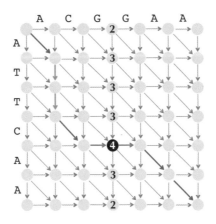

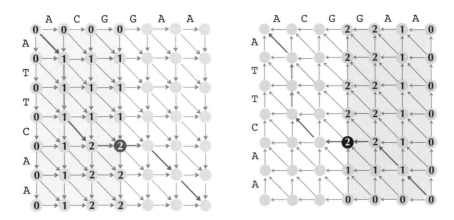

그림 5.28 (위쪽) ATTCAA와 ACGGAA의 정렬 그래프. 여기서 최적의 LCS 경로가 강조 표시돼 있다. 각 노드 $(i, middle)$에 적힌 숫자는 LENGTH(i)와 같다. LENGTH(i) 값이 가장 큰 노드가 바로 중간 노드다(중간 노드가 여러 개 있을 수 있다). 그래프에서 중간 노드는 검정색으로 표시돼 있다. (왼쪽 아래) 모든 i에 대한 FromSource(i)를 계산하는 것은 $O(n)$ 공간 안에서 가능하며 $O(n \cdot m/2)$만큼의 시간이 걸린다. (오른쪽 아래) 모든 i에 대한 ToSink(i)를 계산하는 것 역시 $O(n)$ 공간 안에서 가능하며 $O(n \cdot m/2)$만큼의 시간이 걸린다. 이때 모든 에지를 거꾸로 하고 싱크 노드를 소스 노드처럼 생각해야 한다. 위쪽 행렬에서 중간열은 아래에 있는 두 행렬의 중간 열을 더한 것과 같다.

놀랍도록 빠르고 메모리 효율적인 정렬 알고리듬

중간 노드를 한번 찾고 나면 최장 경로는 이 노드의 양쪽에 있는 두 직사각형을 거쳐야 한다는 걸 자동으로 알 수 있다. 그림 5.29에 나온 것처럼 이 직사각형 중 하나는 중간 노드의 위쪽 그리고 왼쪽에 있는 모든 노드를 포함하고 있고, 다른 하나는 중간 노드의 아래쪽 그리고 오른쪽에 있는 모든 노드를 포함하고 있다. 그러므로 강조 표시된 직사각형 2개의 면적은 전체 정렬 그래프 면적의 절반이다.

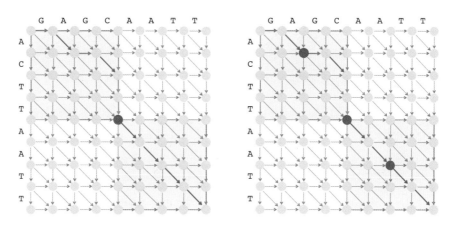

그림 5.29 (왼쪽) 중간 노드 (검정색)에 의해 2개의 직사각형이 정해지고 중간 노드를 거치는 최적의 경로는 이 직사각형들 안에 있어야 한다. 그러므로 최적의 정렬 경로를 찾을 때 정렬 그래프의 나머지 부분을 지워 버려도 된다. (오른쪽) 이전 단계에서 알아낸 직사각형 안에서 또 다른 중간 노드들(추가된 2개의 검정색 원)을 찾는 과정

이제 $(0, 0)$부터 (n, m)까지의 최장 경로를 찾는 문제를 2개의 하위 문제로 나눌 수 있다. 노드 $(0, 0)$부터 중간 노드까지의 최장 경로를 찾는 것, 그리고 중간 노드부터 노드 (n, m)까지의 최장 경로를 찾는 것. 정복 단계conquer step에서는 작은 직사각형들에서 중간 노드 2개를 찾는 과정이고 이때 걸리는 시간은 두 직사각형 면적의 합, 즉 $n \cdot m/2$에 비례한다(그림 5.29 (오른쪽) 참고). 이제 최적 경로의 노드 3개를 구축해 냈다는 것을 알아두자. 다음 단계에서는 다시 분할하고 정복해서 4개의 중간 노드를 찾아낼 것이며 이때 걸리는 시간은 좀 더 작은 파란색 직사각형의 합, 즉 $n \cdot m/4$만큼과 같다(그림 5.30). 이제 최적의 정렬 경로의 거의 모든 노드들을 구축해 냈다.

> **잠깐 멈추고 생각해 보자** 최적의 정렬 경로에 있는 모든 노드를 찾는 데 얼마나 걸릴까?

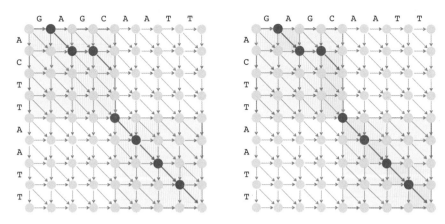

그림 5.30 이전 단계에서 찾은 파란색 직사각형 안에서 추가적인 중간 노드들(검정색 노드들)을 찾는 과정

일반화해서 이야기하면 각 단계에서 이전 단계보다 두 배 많은 중간 노드를 찾아내며 찾는데 걸리는 시간은 두 배로 줄어든다. 이 방법으로 진행하면 모든 직사각형에서 중간 노드를 찾는 것(따라서 전체 정렬을 구축하는 것)에 걸리는 시간은 다음과 같다.

$$n \cdot m + \frac{n \cdot m}{2} + \frac{n \cdot m}{4} + \cdots < 2 \cdot n \cdot m = \mathcal{O}(n \cdot m)$$

따라서 선형적 공간만을 필요로 하는 2차식 시간 정렬 알고리듬에 도달하게 됐다.

중간 에지 문제

중간 노드를 찾는 분할 및 정복 알고리듬을 바로 구현해 보라고 하는 대신 중간 노드를 통해 최적의 정렬 경로에 있는 **중간 에지**middle edge를 찾는 더 우아한 접근법을 사용해 보겠다(이때 주어진 중간 노드에 대해 하나 이상의 중간 에지가 있을 수 있다). 한 번 중간 에지를 찾고 나면 최장 경로는 반드시 중간 에지 양쪽에 있는 2개의 직사각형을 통과한다는 것을 알 수 있다. 그런데 이 2개의 직사각형들은 정렬 그래프의 절반보다 더 작은데(그림 5.31 참고) 이것이 중간 노드 대신 중간 에지를 선택할 때의 장점이다.

318

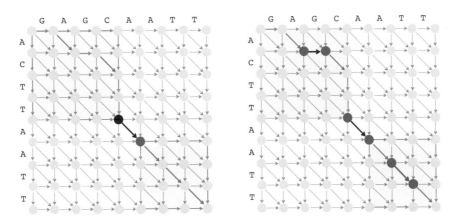

그림 5.31 (왼쪽) 중간 에지(굵은 화살표로 표시됨)는 중간 노드(검정색)에서 시작한다. 최적의 경로는 강조 표시된 첫 번째 직사각형을 통과하고 중간 에지를 지나며 이후 강조 표시된 두 번째 직사각형을 통과한다. 정렬 그래프의 나머지 부분은 제거해도 되는데 이는 그래프의 절반이 넘는다. (오른쪽) 이전 단계에서 찾은 직사각형 안에 있는 중간 에지(굵은 화살표로 표시됨)를 찾는 과정

선형 공간에서 중간 에지를 찾는 문제

선형 공간에 있는 정렬 그래프에서 중간 에지를 찾아라.

입력: 두 문자열과 점수 행렬 *Score*

출력: 에지들의 길이를 *Score*로 계산했을 때 두 문자열의 정렬 그래프에 있는 중간 에지

아래의 의사 코드 **LINEARSPACEALIGNMENT**는 v의 하위 서열 $v_{top+1}...v_{bottom}$과 w의 하위 서열 $w_{left+1}...w_{right}$의 정렬 그래프에서 어떻게 최장 경로를 재귀적으로 찾아내는지 보여 주고 있다. **LINEARSPACEALIGNMENT**는 MIDDLENODE(*top, bottom, left, right*) 함수를 호출하는데 이 함수는 하위 서열 $v_{top+1}...v_{bottom}$과 $w_{left+1}...w_{right}$에 있는 중간 노드 (i, j)의 좌표 i를 반환한다. 이 알고리듬은 또한 MIDDLEEDGE(*v, w, top, bottom, left, right*) 함수를 호출하는데 이 함수는 중간 에지가 수평이냐, 수직이냐, 또는 대각선이냐에 따라 →, ↓, ↘을 반환한다. **LINEARSPACEALIGNMENT**(0, *n*, 0, *m*)을 호출하면 문자열 v와 w의 정렬이 만들어진다. *left = right*인 경우는 빈 문자열과 $v_{top+1}...v_{bottom}$을 정렬하는 경우인데 이는 *bottom − top* 수직 에지로 만들어진 갭의 점수로 바로 계산할 수 있다.

```
LINEARSPACEALIGNMENT(v, w, top, bottom, left, right)
    if left = right
        output path formed by bottom − top vertical edges
    if top = bottom
        output path formed by right − left horizontal edges
    middle ← ⌊(left + right) /2⌋
    midEdge ← MIDDLEEDGE(v, w, top, bottom, left, right)
    midNode ← vertical coordinate of the initial node of midEdge
    LINEARSPACEALIGNMENT(v, w, top, midNode, left, middle)
    output midEdge
    if midEdge = " → " or midEdge = " ↘ "
        middle ← middle + 1
    if midEdge = " ↓ " or midEdge = " ↘ "
        midNode ← midNode + 1
    LINEARSPACEALIGNMENT(v, w, midNode, bottom, middle, right)
```

LINEARSPACEALIGNMENT를 구현하는 직관적인 방법은 각 에지를 문자 V(수직, vertical), H(수평, horizontal), 또는 D(대각선, diagonal)로 표시하는 것이다. 세 가지 문자 {V, D, H}로 만들어진 결과 문자열은 정렬 그래프의 경로를 말하며 이를 통해 정렬을 재구축할 수 있다.

연습 문제 지역 서열 정렬을 위한 공간 효율적인 알고리듬을 디자인하라.

에필로그: 다중 서열 정렬

3차원 맨해튼 구축하기

같은 기능을 하는 단백질들의 아미노산 서열은 다소 비슷한 경향이 있다. 그러나 종이 다른 경우엔 이런 유사성은 명확하지 않을 수 있다. 이제 당신은 서열 쌍을 정렬하는 알고리듬을 갖게 됐지만 그 유사도가 약하면 생물학적으로 관련 있는 서열들을 찾을 수 없을지도 모른다. 그러나 여러 서열들을 동시에 비교하면 종종 서열 쌍을 비교했을 때는 찾을 수 없었던 유사성을 찾을 수 있게 해준다. 서열 쌍 정렬이 속삭이는 정도라면 다중 서열 정렬은 소리지르는 정도라고 생명정보학자들은 가끔 말한다.

이제 서열 쌍 정렬 분석을 사용해 다중 서열 비교에 대한 개념을 구축해 볼 것이다. 5장 소개 부분에서 3개의 A-domain들을 정렬했을 때 19개의 보존된 열을 찾을 수 있었다.

```
YAFDLGYTCMFPVLLGGGELHIVQKETYTAPDEIAHYIKEHGITYIKLTPSLFHTIVNTA
-AFDVSAGDFARALLTGGQLIVCPNEVKMDPASLYAIIKKYDITIFEATPALVIPLMEYI
IAFDASSWEIYAPLLNGGTVVCIDYYTTIDIKALEAVFKQHHIRGAMLPPALLKQCLVSA

SFAFDANFESLRLIVLGGEKIIPIDVIAFRKMYGHTE-FINHYGPTEATIGA
-YEQKLDISQLQILIVGSDSCSMEDFKTLVSRFGSTIRIVNSYGVTEACIDS
----PTMISSLEILFAAGDRLSSQDAILARRAVGSGV-Y-NAYGPTENTVLS
```

그러나 A-domain들의 유사성은 이 19개 열에 국한되지 않는다. 총 $10 + 9 + 12 = 31$개의 반-보존성 열을 찾을 수 있는데 이는 3개 중 2개의 아미노산이 매치되는 열이다.

```
YAFDLGYTCMFPVLLGGGELHIVQKETYTAPDEIAHYIKEHGITYIKLTPSLFHTIVNTA
-AFDVSAGDFARALLTGGQLIVCPNEVKMDPASLYAIIKKYDITIFEATPALVIPLMEYI
IAFDASSWEIYAPLLNGGTVVCIDYYTTIDIKALEAVFKQHHIRGAMLPPALLKQCLVSA

SFAFDANFESLRLIVLGGEKIIPIDVIAFRKMYGHTE-FINHYGPTEATIGA
-YEQKLDISQLQILIVGSDSCSMEDFKTLVSRFGSTIRIVNSYGVTEACIDS
----PTMISSLEILFAAGDRLSSQDAILARRAVGSGV-Y-NAYGPTENTVLS
```

t개의 문자열 $v^1, \ldots, v^t$에 대한 **다중 정렬**multiple alignment은 t-way 정렬t-way alignment이라고도 불리는데 이는 t개의 행이 있는 행렬에서 i번째 행이 v^i의 문자들을 순서대로 갖고 있고 중간중간 공백 문자가 있는 것을 말한다. 또한 다중 정렬의 어떤 열도 공백 문자만으로 돼 있지는 않는다고 가정한다. 아래의 3-way 정렬에서 각 열마다 가장 많이 나타나는 문자를 대문자로 강조 표시했다.

```
A  T  -  G  T  T  a  T  A
A  g  C  G  a  T  C  -  A
A  T  C  G  T  -  C  T  c

0  1  2  2  3  4  5  6  7  8
0  1  2  3  4  5  6  7  7  8
0  1  2  3  4  5  5  6  7  8
```

다중 정렬 행렬은 2개 이상의 문자열에 대한 쌍 정렬을 일반화한 것이다. 아래쪽에 있는 세 배열은 ATGTTATA, AGCGATCA, ATCGTCTC를 정렬했을 때 각 위치마다 몇 개씩의 문자를 거쳐 왔는지를 기록한 것이다(그림 5.5와 비교해 보자). 결국 이 3개의 배열은 3차원 격자에서의 경로에 해당한다.

$$(0,0,0) \rightarrow (1,1,1) \rightarrow (2,2,2) \rightarrow (2,3,3) \rightarrow (3,4,4) \rightarrow (4,5,5) \rightarrow (5,6,5) \rightarrow$$
$$(6,7,6) \rightarrow (7,7,7) \rightarrow (8,8,8)$$

두 서열의 정렬 그래프가 직사각형 격자인 것처럼 세 서열의 정렬 그래프는 정육면체 모양의 격자다. 그림 5.32에서 보여 주고 있는 것처럼 3-way 정렬 그래프의 각 노드는 최대 7개의 들어오는 에지가 있다.

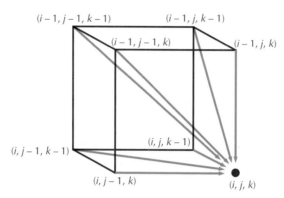

그림 5.32 세 서열의 정렬 그래프의 일부분에 해당하는 정육면체 큐브. 세 서열들의 정렬 그래프에서 각 노드는 최대 7개의 들어오는 에지를 갖고 있다.

다중 정렬에서의 점수는 정렬 배열에서 각 열의 점수의 총합과 같고(다른 말로 하면 정렬 경로에서 에지의 가중치와 같다) 최적의 정렬은 이 점수를 최대로 하는 것이다. 아미노산 문자의 경우 점수를 계산하는 일반적인 방법을 만들 수 있다. 이는 t-차원의 행렬에서 21^t개의 항목을 갖고 있으며 각 항목은 t개의 문자들의 모든 조합으로 만들어지는 점수에 해당한다. 여기서 21은 20개의 아미노산과 공백 문자로 만들어진 숫자다. '돌아가기: 다중 정렬에 점수 매기기'를 참고하자. 직관적으로는 더 잘 보존된 열에 더 높은 점수를 줘야 한다는 생각이 든다. 예를 들어 다중 서열의 최장 하위 공통 서열 문제에서 각 열의 점수는 모든 문자가 같을 때 1이며 하나라도 다르면 0이 된다.

다중 정렬 문제

주어진 점수 행렬을 사용해 여러 문자열 사이에서 가장 점수가 높은 정렬을 찾아라.

입력: t개의 문자열들과 t-차원의 점수 행렬 $Score$

출력: $Score$로 계산했을 때 이 문자열들의 가능한 모든 정렬 중 가장 점수가 높은 다중 정렬

---

t-차원의 정렬 그래프에 동적 프로그래밍 알고리듬을 곧바로 적용해 보면 t개의 문자열 사이의 다중 정렬 문제를 해결할 수 있다. 3개의 서열 v, w, u가 있을 때 $s_{i,j,k}$는 정렬 그래프 상에서 소스 노드 $(0, 0, 0)$에서 노드 (i, j, k)까지의 최장 경로의 길이라고 정의한다. 3차원에서의 $s_{i,j,k}$의 반복성은 서열쌍 정렬에서의 반복성과 유사하다.

$$s_{i,j,k} = \max \begin{cases} s_{i-1,j,k} & + Score(v_i, -, -) \\ s_{i,j-1,k} & + Score(-, w_j, -) \\ s_{i,j,k-1} & + Score(-, -, u_k) \\ s_{i-1,j-1,k} & + Score(v_i, w_j, -) \\ s_{i-1,j,k-1} & + Score(v_i, -, u_k) \\ s_{i,j-1,k-1} & + Score(-, w_j, u_k) \\ s_{i-1,j-1,k-1} & + Score(v_i, w_j, u_k) \end{cases}$$

길이가 n인 문자열 t개의 경우 정렬 그래프에는 약 n^t개의 노드가 있으며 각 노드는 최대 $2^t - 1$개의 들어오는 에지를 갖고 있다. 따라서 계산 시간은 $\mathcal{O}(n^t \cdot 2^t)$가 된다. t가 늘어날수록 동적 프로그래밍 알고리듬은 비효율적이게 된다. 다중 정렬에 대한 계산 시간의 병목 현상을 해결하기 위한 차선책으로 많은 휴리스틱heuristics이 제시돼 왔다.

탐욕 다중 정렬 알고리듬

아래의 다중 비교를 보면

$$\begin{array}{l} \text{AT-GTTaTA} \\ \text{AgCGaTC-A} \\ \text{ATCGT-CTc} \end{array}$$

세 가지 서열 쌍 비교를 이끌어 낼 수 있다.

$$\begin{array}{lll} \text{AT-GTTaTA} & \text{AT-GTTaTA} & \text{AgCGaTC-A} \\ \text{AgCGaTC-A} & \text{ATCGT-CTc} & \text{ATCGT-CTc} \end{array}$$

그런데 이를 거꾸로 해서 최적의 서열 쌍 비교를 조합해 다중 정렬을 만들 수 있을까?

잠깐 멈추고 생각해 보자

1. 최적의 다중 정렬로 최적의 서열 쌍 비교를 이끌어 낼 수 있는가?

2. 아래의 서열 쌍 비교를 조합해 문자열 CCCCTTTT, TTTTGGGG, GGGGCCCC에 대한 다중 정렬을 만들어 보자.

```
CCCCTTTT----        ----CCCCTTTT        TTTTGGGG----
----TTTTGGGG        GGGGCCCC----        ----GGGGCCCC
```

불행히도 서열 쌍 정렬 중 일부가 호환되지 않을 수 있기 때문에 최적의 서열 쌍 정렬 조합으로 항상 다중 정렬을 만들 수 있는 것은 아니다. 실제로 위의 질문에 있는 첫 번째 서열 쌍 정렬을 통해 세 가지 서열 쌍 정렬로 만들어진 다중 정렬에서는 CCCC가 TTTT보다 먼저 나온다고 유추해 낼 수 있다. 또한 세 번째 서열 쌍 정렬을 통해 다중 정렬에서 TTTT가 GGGG보다 먼저 나온다고 유추해 낼 수 있다. 그러나 두 번째 서열 쌍 정렬을 보면 다중 정렬에서 GGGG가 CCCC보다 먼저 나온다고 유추해 낼 수 있다. 즉 CCCC는 TTTT보다 먼저 나와야 하고, 또 TTTT는 GGGG보다 먼저 나와야 하는데, GGGG는 또 CCCC보다 먼저 나와야 하므로 모순이 생긴다.

이런 모순을 피하고자 몇몇 다중 정렬 알고리듬은 각각이 최적은 아닌 서열 쌍 정렬들을 통해 탐욕적으로 다중 정렬을 구축하는 시도를 한다. 탐욕적 휴리스틱은 먼저 (가능한 모든 서열 쌍 중에서) 서열 쌍 정렬 점수가 가장 높은 두 문자열을 선택한다. 그리고 이 서열 쌍 정렬을 토대로 한 번에 한 문자열씩 추가해 점점 다중 정렬의 크기를 키워 나간다. 첫 단계에서 서로 가장 비슷한 문자열 2개를 정렬하는 이유는 이 방법이 대개 각 단계에서 가장 합리적인 다중 정렬 결과를 만들어 내기 때문이다. 같은 이유로 각 단계에서 현재 정렬에 대한 가장 높은 점수를 받게 되는 문자열을 선택한다. 그런데 어떻게 한 문자열을 다른 여러 문자열에 정렬한다는 걸까?

k개의 열이 있는 뉴클레오티드 서열을 정렬하는 것은 그림 5.33에 나온 것처럼 $4 \times k$개의 요소로 이뤄진 프로필 행렬profile matrix로 나타낼 수 있다. 이 프로필 행렬의 각 열은 각 뉴클레오티드의 빈도를 나타낸다(아미노산 서열을 정렬할 때는 $20 \times k$개의 요소로 이뤄진 프로필 행렬로 나타낸다). 탐욕 다중 정렬 알고리듬greedy multiple alignment herustic은 현재 정렬에 문자열 하나를 추가하는데 이때 문자열 하나와 현재 정렬에 대한 프로필 행렬 사이의 서열 쌍 정렬을 구축한다. 그 결과 t개의 서열에 대한 다중 정렬을 구축하는 문제는 $t-1$개의 서열 쌍 정렬을 구축하는 것으로 축소되는 것이다.

```
         T  C  G  G  G  -  g  T  T  T  t  t
         c  C  -  -  t  G  A  c  T  T  a  C
         a  C  G  -  G  G  A  T  T  T  t  C
         T  t  G  G  G  -  A  c  T  T  t  t
         a  -  -  -  G  -  -  -  T  -  C  -
정렬       T  t  G  G  G  G  A  c  T  T  C  C
         T  C  G  -  -  G  A  T  T  c  a  t
         -  -  -  G  G  G  A  T  T  c  C  -
         T  a  G  G  G  A  a  c  -  -  C
         T  C  G  G  G  t  A  T  a  a  C  C
```

	A:	.2	.1	0	0	0	0	.8	.1	.1	.1	.2	0
	C:	.1	.5	0	0	0	0	0	.3	.1	.2	.4	.5
프로필	G:	0	0	.7	.6	.8	.6	.1	0	0	0	0	0
	T:	.6	.2	0	0	.1	.1	0	.5	.8	.6	.2	.3

그림 5.33 10개의 서열에 대한 다중 정렬의 프로필 행렬. 프로필 행렬의 각 열을 더하면 1에서 공백 문자의 빈도를 뺀 값이 된다. 각 열에서 가장 많이 나온 뉴클레오티드는 대문자로 표시됐다.

잠깐 멈추고 생각해 보자 문자열 하나와 프로필 행렬을 정렬하는 알고리듬을 설계해 보자. 해당 정렬에서 각 열의 점수를 어떻게 계산할 것인가?

이 탐욕 다중 정렬 알고리듬은 서로 비슷한 서열들에는 잘 작동하지만 서로 비슷하지 않은 서열에 대해서는 성능이 떨어진다. 이는 탐욕 접근법이 가짜 쌍 정렬 결과에 의해 잘못 작동할 수 있기 때문이다. 처음 선택한 두 서열의 정렬이 최적의 다중 정렬과는 맞지 않는 방향으로 정렬된다면 처음 만든 이 서열 쌍 정렬의 오류는 최종 다중 정렬 결과까지 영향을 미칠 것이다.

여러 서열을 정렬하는 방법을 배웠으니 이제 마라히엘과 동료들이 1999년에 겪었던 일과 비슷한 도전 문제를 해결할 준비가 됐다.

도전 문제 1999년에 마라히엘은 비리보솜 코드를 밝혀냈는데 이는 20개의 아미노산 중 14개 아미노산에 대한 것이었다. 그 이유는 그가 나머지 6개의 아미노산에 대한 A-domain 서열을 알 수 없었기 때문이다. 더 많은 A-domain들이 밝혀졌으니 당신은 이제 마라히엘의 원본 논문에 있는 공백을 채울 기회를 갖게 됐다. 397개의 A-domain에 대한 다중 정렬을 구축하고 이 정렬에서 보존된 열을 밝혀내서 마라히엘의 정렬에 기반했을 때 모든 20개 아미노산을 암호화하는 가장 그럴듯한 시그니처를 추축해 보라.

돌아가기

개똥벌레와 비리보솜 코드

1990년대 후반에 마라히엘이 비리보솜 코드를 해독하는 업적을 막 시작했을 때 160개의 A-domain들의 서열이 이미 밝혀졌고 그들이 암호화하는 아미노산들이 실험적으로 밝혀졌다. 그러나 A-domain들이 어떻게 특정 아미노산을 암호화하는지는 아직 명확하게 밝혀지지 않았다.

5장의 본문에서는 3개의 A-domain을 정렬하는 것을 보여 줬다. 그런데 마라히엘은 실제로 모든 160개의 A-domain을 정렬해 보존된 핵심 영역을 밝혀내고자 했다. 그럼에도 이 정렬 결과에서 어떤 열이 비리보솜 시그니처에 해당하는지 알 수 없었다.

그런데 전혀 예상치 못한 곳에서 도움을 받게 됐다. *Photinus pyralis*, 가장 흔한 종류의 개똥벌레에서 말이다. 개똥벌레는 luciferase라는 효소를 만들어 불을 밝힘으로써 밤에 짝을 유혹한다. 종마다 발광 패턴이 다르며 암컷은 빛의 색, 지속 시간, 밝기를 식별해 같은 종의 수컷에게 반응한다.

개똥벌레가 비리보솜 코드와 어떤 상관이 있는 걸까? 개똥벌레의 luciferase 효소는 **아데닐레이트 형성 효소**adenylate-forming enzymes라는 종류에 속하는데 이들은 비슷한 아데닐화 도메인adenylation domains을 공유한다. 이 때문에 피터 브릭Peter Brick이 개똥벌레의 luciferase가 가진 3차원 구조에 대한 논문을 출판했을 때 마라히엘은 재빨리 이 논문에 주목했다. 1997년에 그와 브릭은 힘을 합쳐 파리의 luciferase를 토대로 해서 A-domain의 첫 3차원 구조를 재구축하고자 했다. 이는 페닐알라닌Phe, phenylalanine을 암호화하는 A-doamin이었다. 이 A-domain은 가장 처음으로 대량 생산된 항생제인 Gramicidin Soviet을 암호화하는 NRP 합성 효소에 속한다는 사실은 주목할 만하다.

마라히엘과 브릭은 실제로 A-domain과 Phe 모두를 포함하는 더 큰 복합체의 삼차원 구조를 구축해 냈다. 이 삼차원 구조는 Phe 근처에 위치해 있는 A-domain의 아미노산 정보를 제공해 줬는데 바로 가상의 **활성 포켓**active pocket이었다. 마라히엘은 이후 이 활성 포켓에 있는 아미노산들이 비리보솜 코드를 만든다는 것을 실험적으로 그리고 컴퓨터를 통해 증명해 냈다. 이것이 바로 5장의 초반에 나왔던 3-way 정렬에서 보여 준 8개의 보라색 열이다.

그림 5.34는 마라히엘이 추론해 낸 비리보솜 코드의 일부분을 보여 주고 있다. 마라히엘이 시그니처의 일부분을 추론할 수는 있었지만 비리보솜 코드는 굉장히 중복이 많은데, 즉 한 시그니처에 해당하는 다양한 돌연변이들이 모두 같은 아미노산을 암호화한다는 뜻이

다. 특정 아미노산에 대해서는 이 중복성이 뚜렷하게 드러난다. 예를 들어 마라히엘은 서로 매우 다른 시그니처인 AWMFAAVL, AFWIGGTF, FESTAAVY들이 Val을 암호화하는 것을 밝혀 냈다.

아미노산	시그니처	아미노산	시그니처
Ala	LLFGIAVL	Leu	AFMLGMVF
Asn	LTKLGEVG	Orn	MENLGLIN
Asp	LTKVGHIG	Orn	VGEIGSID
Cys	HESDVGIT	Phe	AWTIAAVC
Cys	LYNLSLIW	Pro	VQLIAHVV
Gln	AQDLGVVD	Ser	VWHLSLID
Glu	AWHFGGVD	Thr	FWNIGMVH
Glu	AKDLGVVD	Tyr	GTITAEVA
Ile	GFFLGVVY	Tyr	ALVTGAVV
Ile	AFFYGITF	Tyr	ASTVAAVC
Leu	AWFLGNVV	Val	AFWIGGTF
Leu	AWLYGAVM	Val	FESTAAVY
Leu	GAYTGEVV	Val	AWMFAAVL

그림 5.34 마라히엘이 밝혀낸 비리보솜 코드의 일부분. 단백질을 생성하는 몇몇 아미노산들이 이 표에 없는데 이는 마라히엘의 데이터에 해당 아미노산들이 없었기 때문이다.

도시를 만들지 않고 LCS 찾기

어떤 문자열의 i-접두사는 해당 문자열의 첫 i개의 문자로 이뤄진 하위 문자열이다. 주어진 문자열 v와 w에 대해 $LCS_{i,j}$를 v의 i-접두사와 w의 j-접두사 간의 LCS라고 하자. 정의에 따르면 모든 i와 j에 대해 $s_{i,0} = s_{j,0} = 0$이다. 또한 v_i와 w_j의 문자열이 모두 매치하는 경우 $LCS_{i,j}$는 v_i와 v_j를 모두 포함할 수 있다. 그리고 $LCS_{i,j}$는 더 짧은 $v_1 \ldots v_{i-1}$와 $w_1 \ldots w_{j-1}$ 사이의 LCS를 연장한 것이다. 만약 vi가 $LCS_{i,j}$에 없다면 이 LCS는 $v_1 \ldots v_{i-1}$과 $w_1 \ldots w_j$ 사이의 LCS와 같다. $LCS_{i,j}$에 w_j가 없는 경우도 마찬가지다. 따라서 $s_{i,j}$는 아래의 반복 관계를 만족한다. 이는 본문에서 유사-맨해튼 격자를 사용해 만들어 낸 것과 같은 것이다.

$$s_{i,j} = \max \begin{cases} s_{i-1,j} \\ s_{i,j-1} \\ s_{i-1,j-1} + 1, \text{ if } v_i = w_j \end{cases}$$

위상학적 나열 만들기

위상학적 나열이 처음 적용된 것은 일련의 작업들에 대해 작업 간의 종속성에 따라 우선순위를 정하려고 했던 대규모 관리 프로젝트들이었다(옷 입기 문제와 같이). 이런 프로젝트들에서 작업들은 노드로 나타내지고, 작업 b가 시작하기 전에 작업 a가 완료돼야 하는 경우에 노드 a로부터 노드 b까지 에지로 연결한다.

> 잠깐 멈추고 생각해 보자 모든 DAG에는 들어오는 에지가 하나도 없는 노드가 반드시 있으며 나가는 에지가 하나도 없는 노드가 반드시 있다는 것을 증명해 보자.

아래에 있는 위상학적 나열을 구축하는 알고리듬은 DAG에 반드시 들어오는 에지가 없는 노드가 최소한 하나는 있다는 관찰에 기반하고 있다. 이런 노드를 v_1이라고 표시하고 이 노드와 노드에 연결된 모든 나가는 에지를 그래프에서 제거한다. 이 결과로 만들어진 그래프도 역시 DAG이고 이에 따라 들어오는 에지가 없는 노드가 반드시 존재한다. 이 노드를 v_2라고 표시하고 다시 한번 이 노드와 노드에 연결된 모든 나가는 에지를 그래프에서 제거한다. 이 알고리듬은 모든 노드가 없어질 때까지 계속되는데 이 결과로 위상학적 나열 v_1, ...v_n이 만들어진다. 이 알고리듬의 계산 시간은 DAG에 있는 에지의 수에 비례한다.

```
TOPOLOGICALORDERING(Graph)
    List ← empty list
    Candidates ← set of all nodes in Graph with no incoming edges
    while Candidates is non-empty
        select an arbitrary node a from Candidates
        add a to the end of List and remove it from Candidates
        for each outgoing edge from a to another node b
            remove edge (a, b) from Graph
            if b has no incoming edges
                add b to Candidates
    if Graph has edges that have not been removed
        return "the input graph is not a DAG"
    else
        return List
```

PAM 점수 행렬

유전자의 뉴클레오티드 시퀀스에 생기는 돌연변이들은 종종 번역된 단백질의 아미노산 서열을 바꾸곤 한다. 이런 돌연변이 중 일부는 단백질의 기능을 손상시키기 때문에 분자적 진화에서는 거의 일어나지 않는 일이다. Asn, Asp, Glu, Ser은 가장 돌연변이가 잘 일어나는mutable 아미노산인 반면 Cys와 Trp에는 돌연변이가 잘 생기지 않는다. 생각해 볼 수 있는 모든 돌연변이의 발생 가능성에 대한 지식을 통해 생물학자들은 아미노산 점수 행렬을 만들 수 있었는데 이 점수 행렬은 서로 다른 아미노산 치환이 서로 다른 페널티를 받게 하는 생물학적으로 합리적인 서열 정렬을 위해 만들어졌다. 아미노산 점수 행렬 $Score$에서 (i, j)번째 항목은 관련된 단백질 서열에서 i번째 아미노산이 얼마나 빈번하게 j번째 아미노산으로 치환되는지가 반영된 값이다. 그 결과 아미노산 서열들에 대한 최적의 정렬에서는 매치의 수가 적더라도 생물학적으로 적절한 정렬을 나타낸다.

생물학자들은 어떤 돌연변이가 빈번하게 일어나는지 어떻게 알 수 있는 걸까? 비슷한 아미노산 서열들(예를 들어 최소 90%의 아미노산을 공유하고 있는 서열들) 사이의 수많은 정렬 결과를 갖고 있을 때 $Score(i, j)$는 해당 아미노산들이 얼마나 자주 정렬되는가에 기반해 계산된다. 그러나 처음에 이런 정렬 결과를 만들어 놓기 위해서는 점수 행렬을 알고 있어야 한다는 딜레마가 발생한다.

다행히 비슷한 서열 간의 올바른 정렬은 너무 분명해서 돌연변이의 경향성을 고려하지 않는 원시적인 점수 체계(예를 들어 매치에 +1점을 주고 미스매치나 indel에는 −1점을 주는)만으로도 올바른 정렬을 만들 수 있기 때문에 이런 문제를 해결할 수 있다. 이렇게 당연한 정렬들을 만들고 난 뒤에 이 결과들을 통해 점수 행렬을 만들면 이것을 점점 덜 분명한 정렬을 만드는 데에 계속 사용할 수 있는 것이다.

간단하게 설명했지만 사실 자세한 부분은 생략돼 있다. 예를 들어 Ser이 Phe로 바뀌는 돌연변이는 1억 년 전에 분화된 종보다 100만 년 전에 분화된 종에서 덜 발생한다. 이런 관찰을 통해 단백질 비교를 위한 점수 행렬은 개체 간 유사도 및 해당 단백질의 진화 속도에 달려 있다는 것을 알 수 있다. 실제로 생물학자들이 초기 정렬 결과를 만들기 위해 사용하는 단백질들의 유사도는 매우 높아서 아미노산의 99%가 보존돼 있다(예를 들어 사람과 침팬지가 공유하는 대부분의 단백질들). 99% 비슷한 서열들을 **1PAM 단위**1PAM unit만큼 달라졌다고 말한다(PAM은 point accepted mutation의 약자다). PAM 단위를 평균적으로 아미노산들의 1%만큼 돌연변이가 생기는 데 걸리는 시간이라고 생각하면 된다.

PAM₁ 점수 행렬PAM₁ scoring matrix은 99% 유사한 단백질들의 정렬 결과를 여럿 사용해서 다음과 같이 만들어졌다. 서열 정렬 결과 한 묶음에 대해서 i번째 아미노산과 j번째 아미노산이 같은 열에 나타난 횟수를 i번째 아미노산이 나타난 총 횟수로 나눈 값을 $M(i, j)$이라고 하자. $f(j)$를 모든 아미노산 서열들에서 j번째 아미노산의 빈도, 또는 j번째 아미노산이 나타난 횟수를 모든 서열의 길이 합으로 나눈 값이라고 하자. (i, j)번째 항목은 다음과 같이 정의된다.

$$\log \left(\frac{M(i, j)}{f(j)} \right)$$

n개의 수많은 PAM 단위들에 대해 PAM_n 행렬은 M^n(M을 M으로 n번 곱한 결과) 이 n PAM 단위만큼의 시간 동안 어떤 아미노산이 다른 아미노산으로 바뀔 확률을 경험적인 확률로 나타낸 것이라는 관찰에 기반해 계산된다. 따라서 (i, j)번째 항목은 다음과 같이 계산된다.

$$\log \left(\frac{M^n(i, j)}{f(j)} \right)$$

그림 5.35에 PAM_{250} 점수 행렬이 나와 있다.

이 접근법은 아미노산의 빈도 $f(j)$가 시간이 지나도 일정하게 유지되면서 돌연변이가 긴 시간 동안 1PAM 단위의 간격으로 끊임없이 일어난다고 가정하고 있다. 큰 숫자 n에 대해 만들어진 PAM 행렬은 정렬했을 때의 매치의 수가 적은 경우에도 관련된 단백질을 찾을 수 있게 해준다.

	A	C	D	E	F	G	H	I	K	L	M	N	P	Q	R	S	T	V	W	Y	-
A	2	-2	0	0	-3	1	-1	-1	-1	-2	-1	0	1	0	-2	1	1	0	-6	-3	-8
C	-2	12	-5	-5	-4	-3	-3	-2	-5	-6	-5	-4	-3	-5	-4	0	-2	-2	-8	0	-8
D	0	-5	4	3	-6	1	1	-2	0	-4	-3	2	-1	2	-1	0	0	-2	-7	-4	-8
E	0	-5	3	4	-5	0	1	-2	0	-3	-2	1	-1	2	-1	0	0	-2	-7	-4	-8
F	-3	-4	-6	-5	9	-5	-2	1	-5	2	0	-3	-5	-5	-4	-3	-3	-1	0	7	-8
G	1	-3	1	0	-5	5	-2	-3	-2	-4	-3	0	0	-1	-3	1	0	-1	-7	-5	-8
H	-1	-3	1	1	-2	-2	6	-2	0	-2	-2	2	0	3	2	-1	-1	-2	-3	0	-8
I	-1	-2	-2	-2	1	-3	-2	5	-2	2	2	-2	-2	-2	-2	-1	0	4	-5	-1	-8
K	-1	-5	0	0	-5	-2	0	-2	5	-3	0	1	-1	1	3	0	0	-2	-3	-4	-8
L	-2	-6	-4	-3	2	-4	-2	2	-3	6	4	-3	-3	-2	-3	-3	-2	2	-2	-1	-8
M	-1	-5	-3	-2	0	-3	-2	2	0	4	6	-2	-2	-1	0	-2	-1	2	-4	-2	-8
N	0	-4	2	1	-3	0	2	-2	1	-3	-2	2	0	1	0	1	0	-2	-4	-2	-8
P	1	-3	-1	-1	-5	0	0	-2	-1	-3	-2	0	6	0	0	1	0	-1	-6	-5	-8
Q	0	-5	2	2	-5	-1	3	-2	1	-2	-1	1	0	4	1	-1	-1	-2	-5	-4	-8
R	-2	-4	-1	-1	-4	-3	2	-2	3	-3	0	0	0	1	6	0	-1	-2	2	-4	-8
S	1	0	0	0	-3	1	-1	-1	0	-3	-2	1	1	-1	0	2	1	-1	-2	-3	-8
T	1	-2	0	0	-3	0	-1	0	0	-2	-1	0	0	-1	-1	1	3	0	-5	-3	-8
V	0	-2	-2	-2	-1	-1	-2	4	-2	2	2	-2	-1	-2	-2	-1	0	4	-6	-2	-8
W	-6	-8	-7	-7	0	-7	-3	-5	-3	-2	-4	-4	-6	-5	2	-2	-5	-6	17	0	-8
Y	-3	0	-4	-4	7	-5	0	-1	-4	-1	-2	-2	-5	-4	-4	-3	-3	-2	0	10	-8
-	-8	-8	-8	-8	-8	-8	-8	-8	-8	-8	-8	-8	-8	-8	-8	-8	-8	-8	-8	-8	-8

그림 5.35 단백질 정렬에 대해 indel 페널티를 8점으로 하는 PAM_{250} 점수 행렬

분할 및 정복 알고리듬

분할 및 정복 알고리듬을 설명하기 위한 예시로 숫자들을 순서대로 나열하는 문제를 활용해 보겠다. 먼저 2개의 나열된 목록 $List_1$와 $List_2$를 하나의 나열된 목록으로 합치는 **병합**merging 문제로 시작해 보자(그림 5.36). **MERGE** 알고리듬은 $\mathcal{O}(|List_1| + |List_2|)$의 시간에 걸쳐서 2개의 나열된 목록을 하나의 나열된 리스트로 만든다. 이 알고리듬에서는 $List_1$과 $List_2$에 남아 있는 숫자들 중 가장 작은 숫자를 반복적으로 선택해서 점점 커지는 나열된 목록으로 옮겨 준다.

$List_1$	2 5 7 8	2 5 7 8	2 5 7 8	2 5 7 8	2 5 7 8	2 5 7 8
$List_2$	3 4 6	3 4 6	3 4 6	3 4 6	3 4 6	3 4 6
SortedList	2	3	4	5	6	7 8

그림 5.36 2개의 나열된 목록 (2, 5, 7, 8)과 (3, 4, 6)을 병합하면 나열된 목록(2, 3, 4, 5, 6, 7, 8)이 만들어진다.

MERGE($List_1$, $List_2$)
    SortedList ← empty list
    while both $List_1$ and $List_2$ are non-empty
        if the smallest element in $List_1$ is smaller than the smallest element in $List_2$
            move the smallest element from $List_1$ to the end of SortedList
        else
            move the smallest element from $List_2$ to the end of SortedList
    move any remaining elements from either $List_1$ or $List_2$ to the end of SortedList
    return SortedList

MERGE 알고리듬은 나열되지 않은 임의의 목록을 절반 크기의 나열된 목록 2개로 나누는 방법을 알고 있다면 유용할 것이다. 그런데 뭔가 시작점으로 돌아온 것 같다. 유일한 차이점은 하나의 큰 목록 대신 작은 목록 2개를 나열해야 한다는 것뿐이다. 하지만 컴퓨터 계산 문제에서는 작은 목록 2개를 나열하는 게 더 선호되는 방법이다. 그 이유를 알아보고자 MERGESORT 알고리듬을 살펴보자. 이 알고리듬은 나열되지 않은 목록을 두 부분으로 나누고 각각의 작은 목록을 나열하는 문제를 반복적으로 정복한 후 나열된 목록들을 병합한다.

MERGESORT(List)
    if List consists of a single element
        return List
    FirstHalf ← first half of List
    SecondHalf ← second half of List
    SortedFirstHalf ← MERGESORT(FirstHalf)
    SortedSecondHalf ← MERGESORT(SecondHalf)
    SortedList ← MERGE(SortedFirstHalf, SortedSecondHalf)
    return SortedList

그림 5.37은 **MERGESORT**의 **트리 순환**recursion tree인데 이것은 크기가 n인 기존 목록이 있을 때 $\log_2 n$개의 층으로 구성된다. 가장 아래층에서는 약 $n/2$개의 항목을 가진 2개의 나열된 목록을 병합하는데 이때 $\mathcal{O}(n/2 + n/2) = \mathcal{O}(n)$ 만큼의 시간이 걸린다.

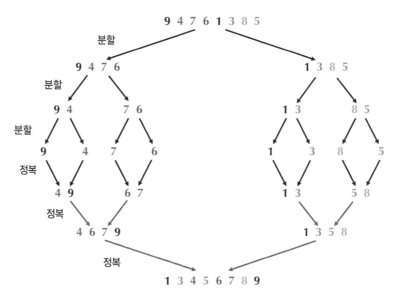

그림 5.37 **MERGESORT**를 사용해 8개짜리 목록을 나열하는 트리 순환. 분할(위쪽) 단계는 $\log_2 8 = 3$개의 층으로 구성돼 있고, 입력된 목록이 점점 더 작은 하위 목록으로 나뉜다. 정복(아래쪽) 단계는 같은 수의 층으로 구성돼 있고, 나열된 하위 목록들이 다시 하나로 병합된다.

그다음 층에서는 $n/4$개 항목이 있는 목록 4개를 병합해야 하고 각각은 $\mathcal{O}(n/4 + n/4 + n/4 + n/4) = \mathcal{O}(n)$만큼의 시간이 필요하다. 이런 패턴을 일반화하면 i번째 층에는 2^i개의 목록이 있고, 각 목록은 약 $n/2^i$개의 항목을 갖고 있으며 병합하는 데는 $\mathcal{O}(n)$ 만큼의 시간이 필요하다. 반복적 관계 나무에는 $\log_2 n$개의 층이 있기 때문에 **MERGESORT** 알고리듬을 계산하는 데 걸리는 시간은 총 $\mathcal{O}(n \cdot \log_2 n)$만큼의 시간이 걸린다. 이는 단순한 나열 알고리듬에 걸리는 시간이 $\mathcal{O}(n^2)$인 것에 비해 속도가 매우 향상된 것이다.

다중 정렬에 점수 매기기

점수 함수를 선택하는 것은 다중 정렬의 품질에 많은 영향을 미친다. 5장 본문에서 t-차원 점수 행렬을 사용해 t-way 정렬에 점수를 매기는 방법을 설명했다. 아래에서는 정렬에 점수를 매길 수 있는 더 실용적인 접근 방법을 설명하고 있다.

t-way 정렬에서 각 열은 t-차원 정렬 그래프에서의 경로를 나타내고 각 에지의 가중치는 점수 함수에 의해 결정된다. 통계적으로 결정된 엔트로피 점수에 따라 다중 정렬의 점수는 해당 열의 엔트로피의 합으로 결정된다. 2장에서 각 열의 엔트로피는 $-\sum p_x \cdot \log_2 p_x$과 같다고 했는데 각 열에 나타난 모든 문자들 x에 대한 합을 계산하고 p_x는 그 문자가 해당 열에서 나타난 빈도를 의미한다.

2장에서 더 잘 보존된 열의 엔트로피 점수가 더 낮은 것을 알 수 있었다. 정렬 점수를 최대로 하려면 엔트로피의 음수값을 사용해 더 잘 보존된 영역이 더 높은 점수를 받을 수 있도록 해야 한다. 따라서 t-차원 정렬 그래프에서 최장 경로를 찾는 것은 엔트로피가 최소가 되는 다중 정렬을 찾는 것에 해당한다.

점수를 매기는 또 다른 접근 방법은 **Sum-of-Pairs 점수**$^{\text{SP-score}}$다. t개의 서열에 대한 다중 정렬 $Alignment$는 i번째 서열과 j번째 서열 사이의 정렬을 통해 점수 $s(Alignment, i, j)$를 만든다. 다중 정렬에서 SP-score는 단순히 각각의 서열 쌍 정렬에 대한 점수를 더하는 것이다.

$$\text{SP-SCORE}(Alignment) = \sum_{1 \le i < j \le t} s(Alignment, i, j).$$

연습 문제 아래에 나온 마라히엘의 3-way 정렬에 대해 엔트로피 점수와 SP-score를 계산해 보자.

```
YAFDLGYTCMFPVLLGGGELHIVQKETYTAPDEIAHYIKEHGITYIKLTPSLFHTIVNTA
-AFDVSAGDFARALLTGGQLIVCPNEVKMDPASLYAIIKKYDITIFEATPALVIPLMEYI
IAFDASSWEIYAPLLNGGTVVCIDYYTTIDIKALEAVFKQHHIRGAMLPPALLKQCLVSA

SFAFDANFESLRLIVLGGEKIIPIDVIAFRKMYGHTE-FINHYGPTEATIGA
-YEQKLDISQLQILIVGSDSCSMEDFKTLVSRFGSTIRIVNSYGVTEACIDS
----PTMISSLEILFAAGDRLSSQDAILARRAVGSGV-Y-NAYGPTENTVLS
```

참고 문헌

수정 거리는 1966년 레벤시테인에 의해 처음 소개됐다. 본문에 설명된 지역 정렬 알고리듬은 1981년 스미스[Smith]와 워터맨[Waterman]에 의해 제안됐다. 두리틀과 그의 동료들이 1983에 종양 유전자와 PDGF 사이의 유사성을 밝혀냈을 때 그들은 스미스-워터맨 알고리듬에 대해 알지 못했다. 개똥벌레에 있는 luciferase와 *Bacilus brevis*에 있는 A-domain의 3차원 구조는 콘티[Conti], 프랭크스[Franks], 브릭[Brick]에 의해 1996년에, 콘티와 그의 동료들에 의해 1997년에 논문으로 출판됐다. 비리보솜 코드는 스타첼하우스[Stachelhaus], 무츠[Mootz], 마라히엘에 의해 1999년 처음 소개됐다.

6
인간 유전체에도 연약한 영역이 있을까?

합성 알고리듬

쥐와 남자

고양이가 말했다. "듣자 하니 너는 더 작은 동물로 변할 수 있다던데? 예를 들어 들쥐나 흰쥐로 말이야. 하지만 난 그걸 믿을 수 없어. 난 그게 불가능하다고 생각해."

"불가능하다고!" 오우거(ogre)가 외쳤다. "잘 봐라!"

오우거는 쥐로 변신한 다음 바닥을 돌아다니기 시작했다. 고양이는 그걸 보자마자 뛰어들어서 먹어 버렸다.

사람과 쥐의 유전체는 얼마나 다를까?

샤를 페로Charles Perrault가 『장화 신은 고양이Puss in Boots』에서 오우거가 쥐로 변신하는 장면을 묘사했을 때 그는 3세기 후에 사람과 쥐의 유전체가 놀랍도록 비슷하다는 사실을 연구자들이 밝혀낼 거라고는 예상하지 못했다. 거의 모든 인간 유전자는 쥐에서 상응하는 유전자를 갖고 있다. 물론 쥐는 냄새를 담당하는 후각 유전자에 있어서는 우리를 아득히 뛰어넘는다. 우리는 본질적으로는 꼬리 없는 쥐와 같다. 심지어 우리는 꼬리를 만드는 데 필요한 유전자도 갖고 있는데 이 유전자들은 진화 과정에서 침묵silenced 상태가 됐다.

처음엔 동화 속 질문에서 시작했다. "어떻게 오우거가 쥐로 변할 수 있는 걸까?" 사람과 쥐가 대부분의 유전자를 공유하고 있기 때문에 포유류의 진화에 대한 질문을 할 수 있다. "어떤 진화적인 힘이 인간과 쥐의 조상을 현재의 인간과 쥐의 유전체로 바꾼 걸까?"

만약 조숙한 아이가 동화를 읽고 자라서 인간과 쥐의 유전체가 어떻게 다른지 배우고 싶어 한다면 그 아이에게 이렇게 말해 주면 된다. 인간의 23개 염색체를 잘라서 280조각으로 만든 다음 이 DNA 조각들을 섞은 뒤 서로 접착시켜서 새로 나열하면 쥐의 20개 염색체가 만들어진다. 그렇지만 실제로 진화는 한 번의 엄청난 잘라내기와 붙여넣기 작업으로 진행된 것이 아니다. 그 대신 **유전체 재배열**genome rearrangement이라는 좀 더 작은 변화를 통해 일어나는데 이것이 6장의 초점이 될 것이다.

불행히도 우리의 생물정보학 타임머신은 과거 몇 세기 이상으로는 갈 수 없다. 만약 그렇게 한다면 7,500만 년 전으로 거슬러 올라가면서 인간이 공룡과 같이 살던 털 달린 동물로 변하는 것을 관찰할 수 있을 것이다. 그런 뒤에 다시 현재로 돌아오면서 이 동물이 어떻게 쥐로 진화하는지 관찰할 수 있다. 6장에서는 타임머신을 개조하지 않고도 유전체 재배열이 어떻게 인간과 쥐의 유전체를 나눴는지 이해하고자 한다.

합성 블록

387페이지

유전체 비교를 단순화하고자 먼저 X 염색체에 집중해 보자. X 염색체는 포유류의 성을 결정하는 염색체이고 포유류가 진화하는 동안의 거의 모든 유전자를 보유하고 있다(돌아가기: X 염색체의 유전자는 왜 잘 보존돼 있는 걸까? 참고). X 염색체의 유전자는 다른 염색체로 옮겨 가는 일(또는 그 반대)이 없었기 때문에 인간과 쥐를 비교할 때 X 염색체를 미니 유전체로 볼 수 있다.

인간과 쥐는 대부분의 유전자에 대해 상응하는 유전자를 서로 갖고 있을 뿐 아니라 수백 개의 비슷한 유전자들이 보통 유전체에서 같은 순서로 놓여 있기도 하다. 그림 6.1에서 11개의 색칠된 조각들이 바로 그런 비슷한 유전자들의 행렬이고 이를 **합성 블록**synteny block이라고 한다. 추후에 합성 블록을 어떻게 구축하고 블록의 좌우 방향이 무엇을 의미하는지 설명하겠다.

338

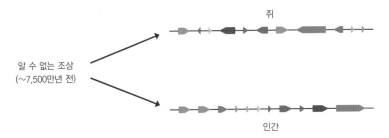

쥐

알 수 없는 조상
(~7,500만년 전)

인간

그림 6.1 쥐와 인간의 X 염색체가 11개의 색칠된, 방향성이 있는 조각들(합성 블록)로 나타나 있다. 각 합성 블록의 길이는 유전체에서의 길이에 비례한다.

합성 블록은 쥐와 인간에 있는 거의 1억 5,000만 염기쌍짜리 X 염색체 비교를 11개 단위로 간단하게 한 것이다. 이런 단순화 작업은 비슷한 2개의 사진을 비교하는 것과 비슷하다. 만약 이미지의 픽셀 하나하나를 비교하면 비교해야 하는 문제의 크기에 압도당할 것이다. 이렇게 하는 대신 줌아웃^{zoom out}해서 좀 더 높은 단계의 패턴을 비교해야 한다. 생물학자들이 **해상도**^{resolution}라는 단어를 사용해서 유전체를 분석하는 수준을 논의하는 것은 단순히 우연이 아니다.

반전

유전체 재배열이 일어날 때 유전체가 어떻게 변하는지 궁금해질 수 있다. 유전체 재배열은 약 90년 전에 앨프리드 스터티번트^{Alfred Sturtevant}가 초파리의 주황색 및 분홍색 눈과 비정상적인 삼각형 모양 날개에 대한 돌연변이를 연구할 때 처음 발견됐다. 스터티번트는 이 형질을 암호화하는 유전자들인 **scarlet**, **peach**, **delta**라는 유전자들을 분석했다. 그는 *Drosophila melanogaster*와 *Drosophila simulans*에서 이 유전자들의 배열이 각각 (**scarlet**, **peach**, **delta**)와 (**scarlet**, **delta**, **peach**)로 다르다는 사실에 매우 놀라게 됐다. 그는 즉시 염색체의 peach와 delta를 포함한 조각이 뒤집혔다고 추측해 냈다(돌아가기: 유전체 재배열의 발견 참고). 스터티번트는 **반전**^{reversal}이라 불리는 가장 흔한 형태의 유전체 재배열을 목격한 것이었다. 이것은 염색체의 한 영역이 뒤집혀서 해당 영역에 있는 모든 합성 블록의 방향이 바뀌는 것을 말한다.

387페이지

그림 6.2는 쥐의 X 염색체가 일곱 번의 반전을 통해 인간의 X 염색체가 되는 일련의 과정을 보여 준다. 만약 이 시나리오가 맞다면 인간과 쥐의 조상이 가진 X 염색체는 이 합성 블록의 중간 생성물 중 하나로 돼 있었을 것이다. 불행히도 이 일곱 번의 반전은 합성 블록을 7단계로 배열하는 1,070가지 시나리오 중 하나에 불과하다. 이 중 어떤 시나리오가 맞

는 건지 알 길이 없으며 심지어 실제로 일어난 시나리오가 정확히 일곱 번의 반전이었는지도 알 수 없다.

잠깐 멈추고 생각해 보자 쥐의 X 염색체를 여섯 번만 반전시켜서 인간의 X 염색체로 바꿀 수 있을까?

인간과 쥐의 X 염색체가 얼마나 많은 반전에 의해 나뉘었는지에 상관없이 반전은 유전체에서 잘 일어나지 않는 일일 것이다. 실제로 유전체 재배열은 일반적으로 해당 개체를 죽게 하거나 불임을 일으켜서 다음 세대로 재배열이 전달될 수 없게 만든다. 그러나 작은 부분의 유전체 재배열은 생존에 긍정적인 영향을 제공해서 자연 선택의 결과로 해당 종에 퍼져 나갈 수 있다. 만약 어떤 집단이 긴 시간 동안 해당 종의 나머지 집단과 격리되게 되면 유전체 재배열은 새로운 종을 만들어 낼 수도 있다.

재배열 핫스팟

지질학에는 유전체의 진화에 빗대어 생각해 볼 만한 것이 있다. 유전체 재배열을 어떤 개체의 염색체 구조가 급격하게 바뀌는 유전체 지진genomic earthquake처럼 생각해 볼 수 있다. 유전체 재배열은 유전체 침식genomic erosion과는 매우 대조적이다. 유전체 침식은 훨씬 빈번하게 발생하는 **점 돌연변이**point mutation이고 매우 천천히 작용한다.

유전체 반전을 시각적으로 표현해 보자면 유전체에서 염색체의 양쪽을 조각 내고 중간 영역을 뒤집어서 다시 접착시키면 새로운 순서의 조각이 만들어지게 된다.

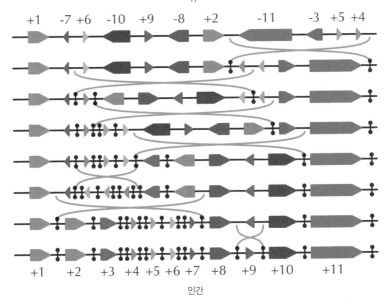

쥐

+1 -7 +6 -10 +9 -8 +2 -11 -3 +5 +4

+1 +2 +3 +4 +5 +6 +7 +8 +9 +10 +11

인간

그림 6.2 쥐의 X 염색체를 일곱 번 반전시켜서 인간의 X 염색체로 바꾸는 과정. 각각의 합성 블록을 서로 다른 색으로 칠했고 1에서 11 사이의 숫자로 표시했다. 각 숫자의 플러스 또는 마이너스 기호는 각 합성 블록의 방향을 나타낸다(각각 오른쪽, 왼쪽 방향을 나타낸다). 2개의 짧은 수직 조각은 각 반전이 일어난 양끝을 나타낸다. 만약 이런 진화의 시나리오가 정확하고, 위에서 다섯 번째 합성 블록 배열이 실제 조상의 배열이라고 가정해 보자. 그렇다면 처음 네 번의 반전은 (시간을 거슬러서) 쥐에서 인간-쥐의 공통 조상으로 가는 진화 경로를 나타내며, 마지막 세 번의 반전은 (시간 순서대로) 이 공통 조상에서 인간으로 가는 진화 경로를 나타낸다. 6장에서는 조상의 유전체를 재구축하지는 않을 것이므로 해당 반전이 시간을 거스르는지 시간 순서대로인지는 고려하지 않을 것이다.

지진이 단층선fault line를 따라서 더 많이 일어난다는 점을 생각해 보면 반전에도 비슷한 원리가 있는지 궁금해진다. 이런 현상은 같은 유전체 영역에서 반복적으로 나타나는 걸까? 염색체 진화 연구에서의 근본적인 질문 중 하나는 반전이 일어나는 **양끝 지점**(즉 뒤집혀지는 영역의 끝부분)이 **재배열 핫스팟**rearrangement hotspot이라고 불리는 단층선을 따라서 일어나는가다. 만약 인간 유전체에 그런 핫스팟이 존재한다면 보통 재배열이 유전 질병에 영향을 미치므로 이런 지점들을 찾아서 유전 질병과 어떤 관련이 있는지 알아보고 싶을 것이다.

물론 여기서 의미하는 재배열 핫스팟을 엄격하게 정의해야 한다. 그림 6.2에 나온 쥐의 X 염색체가 인간의 X 염색체로 변하는 일곱 번의 반전 시나리오를 검토해 보면 각 반전의 끝부분을 수직 조각으로 기록해 뒀다. 인간 X 염색체에서 반복이 여러 번 일어나는 영역은 여러 개의 수직 조각이 나타나 있다. 예를 들어, 그림 6.2에서 세 번째 블록의 오른쪽 영역은 네 번째와 다섯 번째 반전의 끝부분에 해당한다. 따라서 인간 X 염색체의 블록 3과 4 사이의 영역에 2개의 수직 조각을 표시한 것이다. 그러나 이 영역에 두 번 끝부분을 표시했다고 해서 이 영역이 재배열 핫스팟이라는 뜻은 아닌데 그 이유는 그림 6.2의 반전은 가능한 여러 진화 시나리오 중 하나일 뿐이기 때문이다. 실제 재배열 시나리오가 어땠는지 알 수 없기 때문에 재배열 핫스팟이 실제로 존재하는지 즉시 알기는 어렵다.

염색체 진화의 무작위 절단 모델

1973년 수수무 오노Susumu Ohno는 염색체 진화의 **무작위 절단 모델**Random Breakage Model을 제시했다. 이는 재배열의 절단점breakpoint이 무작위로 선택된다는 가설인데 포유류 유전체의 재배열 핫스팟이 존재하지 않는다는 것을 암시하고 있다. 그러나 오노의 모델이 처음 소개됐을 때는 이를 지지하는 근거가 부족했다. 애초에 두 종을 나눠 놓은 재배열이 어떤 순서로 일어났는지 모르는 상태에서 이런 재배열 핫스팟이 존재하는지를 어떻게 알 수 있겠는가?

잠깐 멈추고 생각해 보자 아래 질문들을 생각해 보자.

1. 무작위 반전이 여러 번 일어나서 유전체의 90%를 차지하는 하나의 큰 합성 블록이 만들어지고 나머지 10% 영역을 차지하는 99개의 작은 합성 블록이 만들어졌다고 가정해 보자. 이게 과연 놀라운 일일까?
2. 만약 무작위 반전이 똑같은 길이를 가진 100개의 합성 블록을 만들었다면? 이건 놀라운 일일까?

위의 질문들을 통해 강조하고자 하는 아이디어는 합성 블록들의 길이가 어떤 분포로 이뤄져 있는지를 분석해서 무작위 절단 모델을 확인해 볼 수 있다는 것이다. 예를 들어 X 염색체에 있는 인간-쥐 합성 블록의 길이는 매우 다양한데 가장 큰 블록이(그림 6.2의 11번 블록) 전체 X 염색체의 거의 25%를 차지하고 있다. 합성 블록의 길이가 이렇게 다양한 것이 무작위 절단 모델에 맞는 현상일까?

1984년 조지프 네이도Joseph Nadeau와 벤저민 타일러Benjamin Taylor는 유전체에서 무작위 위치에서 N번 반전이 일어났다고 했을 때 합성 블록 길이의 기대값을 알아보고자 했다. 만약 이런 무작위 반전 중 2개가 똑같은 위치에 일어난다는 흔치 않은 경우의 수를 제외한다면 N번의 무작위 반전은 염색체상의 $2N$개 지점을 잘라내서 $2N + 1$개의 합성 블록을 만들어 낼 것이다. 그림 6.3(위쪽)은 유전자 2만 5,000개가 있는 가상의 염색체에 320번의 무작위 반전이 일어나서 $2 \cdot 320 + 1 = 641$개의 합성 블록이 만들어졌다는 상황을 컴퓨터로 실험해 본 결과다.

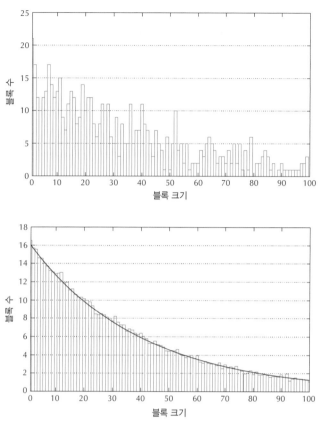

그림 6.3 (위쪽)(포유류 유전체에 있는 유전자 개수의 추정치에 해당하는) 유전자 2만 5,000개가 있는 가상의 유전체에서 320번의 무작위 반전이 일어났을 때 각 합성 블록의 길이 별 개수를 히스토그램으로 나타낸 것. 유전자가 100개 이상 있는 블록은 나타나 있지 않다. (아래쪽)100번 시뮬레이션했을 때 합성 블록의 평균 길이를 히스토그램으로 나타내고 지수 분포로 적합(fitted)시킨 것.

> **잠깐 멈추고 생각해 보자** 만약 N번의 무작위 반전으로 2N+1개의 합성 블록이 만들어진다면 그림 6.2에서 일곱 번의 반전이 일어났을 때 합성 블록의 수는 왜 11개였을까?

합성 블록의 평균 크기는 25,000/641≈34개 유전자이지만 모든 합성 블록이 약 34개의 유전자를 갖고 있어야 한다는 뜻은 아니다. 만약 절단점을 무작위로 선택한다면 몇몇 블록은 유전자 수가 적을 거고 몇몇 블록은 100개가 넘는 유전자를 갖고 있을 수도 있다. 그림 6.3(아래쪽)은 시뮬레이션을 100번 진행하고 그 결과의 평균을 나타낸 것인데 합성 블록의 크기가 거의 **지수 분포**exponential distribution를 따른다는 것을 보여 주고 있다(돌아가기: 지수 분포 참고). 지수 분포에 따르면 34개 유전자를 가진 합성 블록은 7개 정도이며 1~2개 블록이

388페이지

거의 100개의 유전자를 갖고 있다는 것을 알 수 있다.

실제 인간과 쥐의 합성 블록으로 히스토그램을 그려 보면 어떻게 될까? 네이도와 테일러가 1984년에 제한된 유전자 데이터를 갖고 히스토그램을 그려 봤을 때 합성 블록들의 길이가 지수 분포에 잘 들어맞는다는 것을 발견했다. 1990년대에 더 정확한 합성 블록 데이터를 사용해 보니 지수 분포에 더 잘 들어맞았다(그림 6.4). 사건은 종결됐다. 비록 7,500만 년 동안 유전체를 진화하도록 한 재배열이 정확히 어떻게 일어났는지 알 수는 없지만 이런 재배열이 무작위 절단 모델을 따른다는 것은 분명하다.

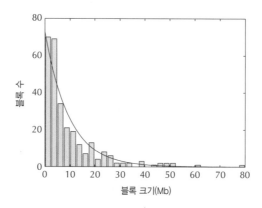

그림 6.4 인간-쥐의 합성 블록 길이를 히스토그램으로 나타낸 것(길이가 100만 뉴클레오티드보다 긴 합성 블록만 표시했다). 이 히스토그램은 지수 분포에 잘 들어맞는다.

 잠깐 멈추고 생각해 보자 이 주장의 논리에 동의하는가?

반전을 통한 나열

무작위 절단 모델을 지지하는 근거를 얻었지만 이걸로 속단할 수는 없다. 이 모델을 평가하고자 먼저 재배열 분석을 위한 수학적 모델을 만들어 보자. 그리고 6장 소개로 돌아가서 쥐의 X 염색체를 인간 X 염색체로 바꾸는 데 필요한 반전의 최소 횟수를 찾는 문제를 풀어 볼 것이다.

 잠깐 멈추고 생각해 보자 생물학적인 관점으로 봤을 때 반전의 최소 횟수를 왜 찾으려는 것일까?

오컴의 면도기 Occam's razor라고 불리는 원리에 따라 최소 반전 횟수를 찾아볼 것이다. 어려운 문제에 봉착했을 때는 알고 있는 사실에 부합하는 가장 단순한 가설을 통해 문제를 설명해 봐야 한다. 이 경우에서는 진화가 두 종 사이의 최단 경로를 따라 일어났다고 보는 것이 가장 합리적이다. 진화가 언제나 최단 경로를 따라 일어나는 것은 아니지만 그런 경우에도 진화의 시나리오는 보통 최단 경로에 가까운 시나리오를 따라 일어난다. 그렇다면 이 최단 경로의 길이를 찾을 수 있을까?

유전체 재배열 연구는 보통 합성 블록의 길이는 고려하지 않으며 염색체를 **부호가 있는 순열**signed permutations로 나타낸다. 각 블록은 숫자로 표시돼 있는데 블록의 방향에 따라 플러스/마이너스 부호가 할당돼 있다. 부호가 있는 순열에 있는 항목 수가 바로 이것의 **길이**다. 그림 6.2에서 볼 수 있듯이 인간과 쥐의 X 염색체는 길이가 11인 부호가 있는 순열로 나타낼 수 있다.

$$\text{쥐:} \quad (+1 \ -7 \ +6 \ -10 \ +9 \ -8 \ +2 \ -11 \ -3 \ +5 \ +4)$$
$$\text{인간:} \quad (+1 \ +2 \ +3 \ \ +4 \ +5 \ +6 \ +7 \ \ +8 \ +9 \ +10 \ +11)$$

이 다음 부분부터는 부호가 있는 순열을 줄여서 **순열**permutation이라고 부르겠다. 합성 블록이 서로 다르다는 가정하에 순열에는 반복된 숫자가 나오지 않도록 한다(즉 $(+1 \ -2 \ +3 \ +2)$는 순열이 아니다).

> **연습 문제** 길이가 n인 순열의 종류는 몇 개인가?

순열의 한 구간에 있는 요소들을 거꾸로 하고 이 요소들의 부호를 반대로 하는 방식으로 유전체 반전을 모델링할 수 있다. 예를 들어 그림 6.5에 있는 만화는 반전을 통해 순열 $(+1 \ +2 \ +3 \ +4 \ +5 \ +6 \ +7 \ +8 \ +9 \ +10)$가 $(+1 \ +2 \ +3 \ -8 \ -7 \ -6 \ -5 \ -4 \ +9 \ +10)$로 바뀌는 과정을 보여 주고 있다. 먼저 $+3$과 $+4$ 사이, 그리고 $+8$과 $+9$ 사이에 절단이 일어나고,

$$(+1 \ +2 \ +3 \ | \ +4 \ +5 \ +6 \ +7 \ +8 \ | \ +9 \ +10)$$

가운데 조각을 뒤집은 뒤,

$$(+1 \ +2 \ +3 \ | \ -8 \ -7 \ -6 \ -5 \ -4 \ | \ +9 \ +10)$$

마지막으로 세 조각을 하나로 합쳐서 새로운 순열을 만드는 것이다.

$$(+1 \ +2 \ +3 \ -8 \ -7 \ -6 \ -5 \ -4 \ +9 \ +10)$$

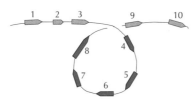

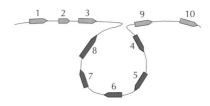

(+1 +2 +3 +4 +5 +6 +7 +8 +9 +10)   (+1 +2 +3 -8 -7 -6 -5 -4 +9 +10)

그림 6.5 염색체의 두 부분이 절단되고 가운데 조각이 뒤집히는 반전을 그림으로 나타낸 것. 순열에서 뒤집힌 구간에 있는 요소들의 부호가 바뀌었다는 것을 알아두자.

연습 문제   길이가 n인 순열에서 일어날 수 있는 서로 다른 반전은 몇 개가 있는가?

순열 P를 Q로 바꾸는 데 필요한 최소한의 반전 횟수를 P와 Q 사이의 **반전 거리**^{reversal distance}라 하며 $d_{\mathrm{rev}}(P, Q)$로 나타낸다.

반전 거리 문제

두 순열 사이의 반전 거리를 계산하라.

입력: 같은 길이의 두 순열

출력: 두 순열 사이의 반전 거리

여기서 인간의 X 염색체를 $(+1 +2 +3 +4 +5 +6 +7 +8 +9 +10 +11)$로 나타냈다. 이 순열에서 블록들이 오름차순으로 나열돼 있고 플러스 부호로 돼 있는데 이런 순열을 **동일성 순열**^{identity permutation}이라고 한다. 여기서 인간의 X 염색체를 길이가 11인 동일성 순열로 나타낸 이유는 두 유전체를 비교할 때 원하는 유전체 하나를 선택해서 합성 블록에 이렇게 표시를 할 수 있기 때문이다. 인간의 X 염색체를 동일성 순열에 해당하는 표시를 해 놓으면 쥐의 염색체는 자동적으로 다음과 같이 된다.

$$(+1 -7 +6 -10 +9 -8 +2 -11 -3 +5 +4)$$

물론 그림 6.6에 나온 것처럼 쥐의 X 염색체를 동일성 순열로 만들 수도 있다. 이 경우에는 인간의 X 염색체가 다음과 같이 될 것이다.

$$(+1 +7 -9 +11 +10 +3 -2 -6 +5 -4 -8)$$

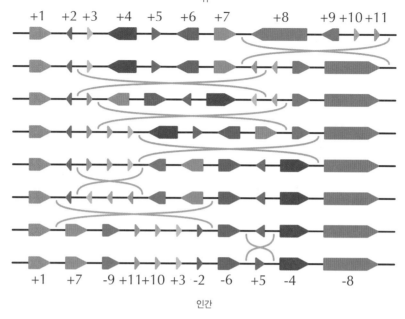

쥐

+1 +2 +3 +4 +5 +6 +7 +8 +9 +10 +11

+1 +7 -9 +11 +10 +3 -2 -6 +5 -4 -8

인간

그림 6.6 쥐의 X 염색체를 동일성 순열로 한다면 인간의 X 염색체는 자동으로 (+1 +7 −9 +11 +10 +3 −2 −6 +5 −4 −8)가 된다.

합성 블록을 어떻게 표시할지는 자유이므로 반전 거리 문제에서 순열 Q가 동일성 순열 $(+1 +2…+n)$이라고 생각할 수 있다. 이 컴퓨터 문제는 **반전 나열**sorting by reversals이라고 불리고 P를 동일성 순열로 나열하는 데 필요한 최소한의 반전 횟수를 $d_{rev}(P)$라고 표시한다. 반전 나열의 역사는 요리 응용법에서 만들어졌으며 2명의 유명인이 연관돼 있다(돌아가기: 빌 게이츠와 데이비드 X. 코헨의 팬케이크 뒤집기 참고).

389페이지 ➤

반전 나열 문제

어떤 순열과 동일성 순열 사이의 반전 거리를 계산하라.

　입력: 순열 P

　출력: 반전 거리 $d_{rev}(P)$

아래 그림은 순열 (+2 −4 −3 +5 −8 −7 −6 +1)에서 다섯 번의 반전을 통해 나열하는 과정이다. 각 단계에서 반전되는 구간을 빨간색으로 표시했다.

$$(+2 \quad -4 \quad -3 \quad +5 \quad -8 \quad -7 \quad -6 \quad +1)$$
$$(+2 \quad +3 \quad +4 \quad +5 \quad -8 \quad -7 \quad -6 \quad +1)$$
$$(+2 \quad +3 \quad +4 \quad +5 \quad +6 \quad +7 \quad +8 \quad +1)$$
$$(+2 \quad +3 \quad +4 \quad +5 \quad +6 \quad +7 \quad +8 \quad -1)$$
$$(-8 \quad -7 \quad -6 \quad -5 \quad -4 \quad -3 \quad -2 \quad -1)$$
$$(+1 \quad +2 \quad +3 \quad +4 \quad +5 \quad +6 \quad +7 \quad +8)$$

STOP 잠깐 멈추고 생각해 보자 더 적은 수의 반전으로 이 순열을 나열할 수 있을까?

아래는 더 빠른 나열 방법이다.

$$(+2 \quad -4 \quad -3 \quad +5 \quad -8 \quad -7 \quad -6 \quad +1)$$
$$(+2 \quad +3 \quad +4 \quad +5 \quad -8 \quad -7 \quad -6 \quad +1)$$
$$(-5 \quad -4 \quad -3 \quad -2 \quad -8 \quad -7 \quad -6 \quad +1)$$
$$(-5 \quad -4 \quad -3 \quad -2 \quad -1 \quad +6 \quad +7 \quad +8)$$
$$(+1 \quad +2 \quad +3 \quad +4 \quad +5 \quad +6 \quad +7 \quad +8)$$

STOP 잠깐 멈추고 생각해 보자 아래 질문들을 한번 살펴보자.

1. 이 순열을 더 빠르게 나열하는 게 가능한가?

2. 반전을 통해 나열하는 동안 각 단계의 순열들이 점점 더 나열되는 것을 볼 수 있다. 순열이 얼마나 순서대로 나열됐는지 측정할 방법이 있을까?

반전 나열을 위한 탐욕적 발견법

$d_{rev}(P)$를 근사화하기 위한 탐욕적 발견법greedy heuristic을 설계할 수 있는지 살펴보자. 가장 단순한 아이디어는 첫 번째 위치에 +1이 오도록 하는 반전을 수행한 뒤 두 번째 위치에 +2가 오도록 하는 반전을 수행하는 방식을 계속해 나가는 것이다. 예를 들어 요소 1은 쥐의 X 염색체에서 이미 올바른 위치에 올바른 부호를 갖고 있다. 그러나 요소 2는 올바른 위치가 아니다. 따라서 요소 1을 첫 번째 위치에 고정해 놓고 요소 2를 올바른 위치에 오도록 반전을 한 번 수행하는 것이다.

$$(+1 \quad -7 \quad +6 \quad -10 \quad +9 \quad -8 \quad +2 \quad -11 \quad -3 \quad +5 \quad +4)$$
$$(+1 \quad -2 \quad +8 \quad -9 \quad +10 \quad -6 \quad +7 \quad -11 \quad -3 \quad +5 \quad +4)$$

이후 요소 2만 한 번 더 반전시키면 올바른 부호를 갖게 된다.

$$(+1 \quad -2 \quad +8 \quad -9 \quad +10 \quad -6 \quad +7 \quad -11 \quad -3 \quad +5 \quad +4)$$
$$(+1 \quad +2 \quad +8 \quad -9 \quad +10 \quad -6 \quad +7 \quad -11 \quad -3 \quad +5 \quad +4)$$

이를 반복해 나가면 아래에 나온 것처럼 점점 더 큰 요소들을 올바른 위치에 옮기면서 동일성 순열로 만들 수 있다. 각 반전에서 뒤집히는 구간을 빨간색으로 표시했고, 올바른 위치에 있는 요소들을 파란색으로 표시했다.

$$(+1 \quad -7 \quad +6 \quad -10 \quad +9 \quad -8 \quad +2 \quad -11 \quad -3 \quad +5 \quad +4)$$
$$(+1 \quad -2 \quad +8 \quad -9 \quad +10 \quad -6 \quad +7 \quad -11 \quad -3 \quad +5 \quad +4)$$
$$(+1 \quad +2 \quad +8 \quad -9 \quad +10 \quad -6 \quad +7 \quad -11 \quad -3 \quad +5 \quad +4)$$
$$(+1 \quad +2 \quad +3 \quad +11 \quad -7 \quad +6 \quad -10 \quad +9 \quad -8 \quad +5 \quad +4)$$
$$(+1 \quad +2 \quad +3 \quad -4 \quad -5 \quad +8 \quad -9 \quad +10 \quad -6 \quad +7 \quad -11)$$
$$(+1 \quad +2 \quad +3 \quad +4 \quad -5 \quad +8 \quad -9 \quad +10 \quad -6 \quad +7 \quad -11)$$
$$(+1 \quad +2 \quad +3 \quad +4 \quad +5 \quad +8 \quad -9 \quad +10 \quad -6 \quad +7 \quad -11)$$
$$(+1 \quad +2 \quad +3 \quad +4 \quad +5 \quad +6 \quad -10 \quad +9 \quad -8 \quad +7 \quad -11)$$
$$(+1 \quad +2 \quad +3 \quad +4 \quad +5 \quad +6 \quad -7 \quad +8 \quad -9 \quad +10 \quad -11)$$
$$(+1 \quad +2 \quad +3 \quad +4 \quad +5 \quad +6 \quad +7 \quad +8 \quad -9 \quad +10 \quad -11)$$
$$(+1 \quad +2 \quad +3 \quad +4 \quad +5 \quad +6 \quad +7 \quad +8 \quad +9 \quad +10 \quad -11)$$
$$(+1 \quad +2 \quad +3 \quad +4 \quad +5 \quad +6 \quad +7 \quad +8 \quad +9 \quad +10 \quad +11)$$

이 예제는 **GREEDYSORTING**이라는 탐욕적 휴리스틱greedy heuristic에 대한 아이디어를 떠오르게 한다. 순열 $P = (p_1 ... p_n)$의 요소 k에 대해 $p_k = +k$를 만족하면 sorted라 하고 그렇지 않은 경우 unsorted라고 말한다. 여기서 첫 $k-1$개의 요소가 나열돼 있지만 k번째 요소가 나열돼 있지 않은 경우 순열 P를 k-sorted라고 한다. 모든 k-sorted 순열 P에 대해 k-sorting 반전k-sorting reversal이라고 불리는 단 하나의 반전이 존재한다. 이 k-sorting 반전은 첫 $k-1$개의 요소를 고정시키고 요소 k를 k번째 위치에 옮기는 반전이다. 만약 $-k$가 이미 k번째 위치에 있는 경우 k-sorting 반전은 $-k$를 뒤집는다.

예를 들어 위에서 나온 쥐의 X 염색체를 나열할 때 2-sorting 반전은 순열 $(+1 \; -7 \; +6 \; -10 \; +9 \; -8 \; +2 \; -11 \; -3 \; +5 \; +4)$를 $(+1 \; -2 \; +8 \; -9 \; +10 \; -6 \; +7 \; -11 \; -3 \; +5 \; +4)$로 바꿔 준다. 이 경우에 2-sorting을 다시 한번 진행하면 요소 2를 뒤집어서 올바른 부호로 만들어 준다. **GREEDYSORTING**의 아이디어는 k값을 점점 증가시키면서 k-sorting 반전을 적용하는 것이다. 여기서 $|P|$는 순열 P의 길이를 나타낸다.

```
GREEDYSORTING(P)
    approxReversalDistance ← 0
    for k ← 1 to |P|
        if element k is not sorted
            apply the k-sorting reversal to P
            approxReversalDistance ← approxReversalDistance + 1
            if the k-th element of P is −k
                apply the k-sorting reversal to P
                approxReversalDistance ← approxReversalDistance + 1
    return approxReversalDistance
```

연습 문제 GREEDYSORTING으로 순열 $(+n +(n-1)... +2 +1)$을 나열하려면 몇 번의 반전이 필요할까?

쥐의 X 염색체의 경우에 GREEDYSORTING은 열한 번의 반전이 필요하다. 그러나 이미 우리는 일곱 번만 반전시키면 이를 나열할 수 있다는 걸 알고 있다. 따라서 이런 생각이 들 것이다. GREEDYSORTING이 과연 얼마나 좋은 알고리듬인가?

연습 문제 길이가 n인 순열을 나열할 때 GREEDYSORTING에서 일어날 수 있는 반전의 최대 횟수는 몇일까?

순열 $(-6 +1 +2 +3 +4 +5)$을 보자. 탐욕적 발견법을 사용해서 나열하려면 열 단계가 필요한데 실제로는 두 번만 반전시키면 나열된다.

$$(-6 \ +1 \ +2 \ +3 \ +4 \ +5)$$
$$(-5 \ -4 \ -3 \ -2 \ -1 \ +6)$$
$$(+1 \ +2 \ +3 \ +4 \ +5 \ +6)$$

이 예제는 GREEDYSORTING이 반전 거리에 대해 안 좋은 근사치를 제공한다는 것을 보여 준다.

절단점

절단점이란 무엇인가?

그림 6.7에 나온 반전 나열을 생각해 보자. 각 단계의 순열이 얼마나 동일성 순열에 가까워지는지 측정해 보려 한다. 첫 번째 반전에서 뒤집히는 구간의 오른쪽 끝부분을 보면 (−11 +13) 요소가 (+12 +13)이라는 원하는 결과로 바뀐다. 네 번째 반전의 경우는 약간 명확하지 않은데, −11을 −10의 왼쪽으로 옮김으로써 다음 단계에서 (−11 −10) 요소를 뒤집어 원하는 결과인 (+10 +11)를 만들 수 있게 된다.

												BREAKPOINTS(P)
|+3 +4	+5	|−12 |−8	−7	−6	|+1	+2 |+10 |+9	|−11 |+13					8
|+3 +4	+5	|+11 |−9	|−10 |−2	−1	|+6 +7	+8 |+12	+13					7
+1 +2 |+10 |+9	|−11 |−5	−4	−3	|+6 +7	+8 |+12	+13						6
+1 +2	+3	+4	+5	|+11 |−9	|−10 |+6	+7	+8 |+12	+13				5
+1 +2	+3	+4	+5	|+9	|−11 −10 |+6	+7	+8 |+12	+13				4
+1 +2	+3	+4	+5	|+9	|−8	−7	−6 |+10	+11	+12	+13		3
+1 +2	+3	+4	+5	+6	+7	+8	|−9 |+10	+11	+12	+13		2
+1 +2	+3	+4	+5	+6	+7	+8	+9	+10	+11	+12	+13	0

그림 6.7 반전 나열의 과정. 각 반전에서 뒤집히는 구간을 빨간색으로 나타냈고 각 순열의 절단점을 파란색 조각으로 표시했다.

여기서 이야기하고 싶은 것은 동일성 순열에서와 같은 순서로 배치된 (+12 +13) 같은 연속된 요소들이 우리가 원하는 모양이라는 것이다. 그런데 (−11 −10) 같은 모습도 또한 우리가 원하는 모양인데 그 이유는 나중에 이 요소를 올바른 순서인 (+10 +11)로 뒤집을 수 있기 때문이다. (+12 +13)와 (−11 −10)은 공통점이 있다. 첫 번째 요소에 1을 더하면 두 번째 요소가 된다는 것이다. 따라서 순열 $P = (p_1 ... p_n)$에 있는 연속된 요소 $(p_i\ p_{i+1})$가 $p_{i+1} − p_i = 1$을 만족하면 **인접점**adjacency을 형성한다고 말한다. 정의에 따르면 $k < n$을 만족하는 양수 k에 대해 $(k\ k+1)$과 $(−(k+1)\ −k)$는 인접점을 형성한다. 만약 $p_{i+1} − p_i$가 1이 아닌 경우 $(p_i\ p_{i+1})$을 **절단점**breakpoint이라고 한다.

절단점을 동일성 순열에 비교했을 때 순서가 어긋난^{out of order} 연속된 요소의 쌍이라고 생각할 수 있다. 예를 들어 요소 쌍 (+5 −12)는 절단점인데 그 이유는 +5와 −12는 동일성 순열에서 이웃하고 있지 않기 때문이다. 이와 유사하게 (−12 −8), (−6 +1), (+2 +10), (+9 −11), (−11 +13)은 명백히 순서가 어긋나 있다. 그런데 (+10 +9) 역시 절단점인데 (연속된 숫자로 돼 있지만) 그 이유는 동일성 순열에 비해 부호의 순서가 거꾸로 돼있기 때문이다.

STOP 잠깐 멈추고 생각해 보자 순열 (−5 −4 −3 −2 −1)은 분명히 동일성 순열이 아니다. 그렇다면 절단점은 어디일까?

추후에 순열 P의 왼쪽 끝에 0을 추가하고 오른쪽 끝에 $n+1$을 추가해서 순열의 시작과 끝을 표시할 것이다.

$$(0 \; p_1 \ldots p_n \; (n+1))$$

이렇게 하면 $n+1$개의 연속된 요소 쌍이 만들어지게 된다.

$$(0 \; p_1), \; (p_1 \; p_2), \; (p_2 \; p_3), \; \ldots, \; (p_{n-1} \; p_n), \; (p_n \; (n+1))$$

ADJACENCIES(P)와 BREAKPOINTS(P)는 각각 순열 P에 있는 인접점과 절단점의 수를 나타낸다. 그림 6.7은 반전을 거듭할수록 절단점의 수가 어떻게 달라지는지를 보여 준다(0과 $n+1$은 고정된 값이며 반전에 영향을 받지 않는다는 것을 알아두자). 이 그림의 시작 부분에 있는 순열은 8개의 절단점과 6개의 인접점을 갖고 있다.

절단점 개수 세기

연속된 두 요소의 쌍은 절단점이거나 인접점이다. 따라서 길이가 n인 순열 P에 대해 다음 식이 성립한다.

$$\text{ADJACENCIES}(P) + \text{BREAKPOINTS}(P) = n+1$$

STOP 잠깐 멈추고 생각해 보자 요소가 n개인 순열은 최대 $n+1$개의 인접점을 갖고 있다. 요소가 n개이면서 $n+1$개의 인접점을 가진 순열은 몇 개 존재하는가?

352

모든 연속된 요소 쌍이 인접점인 순열, 즉 절단점이 하나도 없는 순열은 오직 동일성 순열 $(+1 +2 \ldots +n)$뿐이라는 것을 알 수 있다. 한편 순열 $(-n -(n-1)\ldots -2 -1)$은 모든 요소 쌍이 인접점을 형성하지만 2개의 절단점 $(0 -n)$과 $(-1 (n+1))$을 갖고 있다.

연습 문제   길이가 n이면서 $n-1$개의 인접점을 가진 순열은 몇 개가 있는가?

절단점 개수 문제

순열에서 절단점 수를 찾아라.

입력: 하나의 순열

출력: 순열에서의 절단점 개수

잠깐 멈추고 생각해 보자   위에서 임의의 순열과 동일성 순열 사이의 절단점을 정의했다. 두 순열 사이의 절단점을 일반화하고, 이 절단점의 수를 선형적 시간에 걸쳐서 세는 알고리듬을 설계하라.

절단점을 제거하는 반전 나열

그림 6.7의 반전은 절단점의 수를 8개에서 0개로 줄인다. 각 단계에서 반전이 일어나 절단점의 수가 줄어들 때마다 해당 순열이 더욱 순서대로 나열되는 것을 확인할 수 있다. 따라서 반전에 의한 나열을 절단점을 제거하는 과정으로 생각할 수 있다. 즉 순열 P의 절단점 수를 BREAKPOINTS(P)에서 0으로 줄이는 과정인 것이다.

잠깐 멈추고 생각해 보자   한 번의 반전으로 없앨 수 있는 절단점의 최대 개수는 몇인가?

그림 6.7의 첫 번째 반전을 한번 생각해 보자. 절단점의 개수가 8에서 7로 줄어들었다. 반전 구간의 양쪽에서 절단점과 인접점은 바뀌지 않는다. 예를 들어 절단점 $(0 +3)$과 인접점 $(+13 +14)$은 그대로 유지된다. 또한 반전 구간 안에 있는 모든 절단점은 반전이 일어난 뒤에도 절단점이다. 다시 말해 만약 반전 구간 안에서 $(p_i\ p_{i+1})$이 절단점을 형성하고 있다면,

$$p_{i+1} - p_i \neq 1$$

이 연속된 요소들은 반전이 일어난 뒤에 $(-p_{i+1} \ -p_i)$로 바뀐 뒤에도 절단점으로 남아 있을 것이다.

$$-p_i - (-p_{i+1}) = p_{i+1} - p_i \neq 1$$

예를 들어 순열 $(0 +3 +4 +5 -12 -8 -7 -6 +1 +2 +10 +9 -11 +13 +14 15)$에서 반전 구간 안에는 5개의 절단점이 존재한다.

$$(-12 -8) \qquad (-6 +1) \qquad (+2 +10) \qquad (+10 +9) \qquad (+9 -11)$$

반전이 일어난 뒤에도 이 절단점들은 다음 5개의 절단점이 돼 있을 것이다.

$$(+11 -9) \qquad (-9 -10) \qquad (-10 -2) \qquad (-1 +6) \qquad (+8 +12)$$

반전 구간 안팎의 모든 절단점은 반전 뒤에도 계속 절단점이기 때문에 반전으로 없앨 수 있는 유일한 절단점들은 반전 구간의 경계선에 있는 2개의 절단점이다. 그림 6.7의 첫 번째 반전 구간의 경계선에 있는 절단점들은 $(+5 -12)$와 $(-11 +13)$이다. 반전이 일어나면 이들은 절단점 $(+5 +11)$과 인접점 $(+12 +13)$으로 바뀌므로 절단점의 수를 1 줄여준다.

STOP 잠깐 멈추고 생각해 보자 절단점이 8개 있는 순열 $(+3 +4 +5 -12 -8 -7 -6 +1 +2 +10 +9 -11 +13 +14)$을 세 번의 반전으로 나열할 수 있을까?

반전은 최대 2개의 절단점을 없앨 수 있으므로 두 번의 반전은 최대 4개의 절단점을 없앨 수 있고, 세 번의 반전은 최대 6개의 절단점을 없앨 수 있는 것이다. 따라서 다음 정리를 확립할 수 있다.

> **절단점 정리** $d_{rev}(P)$는 BREAKPOINTS$(P)/2$보다 크거나 같다.

순열에서 2개의 절단점을 없애는 반전을 항상 찾을 수 있다고 한다면 이는 간단한 탐욕 알고리듬을 만들어서 최적의 반전 나열을 만들 수 있다는 것을 암시한다. 불행히도 실제론 그렇지 않다. 절단점이 3개인 순열 $P = (+2 +1)$에 있는 절단점의 수를 줄일 수 있는 반전은 존재하지 않는다는 것으로 확인할 수 있다.

> **연습 문제** 길이가 n인 순열 중 BREAKPOINTS(P)를 줄일 수 있는 반전이 존재하지 않는 순열은 몇 개나 존재하는가?

길이가 n인 모든 순열은 최대 $n+1$개의 반전을 통해 나열할 수 있다. 그리고 순열 $(+n +(n-1)...+1)$을 나열하려면 $n+1$번의 반전이 필요하다. 이 순열에는 $n+1$개의 절단점이 존재하므로 절단점 정리에 따른 $(n+1)/2$와 반전 거리 사이에는 굉장히 큰 격차가 있는 것이다.

> **연습 문제** 순열 하나를 반전 나열로 나열할 때 인접점을 깨지 않는 최적의 순서가 존재한다는 것을 증명하라.

우리의 기존 목표인 무작위 절단 모델을 테스트하는 데에 이 절단점에 대한 아이디어가 도움이 된다는 것을 곧 알게 될 것이다. 지금은 하나의 염색체만 모델링할 수 있는 이 순열들에서 벗어나서 더 일반적인 다중 염색체 모델로 넘어가 보자. 염색체 하나짜리 문제를 해결하기도 전에 더 어려운 모델로 넘어간다는 것에 놀랄 수도 있다. 그러나 다중 염색체 모델이 실제로 분석하기에는 더욱 쉽다는 것을 알게 될 것이다.

종양 유전체를 재배열하기

유전체 비교를 위한 보다 강력한 모델로 넘어가려면 한 염색체의 유전자를 다른 염색체로 움직일 수 있는 재배열 과정도 포함시켜야 한다. 실제로 X 염색체 같은 예외 사항을 빼면 하나의 인간 염색체에 있는 유전자들에 상응하는 쥐의 유전자들은 쥐의 여러 염색체에 퍼져 있다(반대도 마찬가지다). 다음과 같은 잔소리가 당신 머릿속에 들리길 바란다. 유전체 재배열이 어떻게 여러 염색체에 영향을 줄 수 있는 걸까?

다중 염색체의 재배열은 종들이 진화하는 수백만 년 동안 발생해 온 현상이다. 하지만 이를 암세포에서 관찰하면 많은 염색체 이상이 일어나기 때문에 훨씬 작은 시간 간격 안에 이를 관찰할 수 있다. 이 중 일부는 종양 발생에 아무런 직접적인 영향이 없는 돌연변이이지만, 많은 종류의 종양은 특정 유전자를 방해하거나 유전자 조절 작용을 뒤바꿈으로써 종양의 성장을 촉진하는 유전체 재배열 현상을 반복적으로 보인다. 이런 유전체 재배열을 연구함으로써 종양이 성장하는 데에 중요한 유전자를 찾을 수 있고, 이는 암 진단 및 치료약 개발 향상으로 이어진다.

그림 6.8은 **만성 골수성 백혈병**CML, Chronic Myeloid Leukemia이라는 희귀한 형태의 암에서 인간의 9번 염색체와 22번 염색체가 어떻게 재배열되는지를 보여 준다. 이런 종류의 재배열을 **전좌**translocation라고 부르는데 9번 염색체와 22번 염색체가 절단된 후 잘린 조각이 서로 다른 염색체에 붙게 되는 현상을 말한다. 이렇게 재배열된 염색체 중 하나를 **필라델피아 염색체**Philadelphia chromosome라고 부른다. 이 염색체에서는 원래는 서로 아무 관련 없는 두 유전자 ABL과 BCR이 서로 결합돼 있다. 이렇게 필라델피아 염색체에서 결합된 **키메라 유전자** chimeric gene는 ABL-BCR이라는 융합 단백질을 암호화하는데 이 융합 단백질이 CML 발달에 관여한다.

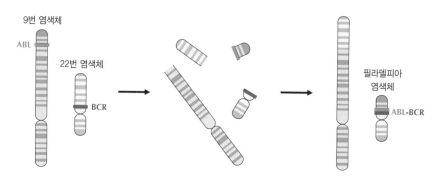

그림 6.8 9번 염색체와 22번 염색체에 전좌가 발생해 필라델피아 염색체가 형성됐다. 이 현상은 ABL 유전자와 BCR 유전자의 일부분을 결합시키는데 이로 인해 CML을 유발하는 키메라 유전자가 형성된다.

CML을 일으키는 원인을 알아낸 뒤 과학자들은 ABL-BCR을 억제하는 화합물을 찾기 시작했는데 이를 통해 2001년 **글리벡**Gleevec이라는 약이 만들어지게 된다. 글리벡은 CML에 대한 **표적 치료법**targeted therapy으로 쓰였으며 암세포를 방해하지만 정상 세포에는 영향을 주지 않았고 훌륭한 임상 결과를 보여 줬다. 그러나 글리벡은 ABL-BCR 결합 단백질만 표적으로 하기 때문에 다른 암에는 쓰일 수 없었다. 그럼에도 글리벡은 다른 형태의 암에서 특정 재배열을 발견하면 또 다른 표적 치료법을 만들어 낼 수 있지 않을까 하는 연구자들의 희망을 불러일으켰다.

단일 염색체에서 다중 염색체로

전좌, 결합, 분열

전좌 현상을 모델링하고자 k개의 염색체가 있는 유전체를 k개의 조각으로 나눈 순열 하나로 표현하겠다. 예를 들어 유전체 (+1 +2 +3 +4 +5 +6)(+7 +8 +9 +10 +11)은 2개의 염색체 (+1 +2 +3 +4 +5 +6)와 (+7 +8 +9 +10 +11)로 만들어졌다. 전좌는 서로 다른 염색체의 조각이 서로 교환되는 현상이다. 예를 들어 아래 두 염색체의 전좌 현상은

$$(+1 +2 +3 +4 +5 +6) \ (+7 +8 +9 +10 +11)$$

아래의 두 염색체를 만들어 낼 수 있다.

$$(+1 +2 +3 +4 +9 +10 +11) \ (+7 +8 +5 +6)$$

전좌 현상을 이렇게 생각해 볼 수 있는데 먼저 두 염색체 각각을 조각내서

$$(+1 +2 +3 +4 +5 +6) \quad (+7 +8 +9 +10 +11)$$

두 부분으로 나누고,

$$(+1 +2 +3 +4) \quad (+5 +6) \qquad (+7 +8) \quad (+9 +10 +11)$$

이후 만들어진 조각들을 접착시켜서 2개의 새로운 염색체를 만드는 것이다.

$$(+1 +2 +3 +4 +9 +10 +11) \quad (+7 +8 +5 +6)$$

다중 염색체 유전체에 발생하는 재배열은 반전과 전좌만 있는 게 아니다. 두 염색체가 하나로 합쳐지는 **결합**fusion 및 한 염색체가 둘로 나뉘는 **분열**fission도 포함된다. 예를 들어 아래의 두 염색체는

$$(+1 +2 +3 +4 +5 +6) \quad (+7 +8 +9 +10 +11)$$

하나의 염색체로 결합될 수 있다.

$$(+1 +2 +3 +4 +5 +6 +7 +8 +9 +10 +11)$$

이후 이 염색체의 분열은 2개의 염색체를 만들어 내게 된다.

$$(+1 \ +2 \ +3 \ +4) \quad (+5 \ +6 \ +7 \ +8 \ +9 \ +10 \ +11)$$

500만 년 전 인간과 침팬지가 두 종으로 분리된 직후 우리의 조상에서 두 염색체(2A와 2B라고 불림)의 결합이 일어나 2번 염색체가 만들어졌고, 인간의 염색체 수는 24개에서 23개가 됐다.

잠깐 멈추고 생각해 보자 선험적으로 인간-침팬지의 조상이 온전한 2번 염색체를 갖고 있었고 침팬지에서 이 염색체에 분열이 일어나 2A와 2B 염색체를 만들었을 수도 있다. 두 시나리오 중 어떤 걸 택하겠는가? 힌트: 고릴라와 오랑우탄도 침팬지와 같이 24개의 염색체를 갖고 있다.

유전체에서 그래프로

이제부터 유전체의 모든 염색체는 원형이라고 가정하자. 이 가정은 포유류의 염색체들은 모두 선형적이라는 생물학적 현실로부터 약간 왜곡된 것이다. 그러나 선형 염색체의 끝부분을 붙여서 원형으로 만드는 것은 아래의 분석을 더 쉽게 만들면서 마지막 결론에도 아무 영향을 주지 않을 것이다.

이제 다중 염색체 모델과 한 유전체를 다른 유전체로 바꿀 수 있는 네 종류의 재배열(반전, 전좌, 결합, 분열)이 있다. 원형 염색체를 가진 유전체를 모델링하는 데 **유전체 그래프**genome graph라는 것을 사용할 것이다. 먼저 각 합성 블록을 회색의 방향성 에지로 나타내 방향을 표시할 것이고 회색 에지들을 인접한 합성 블록에 색이 있는 비방향성 에지로 연결할 것이다. 그림 6.9는 각각의 원형 염색체를 빨간색과 회색 에지가 번갈아 나오는 고리 모양으로 보여 주고 있다. 이 모델에서 인간 유전체는 23개의 서로 다른 고리에 퍼져 있는 280개의 인간-쥐 합성 블록으로 나타낼 수 있다.

잠깐 멈추고 생각해 보자 P와 Q를 선형 염색체들로 이뤄진 유전체들이라고 하자. 그리고 P*와 Q*를 이 유전체의 원형 버전이라고 하자. P가 Q로 바뀔 때 일어나는 일련의 반전/전좌/결합/분열 과정을 P*가 Q*로 바뀔 때 일어나는 일련의 재배열 과정으로 바꿀 수 있는가? 이 반대 과정은 어떤가? P*가 Q*로 바뀔 때 일어나는 일련의 재배열 과정을 P를 Q로 바꾸는 재배열 과정으로 바꿀 수 있는가?

2-절단

이제 다중-염색체 유전체에 있는 염색체 중 하나에 초점을 맞춰서 고리형 염색체 $P = (+a$
$-b$ $-c$ $+d)$에서 반전을 일으켜서 $Q = (+a$ $-b$ $-d$ $+c)$를 만드는 것을 생각해 보자. 회색
에지를 어떻게 나열하냐에 따라 Q를 다양한 방법으로 그려 볼 수 있다. 그림 6.10은 똑같
은 염색체를 다르게 표현한 두 그림을 보여 주고 있다.

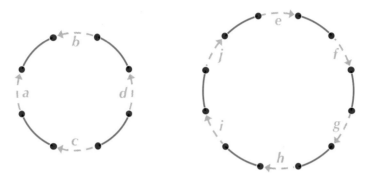

그림 6.9 2개의 고리형 염색체 $(+a$ $-b$ $-c$ $+d)$와 $(+e$ $+f$ $+g$ $+h$ $+i$ $+j)$가 있는 유전체. 회색 방향성 에지는 합
성 블록을 나타내며, 빨간색 비방향성 에지는 인접한 합성 블록들을 연결한다. n개의 요소가 있는 고리형 염색체는 서
로 다른 $2n$개의 방법으로 표현할 수 있다. 왼쪽 염색체는 $(+a$ $-b$ $-c$ $+d)$, $(-b$ $-c$ $+d$ $+a)$, $(-c$ $+d$ $+a$ $-b)$,
$(+d$ $+a$ $-b$ $-c)$ $(-a$ $-d$ $+c$ $+b)$ $(-d$ $+c$ $+b$ $-a)$, $(+c$ $+b$ $-a$ $-d)$, $(+b$ $-a$ $-d$ $+c)$로 나타낼 수 있다.

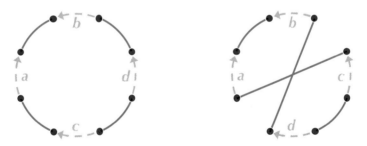

그림 6.10 고리형 염색체 $Q = (+a$ $-b$ $-d$ $+c)$를 표현하는 동일한 두 가지 방법

그림 6.10의 첫 번째 그림이 가장 자연스럽게 표현한 방법이지만 우리는 두 번째 그림
을 사용할 것이다. 그 이유는 두 번째 그림에 있는 회색 에지들이 $P = (+a$ $-b$ $-c$ $+d)$의
순서와 정확히 같은 순서로 나열돼 있기 때문이다. 그림 6.11에 표현된 것과 같이 회색 에
지들을 고정시키면 반전의 효과를 시각적으로 표현할 수 있다. 반전은 염색체 P에서 2개
의 빨간색 에지를 삭제(절단, break)하고 이를 새로운 빨간색 에지 2개(b와 d를 잇는 에지와 c
와 a를 잇는 에지)로 교체한다.

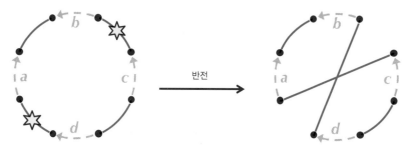

그림 6.11 반전 과정을 통해 염색체 $P = (+a -b -c +d)$를 $Q = (+a -b -d +c)$로 바꾸는 과정. Q에 있는 회색 에지의 순서를 P에 있는 회색 에지의 순서와 위치가 같도록 정렬했다. 반전 과정을 다르게 생각하면 별 표시가 돼 있는 빨간색 에지 2개를 삭제하고 같은 노드들에 대해 새로운 빨간색 에지 2개로 교체하는 것으로 볼 수 있다.

그림 6.12는 분열 과정을 통해 $P = (+a -b -c +d)$를 $Q = (+a -b)(-c +d)$로 바꾸는 과정을 보여 준다. 이 과정을 거꾸로 하는 것은 Q의 두 염색체를 이어 붙여 P를 만드는 것에 해당한다. 결합과 분열이라는 두 과정은 모두 반전과 같이 두 에지를 삭제하고 다른 2개의 에지로 교체하는 것에 해당한다.

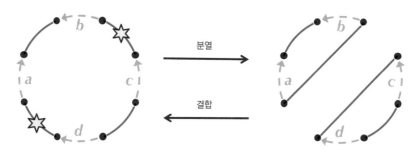

그림 6.12 분열을 통해 단일 염색체 $P = (+a -b -c +d)$를 유전체 $Q(+a -b)(-c +d)$로 바꾸는 과정. 이 과정을 거꾸로 하는 것은 결합에 해당하며 2개의 빨간색 에지를 삭제하고 다른 2개의 에지로 교체해 Q에 있는 두 염색체를 단일 염색체로 합치는 것이다.

2개의 선형 염색체에서 일어나는 전좌 과정 역시 그림 6.13에 나온 것처럼 염색체들을 고리형으로 만들고 2개의 빨간색 에지를 다른 2개의 빨간색 에지로 교체하는 과정으로 표현할 수 있다. 따라서 네 가지 서로 다른 재배열을 하나로 묶을 수 있는 공통된 주제를 발견할 수 있었다. 이들은 모두 유전체 그래프에서 2개의 빨간색 에지를 절단break하고 새로운 2개의 빨간색 에지로 동일한 4개의 노드를 연결하는 것으로 볼 수 있다. 이런 이유로 유전체 그래프에서 2개의 에지를 다른 2개의 에지로 대신하고 동일한 4개의 노드를 연결하는 과정을 일반화해서 **2-절단**2-break이라고 정의한다.

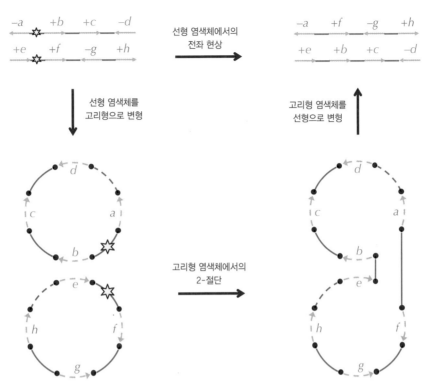

그림 6.13 전좌 과정을 통해 선형 염색체 $(-a +b +c -d)$와 $(+e +f -g +h)$가 바뀌어서 $(-a +f -g +h)$와 $(+e +b +c -d)$가 된다. 이 전좌 현상은 먼저 염색체들을 고리 모양으로 만들고(즉 각 염색체의 끝부분을 빨간색 점선 에지로 연결하고), 이 염색체에 2-절단을 적용한 뒤 마지막으로 빨간색 점선 에지를 삭제해서 고리형 염색체를 2개의 선형 염색체로 바꾸면 된다.

여기서 유전체 P를 유전체 Q로 바꿀 수 있는 가장 빠른 방법을 찾고자 한다. 그리고 P를 Q로 바꿀 때 가장 적은 횟수의 2-절단이 사용된 방법을 P와 Q 사이의 **2-절단 거리** 2-break distance라고 하며 $d(P, Q)$라고 표시한다.

2-절단 문제

두 유전체 사이의 2-절단 거리를 찾아라.

입력: 같은 합성 블록을 갖고 있고 고리형 염색체를 가진 2개의 유전체

출력: 두 유전체 사이의 2-절단 거리

절단점 그래프

2-절단 거리를 계산하고자 먼저 절단점 개념으로 돌아와서 두 유전체를 비교하는 그래프를 구축해 보겠다. 두 유전체 $P = (+a\ -b\ -c\ +d)$와 $Q = (+a\ +c\ +b\ -d)$를 생각해 보자. 여기서 P에 있는 에지를 빨간색으로 하고 Q에 있는 에지를 파란색으로 했다는 것을 알아 두자. 이전처럼 Q에 있는 회색 에지를 재배열해서 P에 있는 에지들과 정확히 똑같이 배치되도록 해보자(그림 6.14 가운데). 이 유전체 그래프 P와 Q를 중첩시켜 보면 그림 6.14에 나온 것처럼 세 가지 색으로 된 **절단점 그래프** BREAKPOINTGRAPH(P, Q)를 얻을 수 있다.

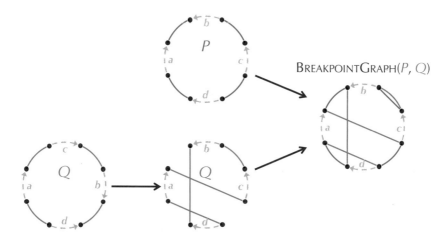

그림 6.14 단일 염색체로 이뤄진 2개의 유전체 $P = (+a\ -b\ -c\ +d)$와 $Q = (+a\ +c\ +b\ -d)$의 절단점 그래프를 구축하는 과정. Q에 있는 회색 에지를 재배열해 P에 있는 에지와 똑같이 만든 뒤 P와 Q의 그래프를 중첩시키면 절단점 그래프 BREAKPOINTGRAPH(P, Q)를 얻을 수 있다. 오른쪽에 나온 것처럼 이 절단점 그래프에는 2개의 빨간색-파란색 교차 고리가 있다.

절단 그래프의 빨간색 에지와 회색 에지는 유전체 P를 이루고 있고, 파란색과 회색 에지는 유전체 Q를 이루고 있다. 그리고 빨간색과 파란색 에지는 빨간색-파란색 교차 고리들을 형성하고 있다.

잠깐 멈추고 생각해 보자 모든 절단점 그래프에서 빨간색과 파란색 에지는 교차 고리를 형성하고 있다는 것을 증명하라. 힌트: 절단점 그래프에서 몇 개의 빨간색 에지와 파란색 에지가 각 노드에서 만나고 있는가?

절단점 그래프 BREAKPOINTGRAPH(P, Q)에 있는 빨간색-파란색 교차 고리의 수를 CYCLES(P, Q)라고 하자. 그림 6.14 오른쪽에 나온 것처럼 $P = (+a\ -b\ -c\ +d)$와

$Q = (+a \ +c \ +b \ -d)$에 대해 CYCLES(P, Q) = 2다. 아래에서는 절단점 그래프에서 빨간색-파란색 교차 고리에 집중할 것이며 종종 회색 에지들을 생략할 것이다. 그림 6.14는 단일 염색체 유전체에 대한 절단점 그래프를 구축한 것을 보여 주고 있지만 이런 절단점 그래프는 다중 염색체 유전체에 대해서도 똑같은 방법으로 구축할 수 있다(그림 6.15 참고).

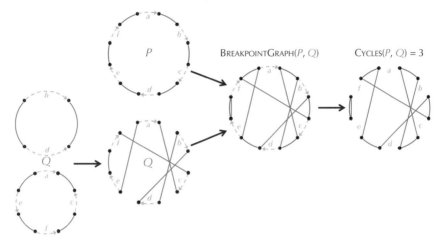

그림 6.15 단일 염색체 유전체 $P = (+a \ +b \ +c \ +d \ +e \ +f)$와 염색체가 2개인 유전체 $Q = (+a \ -c \ -f \ -e)(+b \ -d)$에 대한 절단점 그래프 BREAKPOINTGRAPH(P, Q)를 구축하는 과정. 아래에서는 절단점 그래프를 구축하는 것을 보여 주고자 Q에 있는 회색 에지를 재배열해서 P에 있는 에지들과 똑같은 순서가 되도록 만들었다.

잠깐 멈추고 생각해 보자 유전체 P가 주어졌을 때 CYCLES(P, Q)를 가장 크게 만드는 유전체 Q는 무엇인가?

P와 Q가 같은 수의 합성 블록을 갖고 있는 경우 그들의 합성 블록의 개수를 BLOCKS(P, Q)라고 한다. 그림 6.16에 나와 있듯이 P와 Q가 동일할 때 그들의 절단점 그래프는 길이가 2이고 하나는 빨간색 그리고 다른 하나는 파란색인 교차 고리를 BLOCKS(P, Q)개만큼 갖게 된다. 길이가 2인 고리를 **트리비얼 고리**trivial cycle라고 하고, 동일한 유전체로 만들어진 절단점 그래프를 **트리비얼 절단점 그래프**trivial breakpoint graph라고 한다.

그림 6.16 2개의 $P = (+a\ -b\ -c\ +d)$로 만들어진 트리비얼 절단점 그래프 BREAKPOINTGRAPH(P, P). 특정 유전체를 자기 자신에 대해 만든 절단점 그래프는 길이가 2인 교차 고리만으로 구성된다.

연습 문제 P와 Q가 같지 않는 경우 CYCLE(P, Q)가 BLOCKS(P, Q)보다 작다는 것을 증명하라.

이런 절단점 그래프가 어떤 효용이 있는지 의문이 들 수 있다. 유전체 P를 P'로 만드는 2-절단 하나를 BREAKPOINTGRAPH(P, Q)에서 BREAKPOINTGRAPH(P', Q)가 되는 과정으로 생각할 수 있다(그림 6.17 참고).

이를 확장해서 P를 Q로 바꾸는 2-절단들의 과정을 BREAKPOINTGRAPH(P, Q)가 BREAKPOINTGRAPH(Q, Q)라는 트리비얼 절단점 그래프로 바뀌는 과정이라고 볼 수 있다. 이는 P와 Q에 대한 2-절단 문제는 BREAKPOINTGRAPH(P, Q)를 트리비얼 절단점 그래프로 바꾸는 가장 짧은 과정을 찾는 문제와 같다는 뜻이 된다. 그림 6.18은 두 번의 2-절단을 거쳐서 CYCLES(P, Q) = 2인 절단점 그래프를 CYCLES(Q, Q) = 4인 트리비얼 절단점 그래프로 바꾸는 과정을 보여 준다.

P가 Q로 바꾸는 과정이 모두 BREAKPOINTGRAPH(P, Q)가 트리비얼 절단점 그래프 BREAKPOINTGRAPH(Q, Q)로 바뀌는 과정이 되기 때문에 다음 과정을 따르는 모든 2-절단 나열 방법은 빨간색-파란색 고리의 수를 증가시킨다.

$$\text{CYCLES}(Q, Q) - \text{CYCLES}(P, Q).$$

잠깐 멈추고 생각해 보자 위와 같은 각각의 2-절단이 빨간색-파란색 고리의 수를 몇 개씩 증가시키는가? 다시 말해 P에서 한 번의 2-절단을 거쳐서 P'이 된다면 CYCLES(P', Q)은 CYCLES(P, Q)보다 얼마나 커질 수 있는가?

364

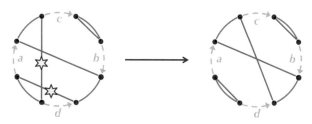

그림 6.17 어떤 유전체 Q에 대해 유전체 P를 P'로 바꾸는 (별모양으로 표시한) 2-절단은 BREAKPOINTGRAPH(P, Q)를 BREAKPOINTGRAPH(P', Q)로 바꿔 준다. 이 예제에서 $P = (+a\ -b\ -c\ +d)$, $P' = (+a\ -b\ -c\ -d)$, $Q = (+a\ +c\ +b\ -d)$다.

그림 6.18 유전체 P를 Q로 바꾸는 모든 2-절단은 BREAKPOINTGRAPH(P, Q)를 BREAKPOINTGRAPH(Q, Q)로 바꾸는 과정에 해당한다. 이 예제에서 그래프의 빨간색-파란색 고리 개수는 CYCLES(P, Q) = 2에서 CYCLES(Q, Q) = BLOCKS(P, Q) = 4로 늘어났다.

2-절단 거리 계산하기

절단점 정리는 염색체 P에 반전이 한 번 적용될 때 BREAKPOINTS(P)가 최대 2만큼 줄어들 수 있다고 명시하고 있다. 이제 다중 염색체 유전체 P에 2-절단이 한 번 적용될 때 CYCLES(P, Q)를 최대 1만큼 증가시킬 수 있다는 것을 증명할 것이다. 즉 P를 P'로 바꾸는 어떤 2-절단 및 유전체 Q에 대해 CYCLES(P', Q)는 CYCLES(P, Q) + 1을 넘을 수 없다는 것을 증명할 것이다.

> **고리 정리(cycle theorem)** 유전체 P와 Q에 대해 P에 2-절단이 한 번 적용될 때 CYCLES(P, Q)를 최대 1만큼 증가시킬 수 있다.

증명 그림 6.19는 P에 적용된 2-절단이 절단점 그래프에 어떤 영향을 주는지를 나타내고 있다. 각각의 2-절단은 같은 고리에 있거나 다른 고리에 있는 2개의 빨간색 에지에 영향을 준다. 전자의 경우 2-절단은 CYCLES(P, Q)를 바꾸지 않거나 1만큼 증가시킨다. 후자의 경우는 CYCLES(P, Q)를 1만큼 감소시킨다.

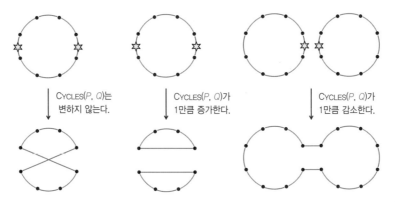

그림 6.19 2-절단이 절단점 그래프에 어떻게 영향을 주는지 보여 주는 세 가지 케이스. 회색 에지는 보여 주지 않고 있다.

위에 설명한 증명은 짧고 직관적이지만 이는 정식 증명이 아니라 그림 6.19를 알아볼 수 있게 하는 초대장 같은 것이다. 만약 더 거친 수학적 논의들에 관심이 있다면 다음 증명을 읽어 보길 바란다.

증명 BREAKPOINTGRAPH(P, Q)에서 2-절단이 한 번 일어나면 빨간색 에지 2개가 새로 추가되므로 이 2개의 에지가 포함된 최대 2개의 새로운 고리가 형성된다. 동시에 BREAKPOINTGRAPH(P, Q)에서 기존에 있던 2개의 빨간색 에지가 제거되므로 이 에지들이 포함된 고리가 최소 1개 제거된다. 그러므로 절단점 그래프에서 빨간색-파란색 고리의 수는 최대 2 − 1 = 1개만큼 증가하며, 이는 CYCLES(P, Q)가 최대 1개가 증가한다는 것을 의미한다.

반전을 거쳐도 절단점의 수가 줄어들지 않는 순열이 있다는 것을 기억해 보자. 이 사실은 각 단계마다 반전을 통해 절단점의 수를 줄이고자 했던 탐욕 알고리듬이 실패하게 만들었다. 고리형 염색체로 이뤄진 유전체에서 2-절단이 일어나는 경우는 각각의 2-절단이 CYCLES(P, Q)을 최대 1개 증가시킨다는 것을 알고 있다. 그런데 CYCLES(P, Q)를 1 증가시키는 2-절단을 찾는 것이 언제나 가능한 걸까? 다음 이론이 나타내듯이 이 질문의 답은 "그렇다"다.

> **2-절단 거리 이론** 유전체 P와 Q 사이의 2-절단 거리는 BLOCKS(P, Q) − CYCLES(P, Q)와 같다.

증명 2-절단 나열은 항상 교차 고리의 수를 CYCLES(Q, Q) − CYCLES(P, Q)만큼 증가시킨다는 것을 기억하자. 여기서 BLOCKS(P, Q) = CYCLES(Q, Q)이기 때문에 CYCLES(Q, Q) − CYCLES(P, Q)는 BLOCKS(P, Q) − CYCLES(P, Q)와 동일하다. 고리 정리는 각각의 2-절단이 절단점 그래프의 고리 숫자를 최대 1만큼 증가시킨다는 것을 암시하고 있다. 이를 바꿔 말하면 $d(P, Q)$가 최소한 BLOCKS(P, Q) − CYCLES(P, Q)라는 것과 같다. P가 Q와 다르다면 BREAKPOINTGRAPH(P, Q)에 **트리비얼 고리가 아닌 고리**^{non-trivial cycle}, 즉 에지가 2개 이상인 고리가 존재해야 한다. 그림 6.19(가운데)에 나온 것처럼 트리비얼 고리가 아닌 모든 고리는 2-절단에 의해 2개의 고리로 쪼개질 수 있다. 그 말은 빨간색-파란색 고리의 수를 1만큼 증가시킬 수 있는 2-절단이 언제나 존재한다는 것을 의미한다. 그러므로 $d(P, Q)$는 BLOCKS(P, Q) − CYCLES(P, Q)와 같다. ∎

이 이론으로 무장했다면 2-절단 거리 문제를 해결하는 알고리듬을 설계할 준비가 됐을 것이다.

> 충전소: 유전체에서 절단점 그래프 만들기 절단점 그래프에서 사용한 그래프 표현법을 어떻게 인접 목록으로 표현해야 하는지 의문을 가질 수 있다. 심지어 그래프의 노드들에는 표시도 하지 않았으니 말이다. 이 충전소를 통해 유전체 그래프를 어떻게 구현하는지 확인해 보자.

381페이지

이제 2-절단 거리를 계산할 수 있게 됐으니 두 유전체 사이의 최단 거리를 형성하는 2-절단 묶음도 재구축하고자 한다. 이 문제는 **2-절단 나열**^{2-break sorting}이라고 불리는데 이는 연습 문제로써 남겨 두겠다.

2-절단 나열 문제

유전체 하나를 다른 유전체로 바꿀 수 있는 가장 빠른 2-절단 과정을 찾아라.

입력: 고리형 염색체로 이뤄져 있고 같은 수의 합성 블록을 갖고 있는 2개의 유전체
출력: 유전체 하나를 다른 유전체로 바꿀 때 가장 빠른 2-절단 과정을 나타낸 유전체의 변화 과정

충전소: 2-절단 문제 해결하기 절단점 정리는 절단점 그래프에는 항상 빨간색-파란색 고리의 수를 1만큼 줄일 수 있는 2-절단이 있다는 것을 보장한다. 그러나 절단점 정리가 해당 2-절단을 어떻게 찾는지 알려 주지는 않는다. 이 충전소를 통해 어떻게 할 수 있는지 확인해 보자.

다중 염색체를 가진 두 유전체 사이의 2-절단 거리가 공식 $d(P, Q) = \text{BLOCKS}(P, Q) - \text{CYCLES}(P, Q)$를 따른다는 걸 증명했으니 단일 선형 염색체를 가진 유전체 사이의 반전 거리를 계산하는 비슷한 공식을 찾을 수 있는지 궁금할 수 있다.

연습 문제 인간과 쥐의 고리형 X 염색체 사이의 2-절단 거리를 계산해 보자. 이 염색체들에서의 2-질단 과정을 선형 염색제에서의 반전 나열 과정으로 바꿀 수 있겠는가?

반전 과정을 통해 순열을 나열하는 다항식 알고리듬은 존재하는 것으로 밝혀졌다. 또한 이 알고리듬은 반전 거리에 대한 정확한 공식을 산출해 낼 수 있다. 이 알고리듬은 절단점 그래프 개념에 기반하고 있지만 그 공식을 여기서 보여 주기에는 너무 복잡하다(돌아가기: 반전을 사용해 선형 순열 나열하기 참고).

인간과 쥐의 280개 합성 블록으로 이뤄진 절단점 그래프는 35개의 교차 고리를 갖고 있다. 따라서 이 두 유전체 사이의 2-절단 거리는 280 − 35 = 245다. 다시 이야기하지만 우리는 7,500만 년 전에 정확히 몇 번의 2-절단이 일어났는지는 모른다. 하지만 그게 최소한 245단계라는 것은 이제 알 수 있다. 이 사실을 기억해 두자. 이 다음 단락에서 이 사실이 중요하다는 것을 증명할 테니까 말이다.

인간 유전체의 재배열 핫스팟

무작위 절단 모델과 2-절단 거리 이론의 만남

아마 6장을 시작했을 때부터 결국에는 무작위 절단 모델을 부정하리란 것을 예상했을 것이다. 하지만 아직 2-절단 거리로 이를 어떻게 부정할지 명확하지 않을 수 있다.

재배열 핫스팟 이론 인간 유전체에는 재배열 핫스팟들이 존재한다.

증명 무작위 절단 모델이 맞다고 가정해 보자. 한 염색체 일어난 N번의 반전은 거의 $2N$개의 절단점을 만들어 낼 것이다. 그 이유는 유전체상에서 아주 가까운 두 지점이 반전의 절단점으로 한 번 이상 사용될 확률이 매우 낮기 때문이다. 이렇게 만들어진 $2N$개의 절단점은 선형 염색체에서는 $2N + 1$개의 합성 블록을, 고리형 염색체에서는 $2N$개의 합성 블록을 만들어 낼 것이다. 비슷한 식으로, 고리형 염색체에 N번의 무작위 2-절단이 일어나면 $2N$개의 합성 블록이 만들어질 것이다. 인간과 쥐의 합성 블록은 280개가 있기 때문에 인간과 쥐 사이의 진화 경로에는 거의 $280/2 = 140$개의 2-절단이 있어야 한다. 그러나 2-절단 거리 이론은 이 진화 경로에는 최소한 245개의 2-절단이 있다고 말한다. ■

245가 140보다 훨씬 크므로 이는 모순이며 즉 우리의 가정이 틀렸다는 것을 뜻한다! 그런데 우리가 만든 유일한 가정은 "무작위 절단 모델이 맞다고 가정해 보자"였다. 따라서 이 가정은 틀린 것이 분명하다.

이 논증은 수학적인 증명은 아니지만 그래도 논리적으로 확실하다. 이는 **모순에 의한 증명**proof by contradiction의 한 예시인데 틀렸음을 입증하고자 하는 어떤 전제를 가정하는 것으로 시작해서 이 가정이 맞을 수 없음을 보여 주는 방법이다. 재배열 핫스팟 이론의 결과로서 인간과 쥐의 진화 경로에는 특정 절단점들이 한 번 이상 사용됐다고 결론 내릴 수 있다. 이 절단점 재사용이 광범위하게 일어났다는 것을 알 수 있는데 이는 실제 2-절단 거리와 무작위 절단 모델에서의 2-절단 거리의 차이가 매우 크기 때문이다($245/140 = 1.75$).

물론 무작위 절단 모델상의 예측과 실제 2-절단 거리의 차이가 유의미하다는 것을 확실히 하려면 이 주장을 통계적으로 타당하게 만들어야 한다. 결국에는 유전체의 크기가 클지라도 무작위로 선택된 2-절단이 유전체상의 어떤 좁은 구간 내에서 한 번 이상 일어날 확률이 낮지만 존재한다. 여기에 필요한 통계적 분석은 이 책의 범위를 벗어난다.

취약 절단 모델

그런데 잠깐, 네이도와 타일러가 무작위 절단 모델에 유리하게 펼친 주장은 어떻게 되는가? 인간과 쥐의 합성 블록의 길이가 지수 함수 분포와 유사하다는 것은 확실히 무시할 수 없다.

네이도와 타일러가 무작위 절단 모델에 유리한 주장을 펼친 것은 전형적인 논리 오류의 한 예시다. 절단이 무작위로 일어날 때 합성 블록의 길이를 히스토그램으로 나타내면 지수 함수를 따르는 것은 맞다. 그러나 합성 블록 길이의 분포가 지수 분포를 따르는 것과 절단이 무작위로 일어난다는 것은 완전히 다른 주장이다. 합성 블록 길이의 분포는 무작위 절단 모델을 지지할 수는 있지만, 그 모델이 맞다는 증명은 되지 않는다.

그렇지만 무작위 절단 모델을 대체하고자 제시할 가설들은 인간과 쥐의 유전체의 합성 블록 길이 분포가 거의 지수 분포를 따른다는 점을 설명할 수 있어야 한다.

무작위 절단 모델에 모순이 밝혀진 이후 2003년 이를 대체하는 염색체 진화 모델인 **취약 절단 모델**Fragile Breakage Model이 제시됐다. 이 모델은 모든 포유류 유전체에는 재배열에 거의 영향을 받지 않는 길고 견고한 영역과 유전체의 작은 비율을 차지하고 재배열 핫스팟으로 여겨지는 짧고 **취약한 영역**fragile region이 모자이크를 이룬다고 말하고 있다. 인간과 쥐의 경우에는 이 취약한 영역이 유전체의 약 3%를 차지하고 있다. 모든 취약 영역이 재배열 핫스팟(즉 여러 재배열의 끝부분으로 사용된 영역)이라고 말할 순 없지만 재배열 핫스팟 이론은 대부분의 취약 영역이 재배열 핫스팟임을 암시하고 있다.

오컴의 면도기에 따르면 합성 블록 길이를 지수 분포를 따르게 될 수 있는 가장 합리적인 방법은 취약 영역들이 유전체상에서 무작위로 분포하게 하는 것이다. 이는 재배열 절단점들이 무작위로 분포하고 있다는 무작위 절단 모델과는 정반대다. 실제로 무작위로 분포하고 있는 취약 영역 중에서 무작위로 절단점을 선택하는 것은 유전체 전체에서 재배열 절단점을 무작위로 선택하는 것과 다르지 않다. 이제 관찰한 것에 맞는 모델을 찾았지만 아직 여러 의문이 남는다. 예를 들어 재배열 핫스팟에 해당하는 취약 영역들이 어디에 위치하는지, 또는 유전체의 취약성을 유발하는 원인이 무엇인지 분명하지 않다.

위 질문의 요지는 6장에서 수학적 이론들을 증명한 것과 동일한 방식으로는 앞으로 취약 절단 모델 같은 과학적 이론을 증명할 수는 없을 것이라는 점이다. 사실 많은 생물학적 이론들은 수학자들이 오류로 간주할 만한 주장에 기반하고 있다. 역사적인 예를 하나 들면 다윈Darwin을 포함한 어느 누구도 지구의 생명체가 진화한 방식에 대한 설명으로써 자연 선택에 의한 진화가 유일한(또는 가장 그럴 듯한) 설명임을 증명한 적이 없다.

이미 생물학자들에게 우리를 생물학 101 부트 캠프로 보내야 하는 수많은 이유를 설명했지만 우린 아마도 지적 설계론Intelligent Design 지지자들과 함께 강제 노동 수용소에 던져질 것이다. 그러나 진화론이 난공불락이라는 사실은 여전히 남아 있다. 20세기에 이 이론은 신다윈주의로 수정됐으며 이 이론이 계속해서 진화할 것이라는 데는 의심의 여지가 없다.

에필로그: 합성 블록 구축하기

유전체 정렬에 대한 논의를 하는 동안 이미 합성 블록이 주어졌다고 가정하고 있었다. 이 단락에서는 유전체 서열들에서 합성 블록을 구축하는 한 가지 방법을 설명할 것이다.

유전체 점 도표

생물학자들은 때때로 문자열 하나에 있는 반복된 k-mer들을 평면상의 점의 집합으로 시각화하곤 한다. (x, y) 좌표에 있는 점 하나는 문자열의 x 위치와 y 위치에 있는 동일한 k-mer를 나타낸다. 그림 6.20의 위쪽 그림은 이와 같은 **유전체 점 도표**genomic dot plot 2개를 보여 주고 있다. 물론 DNA는 이중 가닥이기 때문에 상보 서열도 고려해서 k-mer 반복의 개념을 확장해야 한다. 그림 6.20의 왼쪽 아래 그림에 있는 파란 점들 (x, y)는 문자열에서 위치 x와 y에서 시작하는 k-mer들이 역상보 서열임을 나타낸다.

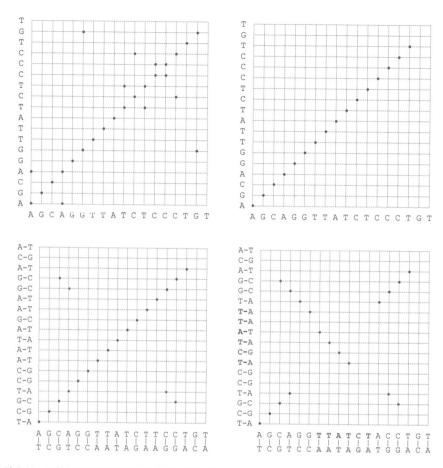

그림 6.20 문자열 AGCAGGTTATCTCCCTGT에 있는 반복된 k-mer들을 $k = 2$에 대해서 (왼쪽 위) 그리고 $k = 3$에 대해서 (오른쪽 위) 시각화한 그림. (왼쪽 아래) 오른쪽 위 그림에 파란색 점들을 추가해서 역상보 k-mer들을 나타냈다. 예를 들어, CCT와 AGG는 AGCAGGTTATCTTCCTGT에서 역상보에 해당하므로 (14, 3) 위치에서 파란색 점으로 나타났다. (오른쪽 아래) 문자열 AGCAGGTTATCTACCTGT와 AGCAGGAGATAAACCTGT가 공유하고 있는 3-mer들을 표현한 유전체 점 도표. 뒤쪽 서열은 이전에 나왔던 서열에서 TTATCT를 반전시켜서 만들어진 서열이다. 각 점 (x, y)는 두 유전체가 공유하고 있는 k-mer에 해당한다. 빨간 점은 동일한 k-mer를 나타내고, 파란 점은 역상보 k-mer를 나타낸다. 점 도표가 의심스런 파란 점 6개를 갖고 있는 것을 눈여겨보자. 왼쪽 위 구석의 4개와 오른쪽 아래의 2개. 또한 빨간 점들이 기울기 1인 선으로 연결될 수 있으며, 파란 점들은 기울기 −1인 선으로 연결될 수 있다는 것을 눈치챘을 것이다. 결과로 만들어진 3개의 합성 블록(AGCAGG, TTATCT, and ACCTGT)은 점 도표에서 각각 4개의 점으로 이뤄진 3개의 대각선에 해당한다.

공유하고 있는 *k*-mer들 찾기

합성 블록은 두 유전체 사이에서 비슷한 유전자들이 같은 순서로 나열돼 있는 지역으로 정의된다는 것을 기억하자. 비슷한 유전자들은 보통 같은 *k*-mer를 공유하고 있으므로(적절한 *k* 값에 대해서) 먼저 인간과 쥐의 X 염색체가 공유하고 있는 모든 *k*-mer의 위치를 찾아보자. 충분히 큰 *k* 값(예를 들어 $k = 30$)을 설정하면 공유하고 있는 *k*-mer가 실제로 비슷한 건지 의심할 여지가 없을 것이다. 인간과 쥐의 유전체에서 연관된 유전자들로부터(또는 공유하고 있는 반복 서열로부터) 왔다는 것이 더 그럴듯한 설명일 것이다.

공식적으로 어떤 *k*-mer 또는 그 상보 서열이 두 유전체에서 발견되면 이 유전체 서열들은 한 *k*-mer를 서로 **공유**share하고 있다고 말한다. 아래는 서열 AAACTCATC와 TTTCAAATC가 공유하고 있는 네 쌍의 *k*-mer를 굵은 글씨로 나타낸 것이다. 두 번째 3-mer쌍은 서로 상보 서열이다.

0	0	4	6
AAACTCATC	**AAA**CTCATC	AAAC**TCA**TC	AAACTC**ATC**
TTTC**AAA**TC	**TTT**CAAATC	**TTTCA**AATC	TTTCAA**ATC**
4	0	2	6

유전체 점 도표를 일반화해서 두 유전체가 공유하는 *k*-mer 구성을 분석할 수 있다. 만약 두 유전체가 각각 x 위치와 y 위치에서 시작하는 *k*-mer를 공유하고 있다면 (x, y) 위치를 빨간 점으로 표시한다. 두 유전체가 각각 x 및 y 위치에서 서로 상보 서열인 *k*-mer를 공유하고 있다면 (x, y) 위치를 파란 점으로 표시한다. 그림 6.20 오른쪽 아래를 참고하자.

> 연습 문제 AAACTCATC와 TTTCAAATC가 공유하고 있는 모든 2-mer를 찾아라.

_k_-mer 공유 문제

두 문자열이 있을 때 그들이 공유하는 모든 *k*-mer를 찾아라.

  입력: 정수 *k*와 두 문자열
  출력: 각 문자열에서의 위치(x, y)로 나열돼 있는 두 문자열이 공유하는 모든 *k*-mer

---

*E. coli*와 *S. enterica*는 모두 길이가 500만 뉴클레오티드인 유전체를 갖고 있다. 길이가 500만 뉴클레오티드인 두 무작위 문자열이 공유하고 있는 30-mer 개수의 기대값은 약 $2 \cdot (5 \cdot 10^6)^2/4^{30} \approx 1/20{,}000$이다.

그러나 실제로 *E. coli*와 *S. enterica*이 공유하고 있는 30-mer를 찾아보면 20만 개가 넘는 (x, y) 위치 쌍이 나온다. 이렇게 놀라울 정도로 많은 30-mer를 공유하고 있다는 것은 *E. coli*와 *S. enterica*가 진화적으로 가깝고 공통 조상으로부터 물려받은 비슷한 유전자를 많이 갖고 있다는 것을 뜻한다. 그러나 이 유전자들은 두 종에서 서로 다른 순서로 배열됐을 수도 있다. 이 유전체들이 공유하고 있는 k-mer들을 통해 어떻게 합성 블록을 추론할 수 있을까? *E. coli*와 *S. enterica*의 유전체 점 도표는 그림 6.21에 있다.

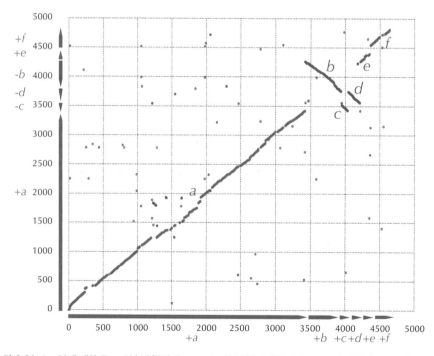

그림 6.21 $k = 30$에 대한 *E. coli*(수평축)와 *S. enterica*(수직축)의 유전체 점 도표. 각 위치 (x, y)는 두 유전체가 공유하고 있는 k-mer의 위치를 나타낸다. 빨간 점은 똑같은 공유 k-mer를 뜻하고, 파란 점은 역상보로 공유하고 있는 k-mer를 뜻한다. 각 축은 kilobase(염기 서열 1,000개, thousands of base pairs) 단위로 돼 있다.

374

공유 *k*-mer로부터 합성 블록 구축하기

그림 6.21의 유전체 점 도표는 6개 영역이 유사하다는 것을 나타내는데 이런 영역들은 대각선 조각으로 보이는 뭉쳐진 점들의 형태로 나타난다. 이런 조각들은 *E. coli* 유전체에 나타난 순서대로 각각 *a*, *b*, *c*, *d*, *e*, *f*라고 표시해 뒀다. 여기서 *E. coli*의 약 130만 위치와 *S. enterica*의 약 190만 위치에 해당하는 작은 파란 대각선처럼 작은 조각들은 일단 무시했다. 예를 들어 처음 350만 위치까지에 해당하는 기울기가 1인 긴 조각 *a*는 두 유전체가 공유하고 있으며 조각 *b*는 *E. coli*에서의 위치 350만 그리고 *S. enterica*에서의 위치 400만 이후에 나타나고 기울기가 −1인 더 짧은 조각이다. 그림 6.21에서 *b*가 작은 것처럼 보이지만 이 그림의 척도를 잘 살펴보자. *b*는 거의 10만 뉴클레오티드만큼 길고 거의 유전자 100개를 포함하는 영역이다.

조각 *a*, *b*, *c*, *d*, *e*, *f*는 우리가 찾던 합성 블록이다. 이 합성 블록들을 *x*축과 *y*축에 투사해 보면 이 블록들의 순서가 각 박테리아의 합성 블록 순서에 해당하게 된다. *E. coli*의 합성 블록 순서(*x*축에 나타남)는 $(+a\ +b\ +c\ +d\ +e\ +f)$이며 *S. enterica*에서의 순서(*y*축에 나타남)는 $(+a\ -c\ -d\ -b\ +e\ +f)$이다. *S. enterica*에서의 파란색 글자에는 마이너스 기호가 주어졌는데 이는 이 블록이 역상보 *k*-mer로 이뤄져 있기 때문이다. 그림 6.21은 또한 각 블록의 방향도 나타내고 있다. 점 도표에서 각각의 블록은 기울기가 1인 대각선(+ 부호) 또는 기울기가 −1인 대각선(− 부호)에 해당한다.

따라서 두 박테리아 유전체 사이의 관계를 6개의 합성 블록으로 나타낼 수 있었다. 물론 이렇게 단순화하려면 너무 작아서 합성 블록이 될 만한 기준을 넘지 못한 영역들에 해당하는 몇몇 점들을 점 도표에서 무시해야 한다.

이제 초반에 그림 6.1(339페이지)에 나온 11개의 인간-쥐 합성 블록을 구축할 준비가 됐다. 그러나 인간과 쥐의 X 염색체가 매우 길기 때문에 대신 매우 유사한 점들에 해당하는 위치 (x, y) 목록을 제공할 것이다. 그림 6.22(왼쪽 위)는 결과로 나온 인간과 쥐의 X 염색체에 대한 유전체 점 도표를 보여 주고 있다. 각각의 점은 *k*-mer 하나가 아니라 유사한 긴 영역을 나타낸다. 이 그림을 보면 인간과 쥐의 X 염색체 합성 블록에 해당하는 7개의 대각선을 눈으로 즉시 발견할 수 있다. 문제 해결! 이 문제를 합성 블록 문제라고 하겠다.

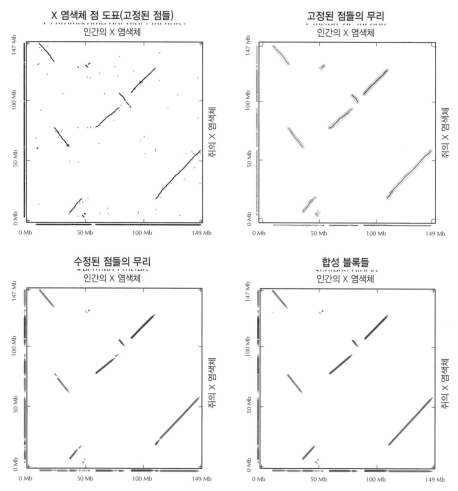

그림 6.22 지역 유사도를 통해 합성 블록을 찾는 과정. (왼쪽 위) 인간과 쥐의 X 염색체에 대한 유전체 점 도표. 유의미하게 비슷한 모든 위치 (x, y)를 표시하고 있다. 그림 6.21과 달리 빨간색과 파란색 점을 구분하지 않았다. (오른쪽 위) 합성 그래프를 구축함으로써 유전체 점 도표에 있는 점들의 무리(cluster)가 만들어졌다. (왼쪽 아래) 합성 그래프에 있는 점의 무리들을 기울기가 정확히 ±1 로 만들어 보완한 것. (오른쪽 아래) 합쳐진 합성 블록들. 합성 블록을 *x*축과 *y*축에 투사하면 인간과 쥐의 유전체에 대해 정렬된 합성 블록이 만들어진다. 각각 $(+1 +2 +3 +4 +5 +6 +7 +8 +9 +10 +11)$와 $(+1 -7 +6 -10 +9 -8 +2 -11 -3 +5 +4)$으로 표시할 수 있다. 이는 그림 6.2의 합성 블록 순서에 해당한다.

합성 블록 문제

유전체 점 도표에서 대각선을 찾아라.

   입력: 평면상의 점들의 집합인 *DotPlot*

   출력: *DotPlot*에서 합성 블록을 나타내는 대각선들의 집합

불행히도 눈으로는 쉬워 보이는 이런 작업을 프로그램으로 작성하려고 하면 그 방법이 명확하지 않다. 합성 블록 문제가 잘 구성된 계산 문제가 아니란 것을 눈치챘길 바란다. 언급한 것처럼 그림 6.22(왼쪽 위)의 대각선들은 완벽하지 않다. 게다가 이 대각선들에는 확대하기 전까진 눈으로 봐서는 알 수 없는 많은 공백이 있다. 이 때문에 인간의 뇌가 어떤 방법으로 점 도표의 점들을 11개의 대각선으로 만들었는지 알기 힘들다.

> **잠깐 멈추고 생각해 보자**   그림 6.22(왼쪽 위)를 보고 우리의 뇌가 대각선을 찾아내는 기능을 컴퓨터가 이해할 수 있는 언어로 어떻게 번역해야 할까?

합성 블록을 그래프의 연결된 요소들로 생각하기

유전체 점 도표에서 합성 블록을 쉽게 찾아낼 수 있는 이유는 우리의 뇌가 그림에 있는 가까운 점들을 묶어서 생각하는 것을 잘 하기 때문이다. 따라서 컴퓨터에서 이 과정을 모사하려면 군집화clustering의 정확한 개념이 필요하다. 평면상에 주어진 점들 *DotPlot*과 *maxDistance*라는 매개변수가 있을 때 두 점 사이의 거리가 *maxDistance*를 넘지 않는 점들을 에지로 연결해서 (비방향성) **합성 그래프**synteny graph SYNTENYGRAPH(*DotPlot*, *maxDistance*)를 구축할 것이다.

   모든 그래프는 **연결된 요소**connected component라고 불리는 하위 그래프로 나눠 볼 수 있다. SYNTENYGRAPH(*DotPlot*, *maxDistance*)에서의 연결된 요소는 두 유전체 사이의 후보 합성 블록을 나타낸다. *maxDistance*의 값이 클수록 연결된 요소의 수는 줄어드는데 이는 합성 블록들이 하나의 블록으로 합쳐질 수 있기 때문이다. 이 매개변수는 상호 보완적으로 작용하는데(trade-off), 그림 6.23(왼쪽)에 나온 것처럼 연결된 요소의 수를 줄이고 싶으면서도 의심스런 합성 블록을 원하지는 않기 때문이다.

   인간과 쥐의 X 염색체로 만든 합성 그래프는 수많은 연결된 요소들로 이뤄져 있다(정확한 숫자는 우리가 정하는 *maxDistance* 매개변수에 의해 결정된다). 그러나 우리는 크기가 작은 연

결된 요소들은 그 유사성이 의심되기 때문에 무시할 계획이다. 따라서 연결된 요소에 있는 최소 점 개수를 나타내는 매개변수 *minSize*를 적용해서 합성 블록을 구축할 것이다. 우리의 목표는 최소한 *minSize* 만큼의 노드 개수를 가진 모든 연결된 요소들을 반환하는 것이다.

매개변수 *minSize* 또한 상호 보완적으로 작용한다. 만약 *minSize*가 너무 작으면 짧고 의심스런 합성 블록들이 분석을 더 복잡하게 할 것이다. 만약 *minSize*가 너무 크면 실제 합성 블록을 버리게 될 수도 있다. 그림 6.23(오른쪽)에 있는 예제는 적절한 *maxDistance* 를 선정했다 하더라도 완벽한 *minSize*를 찾을 수는 없다는 것을 보여 준다. 이런 경우에 어떤 의심스런 합성 블록이 실제 합성 블록과 크기가 같다는 사실은 이를 고려 대상에서 제외할 수 없다는 것을 의미한다. 실제로 분석할 때는 실제 합성 블록의 크기가 충분히 커서 이런 문제가 생기지 않기를 바랄 뿐이다.

> SYNTENYBLOCKS(*DotPlot*, *maxDistance*, *minSize*)
> construct SYNTENYGRAPH(*DotPlot*, *maxDistance*)
> find the connected components in SYNTENYGRAPH(*DotPlot*, *maxDistance*)
> **output** connected components containing at least *minSize* nodes as candidate
>   synteny blocks

그림 6.22(오른쪽 위)에서 보여 주듯이 **SYNTENYBLOCKS**는 *maxDistance* 매개변수를 넘는 공백 때문에 사람 눈으로 보기에는 하나인 대각선을 여러 개로 나누는 경향이 있다. 그러나 이렇게 나누는 것은 문제가 되지 않는데 그 이유는 이렇게 나뉜 대각선들이 나중에 하나의 합성 블록으로 합쳐질 수 있기 때문이다.

> **잠깐 멈추고 생각해 보자** 합성 블록을 SYNTENYGRAPH(*DotPlot*, *maxDistance*)에 있는 커다란 연결된 요소들이라고 정의했지만 원래 유전체에서 이 합성 블록들이 어디에 위치하는지를 결정하는 방법은 설명하지 않았다. 그림 6.22에서 힌트를 얻어 이 정보를 얻을 수 있는 알고리듬을 설계해 보자.

이제 도전 문제를 해결할 준비가 됐을 것이며, 매개변수를 설정하는 것이 생명정보학의 어두운 비밀 중 하나라는 것을 발견할 것이다.

> **도전 문제** 인간과 쥐의 X 염색체에서 합성 블록을 구축하고, 구축한 합성 블록으로 인간과 쥐의 고리형 X 염색체의 2-절단 거리를 계산해 보자. 매개변수 *maxDistance*와 *minSize*에 따라 이 거리가 어떻게 달라지는가?

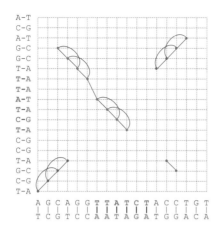 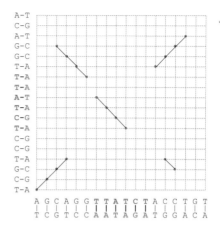

그림 6.23 (왼쪽) 두 문자열 AGCAGGTTATCTCCCTGT와 AGCAGGAGATAACCCTGT에 대해 $k = 3$인 유전체 점 도표로부터 구축한 그래프 SYNTENYGRAPH($DotPlot$, 3). 불행히도 왼쪽 위의 의심스런 합성 블록이 실제 합성 블록과 합쳐져 버렸다. (오른쪽) 이전에는 하나로 합쳐졌던 잘못된 합성 블록과 실제 합성 블록을 구분할 수 있게 된 그래프 SYNTENYGRAPH($DotPlot$, 2). 그러나 $minSize$를 3으로 한다 해도 오른쪽 아래의 크기가 작고 의심스런 합성 블록을 버릴 수 있지만 왼쪽 위의 큰 합성 블록은 버릴 수 없다. 왼쪽 위의 합성 블록이 실제 합성 블록과 크기가 같기 때문이다.

미해결 문제: 재배열이 박테리아 진화의 비밀을 밝힐 수 있을까?

두 서열 간의 유전체 재배열을 분석하는 효율적인 알고리듬이 존재하긴 하지만 여러 유전체 사이의 재배열 시나리오를 구축하는 것은 미해결 문제로 남아 있다. 예를 들어 쥐의 X 염색체를 인간의 X 염색체로 바꾸는 가장 그럴듯한 재배열 시나리오를 이제 알고 있다. 그러나 인간, 쥐, 들쥐rat의 X 염색체(전체 유전체는 말할 것도 없고)에 대한 가장 그럴듯한 재배열 시나리오를 찾는 것은 훨씬 더 어려운 문제다. 수십 개의 포유류 염색체에 대한 재배열 역사를 알아내려고 할 때는 어려움이 더 증폭된다. 이 문제를 해결하고자 일단 간단한(그러나 아직 해결되지 않은) 박테리아 유전체의 경우에서 시작해 보려 한다.

각각 특정 유전체로 표시된 여러 노드로 이뤄진 트리(tree, 연결된 비순환형 비방향성 그래프)를 $Tree$라고 하자. 박테리아 유전체의 경우 각 노드(유전체)가 n개의 요소로 이뤄진 고리형 순열로 표시돼 있다고 가정한다. $Tree$에서 노드 v와 노드 w를 잇는 에지 e가 주어졌을 때 유전체 v와 유전체 w 사이의 2-절단 거리를 DISTANCE(v, w)라고 정의한다. **트리 거리** tree distance DISTANCE($Tree$)는 다음과 같은 합으로 정의된다.

$$\sum_{\text{all edges } (v,w) \text{ in } Tree} \text{DISTANCE}(v, w).$$

주어진 유전체의 집합 $P_1, \ldots, P_n$과 $P_1, \ldots, P_n$으로 표시된 n개의 잎으로 이뤄진 진화 트리 $Tree$가 주어졌을 때 조상 유전체 재구축 문제$^{\text{Ancestral Genome Reconsturction Problem}}$는 트리에 있는 노드의 유전체를 재구축해서 $\text{DISTANCE}(Tree)$의 거리가 최소가 되도록 하는 것이 목표다.

조상 유전체 재구축 문제

각 잎이 유전체로 표시된 트리가 주어졌을 때 트리 거리를 최소화하는 조상 유전체들을 재구축하라.

입력: 각 잎이 하나의 유전체로 표시된 트리 $Tree$

출력: 모든 가능한 경우의 수 중 $\text{DISTANCE}(Tree)$를 최소화하도록 만들어진 $Tree$에 있는 노드들에 할당된 유전체들의 집합 $AncestralGenomes$

$Tree$가 주어지지 않았을 때는 유전체들로부터 이를 추론해 내야 한다.

다중 유전체 재배열 문제

유전체들의 집합이 주어졌을 때 각 잎이 이 유전체들로 표시되고 트리 거리가 최소가 되는 트리를 재구축하라.

입력: 유전체들의 집합

출력: 각 잎이 이 유전체들로 표시되고 트리에 있는 노드들은 (알 수 없는) 유전체들 $AncestralGenomes$로 표시돼서 $\text{DISTANCE}(Tree)$의 값을 최소로 만들 수 있는 트리 $Tree$

다중 유전체 재배열 문제를 해결하고자 많은 발견법이 제시됐지만 그들은 주로 포유류 진화를 분석하는 데에 적용됐다. 그러나 이 방법들은 박테리아 진화에 대한 다중 유전체 재배열 문제에는 거의 적용된 적이 없다. 박테리아 유전체가 포유류 유전체보다 거의 1,000배나 작다고 해서 문제가 1,000배 쉬워진다는 뜻은 아니다. 실제로 박테리아 진화 연구에는 독특한 어려움과 기회들이 존재한다.

서로 가까운 세 가지 박테리아 속(genera)인 *Salmonella*, *Shigella*, *Escherichia*에 속한 100개의 유전체를 생각해 보자. 여기에는 이질, 장티푸스 및 다양한 식품 매개 질병의 주된 원인이 되는 다양한 종이 포함돼 있다. 이들 모두의 유전체가 공유하고 있는 합성 블록을 구축해 보면 그들 사이에 일어난 재배열은 상대적으로 적다는 것을 (대부분 10회 이하) 알게 될 것이다. 그러나 밀접하게 가까운 유전체들이라 할지라도 다중 유전체 재배열 문제를 푸는 것은 어마어마하게 어려운 것이며, 그 누구도 100개는 고사하고 수십 개 이상의 종에 일어난 재배열 시나리오를 구축할 수는 없었다.

이 문제를 푼 뒤엔 아마 박테리아 유전체에서의 재배열 핫스팟이 있는가 하는 질문을 해결할 수 있게 될 것이다. 한 쌍의 박테리아 유전체에 대해 이 질문의 답을 하는 것은 우리가 인간과 쥐의 유전체에서 한 것과는 달리 아마도 불가능할 것이다. 그 이유는 두 박테리아 유전체 사이에 일어난 재배열은 보통 10회 이하이기 때문이다. 그러나 이 질문의 답을 100개 이상의 박테리아 유전체에 대해 하는 것은, 진화 트리의 많은 가지에서 같은 절단이 여러 번 일어나는 것을 목격할 수만 있다면 아마 가능할 것이다. 그러나 한 쌍이 아닌 다중 유전체의 재배열 핫스팟을 분석하기 위한 알고리듬을 개발해야 할 것이다.

진화 트리를 구축한 뒤에는 재배열을 유발하는 요인에 대한 질문을 분석할 수 있게 될 것이다. 많은 저자가 유전체의 취약성을 논의했지만 이 질문은 가설만 많을 뿐 아직 미해결 문제로 남아 있다. 많은 재배열 과정은 양쪽에 **일치 중복**matching duplication을 갖고 있다. 이는 재배열 현상의 절단 지점 한 쌍 안에 존재하는 한 쌍의 길고 유사한 영역이다. 그러나 박테리아에서 재배열을 유발하는 요인은 아직 밝혀지지 않았다. 이 질문에 답할 수 있겠는가?

충전소

유전체에서 절단점 그래프 만들기

우리의 목표는 절단점 그래프에서 고리의 개수를 세어서 2-절단 거리 문제를 해결하는 것이다. 그러려면 먼저 유전체를 그래프로 나타내는 편리한 방법을 알아야 한다. 본문에서는 고리형 염색체를 각 합성 블록을 방향성 에지로 나타내고, 염색체에서 인접한 합성 블록을 빨간색 에지로 연결했다. 이 방법이 유전체를 시각화하는 데에는 좋지만 이 그래프를 어떻게 인접 목록으로 나타낼 수 있는지는 분명하지 않다.

유전체 P가 주어졌을 때 이 합성 블록을 글자가 아닌 1부터 $n = |P|$에 해당하는 숫자로

나타낼 것이다. 예를 들어 $(+a \ -b \ -c \ +d)$는 $(+1 \ -2 \ -3 \ +4)$로 나타낼 것이다(그림 6.24 왼쪽). 그리고 P의 방향성 회색 에지를 아래의 비방향성 에지로 나타낼 것이다. 숫자 x로 표시된 방향성 에지가 주어졌을 때 이 에지의 머리^{head}에 위치한 노드를 x_h라 하고 꼬리^{tail}에 해당하는 노드를 x_t라고 할 것이다. 예를 들어 그림 6.24 (왼쪽)에서 2라고 표시된 방향성 에지를 노드 2_t와 2_h를 연결하는 비방향성 에지로 교체한다. 이를 통해 고리형으로 나열된 노드 $(1_t, 1_h, 2_h, 2_t, 3_h, 3_t, 4_t, 4_h)$가 만들어지게 된다. 마지막으로 이 그래프를 더 단순화하고자 합성 블록 x의 머리와 꼬리를 나타내는 x_h와 x_t를 사용하는 대신 각각에 대해 숫자 $2x$와 $2x-1$을 사용할 것이다(그림 6.24(오른쪽)). 이렇게 암호화함으로써 원래의 유전체 $(+1 \ -2 \ -3 \ +4)$는 고리형으로 나열된 노드 $(1, 2, 4, 3, 6, 5, 7, 8)$로 바뀌게 된다.

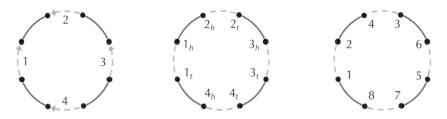

그림 6.24 (왼쪽) 고리형 염색체$(+a \ -b \ -c \ +d)$는 정수를 사용해 $(+1 \ -2 \ -3 \ +4)$로 나타낼 수 있다. (가운데) 이 염색체의 회색 방향성 에지들을 각 합성 블록의 '머리'와 '꼬리'를 연결하는 비방향성 에지들로 바꿔서 나타낸 것. (오른쪽) 머리 노드들과 꼬리 노드들을 정수로 나타낸 것. 1_t와 1_h는 1과 2로 바뀌었다. 2_t와 2_h는 3과 4로 바뀌었다. 나머지 노드들도 이런 식으로 바뀐다. 원래의 염색체가 또 다른 고리 $(1, 2, 4, 3, 6, 5, 7, 8)$로 바뀌었다.

 잠깐 멈추고 생각해 보자 그림 6.24에 나타난 이런 변화를 거꾸로 할 수 있는가? 다시 말해 만약 1부터 2n으로 표시된 고리형으로 나열된 노드들이 주어졌을 때 이를 만드는 데 사용된 n개의 합성 블록이 있는 염색체를 재구축할 수 있는가?

아래의 의사 코드는 고리형 염색체 $Chromosome = (Chromosome_1, ..., Chromosome_n)$을 숫자의 나열인 $Nodes = (Nodes_1, ..., Nodes_n)$으로 바꾸는 그림 6.24(가운데)에 나타난 중간 과정을 우회하고 있다.

```
CHROMOSOMETOCYCLE(Chromosome)
    for j ←1 to |Chromosome|
        i ← Chromosome_j
        if i > 0
            Nodes_{2j-1} ← 2i - 1
```

$$Nodes_{2j} \leftarrow 2i$$
     else
$$Nodes_{2j-1} \leftarrow 2i$$
$$Nodes_{2j} \leftarrow 2i - 1$$
return *Nodes*

이 과정은 아래 의사 코드에 설명된 것처럼 실제로 가역적이다.

CYCLETOCHROMOSOME(*Nodes*)
    for $j \leftarrow 1$ to $|Nodes|/2$
       if $Nodes2_{j-1} < Nodes_{2j}$
          $Chromosome_j \leftarrow Nodes_{2j}/2$
       else
          $Chromosome_j \leftarrow -Nodes_{2j-1}/2$
    return *Chromosome*

CHROMOSOMETOCYCLE은 한 염색체에 있는 노드들의 서열을 만들어 주지만 에지를 명시적으로 만들어 주지는 않는다. n개의 합성 블록이 있는 모든 유전체 P는 회색의 비방향성 에지 BLACKEDGES(P) = (1, 2), (3, 4),..., (2n − 1, 2n)를 갖게 될 것이다.

이제 COLOREDEDGES(P)를 유전체 P에 있는 색이 있는 에지들의 집합이라고 하자. 그림 6.24에 있는 예제에 적용해 보자면 COLOREDEDGES(P)는 에지 (2, 4), (3, 6), (5, 7), (8, 1)를 갖고 있다.

아래의 알고리듬은 유전체 P에 대한 COLOREDEDGES(P)를 구축해 준다. 이 의사 코드에서 n개의 요소가 있는 배열 $(a_1,...,a_n)$에 보이지는 않지만 첫 번째 요소와 같은 값을 갖는 $n + 1$번째 요소, 즉 $a_{n+1} = a_1$가 있다고 가정하자.

COLOREDEDGES(*P*)
    $Edges \leftarrow$ an empty set
    for each chromosome *Chromosome* in *P*
       $Nodes \leftarrow$ CHROMOSOMETOCYCLE(*Chromosome*)
       for $j \leftarrow 1$ to $|Chromosome|$
          add the edge $(Nodes_{2j}, Nodes_{2j+1})$ to *Edges*

P와 Q의 절단점 그래프에서 색이 있는 에지들은 COLOREDEDGES(P)와 COLOREDEDGES(Q)에 의해 만들어진다. 이 두 집합에 있는 에지들 중 일부는 같은 노드들을 연결하고 있을 수 있는데 이때 트리비얼 고리들이 만들어진다.

이제 2-절단 거리를 계산할 준비가 됐지만 추후에 유전체 그래프를 유전체로 바꾸는 함수를 구현하는 게 도움이 될 것이다.

GRAPHTOGENOME(*GenomeGraph*)
   P ← an empty set of chromosomes
   for each cycle in *GenomeGraph*
      Nodes ← sequence of nodes in this cycle (starting from node 1)
      Chromosome ← CYCLETOCHROMOSOME(*Nodes*)
      add Chromosome to *P*
   return *P*

2-절단 문제 해결하기

> **노트** 이 충전소에서는 '충전소: 유전체에서 절단점 그래프 만들기'에 있는 몇몇 개념을 사용한다.

그림 6.25(위쪽)은 2-절단이 한 번 일어났을 때 색이 있는 에지들 (1, 6)과 (3, 8)이 새로운 색이 있는 두 에지 (1, 3)과 (6, 8)로 어떻게 교체되는지를 보여 준다. 이 작업을 2-BREAK(1, 6, 3, 8)이라고 할 것이다. 이 작업에 있는 숫자들의 순서가 중요한데 왜냐하면 2-BREAK(1, 6, 8, 3)은 (1, 6)과 (3, 8)을 (1, 8)과 (6, 3)으로 교체하는 다른 2-절단을 나타내기 때문이다(그림 6.25 아래쪽 참고).

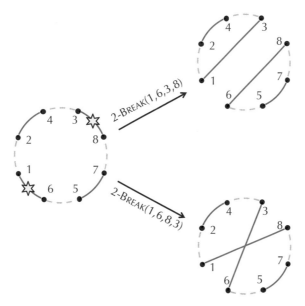

그림 6.25 그림 6.24에 있는 유전체 (+1 −2 −3 +4)에서 작업 2-Break(1, 6, 3, 8)(위쪽)와 2-Break(1, 6, 8, 3)(아래쪽)이 일어나는 과정

아래 의사 코드는 2-Break(i_1, i_2, i_3, i_4)가 유전체 그래프를 어떻게 바꾸는지 설명하고 있다.

2-BreakOnGenomeGraph(*GenomeGraph*, i_1, i_2, i_3, i_4)
    remove colored edges (i_1, i_2) and (i_3, i_4) from *GenomeGraph*
    add colored edges (i_1, i_3) and (i_2, i_4) to *GenomeGraph*
    return *GenomeGraph*

이 의사 코드를 유전체 *P*에 대한 2-절단으로 확장할 수 있다.

2-BreakOnGenome(*P*, i_1, i_2, i_3, i_4)
    GenomeGraph ← BlackEdges(*P*) and ColoredEdges(*P*)
    GenomeGraph ← 2-BreakOnGenomeGraph(*GenomeGraph*, i_1, i_2, i_3, i_4)
    P ← GraphToGenome(*GenomeGraph*)
    return *P*

이제 유전체 P가 2-절단에 의해 Q로 바뀌는 최단 경로를 이루는 유전체 중간 생성물들을 찾을 준비가 됐다. 이 알고리듬은 절단점 그래프에서 빨간색-파란색 고리의 수를 1만큼 증가시키는 2-절단을 찾고자 하는 아이디어에 기반하고 있다. 이를 위해서는 그림 6.26에 설명된 것처럼 트리비얼 고리가 아닌 고리에 있는 빨간색-파란색 교차 고리에서 임의의 파란색 에지를 선택하고, 이 파란색 에지 양쪽에 있는 2개의 빨간색 에지에 2-절단을 일으켜서 해당 빨간색-파란색 고리를 2개의 고리로 나눠야 한다(최소한 그중 하나는 트리비얼 고리가 된다). 아래의 의사 코드는 노드 v가 에지의 끝부분 중 하나인 경우에 그 에지가 노드 v의 incident가 된다는 개념을 사용하고 있다.

```
ShortestRearrangementScenario(P, Q)
    output P
    RedEdges ← ColoredEdges(P)
    BlueEdges ← ColoredEdges(Q)
    BreakpointGraph ← the graph formed by RedEdges and BlueEdges
    while BreakpointGraph has a non-trivial cycle Cycle
        (i₁, i₂, i₃, i₄) ← path starting at arbitrary blue edge in nontrivial red-blue cycle
        RedEdges ← RedEdges with edges (i₁, i₂) and (i₃, i₄) removed
        RedEdges ← RedEdges with edges (i₁, i₄) and (i₂, i₃) added
        BreakpointGraph ← the graph formed by RedEdges and BlueEdges
        P ← 2-BreakOnGenome(P, i₁, i₂, i₄, i₃)
    output P
```

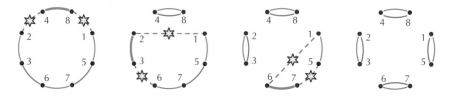

그림 6.26 절단점 그래프 $P = (+a \ -b \ -c \ +d)$와 $Q = (+a \ +b \ -d \ -c)$ 사이의 최단 2-절단 변화 경로. 각 단계에서 ShortestRearrangementScenario를 통해 선택된 임의의 파란색 에지가 굵게 표시돼 있고, 그 에지 양쪽에 있는 빨간색 에지들은 점선 표시가 돼 있다(별 모양은 2-절단을 나타낸다).

연습 문제 그림 6.26에 있는 3개의 2-절단 각각을 반전, 접합, 또는 분열로 분류해 보자.

돌아가기

X 염색체의 유전자는 왜 잘 보존돼 있는 걸까?

포유류의 X 염색체에는 유성 생식에 관련된 유전자들이 많이 존재하지만, X 염색체에 있는 거의 1,000개 가까운 유전자들은 성별과 아무 관련이 없다. 이상적으로는, 이 유전자들은 남자와 여자에서 거의 같은 양으로 발현돼야 한다(즉 전사와 번역이 일어나야 한다). 그러나 여성은 2개의 X 염색체를 갖고 있고 남성은 하나이기 때문에 모든 X 염색체 유전자들은 여성에서 2배 더 많은 발현량을 나타낼 것처럼 보인다. 이런 불균형은 유전자 발현에 걸쳐 있는 복잡한 확인 및 균형 시스템에 문제를 일으킬 수도 있다. 남성과 여성에서 유전자 발현량의 균형에 대한 필요성은 **양적 완화**dosage compensation, 즉 여성의 X 염색체 중 하나를 비활성화시켜서 성별 간 유전자 발현량을 같게 만드는 작용이라는 진화로 이어지게 됐다. 양적 완화 덕분에 X 염색체의 유전자 구성은 포유류 종 간에 매우 잘 보존돼 있다. 그 이유는 어떤 X 염색체상의 특정 유전자가 다른 염색체로 옮겨가면 남성과 여성 모두에게서 두 염색체에 존재하게 되는데, 이런 경우 해당 유전자의 발현량은 정상에 비해 2배로 증가해 유전자 발현의 불균형을 만들게 되기 때문이다.

유전체 재배열의 발견

스터티번트가 1921년에 *Drosophila*(초파리)에서의 유전체 재배열을 발견한 이후 또 다른 역사적 사건이 *Drosophila*의 침샘에서 **다사성 세포**polytene cell[1]의 발견과 함께 일어났다. 정상 세포가 분열할 때 각 딸세포들은 유전체 복제품의 하나만을 갖게 된다. 그러나 다사성 세포의 핵에서는 DNA 복제가 세포 분열이 없을 때도 반복적으로 일어난다. 그 결과 염색체들은 서로 엮여서 훨씬 큰 **수퍼 염색체**superchromosome들을 이루는데 이것이 바로 **다사성 염색체**polytene chromosome이다.

 다사성 염색체는 초파리에서 매우 실용적인 목적을 수행하는데 바로 여분의 DNA를 사용해 유전자 전사체 생산을 촉진시켜서 끈적한 침을 많은 양으로 생산해 내는 것이다. 인간의 경우엔 다사성 염색체의 가치가 더 클지도 모른다. 스터티번트와 그의 동료 테오도시우스 도브잔스키Theodosius Dobzhansky가 현미경으로 다사성 염색체를 봤을 때 그들은 서로 엉킨 돌연변이 염색체에서 일어나는 재배열 과정을 직접 관찰할 수 있었던 것이다. 1938년

---

1 수많은 복제된 유전자가 평행하게 존재하는 거대한 크기의 염색체를 가진 세포 – 옮긴이

에 그들은 매우 중요한 논문을 출판하게 된다. 그것은 바로 *Drosophila*의 다양한 종에 일어나는 17번의 반전 재배열 시나리오를 나타내는 진화 트리에 대한 것이었다. 이것은 분자 데이터에 기반해 만들어진 첫 번째 진화 트리가 됐다.

지수 분포

베르누이 시행bernoulli trial이란 확률이 p인 성공success과 확률이 $1-p$인 실패failure라는 두 가지 결과가 나올 수 있는 무작위 실험을 말한다. **기하 분포**geometric distribution는 처음 성공하기까지 필요한 베르누이 시행의 수를 나타내는 무작위 변수 X의 확률 분포를 말한다.

$$\Pr(X = k) = (1 - p)^{k-1}p$$

포아송 프로세스 Poisson process는 주어진 시간 내에 발생한 사건의 수를 세는 연속 시간 확률 프로세스다. 여기서 사건이란 일정한 비율로 서로 독립적으로 일어나는 것이라고 가정한다. 예를 들어 포아송 프로세스는 거대한 기차역에 승객이 도착하는 시간에 대한 좋은 모델이 될 수 있다. 만약 매우 짧은 시간 간격 ϵ 사이에 도착하는 승객의 수를 $\lambda \cdot \epsilon$(여기서 λ은 상수이다)라고 가정했을 때 여기서 구하고자 하는 것은 시간 간격 X 동안 기차역에 도착하는 사람이 아무도 없을 확률 $F(X)$다. **지수 분포**exponential distribution는 포아송 프로세스에서 사건 사이의 시간 간격을 설명하는 분포다.

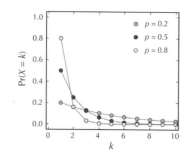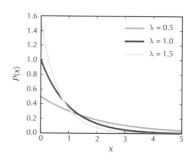

그림 6.27 기하 분포에 대한 확률 밀도 함수(왼쪽)와 지수 분포에 대한 확률 밀도 함수(오른쪽). 각각 서로 다른 3개의 매개변수 값에 대해 그려져 있다.

 잠깐 멈추고 생각해 보자 포아송 프로세스와 베르누이 시행 사이에 또는 지수 분포와 기하 분포 사이에 유사한 점이 보이는가?

지수 분포는 기하 분포와 유사한 연속적 분포다. 정확하게는 포아송 프로세스는 **비율 매개 변수**rate parameter λ로 설명할 수 있는데 주어진 시간 ϵ 안에 발생한 사건의 수 k는 다음 **포아 송 확률 분포**Poisson probability distribution를 따른다.

$$e^{-\lambda \cdot \epsilon}(\lambda \cdot \epsilon)^k \big/ k!$$

지수 분포의 확률 밀도 함수는 $\lambda e^{-\lambda \cdot x}$이다(그림 6.27에 나온 기하 분포와 비교해 보자).

빌 게이츠와 데이비드 X. 코헨의 팬케이크 뒤집기

생물학자들이 유전체 재배열 문제를 직면하기 전 수학자들은 어떤 종업원이 마주한 난제 에서 비롯된 **팬케이크 뒤집기 문제**Pancake Flipping Proble)를 제기했다.

우리 식당의 요리사는 매우 엉성해서 그가 팬케이크 더미를 만들면 크기가 서로 다 다르다. 이 때문에 고객에게 팬케이크를 전달하러 가는 길에 난 이 팬케이크 더미를 재배열한다. 먼저 위 쪽에 있는 팬케이크 몇 개를 집고 뒤집어서(그래서 가장 작은 팬케이크가 맨 위에 오고 계속해 서 가장 큰 것이 아래에 오도록) 이 과정을 (뒤집는 개수를 다양하게 해서) 가능한 한 많이 반복 한다. n개의 팬케이크가 있을 때 이들을 재배열하고자 뒤집어야 하는 최대 횟수는 몇인가?

형식적으로 **접두 반전**prefix reversal은 어떤 순열의 앞부분 또는 시작 구간을 뒤집는 것이 다. 팬케이크 뒤집기 문제는 부호가 없는 순열을 접두 반전으로 나열하는 것에 해당한다. 예를 들어 아래의 연속된 접두 반전은 부호를 무시하는 방법으로 **부호가 없는 순열**unsigned permutation (1 7 6 10 9 8 2 11 3 5 4)를 **동일성 순열**identity unsigned permutation (1 2 3 4 5 6 7 8 9 10 11)로 나열하는 과정을 보여 준다. 뒤집힌 구간은 빨간색으로 표시하고 순열 뒷부 분에 나열된 구간은 파란색으로 표시했다.

```
( 1   7   6  10   9   8   2  11   3   5   4 )
(11   2   8   9  10   6   7   1   3   5   4 )
( 4   5   3   1   7   6  10   9   8   2  11 )
(10   6   7   1   3   5   4   9   8   2  11 )
( 2   8   9   4   5   3   1   7   6  10  11 )
( 9   8   2   4   5   3   1   7   6  10  11 )
( 6   7   1   3   5   4   2   8   9  10  11 )
( 7   6   1   3   5   4   2   8   9  10  11 )
( 2   4   5   3   1   6   7   8   9  10  11 )
( 5   4   2   3   1   6   7   8   9  10  11 )
```

$$
\begin{array}{llllllllllll}
(\ 1 & 3 & 2 & 4 & 5 & 6 & 7 & 8 & 9 & 10 & 11) \\
(\ 3 & 1 & 2 & 4 & 5 & 6 & 7 & 8 & 9 & 10 & 11) \\
(\ 2 & 1 & 3 & 4 & 5 & 6 & 7 & 8 & 9 & 10 & 11) \\
(\ 1 & 2 & 3 & 4 & 5 & 6 & 7 & 8 & 9 & 10 & 11)
\end{array}
$$

부호가 있는 순열에서 최단 경로로 나열하는 접두 반전 과정을 찾으려 한다면 이 문제는 **탄 팬케이크 뒤집기 문제**Burnt Pancake Flipping Problem(각 팬케이크의 한쪽이 타버린 상태로 두 가지 방향이 가능하다)라고 불린다.

> **잠깐 멈추고 생각해 보자** 길이가 n인 모든 부호가 없는 순열은 최대 $2 \cdot (n-1)$번의 접두 반전으로 나열할 수 있음을 증명해 보자. 또한 길이가 n인 모든 부호가 있는 순열은 최대 $3 \cdot (n-1) + 1$번의 접두 반전으로 나열할 수 있음을 증명해 보자.

1970년대 중반 하버드 대학교 학부생이었던 빌 게이츠Bill Gates와 게이츠의 교수였던 크리스토스 파파디미트리우Christos Papadimitriou가 처음으로 팬케이크 뒤집기 문제 풀기를 시도했고 길이가 n인 어떤 순열이든 최대 $5/3 \cdot (n+1)$번의 접두 반전으로 나열할 수 있음을 증명했다. 이는 30년 간은 진전이 없었을 결과다. 데이비드 X. 코헨David X. Cohen은 컴퓨터 과학을 떠나 「심슨네 가족들The Simpsons」작가가 돼 마침내 「퓨처라마Futurama」의 제작자가 되기 전 버클리Berkeley에 있을 당시에 불에 탄 팬케이크 뒤집기 문제에 착수했다. 그는 마누엘 블럼Manuel Blum과 함께 불에 탄 팬케이크 문제가 최대 $2 \cdot (n-1)$번의 접두 반전으로 해결할 수 있음을 증명했다.

반전을 사용해 선형 순열 나열하기

본문에서는 고리형 염색체에 대한 절단점 그래프를 정의했는데 이 구조는 선형 염색체로 쉽게 확장할 수 있다. 그림 6.28(첫 번째와 두 번째 그림)은 인간과 쥐의 X 염색체를 빨간색-회색 교차 경로와 파란색-회색 교차 경로로 묘사하고 있다. 이 2개의 경로는 세 번째 그림에서 중첩돼 5개의 빨간색-파란색 교차 고리가 있는 절단점 그래프를 형성하고 있다.

> **잠깐 멈추고 생각해 보자** 아래의 고리 정리와 유사한 이론을 증명하라. 순열 P와 Q가 주어졌을 때 P에 일어난 모든 반전은 CYCLES(P, Q)를 최대 1만큼 증가시킨다.

고리형 순열에 대한 트리비얼 절단점 그래프에서는 트리비얼 고리의 수와 BLOCKS(Q, Q)가 동일하다. 그러나 선형 순열에 대한 트리비얼 절단점 그래프에는 BLOCKS(Q, Q) + 1개만큼의 트리비얼 고리가 존재한다. 고리 정리는 선형 순열에도 적용되므로 선형 순열에서 반전 거리 $d_{rev}(P, Q)$는 BLOCKS(P, Q) + 1 − CYCLES(P, Q)와 동일하지 않을까? 인간과 쥐의 X 염색체에 대해 BLOCKS(P, Q) + 1 − CYCLES(P, Q)는 11 + 1 − 5 = 7과 동일하고, 이는 이미 인간과 쥐의 X 염색체 사이의 반전 거리라고 알고 있는 값이다.

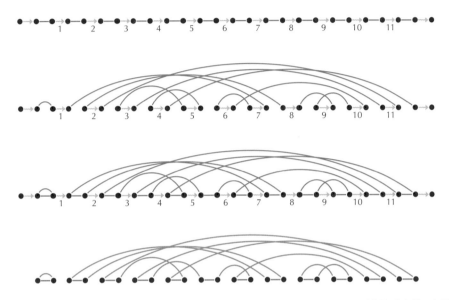

그림 6.28 (첫 번째 그림) 인간의 X 염색체 (+1 +2 +3 +4 +5 +6 +7 +8 +9 +10 +11)를 나타내는 빨간색-회색 교차 경로. (두 번째 그림) 쥐의 X 염색체 (+1 −7 +6 −10 +9 −8 +2 −11 −3 +5 +4)를 나타내는 파란색-회색 교차 경로. (세 번째 그림) 위의 두 그림에 있는 빨간색-회색 교차 경로와 파란색-회색 교차 경로를 중첩시켜서 인간과 쥐의 절단점 그래프를 만들었다. (네 번째 그림) 절단점 그래프에 있는 5개의 빨간색-파란색 교차 고리를 강조하고자 회색 에지들을 제거했다.

잠깐 멈추고 생각해 보자 2-절단 거리 이론에 대한 증명을 수정해서 선형 순열 P와 Q에 대해 $d_{rev}(P, Q) = $ BLOCKS(P, Q) + 1 − CYCLES(P, Q)임을 증명할 수 있는가?

$P = (+2 \ +1)$이고 $Q = (+1 \ +2)$일 때 $d_{rev}(P, Q) \neq$ BLOKCS(P, Q) + 1 − CYLES(P, Q)임을 확인할 수 있다. 이걸 보면 반전 거리를 계산할 수 있는 간단한 알고리듬을 개발할 수 없을 것 같아 보인다.

그러나 $d_{rev}(P, Q)$의 최소값 ≥ BLOCKS(P, Q) + 1 − CYCLES(P, Q)을 사용한 방법은 두 선형 순열 사이의 반전 거리를 매우 잘 추정해 낸다. 이런 놀라운 성능을 보면 이 최소값이 정확한 공식에 가까운지 궁금해진다. 1999년에 한넨할리[Hannelhalli]와 페브즈너[Pevzner]는 허들[hurdle]과 요새[fortress]라는 두 가지 특별한 종류의 절단점 그래프를 정의함으로써 이 공식을 찾아냈다. 그래프 BREAKPOINTGRAPH(P, Q)에 있는 허들과 요새의 수를 각각 HURDLES(P, Q)과 FORTRESSES(P, Q)이라고 할 때 그들은 반전 거리 $d_{rev}(P, Q)$가 다음과 같음을 증명했다.

$$\text{BLOCKS}(P, Q) + 1 - \text{CYCLES}(P, Q) + \text{HURDLES}(P, Q) + \text{FORTRESSES}(P, Q).$$

이 공식을 사용해 그들은 $d_{rev}(P, Q)$를 계산하는 다항식 알고리듬을 개발했다. HURDLES(P, Q)과 FORTRESSES(P, Q)는 대부분의 순열에서 매우 작기 때문에 BLOCKS$(P, Q) + 1 - \text{CYCLES}(P, Q)$ 값은 실생활에서 반전 거리를 계산하는 좋은 추정값으로 사용된다.

참고 문헌

앨프리드 스터티번트는 초파리의 유전자 순서를 비교할 때 처음 재배열을 발견한 사람이다(Sturtevant, 1921). 스터티번트는 테오도시우스 도브잔스키와 함께 유전체 재배열 분석의 선구자이고 많은 초파리 종의 유전체 재배열 시나리오를 설명한 중요한 논문을 출판했다(Sturtevant and Dobzhansky, 1936). 무작위 절단 모델은 Ohno, 1973 논문에서 제시됐고 이후 Nadeau and Taylor, 1984 논문에서 개량됐으며 Pevzner and Tesler, 2003b 논문에서 이를 반박했다.

절단점 그래프의 개념은 Bafna and Pevzner, 1996에서 제시됐다. 반전을 통한 나열을 수행하는 다항식 알고리듬은 Hannenhalli and Pevzner, 1999에서 개발됐다. 6장에서 나왔던 합성 블록 구축 알고리듬은 Pevzner and Tesler, 2003a에서 소개됐다. 2-절단 작업은 Yancopoulos, Attie, and Friedberg, 2005 논문에서 double cut and join이라는 이름으로 소개됐다.

팬케이크 뒤집기 문제에 대한 첫 알고리듬 분석은 Gates and Papadimitriou, 1979에서 소개됐다. 탄 팬케이크 뒤집기 문제에 대한 첫 알고리듬 분석은 Cohen and Blum, 1995에서 소개됐다.

다중 유전체 재배열 문제는 Ma *et al.*, 2008 및 Alekseyev and Pevzner, 2009에서 설명하고 있다. Zhao and Bourque, 2009에서는 일치 중복이 유전체 재배열을 유발할 수 있다는 것을 관찰했다.

7
어떤 동물이 우리에게
SARS를 옮겼을까?

진화 트리 재구축하기

가장 빠른 전염병

메트로폴 호텔에서 생긴 문제

2003년 2월 21일 중국의 리우 지안룬Liu Jianlun 박사는 결혼식에 참가하려고 홍콩으로 가서 메트로폴 호텔의 911호실에 체크인했다. 다음날 그는 너무 아파서 결혼식에 참여하지 못했고 병원으로 향했다. 2주 뒤 리우 박사는 사망했다.

임종 때 리우는 의사에게 자신이 중국의 광동 지역에서 아픈 이들을 돌봤다고 말했다. 광동 지역은 수백 명을 감염시켰던 치명적이고 전염성이 높은 호흡기 질환이 발발했던 곳이다. 중국 정부는 세계 보건 기구World Health Organization에 이를 간단하게만 언급하고 이것의 원인이 일반적인 세균성 감염이라고 결론지었다.

모든 사람들이 이 질병의 심각성을 알아차렸을 때는 이미 발병을 멈추기에 너무 늦어 버렸다. 2월 23일, 메트로폴에서 리우 박사의 복도 건너편에 묵었던 어떤 남자는 하노이로 여행을 갔고 80명을 감염시킨 뒤 사망했다. 2월 26일, 어떤 여자는 메트로폴에서 체크아웃을 하고 토론토로 돌아갔는데 그 지역에서 발병을 일으킨 뒤 사망했다. 3월 1일, 그 호텔의 세 번째 손님이 싱가포르의 한 병원에 입원했고 그곳에서 2주 동안 16개의 추가 질병 사례가 발생했다.

14세기에 발생해서 3분의 1이 넘는 유럽 인구를 죽음으로 몰아넣은 흑사병이 콘스탄티노플Constantinople에서 키에프Kiev까지 전염되는 데에 4년이 걸렸다는 사실을 생각해 보자. 또는 HIV가 지구 전체를 도는 데에 20년이 걸렸다는 사실을 생각해 보자. 이와 다르게 이 알 수 없는 새로운 질병은 일주일 만에 태평양을 건너서 홍콩에 도달했다.

보건 당국 직원들이 역사상 가장 빠르게 퍼지는 전염병의 영향에 대비하기 시작하자 공황이 시작됐다. 사업이 중단되고 아픈 승객들이 비행기에서 퇴출되고 중국 관료들은 방역을 위반한 감염된 환자들을 처형하겠다고 협박했다.

해외 여행이 질병이 퍼지는 속도를 부추겼을 수도 있지만 결국엔 국제 협력이 이를 억제했을 것이다. 몇 주 안에 생물학자들은 이 전염병을 일으킨 바이러스를 찾아냈고 유전체 서열을 밝혀냈다. 그 과정에서 이 알 수 없는 질병은 **중증 급성 호흡기 질환**SARS, Severe Acute Respiratory Syndrome이라는 이름을 얻었다.

SARS의 진화

SARS를 일으키는 바이러스는 **코로나 바이러스**coronavirus라고 불리는 바이러스 집단에 속한다. 코로나 바이러스의 이름은 왕관crown을 뜻하는 라틴어 corona에서 비롯됐는데 그 이유는 바이러스 입자가 태양에서 보이는 코로나와 비슷하게 생겼기 때문이다(그림 7.1 참고). 코로나 바이러스들은 포유류와 조류의 호흡기를 감염시키지만 감기처럼 보통은 큰 문제를 일으키지 않는다. SARS가 발병하기 전에는 코로나 바이러스가 이런 혼란을 일으킬 수 있다고 생각하지 않았다.

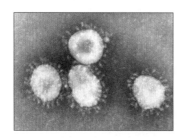 

그림 7.1 (왼쪽) 코로나 바이러스 입자. (오른쪽) 태양의 코로나를 볼 수 있는 일식 현상

코로나 바이러스, 인플루엔자 바이러스, HIV는 모두 **RNA 바이러스**들이다. 이는 이 바이러스들이 DNA가 아닌 RNA를 갖고 있다는 것을 뜻한다. RNA 분열은 DNA 분열보다 오류가 많다. 이 때문에 RNA 바이러스에는 돌연변이가 더 빠르게 일어나서 다양한 아종이 만들어지게 된다. RNA 바이러스의 빠른 돌연변이는 독감 주사가 매년 바뀌는 이유와 HIV의 하위 종류가 많은 이유를 설명해 준다.

SARS 연구자들은 처음에 **SARS 코로나 바이러스**(줄여서 SARS-CoV)가 HIV나 인플루엔자와 같이 동물에서 사람으로 감염됐다는 가설을 세웠다. 그들은 먼저 새들을 후보 용의자로 언급했는데 그 이유는 SARS와 조류 독감의 유사성 때문이다. 조류 독감은 닭에서 시작됐고 사람에게 전염되기 힘들지만 SARS보다 더 치명적이어서 감염된 사람의 절반을 사망하게 했다. 그러나 연구자들이 2003년에 길이가 29,751 뉴클레오티드인 SARS-CoV 유전체의 서열을 알아냈을 때 이 유전체 서열이 조류 코로나 바이러스와 닮지 않았기 때문에 SARS가 새로부터 전염되지 않았다는 것이 확실해졌다.

2003년 가을 연구자들은 여러 나라의 환자들에게서 발견된 수많은 SARS-CoV 아종의 유전체 서열을 밝혀냈지만 아직 많은 의문이 남아 있었다. SARS-CoV는 어떻게 종 간의 장벽을 넘을 수 있었을까? 이 현상은 언제 그리고 어디서 발생했을까? SARS가 어떻게 전 세계로 퍼져 나갔고 누가 누구를 감염시켰는가?

SARS에 대한 이 의문들은 궁극적으로 **진화 트리**evolutionary tree(또는 **계통 발생**phylogeny이라고도 함)를 구축하는 문제와 관련이 있다. 또 다른 예시로 과학자들은 HIV에 관련된 원시 바이러스의 진화 트리를 구축함으로써 HIV가 다섯 가지 독립된 상황에서 인간으로 전염됐다는 것을 추론해 냈다(돌아가기: HIV는 언제 유인원에서 인간으로 전파된 걸까? 참고). 그런데 이 계통 발생을 구축할 때 그들은 어떤 알고리듬을 사용했을까?

444페이지 ▶

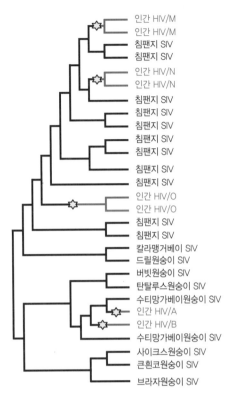

그림 7.2 HIV는 다섯 가지 서로 다른 바이러스 집단으로 이뤄져 있다. 각각 A, B, M, N, O라고 하며 M 집단이 전체 HIV 감염 중 95%를 일으킨다. 다섯 집단은 진화 트리에서 유인원을 감염시키는 SIV(Simian Immunodeficiency Virus)에서 파생된 또 다른 종이다. 별 표시는 유인원에서 인간으로 전달된 것을 나타낸다. A와 B 집단은 수티 망가베이 원숭이(sooty mangabey monkeys)로부터 발생했고 M, N, O 집단은 침팬지로부터 발생했다.

거리 행렬을 진화 트리로 바꾸기

코로나 바이러스 유전체에서 거리 행렬 만들기

SARS가 어떻게 동물에서 사람으로 건너가는지 알아내고자 과학자들은 여러 종에서 발견된 코로나바이러스들의 유전체 서열을 밝혀내 SARS-CoV와 가장 가까운 것이 어떤 바이러스인지 알아내기 시작했다. 그러나 전체 바이러스 유전체의 다중 정렬을 구축하는 것은 굉장히 어려웠는데 그 이유는 바이러스 유전자들에는 종종 재배열, 삽입, 삭제가 일어나기 때문이다. 이런 이유 때문에 과학자들은 SARS-CoV의 6개 유전자 중 하나에만 집중했다.

이 유전자는 **스파이크 단백질**Spike protein을 암호화하는데, 이것이 숙주의 세포막에 있는 수용체를 감지하고 부착하는 역할을 한다.

SARS-Cov에서 스파이크 단백질은 아미노산 1,255개로 이뤄져 있고 다른 코로나 바이러스의 스파이크 단백질들과의 유사도가 상대적으로 낮다. 그러나 이런 미묘한 유사성으로도 다양한 코로나 바이러스들에 있는 스파이크 단백질들 사이의 다중 정렬을 구축하기에는 충분하다는 것이 드러났다.

생물학자들은 서로 다른 n개 종의 유전자에 대한 다중 정렬을 구축한 다음 이 정렬 결과를 $n \times n$ **거리 행렬**distance matrix D로 바꾸곤 한다. $D_{i,j}$는 보통 열 i와 j에 해당하는 유전자끼리의 정렬에서 서로 다른 문자의 개수를 나타낸다(그림 7.3). 여기서 거리 행렬은 각각의 상황에 맞는 다양한 거리 함수로 만들어질 수 있다. 예를 들어 $D_{i,j}$는 i번째 종과 j번째 종 사이의 수정 거리를 나타낼 수 있다. 또는 유전체 n개 사이의 거리 행렬은 각 유전체 쌍의 2-절단 거리로 구축될 수도 있다.

종	정렬	거리 행렬			
		침팬지	인간	바다표범	고래
침팬지	ACGTAGGCCT	0	3	6	4
인간	ATGTAAGACT	3	0	7	5
바다표범	TCGAGAGCAC	6	7	0	2
고래	TCGAAAGCAT	4	5	2	0

그림 7.3 네 가지 가상의 종의 DNA 서열에 대한 다중 정렬 및 다중 정렬에서 각 서열 쌍 사이의 서로 다른 문자의 개수로 만들어진 거리 행렬

어떤 거리 함수를 사용하느냐에 상관없이 거리 행렬이 되려면 D는 세 가지 성질을 만족해야 한다. 거리 함수는 **대칭이어야 하며**symmetric(모든 i와 j에 대해 $D_{i,j} = D_{j,i}$) **음수가 아니어야 하고**nonnegative(모든 i와 j에 대해 $D_{i,j} \geq 0$) **삼각 부등식을 만족해야 한다**triangle inequality(모든 i, j, k에 대해 $D_{i,j} + D_{j,k} \geq D_{i,k}$).

> **연습 문제** $D_{i,j}$가 다중 정렬에서 행 i와 j 사이의 서로 다른 문자의 개수와 같을 때 D가 대칭이고 음수가 아니면서 삼각 부등식을 만족함을 증명하라.

2003년 말 생명정보학자들은 다양한 동물과 SARS 환자에게서 얻은 많은 코로나 바이러스들의 서열을 밝혀냈고 이들 사이의 거리 행렬을 계산했다. 그들은 이 거리 행렬을 사용해 계통 발생을 구축하고 SARS 전염병이 퍼지게 된 기원을 알아내고자 했다.

진화 트리를 그래프로 나타내기

그림 7.2에 나온 HIV 트리가 그래프 구조를 갖고 있다는 것을 알아차렸을 것이다. 게다가 그림 7.4(위쪽)는 모든 생명체의 계통 발생을 그래프로 나타내고 있다.

계통 발생을 모델링하는 그래프들은 두 가지 성질이 있다. 모든 구성 요소는 연결돼 있고(모든 노드는 어떤 노드에서든 도달할 수 있다), 고리를 포함하지 않는다. 이런 이유로 여기서는 고리가 없는 연결된 그래프를 **트리**^{tree}라고 정의하겠다(그림 7.4(아래쪽)의 추가적인 예시를 참고하라).

그림 7.4(위쪽)를 다시 확인해 보자. 현재 존재하는 종들은 이 트리의 **잎**^{leaf} 부분에 위치하고 있는데 이는 degree가 1인 노드들을 의미한다(3장에서 노드의 degree는 해당 노드에 연결된 에지의 수라고 정의했다). 1보다 큰 degree를 가진 노드들은 **내부 노드**^{internal node}라고 하며 알려지지 않은 조상 종을 나타낸다. 잎 j가 주어졌을 때 j에 에지로 연결된 노드는 단 하나만 존재하며 이는 j의 **부모**^{parent}라고 부르고 PARENT(j)라고 표시한다. 잎과 그것의 부모를 연결하는 에지는 **가지**^{limb}라고 부른다.

연습 문제 아래 문장을 증명하라.

- 2개 이상의 노드를 가진 모든 트리는 최소한 2개의 잎을 가진다.

- n개의 노드를 가진 모든 트리는 $n-1$개의 에지를 가진다.

뿌리 있는 트리^{rooted tree}에서는 하나의 특정 노드는 **뿌리**^{root}라고 불리는 특별한 노드로 지정되고 트리에 있는 에지들은 자동으로 뿌리로부터 멀어지는 방향으로 이어나가는데 이 뿌리는 트리의 위쪽 또는 왼쪽에 위치한다(그림 7.5). 이 에지 방향은 시간을 모델링한다. 이 트리에 있는 모든 종의 조상은 뿌리에서 찾을 수 있고, 진화는 이 트리의 뿌리로부터 멀어지는 방향으로 진행됐다. 뿌리가 지정되지 않은 트리는 **뿌리 없는 트리**^{unrooted}라고 한다.

STOP 잠깐 멈추고 생각해 보자 그림 7.2의 계통 발생에서 뿌리를 어디에 배치할 것인가?

먼저 트리에서 모든 종의 조상에 해당하는 노드를 알아내고자 뿌리 있는 트리를 분석해 볼 것이다. 그림 7.6은 HIV 바이러스들의 뿌리 없는 트리를 보여 주고 있다. 여기서는 그림 7.2를 만들 때 사용했던 데이터와는 다른 데이터를 사용했다. 추가로 두 가지 HIV 하위 종들을 사용함으로써 HIV를 다섯 가지 집단으로 분류한 것이 확정된 것이 아니라는 것을 보여 주고 있다.

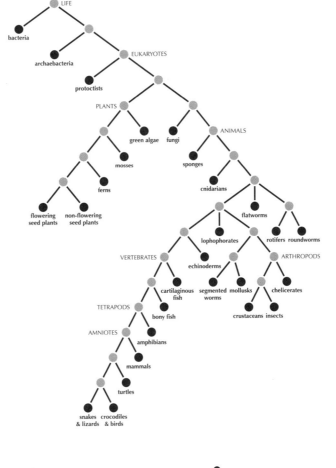

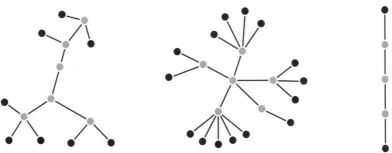

그림 7.4 (위쪽) 지구상의 생명체들의 진화 트리를 모델링한 비고리형 연결 그래프. 현재 존재하는 종들은 진한 색의 노드(잎)로 나타나 있다. (아래쪽) 다양한 모양으로 그릴 수 있는 트리의 구조. 여기서 보여 주는 세 가지 트리에서 잎(degree가 1인 노드)들은 내부 노드(더 큰 degree를 가진 노드들)들보다 진한 색으로 그려져 있다.

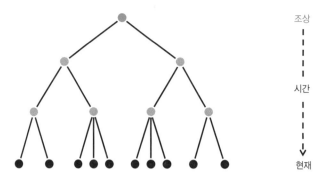

그림 7.5 트리에서 모든 종의 조상을 나타내는 뿌리가 트리 위쪽에 초록색으로 표시돼 있는 뿌리 있는 트리. 뿌리가 있다는 것은 트리에 있는 에지들이 뿌리로부터 멀어지는 방향으로 이어 나가고 있다는 뜻이다

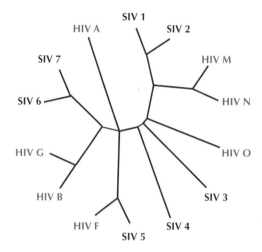

그림 7.6 HIV 바이러스와 SIV 바이러스들의 뿌리 없는 트리. 그림 7.2에 나왔던 바이러스 집단 A, B, M, N, O에 추가로 F와 G가 있다는 것을 제안하고 있다.

거리 기반 계통 발생 구축

먼저 거리 행렬에서 뿌리 없는 트리를 구축하는 것에 집중해 보자. 이 트리의 잎들은 행렬에 있는 종들을 나타내고, 내부 노드들은 알려지지 않은 조상 종들을 나타낸다. 트리에 있는 종들 사이의 진화적 거리를 반영하고자 그림 7.7에 나온 것처럼 각 에지에 음수가 아닌 거리를 할당해서 에지가 연결하고 있는 개체 간의 거리를 나타내도록 했다.

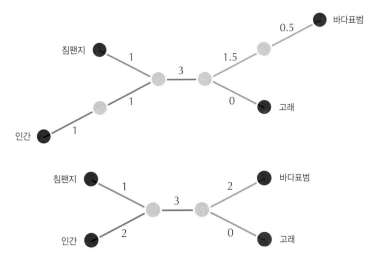

그림 7.7 그림 7.3의 점수 행렬에 맞게 만든 두 가지 뿌리 없는 트리. 위쪽 트리에서는 최대 비분기 경로 5개를 서로 다른 색으로 나타냈다. 각각의 최대 비분기 경로를 하나의 에지로 교체하고 길이를 에지들의 합과 같도록 하면 아래쪽의 단순 트리가 만들어진다.

> **연습 문제** 트리에서 각각의 노드 쌍을 연결하는 경로는 단 하나씩만 존재한다는 것을 증명하라. 힌트: 만약 한 쌍의 노드를 연결하는 두 가지 경로가 있다면 어떤 일이 일어날까? 만약 한 쌍의 노드를 연결하는 경로가 하나도 없다면 어떤 일이 일어날까?

7장에서는 트리에 있는 경로의 길이를 에지들의 수가 아닌 에지들이 가진 길이의 합으로 정의할 것이다. 이를 통해 T라는 트리에서 i와 j에 해당하는 현재 존재하는 두 종 간의 진화적 거리는 i와 j를 연결하는 유일한 경로의 길이의 합과 같으며 이를 $d_{i,j}(T)$라고 표시한다.

잎 사이의 거리 문제

가중치가 있는 트리에 있는 잎들 사이의 거리를 계산하라.

입력: n개의 잎이 있고 가중치가 있는 트리

출력: $n \times n$ 행렬$(d_{i,j})$. 여기서 $d_{i,j}$는 잎 i와 j를 잇는 경로의 길이에 해당한다.

어떤 트리에서 잎 i와 j 사이의 거리를 구하는 한 가지 방법은 트리의 i에서 시작해 j로 끝나는 위상학적 나열을 구축하는 것이다(돌아가기: 위상학적 나열 만들기 참고). 그다음 5장에서 나왔던 DAG에서 최장 경로를 구하는 문제에 적용했던 알고리듬을 사용해 i와 j를 잇는 경

328페이지

로의 길이를 구하면 된다.

　그러나 우리는 이 문제의 역^{reverse}을 해결하고자 한다. 이를 위해서는 주어진 거리 행렬을 모델링하는 뿌리 없는 트리를 구축할 수 있어야 한다. 가중치가 있는 뿌리 없는 트리 T가 있을 때 모든 i, j 쌍에 대해 $d_{i,j}(T) = D_{i,j}$를 만족하는 경우 T가 거리 행렬 D에 **적합하다**^{fit}고 말한다.

거리 기반 계통 발생 문제

거리 행렬에 적합한 진화 트리를 재구축하라.

　입력: 거리 행렬

　출력: 거리 행렬에 적합한 트리

STOP　잠깐 멈추고 생각해 보자　거리-기반 계통 발생 문제에는 언제나 해결책이 있는가?

445페이지 ▶ 모든 거리 행렬이 이에 적합한 트리를 갖고 있는 것은 아니다(돌아가기: 거리 행렬에 적합한 트리 찾기 참고). 따라서 어떤 거리 행렬을 이에 적합한 트리가 있는 경우 **가산적**^{additive}이라고 하고 적합한 트리가 없는 경우 **비가산적**$^{non-additive}$이라고 한다. 가산적이라는 단어가 쓰인 이유는 거리 행렬 D에 적합한 트리에서 잎 i와 j를 잇는 경로에 있는 모든 에지들의 길이를 더하면 $D_{i,j}$가 되기 때문이다.

　그림 7.7에 있는 트리들은 모두 그림 7.3에 있는 거리 행렬에 적합하므로 거리 행렬에 적합한 전형적인 트리의 개념을 갖고 있으면 좋을 것이다. 3장에 나왔던 비방향성 그래프의 정의를 확장해서 트리에 있는 어떤 경로에서 시작 노드와 끝 노드를 뺀 나머지 노드들의 degree가 2인 경우 이 경로를 **비분기**$^{non-branching}$ 경로라고 한다. 비분기 경로는 더욱 긴 비분기 경로의 하위 경로가 아닌 경우 **최대**^{maximal} 비분기 경로라고 한다. 모든 최대 비분기 경로를 하나의 에지로 바꾸고 그 길이를 해당 경로의 길이의 합으로 만들면 그림 7.7(위쪽)에 있는 트리는 그림 7.7(아래쪽)에 있는 트리가 될 것이다. 일반적으로 이런 변화 과정 이후에는 degree가 2인 노드는 존재하지 않는다. 이런 성질을 만족하는 트리를 **단순 트리** $^{simple\ tree}$라고 한다. 어떤 행렬이 가산적일 때 이 행렬에 적합한 단순 트리는 단 하나 존재한다. 거리-기반 계통 발생 문제에서 Tree(D)라는 용어는 거리 행렬 D에 적합한 단순 트리를 나타낼 때 사용할 것이다. 이제 궁금해지는 것은 어떻게 D로부터 Tree(D)를 구하는가다.

연습 문제 n개의 잎을 가진 모든 단순 트리는 최대 $n - 2$개의 내부 노드를 가진다는 것을 증명하라.

거리 기반 계통 발생 구축을 위한 알고리듬을 향해

이웃하고 있는 잎 탐색하기

거리 기반 계통 발생 문제를 해결하기 위한 자연스러운 첫 단계는 거리 행렬 D에 대해 가장 가까운 두 종이 $\text{TREE}(D)$의 **이웃**neighbor에 해당하는지 확인하는 것이다. 다시 말해 최소값 $D_{i,j}$는 같은 부모를 가진 잎 i와 j에 해당해야 한다는 것이다. 7장에서 행렬의 최소 요소라고 말할 때는 **비대각선**off-diagonal 요소, 즉 $i \neq j$를 만족하는 값 $D_{i,j}$ 중에서 최소값을 말하는 것이다.

> **정리**   3개 이상의 노드를 가진 모든 단순 트리는 한 쌍의 이웃한 잎을 갖고 있다.

증명   3개 이상의 노드를 가진 단순 트리 T가 주어졌을 때 T에 있는 경로 중 가장 많은 수의 노들를 가진 경로 $P = (v_1, \ldots, v_k)$를 생각해 보자. T는 최소한 3개의 노드를 갖고 있으므로 k는 최소한 3이어야 한다. 또한 노드 v_1과 v_k는 잎이어야 하는데 만약 그렇지 않다면 P를 더 긴 경로로 연장할 수 있기 때문이다. T가 단순 트리이므로 T에 있는 각각의 내부 노드들의 degree는 최소한 3이어야 한다. 따라서 노드 v_1의 부모에 해당하는 노드 v_2는 최소한 3개의 인접 노드를 갖고 있어야 한다. v_1, v_3 그리고 또 다른 노드 w.

우리는 w가 잎이라고 주장할 계획인데 이는 잎 v_1와 w가 이웃이라는 것을 암시한다. 이 주장은 다음 상황을 가정했을 때 발견할 수 있는 모순을 보면 알 수 있다. 만약 w가 잎이 아니라면 T는 단순 트리이므로 w는 다른 노드 u와 인접할 것이다. 따라서 새롭게 $P' = (u, w, v_2, v_3, \ldots, v_k)$라는 경로를 형성하게 되는데 이는 $k + 1$개의 노드를 가지므로 P가 가장 많은 노드를 가진 경로라는 기존의 가정에 모순된다. 따라서 w는 잎이어야 하며 v_1과 w는 이웃임을 알 수 있다.

그림 7.8(위쪽)에서는 부모 m을 공유하는 잎 i와 j에 대해 트리에 있는 모든 잎 k에 대해 아래의 수식을 만족한다는 것을 보여 준다.

$$d_{k,m} = \frac{(d_{i,m} + d_{k,m}) + (d_{j,m} + d_{k,m}) - (d_{i,m} + d_{j,m})}{2} = \frac{d_{i,k} + d_{j,k} - d_{i,j}}{2}$$

i, j, k가 모두 잎이므로 노드 k와 m 사이의 거리 $d_{k,m}$은 가산적 거리 행렬 D에 있는 요소들로 나타낼 수 있다.

$$d_{k,m} = \frac{(D_{i,k} + D_{j,k} - D_{i,j})}{2}$$

부모 노드 m의 degree가 3인 경우(그림 7.8 위쪽처럼), 잎 i와 j를 트리에서 제거하면 m이 잎이 되므로 총 잎의 개수가 줄어든다(그림 7.8 아래쪽). 이 과정은 행렬 D에서 행 i와 j, 열 i와 j를 제거한 뒤 그들의 부모인 m에 해당하는 행과 열을 새로 추가하는 작업과 동일하다. 이때 m에서 다른 잎까지의 거리는 위의 수식으로 계산할 수 있다.

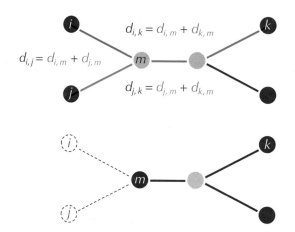

그림 7.8 (위쪽) 이웃하는 잎 i와 j 그리고 그들의 부모 노드 m에 대해 m에서 트리에 있는 모든 잎 k까지의 거리는 $d_{k,m} = (d_{i,k} + d_{j,k} - d_{i,j})/2$에 해당한다. (아래쪽) 잎 i와 j를 트리에서 없애면 m이 잎이 된다(m의 degree가 3이라고 가정했을 때). 이 새로운 잎에서 다른 잎 k까지의 거리는 $d_{k,m} = (D_{i,k} + D_{j,k} - D_{i,j})/2$로 다시 계산할 수 있다.

연습 문제 위에서 부모 노드(m)의 degree가 3인 경우 어떻게 트리의 크기 및 거리 행렬 D의 차원을 줄일 수 있는지 설명했다. 이제 m의 degree가 3보다 클 때는 어떻게 할지 비슷한 접근법을 설계해 보자.

이 논의는 거리 기반 계통 발생 문제의 재귀 알고리듬을 암시하고 있다:

• 거리 행렬에서 최소 $D_{i,j}$ 값을 갖는 이웃한 잎 i와 j를 찾는다.

- i와 j를 그들의 부모 노드로 교체하고 이 부모 노드에서 모든 다른 잎까지의 거리를 위에서 설명한 대로 다시 계산한다.
- 거리 기반 계통 발생 문제를 작아진 트리에 대해 해결한다.
- 제거했던 i와 j 잎을 다시 트리에 추가한다.

> 연습 문제 이 재귀적 접근법을 그림 7.9(왼쪽)에 나온 거리 행렬에 적용해 보자(이 연습문제는 손으로 풀어 보자).

	v_1	v_2	v_3	v_4		v_1	v_2	v_3	v_4
v_1	0	13	21	22	v_1	0	3	4	3
v_2	13	0	12	13	v_2	3	0	4	5
v_3	21	12	0	13	v_3	4	4	0	2
v_4	22	13	13	0	v_4	3	5	2	0

그림 7.9 (왼쪽) 가산적 4×4 거리 행렬(오른쪽) 비가산적 4×4 거리 행렬

가지의 길이 계산하기

위의 연습 문제를 풀어 보려고 했다면 아마 혼란에 빠졌을 것이다. 그 이유는 제시된 알고리듬의 첫 번째 단계에서 가산적 거리 행렬의 최소 요소가 서로 이웃하는 잎들이라고 가정했기 때문이다. 그러나 그림 7.10에 나와 있듯이 이 가정이 언제나 맞는 것은 아니다. 따라서 거리 기반 계통 발생 문제를 위한 새로운 접근법이 필요하다. SARS-CoV로부터 최단 거리에 있는 코로나 바이러스를 찾는 것이 SARS를 옮긴 동물 전염원을 찾는 최선의 방법이 아닐 수 있기 때문이다.

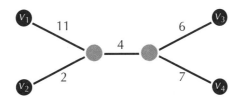

그림 7.10 그림 7.9(왼쪽)의 거리 행렬에 적합한 단순 트리. 가장 가까운 두 잎(j와 k)은 서로 이웃이 아니다.

우리가 제안한 재귀적 접근법은 실패했지만 재귀를 사용하는 것은 좋은 생각이므로 또 다른 재귀 알고리듬을 탐구해 볼 것이다. TREE(D)에서 한 쌍의 이웃을 찾는 대신 잎을 한

번에 하나씩 잘라냄으로써 트리의 크기를 줄여 볼 것이다. 물론 우리는 TREE(D)가 어떻게 생겼는지 모르기 때문에 거리 행렬을 분석해서 어떻게든 TREE(D)의 잎을 잘라내야 한다.

TREE(D)를 구축하는 첫 단계로 TREE(D)의 가지의 길이를 계산하는 보다 낮은 목표를 다뤄 볼 것이다. 트리의 잎 j가 주어졌을 때 j와 이것의 부모를 연결하는 가지의 길이를 LIMBLENGTH(j)라고 표시한다. 가지가 아닌 에지들은 2개의 내부 노드들을 연결해야 하므로 이들은 **내부 에지**internal edge라고 부를 것이다.

가지 길이 문제

가산적 거리 행렬에 적합한 단순 트리에서 가지의 길이를 계산하라.

> **입력:** 가산적 거리 행렬 D와 정수 j
> **출력:** TREE(D)에서 잎 j와 그것의 부모를 잇는 가지의 거리 LIMBLENGTH(j)

주어진 잎 j에 대해 LIMBLENGTH(j)를 계산할 때 TREE(D)가 단순 트리이므로 PARENT(j)의 degree가 최소 3이라는 것을 알 수 있다(그렇지 않다면 TREE(D)는 노드가 2개밖에 없는 것이다). 따라서 PARENT(j)는 TREE(D)에 있는 다른 노드들을 최소 3개의 **하위 트리**subtree로 나누는 노드, 즉 PARENT(j) 노드와 이것에 연결돼 있는 모든 에지를 제거해 작은 트리들을 만들 수 있는 노드로 생각할 수 있다(그림 7.11 참고). j가 잎이므로 이 노드는 자기 자신으로 이뤄진 하위 트리에 속할 것이다. 이 하위 트리를 T_j라고 하겠다. 이 과정은 다음 결과를 가져온다.

> **가지 길이 정리** 가산적 행렬 D와 잎 j가 주어졌을 때 LIMBLENGTH(j)는 모든 잎 i와 k에 대해 $(D_{i,j} + D_{j,k} - D_{i,k})/2$의 최소값과 동일하다.

증명 주어진 한 쌍의 잎은 하나의 하위 트리에 같이 속하거나 서로 다른 하위 트리에 속할 수 있다. 그러므로 먼저 잎 i와 j가 서로 다른 하위 트리 T_i와 T_k에 속한다고 가정해 보자(그림 7.11). PARENT(j)가 i와 k를 잇는 경로에 있으므로 PARENT(j)는 다음을 만족한다.

$$d_{i,j} = d_{i,\,\text{PARENT}(j)} + \text{LIMBLENGTH}(j)$$
$$d_{j,k} = d_{k,\,\text{PARENT}(j)} + \text{LIMBLENGTH}(j)$$

이 두 수식을 더하면 다음 결과가 만들어진다.

$$d_{i,j} + d_{j,k} = d_{i,\,\text{PARENT}(j)} + d_{k,\,\text{PARENT}(j)} + 2 \cdot \text{LIMBLENGTH}(j)$$

$d_{i,\,\text{PARENT}(j)} + d_{k,\,\text{PARENT}(j)}$는 $d_{i,k}$와 동일하므로 다음을 만족한다.

$$\text{LIMBLENGTH}(j) = \frac{d_{i,j} + d_{j,k} - d_{i,k}}{2} = \frac{D_{i,j} + D_{j,k} - D_{i,k}}{2}$$

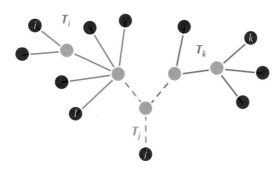

그림 7.11 단순 트리와 여기서 선택된 잎 i, j, k, l. j의 부모 노드를 제거하면 (그리고 이에 연결된 다른 에지들까지 제거하면) 이 나무는 3개의 하위 트리로 나뉜다. 각 하위 트리의 에지들을 서로 다른 색으로 표시했다. 잎 i와 l은 T_i에 속하고, 잎 k는 T_k에 속한다. 잎 j는 T_j에 속하는데 이 하위 노드에는 노드가 하나만 존재한다.

이제 잎 i와 l이 같은 하위 트리에 있다고 가정해 보자(그림 7.11). i에서 l로 가는 경로는 $\text{PARENT}(j)$를 통과하지 않기 때문에 다음과 같은 부등식을 얻을 수 있다.

$$d_{i,\,\text{PARENT}(j)} + d_{l,\,\text{PARENT}(j)} \geq d_{i,l}.$$

이 식을 다음 식과 합치면

$$d_{i,j} + d_{j,l} = d_{i,\,\text{PARENT}(j)} + d_{l,\,\text{PARENT}(j)} + 2 \cdot \text{LIMBLENGTH}(j)$$

다음 식이 만들어진다.

$$\text{LIMBLENGTH}(j) = \frac{d_{i,j} + d_{j,l} - \left(d_{i,\,\text{PARENT}(j)} + d_{l,\,\text{PARENT}(j)}\right)}{2}$$

$$\leq \frac{d_{i,j} + d_{j,l} - d_{i,l}}{2} = \frac{D_{i,j} + D_{j,l} - D_{i,l}}{2}$$

이 논의를 통해 모든 i와 k에 대해 $\text{LIMBLENGTH}(j)$는 $(D_{i,j} + D_{j,k} - D_{i,k})/2$보다 작거나 같다는 것을 알 수 있었다. 서로 다른 하위 트리에 속하는 잎 i와 k는 언제나 찾을 수 있기 때문에(왜?) $\text{LIMBLENGTH}(j)$는 모든 i와 k에 대한 $(D_{i,j} + D_{j,k} - D_{i,k})/2$ 값 중 최소값과 동일하다.

이제 가지 길이 문제를 해결할 수 있는 알고리듬이 생겼다. 각각의 잎 j에 대해 LIMBLENGTH(j)는 가능한 모든 i와 k에 대한 $(D_{i,j} + D_{j,k} - D_{i,k})/2$ 중 최소값으로 계산할 수 있다.

연습 문제 제시된 알고리듬으로 LIMBLENGTH(j)를 계산하는 데 걸리는 시간은 $O(n^2)$이다. LIMBLENGTH(j)를 계산하는 시간이 $O(n)$에 해당하는 알고리듬을 설계해 보자.

가산적 계통 발생

트리의 가지 다듬기

이제 TREE(D)에 있는 모든 가지의 길이를 찾는 방법을 알게 됐으니 그림 7.12에 나와 있는 알고리듬을 사용해 재귀 방식으로 TREE(D)를 구축할 수 있다.

먼저 이미 TREE(D)를 알고 있다고 가정하고 임의의 잎 j를 골라보자. 이제 j의 가지를 다듬어서 길이를 LIMBLENGTH(j)만큼 줄일 것이다. TREE(D)를 알 수 없기 때문에 잎 j를 다듬는 과정을 거리 행렬 D에 대해 표현해야 한다. 이를 위해 먼저 거리 행렬 D의 행 j와 열 j에 있는 비대각선 요소에서 LIMBLENGTH(j) 만큼을 뺀다. 이렇게 하면 j의 가지가 **잘린 가지**bald limb로 바뀌어서 길이가 0이 된 행렬 D^{bald}를 얻게 된다(그림 7.12). 이제 잘린 가지가 트리에서 완전히 없어졌다고 가정할 것이다. 거리 행렬에 대해 잘린 가지를 무시한다는 말은 행렬 D에서 행 j와 열 j를 제거해서 작아진 $(n-1) \times (n-1)$ 행렬인 $D^{trimmed}$를 만든다는 뜻이다. 이제 TREE(D)를 다음 네 단계의 재귀 방식으로 찾을 수 있게 됐다.

- 임의의 잎 j를 선택하고 LIMBLENGTH(j)를 계산한 뒤 거리 행렬 $D^{trimmed}$를 계산한다.
- $D^{trimmed}$에 대해 거리-기반 계통 발생 문제를 해결한다.
- 잎 j가 TREE(D)에 붙어야 하는 위치 TREE($D^{trimmed}$)를 찾는다.
- TREE($D^{trimmed}$)에서 붙어야 하는 위치에 길이가 LIMBLENGTH(j)인 가지를 붙여서 TREE(D)를 만든다.

잠깐 멈추고 생각해 보자 TREE(D^{trimmed})에 잎 j를 다시 붙일 때 붙어야 할 위치를 어떻게 찾을 수 있는가?

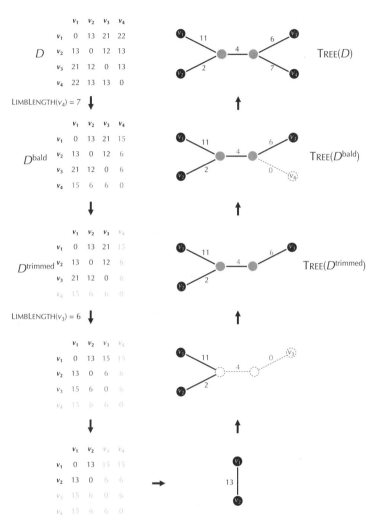

그림 7.12 그림 7.9(왼쪽)에 있는 가산적 거리 행렬을 이 행렬에 적합한 단순 트리(그림 7.10)로 만드는 과정. 왼쪽에서는 먼저 LIMBLENGTH(v_4) = 7를 계산한 뒤 행렬 D의 마지막 행과 열에 대한 비대각선 요소들에서 7을 빼서 D^{bald}를 만든다(바뀐 값들은 빨간색으로 표시했다). 이 행과 열을 제거하면 3×3 거리 행렬인 D^{trimmed}가 나온다. 이제 D^{trimmed}에서 LIMBLENGTH(v_3) = 6을 계산하고 세 번째 행과 열에 대한 비대각선 요소에서 6을 뺀다. 이 행과 열을 제거하면 2×2 거리 행렬이 나온다. 오른쪽에는 먼저 이 2×2 거리 행렬에 적합한 에지 하나짜리 트리를 만들 수 있다. (왼쪽에 보이는) 제거했던 가지를 붙일 지점을 찾아서 TREE(D^{trimmed}), TREE(D^{bald}) 및 TREE(D)를 재구축할 수 있다.

가지 붙이기

TREE(D^{trimmed})에서 잎 j를 붙일 지점을 찾고자 TREE(D)와 같지만 LIMBLENGTH(j) = 0인 것만 다른 TREE(D^{bald})를 생각해 보자. 가지 길이 정리에 따라 TREE(D^{bald})에는 다음을 만족하는 잎 i와 k가 있다.

$$\frac{D_{i,j}^{\text{bald}} + D_{j,k}^{\text{bald}} - D_{i,k}^{\text{bald}}}{2} = 0$$

이것은 다음을 의미한다.

$$D_{i,k}^{\text{bald}} = D_{i,j}^{\text{bald}} + D_{j,k}^{\text{bald}}$$

따라서 잎 j를 붙일 지점은 잘린 나무에서 잎 i와 k를 잇는 경로에서 $D_{i,j}^{\text{bald}}$ 만큼 떨어진 지점이어야 한다. 이 붙이는 지점은 이미 존재하는 노드에 있을 수도 있다. 또는 j를 붙이는 지점은 특정 에지에 존재할 수도 있는데 이 경우 j를 붙일 새로운 노드를 만들어야 한다.

거리 기반 계통 발생을 구축하기 위한 알고리듬

앞서 논의한 내용에 따르면 아래 알고리듬이 나오는데 이를 **ADDITIVEPHYLOGENY**라고 부를 것이며 이는 $n \times n$ 가산적 거리 행렬 D에 적합한 단순 트리를 찾는 알고리듬이다. 여기서 이미 거리 행렬 D에 대해 잎 j의 LIMBLENGTH(j)를 구하는 **LIMB**(D, j)를 구현했다고 가정할 것이다. **ADDITIVEPHYLOGENY**에서는 TREE(D)에서 잘라낼 임의의 잎 j를 선택하는 대신 D에 있는 마지막 행과 열에 해당하는 잎 n을 선택할 것이다.

> **잠깐 멈추고 생각해 보자** **ADDITIVEPHYLOGENY** 알고리듬에 대한 다음 질문들을 생각해 보자.
>
> - 계산에 걸리는 시간은 어떻게 되는가?
> - **ADDITIVEPHYLOGENY** 알고리듬이 모든 행렬에 대해 트리를 구축할 수 있을 것처럼 보이지만 사실은 그렇지 않다. **ADDITIVEPHYLOGENY** 알고리듬을 그림 7.9에 있는 비가산적 거리 행렬에 적용해 보면 어떤 일이 일어나는가?
> - **ADDITIVEPHYLOGENY**를 수정해서 주어진 거리 행렬이 가산적인지 확인하는 알고리듬을 작성해 보자. 그리고 이 알고리듬을 그림 7.13(위쪽)에 있는 코로나 바이러스의 Spike 단백질의 거리 행렬에 적용해 보자. 이 행렬은 가산적인가?

```
ADDITIVEPHYLOGENY(D, n)
    if n = 2
        return the tree consisting of a single edge of length D_{1,2}
    limbLength ← LIMB(D, n)
    for j ← 1 to n − 1
        D_{j,n} ← D_{j,n} − limbLength
        D_{n,j} ← D_{j,n}
    (i, k) ← two leaves such that D_{i,k} = D_{i,n} + D_{n,k}
    x ← D_{i,n}
    remove row n and column n from D
    T ← ADDITIVEPHYLOGENY(D, n − 1)
    v ← the (potentially new) node in T at distance x from i on the path between i and k
    add leaf n back to T by creating a limb (v, n) of length limbLength
    return T
```

위의 질문에 따르면 **ADDITIVEPHYLOGENY** 알고리듬을 수정해서 주어진 거리 행렬이 가산적인지 알아볼 수 있을 것이다. 그러나 사실 가산성을 확인하는 훨씬 더 간단한 방법이 존재한다(돌아가기: 네 점 조건 참고). 446페이지

코로나 바이러스의 진화 트리 구축하기

2003년 말 생명정보학자들은 다양한 새와 포유류들에서 얻은 수많은 코로나 바이러스들의 유전체 서열을 알아냈고 이를 통해 스파이크 단백질의 다중 정렬을 구축해서 그림 7.13(위쪽)에 있는 거리 행렬을 얻을 수 있었다.

이제 거리 행렬에서 최소값을 갖는 요소가 이웃하는 노드 쌍이라는 결론의 위험성을 이해했지만 상식적으로 보면 그림 7.13(위쪽)에서는 사향^{civet}이 SARS의 근원지여야 할 것처럼 보인다. 이 정보를 통해 연구자들은 광동 지역에서 사향고양이(그림 7.14) 고기를 부적절하게 관리한 것이 SARS를 일으켰을 거라는 가설에 이끌리게 됐다.

그러나 이런 성급한 결론을 내리기 전에 바이러스가 여러 종들 사이에서 어떻게 전달됐는지 알아내는 게 무척 힘들다는 것을 알아보고자 '돌아가기: SARS를 옮긴 것은 박쥐일까?'를 읽어 보길 바란다. 사실 몇몇 연구는 SARS가 박쥐로부터 사향고양이로 전달된 뒤 그 질병이 사람에게로 전달됐다고 제시했다. 사향고양이가 2003년 SARS를 전달했다는 448페이지

것은 부분적으로 밝혀졌는데 그 이유는 박쥐를 포함한 의심 동물들에 있는 SARS의 유전체 서열이 그 전에 밝혀진 적이 없기 때문이었다.

SARS와 유사한 코로나 바이러스들의 거리 행렬은 비가산적이기 때문에 약간 편법으로 행렬을 가산적으로 만들어서 **ADDITIVEPHYLOGENY**를 적용해 볼 수 있도록 할 것이다(그림 7.13 아래쪽).

연습 문제　그림 7.13(아래쪽)에 적합한 단순 트리를 구축하라.

	소	돼지	말	쥐	개	고양이	칠면조	사향고양이	인간
소	0	295	300	524	1077	1080	978	941	940
돼지	295	0	314	487	1071	1088	1010	963	966
말	300	314	0	472	1085	1088	1025	965	956
쥐	524	487	472	0	1101	1099	1021	962	965
개	1076	1070	1085	1101	0	818	1053	1057	1054
고양이	1082	1088	1088	1098	818	0	1070	1085	1080
칠면조	976	1011	1025	1021	1053	1070	0	963	961
사향고양이	941	963	965	962	1057	1085	963	0	16
인간	940	966	956	965	1054	1080	961	16	0

	소	돼지	말	쥐	개	고양이	칠면조	사향고양이	인간
소	0	295	306	497	1081	1091	1003	956	954
돼지	295	0	309	500	1084	1094	1006	959	957
말	306	309	0	489	1073	1083	995	948	946
쥐	497	500	489	0	1092	1102	1014	967	965
개	1081	1084	1073	1092	0	818	1056	1053	1051
고양이	1091	1094	1083	1102	818	0	1066	1063	1061
칠면조	1003	1006	995	1014	1056	1066	0	975	973
사향고양이	956	959	948	967	1053	1063	975	0	16
인간	954	957	946	965	1051	1061	973	16	0

그림 7.13 (위쪽) 다양한 동물에서 추출한 코로나 바이러스들의 스파이크 단백질들에 대한 서열 쌍 정렬에 기반한 거리 행렬. 각 서열 쌍의 거리는 최적 정렬에서 미스매치와 indel의 수로 계산됐다. (아래쪽) 거리 행렬을 수정해 가산적으로 만든 것.

그림 7.14 사향고양이

최소 제곱을 사용해 거리의 근사값에 기반한 계통 발생을 구축하는 방법

$n \times n$ 거리 행렬 D가 비가산적이라면 대신 잎들 사이의 거리가 D의 요소들과 근사한 값을 갖는 가중치가 있는 트리 T를 찾을 것이다. 이를 통해 **제곱 오차의 합**sum of squared error DISCREPANCY(T, D)을 최소화하는 T를 찾고자 한다. 제곱 오차의 합은 다음 식으로 계산된다.

$$\text{DISCREPANCY}(T, D) = \sum_{1 \leq i < j \leq n} (d_{i,j}(T) - D_{i,j})^2$$

최소 제곱 거리 기반 계통 발생 문제:

주어진 거리 행렬에 대해 제곱 오차의 합을 최소화하는 트리를 찾아라.

   입력: $n \times n$ 거리 행렬 D
   출력: n개의 잎을 가진 모든 트리 T 중 DISCREPANCY(T, D)를 최소로 하는 가중치가 있는 트리 T

연습 문제 트리 T를 그림 7.10에 있는 트리에서 에지의 길이를 없앤 것이라고 해보자. 그림 7.9(오른쪽)에 있는 비가산적 4×4 거리 행렬 D가 주어졌을 때 DISCREPANCY(T, D)를 최소로 만들 수 있는 에지들의 길이를 구하라.

특정 트리 T에 대해 DISCREPANCY(T, D)를 최소로 하는 에지들의 가중치를 찾는 것은 쉽다는 것이 밝혀졌다. 그러나 특정 트리에 대해 제곱 오차의 합이 최소가 되도록 할 수 있다는 사실이 최소 제곱 거리 기반 계통 발생 문제를 효율적으로 해결할 수 있다는 뜻은 아니다. 그 이유는 트리의 잎이 늘어날 수록 서로 다른 트리의 경우의 수가 빠르게 늘어나기 때문이다. 사실 최소 제곱 거리 기반 계통 발생은 NP-완전 문제에 해당하며, 따라서 비가산적 행렬에 가장 적합한 트리를 찾는 빠른 알고리듬을 설계하려는 희망은 버려야 한다. 다음 두 절에서는 비가산적 행렬에 대한 트리를 구축하는 휴리스틱 방법들을 통해 문제를 근사하게 해결하는 방법들을 알아볼 것이다.

초거리 진화 트리

생물학자들은 보통 진화 트리에 있는 모든 내부 노드들이 **종 분화 현상**speciation event을 겪은 종들이라고 가정한다. 그림 7.15(위쪽)에 있는 트리의 (종 분화 현상에 해당하는) 모든 내부 노드들은 degree가 3이다. 따라서 **뿌리 없는 이진 트리**unrooted binary tree를 모든 노드들의 degree가 1이거나 3인 트리라고 정의하겠다.

> **연습 문제** 잎의 개수가 n인 모든 뿌리 없는 이진 트리는 $n-2$개의 내부 노드를 가진다는 것(따라서 에지의 수는 $2n-3$이라는 것)을 증명하라.

뿌리 있는 이진 트리rooted binary tree는 뿌리 없는 이진 트리의 에지 중 하나에 degree가 2인 뿌리가 있는 트리다. 다시 말해 에지 (v, w)를 뿌리로 교체하고 뿌리에서 각 v와 w에 연결되는 에지를 그려 주는 것이다(그림 7.15 아래쪽).

만약 진화가 일어난 시간을 측정할 수 있는 **분자 시계**molecular clock가 있었다면 뿌리 있는 이진 트리의 모든 노드 v에 나이를 할당할 수 있을 것이다(이를 AGE(v)라고 하자). 여기서 모든 잎의 나이는 0인데 그 이유는 현재 존재하는 종들에 해당하기 때문이다. 이후 트리에 있는 에지 (v, w)에 대해 AGE(v) − AGE(w) 값을 가중치로 부여할 수 있다. 그다음, 뿌리에서 특정 노드까지의 경로의 길이는 두 나이값의 차이와 같을 것이다. 뿌리에서 모든 잎까지의 거리가 같은 이러한 트리를 **초거리**ultrametric라고 부른다(그림 7.16 오른쪽 아래).

우리의 목표는 주어진 거리 행렬에 맞는 **초거리 트리**ultrametric tree를 찾는 것이다(이것이 근사값일지라도). **산술 평균을 사용한 가중치가 없는 쌍 그룹 방법**UPGMA, Unweighted Pair Group Method with

Arithmetic Mean은 가상의 분자 시계를 사용해 초거리 진화 트리를 구축하는 간단한 클러스터링 휴리스틱 방법이다. 클러스터링은 8장에서 더 배울 수 있다.

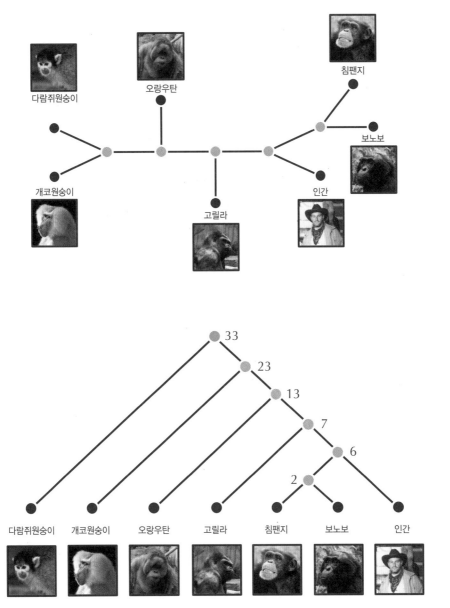

그림 7.15 (위쪽) 유인원의 계통 발생을 나타내는 뿌리 없는 이진 트리. (아래쪽) 다람쥐 원숭이(squirrel monkey)의 가지에 뿌리를 추가해서 만든 뿌리 있는 이진 트리. 각 노드에 있는 숫자는 해당 종 분화가 지금으로부터 몇 백 년 전에 일어났는지를 의미한다.

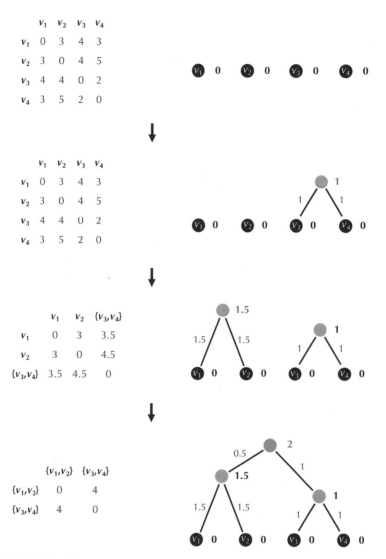

그림 7.16 UPGMA를 통해 그림 7.9(오른쪽)에 있는 비가산적 거리 행렬에 대한 트리를 구축하는 과정. UPGMA는 각 잎마다 하나씩 클러스터를 형성하는 것으로 시작한다. 각 단계에서는 가장 가까운 두 클러스터 C_1과 C_2를 찾고 새로운 노드 C로 합쳐서 C와 C_1, C_2를 방향성 에지로 연결한다. C의 나이는 $D_{C_1,C_2}/2$로 계산한다. 이 과정을 하나의 클러스터만 남을 때까지 진행하는데 이 클러스터가 바로 뿌리에 해당한다. 만들어지는 트리는 초거리 트리(뿌리에서 모든 잎까지의 거리가 같은 트리)에 해당한다.

행렬 D가 주어졌을 때 **UPGMA**는 그림 7.16에 나와 있듯이 먼저 트리비얼 클러스터 trivial cluster라는 하나의 잎만 갖고 있는 클러스터를 n개 만들어 낸다. 이후 가장 가까운 클러스터 쌍을 찾는다. 가장 가까운 클러스터의 개념을 명확히 하고자 **UPGMA**는 클러스터

C_1과 C_2 사이의 거리를 C_1과 C_2에 있는 요소 쌍들의 평균 거리로 정의한다.

$$D_{C_1,C_2} = \frac{\sum_{i \in C_1} \sum_{j \in C_2} D_{i,j}}{|C_1| \cdot |C_2|}$$

이 수식에서 |C|는 클러스터 C에 있는 잎의 개수를 의미한다.

　UPGMA가 가장 가까운 클러스터들인 C_1과 C_2를 찾은 다음엔 이들을 합쳐서 새로운 클러스터 C로 만든다. 클러스터 C에는 $|C_1| + |C_2|$만큼의 요소가 있다. 이렇게 만든 클러스터 C에 대한 노드를 만든 뒤 이를 C_1, C_2에 각각 방향성 에지로 연결한다. C의 나이는 $D_{C_1,C_2}/2$와 같다. **UPGMA**는 이 과정을 반복해서 가장 가까운 두 클러스터를 합치는데, 이 과정은 하나의 클러스터만 남을 때까지 진행된다. 이렇게 남은 클러스터가 바로 뿌리에 해당한다.

UPGMA(*D*, *n*)

    Clusters ← *n* single-element clusters labeled 1,...,*n*

    construct a graph *T* with *n* isolated nodes labeled by single elements 1,...,*n*

    for every node *v* in *T*

        AGE(*v*) ← 0

    while there is more than one cluster

        find the two closest clusters C_i and C_j (break ties arbitrarily)

        merge C_i and C_j into a new cluster C_{new} with $|C_i| + |C_j|$ elements

        add a new node labeled by cluster C_{new} to *T*

        connect node C_{new} to C_i and C_i by directed edges

        AGE(C_{new}) ← $D_{C_i,C_j}/2$

        remove the rows and columns of *D* corresponding to C_i and C_i

        remove C_i and C_i from Clusters

        add a row/column to *D* for C_{new} by computing *D*(C_{new}, *C*) for each *C* in Clusters

        add C_{new} to Clusters

    root ← the node in *T* corresponding to the remaining cluster

    for each edge (*v*, *w*) in *T*

        length of (*v*, *w*) ← AGE(*v*) − AGE(*w*)

    return *T*

UPGMA는 **ADDITIVEPHYLOGENY**에서 한 단계 더 나아간 방식인데 그 이유는 바로 비가산적 거리 행렬을 분석할 수 있기 때문이다. 그림 7.17은 그림 7.13(위쪽)에 있는 코로나 바이러스의 거리 행렬에 UPGMA를 적용한 결과를 보여 준다. 그런데 **UPGMA**의 첫 단계는 거리 $D_{i,j}$가 최소인 두 잎 i와 j를 하나의 클러스터로 합치는 것이다. 그리고 우리는 이미 거리 행렬에서 가장 작은 요소가 언제나 이웃하지는 않는다는 것을 알고 있다. 만약 **UPGMA**가 가산적 행렬로부터 정확하지 않은 트리를 만들어 낸다면 이 방법은 비가산 행렬로부터 진화 트리를 구축하는 이상적인 휴리스틱 방식이 아닌 것이다. 가산적 거리 행렬에서 언제나 이웃 잎을 찾을 수 있으면서도 비가산적 거리 행렬에 대해서도 잘 작동하는 알고리듬을 찾을 수 있을까?

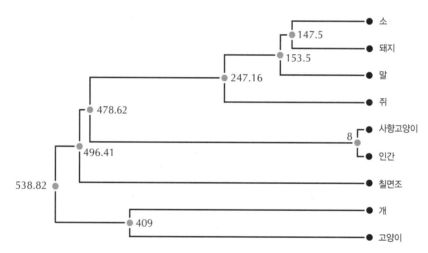

그림 7.17 그림 7.13(위쪽)에 있는 거리 행렬에 UPGMA를 적용해서 구축한 코로나 바이러스들의 초거리 트리. 뿌리는 초록색으로 나타나 있다.

이웃-연결 알고리듬

거리 행렬을 이웃-연결 행렬로 바꾸는 방법

1987년 나루야 사이토우$^{\text{Naruya Saitou}}$와 마사토시 네이$^{\text{Masatoshi Nei}}$는 진화 트리를 재구축할 수 있는 **이웃-연결 알고리듬**$^{\text{neighbor-joining algoirhtm}}$을 개발했다. 가산적 거리 행렬이 주어졌을 때 **NeighborJoining**라고 불리는 이 알고리듬은 이웃하는 한 쌍의 잎을 찾아서 이들을 하나의 잎으로 바꿔 트리의 크기를 축소시킨다. **NeighborJoining**는 이 과정을 통해 재귀적으로 가산적 거리 행렬에 적합한 트리를 구축할 수 있다. 또한 이 알고리듬은 비가산적 거리 행렬에 대해 실제로 잘 작동하는 휴리스틱 방법을 제공해 준다.

    NeighborJoining 알고리듬의 핵심 아이디어는 거리 행렬 D의 최소 요소를 찾는 것이 항상 Tree(D)의 이웃을 찾는 것임을 보장할 수는 없지만 D를 다른 행렬로 바꾸면 최소 요소가 이웃하는 잎의 쌍이 되도록 만들 수는 있다는 점이다. 먼저 주어진 $n \times n$ 거리 행렬 D가 있을 때 TotalDistance$_D(i)$를 잎 i에서 모든 다른 잎까지의 거리의 합 $\sum_{1 \leq k \leq n} D_{i,k}$라고 정의한다. **이웃-연결 행렬**$^{\text{neighbor-joining matrix}}$ D^*는 모든 i와 j에 대해 $D_{i,i}^* = 0$이고 다음을 만족하는 것으로 정의한다.

$$D_{i,j}^* = (n-2) \cdot D_{i,j} - \text{TotalDistance}_D(i) - \text{TotalDistance}_D(j)$$

    그림 7.18에 나타나 있는 **NeighborJoining** 알고리듬은 진화 트리 재구축에 널리 쓰이는 방법이다. 이 방법을 제시한 논문은 인용 수가 3만 번 이상이며 과학계에서 가장 많이 인용된 논문 중 하나다. 그런데 이 알고리듬은 직관적이지 않다. 위에서 행렬 D^*를 계산하는 식은 마술처럼 보일 수도 있다. 사실 사이토우와 네이는 완벽한 직관을 갖고 있었지만 그들은 이 알고리듬이 가산적 행렬에 대한 거리 기반 계통 발생 문제를 맞게 해결하는지 증명한 적은 없다. 그런데 연구자들이 다음 정리를 증명하는 데는 1년이 더 걸렸다. 이 증명에 대한 내용은 '돌아가기: 이웃-연결 알고리듬이 어떻게 이웃하는 잎을 찾는 것일까?'에 넘기겠다.

449페이지

> **이웃-연결 정리** 주어진 가산적 행렬 D에 대해 D^*에서 최소값을 갖는 요소 $D_{i,j}^*$는 Tree(D)에서 이웃하는 잎 i와 j에 해당한다.

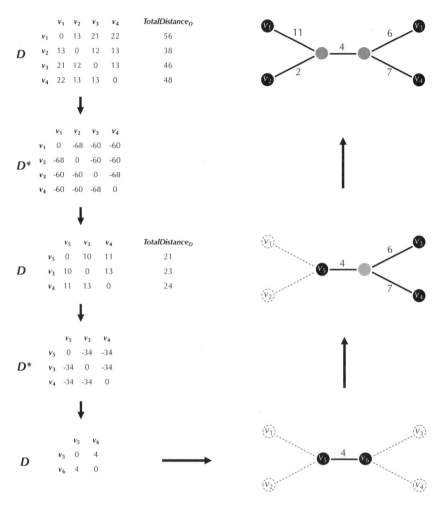

그림 7.18 (왼쪽 위) 그림 7.9(왼쪽)의 가산적 거리 행렬 D와 배열 $TotalDistance_D$. 파란색으로 표시된 D_{v_2,v_3}는 D에서의 최소 요소이지만, TREE(D)에서 잎 v_2와 v_3는 이웃하고 있지 않는 것으로 밝혀졌다. 왼쪽 부분을 따라 아래로 내려가면 이웃-연결 행렬 D^*를 구축해 D^*의 최소 요소 $D^*_{v_1,v_2}$(빨간색)를 찾을 수 있다. 이후 기존의 4×4 거리 행렬에서 v_1과 v_2를 v_5라는 하나의 잎으로 교체하고 v_5에서 다른 잎까지의 거리를 갱신함으로써 3×3 거리 행렬로 바꾼다. 갱신한 거리 $D_{v_3,v_5} = \frac{1}{2}(D_{v_3,v_1} + D_{v_3,v_2} - D_{v_1,v_2}) = \frac{1}{2}(21 + 12 - 13) = 10$이며 $D_{v_4,v_5} = \frac{1}{2}(D_{v_4,v_1} + D_{v_4,v_2} - D_{v_1,v_2}) = \frac{1}{2}(22 + 13 - 13) = 11$이다. 이후 D^*의 최소 요소로서 $D^*_{v_3,v_4}$를 찾은 뒤 잎 v_3와 v_4를 v_6이라는 하나의 잎으로 교체한다. 이렇게 만들어진 2×2 거리 행렬은 v_5와 v_6을 연결하는 하나의 에지로 이뤄진 트리다. 이제 오른쪽 부분을 따라 위로 올라가는데 각 단계마다 가지 거리를 계산하는 수식을 통해 이웃 쌍을 하나씩 트리에 다시 추가한다. (오른쪽 위) 기존의 행렬 D에 적합한 트리 TREE(D).

$n = 2$일 때 NEIGHBORJOINING(D, n)은 길이가 $D_{1,2}$인 에지 하나로 이뤄진 트리를 반환한다. $n > 2$일 때 이웃-연결 행렬에서 최소 요소를 선택해서 이웃하는 잎 i와 j를 새로운 잎인 m으로 교체하고 m에서 모든 다른 잎 k까지의 거리를 다음과 같이 계산한다.

$$D_{k,m} = \tfrac{1}{2}(D_{k,i} + D_{k,j} - D_{i,j})$$

이는 그림 7.8에서 영감을 얻은 방법이다. 이 수식은 $n \times n$ 행렬 D를 잎 i와 j가 m으로 교체된 $(n-1) \times (n-1)$ 행렬 D'로 바꿀 수 있게 해준다. **NEIGHBORJOINING**를 다시 재귀적으로 D'에 적용함으로써 $n-1$개의 잎이 있는 진화 트리를 얻을 수 있게 된다. 이후 노드 m에 잎 i와 j로 연결되는 2개의 가지를 추가한다. 여기서 가지의 길이를 정하고자 먼저 다음을 계산하고

$$\Delta_{i,j} = \frac{\text{TOTALDISTANCE}_D(i) - \text{TOTALDISTANCE}_D(j)}{n-2}$$

이후 각 가지에 다음 값을 할당한다.

$$\text{LIMBLENGTH}(i) = \frac{1}{2}\left(D_{i,j} + \Delta_{i,j}\right)$$
$$\text{LIMBLENGTH}(j) = \frac{1}{2}\left(D_{i,j} - \Delta_{i,j}\right)$$

이 수식이 어떻게 만들어졌는지 확인하려면 '돌아가기: 이웃-연결 알고리듬에서 가지의 길이 계산하기'을 참고하자. 454페이지

> 연습 문제 행렬 D가 가산적일 때 1과 n 사이의 모든 i와 j에 대해 $\frac{1}{2}(D_{i,j} + \Delta_{i,j})$와 $\frac{1}{2}(D_{i,j} - \Delta_{i,j})$가 비가산적임을 증명하라.

아래 의사 코드는 이웃-연결 알고리듬을 요약한 것이다.

```
NEIGHBORJOINING(D, n)
    if n = 2
        T ← the tree consisting of a single edge of length D₁,₂
        return T
    D* ← the neighbor-joining matrix constructed from the distance matrix D
    find elements i and j such that D*ᵢ,ⱼ is a minimum non-diagonal element of D*
    Δ ← (TOTALDISTANCE_D(i) − TOTALDISTANCE_D(j))/(n − 2)
    limbLengthᵢ ← ½(Dᵢ,ⱼ + Δ)
    limbLengthⱼ ← ½(Dᵢ,ⱼ − Δ)
    add a new row/column m to D so that D_k,m = D_m,k = ½(D_k,i + D_k,j − D_i,j)
```

```
          for any k
        remove rows i and j from D
        remove columns i and j from D
        T ← NEIGHBORJOINING(D, n − 1)
        add two new limbs (connecting node m with leaves i and j) to the tree T
        assign length limbLength_i to LIMB(i)
        assign length limbLength_j to LIMB(j)
        return T
```

연습 문제 NEIGHBORJOINING을 구현하기 전에 이를 그림 7.9에 있는 가산적 거리 행렬과 비가산적 거리 행렬에 적용하라.

연습 문제 NEIGHBORJOINING을 그림 7.13(위쪽)에 있는 코로나 바이러스의 거리 행렬에 적용하라.

이웃-연결 알고리듬으로 코로나 바이러스 분석하기

그림 7.19는 그림 7.13(위쪽)에 있는 다양한 동물에서 발견된 코로나 바이러스들의 거리 행렬에 기반한 이웃-연결 트리를 보여 주고 있다. 또한 **NEIGHBORJOINING** 알고리듬을 사향고양이에서 발견된 코로나 바이러스(그림 7.20)뿐만 아니라 다양한 인간 보인자[human carrier]에게 얻은 SARS_CoV 변이의 거리 행렬에 적용할 수 있다.

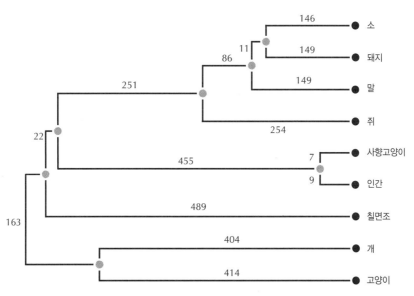

그림 7.19 다양한 동물에서 발견된 코로나 바이러스들의 이웃-연결 트리. 이는 그림 7.13(위쪽)의 비가산적 거리 행렬에 기반하고 있다.

그림 7.20에서 'Hanoi'라고 표시된 SARS-CoV 아종은 WHO에서 일하는 이탈리아 의사 카를로 우르바니Carlo Urbani라는 사람에게서 얻어 낸 것이다. 2003년 2월 우르바니는 어떤 질병에 걸린 환자를 검사하고자 하노이Hanoi 병원에 불려갔는데 그 지역 의사들은 이를 인플루엔자의 안 좋은 케이스라고 믿고 있었다. 이 의사들은 이게 조류 독감일지도 모른다며 두려워했다. 사실 그 환자는 딱 일주일 전 메트로폴Metropole 호텔에서 리우 지안룬Liu Jianlun의 복도 건너편에 묵었던 미국인이었다.

다행히도 우르바니는 이 질병이 인플루엔자가 아니라는 것을 즉각 눈치챘고 의사들 중 가장 먼저 공중 보건 당국에 이를 알렸다. 그런데 그는 하노이를 떠나는 대신 검역 절차를 감독하려고 그곳에 남아 있기를 요구했다. 우르바니의 아내는 아픈 사람들을 치료하려고 목숨을 거는 남편을 꾸짖었는데 그는 이렇게 답했다. "내가 여기에 왜 왔다고 생각해요? 이메일에 답변이나 하고, 칵테일 파티에 가거나 논문 출판이나 하려고?" 우르바니는 결국 한 달 뒤 SARS에 의해 목숨을 잃었다. 그러나 그의 희생은 질병이 퍼지는 것을 막는 전 세계적 조치를 시작하는 데 큰 도움이 됐으며 그의 행동은 몇 백만의 목숨을 구한 것이나 다름없다.

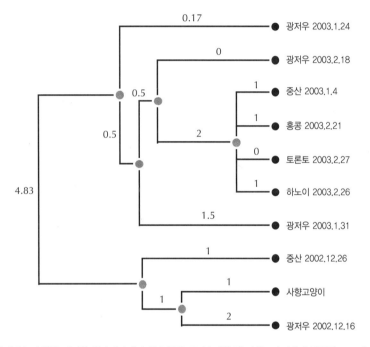

	광저우 2002.12.16	중산 2002.12.16	광저우 2003.1.24	광저우 2003.1.31	광저우 2003.2.18	홍콩 2003.2.18	하노이 2003.2.26	토론토 2003.2.17	홍콩 2003.3.15	사향 고양이
광저우	0	4	12	8	9	9	12	12	11	3
중산	4	0	10	6	7	7	10	10	9	3
광저우	12	10	0	4	5	3	2	2	1	11
광저우	8	6	4	0	3	1	4	4	3	7
광저우	9	7	5	3	0	2	5	5	4	8
홍콩	9	7	3	1	2	0	3	3	2	8
하노이	12	10	2	4	5	3	0	2	1	11
토론토	12	10	2	4	5	3	2	0	1	11
홍콩	11	9	1	3	4	2	1	1	0	10
사향고양이	3	3	11	7	8	8	11	11	10	0

그림 7.20 (위쪽) 다양한 환자에서 추출한 SARS-CoV 아종 및 사향고양이에서 발견된 코로나 바이러스의 스파이크 단백질 간의 서열 쌍 정렬에 기반한 거리 행렬. 각 서열 쌍 사이의 거리는 최적 서열 쌍 정렬에 있는 총 미스매치 및 indel의 개수로 계산됐다. (아래쪽) 이웃-연결 알고리듬으로 구축한 이 바이러스들의 진화 트리

트리 구축에 있어서 거리 기반 접근 방법의 한계점

거리 기반 트리 재구축이 SARS의 기원이나 전염에 대한 의문을 성공적으로 해결했지만 거리 행렬로 해결할 수 없는 진화에 대한 논쟁들이 많이 존재한다. 예를 들어 다중 정렬에 있는 각 행의 쌍을 거리 값으로 바꾸면 이 정렬에 있는 정보를 잃어버리게 된다. 그 결과 거리 기반 방법들은 스파이크 단백질에 대한 조상들의 서열(그림 7.20에 있는 내부 노드들)을 재구축할 수 없다. 이 사실은 이와 같은 분자 고생물학이 불가능하다고 생각하게 만든다. 따라서 진화 트리를 재구축하는 더 뛰어난 접근법이 있다면 그 방법은 정렬 결과를 거리 행렬로 바꾸지 않고 그대로 사용하는 방법일 것이다.

특성-기반 트리 재구축

특성표

50년 전 생물학자들은 DNA나 단백질 서열이 아닌 해부학적 또는 생리학적 **특성**character에 기반해 계통 발생을 구축했다. 예를 들어 무척추 동물의 진화를 분석할 때 가장 흔하게 사용된 특성은 날개의 유무나 다리의 수(0에서 시작해서 특정 지네의 경우 300까지 다양함)였다. 이 두 가지 특성에 따라 세 동물에 대해 그림 7.21에 있는 3×2 **특성표**character table가 만들어졌다.

$n \times m$ 특성표의 각 행은 **특성 벡터**character vector라는 것인데 이 벡터는 n개 중 하나의 종에 해당하는 m가지 특성 값을 갖고 있다. 우리의 목표를 대략적으로 말하자면 진화 트리를 구축하는 것인데 여기서 잎들은 현존하는 종들을 나타내고 비슷한 특성 벡터를 가진 잎들이 서로 가까이 놓여 있도록 하는 것이다. 또한 트리에 있는 모든 내부 노드에 m개의 특성 값들을 부여해서 조상 종들의 특성을 가장 잘 설명하도록 하는 것이다.

> 잠깐 멈추고 생각해 보자 앞의 모호한 설명을 특성표에 기반한 트리 재구축에 대한 잘 구성된 컴퓨터 문제로 설명할 수 있는가?

	날개	다리
날개 있는 대벌레	예	6
날개 없는 대벌레	아니오	6
거대한 지네	아니오	42

그림 7.21 (위쪽) 날개가 있는 대벌레(왼쪽)와 날개가 없는 대벌레(가운데). 각각은 6개의 디리를 갖고 있다. 거대한 지네 (오른쪽)은 42개의 다리를 갖고 있다. (아래쪽) 세 무척추 동물의 두 가지 특성(날개와 다리 수)을 나타내고 있는 3×2 특성표

해부학적 특성에서 유전적 특성으로

1965년 에밀 추커칸들Emile Zuckerkandl과 라이너스 폴링Linus Pauling은 「Molecules as documents of evolutionary history」라는 논문을 출판했다. 이 논문에서 그들은 해부학적 또는 생리학적 특성보다 DNA 서열이 훨씬 더 많은 정보를 제공한다고 주장했다. 오늘날 이 생각은 당연해 보일 수 있다. 특히나 7장의 절반 가량을 DNA 서열로 만들어진 거리 행렬로 진화 트리를 구축하는 데 써 버린 다음엔 말이다. 그러나 추커칸들과 폴링의 제안은 처음에 많은 생물학자들의 회의론에 부딪혔다. 생물학자들은 DNA 분석이 해부학적 비교와 같은 역할을 하지 못한다고 생각했다. 추커칸들과 폴링이 인간의 베타-헤모글로빈 아미노산 서열이 고릴라의 것과 매우 유사하다는 것을 발견하고 1963년 다음과 같은 글을 썼을 때 오늘날까지 유명한 논쟁이 일어났다.

헤모글로빈 구조에 대한 시각으로 봤을 때 고릴라는 그저 특이한 인간에 불과하다.

그런데 다양한 유인원에서 발견된 헤모글로빈 단백질의 놀라운 유사성은 이 유인원들 사이의 명확한 해부학적 차이점에 정면으로 충돌하는 것이었다. 그 결과 진화생물학의 대가 게이로드 심슨Gaylord Simpson은 추커칸들에게 즉각 이렇게 답했다.

...당연히 말이 안 되는 소리다. 이와 같은 비교가 뜻하는 바는 헤모글로빈을 선택한 것이 실수이며 이것이 특성에 대해 아무것도 설명할 수 없는 것이거나, 실제로 우리에게 거짓말을 한다는 것이다.

428

초반의 이런 격렬한 비판에도 불구하고 유전적 분석은 1970년대에 진화 연구의 주요한 기술이 됐다. 실제로 DNA 서열 분석은 기존에 해부학적 특성으로 설명할 수 없었던 진화의 의문점에 대해 설명할 수 있었다. 초기의 예시들 중에는 자이언트 판다를 분류하는 문제도 있었고('돌아가기: 자이언트 판다: 곰일까 라쿤일까?' 참고) 인간의 기원을 알아내는 것도 있었다('돌아가기: 인간은 어디에서 왔을까?' 참고). 그 경로가 대부분의 진화 전문가들은 그들의 시각에 적응하고 분자 진화의 전문가가 되는 방법밖에는 없었다.

456페이지
457페이지

아이러니하게도 현대의 진화 연구는 $n \times m$ 다중 정렬을 $n \times m$ 특성표로 보기도 한다. 여기서 각 열이 해당 문자의 특성을 나타낸다고 보는 것이다. 우리의 목표는 트리의 각 잎이 이 정렬에 있는 각 행을 나타내도록 트리를 구축하고 내부 노드들은 가장 간결한 진화 시나리오에 따른 조상 서열에 대응시키는 것이다. 가장 간결한 시나리오를 엄밀하게 정의하기 전에 이 알고리듬이 곤충 진화의 오랜 난제를 어떻게 해결했는지 예시로 설명하겠다.

곤충의 날개는 얼마나 많은 진화에 의해 만들어졌을까?

날개는 곤충에게 혁신적인 적응 능력을 제공했다. 포식자로부터 도망치고 새로운 지역으로 흩어져서 새로운 곤충 종이 나타날 수 있도록 만들어 준 것이다. 이러한 날개의 진화적 장점에도 불구하고 몇몇 곤충은 날개가 없지만 누가 봐도 생존에 더 적합하게 진화한 것으로 나타났다. 사실 날개가 있는 거의 모든 종이 같은 속genus에 속하고 날개가 없는 대응 종과 친척 관계에 있다. 벼룩이나 이 같은 곤충들이 속한 몇몇 속의 모든 종들은 날개가 없기도 하다.

날개를 얻는 것은 진화적으로 도전임에 분명하다. 왜냐하면 비행에 적응하려면 복잡한 생리학적 상호 작용이 필요하기 때문이다. 이를 통해 날개를 얻게 된 진화는 곤충에게 단 한번만 일어났을 거라고 생각하게 된다. 이런 주장은 19세기 고생물학자 루이스 돌로Loius Dollo가 제시한 가설인 **돌로의 비가역성 원리**Dollo's principle of irreversibility와 유사한 것이다. 이 원리에 따르면 어떤 종이 날개와 같이 복잡한 기관을 잃게 되면 해당 기관은 그 종의 자손에게서 같은 형태로 다시 나타나지 않는다는 것이다.

잠깐 멈추고 생각해 보자 곤충 날개에 대한 이 주장에 대해 어떻게 생각하는가?

STOP

최근까지도 생물학자들은 벌레 날개에 있어서 돌로의 원리를 추종하고 있었다. 날개가 다시 진화한다는 것이 불가능하다고 믿었기 때문인데 그 이유는 비행에 관련된 유전자들이 곤충에 사용되지 않은 상태로 남아 있게 되면 많은 돌연변이를 축적하게 될 테고 결국 기능이 없는 유사 유전자pseudogene가 될 것이기 때문이다. 그러나 2003년 마이클 파이팅 Michael Whiting은 전 세계의 날개 있는 대벌레와 날개 없는 대벌레를 연구한 뒤 이 주장에 대해 반박했다. 그는 이 대벌레들이 가진 약 2,000 뉴클레오티드 길이의 조각(18S 리보솜 RNA 유전자)의 서열을 밝혀냈고 이 서열에 기반해 진화 트리를 구축했다. 그는 이 계통 발생으로 부터 대벌레가 진화하면서 날개가 적어도 세 번은 다시 발명됐으며 최소한 네 번 없어졌다고 추론했다(그림 7.22).

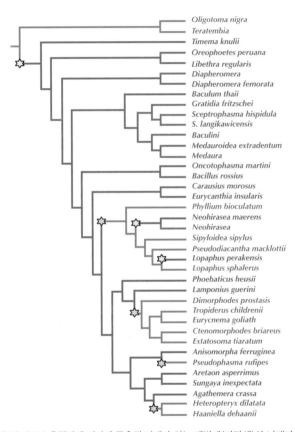

그림 7.22 18S 리보솜 RNA 유전자에 기반해 구축된 날개가 있는 대벌레(파란색)와 날개가 없는 대벌레(빨간색)의 진화 트리. 날개가 있는 종에서 없는 종으로의 변화는 노란색 별로 표시했다. 날개가 없는 종에서 있는 종으로의 변화는 초록색 별로 표시했다. 18S 리보솜 RNA 유전자는 천천히 진화하는 유전자로써 고대에 일어난 분화 과정을 재구축하는 데에 용이하게 쓰인다.

 잠깐 멈추고 생각해 보자 그림 7.22의 트리를 통해 날개가 재발명된 횟수가 네 번보다 적다고 추론하는 것이 가능한가?

화이팅의 업적은 해부학적 특성으로 진화 트리를 추론하려는 방법들이 갖고 있는 내재적 복잡성을 말해 주고 있다. 만약 모든 대벌레의 집합으로 특성 기반 계통 발생 구축 알고리 듬을 설계하라고 한다면 가장 먼저 하게 될 단계는 트리에서 날개가 있는 모든 곤충을 한 쪽에 모으고 날개가 없는 곤충들을 다른 쪽에 모으는 단계일 것이다. 그러나 날개가 재발 명될 수 있다는 뜻은 이런 접근법에 결함이 있다는 뜻이다. 미세한 세계에서는 해부학적 특성들이 그 힘을 더욱 잃게 된다. 코로나 바이러스들을 직접 관찰해서 계통 발생을 구축 한다고 생각해 보자.

최소 단순성 문제

트리의 각 잎을 다중 정렬의 각 행에 대응하도록 표시하겠다. 그리고 조상의 서열 후보에 해당하는 내부 노드들의 문자열을 추론하는 시도를 해볼 것이다. 그러나 이렇게 표시한 트 리가 주어진 다중 정렬에 얼마나 잘 맞는지 측정하기 위한 점수 함수를 개발할 필요가 있 다. 이제부터 나올 예제에서는 문제를 단순하게 하고자 다중 정렬에 indel은 없고 치환 만 있다고 가정할 것이다. 실제로 연구자들은 indel이 있는 다중 정렬에서 시작해서 모든 indel이 있는 열을 제거해야 할 것이다.

직관적으로 떠오르는 진화 트리의 점수는 트리의 모든 노드를 설명하는 데 필요한 돌연 변이의 총 개수가 될 것이다. 모든 노드에 길이가 m인 문자열이 있는 트리 T가 주어졌을 때 에지 (v, w)의 길이를 문자열 v와 w 사이의 치환 수(해밍 거리 Hamming distance)와 같게 하 는 것이다. 트리 T의 **단순성 점수** parsimony score는 모든 에지의 길이의 총합에 해당한다(그림 7.23).

일단은 뿌리 있는 이진 트리 구조가 주어졌다고 가정할 것이다. 이 경우 단순성 점수를 최소화하고자 내부 노드에 문자열만 할당하면 된다.

최소 단순성 문제

뿌리 있는 트리를 가장 단순하게 만들기 위한 내부 노드들의 문자열들을 알아내자.

입력: 각 잎이 길이 m짜리 문자열로 표시돼 있는 뿌리 있는 이진 트리

출력: 트리의 단순성 점수를 최소로 만들 수 있도록 트리의 모든 노드를 문자열로 표시하기

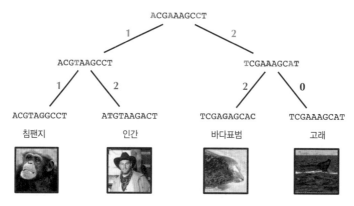

그림 7.23 단순성 점수가 8인 진화 트리. 이 트리의 잎들은 그림 7.3의 다중 정렬에 있는 DNA 문자열들에 해당한다. 색칠된 글자들은 에지로 연결된 문자열 사이의 미스매치들을 의미한다.

모든 노드 v가 길이 m짜리 문자열로 표시가 돼 있는 트리 T가 주어졌을 때 표시가 있는 트리 $T_1, ..., T_m$ 각각은 T와 동일한 구조로 돼 있으면서 노드들은 트리 T에 있는 각 노드의 i번째 글자로 표시된 트리들이라고 정의한다. 트리 T의 단순성 점수가 트리 $T_1, ..., T_m$과 동일하기 때문에 최소 단순성 문제는 정렬 결과의 각 열에 대해 독립적으로 풀 수 있다. 이 시각으로 보면 각 잎이 문자열이 아닌 하나의 글자로 돼 있다고 가정할 수 있게 해준다. 따라서 두 노드를 연결하는 에지의 가중치는 두 노드가 같은 글자인지 아닌지에 따라 0 또는 1이 될 것이다. 주어진 문자 i와 j가 있을 때 $i = j$인 경우 $\delta_{i,j} = 0$이고 $i \neq j$인 경우 $\delta_{i,j} = 1$이 될 것이다.

이제 한 글자 형태의 최소 단순성 문제를 풀기 위한 동적 프로그래밍 알고리듬인 **SMALLPARSIMONY**를 설명해 보겠다. 뿌리 있는 트리 T는 뿌리에서 잎 방향으로 가는 에지들로 이뤄진 방향성 트리로 볼 수 있다는 것을 기억해 보자. 따라서 트리 T의 모든 노드 v는 v 아래에 있으면서 v로부터 내려가면서 만날 수 있는 모든 노드로 이뤄진 하위 트리 T_v를 만들 수 있다(그림 7.24).

트리 T에서 k를 어떤 글자라고 하고 v를 트리에 있는 노드라고 하자. $s_k(v)$는 노드 v가 k라고 표시돼 있는 상황에서 하위 트리 T_v가 가질 수 있는 최소 단순성 점수라고 정의한다. **SMALLPARSIMONY**의 초기 조건은 모든 잎에 점수를 할당하는 것이다. 만약 잎 v가 k라고 표시돼 있다면 이 잎에 할당할 수 있는 유일한 문자는 k이다. 따라서 잎 v가 문자 k라고 표시된다면 $s_k(v) = 0$이며 그렇지 않다면 $s_k(v) = \infty$이다(그림 7.25).

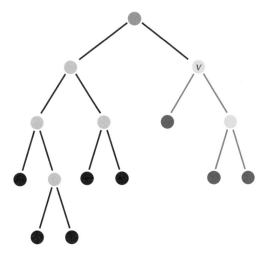

그림 7.24 파란색 부분이 노드 v에 대한 하위 트리 T_v이며 이는 더 큰 뿌리 있는 이진 트리 T 안에 있다.

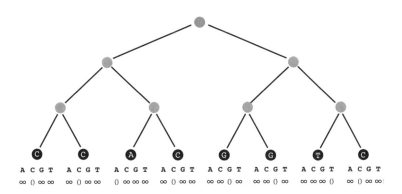

그림 7.25 모든 잎 v에 대해 $s_k(v)$ 값을 초기화하는 단계. 각 잎에 대해 배열이 하나씩 나타나 있다. 잎이 글자 k로 돼 있는 경우 $s_k(v)$ 값을 0으로 설정한다. 잎이 글자 k가 아니라면 $s_k(v)$ 값을 무한대로 설정한다.

노드 v가 트리 T의 내부 노드라면 v는 2개의 자손^{children} 노드(트리 T에서 노드 v 아래에 있는 노드들)에 연결돼 있을 것이다. 이 노드들을 각각 임의로 DAUGHTER(v) 및 SON(v)이라고 부르겠다. 점수 $s_k(v)$는 가능한 모든 글자 i 중 $s_i(\text{DAUGHTER}(v)) + \delta_{ik}$의 최소값과 가능한 모든 글자 j에 대한 $s_j(\text{SON}(v)) + \delta_{j,k}$의 최소값의 합으로 계산할 수 있다:

$$s_k(v) = \min_{\text{all symbols } i}\{s_i(\text{DAUGHTER}(v)) + \delta_{i,k}\} + \min_{\text{all symbols } j}\{s_j(\text{SON}(v)) + \delta_{j,k}\}$$

이 수식을 이용하면 트리 T를 잎에서부터 $root$라고 표시된 뿌리까지 올라가면서 모든 $s_k(v)$ 값을 구할 수 있다(그림 7.26). 뿌리의 하위 트리는 전체 트리 T에 해당하므로 최소 단순성 점수는 모든 가능한 글자 k에 대한 $s_k(root)$의 최소값으로 구해진다.

$$\min_{\text{all symbols } k} s_k(root)$$

아래는 **SMALLPARSIMONY**에 대한 의사 코드다. 이 의사 코드는 뿌리 있는 이진 트리 T에 대한 단순성 점수를 반환한다. 이 트리 T의 잎들은 CHARACTER라는 배열 안에 저장된 글자들로 표시돼 있다. 즉 CHARACTER(v)는 잎 v에 표시된 글자를 말한다. 이 코드는 각 반복 단계마다 노드 v를 선택하고 각 글자 k에 대한 $s_k(v)$ 값을 계산한다. **SMALLPARSIMONY**는 각 노드 v에 대해 TAG(v)라는 값을 유지하고 있는데 이 값은 이 노드가 계산된 적이 있는지를 나타낸다. 즉 TAG(v) = 1는 배열 $s_k(v)$가 계산됐다는 뜻이며 TAG(v) = 0는 계산된 적이 없다는 것을 나타낸다. 트리 T의 내부 노드에 대해 이 노드의 TAG 값이 0이고 자손 노드들의 TAG 값이 모두 1인 경우에 해당 내부 노드를 **익었다**^{ripe}고 말한다. **SMALLPARSIMONY** 잎에서부터 위로 올라가며 계산되는데 각 단계마다 $s_k(v)$를 계산할 익은 노드 v를 찾는다.

```
SMALLPARSIMONY(T, CHARACTER)
    for each node v in tree T
        TAG(v) ← 0
        if v is a leaf
            TAG(v) ← 1
            for each symbol k in the alphabet
                if CHARACTER(v) = k
                    sₖ(v) ← 0
                else
                    sₖ(v) ← 1
    while there exist ripe nodes in T
        v ← a ripe node in T
        TAG(v) ← 1
        for each symbol k in the alphabet
            sₖ(v) ←  min    {sᵢ(DAUGHTER(v)) + δᵢ,ₖ} +  min    {sⱼ(SON(v)) + δⱼ,ₖ}
                  all symbols i                      all symbols j
    return  min    sₖ(v)
         all symbols k
```

잠깐 멈추고 생각해 보자 익은 노드를 처리하는 순서에 상관없이 SMALLPARSIMONY 과정에서 마지막 익은 노드는 무엇인가?

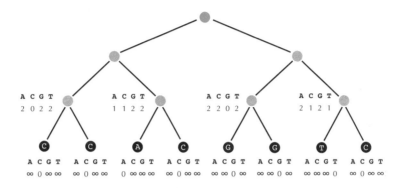

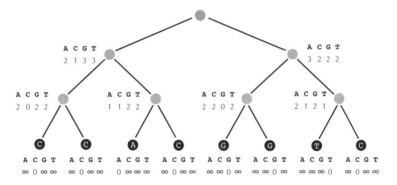

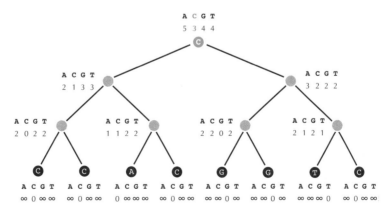

그림 7.26 그림 7.25의 초기화 단계 이후의 SMALLPARSIMONY 과정을 표현한 그림. 단순성 점수는 뿌리의 최소 점수와 같다. 이 트리에 대한 단순성 점수는 3이다. 이 값은 글자 C에 대한 값인데 이를 역추적해서 내부 노드들에 글자를 할당한다면 뿌리에는 뉴클레오티드 C를 할당하게 된다.

트리 T의 단순성 점수를 계산한 뒤에는 트리 T에 있는 내부 노드들에게 글자를 할당하는 방법도 필요하다. 그림 7.26(아래쪽)에서 $s_k(root)$의 최소값은 3이고 이는 $k = C$일 때다. 남아 있는 내부 노드들에 글자를 할당하는 방법은 서열 정렬에서 사용했던 역추적 접근법과 유사하다. 이제 당신은 동적 프로그래밍의 프로일 테니 이 작업은 연습 문제로 남겨 두도록 하겠다.

연습 문제 단순성 문제를 풀기 위해 그림 7.26의 모든 노드에 뉴클레오티드를 할당하라.

만약 트리에서 뿌리의 위치를 알 수 없다면 그저 원하는 아무 에지에 뿌리를 할당하고, 만들어진 트리에 SMALLPARSIMONY를 적용한 뒤 뿌리를 제거하면 된다. 이 방법은 다음 문제에 대한 해결책을 제공해 준다.

뿌리 없는 트리에서의 최소 단순성 문제

뿌리 없는 트리에서 내부 노드들이 최소 단순성 점수를 가지도록 글자를 표시하라.

입력: 각 잎이 길이가 m인 문자열로 표시돼 있는 뿌리 없는 이진 트리

출력: 트리의 단순성 점수를 최소로 하는, 모든 노드에 대한 길이 m짜리 문자열

연습 문제 뿌리 없는 트리에서의 최소 단순성 문제를 제시된 알고리듬으로 해결할 때 걸리는 계산 시간을 예측해 보자.

연습 문제 SARS 바이러스들의 다중 정렬 결과가 주어졌을 때 단순성 점수를 최소로 만드는 (트리에서 뿌리에 해당하는) 조상 SARS 바이러스에 있는 스파이크 단백질의 아미노산 서열을 재구축하라. 이때 그림 7.17에 있는 진화 트리가 정확하다고 가정한다.

최대 단순성 문제

진화 트리를 미리 알고 있는 상황이 아니라면 SMALLPARSIMONY는 도움이 되지 않는다. 이런 경우엔 단순성 점수를 최소로 하도록 트리 내부 노드들의 문자열을 할당할 뿐 아니라

이를 위한 이진 트리도 구축해야 한다. 그림 7.27은 세 가지 서로 다른 뿌리 없는 이진 트리에 대해 최소 단순성 문제의 해결책을 제시하고 있다. 각 트리들은 4개의 잎을 갖고 있으며 각 잎은 그림 7.3에 나온 예시 다중 정렬에 있는 문자열들이 할당돼 있다.

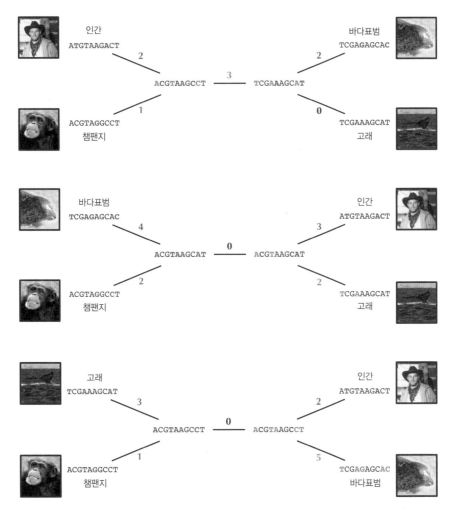

그림 7.27 그림 7.3에 있는 네 종에 대한 세 가지 뿌리 없는 이진 트리 구조. 내부 노드들은 뿌리 없는 트리에서의 최소 단순성 문제의 해답에 따른 문자열이 표시돼 있다. 첫 번째 트리의 단순성 점수(8)가 다른 두 트리(각각 11)보다 더 작기 때문에 첫 번째 트리가 최대 단순성 문제의 해결책이 된다.

불행히도 최대 단순성 문제는 NP-완전 문제다. 그 이유는 부분적으로는 잎의 개수가 늘어날수록 해당 트리의 종류가 매우 빠르게 증가하기 때문이다. 해결 방법으로 탐욕적 휴리스틱 방법을 사용해 모든 트리가 아닌 특정 트리들만 탐색해 볼 것이다. 일단 뿌리 없는 이진 트리에서 내부 에지와 이에 연결된 두 노드를 제거하면 4개의 하위 트리가 만들어진다. 이 4개의 트리를 W, X, Y, Z라고 하자(그림 7.28). 이 4개의 하위 트리들은 서로 다른 세 가지 방법으로 합칠 수 있는데, 이를 $WX|YZ$, $WY|XZ$, $WZ|XY$라고 표시하겠다. 이 3개의 트리는 **최근접 이웃들**^{nearest neighbors}이라고 불린다. **최근접 이웃 교환**^{nearest neighbor interchange} 작업은 어떤 트리를 그것의 최근접 이웃 중 하나로 교체하는 것을 말한다.

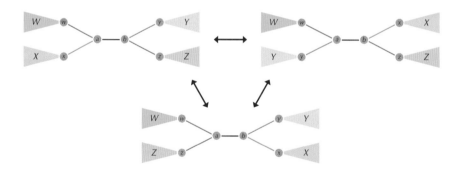

그림 7.28 내부 에지 (a, b)에 대한 최근접 이웃 교환 작업을 검정색으로 나타냈다. 최근접 이웃 교환 작업이 일어나면 4개의 색칠된 하위 트리인 W, X, Y, Z를 재배열하게 된다. 이 하위 트리들은 각각 w, x, y, z를 뿌리로 한다. 최근접 이웃 교환 작업은 a에 연결된 에지 하나와 b에 연결된 에지 하나를 제거하고, 이 에지들을 2개의 새로운 에지들로 교체하는 작업이다. (a, b) 에지에 대한 최근접 이웃 교환 작업으로 가능한 세 가지 트리 구조는 $WX|YZ$(왼쪽 위), $WY|XZ$(오른쪽 위), $WZ|XY$(아래)로 나타낼 수 있다.

연습 문제 그림 7.15에 있는 트리에서 고릴라의 조상과 인간의 조상을 연결하는 에지에 대한 2개의 최근접 이웃들을 찾아보자.

6장의 2-절단 작업과 같이 최근접 이웃 교환 작업은 트리에서 두 에지를 새로운 두 에지로 교환하는 작업에 해당한다. 예를 들어 어떤 최근접 이웃 교환 작업에 대한 내부 에지를 (a, b)라고 하자. a에 연결된 나머지 노드들을 w와 x라고 하자. 그리고 b에 연결된 나머지 노드들을 y와 z라고 하자. 그림 7.28의 오른쪽에 있는 트리는 왼쪽에 있는 트리에서 에지 (a, x)와 (b, y)를 제거하고 이를 (a, y)와 (b, x)로 교체해서 만들어진다. 그림 7.28의 아래쪽에 있는 트리는 왼쪽에 있는 트리에서 에지 (a, x) 및 (b, z)를 제거하고 이들을 (a, z)와 (b, x)로 교체해서 만들어진다.

> **연습 문제** 그림 7.29는 5개의 잎을 가진 모든 가능한 뿌리 없는 이진 트리를 보여 주고 있다. 이 트리들 중에서 하나의 트리를 다른 트리로 바꾸는 데 필요한 최근접 이웃 교체 작업의 횟수를 고려했을 때 가장 멀리 떨어져 있는 두 트리를 찾아라.

트리의 최근접 이웃 문제

어떤 이진 트리의 에지가 주어졌을 때 이 트리의 최근접 이웃을 만들어 보라.

  입력: 어떤 이진 트리의 내부 에지

  출력: 주어진 내부 노드에 대해서 이 트리의 최근접 이웃에 해당하는 2개의 트리

최대 단순성 문제에 대한 **최근접 이웃 교환 휴리스틱**nearest neighbor interchange heuristic 방법은 임의의 뿌리 없는 이진 트리에서 시작한다. 먼저 이 트리의 임의의 잎들에게 입력된 문자열들을 할당하고, 단순성 점수가 가장 많이 향상되는 최근접 이웃으로 넘어간다. 각 반복 단계에서 이 알고리듬은 트리에 있는 모든 내부 에지를 탐색해서 각 내부 에지에 대한 모든 최근접 이웃 교환 작업을 진행한다. 이 각각의 최근접 이웃에 대해 최소 단순성 문제를 풀어서 각 내부 노드의 표시를 알아내고 단순성 점수를 계산한다. 만약 더 작은 단순성 점수를 가진 최근접 이웃이 발견되면 이 알고리듬은 가장 작은 단순성 점수를 가진 트리를 선택하고(동점인 경우 임의로 선택한다) 다시 이 과정을 반복한다. 만약 더 작은 단순성 점수를 가진 최근접 이웃이 없는 경우 알고리듬이 멈춘다. 이 과정은 아래의 의사 코드로 구현할 수 있다.

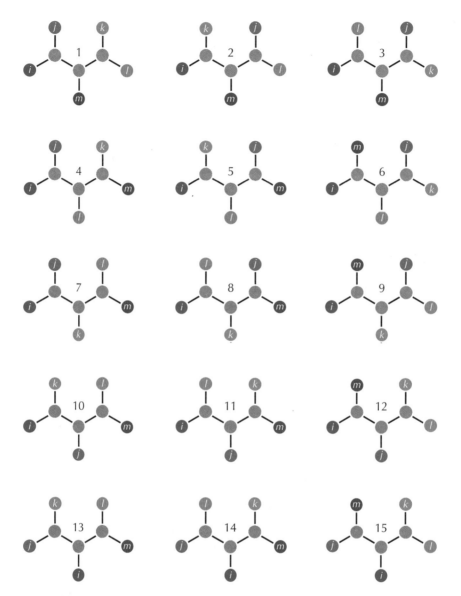

그림 7.29 5개의 표시된 잎이 있는 뿌리 없는 이진 트리가 가질 수 있는 15가지 형태. 트리 1에서 한 번의 최근접 이웃 교환이 일어나면 트리 4, 7, 12, 15를 만들 수 있다. 모든 트리는 같은 구조로 돼 있다는 것을 알아 두자. 잎이 5개보다 많은 경우에는 일어나지 않는 현상이다.

```
NearestNeighborInterchange(Strings)
    score ← ∞
    generate an arbitrary unrooted binary tree Tree with |Strings| leaves
    label the leaves of Tree by arbitrary strings from Strings
    solve the Small Parsimony in an Unrooted Tree Problem for Tree
    label the internal nodes of Tree according to a most parsimonious labeling
    newScore ← the parsimony score of Tree
    newTree ← Tree
    while newScore < score
        score ← newScore
        Tree ← newTree
        for each internal edge e in Tree
            for each nearest neighbor NeighborTree of Tree with respect to the edge e
                solve the Small Parsimony in an Unrooted Tree Problem for NeighborTree
                neighborScore ← the minimum parsimony score of NeighborTree
                if neighborScore < newScore
                    newScore ← neighborScore
                    newTree ← NeighborTree
    return newTree
```

연습 문제 8장에서는 Adh(Alcol dehydrogenase) 유전자가 어떻게 효모에서 알코올을 생산해 내는
지를 설명하고 있다. 이 유전자의 진화 과정을 연구하고자 생물학자들은 다양한 효모종에서 얻은 Adh
유전자에 대해 다중 정렬을 구축했다. 이 정렬 결과를 사용해 다양한 효모 종의 진화 트리 및 효모의
조상 종이 가진 Adh 유전자를 재구축해 보자.

이제 진화 트리를 구축할 수 있는 여러 알고리듬을 경험해 보았다. 그렇다 해도 진화에 대
한 다양한 논쟁을 쉽게 해결할 수 있다는 뜻은 아니다. 예를 들어 침팬지의 가장 가까운 친
척이 어떤 종인지 1990년대 중반까지도 정해지지 않았다(그림 7.30). 또한 쥐가 개보다 사
람에 더 가까운지에 대해서는 아직도 논쟁이 이어지고 있다(그림 7.31).

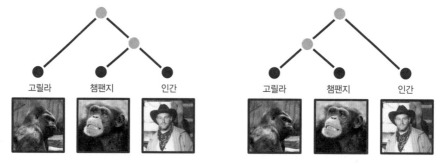

그림 7.30 (왼쪽) 인간, 침팬지, 고릴라의 beta-globin 유전자를 분석한 결과는 인간과 침팬지가 가장 나중에 분화했다고 제시하고 있다. (오른쪽) dopamine D4 receptor 유전자를 분석한 결과는 고릴라와 침팬지가 가장 나중에 분화했다고 제시하고 있다.

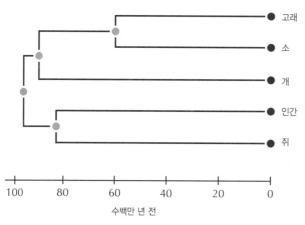

그림 7.31 21세기 초에 생물학자들은 개가 진화적으로 쥐보다 사람에 더 가깝다고 믿었다. 그러나 위의 계통 발생에 나타난 것처럼 최근 연구 결과는 그 반대라고 제시하고 있다.

에필로그: 진화 트리로 범죄에 맞서다

자니스 트라한Janice Trahan는 1982년에 루이지애나에 있는 라파예트Lafayette에서 간호사로 일하기 시작했을 무렵 리처드 슈미트Richard Schimdt 박사를 만났다. 자니스와 리처드는 둘 다 결혼한 상태였고 아이도 있었지만 서로 사랑에 빠지게 됐다. 자니스는 곧 남편과 이혼했지만 리처드는 아내와 이혼하겠다고 약속해 놓고 이혼하지 않았다. 12년 뒤 그녀는 기다림에 지쳐 관계를 끝내 버렸다. 2주 뒤 그녀가 한밤중에 깨 보니 리처드가 그녀를 지켜보고 있었다. 리처드는 한 손에 주사기를 들고 있었다.

비록 자니스가 리처드와의 관계를 끝냈지만 그녀는 그를 보고 놀라지 않았다. 그녀는 심지어 문을 잠그지도 않았다. 리처드가 항상 그녀의 만성피로를 위해 비타민 B-12를 전해 줬기 때문이다. 그러나 이번엔 달랐다. 리처드가 주사기를 누르자 그녀는 뜨거운 통증을 느꼈다.

몇달 뒤 자니스는 HIV 검사에서 양성으로 나왔고 그녀는 리처드가 주사로 자신을 감염시켰다고 고발했다. 라파예트의 경찰은 이렇게 기괴한 복수 스토리를 처음 듣는다고 했다. HIV가 들어 있는 주사기가 살인 무기로 쓰인 적은 한 번도 없었기 때문이다. 처음에 경찰은 자니스가 그녀의 전 애인의 평판을 떨어뜨리려고 이야기를 만들어 낸 것이라고 의심했다. 그렇지만 일단 경찰은 라파예트에 있는 환자들의 HIV 샘플을 수집해 조사하기 시작했다.

병원 기록을 조사한 뒤 탐정은 리처드가 자니스에게 주사를 놓은 그날 도널드 맥클랜드 Donald McClelland라는 HIV 환자의 피를 가져갔다는 것을 발견했다. 이제 관건은 맥클랜드에 게서 얻은 HIV가 자니스에게서 얻은 HIV와 유사한지 알아내는 것이었다. 자니스, 맥클랜드, 라파예트의 다른 여러 HIV 감염 환자들의 HIV DNA를 수집한 뒤 과학자들은 이 HIV 바이러스들의 진화 트리를 구축했다. 그 결과 자니스와 맥클랜드에게서 얻은 바이러스들이 이 트리에서 하위 트리를 형성하고 있다는 것을 발견했다(그림 7.32).

'루이지애나주 대 리처드 슈미트'라고 불리는 이 사건은 1998년에 재판을 받았다. 저명한 진화 생물학자 데이비드 힐리스David Hillis는 이 범죄의 증거로 진화 트리를 제시했고, 자니스의 HIV 서열이(약간의 돌연변이와 함께) 맥클랜드의 HIV 서열에서 유래했다는 것을 증명했다. 그 결과 리처드 슈미트는 살인 미수 혐의로 징역 50년형에 처해졌다.

잠깐 멈추고 생각해 보자 만약 당신이 리처드 슈미트의 변호사라면 그의 무죄를 어떻게 주장하겠는 가?

도전 문제 라파예트에 있는 AIDS 환자들에게서 얻은 HIV 서열이 주어졌을 때 HIV의 다른 단백질을 사용해 진화 트리를 구축하라. 각각의 트리가 슈미트 박사의 범죄 사실을 지지하는가? 만들어진 트리에서 각 내부 노드에 대해 조상 HIV 서열을 재구축하라.

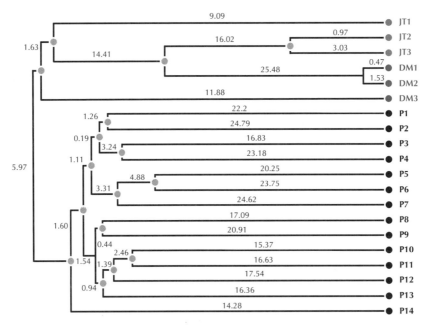

그림 7.32 라파예트의 다양한 환자에게서 얻은 HIV 바이러스들의 진화 트리. 피해자인 자니스 트라한에게서 얻은 샘플(파란색 잎 JT1, JT2, JT3)과 리처드 슈미트의 환자 도널드 맥클랜드에게서 얻은 샘플(빨간색 잎 DM1, DM2, DM3)이 서로 군집을 형성했고 라파예트의 다른 환자들에게서 얻은 서열들(P1~P14로 표시됨)과는 사뭇 다르다는 것을 알 수 있다.

돌아가기

HIV는 언제 유인원에서 인간으로 전파된 걸까?

1980년대에 과학자들은 HIV가 AIDS를 일으킨다는 것을 알게 됐다. 그 시절 바이러스란 아직 흔하지 않은 것이었다. 그들은 즉시 다양한 의료 기록에서 이전 HIV 감염 사례를 찾아보기 시작했고 그 결과 1959년 콩고 환자로부터 채취한 혈액 샘플에서 HIV를 발견하게 됐다. 이후 유전자 연구로 HIV가 유인원을 감염시키는 SIV^Simian Immunodeficiency Virus와 매우 가깝다는 것을 알아냈다. 그러나 그때까지도 SIV가 언제 어떻게 사람들에게 퍼져서 HIV로 진화했는지는 확실하지 않았다. 그 시절 가장 널리 퍼진 가설은 사냥꾼들이 원숭이를 사냥해 그들의 고기를 팔 때 원숭이들의 피에 노출되면서 SIV가 HIV로 진화했다는 것이었다. 원숭이들의 피를 순환하던 바이러스들이 사냥꾼들의 피부에 난 상처로 침입했고 돌연변이를 일으켰으며 이후 인간에게 적응했다는 것이다.

연구자들은 바이러스 유전체에서 시간에 따라 거의 일정하게 돌연변이를 일으키는 영역을 발견했고 이에 따라 HIV 진화의 타임라인을 추론할 수 있었다. 생물학자들은 이 분자 시계를 사용해 다양한 SIV 종들이 유인원에서 인간으로 전파된 시점을 측정했다. HIV 그룹 A, B, M, O에 대해 이 시점은 각각 1940년, 1945년, 1908년, 1920년인 것으로 측정됐다(그룹 N이 전파된 시점은 아직 알지 못한다). 생물학자들은 야생 유인원들의 배변 샘플에서 서열을 밝혀 냄으로써 침팬지와 검둥망가베이(Sooty mangabey, 긴꼬리원숭이과의 포유류)에서 발견된 SIV가 HIV 그룹의 직계 조상임을 알아냈다.

거리 행렬에 적합한 트리 찾기

모든 3×3 행렬 D는 가산적이다. 그 이유를 알고자 그림 7.33에 있는 잎 3개짜리 트리를 살펴보자. 각 잎은 1, 2, 3으로 표시돼 있고 내부 노드는 c라고 표시돼 있다. 그림 7.33에 나타난 것처럼 이 트리의 에지 길이는 다음 세 가지 수식을 만족해야 한다.

$$d_{1,c} + d_{2,c} = D_{1,2} \qquad d_{1,c} + d_{3,c} = D_{1,3} \qquad d_{2,c} + d_{3,c} = D_{2,3}$$

이 수식들을 풀어 보면 행렬 D에서 에지 길이를 구할 수 있는 다음 공식이 만들어진다.

$$d_{1,c} = \frac{D_{1,2} + D_{1,3} - D_{2,3}}{2} \qquad d_{2,c} = \frac{D_{2,1} + D_{2,3} - D_{1,3}}{2} \qquad d_{3,c} = \frac{D_{3,1} + D_{3,2} - D_{1,2}}{2}$$

그림 7.34는 잎이 4개인 모든 가능한 뿌리 없는 트리를 그림 7.9(오른쪽)에 있는 거리 행렬에 적합하게 하려는 시도를 보여 주고 있다. 각 트리는 4개 또는 5개의 변수를 가진 6개의 선형 방정식을 만들게 되는데 여기에 대한 해답은 존재하지 않는다. 따라서 이 거리 행렬은 비가산적일 수밖에 없다.

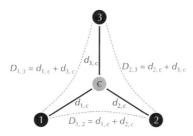

그림 7.33 1, 2, 3으로 표시된 잎 3개와 내부 노드 c로 이뤄진 트리. 잎 사이의 거리 ($D_{1,2}$, $D_{1,3}$, $D_{2,3}$)를 통해 에지 ($d_{1,c}$, $d_{2,c}$, $d_{3,c}$)의 길이가 확정된다.

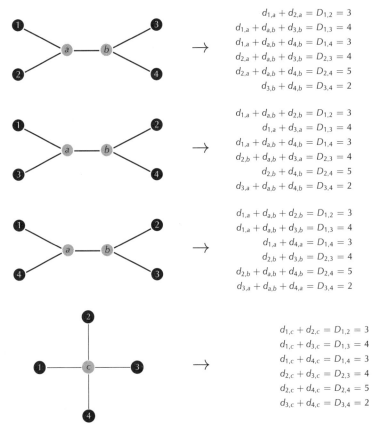

$$d_{1,a} + d_{2,a} = D_{1,2} = 3$$
$$d_{1,a} + d_{a,b} + d_{3,b} = D_{1,3} = 4$$
$$d_{1,a} + d_{a,b} + d_{4,b} = D_{1,4} = 3$$
$$d_{2,a} + d_{a,b} + d_{3,b} = D_{2,3} = 4$$
$$d_{2,a} + d_{a,b} + d_{4,b} = D_{2,4} = 5$$
$$d_{3,b} + d_{4,b} = D_{3,4} = 2$$

$$d_{1,a} + d_{a,b} + d_{2,b} = D_{1,2} = 3$$
$$d_{1,a} + d_{3,a} = D_{1,3} = 4$$
$$d_{1,a} + d_{a,b} + d_{4,b} = D_{1,4} = 3$$
$$d_{2,b} + d_{a,b} + d_{3,a} = D_{2,3} = 4$$
$$d_{2,b} + d_{4,b} = D_{2,4} = 5$$
$$d_{3,a} + d_{a,b} + d_{4,b} = D_{3,4} = 2$$

$$d_{1,a} + d_{a,b} + d_{2,b} = D_{1,2} = 3$$
$$d_{1,a} + d_{a,b} + d_{3,b} = D_{1,3} = 4$$
$$d_{1,a} + d_{4,a} = D_{1,4} = 3$$
$$d_{2,b} + d_{3,b} = D_{2,3} = 4$$
$$d_{2,b} + d_{a,b} + d_{4,b} = D_{2,4} = 5$$
$$d_{3,a} + d_{a,b} + d_{4,a} = D_{3,4} = 2$$

$$d_{1,c} + d_{2,c} = D_{1,2} = 3$$
$$d_{1,c} + d_{3,c} = D_{1,3} = 4$$
$$d_{1,c} + d_{4,c} = D_{1,4} = 3$$
$$d_{2,c} + d_{3,c} = D_{2,3} = 4$$
$$d_{2,c} + d_{4,c} = D_{2,4} = 5$$
$$d_{3,c} + d_{4,c} = D_{3,4} = 2$$

그림 7.34 (왼쪽) 잎 4개로 만들 수 있는 모든 트리들. (오른쪽) 각각 그림 7.9에 있는 거리 행렬에 적합하게 하려는 시도를 보여 준다. 그 결과 각각 6개의 선형 방정식이 만들어진다. 이 중 어느 것도 해답을 갖고 있지 않기 때문에 이 거리 행렬은 비가산적일 수밖에 없다.

그림 7.34에서 4×4 거리 행렬에 적합한 트리를 찾는 데 실패한 이유는 부분적으로 방정식의 수보다 변수의 수가 ($d_{i,j}$)가 더 많기 때문이다(이는 더 큰 n에 대해서도 동일하다). 선형 방정식들에서 방정식의 수가 변수의 수보다 작거나 같으면 보통 해답이 존재한다. 반면 방정식의 수보다 변수의 수가 더 많으면 보통 해답이 존재하지 않는다. 그러나 두 상황 모두 예외의 경우가 있다. 더 자세한 내용은 선형 대수 입문 서적을 참고해 보자.

네 점 조건

네 점 조건four point condition은 어떤 행렬이 가산적인지 확인하는 또 다른 방법을 제시한다. 그림 3.35에 있는 잎 4개짜리 트리를 살펴보자. 이 트리에 대해 다음을 확인해 보라.

$$d_{i,j} + d_{k,l} \leq d_{i,k} + d_{j,l} = d_{i,l} + d_{j,k}$$

처음 부분의 합은 트리의 모든 에지들의 길이를 합한 뒤 내부 에지들의 길이를 뺀 값이다. 그 다음 부분에 있는 두 합은 트리에 있는 모든 에지들의 길이와 내부 노드들의 길이를 합한 것이다.

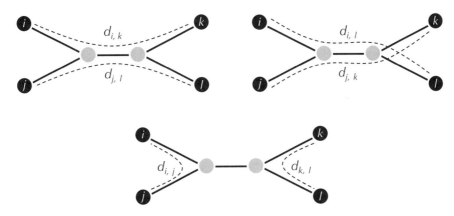

그림 7.35 잎 4개가 있는 트리에서 찾을 수 있는 세 가지 경로 쌍. 왼쪽 위에 있는 경로들과 오른쪽 위에 있는 경로들은 같은 에지들을 지나가고 있다. 따라서 $d_{i,k} + d_{j,l} = d_{i,l} + d_{j,k}$이다. 또한 $d_{i,j} + d_{k,l}$은 각 경로쌍의 합보다 작거나 같아야만 한다. 그 이유는 아래에 나타난 것과 같이 $d_{i,j} + d_{k,l}$은 트리의 내부 노드를 지나지 않기 때문이다.

실제로 임의의 트리에서 모든 4개의 잎 (i, j, k, l)에 대해 세 가지 합을 구하면

$$d_{i,j} + d_{k,l} \quad d_{i,k} + d_{j,l} \quad d_{i,l} + d_{j,k}$$

이 중 두 가지 합은 서로 동일할 것이며 나머지 하나는 다른 두 가지보다 작거나 같을 것이다. 어떤 $n \times n$ 거리 행렬이 있을 때 어떤 네 쌍의 항목 (i, j, k, l)에 대해서 다음 중 두 합은 서로 같고 세 번째 합은 다른 두 가지 합보다 작거나 같다면 이 행렬이 네 점 조건을 만족한다고 말한다.

$$D_{i,j} + D_{k,l} \quad D_{i,k} + D_{j,l} \quad D_{i,l} + D_{j,k}$$

네 점 정리 어떤 거리 행렬에서 모든 네 쌍의 항목 (i, j, k, l)에 대해 네 점 조건을 만족하면 그 행렬은 가산적이다.

연습 문제 네 점 정리를 증명하라.

네 점 정리는 주어진 거리 행렬이 가산적인지 알아볼 수 있는 또 다른 방법을 제공한다. 단순히 그 행렬에 있는 각 네 쌍의 항목이 네 점 조건을 만족하는지 확인해 보면 되기 때문이다.

연습 문제 네 점 조건을 사용했을 때의 계산 시간과 AdditivePhylogeny를 수정해서 주어진 거리 행렬이 가산적인지 알아보는 방법의 계산 시간을 비교해 보자.

연습 문제 그림 7.9(오른쪽)에 있는 거리 행렬에서 네 점 조건을 만족하지 않는 네 쌍의 항목을 찾아 보자.

SARS를 옮긴 것은 박쥐일까?

생물학자들은 SARS 바이러스를 옮긴 매개 동물을 찾던 도중 중국의 야생 동물 시장에서 감염돼 있는 사향고양이를 발견했다. 사향고양이의 고기는 종종 '용호봉dragon-tiger-phoenix soup'이라고 불리는 값비싼 광동 요리에 첨가되곤 했다. 이 발견은 감염된 사향고양이의 운명을 많이 바꾸진 못했다. 용호봉에 쓰이는 대신 SARS의 희생양으로 살해당했기 때문이다.

그런데 SARS에 감염된 사향고양이를 더 찾는 데에 실패하자 생물학자들은 사향고양이가 실제로 SARS를 옮긴 근원지였는지 의심하기 시작했다. 2005년 생물학자들은 중국의 관박쥐horseshoe bat에서 SARS와 유사한 바이러스를 발견했다. 이 박쥐는 SARS-CoV의 매개 동물로 밝혀졌으나 아마도 중간 매개체를 통해서만 사람에게 바이러스를 옮길 수 있었을 것이다. 박쥐 고기는 진귀한 고기로 간주되며 전통 중국 의학에서도 사용됐기 때문에 박쥐는 야생 동물 시장에서 사향고양이와 밀접하게 접촉했을 가능성이 매우 많았다.

그림 7.36 관박쥐

생물학자들이 박쥐, 사향고양이, 인간의 코로나 바이러스들로 진화 트리를 구축한 결과, 그들은 사향고양이와 인간에서 발견된 SARS-CoV 변종이 박쥐 바이러스 계통 발생과 얽혀 있다는 것을 발견했다.

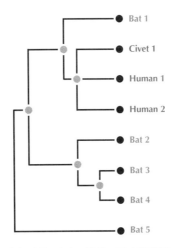

그림 7.37 박쥐, 사향고양이, 인간의 코로나 바이러스들의 진화 트리

생물학자들은 심지어 SARS-CoV의 서열을 밝혀내기 전에도 사람에서 발견된 다른 종류의 코로나 바이러스들에 대해 알고 있었지만 이들이 무해하다고 생각했다. 그러나 치명적이고 SARS와 유사한 코로나 바이러스가 2012년 사우디아라비아에서 새롭게 발견됐다. **중동 호흡기 증후군**MERS, Middle East Respiratory Syndrome을 일으키는 이 바이러스는 빠르게 다른 국가로 확산되면서 국제적인 헤드라인을 장식했다.

비록 연구자들이 처음엔 낙타가 MERS를 옮겼다고 생각했지만—많은 사우디 사람들이 저온 살균을 거치지 않은 낙타 우유를 마신다—대부분의 환자는 낙타와 접촉한 적이 없었다. 그러나 연구자들이 첫 번째 메르스 환자의 집에서 몇 마일 떨어진 곳에 있던 박쥐의 코로나 바이러스를 분석한 결과 이 바이러스가 첫 번째 환자의 바이러스 샘플과 거의 완벽하게 일치한다는 것을 발견했다.

이웃-연결 알고리듬이 어떻게 이웃하는 잎을 찾는 것일까?

본문에서 어떤 거리 행렬 D가 가산적일 때 이 행렬에 적합한 단순 트리 Tree(D)가 단 하나 존재한다고 언급했다. 이는 사실이 아니다. 그 이유는 만약 행렬 D에 적합한 단순 트리에 가중치가 0인 내부 에지 하나가 있다면 그냥 이 에지가 연결하고 있는 두 노드를 접착시켜 버릴 수 있기 때문이다(그림 7.38). 따라서 Tree(D)가 단순 트리라는 가정에 더해 가중치가 0인 내부 에지가 없다는 가정을 할 것이다.

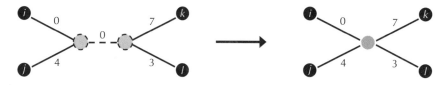

그림 7.38 길이가 0인 내부 에지(점선으로 된 에지)의 양 끝에 있는 노드들을 붙이는 과정

이제 이웃-연결 행렬 수식을 아래와 같이 쓸 수 있다.

$$D_{i,j}^* = (n-2) \cdot D_{i,j} - \text{TOTALDISTANCE}_D(i) - \text{TOTALDISTANCE}_D(j)$$
$$= (n-2) \cdot D_{i,j} - \sum_{1 \le k \le n} D_{i,k} - \sum_{1 \le k \le n} D_{j,k}$$

이 수식에 있는 공식은 $\text{TREE}(D)$에 있는 에지 가중치들의 합으로 나눌 수 있다. 예를 들어 그림 7.34에 있는 첫 번째 트리에 대해서,

$$
\begin{aligned}
D_{1,2}^* &= 2 \cdot d_{1,2} - (d_{1,3} + d_{1,4} + d_{1,2}) - (d_{2,3} + d_{2,4} + d_{1,2}) \\
&= 2 \cdot (d_{1,a} + d_{a,2}) - ((d_{1,a} + d_{a,b} + d_{b,3}) + (d_{1,a} + d_{a,b} + d_{b,4}) + \\
&\quad (d_{1,a} + d_{a,2})) - ((d_{2,a} + d_{a,b} + d_{b,3}) + (d_{2,a} + d_{a,b} + d_{b,4}) + (d_{1,a} + d_{a,2})) \\
&= -2 \cdot d_{1,a} - 2 \cdot d_{2,a} - 2 \cdot d_{b,3} - 2 \cdot d_{b,4} - 4 \cdot d_{a,b}
\end{aligned}
$$

그리고

$$
\begin{aligned}
D_{1,3}^* &= 2 \cdot d_{1,3} - (d_{1,2} + d_{1,4} + d_{1,3}) - (d_{3,4} + d_{3,2} + d_{3,1}) \\
&= 2 \cdot (d_{1,a} + d_{a,b} + d_{b,3}) - ((d_{1,a} + d_{a,2}) + (d_{1,a} + d_{a,b} + d_{b,4}) + \\
&\quad (d_{1,a} + d_{a,b} + d_{b,3})) - ((d_{3,b} + d_{b,4}) + (d_{3,b} + d_{b,a} + d_{b,2}) + (d_{3,b} + d_{b,a} + d_{a,1})) \\
&= -2 \cdot d_{1,a} - 2 \cdot d_{2,a} - 2 \cdot d_{b,3} - 2 \cdot d_{b,4} - 2 \cdot d_{a,b}
\end{aligned}
$$

$D_{1,2}^*$와 $D_{1,3}^*$은 계수 $d_{a,b}$(빨간색으로 표시된 부분)를 빼면 거의 동일하다는 것을 알아 두자. $D_{1,2}^* - D_{1,3}^* = -2 \cdot d_{a,b} < 0$이므로 이웃-연결 알고리듬은 $D_{1,3}^*$보다 작은 $D_{1,2}^*$를 먼저 선택할 것이다.

$\text{TREE}(D)$의 에지 e가 주어졌을 때 D_{ij}^*에서 이 에지의 **다중성**multiplicity은 D_{ij}^*에 있는 d_e의 계수다. 이를 $\text{MULTIPLICITY}_{i,j}(e)$라고 한다. 예를 들어 그림 7.34의 첫 번째 트리에 있는 에지 $e = (a, b)$에 대해 $\text{MULTIPLICITY}_{1,2}(e) = -4$이고, $\text{MULTIPLICITY}_{1,3}(e) = -2$다. 아래 결과는 $\text{TREE}(D)$의 모든 가지가 같은 다중성 값을 갖고 있음을 보여 준다.

450

> **정리** 가산적 거리 행렬 D와 $\textsc{Tree}(D)$에 있는 잎의 쌍 i와 j에 대해 $\textsc{Tree}(D)$에 있는 모든 가지 e에 대한 $\textsc{Multiplicity}_{i,j}(e)$ 값은 -2와 같다.

증명 만약 가지 e가 잎 i 또는 잎 j의 가지가 아닌 경우 이 갖는 $(n-2) \cdot D_{i,j}$를 계산할 때는 사용되지 않고, $\textsc{TotalDistanced}(i)$와 $\textsc{TotalDistanced}(j)$를 계산할 때 각각 한 번씩 사용되며, 따라서 이 가지의 다중성 값은 -2가 된다. 반면 만약 e가 i 또는 j의 가지라면(여기서 i라고 해보자) 그럼 $(n-2) \cdot D_{i,j}$를 계산할 때 $n-2$번 사용되고, $\textsc{TotalDistanced}(i)$를 계산할 때 $n-1$번 사용되며, $\textsc{TotalDistanced}(j)$를 계산할 때 한 번 사용된다. 따라서 이 가지의 다중성 값은 $n-2-(n-1)-1=-2$가 된다. ■

이 정리는 어떤 잎의 쌍 i, j를 선택하더라도 $\textsc{Tree}(D)$에 있는 가지들은 $D^*_{i,j}$를 계산할 때 모두 같은 영향력을 가진다는 것을 암시한다. 그 결과, $\textsc{Tree}(D)$에 있는 내부 에지들만이 D^* 행렬에서 달라진 다중성 값을 갖게 된다. 이 다중성 값들을 알아낼 수 있을까?

> **연습 문제** 모든 i와 j에 대해, 그리고 $\textsc{Tree}(D)$에 있는 모든 내부 에지 e에 대해 $\textsc{Multiplicity}_{i,j}(e) \leq -2$임을 증명하라.

내부 에지들의 다중성은 -2를 넘지 않을 뿐 아니라 내부 에지들의 다중성이 -2와 같을 조건도 존재한다. 이 조건을 만들고자 먼저 내부 에지 e를 제거하면 모든 트리는 2개의 하위 트리로 분리된다는 것을 알아두자. 만약 e가 $\textsc{Tree}(D)$에서 잎 i와 j를 연결하는 (유일한) 경로인 $\textsc{Path}(i, j)$에 있다면 i와 j는 서로 다른 하위 트리인 T_i, T_j에 각각 속하게 될 것이다. 만약 e가 $\textsc{Path}(i, j)$에 있지 않다면 i와 j는 같은 하위 트리에 속하게 될 것이다(그림 7.39). 후자의 경우 잎 i와 j가 속하지 않은 쪽 하위 트리의 잎의 개수를 $\textsc{Leaves}_{i,j}(e)$라고 하자.

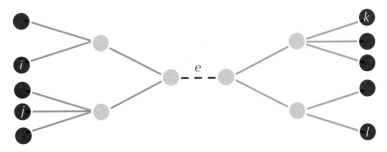

그림 7.39 만약 내부 에지 e가 기존 트리에서 두 잎을 연결하는 유일한 경로 위에 있다면 (예를 들면 j와 k의 경우) 이 잎들은 에지 e를 제거했을 때 (초록색과 파란색으로 표시된) 서로 다른 하위 트리로 나뉠 것이다. 만약 e가 두 잎을 연결하는 경로 위에 있지 않다면(예를 들어 k와 l의 경우) 이 잎들은 에지 e를 제거했을 때 같은 하위 트리에 속할 것이다.

증명 만약 TREE(D)에서 내부 에지 e가 PATH(i, j) 위에 있다면 D^*_{ij} 계산할 때 에지 e에 대한 $(n-2) \cdot D_{i,j}$의 계수는 $n-2$가 될 것이다. MULTIPLICITY$_{i,j}(e)$를 계산하고자 먼저 에지 e를 제거했을 때 생기는 하위 트리 T_i와 T_j를 생각해 보자. T_i에 있는 모든 잎 k에 대해 PATH(j, k)는 e를 통과할 것이며 TOTALDISTANCE$_D(j)$ 계산 시 e의 계수에 각각 1만큼씩 영향을 줄 것이다. 그러나 PATH(i, k)는 e를 통과하지 않으므로 TOTALDISTANCE$_D(i)$ 계산 시에는 0 만큼씩 영향을 줄 것이다.

이와 유사하게 T_j에 있는 모든 잎 k에 대해 PATH(i, k)는 e를 통과할 것이며 TOTALDISTANCE$_D(i)$ 계산 시 e의 계수에 각각 1만큼씩 영향을 줄 것이다. 그러나 PATH(j, k)는 e를 통과하지 않기 때문에 TOTALDISTANCE$_D(j)$ 계산 시에는 각각 0 만큼씩 영향을 줄 것이다. 그 결과 모든 잎 k는 TOTALDISTANCE$_D(i)$이나 TOTALDISTANCE$_D(j)$ 계산에 있는 e의 계수에 각각 1만큼씩 영향을 주게 된다. 따라서 TOTALDISTANCE$_D(i)$ + TOTALDISTANCE$_D(j)$에 있는 e의 계수는 n이며 이는 다음을 뜻한다.

$$\text{MULTIPLICITY}_{i,j}(e) = (n-2) - n = -2$$

이와 달리 만약 e가 PATH(i, j) 위에 있지 않다면 $(n-2) \cdot D_{i,j}$를 계산할 때 e의 계수는 0이 된다. 그리고 만약 k가 i 및 j가 속하지 않은 쪽 하위 트리에 있다면 i와 j로부터 k에 도달하기 위해서는 e를 통과해야 한다. TOTALDISTANCE$_D(i)$ 및 TOTALDISTANCE$_D(j)$를 계산할 때 e의 계수는 LEAVES$_{i,j}(e)$와 같다. 따라서 아래 식이 성립한다.

$$\text{MULTIPLICITY}(e) = 0 - 2 \cdot \text{LEAVES}_{i,j}(e) = -2 \cdot \text{LEAVES}_{i,j}(e)$$

따라서 에지 다중성 정리를 다르게 말하면 PATH(i, j) 위에 있는 내부 에지들은 큰 다중성 값 (-2)을 갖고 있으며 다른 내부 에지들은 작은 다중성 값(-2보다 작은 값)을 갖고 있다고 할 수 있다. 따라서 만약 모든 가능한 i와 j에 대해 가장 작은 D^*_{ij}를 찾고자 한다면 PATH(i, j) 위에 내부 에지가 가장 적은 잎의 쌍 (i, j)를 찾아야 하는 것이다. 이웃 잎들은 서로를 연결하는 내부 에지가 없기 때문에 가장 유력한 후보가 된다. 아래 연습 문제는 이웃 잎들의 D^*_{ij} 값이 최소라는 것을 부분적으로 증명할 수 있게 해준다.

연습 문제 TREE(D)에서 잎 i와 j가 이웃이고 잎 k는 i의 이웃이 아닐 때 $D_{i,j}^* < D_{i,k}^*$임을 증명하라.

이웃-연결 정리 가산적 거리 행렬 D가 주어졌을 때 이웃-연결 행렬 D^*에서 최소값을 갖는 $D_{i,j}^*$는 TREE(D)에서 이웃하는 잎 i와 j에 대응된다.

증명 D^* 행렬에서 최소값이 $D_{i,j}^*$이지만 TREE(D)에서 i와 j가 이웃하지 않는다고 가정해 보자. 이제 서로 이웃하는 k와 l이라는 잎을 찾아서 $D_{k,l}^* < D_{i,j}$임을 보여 이 가정의 모순을 찾아낼 것이다. 위의 연습 문제를 통해 D^*의 최소 요소가 $D_{i,j}^*$라면 잎 i와 j는 또 다른 이웃을 가질 수 없다는 것을 알 수 있다. 즉 잎 i와 j는 각각 PARENT(i) 및 PARENT(j)에 연결된 유일한 잎들이다. TREE(D)가 단순 트리이기 때문에 PARENT(i)와 PARENT(j)의 degree는 최소한 3이며 그 말은 각각이 TREE(D)에서 최소한 2개의 또 다른 노드와 연결돼 있다는 뜻이고 그중 하나는 PATH(i, j) 위에 있을 것이다. 나머지 하나는 또 다른 하위 트리에 속해 있다. 이 각각의 하위 트리를 T_1 및 T_2라고 하자(그림 7.40).

T_1에 있는 잎의 수가 T_2에 있는 잎의 수를 넘지 않는다고 가정해 보자. i와 j는 T_1 및 T_2에 존재하지 않기 때문에 T_1은 $n/2$보다 작은 수의 잎을 갖고 있을 것이며 TREE(D)의 나머지 부분은 $n/2$보다 많은 수의 잎을 갖고 있을 것이다(여기서 n이 TREE(D)에 있는 잎의 총 개수임을 기억하자). i에는 이웃이 없기 때문에 T_1은 최소한 2개의 잎을 갖고 있어야 하며 이에 따라 T_1은 (k, l)이라고 하는 이웃 쌍이 있다는 것을 의미한다. 이제 $D_{k,l}^* < D_{i,j}^*$임을 보여주겠다.

TREE(D)에 있는 내부 에지 e를 생각해 보자. 먼저 $D_{k,l}^*$의 다중성 값이 $D_{i,j}^*$의 다중성 값을 넘지 않음을 보여 줌으로써 $D_{k,l}^* \leq D_{i,j}^*$임을 증명하겠다. 일단 세 가지 경우의 수가 있다.

- 만약 e가 PATH(i, j) 위에 있다면 에지 다중성 정리에 의해 MULTIPLICITY$_{i,j}(e) = -2$이며 아래 결과를 따라간다.

- 만약 e가 PATH(i, k) 위에 있다면 e를 제거하면 TREE(D)는 2개의 하위 트리로 나뉠 것이다. 그중 하나는 k와 l이 포함돼 있을 것이고(이때 잎의 개수 = LEAVES$_{i,j}(e) < n/2$이다), 다른 한쪽은 i와 j가 포함돼 있을 것이다(이때 잎의 개수 = LEAVES$_{k,l}(e) > n/2$이다). 따라서 에지 다중성 정리에 따라 MULTIPLICITY$_{k,l}(e) = -2 \cdot$ LEAVES$_{k,l}(e) <$ MULTIPLICITY$_{i,j}(e) = -2 \cdot$ LEAVES$_{i,j}(e)$이다.

- 만약 e가 PATH(i, j)에도 없고 PATH(i, k)에도 없다면 e를 제거했을 때 i와 j를 포함하고 있는 하위 트리는 k와 l를 포함하고 있는 트리와 동일할 것이다. 그 결과

$\text{LEAVES}_{i,j}(e) = \text{LEAVES}_{k,l}(e)$이며 이에 따라 $\text{MULTIPLICITY}_{i,j}(e) = \text{MULTIPLICITY}_{k,l}(e)$이다(에지 다중성 정리).

$D^*_{k,l}$이 $D^*_{i,j}$보다 작다는 것을 증명하려면 i와 k가 이웃이 아니므로 $\text{PATH}(i, k)$가 내부 에지 e를 포함하고 있어야 한다는 것을 알아 두자. 위의 경우의 수 중 두 번째에서 $\text{MULTIPLICITY}_{k,l}(e)$ < $\text{MULTIPLICITY}_{i,j}(e)$임을 알 수 있다. $\text{TREE}(D)$에 있는 어떤 에지도 길이가 0이 아니라는 우리의 가정에 따라 d_e는 양수여야 하며 따라서 그 결과가 나온다. ■

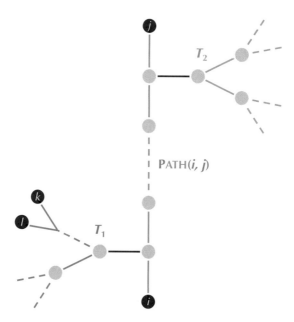

그림 7.40 잎 i와 j는 이웃이 아니다. $\text{TREE}(D)$에서 이 둘을 잇는 유일한 경로 $\text{PATH}(i, j)$가 파란색으로 표시돼 있다. $\text{TREE}(D)$가 단순 트리이므로 $\text{PARENT}(i)$와 $\text{PARENT}(j)$는 최소한 2개의 또 다른 내부 노드에 연결돼 있어야 하며 이에 따라 하위 트리 T_1과 T_2가 만들어진다(각각 빨간색과 초록색으로 표시됨).

이웃-연결 알고리듬에서 가지의 길이 계산하기

본문에서는 임의의 거리 행렬로 구축된 트리의 잎에 가지의 길이를 할당하려고 시도했다. 잎 i의 가지 길이는 $\frac{1}{2}(D_{ij} + \Delta_{i,j})$이며 잎 j의 가지 길이는 $\frac{1}{2}(D_{ij} - \Delta_{i,j})$와 같다. 따라서 다음 수식이 성립한다.

$$\Delta_{i,j} = \frac{\text{TOTALDISTANCE}_D(i) - \text{TOTALDISTANCE}_D(j)}{n - 2}$$

이 수식은 어디에서 왔는가?

여기서 D가 가산적 행렬이라고 가정하고 i와 j가 아닌 잎 k를 골라보자. 만약 m이 i와 j의 부모 노드라면 이미 가지의 길이를 구하는 식에 의해 다음을 알 수 있다.

$$\text{LIMBLENGTH}(i) = \frac{D_{i,j} + D_{i,k} - D_{j,k}}{2}$$

따라서 임의의 거리 행렬 D에 대한 이웃-연결 알고리듬에서 이 수식을 써야 할 것처럼 보인다. 그러나 D가 비가산적이라면 $(D_{i,j} + D_{i,k} - D_{j,k})/2$라는 표현은 어떤 k를 선택하냐에 따라 다를 것이다. 따라서 가산적 행렬 D에서는 $\text{LIMBLENGTH}(i)$를 계산할 수 있으면서도 비가산적 행렬 D에 대해서도 한 가지 값만을 제공하는 수식이 필요하다. 이를 위해 $n - 2$개만큼의 모든 가능한 k에 대한 평균값을 구할 수 있다.

$$\frac{1}{n-2} \cdot \sum_{\text{all leaves } k \neq i,j} \frac{D_{i,j} + D_{i,k} - D_{j,k}}{2}$$

만약 D가 가산적이라면 위의 항목은 $\text{LIMBLENGTH}(i)$에 해당하는 $n - 2$개의 항이 포함돼 있을 것이다. 만약 D가 비가산적이라면 이 수식은 가지 길이에 대한 추정치를 제공해 준다. 또한 위의 합은 $D_{i,j}$가 $n - 2$번 나온다. 이들을 모두 나누면 다음을 얻을 수 있다.

$$
\begin{aligned}
\text{LIMBLENGTH}(i) &= \frac{D_{i,j}}{2} + \frac{1}{n-2} \cdot \sum_{\text{all leaves } k \neq i,j} \frac{D_{i,k} - D_{j,k}}{2} \\
&= \frac{D_{i,j}}{2} + \frac{1}{n-2} \cdot \left(\sum_{\text{all leaves } k \neq i,j} \frac{D_{i,k}}{2} - \sum_{\text{all leaves } k \neq i,j} \frac{D_{j,k}}{2} \right) \\
&= \frac{1}{2} \cdot \left(D_{i,j} + \frac{1}{n-2} \cdot \left(\sum_{\text{all leaves } k \neq i,j} D_{i,k} - \sum_{\text{all leaves } k \neq j} D_{j,k} \right) \right) \\
&= \frac{1}{2} \cdot \left(D_{i,j} + \frac{\text{TOTALDISTANCE}_D(i) - \text{TOTALDISTANCE}_D(j)}{n-2} \right) \\
&= \frac{1}{2} \cdot \left(D_{i,j} + \Delta_{i,j} \right)
\end{aligned}
$$

바로 본문에서 $\text{LIMBLENGTH}(i)$를 구할 때 사용했던 수식이다.

자이언트 판다: 곰일까 라쿤일까?

여러 해 동안 생물학자들은 자이언트 판다가 곰으로 분류돼야 할지 라쿤으로 분류돼야 할지 합의점을 찾지 못했다. 비록 자이언트 판다가 곰처럼 보이지만 이 판다들은 곰에는 잘 없고 라쿤에게 있는 특징들을 갖고 있었다. 이 판다들은 겨울에 동면을 하지 않았고 수컷의 생식기는 작았으며 뒤쪽을 향하고 있었다. 이에 따라 에드윈 콜버트Edwin Colbert는 1938년 다음과 같이 썼다.

> 이 논쟁은 몇 년 동안 곰 지지자들, 라쿤 지지자들, 중도파 사이에서 끝없이 이어졌으며 점점 그들의 논리를 명료하게 발전시켜 나갔다. 그동안 자이언트 판다는 자신들이 일으킨 동물학적 논쟁을 꿈에도 알지 못한 채 쓰촨성의 산에서 조용히 살고 있었다.

해부학적 특징들과 행동학적 특징들로는 이 논쟁을 끝낼 수 없었던 반면 1985년 스티븐 오브라이언Stephen O'Brien이 분석한 유전학적 특징으로 자이언트 판다들이 실제로는 라쿤보다 곰에 더 가깝다는 것을 증명했다.

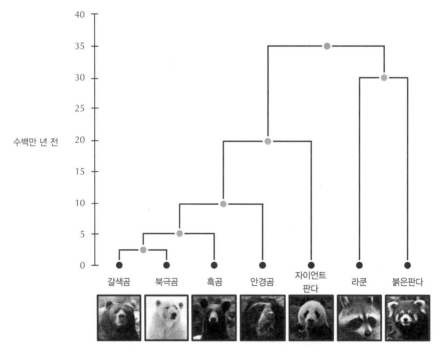

그림 7.41 곰과 라쿤들의 진화 트리

인간은 어디에서 왔을까?

1987년 레베카 캔Rebecca Cann, 마크 스톤이킹Mark Stoneking, 앨런 윌슨Allan Wilson은 아프리카인, 아시아인, 호주 출신, 백인, 뉴기니에서 온 133명의 사람들의 **미토콘드리아 DNA**(mtDNA)를 통해 진화 트리를 구축했다. 이 트리로부터 **아프리카 기원설**Out of Africa hypothesis이 나타났는데 이는 인류가 아프리카에 공통 조상을 갖고 있다고 주장하는 가설이다.

이 연구는 인류의 기원에 대한 질문을 알고리듬 문제로 바꿔 놓았다. mtDNA 진화 트리는 2개의 주요 가지로 나뉘는 모습을 보인다(그림 7.42 참고). 그림 7.42에서 맨 아래쪽 5명을 포함하고 있는 아래쪽 가지는 아프리카인만으로 이뤄져 있으며 다른 쪽 가지는 몇몇 아프리카인과 다른 모든 민족의 사람들을 포함하고 있었다.

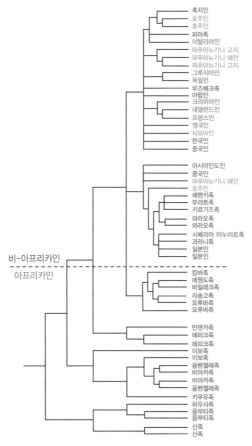

그림 7.42 사람들의 미토콘드리아 유전체로 만들어진 진화 트리. 아프리카인(빨간색), 아시아인(파란색), 북아메리카인과 남아메리카인(보라색), 유럽인(초록색), 오세아니아인(노란색)이 있다. 점선으로 아프리카인들과 아프리카인이 아닌 사람들의 유전체를 나누고 있다.

만약 인류가 아시아 이전에 아프리카에서 번성했다면 아프리카인들의 유전체는 아시아인들의 유전체보다 더 먼저 갈라지기 시작했을 것이다. 따라서 아프리카인들의 유전체가 아시아인들의 유전체에 비해 서로 갈라질 시간이 더 많았기 때문에 (유전체들을 서로 비교해봤을 때) 더 많은 돌연변이가 생겼을 것이라 생각할 수 있다. 이 추론은 인류의 기원이 아프리카인지를 확인할 수 있는 힌트를 제시해 준다.

아프리카인들의 유전체는 실제로 다른 대륙의 유전체들보다 더 다양하며 이에 따라 월슨과 그의 동료들은 아프리카인의 줄기가 가장 오래 됐고 현대의 민족들은 그들의 뿌리를 아프리카에 두고 있다는 결론을 내리게 됐다. 따라서 현대 인류의 첫 번째라 할 수 있는 아프리카 민족은 하위 트리 하나를 형성하고 있으며 다른 하위 트리들은 아프리카를 떠나 세상의 나머지 지역으로 퍼져 나간 그룹을 나타낸다. 월슨과 그의 동료들은 이후 미토콘드리아 트리를 사용해 인류가 아프리카에서 나타난 것은 13만 년 전이며 인종 간의 차이가 일어난 것은 5만 년밖에 되지 않았다고 추정해 냈다. 그림 7.43은 유전체 데이터로 추정해낸 인류의 이주 패턴을 나타낸다.

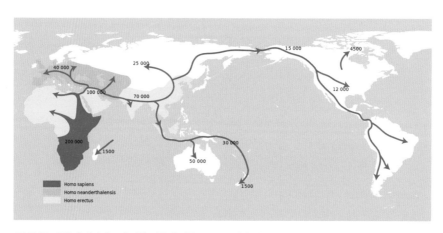

그림 7.43 유전체 데이터로 추정한 인류의 이동 루트. 표시돼 있는 숫자는 몇 년 전에 이동했는지를 나타낸다.

참고 문헌

추커칸들과 폴링은 1965년 「Molecules as documents of evolutionary history」라는 논문을 출판했다. 자이언트 판다의 수수께끼를 해결한 진화 트리는 오브라이언과 그의 동료들에 의해 구축됐다. 아프리카 기원설은 캔, 스톤이킹, 윌슨에 의해 1987년 제시됐다. HIV의 기원과 HIV 바이러스의 전염원이 된 유인원에 대한 연구는 논문 Gao et al., 1999에 의해 시작됐다. 범죄 케이스에서의 HIV 전염에 대한 분자 수준의 증거는 Metzker et al., 2002에서 제시됐다. 화이팅, 브래들러[Bradler], 맥스웰[Maxwell]은 2003년 대벌레 날개의 소실과 재진화에 대한 연구 논문을 출판했다.

　진화 트리 재구축에서의 UPGMA 접근법은 논문 Sokal and Michener, 1958에서 제시됐다. 이웃 연결 알고리듬은 Saitou and Nei, 1987에서 제시됐다. Studier and Keppler, 1988 논문은 이 알고리듬으로 가산적 트리에 대한 거리 기반 계통 발생 문제를 해결할 수 있음을 증명했다. 최소 단순성 문제를 해결하는 동적 프로그래밍 알고리듬은 Sankoff, 1975에서 개발됐다. 네 점 조건에 대한 수식은 1965년 자레츠키[Zaretskii]에 의해 만들어졌다. 트리를 탐색하는 최근접 이웃 교환 접근법은 1971년 로빈슨[Robinson]에 의해 제시됐다. 2004년 펠젠스타인[Felsenstein]은 트리 재구축에 대한 다양한 알고리듬을 훌륭하게 다뤘다.

8
효모는 어떻게 와인 제조사가 됐을까?

클러스터링 알고리듬

와인 제조의 진화적 역사

우린 언제부터 알코올에 중독돼 온 걸까?

효모는 인류가 길들인 것들 중에서 가장 오래된 유기체 중 하나다. 2011년 과학자들은 아르메니아의 동굴에 있는 오래된 무덤을 발굴하던 도중 6,000년된 양조장을 발견했다. 이 양조장에는 와인 프레스, 발효 용기, 심지어 컵까지 갖춰져 있었다. 이 양조장은 알코올이나 빵 생산에 쓰이는 효모 속genus의 일종인 *Saccharomyces*를 제어하는 방법을 이해하는 것이 필요한 엄청난 기술적 혁신이었다.

그러나 우리가 알코올에 흥미를 가진 것은 아마도 6,000년보다도 더 오래됐을 것이다. 2008년 과학자들은 모든 영장류의 조상과 유사하게 생긴 펜꼬리나무뒤쥐pen-tailed tree shrews 가 알코올 중독이라는 것을 발견했다. 그들의 주종은 무엇이었을까? 바로 야자 와인이다. 이것은 베트람 야자Betram palm라고 불리는 꽃에서 만들어진 뒤 꽃에서 사는 *Saccharomyces* 효모에 의해 자연적으로 발효돼 만들어진 것이다. 이 발견은 우리의 술 취향이 아르메니아 동굴의 양조장보다 수백만 년은 더 오래된 유전적인 기원을 가질 수도 있다는 것을 뜻한다.

그림 8.1 펜꼬리나무뒤쥐

나무뒤쥐가 소비하는 야자 와인의 양은 대부분의 포유류에게 치명적일 것이다. 다행히도 나무뒤쥐는 알코올을 대사할 수 있는 효율적인 방법을 개발해서 포식자들에게 죽임당할 확률이 높아지는 만취 상태를 피할 수 있었다. 나무뒤쥐의 알코올 내성 덕분에 과학자들은 알코올이 나무뒤쥐에게 심장마비 예방과 같은 약간의 진화적 이점을 줬을 것이라고 믿고 있다. 또한 가장 가까운 영장류 조상 또한 애주가였을 가능성이 있다(침팬지는 자연 발효된 과일 넥타르를 마시지 않는가). 아마 우리는 알코올 섭취와 칼로리 취득의 관련성을 물려받았을 것이다.

이중영양적 전환

8장에서 다루게 될 효모 종은 바로 *Saccharomyces cerevisiae*이다. 이 효모종은 과일의 **포도당**glucose을 **에탄올**ethanol로 바꾸기 때문에 와인을 양조할 수 있다. 그러므로 단순한 질문으로 시작해 보겠다. 만약 *S. cerevisiae*가 포도덩굴에 주로 산다면 왜 와인을 만들 때 으깬 포도를 밀봉된 통에 넣어야 하는 걸까?

포도당 공급이 끝나면 *S. cerevisiae*는 생존을 위해 무언가를 해야 한다. 따라서 이 효모는 대사 작용을 바꿔서 자신이 방금까지 만들었던 에탄올을 새로운 식량 공급원으로 삼는다. **이중영양적 전환**diauxic shift이라고 불리는 이 대사 작용 변화는 산소가 있을 때만 나타날 수 있다. 산소가 없으면 *S. cerevisiae*는 포도당이나 산소가 다시 공급될 때까지 동면한다. 다시 말해, 주조사들이 통을 밀봉하지 않으면 통 안의 효모는 자기들이 만든 에탄올을 사용해 대사 작용을 할 것이며 결국 와인을 망치게 될 것이다.

이 이중영양적 전환은 많은 유전자 발현에 영향을 주는 복잡한 과정이다. 따라서 이런 작용은 *Saccharomyces* 조상의 여러 진화 경쟁자들에 비해 방대한 이점을 제공하는 진화적 사건으로부터 유래됐을 것이다. *Saccharomyces*가 대부분의 박테리아와 다른 효모에게 유독한 에탄올이란 것을 생산함으로써 다른 경쟁자들을 죽였을 뿐 아니라 이렇게 축적된 에탄올을 에너지 공급원으로 사용할 수도 있었던 것이다. 그런데 *Saccharomyces*는 어떻게 그리고 왜 이중영양적 전환을 발명해 냈을까? 그리고 어떤 유전자가 연루돼 있을까?

이중영양적 전환에 관련된 유전자 탐색하기

다른 운명을 맞이하게 된 두 가지 진화 가설

수수무 오노Susumu Ohno와 그의 무작위 절단 모델을 기억하는가? 오노는 전체 유전체를 모두 복제하는 흔치 않은 진화적 사건인 **전장 유전체 복제**WGDs, Whole Genome Duplications가 존재한다는 가설을 세웠다. 그는 1970년 이 **WGD 모델**을 제시했는데 그 당시에는 이를 지지할 근거가 아무것도 없었다. 그러나 그는 어떤 종이 이중영양적 전환과 같이 혁명적인 새로운 기능을 구현하는 진화적 혁신이 필요할 때 WGD가 필요할 순간이 올 것이라고 믿었다.

예를 들어 몇 백만 년 전, 과육을 가진 식물이 처음 진화했을 때 어떤 종도 이 과육에서 나온 포도당을 대사해서 에탄올을 만들지 못했다. 이것이 가능한 첫 번째 종은 진화적으로 거대한 이점을 누렸을 테지만 에탄올은 고사하고 포도당을 대사하는 것조차 간단한 일이 아니었다. 대사 전환은 새로운 유전자를 여기저기에 만드는 대신 여러 유전자가 함께 작동하는 새로운 대사 경로를 만들어 내야 했다. 오노는 WGD가 이러한 혁신의 플랫폼을 제공했을 것이라고 주장했는데 그 이유는 모든 복제된 유전자가 2개의 복사본을 갖게 될 것이기 때문이다. 한쪽 복사본이 원래 기능을 해줄 것이므로 나머지 한쪽 복사본은 기존 유전자의 기능을 해치지 않으면서도 자유롭게 진화할 수 있을 것이다.

무작위 절단 모델과 WGD 모델은 서로 다른 운명을 맞이했다. 무작위 절단 모델은 생물학자들에게 기꺼이 받아들여졌고 2003년에 반박되기 전까지는 도그마dogma로 여겨졌다. 이와 반대로 WGD 모델은 처음엔 비판을 맞이했지만(*S. cerevisiae* 유전자의 13%만이 복제돼 있었기 때문에) 25년 간 호응을 얻지 못했다.

1997년 울프Wolfe와 쉴즈Shields는 *S. cerevisiae*에서의 WGD를 옹호하는 첫 번째 계산적 논거를 제시했다. 그들은 *S. cerevisiae* 유전자의 13%만 복제된 것은 놀랄 일이 아니며 그 이유는 WGD 이후 몇 백 개의 유전자가 진화적 혁신을 이뤘다 해도 대부분의 유전자는 이 혁신에 필요하지 않았기 때문이라고 주장했다. 따라서 필요 없는 복제 유전자들은 돌연변이 폭격을 맞아 유사 유전자가 돼 마침내 몇 백 년 뒤 유전체에서 사라졌을 것이라는 주장이다. *S. cerevisiae*의 WGD를 둘러싼 논쟁에 대해 더 배우고 싶다면 '돌아가기: 전장 유전체 복제일까 아니면 연속적인 단일 유전자 복제일까?'를 참고하자.

506페이지

효모 유전자 중 어떤 것들이 이중영양적 전환을 이끌어 내는가?

효모가 발효할 때 거치는 여러 단계 중 하나는 **아세트알데히드**acetaldehyde를 에탄올로 바꾸는 것이다. 만약 산소가 그 뒤에 사용 가능하다면 축적된 에탄올은 다시 아세트알데히드로 전환될 것이다. 아세트알데히드-에탄올 전환 그리고 에탄올-아세트알데히드 전환은 모두 **알코올 탈수소효소**Ahd, Alcohol dehydrogenase라는 유전자에 의해 촉매된다. *S. cerevisiae*에서 Adh는 Adh_1, Adh_2이라는 두 유전자에 의해 암호화되는데 이 유전자들은 하나의 조상 유전자에서 복제된 것이다. Adh_1 유전자가 암호화하는 효소는 에탄올 생산 기능이 향상돼 있으며 Adh_2 유전자가 암호화하는 효소는 에탄올을 소비하는 기능이 향상돼 있다.

2005년 마이클 톰슨Michael Thomson은 다양한 효모종의 *Adh* 유전자를 다중 정렬해 고대 *Saccharomyces* 유전자를 재구축하고자 했다. 이 유전자는 아세트알데히드를 에탄올로 더 잘 변환시키는 것으로 보였는데 이는 Adh_1의 기능과 유사한 것이다. 따라서 톰슨은 *Saccharomyces*에서 WGD가 일어나기 전에 알코올 탈수소효소는 에탄올 소비가 아니라 생산에 더 관여하고 있었을 것이라고 결론을 내렸다. WGD 뒤에 Adh_1은 기존의 기능을 수행했으며 Adh_2 유전자가 이중영양적 전환을 작동하는 데에 자유롭게 도움을 줬다.

> **STOP** 잠깐 멈추고 생각해 보자 *S. cerevisiae*에서 이중영양적 전환을 수행하고자 사용되는 나머지 유전자들을 어떻게 찾을 수 있을까?

이중영양적 전환 전후로 m개의 시간 체크 포인트에서 모든 n개의 효모 유전자를 모니터링할 수 있다고 상상해 보자. 결과적으로 $n \times m$ **유전자 발현 행렬**gene expression matrix E가 만들어지는데 여기서 $E_{i,j}$는 시간 체크포인트 j에서 유전자 i의 발현량을 나타낸다. 행렬 E의 i번째 행은 유전자 i의 **발현량 벡터**expression vector가 된다. 효모 유전자의 발현량 벡터를 보는 것만으로도 이중영양적 전환에 따라 달라지는 유전자의 움직임 패턴을 관찰할 수 있을 것이다. 거의 발현량 차이가 없는 유전자도 보일 것이고, 이중영양적 전환 이후 갑자기 발현량이 늘어나는 유전자도 보일 것이다.

8장에서 이중영양적 전환에 대한 유전자 발현에 집중하고 있지만 발현량 행렬은 생물학적 분석에서 흔하게 사용된다. 예를 들어 새롭게 서열이 밝혀진 유전자의 발현량 패턴이 알려진 다른 유전자의 발현량 벡터와 유사하다면 생물학자들은 이 유전자들이 서로 연관된 기능을 할 것이라고 생각할 수 있다. 또한 비슷한 발현량 벡터를 가진 유전자들은 함께 조절되는 유전자들이라는 것을 암시하며 이 유전자들의 발현량이 같은 '전사 인자 transcription factor'에 의해 조절된다는 것을 뜻한다. 이런 방식은 유전자의 기능을 추론하는 '연좌제guilt by association' 전략을 제시하는데 기능을 알고 있는 몇 가지 유전자들에서 시작해 이 유전자들의 기능을 비슷한 발현량 벡터를 가진 다른 유전자들로 전파하는 것이다.

마지막으로 유전자 발현량 분석은 약물을 처리하기 전과 후의 조직을 분석하거나 암세포와 암이 아닌 세포들을 비교하는 의생명 분야 연구에서 매우 중요하다. 예를 들어 발현량 분석은 **MammaPrint**로 이어졌는데 이것은 종양 활성과 억제에 관련된 70개의 인간 유전자 발현량에 기반해 유방암이 재발할 가능성을 결정하는 진단 테스트다.

이 모든 응용 분야에서 다음 질문이 남는다. 생물학자들은 유전자 발현량 데이터를 분석하고자 어떤 방법을 사용하는가?

클러스터링 개론

유전자 발현량 분석

1997년 조지프 드리시Joseph DeRisi는 처음으로 대량 유전자 발현량 실험을 진행했다. S. cerevisiae 샘플을 이중영양적 전환 전후로 각각 6시간 동안 배양해서 2시간마다 샘플을 채취한 것이다. S. cerevisiae의 유전자는 약 6,400개에 달했고 7개의 시점이 있었기 때문에 이 실험으로 6400×7 유전자 발현량 행렬이 만들어졌다.

> **잠깐 멈추고 생각해 보자** 이 행렬을 만드는 데 어떤 기술을 사용할 것인가?

507페이지

이미 이 행렬을 만드는 데 쓸 수 있는 세 가지 기술을 만난 적 있지만(돌아가기: 유전자 발현량 측정하기 참고), 1997년에는 이 중 어떤 기술도 개발되지 않았다. 이런 이유로 드리시는 마이크로어레이microarray를 사용해야 했는데 이는 2장에서 이야기했던 DNA 어레이array와

508페이지

는 다른 것이다(돌아가기: 마이크로어레이 참고). 마이크로어레이는 오늘날 거의 쓰이지 않지만 드리시가 마이크로어레이를 분석하는 데 사용했던 알고리듬적 접근법은 현대 유전자 발현량 기술에도 똑같이 잘 작동한다.

잠깐 멈추고 생각해 보자 그림 8.2는 3개의 효모 유전자의 발현량 벡터를 시작화한 것이다. 이 중 어떤 유전자가 이중영양적 전환에 관련돼 있다고 생각하는가?

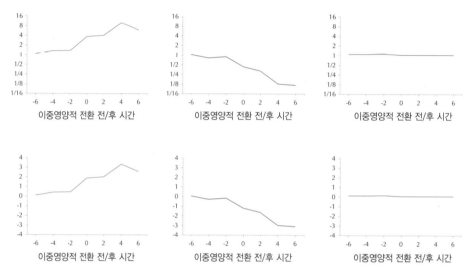

그림 8.2 (위쪽) 효모의 세 유전자(각각 YLR258W, YPL012W, YPR055W)에 대한 발현량 벡터(1.07, 1.35, 1.37, 3.70, 4.00, 10.00, 5.88), (1.06, 0.83, 0.90, 0.44, 0.33, 0.13, 0.12), (1.11, 1.11, 1.12, 1.06, 1.05, 1.06, 1.05)를 그래프로 시각화한 것. 각 발현량 벡터($e_1, \ldots, e_m$)는 1과 $m-1=6$ 사이의 j에 대해 점 (j, e_j)과 점 $(j+1, e_{j+1})$을 연결해 만들어진 선으로 나타나 있다. 이 드리시 실험에서 첫 시간 체크포인트의 발현량이 발현량의 기준에 해당한다. 이 값이 모든 유전자에서 거의 1에 가깝다는 것을 알아두자. 발현량 벡터에서 1보다 큰 값은 발현량이 높아진 것에 해당하며, 1보다 작은 값은 낮아진 발현량에 해당한다. (아래쪽) 똑같은 세 유전자의 발현량을 밑이 2인 로그로 변환한 것. (0.11, 0.43, 0.45, 1.89, 2.00, 3.32, 2.56), (0.09, -0.28, -0.15, -1.18, -1.59, -2.96, -3.08), (0.15, 0.15, 0.17, 0.09, 0.07, 0.09, 0.07).

유전자 YPR055W 유전자의 발현량 벡터(그림 8.2 오른쪽 위)의 패턴이 이중영양적 전환 동안 평평하게 유지되고 있는 것을 알 수 있다. 따라서 이 유전자는 이중영양적 전환에 관여하지 않을 것이라고 결론을 내릴 수 있다. 반면 유전자 YLR258W의 발현량 벡터의 패턴(그림 8.2 왼쪽 위)이 이중영양적 전환 동안 유의미하게 변했으므로 이 유전자가 이중영양적 전환에 관여할 것이라는 가설로 이어진다. 실제로 *Saccharomyces* Genome Database(http://yeastgenome.org)에서 확인해 보면 YLR258W는 **글리코겐 합성 효소**glycogen synthase임을 알 수 있다. 이 효소는 글리코겐 생성을 제어하는데 이 **글리코겐**은 효모에서 포도당을 저장하는 주된 다당류 형태다.

잠깐 멈추고 생각해 보자 YPL012W 유전자는 이중영양적 전환에 관여한다고 생각하는가?

실제로 생물학자들은 발현량 값에 종종 로그를 취한다(그림 8.2 아래쪽). 이렇게 로그로 변환하고 나면 유전자 발현량 벡터의 양수값들은 발현량 증가에 해당하며 음수값은 발현량 감소에 해당한다. 그림 8.3은 10개의 효모 유전자에 로그를 취한 발현량 행렬을 보여 주고 있다.

유전자				발현량 벡터			
YLR361C	0.14	0.03	-0.06	0.07	-0.01	-0.06	-0.01
YMR290C	0.12	-0.23	-0.24	-1.16	-1.40	-2.67	-3.00
YNR065C	-0.10	-0.14	-0.03	-0.06	-0.07	-0.14	-0.04
YGR043C	-0.43	-0.73	-0.06	-0.11	-0.16	3.47	2.64
YLR258W	0.11	0.43	0.45	1.89	2.00	3.32	2.56
YPL012W	0.09	-0.28	-0.15	-1.18	-1.59	-2.96	-3.08
YNL141W	-0.16	-0.04	-0.07	-1.26	-1.20	-2.82	-3.13
YJL028W	-0.28	-0.23	-0.19	-0.19	-0.32	-0.18	-0.18
YKL026C	-0.19	-0.15	0.03	0.27	0.54	3.64	2.74
YPR055W	0.15	0.15	0.17	0.09	0.07	0.09	0.07

그림 8.3 드리시가 만든 6,400×7 유전자 발현량 행렬에서 10개의 효모 유전자에 해당하는 10×7 하위 행렬(각 발현량 값에 밑이 2 인 로그를 취했다). 그림 8.2에 나온 유전자들은 대응하는 색으로 표시했다.

효모 유전자 클러스터링

우리의 목표는 모든 효모 유전자를 k개의 **클러스터**cluster로 **나눠서**partition 같은 군집에 속한 유전자들이 비슷한 발현량 벡터를 갖도록 하는 것이다. 실제로 군집의 수는 미리 알 수 없으며 생물학자들은 보통 유전자 발현량 데이터에 다양한 k 값에 대한 클러스터링을 진행한 뒤 생물학적으로 가장 의미 있는 k 값을 선택한다. 단순화하고자 여기서는 k 값이 고정돼 있다고 가정하겠다. 그림 8.4는 그림 8.3의 유전자들을 3개의 클러스터들로 나눴는데 이는 이중영양적 전환 동안의 발현량이 각각 증가, 감소 또는 그대로 유지된 유전자들에 해당한다.

유전자				발현량 벡터			
YLR361C	**0.14**	0.03	-0.06	0.07	-0.01	-0.06	-0.01
YMR290C	0.12	-0.23	-0.24	-1.16	-1.40	-2.67	**-3.00**
YNR065C	-0.10	**-0.14**	-0.03	-0.06	-0.07	-0.14	-0.04
YGR043C	-0.43	-0.73	-0.06	-0.11	-0.16	**3.47**	2.64
YLR258W	0.11	0.43	0.45	1.89	2.00	**3.32**	2.56
YPL012W	0.09	-0.28	-0.15	-1.18	-1.59	-2.96	**-3.08**
YNL141W	-0.16	-0.04	-0.07	-1.26	-1.20	-2.82	**-3.13**
YJL028W	-0.28	-0.23	-0.19	-0.19	**-0.32**	-0.18	-0.18
YKL026C	-0.19	-0.15	0.03	0.27	0.54	**3.64**	2.74
YPR055W	0.15	0.15	**0.17**	0.09	0.07	0.09	0.07

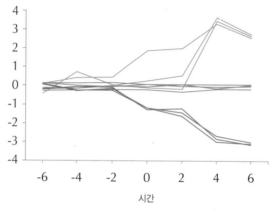

그림 8.4 그림 8.3의 유전자 발현량 행렬의 행들이 3개의 클러스터로 나뉘었다. 초록색 유전자들은 발현량이 증가됐고, 빨간색 유전자들은 발현량이 감소했고 파란색 유전자들의 발현량은 그대로 유지돼 이중영양적 전환과의 관련성이 없는 것으로 보인다. 각 발현량 벡터에서 가장 절대값이 큰 값은 굵은 글씨로 나타나 있다. (아래쪽) 행렬의 각 행들을 그래프로 나타낸 것.

비록 이중영양적 전환이 *S. cerevisiae*의 삶에서 중요한 사건이지만 대부분의 효모 기능에는 영향을 미치지 않는다. 따라서 *S. cerevisiae* 유전자의 대부분이 이중영양적 진화 동안 발현량의 변화를 보이지 않을 것으로 생각되며, 이런 유전자들을 후속 연구에서 제외해 유전자 발현량 행렬의 크기를 작게 만들어 보려 한다.

대부분의 효모 유전자 발현량은 이중영양적 진화 전후로 거의 변하지 않는다(그림 8.4의 파란색 유전자들). 이 유전자들의 또 다른 특징은 발현량 벡터 값이 거의 0에 가깝다는 것이다. 우리의 분석에서는 특정 매개 변수 δ 값을 정해 모든 발현량 값이 $-\delta$에서 δ 사이에 있는 유전자를 제외할 것이다(이 예제에서는 $\delta = 2.3$으로 정했다). 이를 통해 기존에 6,400개였던 효모 유전자 데이터셋이 이중영양적 전환 전후로 유의미한 발현량 변화를 보인 230개 유전자만 포함된 데이터셋으로 축소됐다.

그림 8.4를 보면 YLR258W 유전자는 YGR043C 유전자의 변화 패턴과 다르다는 것을 알 수 있다. 이는 230개의 효모 유전자를 단 2개의 클러스터(발현량이 증가하는 클러스터와 감소하는 클러스터)로 나누는 것은 너무 단순할 수 있음을 의미한다. 우리의 목표는 이 유전자들을 비슷한 변화 양상에 따라 클러스터링하는 것이다.

좋은 클러스터링 원칙

비슷한 발현량 패턴을 가진 유전자 그룹을 찾고자 길이가 m인 각각의 발현량 벡터를 m차원 공간의 점이라고 생각해 보자. 발현량 벡터가 비슷한 유전자들은 서로 가까이 있는 클러스터를 형성할 것이다. 이상적으로 클러스터들은 다음 상식적인 원칙을 만족해야 하는데 이는 그림 8.5에서 $m = 2$에 대해 나타나 있다.

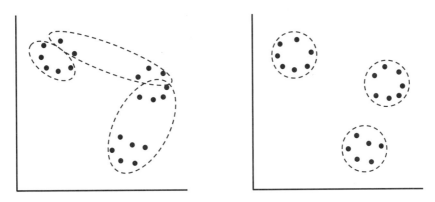

그림 8.5 (왼쪽) 20개의 점을 3개의 클러스터로 나눈 결과. 이는 좋은 클러스터링 원칙을 만족하지 않는다. (오른쪽) 이 점들을 또 다른 방식으로 나눈 결과. 이는 좋은 클러스터링 원칙을 만족한다.

> **좋은 클러스터링 원칙** 같은 클러스터에 있는 점들의 쌍은 항상 서로 다른 클러스터에 속한 점들의 쌍보다 가까워야 한다.

따라서 유전자 발현량 분석을 m차원 공간에서 n개의 점들을 k개의 클러스터로 군집화하는 알고리듬 문제로 만들었다. 8장에서는 이 문제에 집중할 것이다.

좋은 클러스터링 문제

점들의 집합을 클러스터들로 나눠라.

> **입력:** m차원 공간에 있는 n개의 점들과 상수 k
>
> **출력:** 좋은 클러스터링 원칙을 만족할 수 있도록 n개의 점들을 k개의 클러스터들로 나눈 결과

연습 문제 그림 8.4의 행렬에 있는 네 번째 열과 일곱 번째 열을 사용해 2차원 공간을 만들어 보자. 행렬에 있는 10개의 점들을 3개의 클러스터로 어떻게 나눌 수 있을까?

연습 문제 n개의 점들을 2개의 비어 있지 않는 클러스터로 나누는 경우의 수를 계산하라.

눈으로 보면 그림 8.6(왼쪽)에 있는 점들을 2개의 클러스터들로 자연스럽게 나눌 수 있다. 불행히도 이 클러스터들은 좋은 클러스터링 원칙을 만족하지 않는다. 사실 이 점들을 2개의 클러스터로 나누면서 해당 조건을 만족하는 클러스터링은 존재하지 않는다. 따라서 클러스터링에 대해 잘 정의된 계산 문제를 고안해 내려면 다른 접근 방식을 취해야 한다.

연습 문제 좋은 클러스터링 조건을 만족하는 정답이 있는지 확인하는 다항식 알고리듬을 설계하라.

잠깐 멈추고 생각해 보자 그림 8.6 (오른쪽)은 2차원 공간에 있는 8개의 점을 보여 주고 있다. 이 점들을 어떻게 3개의 클러스터들로 나눌 수 있을까? 좋은 클러스터링 문제를 어떻게 하면 잘 정의된 계산 문제로 바꿀 수 있을까?

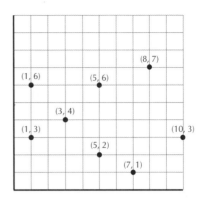

그림 8.6 (왼쪽) 분명히 2개의 클러스터를 이루는 점들의 집합이지만 이 점들을 어떻게 나눠도 좋은 클러스터링 원칙을 만족하지 않는다. (오른쪽) 이차원 공간에 있는 8개의 점들.

클러스터링을 최적화 문제로 바라보기

데이터상의 점들을 k개의 클러스터들로 나눈다고 생각하는 대신 이 클러스터들의 **중심**center을 나타내는 k개의 점들을 선택한다고 생각해 보자. 가능한 모든 Centers 중 데이터와 Centers 간의 거리 함수가 최소가 되는 Centers를 선택하려 한다. 이때 이 거리 함수를 어떻게 정의할 것인가?

먼저 m차원 공간에 있는 점 $v = (v_1,...,v_m)$과 점 $w = (w_1,...,w_m)$ 사이의 **유클리드 거리**Euclidean distance를 정의하고 이를 $d(v, w)$라 할 것이다. 이것은 이 점들을 연결하는 선의 길이에 해당한다.

$$d(v, w) = \sqrt{\sum_{i=1}^{m}(v_i - w_i)^2}$$

그다음 다차원 공간에서 하나의 점 $DataPoint$와 k개의 점들 $Centers$가 주어졌을 때 $DataPoint$에서 $Centers$까지의 거리를 $d(DataPoint, Centers)$라 하고, 이를 $DataPoint$에서 가장 가까운 중심점까지의 유클리드 거리로 정의하겠다.

$$d(DataPoint, Centers) = \min_{\text{all points } x \text{ from } Centers} d(DataPoint, x)$$

그림 8.7에 있는 선의 길이는 각 $DataPoint$에 대한 $d(DataPoint, Centers)$ 값에 해당한다.

이제 모든 데이터상의 점들인 *Data*와 중심점 *Centers* 사이의 거리를 정의하겠다. 이 거리는 MAXDISTANCE(*Data*, *Centers*)라고 하며 모든 데이터상의 점인 *DataPoint*에 대해 $d(DataPoint, Centers)$의 최대값을 말한다.

$$\text{MAXDISTANCE}(Data, Centers) = \max_{\text{all points } DataPoint \text{ from } Data} d(DataPoint, Centers).$$

그림 8.7에서 이 거리는 빨간색 선의 길이에 해당한다.

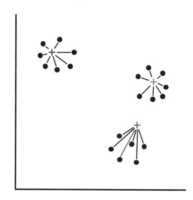

그림 8.7 그림 8.5에 있는 점들인 *Data*(검정색 점)와 3개의 중심점인 *Centers*(색칠된 점). *Data*의 각 점에 해당하는 *DataPoint*에 대해 $d(DataPoint, Centers)$는 가장 가까운 중심점까지 연결된 선의 길이와 같다. MAXDISTANCE(*Data*, *Centers*)는 이 선들 중 가장 길이가 긴 선에 해당하는데 여기서는 빨간색으로 표시돼 있다.

이제 잘 정의된 클러스터링 문제를 만들어 낼 수 있다.

---

k-중심 클러스터링 문제

주어진 데이터 상의 점들에 대해 이 데이터 상의 점들과 중심점들 사이의 최대 거리를 최소로 하는 k개의 중심점을 찾아라.

입력: 데이터상의 점들인 *Data*와 상수 k

출력: 가능한 모든 k개의 중심점들 중 MAXDISTANCE(*DataPoints*, *Centers*)를 최소로 하는 k개의 중심점들 *Centers*

 연습 문제 클러스터의 개수가 하나일 때($k = 1$일 때)는 중심점을 어떻게 선택할 것인가?

472

최장 최초 횡단

k-중심 클러스터링 문제가 설명하기는 쉽지만 이는 실제로 NP-어려움 문제다. 아래 의사 코드에 나온 **최장 최초 횡단**^{Farthest First Traversal} 휴리스틱은 m차원의 모든 점들이 아닌 $Data$에 있는 점들 중에서 중심점들을 선택한다. 먼저 $Data$에서 임의의 점 하나를 선택해 첫 중심점으로 하고 반복적으로 $Data$에 있는 점들 중에서 새로운 점을 선택해 중심점으로 한다. 이때 현재까지 선택한 중심점들에서 가장 먼 점을 선택하며 동점일 경우엔 임의로 선택한다(그림 8.8).

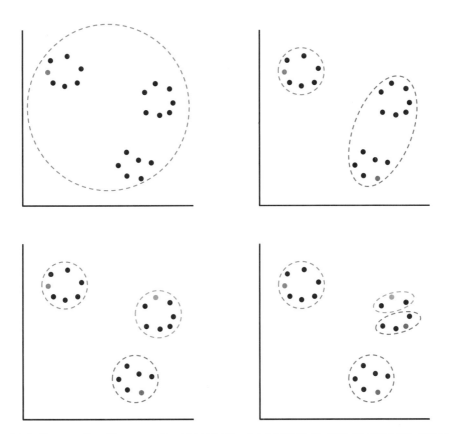

그림 8.8 FARTHESTFIRSTTRAVERSAL을 그림 8.5에 있는 데이터에 적용한 것. (왼쪽 위) 데이터상의 임의의 점(파란색으로 나타남)이 첫 번째 중심점으로 선택됐다. 모든 점이 하나의 클러스터에 속한다. (오른쪽 위) 빨간색 점이 두 번째 중심점으로 선택됐는데 그 이유는 이 점이 파란색 점에서 가장 멀기 때문이다. (왼쪽 아래) 처음 2개의 중심점까지의 최소 거리를 데이터상의 모든 점에 대해 계산한 뒤, 이 값이 초록색 점에 대해 가장 크다는 것을 발견하고 이를 세 번째 중심점으로 한다. (오른쪽 아래) 네 번째 중심점이 보라색으로 나타나 있다.

FARTHESTFIRSTTRAVERSAL(*Data*, *k*)
    Centers ← the set consisting of a single randomly chosen point from *Data*
    while |*Centers*| < *k*
        DataPoint ← the point in *Data* maximizing *d*(*DataPoint*, Centers)
        add *DataPoint* to Centers
    return *Centers*

연습 문제 *k* = 3일 때 FARTHESTFIRSTTRAVERSAL를 그림 8.6(오른쪽)에 있는 8개의 점에 적용해 보자. 처음에 선택하는 점을 바꾸면 결과가 어떻게 달라지는가?

연습 문제 FARTHESTFIRSTTRAVERSAL가 반환하는 중심점들을 *Cetners*라고 하자. 그리고 *k*-중심 클러스터링 문제에서 최적의 답안에 해당하는 중심점들을 *Centers*$_{pot}$이라고 하자. 이때 다음을 증명하라.

$$\text{MAXDISTANCE}(Data, Centers) \leq 2 \cdot \text{MAXDISTANCE}(Data, Centers_{opt})$$

FARTHESTFIRSTTRAVERSAL가 반환하는 중심점들보다 더 적절한 답안에 해당하는 데이터상의 점들을 찾을 수 있는가?

FARTHESTFIRSTTRAVERSAL은 빠를 뿐 아니라 위의 연습 문제에 따르면 반환된 결과는 *k*-중심 클러스터링 문제의 최적 답안에 근접한 답안을 제공한다. 그러나 이 알고리듬은 유전자 발현량 분석에 거의 쓰이지 않는다. MAXDISTANCE(*Data*, *Centers*)는 *Data*에 있는 모든 점에 대해 가장 가까운 중심점까지의 거리 중 최대값이며, *k*-중심 클러스터링에서는 MAXDISTANCE(*Data*, *Centers*)를 최소로 하는 중심점들인 *Centers*를 선택한다. 그러나 생물학자들은 보통 최대 편차보다는 일반적인 분석에 관심이 있다. 그 이유는 최대 편차는 실험적 오류에 의한 특이값에 의한 것일 수도 있기 때문이다(그림 8.9).

잠깐 멈추고 생각해 보자 MAXDISTANCE(*Data*, *Centers*) 보다 생물학적으로 더 적절한 점수 함수를 고안해 낼 수 있는가?

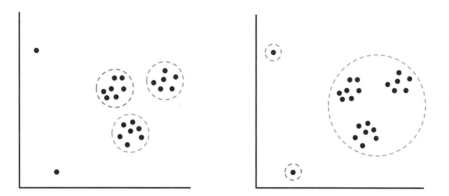

그림 8.9 (왼쪽) 3개의 명확한 클러스터들과 2개의 특이값에 해당하는 데이터상의 점들. (오른쪽) FARTHESTFIRSTTRAVERSAL는 새로운 중심점을 찾을 때 MAXDISTANCE 값에 의존하기 때문에 데이터상의 점들을 3개의 클러스터들로 나누려고 하면 처음 선택한 중심점에 상관없이 왼쪽의 두 특이값들이 요소 하나짜리 클러스터의 중심점으로 선택될 것이다. 이에 따라 나머지 데이터상의 점들은 하나의 클러스터에 포함될 것이다.

k-Means 클러스터링

제곱 왜곡 오차

MAXDISTANCE의 한계점을 해결하고자 새로운 점수 함수를 소개하겠다. n개의 데이터상의 점들과 k개의 중심점들인 *Centers*로 이뤄진 *Data*가 주어졌을 때 *Data*와 *Centers*에 대한 **제곱 왜곡 오차**squared error distortion는 각 데이터상의 점들과 가장 가까운 중심점 사이의 거리 제곱의 평균과 같다.

$$\text{DISTORTION}(Data, Centers) = \frac{1}{n} \sum_{\text{all points } DataPoint \text{ in } Data} d(DataPoint, Centers)^2 .$$

MAXDISTANCE(*Data*, *Centers*)가 그림 8.7의 선 하나의 길이만을 설명하는 반면 제곱 왜곡 오차는 이 그림의 모든 선의 길이를 설명하는 값이다.

연습 문제 그림 8.10(왼쪽)에 있는 데이터상의 점들 8개와 3개의 중심점에 대한 MAXDISTANCE(*Data, Centers*) 값과 DISTORTION(*Data, Centers*) 값을 계산해 보자. 이 값이 그림 8.10(오른쪽)에 있는 중심점들에 대한 값들과 어떻게 다른가?

제곱 왜곡 오차 문제

주어진 데이터상의 점들과 중심점들에 대한 제곱 왜곡 오차를 계산하라.

입력: 데이터상의 점들 *Data*와 중심점들 *Centers*

출력: 제곱 왜곡 오차 DISTORTION(*Data*, *Centers*)

제곱 왜곡 오차를 통해 *k*-중심 클러스터링 문제를 다음과 같이 수정할 수 있다.

k-Means 클러스터링 문제

주어진 데이터상의 점들에 대해 제곱 오차 왜곡 값을 최소로 하는 *k*개의 중심점들을 찾아라.

입력: 데이터상의 점들 *Data*와 상수 *k*

출력: *k*개의 중심점을 선택하는 모든 경우의 수 중 DISTORTION(*Data*, *Centers*) 값을 최소로 만드는 *k*개의 중심점들 *Centers*

k-중심 클러스터링 문제와 *k*-Means 클러스터링 문제가 비슷해 보이지만 이들은 전혀 다른 결과를 만들어 낼 수 있다(그림 8.10). *k*-중심 클러스터링과 *k*-Means 클러스터링의 주된 차이점은 중심점을 배치할 때 *k*-Means 클러스터링이 특이값의 영향을 훨씬 덜 받는다는 것이다.

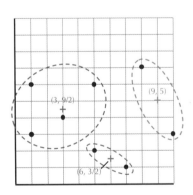
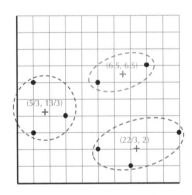

그림 8.10 (왼쪽) 그림 8.6 (오른쪽)에 있는 데이터상의 점 8개에 대한 *k*-중심 클러스터링 문제의 답안. 색칠된 3개의 중심점들과 그들이 이루는 클러스터들이 표시돼 있다. (오른쪽) 같은 점들에 대한 *k*-Means 클러스터링 문제의 답안. 색칠된 3개의 중심점들과 그들이 이루는 클러스터들이 표시돼 있다.

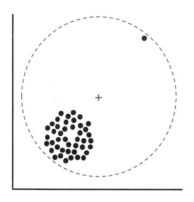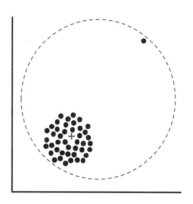

그림 8.11 클러스터링 문제를 푸는 공식에 따라 중심점이 달라질 수 있다. (왼쪽) k-중심 클러스터링 문제에서 한 클러스터의 중심점은 이 클러스터의 점들과 중심점 사이의 거리 중 최대값을 가장 작게 만드는 지점이 선택된다. 그 결과 중심점의 위치가 특이값의 영향을 매우 많이 받게 된다. (오른쪽) k-Means 클러스터링 문제에서 특이값이 중심점 위치에 미치는 영향은 훨씬 작다. 이 때문에 이 방법은 오류로 인한 특이값을 종종 포함하고 있는 생물학적 데이터를 분석할 때 더 선호되는 방법이다.

k-means 클러스터링과 무게 중심

k-means 클러스터링 문제는 $k > 1$일 때 NP-어려움 문제라는 것이 밝혀졌다. 그러나 $k = 1$일 때 k-Means 클러스터링 문제는 제곱 왜곡 오차를 최소로 하는 하나의 중심점 x 를 찾는 문제와 같다. 어떤 데이터상의 점들을 하나의 클러스터로 만드는 것은 매우 쉬운 일이지만 제곱 왜곡 오차를 최소로 하는 하나의 중심점을 찾는 방법은 아직까지 명확하지 않다. 일단 좀 더 간단한 이 문제를 풀어 보면 $k > 1$인 경우에 대한 휴리스틱 방법을 설계하는 데에 도움이 될 것이다.

먼저 주어진 *Data*의 **무게 중심**^{center of gravity}를 정의해 보자. 이 무게 중심의 i번째 좌표값은 모든 데이터상의 점들의 i번째 좌표값의 평균으로 정의된다. 예를 들어 $(3, 8)$, $(8, 0)$, $(7, 4)$의 무게 중심은

$$\left(\frac{3+8+7}{3}, \frac{8+0+4}{3} \right) = (6, 4)$$

> **무게 중심 정리** 점들의 집합 *Data*의 무게 중심은 $k = 1$일 때 k-Means 클러스터링의 유일한 해법에 해당한다.

이 정리의 증명을 알고 싶다면 '돌아가기: 무게 중심 이론의 증명'을 참고하자.

509페이지 ▶

연습 문제 k-Means 클러스터링 문제는 k > 1일 때 NP-어려움 문제에 해당하지만 일차원 공간에서는, 즉 모든 데이터상의 점들이 하나의 선 위에 놓여 있을 때는 모든 k 값에 대해 다항식 시간 안에 이 문제를 해결할 수 있다. 이런 경우에 대한 k-Means 클러스터링 문제를 해결할 수 있는 알고리듬을 설계해 보자.

연습 문제 그림 8.10(오른쪽)에 있는 중심점이 k = 3일 때의 k-Means 클러스터링 문제의 해답이라는 것을 증명하라.

로이드 알고리듬

중심적에서 클러스터로 그리고 다시 반대로

로이드Lloyd **알고리듬**은 k-Means 클러스터링 문제를 위한 가장 유명한 클러스터링 휴리스틱 방법이다. 이 알고리듬은 먼저 Data상에 있는 서로 다른 k개의 점들을 임의로 선택해 중심점으로 하고 이후 다음 두 단계를 반복적으로 진행한다(그림 8.12).

- **중심점에서 클러스터로**: 중심점들이 선택된 후 각 데이터상의 점들을 가장 가까운 중심점에 해당하는 클러스터에 할당한다. 동점인 경우 임의의 중심점을 선택한다.
- **클러스터에서 중심점으로**: 데이터상의 점들이 클러스터들에 할당된 뒤 각 클러스터의 무게 중심을 해당 클러스터의 새로운 중심점으로 선택한다.

잠깐 멈추고 생각해 보자 로이드 알고리듬에서 우연히 2개의 중심점이 겹쳐져서 클러스터 개수보다 적은 수의 중심점이 만들어질 수도 있는가?

그림 8.12를 보면 각 반복마다 중심점들은 조금씩 덜 움직이는 것을 알 수 있다. 로이드 알고리듬에서 중심점들이 반복 전후로 움직이지 않는 경우(이에 따라 중심점들에 해당하는 클러스터들이 바뀌지 않는 경우) 이 알고리듬이 **수렴했다**converged고 말한다.

잠깐 멈추고 생각해 보자 로이드 알고리듬이 수렴하지 않는 데이터상의 점들을 찾을 수 있는가?

만약 로이드 알고리듬이 수렴하지 않는다면 다음과 같은 이유에 따라 반복마다 제곱 왜곡 오차는 계속 줄어들어야 한다.

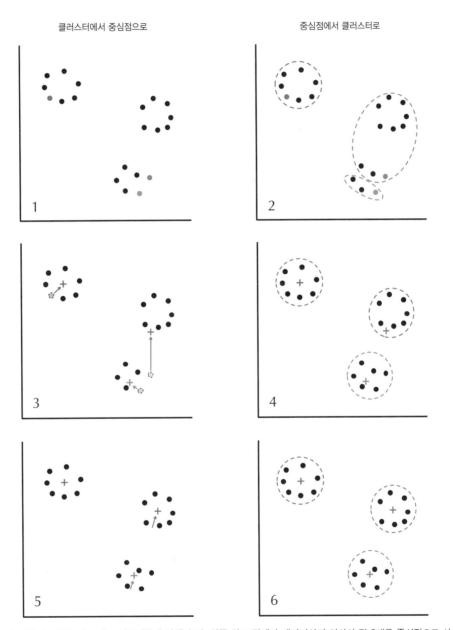

클러스터에서 중심점으로   중심점에서 클러스터로

그림 8.12 *k* = 3일 때 로이드 알고리듬의 진행 순서. 왼쪽 위 그림에서 데이터상의 임의의 점 3개를 중심점으로 선택한다. 이들은 서로 다른 색으로 나타나 있다. 이후 그림들에서 '중심점에서 클러스터로' 단계와 '클러스터에서 중심점으로' 단계를 반복한다. 오른쪽 아래 그림에서 로이드 알고리듬이 수렴한 것을 알 수 있다.

- '중심점에서 클러스터로' 단계에서 어떤 데이터상의 점이 새로운 중심점에 할당됐다면 이 점은 기존의 중심점보다 새로운 중심점에 더 가까워야 한다. 따라서 제곱 왜곡 오차는 줄어들어야 한다.
- '클러스터에서 중심점으로' 단계에서 어떤 중심점이 이 클러스터의 무게 중심으로 바뀌었다면 무게 중심 정리에 의해 새로운 중심점은 이 클러스터의 제곱 왜곡 오차를 최소로 하는 유일한 점일 것이다. 따라서 제곱 왜곡 오차는 줄어들어야 한다.

STOP 잠깐 멈추고 생각해 보자 이 추론이 로이드 알고리듬은 항상 수렴해야 한다는 것을 의미하는가?

로이드 알고리듬의 각 단계마다 제곱 왜곡 오차가 줄어든다고 해서 로이드 알고리듬이 무조건 수렴해야 한다는 것은 아니다. 예를 들어 제곱 왜곡 오차가 줄어드는 정도가 점점 줄어들어서 이 과정이 무한히 반복될 수도 있다(예를 들어 제곱 왜곡 오차가 처음엔 1/2만큼, 그다음엔 1/4만큼, 그다음엔 1/8만큼, 이렇게 반복되는 것이다). 다음 연습 문제는 이런 시나리오가 일어날 수는 없다는 것을 보증해 준다.

연습 문제 로이드 알고리듬의 반복 횟수는 데이터상의 점들을 k개의 클러스터로 나누는 경우의 수를 넘지 않는다는 것을 증명하라.

로이드 알고리듬이 수렴한다고 해서 이 방법이 k-Means 클러스터링 문제의 최적의 해답을 제시한다는 뜻은 아니다. 왜 그런지 알고 싶다면 다음 연습 문제를 풀어 보자.

연습 문제 일차원 데이터상의 점들 {0, 1, 1.9, 3}과 2개의 중심점 {1, 3}에 대해 로이드 알고리듬을 시행해 보자. 이 로이드 알고리듬이 k-Means 클러스터가 문제의 해답을 제공해 주는가?

연습 문제 좋아하는 숫자 k를 선택하고 이중영양적 전환 데이터에 있는 230개 유전자에 대해 로이드 알고리듬을 1,000번 시행해 보자. 이때 각 시행마다 k개의 초기 중심점을 임의로 선택해 보자. 1,000번의 시행 중 가장 높은 점수를 가진 시행을 찾기까지 로이드 알고리듬을 몇 번 시행해야 하는가?

로이드 알고리듬 초기화하기

그림 8.13은 로이드 알고리듬의 초기화 단계에 주의를 기울이지 않으면 끔찍한 일이 벌어질 수 있다는 것을 보여 준다. 그림 8.13(위쪽)에서 데이터 무더기 1에서는 중심점을 선택하지 않고, 데이터 무더기 3에서 2개의 중심점을, 그리고 데이터 무더기 2, 4, 5에서는 각각 중심점 하나씩 선택했다. 그림 8.13(아래쪽)에서 볼 수 있듯이 로이드 알고리듬의 첫 번째 반복 시행한 뒤 데이터 무더기 1과 2의 모든 점은 데이터 무더기 1과 2 중간에 있는 빨간색 점에 할당된다. 데이터 무더기 3의 두 중심점은 이 데이터 무더기의 점들을 2개의 클러스터로 나누게 된다. 데이터 무더기 4와 5의 중심점들은 이 데이터 무더기의 중심으로 움직일 것이다. 로이드 알고리듬은 빠르게 수렴해 잘못된 클러스터링 결과를 만들게 될 것이다.

> 연습 문제 중심점 5개를 임의로 선택한다고 했을 때(로이드 알고리듬처럼) 그림 8.13에 있는 데이터 무더기 5개 중 적어도 하나는 중심점을 갖지 못할 확률을 계산하라.

> 잠깐 멈추고 생각해 보자 로이드 알고리듬의 초기화 단계를 어떻게 바꾸면 클러스터를 더 잘 찾을 수 있을까?

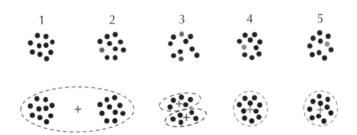

그림 8.13 (위쪽) 이차원 공간에서 10개씩의 점들을 가진 5개의 데이터 무더기. 로이드 알고리듬의 초기화 결과 데이터 무더기 1에는 중심점이 없고, 데이터 무더기 3에는 2개의 중심점이 있으며(파란색, 보라색), 나머지 3개의 데이터 무더기는 하나의 중심점이 포함돼 있다(빨간색, 오렌지색, 초록색). (아래쪽) 로이드 알고리듬은 데이터 무더기 1과 2의 점들을 하나의 클러스터로 묶었고, 데이터 무더기 3의 점들을 2개의 클러스터로 나눴다.

k-means++ 초기화

지금까지는 로이드 알고리듬에서 초기 중심점들이 어떻게 선택되는지 관심을 갖지 않았다. FARTHESTFIRSTTRAVERSAL에서와 비슷하게 *k*-MEANS++초기화ᵏ⁻ᴹᴱᴬᴺˢ⁺⁺ᴵᴺᴵᵀᴵᴬᴸᴵᶻᴱᴿ는 *k*개의 중심점을 한 번에 하나씩 선택하는데 지금까지 선택된 점들에서 가장 먼 점을 선택하지는 않는다. 그 대신 가까운 점들보다는 먼 곳의 점들이 더 잘 선택되는 방법으로 각 점을 무작위로 선택하게 된다. 더 자세히 말하면 *Data*에 있는 *DataPoint* 중 하나를 중심점으로 선택하는 확률은 *DataPoint* 각각에서부터 이미 선택된 중심점들까지의 거리의 제곱, 즉 $d(DataPoint, Centers)^2$에 비례한다.

간단한 예시로 데이터상의 점들이 3개만 존재한다고 해보자. 그리고 이미 존재하는 중심점들 Centers에서 각 데이터상의 점들까지의 제곱 거리는 1, 4, 5라고 하자. 이때 *k*-MEANS++초기화에서 각 점들을 그다음 중심점으로 선택할 확률은 각각 1/10, 4/10, 5/10다.

---

k-MEANS++INITIALIZER(*Data, k*)
    Centers ← the set consisting of a single randomly chosen point from *Data*
    while |*Centers*| < k
        randomly select *DataPoint* from *Data* with probability proportional to
            $d(DataPoint, Centers)^2$
        add *DataPoint* to *Centers*
    return *Centers*

잠깐 멈추고 생각해 보자 *k*-MEANS++초기화 방법 또한 그림 8.13의 함정에 빠질 수 있지만 그런 일은 거의 일어나지 않는다. 왜 그럴까?

연습 문제 *k*-MEANS++초기화 방법을 사용해 로이드 알고리듬을 향상시켜 구현해 보자. 그리고 이를 다양한 *k* 값에 대해 이중영양적 전환 데이터의 230개 유전자에 적용해 보자.

이중영양적 전환에 관련된 유전자들을 클러스터링하기

생물학적으로 가장 적절한 k 값을 선택하는 것이 매우 어렵기 때문에 일단 230개 효모 유전자를 (임의로) 6개의 클러스터로 나누자(그림 8.14). 그림 8.14의 그림은 이중영양적 대사에 관련된 유전자들의 여섯 가지 행동 패턴을 보여 준다. 이에 따라 더 심도 있는 생물학적 의문들이 떠오르는데 이것은 8장의 초점을 벗어나는 것이다. 예를 들어 어떤 조절 메커니즘이 첫 번째 클러스터에 해당하는 유전자들의 발현량을 높아지게 한 걸까? 어떤 메커니즘에 의해서 네 번째 클러스터의 유전자들의 발현량이 줄어든 걸까? 그리고 이런 변화가 이중영양적 전환에 어떤 영향을 미치는 걸까?

> 연습 문제　효모의 6,400개 유전자 모두를 6개의 클러스터로 나누는 것은 230개 유전자로 이뤄진 축소된 데이터를 클러스터링하는 것을 의미한다. 이 클러스터링과 그림 8.14에 나온 클러스터링을 비교해 보면 어떻게 다른가?

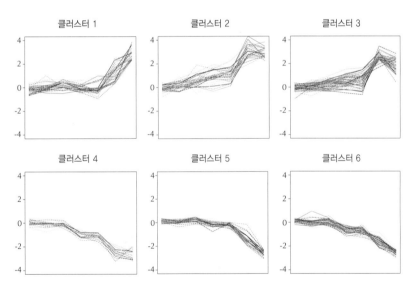

그림 8.14　230개 유전자로 축소된 효모 데이터에 $k = 6$인 로이드 알고리듬을 적용한 결과 6개의 클러스터가 만들어졌다. 이를 통해 6개의 서로 다른 조절 작용이 있다는 것이 밝혀졌으며 각 클러스터는 37, 36, 58, 19, 36, 44개 유전자를 포함하고 있다.

k-Means 클러스터링의 한계점

로이드 알고리듬을 실제로 보고 나면 클러스터링이 쉽다고 생각할 수 있다. 만약 정말 그렇게 생각한다면 다음 문제들을 풀어 보자.

잠깐 멈추고 생각해 보자   그림 8.15의 점들을 어떻게 클러스터링할 것인가?

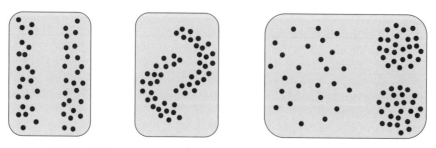

그림 8.15 어려운 클러스터링 문제. 왼쪽과 가운데에서 *k* = 2이며 오른쪽에서 *k* = 3이다.

어려운 클러스터링 문제에서 로이드 알고리듬은 종종 분명해 보이는 클러스터를 찾지 못하기도 한다(그림 8.16).

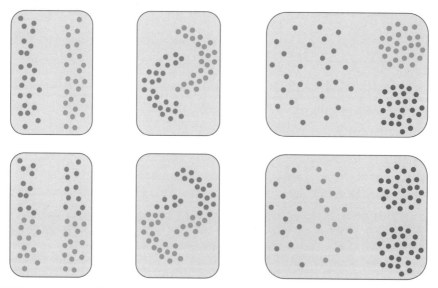

그림 8.16 눈으로 보이는 것(위쪽)과 로이드 알고리듬(아래쪽)은 종종 서로 다른 클러스터링 결과를 만든다. 왼쪽은 긴 클러스터의 경우 가운데는 원형이 아닌 모양의 클러스터의 경우 오른쪽은 데이터상의 점들의 밀도가 다르게 분포하는 클러스터의 경우다.

잠깐 멈추고 생각해 보자 로이드 알고리듬은 데이터상의 각 점들을 가장 가까운 중심점에 할당하고 동점일 때는 임의로 할당한다. 이 방식의 문제점은 무엇일까?

우리가 공식으로 만든 k-Means 클러스터링 문제의 약점은 데이터상의 각 점을 오직 하나의 클러스터에 할당하는 '하드hard' 방법을 사용하게 만든다는 것이다. 이 전략은 **중간 지점** midpoint 또는 두 중심점에서 거의 같은 거리에 있는 점에 대해서는 의미가 없다. 중간 지점을 처리하려면 데이터상의 점 하나를 하나의 클러스터에 할당한다는 하드 방법(그림 8.17 왼쪽)에서 벗어나 소프트soft 방법(그림 8.17 오른쪽)으로 바뀌어야 한다.

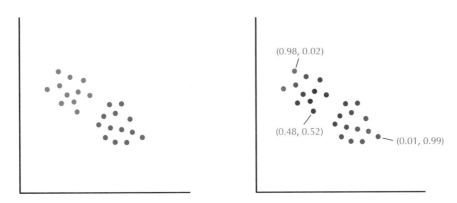

그림 8.17 (왼쪽) 그림 8.6 (왼쪽)에 있는 점들을 로이드 알고리듬을 사용해 두 클러스터로 나눈 결과. 점들은 클러스터에 따라 빨간색 또는 파란색으로 색칠돼 있다. (오른쪽) 같은 데이터에 대해 소프트 방법으로 각 점을 두 클러스터에 할당하는 것을 시각화한 것. 각 점은 한 쌍의 숫자를 받게 되는데 이는 해당 점에 대한 각 클러스터의 비중 (responsibility)에 기반한 파란색과 빨간색에 대한 백분율 값이다. 두 색을 섞어서 빨간색-파란색 스펙트럼을 형성하도록 만들었다.

동전 던지기에서 k-Means 클러스터링으로

편향된 정도를 알 수 없는 동전 던지기

소프트 클러스터링을 위한 알고리듬을 개발하고자 약간 관련 없어 보이는 이야기를 소개하겠다. 톰 스토파드Tom Stoppard의 연극「로젠크랜츠와 길든스턴은 죽었다Rosencrantz and Guildenstern Are Dead」는 주인공이 동전을 계속해서 던지는 장면으로 시작한다. 주인공은 앞면이 연속으로 157번 나왔다는 것을 알아챈다. 로젠크랜츠와 길든스턴은 확률의 법칙에서 그들이 벗어난 것인지 의문을 가지기 시작하는데 만약 이런 현상을 보게 된다면 동전이 편향됐다고 추측하게 될 것이다. 친구가 편향된 동전을 n번 던진다고 했을 때 동전을 한 번 던질 때 앞면이 나오는 확률 θ를 측정해 보고 싶을 것이다.

> **STOP**
> 잠깐 멈추고 생각해 보자 0과 1 사이에 있는 각각의 θ 값에 대해 어떤 연속된 동전 던지기 결과에 대한 확률은 계산이 가능하다. n번 동전을 던졌을 때 앞면이 i번 나온 결과를 봤을 때 이 확률을 가장 최대로 하는 θ 값을 어떻게 계산할 수 있을까?

θ를 계산하는 가장 좋아 보이는 방법은 앞면이 나온 횟수를 동전을 던진 횟수로 나누는 것이다. 그런데 이것을 어떻게 증명할 수 있을까? n번 동전을 던졌을 때 i번의 앞면이 나왔다면 θ만큼의 편향이 있는 동전이 이런 결과를 낼 확률은 $f(\theta) = \theta^i \cdot (1-\theta)^{n-i}$이다. 가장 그럴듯한 편향값은 이 확률을 가장 최대로 만드는 θ 값이므로 $f(\theta)$의 미분값이 0이 되도록 하면 된다.

$$f'(\theta) = i \cdot \theta^{i-1} \cdot (1-\theta)^{n-i} - \theta^i \cdot (n-i) \cdot (1-\theta)^{n-i-1}$$
$$= [i \cdot (1-\theta) - \theta \cdot (n-i)] \cdot \theta^{i-1} \cdot (1-\theta)^{n-i-1}$$
$$= (i - \theta \cdot n) \cdot \theta^{i-1} \cdot (1-\theta)^{n-i-1} = 0$$

$\theta = 0$ 또는 $\theta = 1$인 경우를 제외하면 이 방정식의 유일한 답은 $\theta = i/n$이다. 이는 관찰된 앞면의 비율이 가장 적절한 θ 값이 된다는 것을 나타낸다.

이 동전 던지기 문제를 좀 더 흥미롭게 만들어 보자. 당신의 친구가 몰래 2개의 동전 A와 B를 바꿔치기 했다고 가정해 보자. 각 동전은 똑같은 것처럼 보이지만 값을 모르는 편향값 θ_A와 θ_B를 갖고 있다. 당신의 목표는 연속된 동전 던지기 결과를 본 뒤 θ_A와 θ_B 값을 측정하는 것이다. 이 값들은 모두 *Parameter*라 총칭한다.

이 문제를 간단히 만들어 보자. n번의 동전 던지기에서 당신의 친구는 같은 동전을 쓸지 동전을 바꿀지 몰래 결정할 것이다. 그림 8.18에서 $n = 10$인 다섯 가지의 연속된 동전 던지기 결과를 볼 수 있다. 각각의 결과에 대해 앞면의 비율을 벡터로 나타내 보겠다.

$$Data = (Data_1, Data_2, Data_3, Data_4, Data_5) = (0.4, 0.9, 0.8, 0.3, 0.7)$$

$$
\begin{array}{llllllllll}
\text{H} & \text{T} & \text{T} & \text{T} & \text{H} & \text{T} & \text{T} & \text{H} & \text{T} & \text{H}
\end{array}
$$

	Data
H T T T H T T H T H	0.4
H H H H T H H H H H	0.9
H T H H H H H T H H	0.8
H T T T T H H T T	0.3
T H H H T H H H T H	0.7

그림 8.18 열 번의 동전 던지기를 다섯 번 시행한 결과 $Data = (0.4, 0.9, 0.8, 0.3, 0.7)$라는 벡터를 얻었다. H는 앞면(head)를 뜻하며 T는 뒷면(tail)을 뜻한다.

만약 당신 친구가 동전 A를 첫 번째와 네 번째에 사용했다면 θ_A 값을 이 결과에서 나온 앞면의 비율로 측정할 것이다.

$$
\theta_A = \frac{Data_1 + Data_4}{2} = \frac{0.4 + 0.3}{2} = 0.35
$$

그리곤 θ_B의 값을 나머지 3개의 결과에서 나온 앞면의 비율로 측정할 것이다.

$$
\theta_B = \frac{Data_2 + Data_3 + Data_5}{3} = \frac{0.9 + 0.8 + 0.7}{3} = 0.8
$$

이렇게 어떤 동전을 선택할지를 이진 벡터 $HiddenVector = (1, 0, 0, 1, 0)$로 나타낼 것이다. 여기서 k-번째 위치에 있는 1은 k번째의 연속된 동전 던지기에서 동전 A가 사용됐다는 것을 뜻하며, 0은 동전 B가 사용됐다는 것을 뜻한다. 이 표기법을 통해 $Data$와 $HiddenVector$를 사용해 $Parameter$를 구하는 방정식을 만들 수 있다.

$$
\theta_A = \frac{\sum_i HiddenVector_i \cdot Data_i}{\sum_i HiddenVector_i} = \frac{1 \cdot 0.4 + 0 \cdot 0.9 + 0 \cdot 0.8 + 1 \cdot 0.3 + 0 \cdot 0.7}{1 + 0 + 0 + 1 + 0} = 0.35
$$

$$
\theta_B = \frac{\sum_i (1 - HiddenVector_i) \cdot Data_i}{\sum_i (1 - HiddenVector_i)} = \frac{0 \cdot 0.4 + 1 \cdot 0.9 + 1 \cdot 0.8 + 0 \cdot 0.3 + 1 \cdot 0.7}{0 + 1 + 1 + 0 + 1} = 0.80
$$

여기서 i는 모든 데이터상의 점들을 거쳐간다.

$\sum_i HiddenVector_i \cdot Data_i$는 벡터 $HiddenVector$와 $Data$의 **내적**dot product을 뜻하며 $HiddenVector \cdot Data$라고 쓸 수 있다. 또한 $\vec{1}$은 모든 값이 1이고 길이가 $HiddenVector$와 동일한 벡터로 정의한다. 이를 통해 $\sum_i HiddenVector_i$를 내적 $HiddenVector \cdot \vec{1}$이라고 쓸 수 있으며 $\sum_i (1 - HiddenVector_i)$를 내적 $(\vec{1} - HiddenVector) \cdot \vec{1}$이라고 쓸 수 있다. 따라서 위의 방정식은 다음과 같이 쓸 수 있다.

$$\theta_A = \frac{HiddenVector \cdot Data}{HiddenVector \cdot \vec{1}}$$

$$\theta_B = \frac{(\vec{1} - HiddenVector) \cdot Data}{(\vec{1} - HiddenVector) \cdot \vec{1}}$$

잠깐 멈추고 생각해 보자 우리는 방금 *Data*와 *HiddenVector*가 주어졌을 때 매개변수 (θ_A, θ_B)를 구할 수 있다는 것을 알아봤다. 만약 *Data*와 *Parameters*가 주어진다면 가장 그럴듯한 *HiddenVector*를 찾을 수 있는가?

만약 *Parameters*를 알고 있다면 가장 그럴듯한 *HiddenVector*를 결정하는 방법은 동전 *A*와 동전 *B* 중 각각의 연속된 동전던지기 결과를 만들어 냈을 법한 동전이 무엇인지 결정하는 것에 해당한다. 예를 들어 *Parameters* = (θ_A, θ_B) = (0.6, 0.82)라는 것을 알고 있다고 해보자. 만약 동전 *A*가 다섯 번째 동전 던지기 결과를 만들어 냈다면 그림 8.18의 결과를 만들어 낼 수 있는 확률은 다음과 같다.

$$\theta_A^7 (1 - \theta_A)^3 = 0.6^7 \cdot 0.4^3 \approx 0.00179$$

만약 동전 *B*가 다섯 번째 동전 던지기 결과를 만들었다면 이 결과를 만들 수 있는 확률은 다음과 같다.

$$\theta_B^7 (1 - \theta_B)^3 = 0.82^7 \cdot 0.18^3 \approx 0.00145$$

0.00179 > 0.00145이므로 $HiddenVector_5$의 값을 1로 설정할 수 있다.

연습 문제 *Parameters* = (0.6, 0.82)일 때 그림 8.18에 있는 나머지 동전 던지기 결과들의 *HiddenVector* 값들도 정해 보자.

더 일반적으로 말하면 $\Pr(Data_i | \theta)$는 θ만큼의 편향이 있는 동전이 주어졌을 때 $Data_i$라는 결과가 나올 **조건부 확률**conditional probability이다.

$$\Pr(Data_i | \theta) = \theta^{n \cdot Data_i} (1 - \theta)^{n \cdot (1 - Data_i)}$$

$\Pr(Data_i | \theta_A) > \Pr(Data_i | \theta_B)$일 때 i번째 동전 던지기 결과를 만들었을 법한 동전은 *A*이므로 $HiddenVector_i$를 1로 정한다. $\Pr(Data_i | \theta_A) < \Pr(Data_i | \theta_B)$일 때 i번째 동전 던지기 결

과를 만들었을 법한 동전은 B이므로 $HiddenVector_i$를 0으로 정한다. 동점인 경우엔 둘 중 하나를 임의로 정한다.

요약하자면 $HiddenVector$를 알고 있지만 $Parameters$는 알지 못할 때 가장 그럴듯한 $Parameters = (\theta_A, \theta_B)$ 값은 다음과 같이 구할 수 있다.

$$(Data, HiddenVector, ?) \rightarrow Parameters$$

마찬가지로 $Parameters$를 알고 있지만 $HiddenVector$는 알지 못할 때 가장 그럴듯한 $HiddenVector$를 다음과 같이 구할 수 있다.

$$(Data, ?, Parameters) \rightarrow HiddenVector$$

그러나 원래 풀고자 했던 문제는 $HiddenVector$와 $Parameter$를 둘 다 알지 못할 때다.

$$(Data, ?, ?) \rightarrow ???$$

계산 문제는 어디 있는가?

우리가 해결하고자 하는 계산 문제를 아직 수식화하지 않았다는 것을 알아챘을지도 모른다. 그러므로 $HiddenVector$와 $Parameters$가 주어졌을 때 연속된 동전 던지기 결과 $Data_i$가 나올 수 있는 조건부 확률을 다음과 같이 정의해 보자.

$$\Pr(Data_i | HiddenVector, Parameters) = \begin{cases} \Pr(Data_i | \theta_A) & \text{if } HiddenVector_i = 1 \\ \Pr(Data_i | \theta_B) & \text{if } HiddenVector_i = 0 \end{cases}$$

더 나아가서 $HiddenVector$와 $Parameters$가 주어졌을 때 $Data$가 나올 조건부 확률을 다음과 같이 정의해 보자.

$$\Pr(Data | HiddenVector, Parameters) = \prod_{i=1}^{n} \Pr(Data_i | HiddenVector, Parameters)$$

$Data$가 주어졌을 때 우리가 풀고자 하는 계산 문제는 조건부 확률 $\Pr(Data | HiddenVector, Parameters)$를 가장 크게 만드는 $HiddenVector$와 $Parameters$를 찾는 것이다.

동전 던지기에서 로이드 알고리듬으로

*Data*로부터 *HiddenVector*와 *Parameters*를 알아내는 건 불가능해 보인다. 그러나 우리는 이전에 무작위 추측으로 시작하는 것이 나쁘지 않은 생각이라는 것을 배웠다. 따라서 임의의 *Parameter* = (θ_A, θ_B)로 시작해서 가장 그럴듯한 *HiddenVector*를 재구축할 것이다.

$$(Data, ?, Parameters) \rightarrow HiddenVector$$

*HiddenVector*를 알고 있기 때문에 처음에 선택한 *Parameters*에 의문을 갖고 이 *Parameters*를 재평가할 것이다.

$$(Data, HiddenVector, ?) \rightarrow Parameters'$$

그림 8.19에 나온 것처럼 *Parameters* = $(0.6, 0.82)$를 초기 선택값으로 하면 이 두 단계를 반복해 가면서 *Parameters*와 *HiddenVector*가 점점 $\text{Pr}(Data|HiddenVector, Parameters)$를 더 커지게 하는 방향으로 가까워질 것이라고 기대할 수 있다.

$$
\begin{aligned}
(Data, ?, Parameters) &\rightarrow (Data, HiddenVector, Parameters) \\
&\rightarrow (Data, HiddenVector, \quad ? \quad) \\
&\rightarrow (Data, HiddenVector, Parameters') \\
&\rightarrow (Data, \quad ? \quad , Parameters') \\
&\rightarrow (Data, HiddenVector', Parameters') \\
&\rightarrow \cdots
\end{aligned}
$$

연습 문제 이 과정이 결국에는 끝난다는 것을, 즉 HiddenVector와 Parameters가 언젠가는 반복 단계를 거쳐도 변하지 않을 거라는 것을 증명하라.

잠깐 멈추고 생각해 보자 만약 *HiddenVector*가 모두 0으로 이뤄져 있다면 동전 *A*는 던져지지 않았다는 뜻이며 θ_A를 구하는 공식은 유효하지 않다는 것을 뜻한다. 이 문제를 어떻게 해결하겠는가?

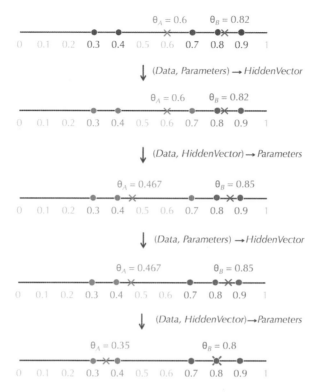

그림 8.19 *Data* = (0.4, 0.9, 0.8, 0.3, 0.7)에 대해 *Parameters* = (0.6, 0.82)를 초기값으로 선택하면 *HiddenVector* = (1, 0, 0, 1, 1)이 된다. 이후 *Parameters*를 (0.467, 0.85)로 조정하면 *HiddenVector* = (1, 0, 0, 1, 0)이 된다. 이 새로운 벡터는 *Parameters*를 (0.35, 0.8)로 조정되게 만든다. 이 시점 이후로는 HiddenVector가 변하지 않게 되므로 반복 단계가 끝난다.

클러스터링으로 돌아와서

그림 8.19는 동전 던지기와 클러스터링 문제가 다른 것처럼 느껴질 수 있지만 실제로는 모습을 바꾼 일차원 클러스터링 문제일 뿐이라는 것을 보여 준다.

잠깐 멈추고 생각해 보자 로이드 알고리듬에서 *Data*, *HiddenVector*, *Parameters*에 해당하는 것들이 무엇인가?

m차원 공간에서 주어진 n개의 데이터상의 점들 *Data* = (*Data$_1$*,..., *Data$_n$*)이 있을 때 이들을 k개의 클러스터에 할당하는 것을 n차원 벡터로 나타낼 수 있다.

$$HiddenVector = (HiddenVector_1, \ldots, HiddenVector_n)$$

각각의 $HiddenVector_i$는 1에서 k 사이의 값을 가질 수 있다. 한편 k개의 중심점을 m차원 공간에 있는 k개의 점 $Parameters = (\theta_1, \ldots, \theta_k)$으로 나타낼 것이다.

동전 던지기와 유사하게 k-means 클러스터링에서는 $Data$가 주어지고 $HiddenVector$와 $Parameters$는 알지 못한다. 로이드 알고리듬은 무작위로 선택된 $Parameters$에서 시작한다. 이 알고리듬의 두 가지 주요 단계는 다음과 같이 쓸 수 있다.

- 중심점에서 클러스터로: $(Data, ?, Parameters) \rightarrow HiddenVector$
- 클러스터에서 중심점으로: $(Data, HiddenVector, ?) \rightarrow Parameters$

동전 던지기 알고리듬과 k-means 클러스터링에서의 로이드 알고리듬의 유일한 차이점은 '중심점에서 클러스터로' 단계를 어떻게 시행하는가다. 전자에서는 $\Pr(Data_i | \theta_A)$와 $\Pr(Data_i | \theta_B)$를 비교해 $HiddenVector_i$를 계산하며 후자에서는 데이터상의 점을 가장 가까운 중심점의 클러스터에 할당한다.

> **잠깐 멈추고 생각해 보자** 동전 던지기와 클러스터링에 관한 다음 질문들을 살펴보자.
>
> - $\Pr(Data_i | \theta_A)$이 $\Pr(Data_i | \theta_B)$보다 아주 약간만 커도 항상 동전 A를 선택하는 것이 공평한가?
> - 어떤 데이터상의 점을 어떤 중심점에 할당할 때 이 중심점이 다른 중심점보다 아주 약간만 가까워도 항상 이 중심점에 할당하는 것이 공평한가?

동전 던지기에서 소프트 결정 내리기

기대값 극대화: E-step

이번엔 또 다른 동전 던지기 상황을 통해 k-means 클러스터링의 소프트 버전을 소개할 것이다. $Parameters = (\theta_A, \theta_B)$가 주어졌을 때 $\Pr(Data_i | \theta_A)$와 $\Pr(Data_i | \theta_B)$를 비교해 $HiddenVector$에 대한 하드 결정을 내릴 수 있다. 그러나 이것이 어떤 동전이 사용됐는지 확신할 수 있다는 뜻은 아니다. 만약 $\Pr(Data_i | \theta_B)$가 $\Pr(Data_i | \theta_A)$와 거의 같다면 동전 B가 사용됐을 거라는 확신은 거의 50%일 것이다. 반면 $\Pr(Data_i | \theta_B)$가 $\Pr(Data_i | \theta_A)$보다 훨씬 크다면 동전 B가 사용됐다는 것을 거의 확신할 수 있을 것이다. 더 일반적으로 말하

면 주어진 동전 던지기 결과가 있을 때 특정한 동전이 사용됐다는 것에 대한 확신을 이 동전의 비중^responsibility이라고 말할 수 있다(비중값들을 모두 더하면 1이 돼야 한다).

k-means 클러스터링에서 어떤 데이터상의 점이 두 중심점의 정가운데에 있다면 이 중심점들은 해당 점을 각자의 클러스터로 끌어들이는 비중이 거의 같을 것이다. 동전 던지기처럼 어떤 주어진 데이터상의 점에 대한 모든 중심점의 비중값을 더하면 1이 된다.

잠깐 멈추고 생각해 보자 $Parameters = (\theta_A, \theta_B) = (0.6, 0.82)$와 동전 던지기 결과 THHHTHHHTH가 주어졌을 때 동전 A와 B에 대한 비중을 어떻게 계산할 것인가?

STOP

이전에 앞선 문제에 답하고자 $\Pr(0.7|\theta_A) = 0.6^7 \cdot 0.4^3 \approx 0.00179$이고 $\Pr(0.7|\theta_B) = 0.82^7 \cdot 0.18^3 \approx 0.00145$인 것을 계산해 봤다. 이전에는 동전 A가 더 그럴듯하다고 단호하게 결론을 내렸다. 여기서는 동전 던지기 10회 중 7회가 앞면이 나온다는 것은 동전 A일 확률이 더 크기 때문에 동전 B보다 동전 A에 더 큰 비중을 할당해야 한다. 이런 비중을 할당하는 한 가지 가능한 방법은 아래 수식을 사용하는 것이다.

$$\frac{\Pr(0.7|\theta_A)}{\Pr(0.7|\theta_A) + \Pr(0.7|\theta_B)} = \frac{0.00179}{0.00179 + 0.00145} \approx 0.55$$

$$\frac{\Pr(0.7|\theta_B)}{\Pr(0.7|\theta_A) + \Pr(0.7|\theta_B)} = \frac{0.00145}{0.00179 + 0.00145} \approx 0.45$$

그 결과 $HiddenVector$라는 벡터 대신 $Data$와 $Parameters$로 만든 2×5 **비중 프로필**^responsibility profile이라는 $HiddenMatrix$를 갖게 되는 것이다.

$$(Data, ?, Parameters) \rightarrow HiddenMatrix.$$

이 변환을 E-step이라고 부른다(그림 8.20).

그림 8.20 E-step에서는 $Data = (0.4, 0.9, 0.8, 0.3, 0.7)$와 $Parameters = (0.6, 0.82)$를 사용해 $HiddenMatrix$를 계산한다. M-step에서는 $HiddenMatrix$와 $Data$를 사용해 조정된 $Parameters'$를 계산한다.

임의의 데이터상의 점들 $Data = (Data_1, ..., Data_n)$과 편향값 $Parameters = (\theta_1, ..., \theta_k)$을 가진 k개의 동전에 대해 $k \times n$ 행렬 $HiddenMatrix$는 다음과 같이 정의된다.

$$HiddenMatrix_{i,j} = \frac{\Pr(Data_j|\theta_i)}{\sum_{1 \le t \le k} Pr(Data_j|\theta_t)}$$

기대값 극대화: M-step

하드 할당을 할 때 $Data$와 $HiddenVector$를 통해 다음과 같이 $Parameters$를 계산한다.

$$\theta_A = \frac{HiddenVector \cdot Data}{HiddenVector \cdot \overrightarrow{1}}$$

$$\theta_B = \frac{(\overrightarrow{1} - HiddenVector) \cdot Data}{(\overrightarrow{1} - HiddenVector) \cdot \overrightarrow{1}}.$$

소프트 할당을 하기 전에 먼저 두 동전의 결과에 대한 하드 할당은 아래의 이진 비중 행렬로 나타낼 수 있다는 것을 알아두자. 첫 번째 행에서 i번째 위치에 있는 1은 i번째 동전 던지기 결과가 동전 A로 만들어진 것이라고 결론 내린 것과 같다. 그리고 두 번째 행에 있는 1은 i번째 동전 던지기 결과가 동전 B로 만들어진 것이라고 결론 내린 것과 같다.

$$HiddenMatrix \quad \begin{matrix} 1 & 0 & 0 & 1 & 0 \\ 0 & 1 & 1 & 0 & 1 \end{matrix}$$

따라서 $HiddenMatrix$의 첫 번째 행 $HiddenMatrix_A$는 $HiddenVector$이며 $HiddenMatrix$의 두 번째 행 $HiddenMatrix_B$는 $\overrightarrow{1} - HiddenVector$다. 따라서 θ_A와 θ_B에 대한 이전 수식을 $HiddenMatrix$를 사용해 다시 작성해 볼 수 있다.

$$\theta_A = \frac{HiddenMatrix_A \cdot Data}{HiddenMatrix_A \cdot \overrightarrow{1}}$$

$$\theta_B = \frac{HiddenMatrix_B \cdot Data}{HiddenMatrix_B \cdot \overrightarrow{1}}$$

그림 8.20에 있는 비중 행렬에 대해 아래와 같이 $Parameters$를 계산할 수 있다.

$$\theta_A = \frac{0.97 \cdot 0.4 + 0.12 \cdot 0.9 + 0.29 \cdot 0.8 + 0.99 \cdot 0.3 + 0.55 \cdot 0.7}{0.97 + 0.12 + 0.29 + 0.99 + 0.55} = \frac{1.41}{2.92} \approx 0.483$$

$$\theta_B = \frac{0.03 \cdot 0.4 + 0.88 \cdot 0.9 + 0.71 \cdot 0.8 + 0.01 \cdot 0.3 + 0.45 \cdot 0.7}{0.03 + 0.88 + 0.71 + 0.01 + 0.45} = \frac{1.69}{2.08} \approx 0.813$$

잠깐 멈추고 생각해 보자 소프트 매개변수로 선택한 $\theta_A = 0.483$와 $\theta_B = 0.813$는 하드 매개변수로 선택한 $\theta_A = 0.467$ and $\theta_B = 0.85$보다 좀 더 서로 가깝다. 왜 그런 걸까?

일반적으로 말해서 다음과 같은 과정

$$(Data, HiddenMatrix, ?) \rightarrow Parameters$$

은 M-step이라고 불린다.

기대값 극대화 알고리듬

기대값 극대화 알고리듬expectation maximization algorithm은 먼저 $Parameters$를 임의로 선택하는 것으로 시작한다. 이 값은 E-step을 거치며 바뀌게 되는데 이는 $Data$와 $Parameters$가 주어졌을 때 비중 행렬 $HiddenMatrix$를 계산하는 단계다.

$$(Data, ?, Parameters) \rightarrow HiddenMatrix$$

또한 M-step에서는 $HiddenMatrix$를 사용해 $Parameters$를 재조정한다.

$$(Data, HiddenMatrix, ?) \rightarrow Parameters$$

연습 문제 그림 8.20에 있는 데이터에 대해 기대값 극대화 알고리듬을 몇 단계 더 진행해 보자. 이 알고리듬은 언제 멈춰야 하는가?

소프트 *k*-Means 클러스터링

클러스터링에 기대값 극대화 알고리듬 적용하기

이제 기대값 극대화 알고리듬을 사용해 로이드 알고리듬을 **소프트 *k*-means 클러스터링 알고리듬**soft k-means clustering algorithm으로 수정할 준비가 됐다. 이 알고리듬은 임의로 선택된 중심점들에서 시작해서 아래의 두 단계들을 반복한다.

- **중심점에서 소프트 클러스터로**E-step: 중심점들이 선택된 뒤 각 데이터상의 점에 대해 각 클러스터의 비중을 할당한다. 여기서 더 높은 비중값은 클러스터의 일원이 되는 더 강한 특성을 나타낸다.
- **소프트 클러스터에서 중심점으로**M-step: 각 데이터상의 점들이 소프트 클러스터에 할당된 뒤 새로운 중심점을 계산한다.

중심점에서 소프트 클러스터로 가기

'중심점에서 소프트 클러스터로 가기' 단계는 k개의 중심점들 $Centers = (x_1, \ldots, x_k)$와 n개의 데이터상의 점들 $Data = (Data_1, \ldots, Data_n)$로 시작한다. E-step을 소개할 때 적용한 공식은 다음과 같다.

$$HiddenMatrix_{i,j} = \frac{\Pr(Data_j | x_i)}{\sum_{1 \le t \le k} \Pr(Data_j | x_t)} \ .$$

그러나 이 공식은 우리가 확률 $\Pr(Data_j | x_i)$를 알고 있는 동전 던지기 문제에만 적용 가능하다. 데이터상의 임의의 점들에 대해 이 확률을 어떻게 정의할지는 불분명하다. 따라서 $HiddenMatrix$를 계산하는 다른 공식을 설명하겠다.

'무게 중심'이라는 용어는 이전에 중심점을 계산할 때 이미 사용했다. 중심점들을 별들이라 생각하고 데이터상의 점들을 행성이라고 하면 어떤 점이 어떤 중심점에 가까워질수록 그 중심점은 그 점을 더 강하게 잡아당길 것이다. 따라서 k개의 중심점들 $Centers = (x_1, \ldots, x_k)$와 n개의 데이터상의 점들 $Data = (Data_1, \ldots, Data_n)$가 주어졌을 때 $k \times n$ 비중 행렬 $HiddenMatrix$를 만들어 $HiddenMatrix_{i,j}$가 데이터 j에 대한 중심점 i의 중력이라고 표현할 수 있다. 이 중력은 뉴턴의 역제곱 중력 법칙Newtonian inverse-square law에 따라 계산할 수 있다.

$$HiddenMatrix_{i,j} = \frac{1/d(Data_j, x_i)^2}{\sum_{\text{all centers } x_t} 1/d(Data_j, x_t)^2}$$

뉴턴 추종자들에게는 불행한 일이지만 아래에 있는 통계물리학에 기반한 **분배 함수** partition function가 실제로는 더 잘 작동한다.

$$HiddenMatrix_{i,j} = \frac{e^{-\beta \cdot d(Data_j, x_i)}}{\sum_{\text{all centers } x_t} e^{-\beta \cdot d(Data_j, x_t)}}$$

이 공식에서 e는 자연 로그의 밑이고$(e \approx 2.718)$, β는 **강성 매개변수**stiffness parameter라고 불리며 소프트 할당의 유연성을 반영하는 매개변수다. 그림 8.21은 $Data$가 일차원 공간에서의 점들을 나타낼 때 $HiddenMatrix$를 계산하는 다양한 접근 방식을 보여 준다. 이때 β가 강성 매개변수라고 불리는 이유를 보여 준다.

잠깐 멈추고 생각해 보자 그림 8.21에서 $\beta \rightarrow \infty$인 경우 점들을 소프트 클러스터에 할당하는 과정은 어떻게 달라지는가?

| | -3 | -2 | -1 | 0 | 1 | 2 | 3 |

	0.992	0.988	0.500	0.012	0.008
	0.008	0.012	0.500	0.988	0.992
	0.500	0.500	0.500	0.500	0.500
	0.500	0.500	0.500	0.500	0.500
	0.924	0.881	0.500	0.119	0.076
	0.076	0.119	0.500	0.881	0.924
	0.993	0.982	0.500	0.018	0.007
	0.007	0.018	0.500	0.982	0.993
	1.000	1.000	0.500	0.000	0.000
	0.000	0.000	0.500	1.000	1.000

그림 8.21 (위쪽) 일차원상의 점들 $Data = (-3, -2, 0, +2, +3)$와 2개의 중심점 $Centers = \{-2.5, +2.5\}$(파란색과 빨간색으로 표시됨). (아래쪽) Data와 Centers를 사용해 다섯 가지 방법으로 만들어진 $HiddenMatrix$. 각각 뉴턴의 역제곱 중력 법칙(첫 번째 행렬), 분배 함수에서 $\beta = 0$일 때(두 번째 행렬), $\beta = 0.5$일 때(세 번째 행렬), $\beta = 1$일 때(네 번째 행렬), $\beta = 1000$일 때(다섯 번째 행렬).

소프트 클러스터에서 중심점으로 가기

동전 던지기에서 M-step을 구현했을 때 θ_A와 θ_B에 대한 아래의 수식을 얻을 수 있었다.

$$\theta_A = \frac{HiddenMatrix_A \cdot Data}{HiddenMatrix_A \cdot \vec{1}}$$

$$\theta_B = \frac{HiddenMatrix_B \cdot Data}{HiddenMatrix_B \cdot \vec{1}}$$

소프트 k-means 클러스터링에서 $HiddenMatirx_i$가 *HiddenMatrix*에서 i-번째 행을 나타낸다고 하면 위의 공식과 유사한 공식을 사용해 중심점 x_i를 재조정할 수 있다. 자세히 말하자면 중심점 x_i의 j번째 좌표 $x_{i,j}$를 아래와 같이 정의할 것이다.

$$x_{i,j} = \frac{HiddenMatrix_i \cdot Data^j}{HiddenMatrix_i \cdot \vec{1}}$$

여기서 $Data_j$는 $Data$에 있는 n개의 점들에 대한 j번째 좌표값으로 만들어진 n차원 벡터다. 재조정된 중심점 x_i는 $Data$의 점들의 중력에 대한 가중치가 부여된 **중심점**weighted center of gravity이라고 불린다. 그림 8.21 맨 아래에 있는 *HiddenMatrix*에 대한 중력에 대한 가중치가 부여된 중심점을 계산하면 아래의 재조정된 중심점들이 만들어진다.

$$x_1 = \frac{0.993 \cdot (-3) + 0.982 \cdot (-2) + 0.500 \cdot (0) + 0.018 \cdot (2) + 0.007 \cdot (3)}{0.993 + 0.982 + 0.500 + 0.018 + 0.007} = -1.955$$

$$x_2 = \frac{0.007 \cdot (-3) + 0.018 \cdot (-2) + 0.500 \cdot (0) + 0.982 \cdot (2) + 0.993 \cdot (3)}{0.007 + 0.018 + 0.500 + 0.982 + 0.993} = 1.955$$

이제 소프트 k-means 클러스터링에 대한 기대값 극대화 알고리듬을 구현할 준비가 됐다.

연습 문제   455페이지에 있는 데이터상의 점들과 이 알고리듬의 결과로 얻게 되는 비중 행렬로부터 중심점을 다시 계산하라.

연습 문제   소프트 k-means 클러스터링을 축소된 효모 이중영양적 전환 유전자 발현량 데이터에 적용해 보자. 이 알고리듬의 결과를 로이드 알고리듬의 결과와 비교해 보자.

계층 클러스터링

거리 기반 클러스터링에 대한 소개

7장에서 진화 트리를 재구축하는 두 가지 접근법과 서로의 장단점을 이야기했다. 이웃-연결 알고리듬과 같은 거리 기반 알고리듬과, 최소 단순성 문제와 같은 정렬 기반 알고리듬이 그것이다. 이와 유사하게 생물학자들이 언제나 $n \times m$ 유전자 발현량 행렬을 그대로 분석하는 것은 아니다. 그 대신 생물학자들은 종종 이 행렬을 $n \times n$ **거리 행렬**distance matrix D로 바꾼다. 여기서 $D_{i,j}$는 유전자 i와 유전자 j에 대한 발현량 벡터 간의 거리를 가리킨다(그림 8.22 오른쪽 위). 이 단락에서는 거리 행렬을 사용해서 어떻게 유전자들을 클러스터들로 나누는지 보여 줄 것이다(더 자세한 내용은 돌아가기: 발현량 행렬을 거리/유사도 행렬로 바꾸는 방법을 참고하자).

510페이지

	1 hr	2 hr	3 hr
g_1	10.0	8.0	10.0
g_2	10.0	0.0	9.0
g_3	4.0	8.5	3.0
g_4	9.5	0.5	8.5
g_5	4.5	8.5	2.5
g_6	10.5	9.0	12.0
g_7	5.0	8.5	11.0
g_8	3.7	8.7	2.0
g_9	9.7	2.0	9.0
g_{10}	10.2	1.0	9.2

	g_1	g_2	g_3	g_4	g_5	g_6	g_7	g_8	g_9	g_{10}
g_1	0.0	8.1	9.2	7.7	9.3	2.3	5.1	10.2	6.1	7.0
g_2	8.1	0.0	12.0	0.9	12.0	9.5	10.1	12.8	2.0	1.0
g_3	9.2	12.0	0.0	11.2	0.7	11.1	8.1	1.1	10.5	11.5
g_4	7.7	0.9	11.2	0.0	11.2	9.2	9.5	12.0	1.6	1.1
g_5	9.3	12.0	0.7	11.2	0.0	11.2	8.5	1.0	10.6	11.6
g_6	2.3	9.5	11.1	9.2	11.2	0.0	5.6	12.1	7.7	8.5
g_7	5.1	10.1	8.1	9.5	8.5	5.6	0.0	9.1	8.3	9.3
g_8	10.2	12.8	1.1	12.0	1.0	12.1	9.1	0.0	11.4	12.4
g_9	6.1	2.0	10.5	1.6	10.6	7.7	8.3	11.4	0.0	1.1
g_{10}	7.0	1.0	11.5	1.1	11.6	8.5	9.3	12.4	1.1	0.0

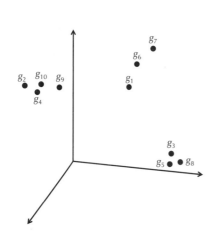

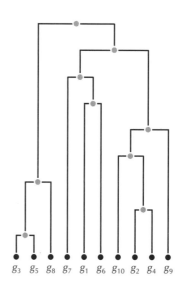

그림 8.22 (왼쪽 위) 예시 유전자 발현량 행렬. 3개의 시간 지점에서 10개의 유전자 발현량을 측정했다. (오른쪽 위) 유클리드 거리에 기반한 거리 행렬. (왼쪽 아래) 삼차원 공간에서 유전자 발현량 벡터를 점으로 나타낸 것. (오른쪽 아래) 계층 클러스터링 알고리듬(hierarchical clustring algorithm)을 사용해 거리 행렬로부터 만들어진 트리. 잎들은 유전자들을 나타낸다. 내부 노드들은 유전자들의 클러스터에 해당한다.

이전 단락에서 우리는 고정된 숫자 k를 사용한다고 가정했다. 그러나 실제로는 클러스터들이 하위 클러스터들을 갖고 있으며 각각은 하위 하위 클러스터를 갖고 있는 상황이 계속된다. 이 클러스터 계층을 정확히 포착하고자 **계층 클러스터링**hierarchical clustering은 $n \times n$ 거리 행렬 D를 사용해 n개의 데이터상의 점들을 트리 형태로 구조화한다(그림 8.22 오른쪽 아래). 그림 8.23에 나온 것처럼 트리에서 i개의 선을 거쳐가는 수평선은 n개의 유전자들을 i개의 클러스터로 나눠 준다.

500

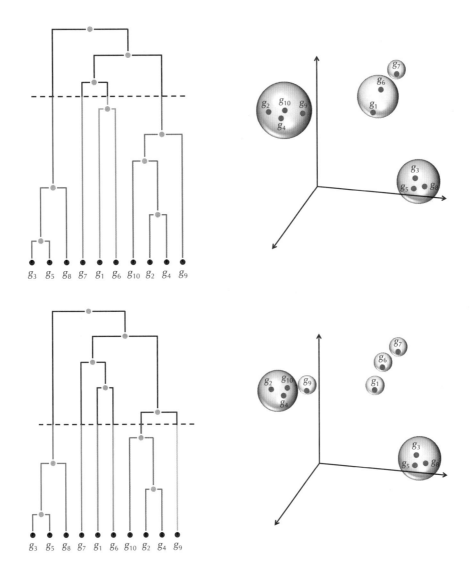

그림 8.23 n개의 잎으로 된 트리에는 이 데이터를 클러스터링할 수 있는 n가지 방법이 있다. (위쪽) 트리를 가로지르는 수평선(왼쪽)이 트리와 네 군데에서 만나고 있으며 데이터를 네 부분으로 나누고 있다(오른쪽). (아래쪽) 같은 트리에서 다른 수평선이 사용되는 경우 (왼쪽) 데이터를 6개의 클러스터로 나누고 있다(오른쪽).

연습 문제 그림 8.23은 그림 8.22에 있는 데이터를 트리를 사용해 클러스터링할 수 있는 두 가지 방법을 보여 준다. 같은 트리로 만들 수 있는 나머지 여덟 가지 클러스터링 결과를 찾아보자.

트리에서 클러스터 추론하기

아래 의사 코드에 나와 있는 **HIERARCHICALCLUSTERING**은 데이터를 클러스터들로 나눌 수 있는 n가지 결과를 만들어 낸다. 데이터는 트리로 나타나 있으며 각 노드는 유전자들의 클러스터로 표시된다. 첫 번째 결과는 이 트리의 잎을 의미하는 n개의 단일 요소 클러스터들로 이뤄져 있다. 여기서 각 요소가 각 클러스터를 이루고 있다. 두 번째 결과는 가장 가까운 2개의 클러스터를 합쳐서 2개의 요소로 된 하나의 클러스터로 만든다. 일반화하자면 i번째 결과는 $i-1$번째 결과에서 가장 가까운 2개의 클러스터를 합치고 $n-i+1$개의 클러스터를 형성하게 된다. 이 알고리듬이 익숙하길 바란다(사실 7장에 있는 UPGMA와 같은 것이다).

```
HIERARCHICALCLUSTERING(D, n)
    Clusters ← n single-element clusters labeled 1,…,n
    construct a graph T with n isolated nodes labeled by single elements 1,…,n
    while there is more than one cluster
        find the two closest clusters Cᵢ and Cⱼ (break ties arbitrarily)
        merge Cᵢ and Cⱼ into a new cluster Cₙₑᵥᵥ with |Cᵢ| + |Cⱼ| elements
        add a new node labeled by cluster Cₙₑᵥᵥ to T
        connect node Cnew to Cᵢ and Cⱼ by directed edges
        remove the rows and columns of D corresponding to Cᵢ and Cⱼ
        remove Cᵢ and Cⱼ from Clusters
        add a row/column to D for Cₙₑᵥᵥ by computing D(Cₙₑᵥᵥ, C) for each C in Clusters
        add Cₙₑᵥᵥ to Clusters
    root ← the node in T corresponding to the remaining cluster
    return T
```

그러나 우리는 아직 **HIERARCHICALCLUSTERING**가 새로 만들어진 클러스터 C_{new}와 기존의 클러스터 C 사이의 거리 $D(C_{new}, C)$를 어떻게 계산하는지 정의하지 않았다. 실제로 클러스터링 알고리듬들은 이 거리를 계산하는 방법들이 다양하며 이에 따라 결과도 크게 달라진다. 가장 흔히 쓰이는 접근법(그림 8.24)은 클러스터 C_1과 C_2 사이의 거리를 각 클러스터에 있는 요소들 사이의 거리 중 최소값으로 정의한다.

$$D_{\min}(C_1, C_2) = \min_{\text{all points } i \text{ in cluster } C_1, \text{ all points } j \text{ in cluster } C_2} D_{i,j}.$$

502

	g_1	g_2	g_3	g_4	g_5	g_6	g_7	g_8	g_9	g_{10}
g_1	0.0	8.1	9.2	7.7	9.3	2.3	5.1	10.2	6.1	7.0
g_2	8.1	0.0	12.0	0.9	12.0	9.5	10.1	12.8	2.0	1.0
g_3	9.2	12.0	0.0	11.2	**0.7**	11.1	8.1	1.1	10.5	11.5
g_4	7.7	0.9	11.2	0.0	11.2	9.2	9.5	12.0	1.6	1.1
g_5	9.3	12.0	0.7	11.2	0.0	11.2	8.5	1.0	10.6	11.6
g_6	2.3	9.5	11.1	9.2	11.2	0.0	5.6	12.1	7.7	8.5
g_7	5.1	10.1	8.1	9.5	8.5	5.6	0.0	9.1	8.3	9.3
g_8	10.2	12.8	1.1	12.0	1.0	12.1	9.1	0.0	11.4	12.4
g_9	6.1	2.0	10.5	1.6	10.6	7.7	8.3	11.4	0.0	1.1
g_{10}	7.0	1.0	11.5	1.1	11.6	8.5	9.3	12.4	1.1	0.0

	g_1	g_2	g_3, g_5	g_4	g_6	g_7	g_8	g_9	g_{10}
g_1	0.0	8.1	9.2	7.7	2.3	5.1	10.2	6.1	7.0
g_2	8.1	0.0	12.0	**0.9**	9.5	10.1	12.8	2.0	1.0
g_3, g_5	9.2	12.0	0.0	11.2	11.1	8.1	1.0	10.5	11.5
g_4	7.7	0.9	11.2	0.0	9.2	9.5	12.0	1.6	1.1
g_6	2.3	9.5	11.1	9.2	0.0	5.6	12.1	7.7	8.5
g_7	5.1	10.1	8.1	9.5	5.6	0.0	9.1	8.3	9.3
g_8	10.2	12.8	1.0	12.0	12.1	9.1	0.0	11.4	12.4
g_9	6.1	2.0	10.5	1.6	7.7	8.3	11.4	0.0	1.1
g_{10}	7.0	1.0	11.5	1.1	8.5	9.3	12.4	1.1	0.0

	g_1	g_2, g_4	g_3, g_5	g_6	g_7	g_8	g_9	g_{10}
g_1	0.0	7.7	9.2	2.3	5.1	10.2	6.1	7.0
g_2, g_4	7.7	0.0	11.2	9.2	9.5	12.0	1.6	1.0
g_3, g_5	9.2	11.2	0.0	11.1	8.1	**1.0**	10.5	11.5
g_6	2.3	9.2	11.1	0.0	5.6	12.1	7.7	8.5
g_7	5.1	9.5	8.1	5.6	0.0	9.1	8.3	9.3
g_8	10.2	12.0	1.0	12.1	9.1	0.0	11.4	12.4
g_9	6.1	1.6	10.5	7.7	8.3	11.4	0.0	1.1
g_{10}	7.0	1.0	11.5	8.5	9.3	12.4	1.1	0.0

그림 8.24 HIERARCHICALCLUSTERING의 진행 과정. (왼쪽 위) 그림 8.22 (왼쪽 위)의 거리 행렬. 이 행렬에서 최소값을 빨간색으로 표시했으며 이는 유전자 g_3와 g_5에 해당한다. (오른쪽 위) 각각 단일 요소 g_3와 g_5만으로 이뤄져 있는 클러스터들을 합치는 과정. (왼쪽 가운데) 새로운 클러스터와 각각의 단일 요소 클러스터 간의 거리 D_{min}을 계산해 재조정된 거리 행렬. 이 행렬에서 최소값을 빨간색으로 표시했다. (오른쪽 가운데) 최소값에 해당하는 두 클러스터를 합치는 과정. (아래쪽) 거리 행렬을 재조정하고 (왼쪽) 2개의 클러스터를 추가로 합치는 과정. 이후 과정을 통해 그림 8.22에 있는 트리가 구축된다.

UPGMA를 진행할 때 사용된 거리 함수는 두 클러스터 사이의 평균 거리를 사용한다.

$$D_{avg}(C_1, C_2) = \frac{\sum_{\text{all points } i \text{ in cluster } C_1} \sum_{\text{all points } j \text{ in cluster } C_2} D_{i,j}}{|C_1| \cdot |C_2|}.$$

연습 문제 D_{min} 대신 D_{avg}를 사용해 그림 8.22에 있는 거리 행렬에 HIERARCHICALCLUSTERING를 적용해 보자.

연습 문제 D_{avg}를 사용한 HIERARCHICALCLUSTERING를 230개 유전자로 축소된 효모 데이터에 적용해서 데이터를 6개의 클러스터로 나눠 보자. 이 클러스터 결과가 그림 8.14에 있는 클러스터 결과와 거의 비슷할 것으로 예상하는가? 만약 그렇지 않다면 뭔가 잘못된 걸까?

계층 클러스터링을 사용해 이중영양적 전환 분석하기

그림 8.25는 D_{avg}를 사용한 **HIERARCHICALCLUSTERING**를 효모 데이터에 적용해서 얻게 된 6개의 클러스터에 있는 발현량 벡터를 시각화한 것이다.

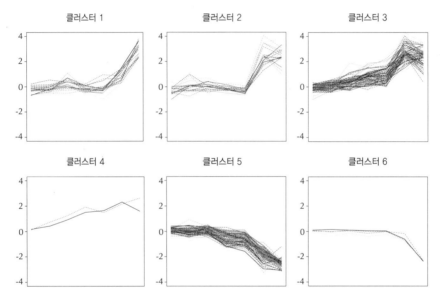

그림 8.25 HIERARCHICALCLUSTERING를 효모 데이터에 적용한 결과 6개의 클러스터가 만들어졌다. 각각 유전자 22개, 20개, 87개, 2개, 95개, 4개로 이뤄져 있다.

잠깐 멈추고 생각해 보자 HIERARCHICALCLUSTERING와 로이드 알고리듬(그림 8.14)은 서로 다른 클러스터 결과를 만들었다. 이 결과에 대해 염려해야 할까?

연습 문제 D_{avg} 대신 D_{min}을 사용한 HIERARCHICALCLUSTERING를 구현해 축소된 효모 유전자 발현량 데이터에 적용하고, 데이터를 6개의 클러스터로 나눠 보자. 그림 8.25의 결과와 어떻게 다른가?

511페이지

생물학자들은 서로 다른 클러스터링 접근밥들이 서로 다른 클러스터 결과를 만들었다는 사실에 실망하지 않았다. 그 이유는 이런 클러스터링 알고리듬은 대개 어떤 발견을 위한 과정 중 첫 번째 단계일 뿐이기 때문이다(또 다른 클러스터링 방법에 대해서는 돌아가기: 클러스터링과 손상된 클리크들을 참고하자). 이런 이유로 유전자 발현량 연구에는 보통 만들어진 클러스터 결과가 생물학적으로 의미 있는지를 확인하기 위한 실험 작업이 뒤따른다. 클러스터가 한번 만들어지고 난 뒤의 후속 연구는 보통 이 클러스터 안에 있는 특정 유전자에 집중하게 된다.

예를 들어 그림 8.25에 있는 각각의 클러스터는 이후 더 뚜렷한 유전자 발현량을 찾기 위한 하위 클러스터 분석이 이어지게 된다. 특히 클러스터 1에 있는 7개의 유전자는 첫 6개의 시간 지점에서 큰 변화를 보이지 않았지만 마지막 시간 지점에서 유전자 발현량이 급증하게 된다. 생물학자들은 이 중 6개의 유전자들의 upstream 영역에는 CATTCATCCG이라는 공통 서열로 돼 있는 **탄소원 반응 요소**^{CSRE, Carbon Source Response Element} 관련 조절 서열을 갖고 있음을 밝혀냈다. 전체 유전자 유전체에 대한 추가 분석으로 upstream 영역에 이 서열을 갖고 있는 효모 유전자는 이 외에 4개밖에 존재하지 않는다는 것이 밝혀졌다. 따라서 이 6개의 유전자들을 클러스터 1의 하위 클러스터로 묶은 것이 좋은 방법이었다는 것을 알 수 있다.

그러나 더 중요한 문제는 이 6개의 유전자들이 왜 서로 관련 있는지를 이해하는 것이다. 효모는 에탄올과 같은 다른 물질보다 포도당을 에너지원으로서 더 선호한다. 따라서 포도당이 있는 경우 에탄올과 같은 덜 맛있는 물질을 대사하는 데 관여하는 전사 인자들의 유전자들은 발현량이 억제되는 것이다. 이에 따라 연구자들은 CSRE 서열이 효모가 포도당이 존재하는지를 감지하는 것을 도와주고 포도당이 다 떨어졌을 때 이 6개의 유전자들을 활성화시켜 이중영양적 전환의 중요한 요소로 작용한다는 결론을 내렸다.

마지막으로 만약 사용해 볼 수 있는 모든 클러스터링 방법을 다 써 버렸다고 생각한다면 그림 8.16(위쪽)을 한번 살펴보자. D_{min}을 사용한 **HIERARCHICALCLUSTERING** 방법이 왼쪽과 가운데 위쪽에 있는 클러스터를 찾아내긴 했지만 우리가 사용한 어떤 클러스터링 방법도 오른쪽 위에 있는 클러스터를 찾아내지는 못한다. 우리의 눈은 점들을 특정 모양으로 묶는 데에 익숙해져 있기 때문에 클러스터링이 단순한 문제처럼 보일 수도 있다. 컴퓨터 시각 연구자들은 우리가 몇 백만 년의 진화를 통해 얻게 된 시각적 경험을 컴퓨터가 모방할 수 있도록 컴퓨터를 가르치는 중이다.

에필로그: 암 샘플 클러스터링하기

언급했던 것처럼 유전자 발현량 분석은 다양한 분야에 적용될 수 있다. 그중 하나가 바로 암 연구다. 1999년 유리 알론Uri Alon은 40개의 대장암 조직에서 2,000개 유전자의 발현량 데이터를 분석했고 이를 정상인 21명의 대장 조직의 데이터와 비교했다. 모든 데이터는 한 시점에 얻어졌다. 이 데이터를 2000×61 유전자 발현량 행렬로 나타낼 수 있다. 이 중 첫 40개의 열은 암 샘플을 나타내고 나머지 21개의 열은 정상 샘플을 나타낸다.

이제 새로운 환자의 대장 샘플로 유전자 발현량 실험을 했다고 가정하자. 이 데이터는 이전에 만든 행렬의 62번째 열이 될 것이다. 우리의 목표는 이 환자가 대장암을 갖고 있는 지 예측하는 것이다. 데이터가 2개의 클러스터(암 vs 정상)로 나뉜다는 것을 이미 알고 있기 때문에 새로운 환자의 샘플을 판별하는 것은 쉬워 보일 수도 있다. 각 환자는 2,000차원의 공간의 한 점에 해당하므로 이 점들로 이뤄진 암 샘플의 무게 중심과 정상 샘플의 무게 중심을 계산할 수 있다. 이후에는 새로운 조직의 데이터가 두 무게 중심 중 어디에 더 가까운지 간단히 확인해 볼 수 있다.

또 다른 방법은 블라인드 분석을 진행하는 것이다. 이는 우리가 암 vs 정상 샘플들로 나누는 것을 미리 알지 못한다고 가정하고, 2,000×62 발현량 행렬을 분석해 62개 샘플들을 2개의 클러스터로 나누는 것이다. 만약 대부분이 암 조직으로 이뤄진 클러스터를 찾을 수 있다면 이 클러스터는 대장암을 진단하는 데 도움을 줄지도 모른다.

도전 문제 이 접근법들은 단순해 보이지만 두 접근법들 모두 새로운 환자를 그럴듯하게 진단할 확률은 높지 않다. 왜 그렇다고 생각하는가? 알론이 얻은 2,000×61 유전자 발현량 행렬과 새로운 환자의 유전자 데이터가 주어졌을 때 이 환자가 대장암을 갖고 있는지 판별할 수 있는 더 좋은 접근법을 도출해 보자.

돌아가기

전장 유전체 복제일까 아니면 연속적인 단일 유전자 복제일까?

WGDs가 일어난 뒤에는 대량의 유전자 소실과 재배열이 빠르게 일어나기 때문에 복제 전의 유전체를 재구축하는 것이 매우 힘들다. 실제로 본문에서 언급한 것처럼 현대의

S.cerevisiae 유전자 중 13%만이 복사본을 갖고 있다. 그렇다면 *S. cerevisiae*에서 작은 복제가 연속적으로 일어난 것이 아니라 WGD가 일어났다는 것을 어떻게 주장할 수 있을까?

2004년 마놀리스 켈리스Manolis Kellis는 *K. waltii*라고 하는 진화적으로 가까운 효모종을 분석했다. *K. waltii*와 *S. cerevisiae*의 합성 블록을 정렬했을 때 켈리스는 *K. waltii*의 거의 모든 합성 블록이 *S. cerevisiae*의 두 영역에 정렬된다는 것을 발견했다. *S. cerevisiae*에서 복제된 블록에 있는 유전자들 중 매우 소수만이 두 합성 블록에서 모두 발견됐기 때문에 (그림 8.26) 켈리스는 효모 진화에서 실제로 WGD가 일어났다고 주장했다.

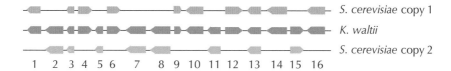

그림 8.26 *S. cerevisiae*의 합성 블록에 있는 유전자들(각각 파란색과 초록색으로 표시됨)이 *K. waltii*의 합성 블록(보라색으로 표시됨)에 정렬돼 있다. 이 합성 블록에 있는 16개 유전자들 중 3개만이 *S. cerevisiae*에서 복사본을 갖고 있지만 *K. waltii*의 합성 블록에 있는 모든 유전자는 *S. cerevisiae*의 합성 블록 중 최소한 하나에서는 복제본을 갖고 있다. 실제로 *K. waltii*의 합성 블록 대부분이 이런 현상을 보이고 있으며 이는 *S. cerevisiae*와 *K. waltii*의 공통 조상이 *S. cerevisiae*로 진화하는 과정에서 실제로 WGD가 일어났다는 것을 말해 준다.

잠깐 멈추고 생각해 보자 마놀리스 켈리스가 2004년에 그림 8.26이 WGD가 일어났다는 증거라고 주정했지만 3년 뒤 구스타보 세타노 아놀레스(Gustavo Caetano-Anolles)는 켈리스의 결론에 의구심을 갖고 있었다. 그림 8.26에 대한 또 다른 설명을 갖고 WGD가 필요 없는 진화 시나리오를 제시할 수 있겠는가?

유전자 발현량 측정하기

본문에서는 유전자 발현량을 측정할 수 있는 세 가지 기술을 소개했다. 먼저 4장의 mass spectrometry 실험에서 생물학자들은 스펙트럼 여럿을 만들어 내고 이를 모든 단백질들에 대해 맞춰 본다. 주어진 단백질에 대해 맞춰진 펩티드의 스펙트럼 수는 이 단백질의 발현량에 대한 근사값이 된다. 이 근사값을 통해 단백질 발현량을 측정하고자 생명정보학자들은 단백질들이 다양한 길이를 갖고 있다는 것, 몇몇 펩티드에서 조각이 잘 만들어지지 않는 현상(이 때문에 펩티드를 찾는 것이 어려워지게 된다), 그리고 여러 가지 실제적 어려움들을 해결해야만 한다.

두 번째로 RNA 시퀀싱RNA sequencing 실험에서는 transcriptome 또는 세포 하나에 있는 모든 RNA transcript에 대해 리드read를 만들어 낸다. 샘플에 있는 각 단백질 암호화 RNA transcript들의 양을 측정함으로써 만들어지는 단백질의 발현량의 근사값을 얻을 수 있다. 하지만 전사 과정 말고도 단백질 생산에 영향을 주는 과정들이 존재한다. 바로 번역, 번역 후 수정 과정, 단백질 분해가 그것이다. 이런 추가적인 요소들이 전사체의 양과 이에 대응하는 단백질 발현량 사이의 상관관계를 망가뜨릴 수 있다.

세 번째로 어떤 종에서 보고자 하는 특정 유전자에 맞는 probe(k-mers)를 갖고 있는 DNA 어레이(2장)를 사용할 수도 있다. 각 probe는 intensity라는 값을 갖게 되는데 이는 어떤 샘플에서 주어진 유전자의 전사체의 수에 대한 근사값을 제공한다. DNA 어레이의 단점은 이미 알고 있는 전사체만을 타깃으로 삼을 수 있기 때문에 아직 알지 못하는 전사체를 측정하는 것이 종종 실패한다는 것이다. 예를 들어 많은 암이 희귀한 돌연변이에 의해 발생하며 이런 돌연변이는 DNA 어레이를 사용했을 때 놓치게 될 것이다. 이 때문에 암 연구에서는 RNA 시퀀싱이 더 선호되며 이제는 유전자 발현량을 측정하는 기술들 중 가장 널리 쓰이고 있다.

마이크로어레이

드리시DeRisi가 이중영양적 전환을 연구할 때 사용했던 마이크로어레이는 다음과 같이 만들어졌다. 효모의 세포에서 발현된 여러 RNA 전사체를 검출해낸 뒤 드리시는 각각의 RNA 전사체를 역전사 효소reverse transcriptase라고 불리는 효소를 사용해 상보 DNAcDNA, complementary DNA로 바꿨다. 그는 이후 cDNA를 샘플에서 얻은 형광 표지된 RNA에 대해 결합hybridization 시켜서 다양한 효모 유전자의 발현량을 측정하고자 했다.

형광의 강도를 어레이상의 지점끼리 비교할 수 있게 하고자 드리시는 마이크로어레이에 있는 각 지점의 cDNA 수가 매우 다양할 수 있다는 문제를 해결해야 했다. 이에 따라 드리시는 2개의 시간 지점에 대한 샘플에서 나온 데이터를 각각 어레이에 결합시켰다(그림 8.27). 이후 그는 이 샘플들을 서로 다른 색의 형광으로 표시해서 이미지-처리 소프트웨어로 샘플들을 구분할 수 있도록 만들었다.

마이크로어레이에서 유전자 발현량은 두 샘플의 형광 강도의 비율로 나타난다. 따라서 발현량은 각 유전자가 샘플 간 또는 시간 지점 간의 상대적인 발현량으로 측정되는 것이다. 예를 들어 어떤 유전자의 발현량이 2라는 것은 이 유전자의 발현량이 첫 번째 샘플보다 두 번째 샘플에서 2배 더 많다는 뜻이다. 만약 발현량이 1/3이라면 첫 번째 샘플에서 두 번째 샘플보다 3배 더 많이 발현됐다는 뜻이다. 보통 연구자들은 드리시를 따라 이 유전자 발현량의 비율에 로그$^{\log}$를 취해 발현량 행렬을 만든다.

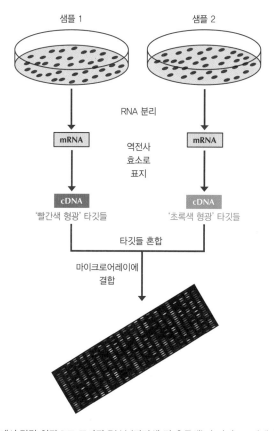

그림 8.27 두 샘플에서 각각 형광으로 표지된 RNA(빨간색 및 초록색)가 마이크로어레이에 결합하는 과정

무게 중심 이론의 증명

$k = 1$일 때 k-Means 클러스터링 문제는 $Data$에 있는 모든 점까지의 거리 제곱의 합이 최소가 되는 무게 중심 x를 찾는 것과 같다.

우리의 목표는 $Data$상의 점들에 대한 무게 중심이 가능한 모든 x 값 중 DISTORTION $(Data, x)$를 최소로 만드는 유일한 점이라는 것을 보여 주는 것이다. $DataPoint = (DataPoint_1,...,DataPoint_m)$에서 중심점 $x = (x_1,...,x_m)$까지의 유클리드 거리 제곱은 $\sum_{1 \le j \le m}(DataPoint_1 - x_j)^2$이므로 다음과 같은 식을 얻을 수 있다.

$$\text{DISTORTION}(Data, x) = \frac{1}{n} \sum_{\substack{\text{all points } DataPoint \text{ in } Data}} d(DataPoint, x)^2$$

$$= \frac{1}{n} \sum_{\substack{\text{all points } DataPoint \text{ in } Data}} \sum_{j=1}^{m} (DataPoint_j - x_j)^2$$

$$= \frac{1}{n} \sum_{j=1}^{m} \sum_{\substack{\text{all points } DataPoint \text{ in } Data}} (DataPoint_j - x_j)^2$$

수식의 마지막 줄이 뜻하는 것은 m차원 각각에 대한 $\text{DISTORTION}(Data, x)$를 구해서 m개의 발현량을 독립적으로 최소화할 수 있다는 것을 의미한다.

$$\sum_{\substack{\text{all points } DataPoint \text{ in } Data}} (DataPoint_j - x_j)^2$$

이 발현량 각각은 단일 변수 x_j에 대한 오목하게 생긴 2차 함수 형태다. 따라서 이 함수의 최소값은 미분값이 0과 같은 지점으로 찾을 수 있다.

$$\sum_{\substack{\text{all points } DataPoint \text{ in } Data}} -2 \cdot (DataPoint_j - x_j) = 0$$

이 수식의 유일한 해답은 다음과 같다.

$$x_j = \frac{1}{n} \sum_{\substack{\text{all points } DataPoint \text{ in } Data}} DataPoint_j$$

위 수식을 통해 중심점의 j번째 좌표는 데이터상의 점들의 j번째 좌표값의 평균값이라는 것을 알 수 있다. 다시 말해, $k = 1$일 때 k-Means 클러스터링 문제의 유일한 해법은 모든 데이터상의 점들의 무게 중심과 같다는 것이다.

발현량 행렬을 거리/유사도 행렬로 바꾸는 방법

발현량 벡터 $x = (x_1, ..., x_m)$과 $y = (y_1, ..., y_m)$ 사이의 유사도를 측정하는 방법은 매우 다양하다. 한 가지 방법은 두 벡터 사이의 내적 $\sum_{i=1, m} x_i \cdot y_i$을 구하는 것이다. 다른 방법은 다음 수식에 나오는 **피어슨 상관 계수**Pearson correlation coefficient $\text{PEARSONCORRELATION}(x, y)$를 구하는 것이다.

$$\text{PEARSONCORRELATION}(x, y) = \frac{\sum_{i=1}^{m}(x_i - \mu(x)) \cdot (y_i - \mu(y))}{\sqrt{\sum_{i=1}^{m}(x_i - \mu(x))^2 \cdot \sum_{i=1}^{m}(y_i - \mu(y))^2}}$$

위 수식에서 $\mu(x)$는 벡터 x의 모든 좌표값의 평균을 나타낸다.

잠깐 멈추고 생각해 보자 벡터 x가 주어졌을 때 PEARSONCORRELATION(x, y)를 최대로 하는 벡터 y 및 최소로 하는 벡터 y 무엇인가?

피어슨 상관 계수는 -1에서 1까지의 값이며, -1은 완전한 음의 상관관계를 나타내고 0은 상관관계가 없음을 나타내며 1은 완전한 양의 상관관계를 나타낸다. 피어슨 상관 계수에 따라 벡터 x와 y 사이의 **피어슨 거리**Pearson distance를 다음과 같이 정의할 수 있다.

$$\text{PEARSONDISTANCE}(x, y) = 1 - \text{PEARSONCORRELATION}(x, y)$$

연습 문제 아래의 벡터 쌍에 대한 피어슨 상관 계수를 계산하라.

1. 임의의 값 α에 대한 $(\cos \alpha, \sin \alpha)$와 $(\sin \alpha, -\cos \alpha)$

2. $(\sqrt{0.75}, 0.5)$와 $(-\sqrt{0.75}, 0.5)$

클러스터링과 손상된 클리크들

발현량 분석 연구에서 유사도 행렬 R은 종종 **유사도 그래프**similarity graph $G(R, \theta)$로 바뀌곤 한다. 이 그래프의 노드는 유전자를 가리키고 에지는 서로간의 유사도 $(R_{i,j})$가 임계값 θ를 넘는 두 유전자 i와 j를 연결한다.

잠깐 멈추고 생각해 보자 좋은 클러스터링 원리를 만족하는 유전자들의 클러스터가 있다고 해보자. 같은 클러스터 안에 있는 모든 유전자 쌍의 유사도는 θ 값을 넘으며 서로 다른 클러스터에 있는 모든 유전자 쌍의 유사도는 θ보다 작다. 이 유전자들 사이의 유사도 그래프 $G(R, \theta)$는 어떻게 생겼을까?

만약 클러스터들이 좋은 클러스터링 원리를 만족한다면 $G(R, \theta)$에는 특정한 값 θ에 대해 모든 노드쌍이 서로 에지로 연결돼 있는 노드들의 집단이 만들어지는데 이를 **클리크**clique라고 한다(그림 8.28). 일반적으로 연결된 요소들이 모두 클리크로 돼 있는 그래프를 **클리크 그**

래프clique graph라고 한다.

발현량 데이터에는 오류가 존재하며 널리 사용되는 기준값 θ가 없기 때문에 연결된 요소들이 클리크를 이루지 않는 손상된 유사도 그래프가 만들어지게 된다(그림 8.29). 같은 클러스터에 있는 특정한 두 유전자의 유사도는 θ보다 낮을 수 있기 때문에 클리크에서 에지가 하나 없어지게 될 수도 있고 서로 다른 클러스터에 있는 유전자들 사이의 유사가 θ를 넘어서 서로 다른 클리크 사이에 에지가 추가될 수도 있는 것이다. 이런 결과를 보면 최소한의 에지를 추가하거나 삭제해서 손상된 유사도 그래프를 클리크 그래프로 만들 수 있는 방법을 찾게 된다.

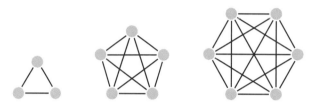

그림 8.28 3개의 클리크로 이뤄진 클리크 그래프

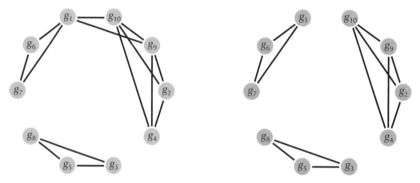

그림 8.29 (왼쪽) 그림 8.22에 있는 유전자들로 만들 수 있는 유사도 그래프 중 하나. (오른쪽) 왼쪽의 유사도 그래프에서 에지 (g_1, g_{10})과 (g_1, g_9)를 없애면 클리크 그래프(오른쪽)를 만들 수 있다.

손상된 클리크 문제

어떤 그래프를 클리크 그래프로 만들고자 추가하거나 삭제해야 하는 최소한의 에지 개수를 찾아라.

입력: 그래프

512

출력: 이 그래프를 클리크 그래프로 만들고자 추가하거나 삭제해야 하는 최소한의 에지 개수

손상된 클리크 문제는 정확하게 해결하기 어려운 문제이기 때문에 몇 가지 휴리스틱 방법들이 제시돼 왔다. 아래에 설명돼 있는 **CAST**^{Cluster Affinity Search Technique} 알고리듬은 유전자 발현량 데이터에서 매우 효과적으로 작동한다.

유전자 i와 클러스터 C의 유사도를 아래와 같이 유전자 i와 클러스터 C에 있는 모든 유전자 사이의 유사도의 평균값으로 정의해 보자.

$$R_{i,C} = \sum_{\text{all elements } j \text{ in cluster } C} \frac{R_{i,j}}{|C|}$$

기준값 θ가 주어졌을 때 $R_{i,C} > \theta$인 경우 유전자 i는 클러스터 C에 θ-close라고 하며 그렇지 않은 경우 θ-distant라고 한다. 어떤 클러스터 C의 모든 유전자가 클러스터 C에 대해 θ-close이면서 C에 없는 모든 유전자가 클러스터 C에 대해 θ-distant인 경우 이 클러스터를 consistent라고 한다. CAST 알고리듬은 유사도 그래프와 기준값 θ를 사용해 consistent인 클러스터를 반복적으로 찾는다. 이 알고리듬은 단일 요소 클러스터 C에서 시작해 클러스터 C에 없는 유전자 중 가장 가까운 유전자를 추가하고 C에 있는 유전자 중 가장 먼 유전자를 삭제해 간다. consistent 클러스터를 발견한 후에는 클러스터 C에 있는 모든 노드들이 유사도 그래프에서 삭제되고 **CAST** 알고리듬은 이렇게 작아진 그래프에서 다시 반복적으로 진행된다.

```
CAST(R, ϑ)
    Graph ← G(R, ϑ)
    Clusters ← empty set
    while Graph is nonempty
        C ← a single-node cluster consisting of a node of maximal degree in Graph
        while there exists a ϑ-close gene i not in C or a ϑ-distant gene i in C
            find the nearest ϑ-close gene i not in C and add it to C
            find the farthest ϑ-distant gene i in C and remove it from C
        add C to the set Clusters
        remove the nodes of C from Graph
    return Clusters
```

연습 문제 **CAST** 알고리듬을 구현하고 이를 축소된 유전자 발현량 데이터에 적용해 클러스터를 찾아보자.

참고 문헌

소프트 k-mean 알고리듬을 사용한 클러스터링 방법은 1981년 베즈덱[Bezdek]에 의해 개발됐으며 이는 기존의 기대값 극대화 알고리듬을 변형한 것이다. 기존의 기대값 극대화 알고리듬은 1955년에 카펠리니[Ceppellini], 시니스칼로[Siniscalco], 스미스[Smith]에 의해 처음 제시됐으며 다양한 연구자들에 의해 여러 번 재발견됐다. 도[Do]와 바초글루[Batzoglou]는 2008년에 기대값 극대화에 대한 훌륭한 입문서를 썼으며 동전 던지기 논의에 많은 영감을 줬다. k-mean 클러스터링을 위한 로이드 알고리듬은 1982년에 로이드에 의해 제시됐다. 2007년 아서[Arthur]와 바실비츠키[Vassilvitskii]는 k-mean 클러스터링을 위한 k-means++ 초기화를 개발했다. CAST 알고리듬은 1999년에 벤도[Ben-Dor], 샤미르[Shamir], 야키니[Yakhini]에 의해 개발됐다.

1997년에 드리시[DeRisi], 아이어[Iyer], 브라운[Brown]은 이중영양적 전환을 분석하고자 처음으로 대규모 유전자 발현량 실험을 진행했다(이 실험에 대한 훌륭한 분석을 살펴보고 싶다면 Cristianini and Hahn, 2007 참고). Eisen *et al.*, 1998 논문에서는 유전자 발현량 분석에 처음 적용된 계층 클러스터링 내용이 소개돼 있다. Alon *et al.*, 1999 논문에서는 대장암에서의 유전자 발현량 패턴을 분석했다.

오노[Ohno]는 1970년에 전장 유전체 복제 모델을 제시했다. 울프[Wolfe]와 쉴즈[Shields]는 1997년에 효모에서의 전장 유전체 복제를 옹호할 수 있는 믿을 만한 첫 번째 주장을 제시했다. 켈리스[Kellis], 비렌[Birren], 랜더[Lander]는 2004년 다양한 효모종을 분석해 전장 유전체 복사에 대한 추가적인 근거를 제시했다. 그러나 이 주장은 2007년에 이에 대한 반박 논문을 출판한 마틴[Martin]을 설득하지는 못했다. Thomson *et al.*, 2005 논문에서는 효모에 있는 고대의 알코올 탈수소효소 서열을 찾아냈다.

9
질병을 일으키는 돌연변이는
어떻게 찾는 걸까?

합성 패턴 매칭

오도 증후군의 원인은 무엇일까?

신생아 중 약 1%는 지적 장애를 갖고 태어난다. 그런데 이 질환은 아직까지 잘 규명되지 않았는데 그 이유는 이 질환이 서로 다른 다양한 유전적 장애로 인해 발생할 수 있기 때문이다. 이러한 장애 중 하나인 **오도 증후군**Ohdo syndrome에 걸리면 표정이 없는 가면 같은 얼굴을 갖게 된다. 2011년에 생물학자들은 다수의 환자에게 공통적으로 나타난 몇몇 돌연변이를 발견함으로써 오도 증후군의 유전적 비밀을 풀어냈다. 연구자들은 이 돌연변이들을 통해 오도 증후군을 일으키는 한 종류의 단백질 절단을 밝혀냈다.

오도 증후군의 근원을 밝혀낸 것은 유전 질병을 연구하기 위한 **리드 매핑**read mapping으로 밝혀낸 여러 발견 중 하나다. 연구자들은 리드 매핑을 통해 특정 개인에게서 얻은 DNA 리드들을 **표준 인간 유전체**reference human genome(돌아가기: 표준 인간 유전체 참고) 서열에 비교해서 어떤 리드들이 표준 서열과 완벽히 일치하고 어떤 리드들이 하나의 뉴클레오티드에 일어난 변이, 즉 **단일 염기서열 다형성**SNPs, Single Nucleotide Polymorphisms을 나타내는지 찾는다. 표준 유전체는 특정 종의 정체성을 매우 단순화한 것인데 그 이유는 사람들의 유전체는 300만 개의 SNPs(인간 유전체의 0.1%)뿐 아니라 수천 뉴클레오티드에 걸쳐 유전체 재배열, 삽입, 삭

571페이지

572페이지 제로 인해 서로 무척 다르기 때문이다(돌아가기: 인간 유전체에서의 재배열, 삽입, 삭제 참고). 그렇지만 9장에서는 SNPs를 찾는 알고리듬에만 집중할 것이다.

그런데 잠깐, 이미 다뤘던 알고리듬 중 하나를 쓰면 어떨까? 어쨌든 한 사람의 유전체 서열 전체를 밝혀낸 뒤 이를 표준 서열과 비교하면 된다. 그러나 시퀀싱 방법은 오류가 많은 컨티그^{contig}를 만들어 내기 때문에 매우 많은 계산 작업이 필요하고 완벽하지도 않다. 따라서 한 사람에게서 얻은 리드^{read}들을 표준 유전체에 대조해 차이점을 밝혀내는 것이 타당한 방법이다.

유전체 조립보다 리드 매핑이 더 쉬운 이유를 알아보고자 직소 퍼즐에 대한 비유로 돌아가 보자. 직소 퍼즐은 박스 위에 완성된 퍼즐의 그림이 있는 퍼즐이다. 그 그림을 보면 퍼즐을 맞추는 것이 꽤나 쉬운 것처럼 보인다. 간단한 예시로, 그 그림이 파란 하늘에 태양이 떠 있는 그림이라면 자연스럽게 모든 밝은 노란색 조각과 파란색 조각들을 퍼즐 위쪽에 옮겨 놓게 될 것이다.

유전체 시퀀싱과는 별개로 리드 매핑을 할 수 있는 또 다른 두 가지 방법이 떠오른다. 첫 번째로, 각 리드를 표준 유전체에 정렬해서(5장의 피팅 정렬을 사용해서) 가장 비슷한 영역을 찾는 것이다. 두 번째로, 대략적인 패턴 매칭 알고리듬을 사용해 각 리드를 표준 유전체에 하나씩 비교해 보는 것이다.

STOP 잠깐 멈추고 생각해 보자 이 방법들을 사용해 수백만 개의 리드를 표준 인간 유전체에 매핑할 때 발생할 수 있는 계산적 문제에는 어떤 것들이 있는가?

두 방법 모두 리드들을 표준 유전체에 매핑하는 문제의 확실한 해결책이 돼 줄 것이다. 그러나 이 방법들을 몇 백만 개의 리드들에 적용한다고 했을 때는 계산 시간이 문제가 될 것이다. 따라서 9장에서 우리의 목표는 SNPs를 수월하게 찾고자 표준 유전체를 박스 위의 그림으로 사용하는 방법을 알아내는 것이다.

다중 패턴 매칭에 대한 소개

3장에서 리드들의 길이가 보통 염기 서열 몇 백 개만큼이라는 것을 떠올려 보자. 이 리드들은 *Patterns*이라는 문자열의 집합을 이루며 이들을 *Text*라고 하는 유전체에 맞춰 보고자 한다. *Patterns*에 있는 각 문자열에 대해 먼저 *Text*에 있는 모든 하위 문자열과 비교해 정확히 일치하는 게 있는지 찾는다(또는 이 문자열이 *Text*에는 없다는 결론을 내릴 수도 있다). 유전 질병의 원인을 찾고자 할 때는 표준 유전체에서 정확히 일치하는 영역은 고려 대상에서 즉시 제외할 수 있다. 후기에서는 이 문제를 일반화해서 대략적으로 일치하는 영역을 찾는 방법을 만들어 볼 것이다. 이때 리드에 있는 단일 뉴클레오티드 치환^{SNSs, Single Nucleotide} ^{Substitutions}은 표준 유전체와 개인을 구분 짓게 될 것이다(또는 리드상의 오류를 나타낼 것이다).

다중 패턴 매칭 문제

여러 패턴의 집합이 있을 때 이들이 어떤 문장에서 몇 번씩 발견되는지 찾아보자.

입력: 문자열 *Text*와 여러 (짧은) 문자열들의 집합 *Patterns*
출력: *Text*상에서 *Patterns*의 문자열이 나타나는 모든 시작 위치들

다중 패턴 매칭 문제를 단순하게 접근하면 (단일) 패턴 매칭 문제를 여러 번 적용하는 것이며 이는 1장에서 사용된 방법이다. **BRUTEFORCEPATTERNMATCHING**라고 불리는 이 알고리듬은 각각의 *Pattern*을 *Text* 위에서 움직이면서 *Text*상의 각 위치에 있는 하위 문자열이 *Pattern*과 일치하는지 찾는다. 이 단순한 알고리듬으로 단일 패턴을 찾는 데 걸리는 시간이 $O(|Text| \cdot |Patterns|)$라는 것을 떠올려 보자. 따라서 **BRUTEFORCEPATTERNMATCHING** 알고리듬으로 다중 패턴 매칭 문제를 해결하는 데 걸리는 시간은 $O(|Text| \cdot |Patterns|)$이다. 여기서 $|Text|$는 Text의 길이이며 $|Patterns|$는 Patterns에 있는 모든 문자열의 길이를 합한 것이다.

　　BRUTEFORCEPATTERNMATCHING를 리드 매핑에 적용할 때 생기는 문제는 $|Text|$와 $|Patterns|$가 모두 매우 크다는 것이다. 인간 유전체(3GB)의 경우 모든 리드들의 길이를 합하면 1TB를 초과하게 될 것이다. 그 결과 $O(|Text| \cdot |Patterns|)$만큼 걸리는 알고리듬들은 사용하기에 너무 느리다.

> 잠깐 멈추고 생각해 보자　$O(|Text| \cdot |Patterns|)$는 **BRUTEFORCEPATTERNMATCHING** 알고리듬을 적용했을 때 가장 오래 걸리는 경우에 대한 추정치다. 평균적인 경우의 추정치는 어떻게 되는가?

패턴들을 트라이로 만들기

트라이 구축하기

BRUTEFORCEPATTERNMATCHING 알고리듬이 오래 걸리는 이유는 *Patterns*의 각 문자열이 *Text*를 처음부터 끝까지 독립적으로 거쳐야 하기 때문이다. *Text*를 긴 도로라고 했을 때 **BRUTEFORCEPATTERNMATCHING** 알고리듬은 패턴들을 각각의 차에 싣고 *Text*를 따라 운전해 가는 비효율적인 방법인 것이다. 이 방법 대신 우리의 목표는 패턴을 버스 한 대에 몰아넣어서 *Text*의 시작부터 끝까지 한 번만 거쳐가면 되도록 만드는 것이다. 더 형식적으로 말하자면 *Patterns*를 데이터 구조로 만들어 *Text*를 여러 번 거치지 않도록 해서 계산 시간을 줄이는 것이다. 이를 위해 먼저 *Patterns*를 트라이^{trie}라는 방향성 비순환 그래프로 만들 것이다. 이는 TRIE(*Patterns*)라고 표시하며 아래의 특성들을 갖는다(그림 9.1).

- 트라이는 indegree가 0인 *root*라는 뿌리 노드 하나를 가진다. 다른 모든 노드들의 indegree 값은 1이다.
- TRIE(*Patterns*)에 있는 각 에지들은 알파벳 글자 하나로 표시돼 있다.
- 주어진 노드에서 나오는 에지는 고유한 표시가 돼 있다.
- *Patterns*에 있는 각각의 문자열은 뿌리에서부터 시작하는 특정 경로에 있는 글자들을 모두 합친 것과 같다.
- outdegree가 0인 노드를 **잎**^{leaf}이라 했을 때 뿌리에서 잎까지 가는 각각의 경로는 *Patterns*에 있는 한 문자열을 가리킨다.

트라이 구축 문제

패턴들의 집합을 통해 트라이를 구축하라.

입력: 문자열의 집합인 *Patterns*

출력: TRIE(*Paterns*)

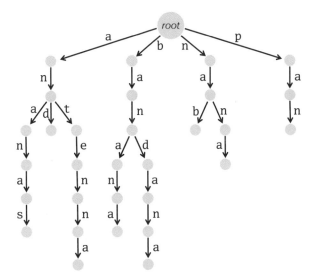

그림 9.1 다음 문자열들의 집합인 Patterns로부터 구축된 트라이: "ananas", "and", "antenna", "banana", "bandana", "nab", "nana", "pan".

TRIE(*Patterns*)를 구축하는 가장 뚜렷한 방법은 *Patterns*의 각 문자열을 점점 자라나는 트라이에 추가하는 것이며 이는 다음 알고리듬에 구현돼 있다.

TRIECONSTRUCTION(*Patterns*)
    Trie ← a graph consisting of a single node *root*
    for each string *Pattern* in *Patterns*
        currentNode ← *root*
        for *i* ← 1 to |*Pattern*|
            currentSymbol ← *i*-th symbol of *Pattern*
            if there is an outgoing edge from *currentNode* with label *currentSymbol*
                currentNode ← ending node of this edge
            else
                add a new node *newNode* to *Trie*
                add a new edge from *currentNode* to newNode with label *currentSymbol*
                currentNode ← *newNode*
    return *Trie*

트라이를 다중 패턴 매칭 문제에 적용하기

주어진 문자열 *Text*와 TRIE(*Patterns*)가 있을 때 빠르게 확인할 수 있는 것은 *Patterns*에 있는 문자열 중 *Text*의 접두사와 일치하는 것이 있는지 알아보는 것이다. 이를 위해서는 그림 9.2(왼쪽)에 나와 있는 것처럼 *Text*의 시작부터 문자열을 읽어 나가면서 이 글자들이 트라이의 뿌리부터 각 경로를 따라 내려가면서 만들어지는 글자들과 일치하는지 확인해야 한다. *Text*에서 새로 만나게 되는 글자들에 대해 이 글자를 현재 노드부터 에지를 따라 내려가면서 만나게 된다면 이 에지를 계속 따라간다. 이 글자를 만나지 못하면 *Patterns*에 있는 모든 문자열이 *Text*의 접두사와 일치하지 않는다고 결론을 내린다. 만약 잎을 만날 때까지 진행된다면 이 경로를 따라서 만들어지는 패턴이 바로 *Text*의 접두사와 일치한다는 뜻이다. 이 알고리듬은 **PREFIXTRIEMATCHING**이라고 불린다.

```
PREFIXTRIEMATCHING(Text, Trie)
    symbol ← first letter of Text
    v ← root of Trie
    while forever
        if v is a leaf in Trie
            output the pattern spelled by the path from the root to v
        else if there is an edge (v, w) in Trie labeled by symbol
            symbol ← next letter of Text
            v ← w
        else
            return "no matches found"
```

잠깐 멈추고 생각해 보자 **PREFIXTRIEMATCHING**가 작동하려면 *Patterns*에 있는 모든 문자열이 *Patterns*에 있는 다른 문자열의 접두사가 아니라는 (또는 *Text*보다 길지 않다는) 숨겨진 가정 사항을 만들어야 한다. *Patterns*가 임의의 문자열들을 모아 놓은 집합이라면 이 알고리듬을 어떻게 수정해야 할까? 힌트: 그림 9.2(왼쪽)의 패턴들에 팬트리(pantry)를 추가한다고 생각해 보자.

PREFIXTRIEMATCHING 알고리듬은 *Patterns*에 있는 모든 문자열 중 *Text*의 접두사와 일치하는 문자열이 있는지를 찾는다. 그다음으로 *Patterns*에 있는 모든 문자열 중 *Text*의 *i*번째 위치에서 시작하는 하위 문자열과 일치하는지를 알아내고자 이 알고리듬은 *Text*의 *i*번째 위치에서 시작하는 접미사의 접두사와 일치하는지 확인해야 한다. 따라서 **PREFIXTRIEMATCHING**를 *Text*에 있는 모든 접미사에 대해 계산해 볼 수 있는 것이다. 이를 위해서는 |*Text*| 횟수만큼 **PREFIXTRIEMATCHING**를 계산해야 하는데 각 계산을 시작할 때마다 *Text*의 첫 글자를 잘라 내고 진행한다(그림 9.2 오른쪽).

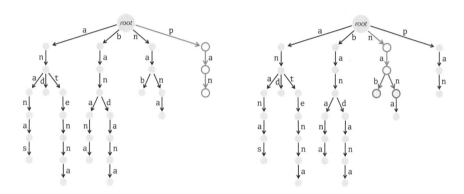

그림 9.2 (왼쪽) pan이라는 패턴은 *Text* = panamabananas의 시작 부분에서 일치한다. (오른쪽) *Patterns*로 이뤄진 그림 9.1의 TRIE(*Patterns*)를 사용했을 때 panamabananas의 세 번째 글자부터 시작하는 패턴은 발견되지 않는다.

TRIEMATCHING(*Text*, *Trie*)
    while *Text* is nonempty
        PREFIXTRIEMATCHING(*Text*, *Trie*)
        remove first symbol from *Text*

TRIE(*Pattenrs*)에는 최대 |*Patterns*| + 1개의 노드가 포함되며 TRIE(*Patterns*)를 구축하는 데에는 |*Patterns*|만큼의 작업이 필요하다. *Patterns*에 있는 가장 긴 문자열을 *LongestPattern*라 했을 때 **PREFIXTRIEMATCHING**의 각 단계에는 최대 |*LongestPattern*|만큼의 작업이 필요하다. **TRIEMATCHING** 함수는 **PREFIXTRIEMATCHING** 함수를 |*Text*|번 호출하며 이에 따라 총 작업 횟수는 |*Patterns*| + |*Text*| · |*LongestPattern*|이 된다. 이 계산 시간은 |*Text*| · |*Patterns*|만큼의 작업이 필요한 **BRUTEFORCEPATTERNMATCHING**에 비해 월등한 속도를 제공한다. 1975년에 개발된 아호-코라식^Aho-Corasick 알고리듬은

572페이지

이에 더해서 트라이를 구축하는 데 필요한 계산 시간을 $O(|Text| \cdot |LongestPattern|)$에서 $O(|Text|)$로 줄였다(돌아가기: 아호-코라식 알고리듬 참고).

잠깐 멈추고 생각해 보자 TRIEMATCHING를 사용해 다중 패턴 매칭 문제를 해결할 때 생길 수 있는 계산상의 한계점이 있는가?

TRIEMATCHING 알고리듬은 빠르지만 트라이를 저장하는 데에는 많은 메모리가 사용된다. BRUTEFORCEPATTERNMATCHING 알고리듬을 다시 떠올려 보면 이 알고리듬은 한 번에 하나의 리드에만 쓰일 수 있지만 유전체 정보만 메모리에 저장하기 때문에 적은 메모리를 사용한다. TRIEMATCHING 알고리듬은 모든 트라이를 메모리에 저장해야 하며 그 크기는 $|Patterns|$에 비례한다. 사람 유전체에 대한 리드들에 적용한다면 최대 1TB 정도의 메모리를 사용할 것이므로 트라이를 저장하는 데 필요한 메모리는 엄청나다고 할 수 있다.

잠깐 멈추고 생각해 보자 모든 리드를 거대한 데이터 구조에 저장할 필요 없이 유전체를 여러 번 거치지 않을 수 있는 방법이 있을까?

유전체 전처리로 대신하기

접미사 트라이에 대한 소개

TRIE($Pattenrs$)를 저장하는 데에 너무 많은 메모리가 필요하므로 그 대신 $Text$를 데이터 구조에 저장해 보자. 우리의 목표는 $Patterns$의 각 문자열을 $Text$에 대조하는데 이때 $Text$의 처음부터 끝까지 여러 번 거쳐갈 필요 없게 만드는 것이다. 더 익숙한 용어로 말하자면 $Patterns$를 버스에 태워서 $Text$를 따라 먼 여정을 떠나는 것이 아니라 새로운 데이터 구조를 사용해 $Patterns$에 있는 각 문자열을 $Text$에 나타난 위치들로 텔레포트teleport할 수 있도록 만들 것이다.

접미사 트라이suffix trie는 SUFFIXTRIE($Text$)라고 쓰며 $Text$의 모든 접미사로 만들어진 트라이다(그림 9.3). 이제부터 $Text$에 달러 표시("$")를 붙여서 $Text$의 끝 부분을 표시할 것이다(이 표시를 선택한 특별한 이유는 없다). 또한 트라이의 각 잎에는 접미사가 시작하는 위치를 표시하며 트라이에서 따라 내려오는 경로는 이 잎에서 끝나게 된다(0-based 인덱싱을 사용

524

한다). 이 방법을 통해, 잎을 만났을 때는 이 접미사가 *Text*의 어느 위치에서 왔는지 즉시 알 수 있다.

패턴 매칭에 접미사 트라이 사용하기

하나의 문자열 *Pattern*을 *Text*에서 찾으려고 할 때 만약 *Pattern*이 *Text*의 *i*번째 위치에서 시작하는 하위 문자열과 일치한다는 것은 *Pattern*이 *Text*의 *i*번째 위치에서 시작하는 접미사의 시작 부분과 일치한다는 것과 같다. 따라서 *Pattern*이 SUFFIXTRIE(*Text*)에 있는지 알아보려면 뿌리에서 시작해서 *Pattern*과 일치하는 문자들이 있는지 따라 내려가면 되는 것이다. 만약 접미사 트라이에서 *Pattern*과 일치하는 글자들이 있는 경로를 찾을 수 있다면 *Pattern*이 무조건 *Text*에 있다는 것을 알 수 있다(그림 9.4). 이를 *Patterns*의 모든 문자열에 대해 반복하면 된다.

그림 9.3 SᴜꜰꜰɪxTʀɪᴇ("panamabananas$"). 여기서 잎들은 접미사의 시작 부분에 해당하는 0에서 13까지의 숫자로 다양하게 표시돼 있다.

 잠깐 멈추고 생각해 보자 그림 9.4는 SᴜꜰꜰɪxTʀɪᴇ("panamabananas$")에서 "nanas" 패턴을 찾는 방법을 보여 주고 있다. 그러나 "nanas"가 *Text*의 어느 위치에서 발견됐는지는 알려 주지 않는다. 이 정보는 어떻게 알 수 있을까?

그림 9.4 "antenna"라는 문자열을 SuffixTrie(panamabananas$)에서 찾아보면 일치하는 문자열을 찾을 수 없다. 그 이유는 "panamabananas$"의 접미사 중 "ant"로 시작하는 것은 없기 때문이다. 그러나 "nana"라는 문자열을 접미사 트라이에서 찾아보면 일치하는 문자열을 찾을 수 있다. "panamabananas$".

*Text*에 *Pattern*이 있는지를 알아보려면 먼저 *Pattern*과 *Text*가 SuffixTrie(*Text*)에 있는 잎에서 일치한다고 가정해 보자. 이 경우에 *Patterns*는 *Text*의 접미사여야 하며 해당 잎에 적힌 표시를 보고 이 접미사의 시작 위치를 알아낼 수 있다. 예를 들어 "nana"를 그림 9.4 에 있는 접미사 트라이에서 찾아보면 "panamabananas$"의 여덟 번째 위치에서 시작하는 접미사와 일치한다는 것을 알 수 있다.

만약 *Patterns*와 일치하는 글자들이 SuffixTrie(*Text*)의 잎에 도달하지 못하고 어떤 노드 *v*에서 끝난다면 *Pattern*은 *Text*에서 한 번 이상 나타났을 수 있다. 여러 번 나타난 위치들을 찾기 위해서는 *v*에서 시작하는 SuffixTrie(*Text*)의 모든 경로를 따라 내려가면 *Text*

에서 *Pattern*이 나타나는 모든 시작 위치를 알 수 있다. 예를 들어 그림 9.5에 나타난 것처럼 패턴 "ana"는 SuffixTrie("panamabananas$")의 경로 중 1, 7, 9라고 표시된 잎들로 모두 갈 수 있는 경로와 일치한다. 이는 "ana"가 나타난 세 가지 위치, 즉 "panamabananas$", "panamabananas$", "panamabananas$"에 해당한다.

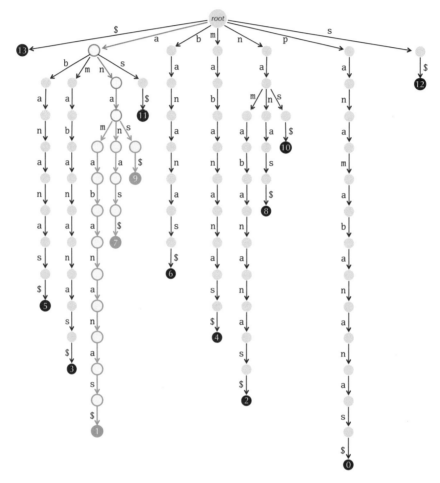

그림 9.5 "ana"라는 문자열로 시작하는 경로들을 통해 "ana"가 "panamabananas$"에서 세 번 나타났다는 것을 알 수 있다. 이 경로들을 잎까지 연장시켜 보면(초록색으로 표시됨) "ana"가 나타난 시작 위치들이 1, 7, 9라는 것을 알 수 있다.

잠깐 멈추고 생각해 보자 SuffixTrie(*Text*)를 구축하는 데 걸리는 계산 시간과 사용되는 메모리는 얼마나 될까?

528

TRIE(Patterns)를 구축하는 데는 $\mathcal{O}(|Patterns|)$만큼의 계산 시간과 메모리가 사용된다는 것을 떠올려 보자. 이와 같이 SuffixTrie(Text)를 구축하는 데 걸리는 계산 시간과 필요한 메모리는 Text에 존재하는 모든 접미사의 길이를 합한 것과 같다. Text에는 |Text|만큼의 접미사가 있으며 이들의 길이는 1에서 |Text|까지이므로 총 길이는 $|Text| \cdot (|Text| + 1)/2$이며 이는 $\mathcal{O}(|Text|^2)$와 같다. 따라서 접미사 트라이를 구축하는 데 필요한 계산 시간과 메모리를 줄여 이 알고리듬을 사용 가능하도록 만들어야 한다.

접미사 트리

접미사 트라이에 대한 희망을 버리지 말도록 하자. 먼저 접미사 트라이에서 갈라지지 않는 경로의 에지들을 하나의 에지로 합쳐서 접미사 트라이의 에지 수를 줄일 수 있다. 이를 통해 그림 9.6처럼 합쳐진 에지들의 글자들을 이어 붙여서 에지를 표시할 수 있다. 이렇게 만들어진 데이터 구조를 **접미사 트리**suffix tree라고 하며 SuffixTree(Text)라고 쓴다. Pattern 하나를 Text에서 찾으려면 Pattern을 SuffixTree(Text)에서 찾으면 되는데 그 과정은 접미사 트라이에서 했던 것과 같다. 접미사 트라이에서 했던 것처럼 각 잎의 표시를 사용해 패턴들이 일치하는 시작 위치를 알아낼 수 있다.

연습 문제 SuffixTree(Text)에는 |Text| + 1개의 잎이 있으며 추가로 최대 |Text| + 1개의 노드가 있다는 것을 증명하라.

Text 길이의 제곱만큼의 노드가 있는 접미사 트라이와 비교했을 때 SuffixTree(Text)의 노드 개수는 $2 \cdot |Text|$를 넘지 않는다. 따라서 SuffixTree(Text)를 구축하는 데 필요한 메모리는 $\mathcal{O}(|Text|)$이다.

잠깐 멈추고 생각해 보자 잠깐! 접미사 트리는 접미사 트라이의 외형만 바꾼 것처럼 보인다. 어차피 모든 에지들을 이어 붙인 문자열들로 표시하므로 메모리를 사용해야 하는데 접미사 트리가 접미사 트라이보다 더 효율적으로 메모리를 사용하는 이유는 뭘까?

접미사 트리가 메모리를 적게 쓰는 이유는 갈라지지 않는 경로들에 있는 에지들에 대해 에지 표시를 저장할 필요가 없기 때문이다. 예를 들어 그림 9.6에서 접미사 트리가 "mabananas$" 라고 표시된 에지를 저장할 때 필요한 건 10바이트가 아니다. 그 대신 "panamabananas$"에서의 위치 4에 대한 **포인터**pointer 및 "mabananas$"의 길이를 저장하는 것이다. 또한 접미사 트리는 선형적 시간 안에 구축할 수 있으며 접미사 트라이를 먼저 구축해 놓을 필요도 없다. 이렇게 접미사 트리를 구축하는 빠른 알고리듬은 꽤 복잡하기 때문에 이를 구현하라고 말하지는 않겠다.

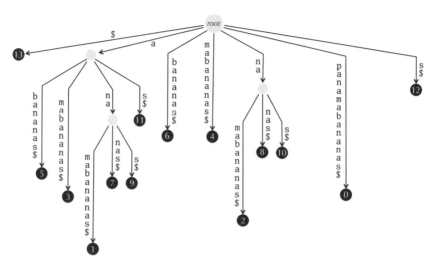

그림 9.6 SUFFIXTREE("panamabananas$"). 이는 그림 9.3에서 갈라지지 않는 경로들에 있는 에지를 압축해 만들어졌다.

접미사 트리 구축 문제

한 문자열의 접미사 트리를 구축하라.

　입력: 문자열 *Text*

　출력: SUFFIXTREE(*Text*)

565페이지

충전소: 접미사 트리 구축하기 각 에지마다 매우 길 수도 있는 문자열을 저장해야 하기 때문에 접미사 트리를 구축하는 게 어떻게 메모리를 아낄 수 있는 건지 궁금할 것이다. 만약 접미사 트라이를 먼저 구축하고 갈라지지 않는 경로들을 하나의 에지로 합치면서 에지에 대한 문자열을 메모리에 저장하는 것은 매우 비효율적일 것이다. 실제로 연구자들은 접미사 트리를 구축할 때 긴 하위 문자열들을 저장하는 게 아니라 *Text*의 위치에 대한 포인터를 저장한다. 이 아이디어를 어떻게 구현하는지 알고 싶다면 충전소를 확인해 보자.

530

접미사 트리가 필요한 메모리를 $O(|Text|^2)$에서 $O(|Text|)$로 줄였지만 평균적으로는 여전히 $Text$의 20배에 달하는 메모리가 필요하다($Text$의 길이가 인간 유전체의 크기 정도라면). 3GB짜리 인간 유전체가 있을 때 60GB만큼의 RAM은 모든 리드로 만들었던 트라이를 저장하는 데 필요한 1TB에 비하면 큰 발전이다. 그러나 이것도 여전히 대부분의 컴퓨터에서 메모리 문제를 일으킨다. 여기서 big-O 개념의 어두운 비밀이 드러나는데 바로 상수값을 무시한다는 것이다. 인간 유전체genome와 같은 긴 문자열의 경우 $O(|Text|)$라는 표현은 $2 \cdot |Text|$만큼의 메모리를 사용하는 알고리듬과 $1000 \cdot |Text|$만큼의 메모리를 사용하는 알고리듬 모두에 적용되는 표현이기 때문에 이런 상수에 주의해야 한다.

다중 패턴 매칭 문제에 필요한 메모리를 어떻게 더 줄일 수 있는지 알아보기 전에 접미사 트리를 유용하게 쓸 수 있는 3개의 문제를 먼저 풀어 보자.

최장 반복 서열 문제

문자열에서 가장 긴 반복 서열을 찾아보자.

입력: 문자열 $Text$

출력: $Text$에서 한 번 이상 나타나는 하위 문자열 중 가장 긴 문자열

최장 공유 하위 문자열 문제

두 문자열이 공유하고 있는 하위 문자열 중 가장 긴 문자열을 찾아라.

입력: 문자열 $Text_1$와 $Text_2$

출력: $Text_1$와 $Text_2$에서 모두 발견되는 하위 문자열 중 가장 긴 문자열

최단 비공유 하위 문자열 문제

한 문자열에는 있고 다른 문자열에는 없는 하위 문자열 중 가장 짧은 문자열을 찾아라.

입력: 문자열 $Text_1$와 $Text_2$

출력: $Text_1$에는 있고 $Text_2$에는 없는 하위 문자열 중 가장 짧은 문자열

충전소: 최장 공유 하위 문자열 문제의 해결 방법 최장 공유 하위 문자열 문제를 푸는 한 가지 방법은 *Text₁*과 *Text₂* 각각에 대한 접미사 트리를 구축하는 것이다. 더 우아한 해결책을 배우려면 충전소를 확인해 보자.

접미사 배열

접미사 배열 구축하기

1993년 우디 만버^{Udi Manber}와 진 마이어스^{Gene Myers}는 접미사 트리보다 더 메모리를 아낄 수 있는 **접미사 배열**^{suffix array}을 소개했다. SUFFIXARRAY($Text$)를 구축하려면 먼저 모든 접미사들을 사전순으로 나열하는 것이다. 이때 "**$**"가 가장 앞이라고 가정한다(그림 9.7). 접미사 배열은 나열된 접미사들의 시작 위치들을 목록으로 만든 것이다.

SUFFIXARRAY("panamabananas$") = [13, 5, 3, 1, 7, 9, 11, 6, 4, 2, 8, 10, 0, 12].

나열된 접미사들	시작 위치
$	13
abananas$	5
amabananas$	3
anamabananas$	1
ananas$	7
anas$	9
as$	11
bananas$	6
mabananas$	4
namabananas$	2
nanas$	8
nas$	10
panamabananas$	0
s$	12

그림 9.7 *Text* = "panamabananas$"의 접미사들을 나열한 목록. 이들이 *Text*에서 발견되는 시작 위치도 같이 표시했다. 이 시작 위치들이 *Text*의 접미사 배열을 구성하게 된다.

접미사 배열 구축 문제

문자열 하나에 대한 접미사 배열을 구축하라.

입력: 문자열 *Text*

출력: SUFFIXARRAY(*Text*)

접미사 배열 구축 문제는 *Text*의 모든 접미사들을 나열하는 방식으로 쉽게 구축할 수 있다. 다만 현존하는 알고리듬 중 배열을 가장 빠르게 나열하는 알고리듬조차 $O(n \cdot \log_n)$만큼의 비교가 필요하기 때문에 모든 접미사를 나열하는 것은 $O(|Text| \cdot \log(|Text|))$만큼의 비교가 필요하며 각각은 $O(|Text|)$만큼의 시간이 걸린다. 그런데 접미사 트리를 먼저 구축하지 않고 접미사 배열을 선형적 시간 안에 구축할 수 있는 더 빠른 알고리듬이 존재한다. 이 알고리듬은 접미사 트리보다 5배 적은 메모리가 필요하며 이는 인간 유전체의 경우에 필요한 메모리가 60GB에서 12GB로 줄어드는 것을 의미한다.

> **잠깐 멈추고 생각해 보자** 접미사 트리가 주어졌을 때 이를 접미사 배열로 빠르게 바꿀 수 있는가? 접미사 배열이 주어졌을 때 이를 접미사 트리로 빠르게 바꿀 수 있는가?

이전 질문들이 제시하고 있듯이 접미사 배열과 접미사 트리는 실용적인 면에서 동일하다. 접미사 트리를 사용하는 모든 알고리듬은 접미사 배열을 사용한 알고리듬으로 바꿀 수 있으며(돌아가기: 접미사 트리에서 접미사 배열 만들기 참고), 그 반대도 가능하다(돌아가기: 접미사 배열에서 접미사 트리까지 참고).

573페이지
575페이지

접미사 배열을 사용한 패턴 매칭

문자열 *Text*에 대한 접미사 배열을 구축했다면 이를 활용해 특정 문자열 *Pattern*이 *Text*에서 발견되는 모든 위치를 빠르게 알아낼 수 있다. 첫 번째로, 접미사 트라이에서 패턴 매칭을 할 때 *Text*에서 발견되는 모든 *Pattern*은 *Text*의 접미사 시작 부분과 일치해야 했다는 것을 떠올려 보자. 두 번째로, *Text*에 있는 접미사들을 모두 나열한 뒤에는 *Pattern*으로 시작하는 접미사들은 서로 뭉쳐 있게 된다는 것도 알아두자. 예를 들어 그림 9.7에서 *Pattern* = "ana"는 *Text* = "panamabananas$"의 접미사 "anamabananas$", "ananas$", "anas$"와 일치한다. 이 접미사들은 연속된 3개의 행에 나타나 있으며 각각 *Text*에서의 시작 위치 1, 7, 9에 해당한다.

문제는 Text의 접미사들을 나열해 저장하지 않은 채로 임의의 문자열 Pattern의 시작 위치를 어떻게 찾느냐는 것이다. **PatternMatchingWithSuffixArray**라고 불리는 아래의 알고리듬은 접미사 배열에서 Pattern으로 시작하는 것들의 시작과 끝 인덱스를 찾아 준다(이 인덱스들을 각각 first와 last라고 하자).

PatternMatchingWithSuffixArray은 이진 탐색binary search이라는 일반적인 탐색 알고리듬의 변형이다. 이 탐색 알고리듬은 나열된 데이터에서 반복 시행마다 데이터를 절반으로 나누고 특정 데이터가 둘 중 어디에 속하는지 알아냄으로써 원하는 데이터 포인트를 찾는 방법이다(더 자세한 내용은 돌아가기: 이진 탐색을 참고하자). 아래의 의사 코드에서 $String_1 < String_2$은 $String_1$이 $String_2$보다 사전적 순서상으로 더 앞이라는 것을 의미한다. 또한 Pattern이 Text의 접미사와 일치한다는 것은 이 접미사의 시작부터 $|Pattern|$만큼이 Pattern과 일치한다는 것을 의미한다. Text의 모든 접미사 및 ($ 표시가 돼 있지 않은) Pattern은 서로 다르다는 것을 알아 두자. 이에 따라 아래 의사 코드의 첫 번째 while 루프에서는 $minIndex = maxIndex + 1$로 지정하는데 이는 Pattern이 SuffixArray($maxIndex$)와 SuffixArray($minIndex$)에 해당하는 접미사들 사이에 있다는 것을 의미한다. 즉, 아래의 두 가지 특성이 존재한다는 것이다.

- Text의 SuffixArray($maxIndex$)에서 시작하는 접미사 < Patterns
- Text의 SuffixArray($minIndex$)에서 시작하는 접미사 > Patterns

```
PatternMatchingWithSuffixArray(Text, Pattern, SuffixArray)
    minIndex ← 0
    maxIndex ← |Text| − 1
    while minIndex ≤ maxIndex
        midIndex ← ⌊(minIndex + maxIndex)/2⌋
        if Pattern > suffix of Text starting at position SuffixArray(midIndex)
            minIndex ← midIndex + 1
        else
            maxIndex ← midIndex − 1
    if Pattern matches suffix of Text starting at position SuffixArray(midIndex)
        first ← minIndex
    else
        return Pattern does not appear in Text
```

534

```
    minIndex ← first
    maxIndex ← |Text| − 1
    while minIndex ≤ maxIndex
        midIndex ← ⌊(minIndex + maxIndex)/2⌋
        if Pattern matches suffix of Text starting at position SUFFIXARRAY(midIndex)
            minIndex ← midIndex + 1
        else
            maxIndex ← midIndex − 1
    last ← maxIndex
    return (first, last)
```

버로우즈-휠러 변형

유전체 압축

접미사 배열은 문자열 검색을 위한 메모리를 효과적으로 감소시켰다. 또한 이번 세기가 시작될 때까지 접미사 배열은 패턴 매칭에서 가장 최신 기술을 대표했다. 여기서 좀 더 나아가 거의 *Text*만큼의 메모리만을 사용하면서 빠른 패턴 매칭을 가능하게 하는 데이터 구조가 있을까?

이 질문에 답을 하려면 **문자열 압축**^{text compression}과는 약간 관련 없어 보이는 주제를 다뤄야 한다. **런 렝스 부호화**^{run-length encoding}라고 불리는 간단한 압축 기술은 문자열 *s*가 *k*번 연속적으로 발생했을 때 이를 **런**^{run}이라고 하고, 이를 *k*, *s* 두 글자로 대신하는 방법을 사용한다. 예를 들어 런 렝스 부호화는 문자열 TTTTTGGGAAAACCCCCCA를 5T3G4A6C1A로 압축해 준다.

런 렝스 부호화는 런이 많을 때 잘 작동하지만 실제 유전체는 이렇게 런이 많지 않다. 유전체가 많이 갖고 있는 것은 3장에서 봤듯이 바로 반복 서열이다. 따라서 유전체에 있는 반복 서열들을 런으로 만든 문자열에 런 렝스 부호화를 적용해 볼 수 있다면 좋을 것이다.

런을 문자열로 만들 수 있는 가장 단순한 방법은 문자열의 글자들을 사전순으로 배열하는 것이다. 예를 들어 TACGTAACGATACGAT를 AAAAACCCGGGTTTT로 사전순으로 배열하면 이를 5A3C3G4T로 압축할 수 있는 것이다. 이 방법을 사용하면 3GB의 인간 유전체를 숫자 4개로 줄일 수 있다.

문자열에 있는 글자를 사전순으로 배열하는 것은 압축에 적절한 방법이 아니다. 그 이유는 서로 다른 문자열들이 똑같은 문자열로 압축될 것이기 때문이다. 예를 들어 DNA 문자열 GCATCATGCAT와 ACTGACTACTG는(그리고 이와 같은 뉴클레오티드 수를 가진 어떤 문자열이라도) AAACCCGGTTT로 재배열될 것이기 때문이다. 따라서 이렇게 압축된 문자열은 다시 압축을 풀 수 없다. 즉 압축 과정을 거꾸로 해서 원래의 문자열로 만들 수 없다는 것이다.

버로우즈-휠러 변환 구축하기

반복 서열로 이뤄진 문자열을 런으로 바꾸는 또 다른 방법을 생각해 보자. 이는 1994년 마이클 버로우즈Michael Burrows와 데이비드 휠러David Wheeler에 의해 제시된 방법이다. 먼저 *Text*에 대한 가능한 모든 **순환형 회전**cyclic rotation을 만든다. 순환형 회전이란 *Text*의 접미사를 잘라서 이를 *Text* 앞부분에 붙이는 것이다. 그다음 접미사 배열과 비슷하게 모든 순환형 회전을 사전 순서대로 나열해 $|Text| \times |Text|$ 행렬을 만든다. 이 행렬은 **버로우즈-휠러 행렬** Burrows-Wheeler matrix이라 불리며 M(*Text*)라고 표시한다(그림 9.8).

M(*Text*)의 첫 번째 열은 *Text*의 글자들을 사전 순서대로 나열한 것으로 이뤄져 있고 이는 위에서 설명한 단순한 재배열을 나타낸다. M(*Text*)의 두 번째 열은 *Text*에 있는 모든 순환형 회전의 두 번째 글자들로 이뤄져 있으며 이 또한 *Text*의 글자들을 (다른 방법으로) 재배열한 것을 나타낸다. 같은 방식으로 M(*Text*)의 각 열은 *Text*를 특정 방법으로 재배열한 것이라고 볼 수 있다. 여기서 M(*Text*)의 마지막 열이 흥미로운데 이는 *Text*의 **버로우즈-휠러 변환**Burrows-Wheeler transform 또는 BWT(*Text*)라고 부르며 그림 9.8의 빨간색으로 나타난 부분을 말한다.

순환형 회전	$M($"panamabananas$"$)$
panamabananas$	$ p a n a m a b a n a n a s
$panamabananas	a b a n a n a s $ p a n a m
s$panamabanana	a m a b a n a n a s $ p a n
as$panamabanan	a n a m a b a n a n a s $ p
nas$panamabana	a n a n a s $ p a n a m a b
anas$panamaban	a n a s $ p a n a m a b a n
nanas$panamaba	a s $ p a n a m a b a n a n
ananas$panamab	b a n a n a s $ p a n a m a
bananas$panama	m a b a n a n a s $ p a n a
abananas$panam	n a m a b a n a n a s $ p a
mabananas$pana	n a n a s $ p a n a m a b a
amabananas$pan	n a s $ p a n a m a b a n a
namabananas$pa	p a n a m a b a n a n a s $
anamabananas$p	s $ p a n a m a b a n a n a

그림 9.8 "panamabananas$"에 대한 모든 순환형 회전들(왼쪽)과 사전순으로 나열된 순환형 회전들에 대한 버로우즈-휠러 행렬 M("panamabananas$")(오른쪽). BWT("panamabananas$")는 M("panamabananas$")의 가장 마지막 열에 해당한다. "smnpbnnaaaaa$a".

버로우즈-휠러 변환 구축 문제

특정 문자열에 대한 버로우즈-휠러 변환을 구축하라.

입력: 문자열 *Text*

출력: BWT(*Text*)

잠깐 멈추고 생각해 보자   그림 9.8은 BWT(*Text*)를 구축하는 방법 중 M(*Text*)을 구축해서 계산하는 간단하지만 비효율적인 방법을 제시한다. 만약 *Text*와 SuffixArray(*Text*)가 주어진다면 더 적은 메모리를 사용해 BWT(*Text*)를 구축할 수 있겠는가?

왜 M(*Text*)의 마지막 열에 이렇게 관심을 갖는지 의문을 가질 수도 있다. 왜 일곱 번째 열이나 끝에서 두 번째 열에는 관심을 갖지 않는 걸까? 조금 더 기다려 보면 이 행렬의 마지막 열은 특별한 성질을 갖고 있다는 것을 알게 될 것이다. 바로 BWT(*Text*)로부터 *Text*를 구축할 수 있다는 성질이다. M(*Text*)의 어떤 열도 이런 특성을 갖지 않는 것으로 밝혀졌다.

반복 서열에서 런으로

그림 9.8의 버로우즈-휠러 변환을 다시 살펴보면 BWT("panamabananas$") = "smnpbnnaaa aa$a"에는 "aaaaa"라는 런이 있다는 것을 알아챌 수 있을 것이다.

버로우즈-휠러가 이와 같은 런을 만들어 낸 이유는 무엇일까?

왓슨과 크릭이 1953년에 출판한 DNA의 이중 나선 구조에 관련된 논문을 버로우즈-휠러 알고리듬에 적용한다고 상상해 보자. "and"라는 단어는 영어에서 종종 반복되는 단어인데 이 말은 왓슨과 크릭 논문의 모든 가능한 순환형 회전을 만들어 냈을 때 이중 "and..."로 시작하는 회전이 꽤 많을 것이라는 것을 의미한다. 같은 맥락으로 많은 회전이 "nd..."로 시작할 것이며 "...a"로 끝날 것이다. *Text*에 대한 모든 가능한 순환형 회전을 사전순으로 나열해 M(*Text*)로 만들었을 때 "nd..."로 시작하고 "...a"로 끝나는 모든 행들은 서로 모여 있을 것이다. 그림 9.9에 설명한 것처럼 이렇게 모여 있는 행들은 우리가 BWT(*Text*)라고 알고 있는 M(*Text*)의 마지막 열에 "a"로 이뤄진 런을 만들어 낸다.

"panamabananas$"의 하위 문자열 "ana"는 왓슨과 크릭의 논문에서 "and"가 하는 역할을 수행한다. BWT("panamabananas$") = "smnpbnnaaaaa$a"에 있는 반복 서열 "aaaaa"에 있는 5개의 a 중 3개가 이 하위 문자열로 만들어진 것이다. 버로우즈-휠러 변환을 유전체에 적용했을 때 이는 유전체에 있는 많은 반복 서열을 런으로 변환시킨다. 이미 언급한 것처럼 이렇게 버로우즈-휠러 변환을 적용한 뒤에는 런-렝스 부호화 같은 추가적인 압축 방법을 적용해 메모리를 더 줄일 수 있다.

연습 문제   E.coli 유전체에는 길이가 10 이상인 런은 하나밖에 존재하지 않는다. E.coli 유전체에 버로우즈-휠러 변환을 적용한 뒤에는 길이가 10 이상인 런을 몇 개나 찾을 수 있을까?

538

```
nd Corey (1).  They kindly made their manuscript availa ...... a
nd criticism, especially on interatomic distances.  We  ...... a
nd cytosine.  The sequence of bases on a single chain d ...... a
nd experimentally (3,4) that the ratio of the amounts o ...... u
nd for this reason we shall not comment on it.  We wish ...... a
nd guanine (purine) with cytosine (pyrimidine).  In oth ...... a
nd ideas of Dr.  M. H. F. Wilkins, Dr.  R. E. Franklin  ...... a
nd its water content is rather high.  At lower water co ...... a
nd pyrimidine bases.  The planes of the bases are perpe ...... a
nd stereochemical arguments.  It has not escaped our no ...... a
nd that only specific pairs of bases can bond together  ...... u
nd the atoms near it is close to Furberg's 'standard co ...... a
nd the bases on the inside, linked together by hydrogen ...... a
nd the bases on the outside.  In our opinion, this stru ...... a
nd the other a pyrimidine for bonding to occur.  The hy ...... a
nd the phosphates on the outside.  The configuration of ...... a
nd the ration of guanine to cytosine, are always very c ...... a
nd the same axis (see diagram).  We have made the usual ...... u
nd their co-workers at King's College, London.  One of  ...... a
```

그림 9.9 M(*Text*)에 있는 몇 개의 연속된 행. 여기서 *Text*는 왓슨과 크릭이 1953년에 DNA 이중 나선에 대해 출판한 논문이다. "nd..."로 시작하는 행은 대부분 "...a"로 끝나는데 그 이유는 영어에서 "and"가 많이 나타나기 때문이다. 그 결과 BWT(*Text*)에 "a"로 이뤄진 런이 만들어지게 된다. 그림의 각 행은 긴 문자열로 돼 있으며 페이지에서 표시할 수 없는 부분을 "..."로 표시했다. 마지막 열의 "u"는 "round" 및 "found"에 해당한다.

버로우즈-휠러 변환을 거꾸로 되돌리는 방법

버로우즈-휠러 변환을 되돌리려는 첫 번째 시도

앞서 나가기 전에 유전체를 압축하는 것은 이 압축을 다시 풀지 못한다면 의미가 없다는 것을 떠올려 보자. 특히 만약 버로우즈-휠러 변환으로 압축했을 때 똑같은 문자열이 만들어지는 유전체가 하나 이상 존재한다면 이 문자열의 압축을 다시 풀 수는 없을 것이다. 그런데 버로우즈-휠러 변환은 되돌릴 수 있다는 것이 밝혀졌다.

> 잠깐 멈추고 생각해 보자 버로우즈-휠러 변환으로 만들어진 문자열이 "enwvpeoseu$llt"이 되는 유일한 문자열을 찾을 수 있는가? 가능한 문자열은 "newtloveslupe$", "elevenplustwo$", "unwellpesovet$" 또는 완전히 다른 문자열일 수도 있다.

예시로 BWT(*Text*) = "ard$rcaaaabb"라는 문자열을 생각해 보자. 먼저 M(*Text*)의 첫 번째 열은 BTW(*Text*)에 있는 문자열들을 사전순으로 나열한 것이다. 편의를 위해 M(*Text*)

의 첫 번째 열과 마지막 열을 각각 *FirstColumn*와 *LastColumn*라고 하자.

M(*Text*)의 첫 번째 행은 "$"로 시작하는 순환형 회전이라는 것을 알고 있다. 그리고 "$" 는 *Text*의 가장 마지막에 나타난다. 따라서 만약 M(*Text*)의 첫 번째 행을 알 수 있다면 "$" 를 이 행의 끝으로 보내고 *Text*를 만들어 낼 수 있다. 그런데 *FirstColumn*과 *LastColumn* 만 아는 상황에서 첫 번째 행에 있는 나머지 글자들을 어떻게 알아낼 수 있을까?

```
$ ? ? ? ? ? ? ? ? ? ? a
a ? ? ? ? ? ? ? ? ? ? r
a ? ? ? ? ? ? ? ? ? ? d
a ? ? ? ? ? ? ? ? ? ? $
a ? ? ? ? ? ? ? ? ? ? r
b ? ? ? ? ? ? ? ? ? ? c
b ? ? ? ? ? ? ? ? ? ? a
c ? ? ? ? ? ? ? ? ? ? a
d ? ? ? ? ? ? ? ? ? ? a
r ? ? ? ? ? ? ? ? ? ? a
r ? ? ? ? ? ? ? ? ? ? b
  ? ? ? ? ? ? ? ? ? ? b
```

 잠깐 멈추고 생각해 보자 위에 나온 버로우즈-휠러 행렬의 첫 번째 열과 마지막 열을 사용해서 *Text* 의 첫 번째 글자를 알 수 있는가?

*Text*로 만든 모든 순환형 회전에서 *Text*의 첫 번째 글자는 반드시 "$" 뒤에 나타나야 한다. "$"가 *LastColumn* = "ard$rcaaaabb"의 네 번째 글자로 나타났기 때문에 M(*Text*)의 네 번 째 행에서 오른쪽으로 한 걸음 더 가면 처음으로 돌아와서 *FirstColumn*의 네 번째 글자를 만나게 된다는 것을 알고 있다. 그리고 그 글자는 $aaaaabbcdrr에 있는 "a"이다. 따라서 이 "a"는 *Text*의 첫 번째 글자에 해당한다.

```
$ a ? ? ? ? ? ? ? ? ? a
a ? ? ? ? ? ? ? ? ? ? r
a ? ? ? ? ? ? ? ? ? ? d
a ? ? ? ? ? ? ? ? ? ? $
a ? ? ? ? ? ? ? ? ? ? r
a ? ? ? ? ? ? ? ? ? ? c
b ? ? ? ? ? ? ? ? ? ? a
b ? ? ? ? ? ? ? ? ? ? a
c ? ? ? ? ? ? ? ? ? ? a
d ? ? ? ? ? ? ? ? ? ? a
r ? ? ? ? ? ? ? ? ? ? b
r ? ? ? ? ? ? ? ? ? ? b
```

 잠깐 멈추고 생각해 보자 *Text*의 두 번째 위치에 있는 글자는 무엇일까?

같은 방법으로 *Text*의 다음 글자는 M(*Text*)에서 "a"로 끝나는 행의 첫 번째 글자가 될 것이다. 문제는 "a"로 끝나는 행이 5개이며 이 중 어떤 것이 맞는지 모른다는 것이다. 만약이 "a"가 "ard$rcaaaabb"의 일곱 번째 글자라고 추측한다면 *Text*의 두 번째 글자로 "b"를 찾게 될 것이다(그림 9.10 왼쪽). 이와 달리 만약 이 "a"가 "ard$rcaaaabb"의 아홉 번째 글자라고 추측한다면 *Text*의 두 번째 글자는 "c"가 될 것이다(그림 9.10 가운데). 마지막으로 만약 이 "a"가 "ard$rcaaaabb"의 열 번째 글자라고 추측한다면 *Text*의 두 번째 글자는 "d"가 될 것이다(그림 9.10 오른쪽).

```
$ a b ? ? ? ? ? ? ? ? a      $ a c ? ? ? ? ? ? ? ? a      $ a d ? ? ? ? ? ? ? ? a
a ? ? ? ? ? ? ? ? ? ? r      a ? ? ? ? ? ? ? ? ? ? r      a ? ? ? ? ? ? ? ? ? ? r
a ? ? ? ? ? ? ? ? ? ? d      a ? ? ? ? ? ? ? ? ? ? d      a ? ? ? ? ? ? ? ? ? ? d
a ? ? ? ? ? ? ? ? ? ? $      a ? ? ? ? ? ? ? ? ? ? $      a ? ? ? ? ? ? ? ? ? ? $
a ? ? ? ? ? ? ? ? ? ? r      a ? ? ? ? ? ? ? ? ? ? r      a ? ? ? ? ? ? ? ? ? ? r
a ? ? ? ? ? ? ? ? ? ? c      a ? ? ? ? ? ? ? ? ? ? c      a ? ? ? ? ? ? ? ? ? ? c
b ? ? ? ? ? ? ? ? ? ? a      b ? ? ? ? ? ? ? ? ? ? a      b ? ? ? ? ? ? ? ? ? ? a
b ? ? ? ? ? ? ? ? ? ? a      b ? ? ? ? ? ? ? ? ? ? a      b ? ? ? ? ? ? ? ? ? ? a
c ? ? ? ? ? ? ? ? ? ? a      c ? ? ? ? ? ? ? ? ? ? a      c ? ? ? ? ? ? ? ? ? ? a
d ? ? ? ? ? ? ? ? ? ? a      d ? ? ? ? ? ? ? ? ? ? a      d ? ? ? ? ? ? ? ? ? ? a
r ? ? ? ? ? ? ? ? ? ? b      r ? ? ? ? ? ? ? ? ? ? b      r ? ? ? ? ? ? ? ? ? ? b
r ? ? ? ? ? ? ? ? ? ? b      r ? ? ? ? ? ? ? ? ? ? b      r ? ? ? ? ? ? ? ? ? ? b
```

그림 9.10 BWT(*Text*)가 ard$rcaaaabb일 때 M(*Text*)의 세 번째 요소 후보는 ("b", "c", "d")다. 이 중 하나는 *Text*의 두 번째 글자여야만 한다.

잠깐 멈추고 생각해 보자 *Text*의 두 번째 글자로 "b", "c", "d" 중 무엇을 선택할 것인가?

처음-끝 특성

*Text*의 나머지 글자들을 알아내려면 M(*Text*)의 미묘한 특성을 활용해야 한다. 이 특성은 버로우즈-휠러 변환을 되돌리는 것과 아무 상관없어 보일지 모른다. 아래에는 각 글자가 *FirstColumn*에 나타난 순서를 첨자로 표시했다. *Text* = "panamabananas$"일 때 *FirstColumn*에서 "a"는 여섯 번 나타난다.

$	p a n a m a b a n a n a	s
a_1	b a n a n a s $ p a n a	m
a_2	m a b a n a n a s $ p a	n
a_3	n a m a b a n a n a s $	p
a_4	n a n a s $ p a n a m a	b
a_5	n a s $ p a n a m a b a	n
a_6	s $ p a n a m a b a n a	n
b	a n a n a s $ p a n a m	a
m	a b a n a n a s $ p a n	a
n	a m a b a n a n a s $ p	a
n	a n a s $ p a n a m a b	a
n	a s $ p a n a m a b a n	a
p	a n a m a b a n a n a s	$
s	$ p a n a m a b a n a n	a

*FirstColumn*의 "a_1"을 살펴보면 이는 "$a_1$bananas\$panam"이라는 순환형 회전의 시작 부분에 나타난 글자다. 이를 순환형으로 회전시켜 보면 "panam$a_1$bananas\$"가 만들어진다. 따라서 *FirstColumn*의 "a_1"은 실제로는 "panamabananas\$"에서 세 번째로 나타난 "a"인 것이다. 이제 다른 5개의 "a"에 대해서도 "panamabananas\$"상에서의 위치를 알 수 있게 됐다.

$$pa_3na_2ma_1ba_4na_5na_6s\$$$

연습 문제 *FirstColumn*에서 세 번 나타나는 "n"(즉, "n_1", "n_2", "n_3")들의 "panamabananas\$"상에서의 위치는 어디인가?

"a_1"을 *LastColumn*에서 찾으려면 M("panamabananas\$") 행렬의 두 번째 행을 순환형으로 회전시켜서 "$a_1$bananas\$panam"를 "bananas\$panama_1"로 만들어야 한다. 이는 행렬의 여덟 번째 행에 해당한다.

$	p a n a m a b a n a n a	s
a_1	b a n a n a s $ p a n a	m
a_2	m a b a n a n a s $ p a	n
a_3	n a m a b a n a n a s $	p
a_4	n a n a s $ p a n a m a	b
a_5	n a s $ p a n a m a b a	n
a_6	s $ p a n a m a b a n a	n
b	a n a n a s $ p a n a m	a_1
m	a b a n a n a s $ p a n	a
n	a m a b a n a n a s $ p	a
n	a n a s $ p a n a m a b	a
n	a s $ p a n a m a b a n	a
p	a n a m a b a n a n a s	$
s	$ p a n a m a b a n a n	a

그림 9.11과 같이 *LastColumn*이 "smnpbnna$_1$a$_2$a$_3$a$_4$a$_5$\$a$_6$"라고 기록된 것을 확인했길 바란다. 여기서 6개의 "a"의 순서가 *FirstColumn*에서와 *LastColumn*에서 동일하다는 것을 알아두자. 이렇게 나타난 것은 우연이 아니다. 오히려 이것은 모든 *Text*와 모든 글자에 대해 적용되는 원리이다.

> **처음-끝 특성** 어떤 글자에 대해 *FirstColumn*에서 k번째로 나타난 글자와 *LastColumn*에서 k번째로 나타난 글자는 *Text*에서 같은 위치의 글자에 해당한다.

```
$  p a n a m a b a n a n a s  s
a₁ b a n a n a s $ p a n a m  m
a₂ m a b a n a n a s $ p a n  n
a₃ n a m a b a n a n a s $ p  p
a₄ n a n a s $ p a n a m a b  b
a₅ n a s $ p a n a m a b a n  n
a₆ s $ p a n a m a b a n a n  n
b  a n a n a s $ p a n a m    a₁
m  a b a n a n a s $ p a n    a₂
n  a m a b a n a n a s $ p    a₃
n  a n a s $ p a n a m a b    a₄
n  a s $ p a n a m a b a n    a₅
p  a n a m a b a n a n a s    $
s  $ p a n a m a b a n a n    a₆
```

그림 9.11 여섯 번 나타난 "a"는 *FirstColumn*에서와 *LastColumn*에서 똑같은 순서로 나타난다.

처음-끝 특성이 왜 참인지 확인하고자 M("panamabananas\$")에서 "a"로 시작하는 행들을 살펴보자.

```
a₁ b a n a n a s $ p a n a m  m
a₂ m a b a n a n a s $ p a n  n
a₃ n a m a b a n a n a s $ p  p
a₄ n a n a s $ p a n a m a b  b
a₅ n a s $ p a n a m a b a n  n
a₆ s $ p a n a m a b a n a n  n
```

이 행들은 이미 사전순으로 나열돼 있기 때문에 각 행에서 "a"를 잘라 내도 나머지 문자열들은 사전순으로 나열돼 있을 것이다.

```
b a n a n a s $ p a n a m
m a b a n a n a s $ p a n
n a m a b a n a n a s $ p
n a n a s $ p a n a m a b
n a s $ p a n a m a b a n
s $ p a n a m a b a n a n
```

이제 "a"를 각 행의 마지막 부분에 붙여도 이 행들의 사전식 순서는 변하지 않을 것이다.

```
b a n a n a s $ p a n a m a₁
m a b a n a n a s $ p a n a₂
n a m a b a n a n a s $ p a₃
n a n a s $ p a n a m a b a₄
n a s $ p a n a m a b a n a₅
s $ p a n a m a b a n a n a₆
```

그런데 이 행들을 보면 M("panamabananas$")에서 "a"가 *LastColumn*에 있는 행들이다. 따라서 *FirstColumn*에서 k번째로 나타난 a는 *LastColumn*에서 k번째로 나타난 a에 해당한다. 이것은 *Text*에 있는 모든 글자와 문자열에 일반화할 수 있으며 따라서 처음-끝 특성을 확립할 수 있다.

처음-끝 특성을 사용해 버로우즈-휠러 변환 되돌리기

처음-끝 특성이 흥미롭긴 하지만 이걸로 어떻게 BWT(*Text*) = "ard$rcaaaabb"를 되돌릴 수 있다는 걸까? 그림 9.10을 보면서 M(*Text*)의 첫 번째 행을 재구축하고자 *FirstColumn* 과 *LastColumn*의 글자들에 번호를 매겼을 때로 돌아가 보자.

```
$₁ a ? ? ? ? ? ? ? ? ? a₁
a₁ ? ? ? ? ? ? ? ? ? ? r₁
a₂ ? ? ? ? ? ? ? ? ? ? d₁
a₃ ? ? ? ? ? ? ? ? ? ? $₁
a₄ ? ? ? ? ? ? ? ? ? ? r₂
a₅ ? ? ? ? ? ? ? ? ? ? c₁
b₁ ? ? ? ? ? ? ? ? ? ? a₂
b₂ ? ? ? ? ? ? ? ? ? ? a₃
c₁ ? ? ? ? ? ? ? ? ? ? a₄
d₁ ? ? ? ? ? ? ? ? ? ? a₅
r₁ ? ? ? ? ? ? ? ? ? ? b₁
r₂ ? ? ? ? ? ? ? ? ? ? b₂
```

처음-끝 특성은 "a₃"가 *LastColumn*의 어디에 위치하는지를 알려 준다.

```
$₁  a ? ? ? ? ? ? ? ? ?  a₁
a₁  ? ? ? ? ? ? ? ? ? ?  r₁
a₂  ? ? ? ? ? ? ? ? ? ?  d₁
a₃  ? ? ? ? ? ? ? ? ? ?  $₁
a₄  ? ? ? ? ? ? ? ? ? ?  r₂
a₅  ? ? ? ? ? ? ? ? ? ?  c₁
b₁  ? ? ? ? ? ? ? ? ? ?  a₂
b₂  ? ? ? ? ? ? ? ? ? ?  a₃
c₁  ? ? ? ? ? ? ? ? ? ?  a₄
d₁  ? ? ? ? ? ? ? ? ? ?  a₅
r₁  ? ? ? ? ? ? ? ? ? ?  b₁
r₂  ? ? ? ? ? ? ? ? ? ?  b₂
```

"a_3"가 여덟 번째 행의 끝에 위치한다는 것을 알고 있기 때문에 이 행의 처음으로 돌아가 *Text*에서 "a_3" 다음으로 "b_2"가 나온다는 것을 알 수 있다. 따라서 *Text*의 두 번째 글자는 "b"이므로 M(*Text*)의 첫 번째 행에 이 글자를 더할 수 있다.

```
$₁  a b ? ? ? ? ? ? ? ?  a₁
a₁  ? ? ? ? ? ? ? ? ? ?  r₁
a₂  ? ? ? ? ? ? ? ? ? ?  d₁
a₃  ? ? ? ? ? ? ? ? ? ?  $₁
a₄  ? ? ? ? ? ? ? ? ? ?  r₂
a₅  ? ? ? ? ? ? ? ? ? ?  c₁
b₁  ? ? ? ? ? ? ? ? ? ?  a₂
b₂  ? ? ? ? ? ? ? ? ? ?  a₃
c₁  ? ? ? ? ? ? ? ? ? ?  a₄
d₁  ? ? ? ? ? ? ? ? ? ?  a₅
r₁  ? ? ? ? ? ? ? ? ? ?  b₁
r₂  ? ? ? ? ? ? ? ? ? ?  b₂
```

그림 9.12는 처음-끝 특성을 반복적으로 적용시켜 *Text*의 글자들을 계속해서 재구축해 나가는 과정을 설명하고 있다. 우리가 재구축하려던 문자열은 "abracadabra$"였다.

연습 문제   버로우즈-휠러 변환이 "enwvpeoseu$llt"인 문자열을 재구축하라.

잠깐 멈추고 생각해 보자   "$"가 하나만 있는 모든 문자열에 대해 Burrow-Wheeler 변환을 되돌릴 수 있을까?

이제 버로우즈-휠러 변환을 되돌리는 것을 구현할 준비가 끝났다.

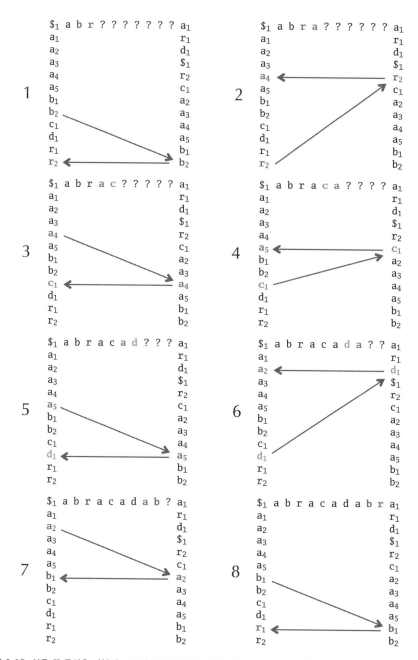

그림 9.12 처음-끝 특성을 반복적으로 적용해 버로우즈-휠러 변환인 "ard$rcaaaabb"로부터 문자열 "abracadabra$"를 재구축하는 과정

546

버로우즈-휠러 변환을 사용한 패턴 매칭

버로우즈-휠러를 사용한 첫 번째 패턴 매칭 시도

버로우즈-휠러 변환은 매력적일 수 있지만 이것이 어떻게 패턴 매칭에 필요한 메모리를 줄이는 데 도움이 될까? 패턴 매칭에 버로우즈-휠러 기반 접근법을 적용하는 아이디어는 M(*Text*)의 각 행이 서로 다른 *Text*의 접미사로 시작한다는 것에 기반한다. 이 접미사들은 이미 사전순으로 나열돼 있기 때문에 접미사 배열에서 패턴 매칭할 때 언급한 것처럼, *Text*에 일치하는 모든 *Pattern*은 M(*Text*)에서 연속된 행들의 시작 부분에 나타날 것이다. 그림 9.13을 참고하자.

M(*Text*)	SUFFIXARRAY(*Text*)
$ p a n a m a b a n a n a s	13
a b a n a n a s $ p a n a m	5
a m a b a n a n a s $ p a n	3
a n a m a b a n a n a s $ p	1
a n a n a s $ p a n a m a b	7
a n a s $ p a n a m a b a n	9
a s $ p a n a m a b a n a n	11
b a n a n a s $ p a n a m a	6
m a b a n a n a s $ p a n a	4
n a m a b a n a n a s $ p a	2
n a n a s $ p a n a m a b a	8
n a s $ p a n a m a b a n a	10
p a n a m a b a n a n a s $	0
s $ p a n a m a b a n a n a	12

그림 9.13 (왼쪽) M(*Text*)의 행들이 사전순으로 나열돼 있기 때문에 같은 문자열 "ana"로 시작하는 접미사들은 행렬에서 서로 연속된 행들에 나타나 있다. (오른쪽) 접미사 배열은 *Text*에 있는 각 접미사의 시작 위치를 저장하고 있기 때문에 "ana"의 위치를 바로 알 수 있다.

이제 *Pattern*을 *Text*에 매치하는 방법을 어느 정도 알게 됐다. M(*Text*)를 구축하고 *Pattern*의 첫 글자로 시작하는 행을 찾는다. 이 행들 중 두 번째 요소가 *Pattern*의 두 번째 글자와 일치하는 행을 찾는다. 이 과정을 *Pattern*으로 시작하는 행을 M(*Text*)에서 찾을 때까지 진행한다.

잠깐 멈추고 생각해 보자   이 방법의 잘못된 점이 뭘까?

패턴의 끝에서부터 뒤로 가기

이 방법을 패턴 매칭에 사용했을 때의 문제는 M(*Text*) 전체를 저장할 메모리가 없다는 것이다. $|Text|^2$만큼의 항목을 저장해야 하기 때문이다. 메모리를 줄이고자 이제 M(*Text*)의 *FirstColumn*과 *LastColumn*을 제외한 다른 정보는 접근하지 않도록 하자. 이제 두 칼럼만을 사용해 *Pattern*의 끝에서부터 뒤로 가면서 *Pattern*을 *Text*에 매치시킬 것이다. 예를 들어 *Pattern* = "ana"를 "panamabananas$"에 매치시키고자 한다면 먼저 M(*Text*)에서 "ana"의 마지막 글자인 "a"로 시작하는 행을 찾을 것이다.

"ana"의 끝에서부터 뒤로 가기 때문에 이제 M(*Text*)에서 "na"로 시작하는 행을 찾아볼 것이다. 전체 M(*Text*)를 모르는 채로 이를 찾고자 같은 행에서 *LastColumn*의 글자가 *FirstColumn*의 글자 앞에 온다는 사실을 다시 써먹을 것이다. 따라서 M(*Text*)에서 "a"로 시작하고 "n"으로 끝나는 행을 찾기만 하면 된다.

548

$$\begin{array}{llllllllllllll}
\$_1 & p\ a\ n\ a\ m\ a\ b\ a\ n\ a\ n\ a & s_1 \\
a_1 & b\ a\ n\ a\ n\ a\ s\ \$\ p\ a\ n\ a & m_1 \\
a_2 & m\ a\ b\ a\ n\ a\ n\ a\ s\ \$\ p\ a & n_1 \\
a_3 & n\ a\ m\ a\ b\ a\ n\ a\ n\ a\ s\ \$ & p_1 \\
a_4 & n\ a\ n\ a\ s\ \$\ p\ a\ n\ a\ m\ a & b_1 \\
a_5 & n\ a\ s\ \$\ p\ a\ n\ a\ m\ a\ b\ a & n_2 \\
a_6 & s\ \$\ p\ a\ n\ a\ m\ a\ b\ a\ n\ a & n_3 \\
b_1 & a\ n\ a\ n\ a\ s\ \$\ p\ a\ n\ a\ m & a_1 \\
m_1 & a\ b\ a\ n\ a\ n\ a\ s\ \$\ p\ a\ n & a_2 \\
n_1 & a\ m\ a\ b\ a\ n\ a\ n\ a\ s\ \$\ p & a_3 \\
n_2 & a\ n\ a\ s\ \$\ p\ a\ n\ a\ m\ a\ b & a_4 \\
n_3 & a\ s\ \$\ p\ a\ n\ a\ m\ a\ b\ a\ n & a_5 \\
p_1 & a\ n\ a\ m\ a\ b\ a\ n\ a\ n\ a\ s & \$_1 \\
s_1 & \$\ p\ a\ n\ a\ m\ a\ b\ a\ n\ a\ n & a_6 \\
\end{array}$$

아래에 나온 것처럼 처음-끝 특성을 통해 "n"이 나타난 세 위치를 *FirstColumn*의 어디에서 찾아야 하는지 알 수 있다. 3개의 행 모두 "a"로 끝나므로 Text에서 "ana"가 나타나는 세 위치를 알 수 있게 됐다.

$$\begin{array}{llllllllllllll}
\$_1 & p\ a\ n\ a\ m\ a\ b\ a\ n\ a\ n\ a & s_1 \\
a_1 & b\ a\ n\ a\ n\ a\ s\ \$\ p\ a\ n\ a & m_1 \\
a_2 & m\ a\ b\ a\ n\ a\ n\ a\ s\ \$\ p\ a & n_1 \\
a_3 & n\ a\ m\ a\ b\ a\ n\ a\ n\ a\ s\ \$ & p_1 \\
a_4 & n\ a\ n\ a\ s\ \$\ p\ a\ n\ a\ m\ a & b_1 \\
a_5 & n\ a\ s\ \$\ p\ a\ n\ a\ m\ a\ b\ a & n_2 \\
a_6 & s\ \$\ p\ a\ n\ a\ m\ a\ b\ a\ n\ a & n_3 \\
b_1 & a\ n\ a\ n\ a\ s\ \$\ p\ a\ n\ a\ m & a_1 \\
m_1 & a\ b\ a\ n\ a\ n\ a\ s\ \$\ p\ a\ n & a_2 \\
n_1 & \mathbf{a}\ m\ a\ b\ a\ n\ a\ n\ a\ s\ \$\ p & a_3 \\
n_2 & \mathbf{a}\ n\ a\ s\ \$\ p\ a\ n\ a\ m\ a\ b & a_4 \\
n_3 & \mathbf{a}\ s\ \$\ p\ a\ n\ a\ m\ a\ b\ a\ n & a_5 \\
p_1 & a\ n\ a\ m\ a\ b\ a\ n\ a\ n\ a\ s & \$_1 \\
s_1 & \$\ p\ a\ n\ a\ m\ a\ b\ a\ n\ a\ n & a_6 \\
\end{array}$$

*LastColumn*에서 강조 표시한 "a"는 이 열에서 세 번째, 네 번째, 다섯 번째로 나타난 "a"이며 처음-끝 특성을 통해 이들이 *FirstColumn*에 나온 "a" 중 세 번째, 네 번째, 다섯 번째에 해당한다는 것을 알 수 있다. 이를 통해 "ana"와 일치하는 위치를 3개 찾을 수 있게 된다.

$$
\begin{array}{lllllllllll}
\$_1 & p & a & n & a & m & a & b & a & n & a & n & a & s_1 \\
a_1 & b & a & n & a & n & a & s & \$ & p & a & n & a & m_1 \\
a_2 & m & a & b & a & n & a & n & a & s & \$ & p & a & n_1 \\
a_3 & \mathbf{n} & \mathbf{a} & m & a & b & a & n & a & n & a & s & \$ & p_1 \\
a_4 & \mathbf{n} & \mathbf{a} & n & a & s & \$ & p & a & n & a & m & a & b_1 \\
a_5 & \mathbf{n} & a & s & \$ & p & a & n & a & m & a & b & a & n_2 \\
a_6 & s & \$ & p & a & n & a & m & a & b & a & n & a & n_3 \\
b_1 & a & n & a & n & a & s & \$ & p & a & n & a & m & a_1 \\
m_1 & a & b & a & n & a & n & a & s & \$ & p & a & n & a_2 \\
n_1 & a & m & a & b & a & n & a & n & a & s & \$ & p & a_3 \\
n_2 & a & n & a & s & \$ & p & a & n & a & m & a & b & a_4 \\
n_3 & a & s & \$ & p & a & n & a & m & a & b & a & n & a_5 \\
p_1 & a & n & a & m & a & b & a & n & a & n & a & s & \$_1 \\
s_1 & \$ & p & a & n & a & m & a & b & a & n & a & n & a_6 \\
\end{array}
$$

연습 문제 *Pattern* = "banana"이고 *Text* = "panamabananas$"일 때 *Text*에 대한 버로우즈-휠러 변환 및 *Pattern*의 끝에서 뒤로 가는 방법을 사용해 *Pattern*이 *Text*의 어디에서 일치하는지 찾아보자.

끝-처음 연결

이제 *Text*에서 *Pattern*과 일치하는 모든 위치를 찾고자 BWT(*Text*)상에서 *Pattern*의 끝에서부터 뒤로 가는 방법을 사용할 줄 알게 됐다. 그러나 매번 뒤로 갈 때마다 M(*Text*)의 행들을 확인해 *Pattern*의 접미사가 어떤 것과 일치하는지 확인해야 한다. 다행히 *Pattern*의 접미사와 일치하는 M(*Text*)의 행들은 서로 뭉쳐 있다는 걸 알고 있다. 그 말은 일치하는 모든 행들을 *top* 및 *bottom* 2개의 포인터로 알아낼 수 있다는 뜻이다. *top*은 M(*Text*)에서 *Pattern*의 접미사와 일치하는 행들의 시작 인덱스를 가리키고 *bottom*은 M(*Text*)에서 *Pattern*이 접미사와 일치하는 행들의 끝 인덱스를 가리킨다. 그림 9.14는 포인터를 갱신해가는 과정을 보여 주고 있다. *Pattern* = "ana"를 끝에서부터 뒤로 갈 때 *top* = 3이고 *bottom* = 5임을 알고 있다. *Pattern*을 따라가면서 *Pattern*에 일치하는 모든 행의 개수를 *bottom* − *top* + 1로 계산할 수 있다(예를 들어 "panamabananas$"에는 "ana"와 일치하는 위치가 5 − 3 + 1 = 3개 존재한다).

이제 단계마다 이 포인터들이 어떻게 갱신되는지 알아보자. 그림 9.14의 두 번째 그림에서 세 번째 그림으로 바뀌는 과정을 생각해 보자. 포인터 (*top* = 1, *bottom* = 6)을 (*top* = 9, *bottom* = 11)로 갱신해야 한다는 것을 어떻게 알 수 있을까? 찾고자 하는 것은 *top* = 1에서 *bottom* = 6 사이에서 "n"이 나타난 첫 번째 위치와 마지막 위치다. 이 범위에서 n이 처음 나타난 것은 "n_1"(두 번째 위치)이며 마지막으로 나타난 것은 "n_3"(여섯 번째 위치)이다.

550

top 포인터와 bottom 포인터를 갱신하려면 "n$_1$"와 "n$_3$"이 *FirstColumn*의 어디에서 나타나는지 알아야 한다. **끝-처음 연결**Last-to-First mapping(LASTTOFIRST(i)로 나타낸다)은 다음 질문의 답을 제시한다. *LastColumn*의 i번째에 해당하는 글자가 주어졌을 때 이 글자의 *FirstColumn*상에서의 위치는 어디인가?

위의 예제에서는 LASTTOFIRST(2) = 9다. 그 이유는 그림 9.15에 나온 것처럼 *LastColumn*의 두번째 위치에 해당하는 글자("n$_1$")는 *FirstColumn*에서 아홉 번째로 나타나기 때문이다. 이와 유사하게 LASTTOFIRST(6) = 11이며, 그 이유는 *LastColumn*의 여섯 번째 위치에 해당하는 글자("n$_3$")은 *FirstColumn*의 열한 번째 위치에 나타나기 때문이다. 따라서 끝-처음 연결을 사용하면 포인터를 ($top = 1$, $bottom = 6$)에서 ($top = 9$, $bottom = 11$)로 빠르게 갱신할 수 있다. 이제 *Text*에서 *Pattern*이 일치하는 횟수를 세어 주는 **BWMATCHING**라는 알고리듬을 설명할 준비가 됐다. 여기서 주어진 것은 오직 *FirstColumn*과 *LastColumn* 그리고 끝-처음 연결뿐이다. 포인터 *top*과 *bottom*은 아래 의사 코드의 초록색 부분에서 갱신된다.

```
BWMATCHING(FirstColumn, LastColumn, Pattern, LASTTOFIRST)
    top ← 0
    bottom ← |LastColumn| − 1
    while top ≤ bottom
        if Pattern is nonempty
            symbol ← last letter in Pattern
            remove last letter from Pattern
            if positions from top to bottom in LastColumn contain symbol
                topIndex ← first position of symbol among positions from top to bottom
                            in LastColumn
                bottomIndex ← last position of symbol among positions from top to
                            bottom in LastColumn
                top ← LASTTOFIRST(topIndex)
                bottom ← LASTTOFIRST(bottomIndex)
            else
                return 0
        else
            return bottom − top + 1
```

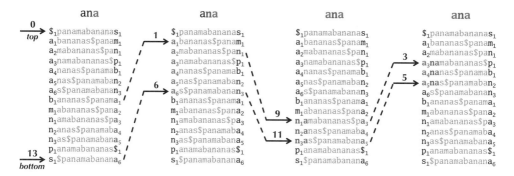

그림 9.14 포인터 *top*과 *bottom*은 M(*Text*)에서 *Pattern* = "ana"에 대한 현재 접미사가 일치하는 행들의 처음 그리고 끝 인덱스를 갖고 있다. 위의 그림은 이 포인터들이 "ana"의 끝에서부터 뒤로 가면서 "panamabananas$"에 일치하는 하위 문자열을 찾을 때 어떻게 갱신되는지를 보여 주고 있다.

i	*FirstColumn*	*LastColumn*	LASTTOFIRST(i)	횟수						
				$	a	b	m	n	p	s
0	$_1$	s_1	13	0	0	0	0	0	0	0
1	a_1	m_1	8	0	0	0	0	0	0	1
2	a_2	n_1	9	0	0	0	1	0	0	1
3	a_3	p_1	12	0	0	0	1	1	0	1
4	a_4	b_1	7	0	0	0	1	1	1	1
5	a_5	n_2	10	0	0	1	1	1	1	1
6	a_6	n_3	11	0	0	1	1	2	1	1
7	b_1	a_1	1	0	0	1	1	3	1	1
8	m_1	a_2	2	0	1	1	1	3	1	1
9	n_1	a_3	3	0	2	1	1	3	1	1
10	n_2	a_4	4	0	3	1	1	3	1	1
11	n_3	a_5	5	0	4	1	1	3	1	1
12	p_1	$_1$	0	0	5	1	1	3	1	1
13	s_1	a_6	6	1	5	1	1	3	1	1
				1	6	1	1	3	1	1

그림 9.15 끝-처음 연결과 BWT("panamabananas$")에 대한 횟수 배열. 횟수 배열을 미리 계산해 두면 **BWMATCHING**에서 포인터 *top*과 *bottom*을 갱신하는 데 드는 시간을 아낄 수 있다.

버로우즈-휠러 패턴 매칭의 속도 높이기

끝-처음 연결을 횟수 배열로 바꾸기

위에 나온 **BWMATCHING**을 구현해 보면 이 알고리듬이 느리다는 걸 알게 될 것이다. 이 알고리듬이 느린 이유는 포인터 top과 $bottom$을 갱신하는 일이 매우 시간을 많이 쓰는 일이기 때문인데 이는 $LastColumn$에서 top과 $bottom$ 사이에 있는 글자들을 매번 검사해야 하기 때문이다. BWMATCHING을 향상시키고자 $\mathrm{COUNT}_{symbol}(i, LastColumn)$라는 함수를 소개하겠다. 이 함수는 $LastColumn$에서 첫 i개의 글자들의 발생 횟수를 저장하고 있다(그림 9.15). 예를 들어 $\mathrm{COUNT}_{\text{"n"}}(10, \text{"smnpbnnaaaaa\$a"}) = 3$이고, $\mathrm{COUNT}_{\text{"a"}}(4, \text{"smnpbnnaaaaaa\$a"}) = 0$이다. 그림 9.15은 "panamabananas\$"에 나타난 모든 글자에 대해 $\mathrm{COUNT}_{symbol}(i, \text{"smnpbnnaaaaa\$a"})$를 저장하고 있는 배열을 보여 주고 있다.

> **연습 문제**   BWT("abracadabra\$")에 대한 배열 COUNT를 계산해 보자.

이제 $LastColumn$에서 top과 $bottom$ 사이에 있는 글자 수를 매번 세지 않고 포인터를 갱신하는 방법을 보여 주겠다. 어떤 글자가 특정 열에서 k번째로 나왔을 때 이 글자의 **등수**rank 를 k라고 한다. $Text = \text{"panamabananas\$"}$에 대해서 $LastColumn$에서 top과 $bottom$ 사이에 있는 $symbol$이 처음 발견된 것과 마지막으로 발견된 것은 각각 다음과 같은 등수를 가진다.

$$\mathrm{COUNT}_{symbol}(top, LastColumn) + 1$$

그리고

$$\mathrm{COUNT}_{symbol}(bottom + 1, LastColumn)$$

그림 9.15에 나왔듯이 $top = 1$, $bottom = 6$, $symbol = \text{"n"}$일 때

$$\mathrm{COUNT}_{\text{"n"}}(top, LastColumn) + 1 = 1$$
$$\mathrm{COUNT}_{\text{"n"}}(bottom + 1, LastColumn) = 3$$

발견된 "n"들 중 등수가 1과 3 사이인 것은 $LastColumn$에서 두 번째와 여섯 번째 위치이며, 이는 포인터 top을 LASTTOFIRST(2) = 9로 갱신하고 $bottom$을 LASTTOFIRST(6) = 11로 갱신해야 한다는 것을 뜻한다. 따라서 **BWMATCHING**의 의사 코드에서 초록색 글자로 작성된 부분은 다음과 같이 고칠 수 있다.

$topIndex \leftarrow$ position of *symbol* with rank $\text{COUNT}_{symbol}(top, LastColumn) + 1$
      in *LastColumn*

$bottomIndex \leftarrow$ position of *symbol* with rank $\text{COUNT}_{symbol}(bottom + 1, LastColumn)$
        in *LastColumn*

$top \leftarrow \text{LASTTOFIRST}(topIndex)$

$bottom \leftarrow \text{LASTTOFIRST}(bottomIndex)$

*topIndex*와 *bottomIndex* 변수를 제거함으로써 이 네 줄의 의사 코드를 다음 두 줄로 바꿀 수 있다.

$top \leftarrow \text{LASTTOFIRST}(\text{position of } symbol \text{ with rank } \text{COUNT}_{symbol}(top, LastColumn) + $
      $1 \text{ in } LastColumn)$

$bottom \leftarrow \text{LASTTOFIRST}(\text{position of } symbol \text{ with rank } \text{COUNT}_{symbol}(bottom + 1, $
      $LastColumn) \text{ in } LastColumn)$

이 두 줄의 의사 코드는 그저 등수 i인 글자의 *FirstColumn*에서의 위치를 *LastColumn*에서의 위치로 계산할 뿐이다. 이 작업은 다음 두 줄의 끝-처음 연결을 사용하지 않고 간략하게 설명할 수 있다.

$top \leftarrow$ position of *symbol* with rank $\text{COUNT}_{symbol}(top, LastColumn) + 1$ in
      FirstColumn

$bottom \leftarrow$ position of *symbol* with rank $\text{COUNT}_{symbol}(bottom + 1, LastColumn)$ in
      FirstColumn

$top = 1$, $bottom = 6$, $symbol =$ "n"일 때 등수가 $\text{COUNT}_{"n"}(top, LastColumn) + 1 = 1$ 및 $\text{COUNT}_{"n"}(bottom + 1, LastColumn) = 3$인 글자 "n"은 *FirstColumn*의 위치 9에서 11에 각각 위치한다. 따라서 이전처럼 $top = 9$ 그리고 $bottom = 11$로 갱신할 수 있다.

잠깐 멈추고 생각해 보자 위의 의사 코드 두 줄을 실행하려 할 때 *FirstColumn*을 모두 메모리에 저장해야 하는가?

버로우즈-휠러 행렬에서 첫 번째 열을 제거하는 방법

BWMatching을 사용하려면 *FirstColumn*을 저장해야 한다. *FirstColumn*의 정보를 저장하는 데 사용되는 메모리를 줄일 수 있는 방법이 있는데 바로 *FirstColumn*에서의 특정 글자의 위치를 FirstOccurrence(*symbol*)로 정의하는 것이다. *Text* = "panamabananas$"일 때 *FirstColumn*은 "$aaaaaabmnnnps"이며 FirstOccurrence에 저장되는 모든 값을 배열로 나타내면 [0, 1, 7, 8, 9, 12, 13]가 된다(그림 9.16 참고). 배열 FirstOccurrence는 *LastColumn*로부터 바로 계산할 수 있는데 DNA의 경우 길이에 상관없이 이 배열에는 5개의 요소만 저장된다. 따라서 위 의사 코드의 두 줄은 다음과 같이 고칠 수 있다.

$$top \leftarrow \text{FirstOccurrence}(symbol) + \text{Count}_{symbol}(top, LastColumn)$$
$$bottom \leftarrow \text{FirstOccurrence}(symbol) + \text{Count}_{symbol}(bottom + 1, LastColumn)$$

i	*FirstColumn*	FirstOccurrence
0	$\$_1$	0
1	a_1	1
2	a_2	
3	a_3	
4	a_4	
5	a_5	
6	a_6	
7	b_1	7
8	m_1	8
9	n_1	9
10	n_2	
11	n_3	
12	p_1	12
13	s_1	13

그림 9.16 배열 FirstOccurrence은 7개의 요소만 저장하고 있으며, 이는 "panamabananas$"에 존재하는 서로 다른 글자의 개수와 동일하다.

$top = 1$, $bottom = 6$, $symbol = $ "n"일 때 다음과 같이 계산할 수 있다.

$$\text{FirstOccurrence}("n") = 9$$
$$\text{Count}_{"n"}(top, LastColumn) = 0$$
$$\text{Count}_{"n"}(bottom + 1, LastColumn) = 3$$

그림 9.14에 적용해 보면 이 수식은 ($top = 1$, $bottom = 6$)이 다음과 같이 갱신된다는 것을 뜻한다.

$$top = 9 + 0 = 9$$
$$bottom = 9 + 3 - 1 = 11$$

BWMATCHING에 있는 초록색 줄들을 간결하게 고치는 과정에서 *FirstColumn* 또한 FIRSTOCCURRENCE로 바뀌었으며 LASTTOFIRST도 COUNT로 바뀌었다. 이에 따라 BETTERBWMATCHING이라 불리는 더 효율적인 알고리듬이 아래와 같이 만들어졌다.

BETTERBWMATCHING(FIRSTOCCURRENCE, *LastColumn*, *Pattern*, COUNT)
   $top \leftarrow 0$
   $bottom \leftarrow |LastColumn| - 1$
   while $top \leq bottom$
      if *Pattern* is nonempty
         $symbol \leftarrow$ last letter in *Pattern*
         remove last letter from *Pattern*
         $top \leftarrow$ FIRSTOCCURRENCE($symbol$) + COUNT$_{symbol}$(top, *LastColumn*)
         $bottom \leftarrow$ FIRSTOCCURRENCE($symbol$) + COUNT$_{symbol}$($bottom + 1$,
                 LastColumn) $- 1$
      else
         return $bottom - top + 1$
   return

왜 이 알고리듬을 더 효율적이라고 하는 걸까? 만약 배열 COUNT를 직접 계산해야 한다면 계산 속도를 향상시킬 수는 없을 것이다. 반면 이 배열을 미리 계산해 놓는다면 이를 메모리에 저장해야 하고 이는 공간을 매우 많이 차지하게 될 것이다. 이 점을 기억해 두자.

일치하는 패턴들의 위치는 어디인가?

BETTERBWMATCHING의 한계점을 알아챘길 바란다. 이 알고리듬을 사용하면 *Text*에서 나타나는 *Pattern*의 개수를 셀 수 있지만 이들이 *Text*의 어디에 위치하는지는 알 수 없다.

이 알고리듬으로 찾은 패턴들의 위치를 알아내려면 그림 9.13(오른쪽)처럼 다시 한 번 접미사 배열을 사용해야 한다. 이 그림에서 접미사 배열은 "panamabananas$"에서 "ana"가 일치하는 3개의 위치를 바로 찾아낸다.

접미사 배열로 이 작업을 수월하게 할 수는 있지만 접미사 배열로 패턴 매칭을 할 때 사용되는 메모리를 줄이고자 버로우즈-휠러 변환을 사용했다는 사실을 떠올려 보자. 접미사 배열을 버로우즈-휠러 기반 패턴 매칭에 추가한다는 것은 시작점으로 돌아간다는 뜻이다.

여기서 사용할 메모리-절약 장치는 우아하진 않지만 유용하다. 이제 SUFFIXARRAY$_K$(Text)라고 하는 Text의 **부분 접미사 배열**partial suffix array을 구축할 것이다. 이는 특정 정수 K의 배수에 해당하는 값만 저장하고 있는 배열이다(그림 9.17). 실제로 적용할 때 부분 접미사 배열은 $K = 100$에 대해 구축하게 되기 때문에 접미사 배열 전체를 저장하는 것에 비해 100배 적은 메모리만 사용된다. 더 자세한 내용은 '충전소: 부분 접미사 배열 구축하기'를 참고하자.

571페이지

잠깐 멈추고 생각해 보자 그림 9.17에 나온 것처럼 부분 접미사 배열은 사용되는 메모리를 K배 줄일 수 있지만 동시에 뒤로 가기(moving backwards) 과정을 거쳐야 하기 때문에 패턴 매칭에서의 검색 속도를 느리게 만든다. 뒤로 가기 과정을 거쳐야 하는 최악의 시나리오는 무엇인가? 이것이 패턴 매칭 알고리듬의 계산 시간(big-O)에 어떤 영향을 줄 것인가?

			부분 접미사 배열
panamabananas$	panamabananas$	panamabananas$	
$\$_1$panamabanana$s_1$	$\$_1$panamabanana$s_1$	$\$_1$panamabanana$s_1$	13
$a_1$bananas\$panam_1	$a_1$bananas\$panam_1	$a_1$bananas\$panam_1	**5**
$a_2$mabananas\$pan_1	$a_2$mabananas\$pan_1	$a_2$mabananas\$pan_1	3
$a_3$namabananas\$$p_1$	$a_3$namabananas\$$p_1$	$a_3$namabananas\$$p_1$	1
$a_4$nanas\$panamab_1	$a_4$nanas\$panamab_1	$a_4$nanas\$panamab_1	7
$a_5$nas\$panamaban_2	$a_5$nas\$panamaban_2	$a_5$nas\$panamaban_2	9
a_6s\$panamabanan_3	a_6s\$panamabanan_3	a_6s\$panamabanan_3	11
$b_1$ananas\$panama_1	$b_1$ananas\$panama_1	$b_1$ananas\$panama_1	6
$m_1$abananas\$pana_2	$m_1$abananas\$pana_2	$m_1$abananas\$pana_2	4
$n_1$amabananas\$pa_3	$n_1$amabananas\$pa_3	$n_1$amabananas\$pa_3	2
$n_2$anas\$panamaba_4	$n_2$anas\$panamaba_4	$n_2$anas\$panamaba_4	8
$n_3$as\$panamabana_5	$n_3$as\$panamabana_5	$n_3$as\$panamabana_5	**10**
$p_1$anamabananas$\$_1$	$p_1$anamabananas$\$_1$	$p_1$anamabananas$\$_1$	**0**
s_1\$panamabanana_6	s_1\$panamabanana_6	s_1\$panamabanana_6	12

그림 9.17 "panamabananas$"에서 발견되는 "ana" 중 하나가 왼쪽 행렬에 강조 표시돼 있다. 뒤로 가기를 통해, "ana"가 "b_1" 뒤에 존재하며 이는 다시 "a_1" 뒤에 존재한다는 것을 찾을 수 있다. 위에 존재하는 부분 접미사 배열은 $K = 5$로 구축됐으며, "a_1"은 "panamabananas"에서 다섯 번째 위치에 존재한다는 것을 알려 준다. 여기서 뒤로 가기 과정을 두 번 해야 했으므로 "ana"는 5 + 2 = 7번째 위치에서 시작한다는 결론을 내릴 수 있다.

과학 역사의 한 페이지를 장식한 버로우즈와 휠러

이제 **BetterBWMatching**의 성능을 어떻게 향상시킬 수 있는지 논의해 보겠다. 이는 $\text{Count}_{symbol}(i, LastColumn)$의 값들을 미리 계산해 두는 방법(많은 메모리가 필요함)과 이 값들을 실행해 가면서 계산하는 방법(많은 시간이 걸림) 간의 균형을 통해 이뤄진다.

여기서의 균형은 부분 접미사 배열을 사용했을 때의 균형과 유사하다. $\text{Count}_{symbol}(i, LastColumn)$를 모든 위치 i에 대해 저장하는 것이 아니라 상수 C로 나누어 떨어지는 i에 대해서만 횟수 배열에 저장하는 것이다. 이 배열을 **체크포인트 배열**checkpoint array이라고 부른다(그림 9.18). C 값이 크고 (보통 C는 100으로 정한다) 글자 수가 적을 때(예를 들어 뉴클레오티드 4개), 체크포인트 배열은 BWT($Text$)에 사용되는 메모리의 일부분만 사용한다.

i	$LastColumn$	$	a	b	m	n	p	s
		\$	a	b	m	n	p	s
0	s_1	**0**	**0**	**0**	**0**	**0**	**0**	**0**
1	m_1	0	0	0	0	0	0	1
2	n_1	0	0	0	1	0	0	1
3	p_1	0	0	0	1	1	0	1
4	b_1	0	0	0	1	1	1	1
5	n_2	**0**	**0**	**1**	**1**	**1**	**1**	**1**
6	n_3	0	0	1	1	2	1	1
7	a_1	0	0	1	1	3	1	1
8	a_2	0	1	1	1	3	1	1
9	a_3	0	2	1	1	3	1	1
10	a_4	**0**	**3**	**1**	**1**	**3**	**1**	**1**
11	a_5	0	4	1	1	3	1	1
12	$\$_1$	0	5	1	1	3	1	1
13	a_6	1	5	1	1	3	1	1
		1	6	1	1	3	1	1

그림 9.18 $Text$ = "panamabananas\$"이고 C = 5일 때의 체크포인트 배열을 굵은 글씨로 표시했다. 만약 $\text{Count}_{\text{"a"}}(13, \text{"smnpbnnaaaaa\$a"})$를 계산하고 싶다면 위치 10에 대한 체크포인트 배열을 통해 "smnpbnnaaaaa\$a"에서 위치 10 이전에 "a"가 세 번 나타났다는 것을 알 수 있다. 이후 "a"가 $LastColumn$의 위치 10(나타남), 11(나타남), 12(나타나지 않음)에서 나타났는지 확인한 뒤 $\text{Count}_{\text{"a"}}(13, \text{"smnpbnnaaaaa\$a"})$ = 3 + 2 = 5라는 결론을 내릴 수 있다.

계산 시간은 어떻게 될까? 체크포인트 배열을 사용함으로써 특정 횟수 안에(즉 C보다 적은 횟수 안에) 포인터 top과 $bottom$을 계산할 수 있게 된다. 각 문자열 $Pattern$에 대해 최대 $|Pattern|$만큼 포인터를 갱신해야 하기 때문에 수정된 **BetterBWMatching** 알고리듬의 계산 시간은 $O(|Pattern|)$이며 이는 트라이나 접미사 배열을 사용할 때와 같다.

게다가 이제 메모리에 저장할 데이터는 다음 항목들뿐이다. BWT(*Text*), FIRSTOCCURRENCE, 부분 접미사 배열, 체크포인트 배열. 이 데이터를 저장하는 데는 거의 1.5·|*Text*|만큼의 메모리만을 필요로 한다. 마침내 수백만 개의 시퀀싱 리드들로부터 다중 패턴 매칭 문제를 해결하기 위한 메모리 문제를 해결했다.

DNA 시퀀싱 비용이 급감하는 내용이 헤드라인을 장식하게 되면서 리드 매핑에 대한 계산적 측면에서 이뤄진 발전은 간과되기 십상이다. 따라서 대략적인 패턴 매칭을 계속하기 전에 잠시 멈춰서 리드 매핑 알고리듬들(그리고 이를 작동하는 하드웨어들)이 얼마나 많이 발전해 왔는지 생각해 보길 바란다. 1975년에 최신 알고리듬이었던 아호-코라식 알고리듬은 24개의 영어 단어를 사전에서 찾는 데에 15분이 걸렸다고 선전했다. 한 세대 후 버로우즈-휠러 기반 접근법들이 리드 매핑에 적용되기 시작했을 때는 같은 15분 안에 1,000만 개 가량의 리드를 표준 유전체에서 찾아낼 수 있게 됐다. 4세기 동안 얼마나 많이 발전해 왔는가를 살펴보면 미래에는 어떤 일이 있을지 상상해 볼 수 있다.

에필로그: 미스매치를 허용하는 리드 매핑

대략적인 패턴 매칭에서 정확한 패턴 매칭으로 나아가는 방법

이번 단락에서는 개인의 유전체를 표준 유전체와 비교해 SNPs를 찾는 문제로 다시 돌아간다. 이를 위해서는 1장의 대략적인 패턴 매칭을 다중 패턴 매칭으로 일반화해야 한다.

대략적인 다중 패턴 매칭 문제

문자열에서 패턴의 집합이 나타나는 모든 경우를 대략적으로 찾아라.

입력: 문자열 *Text*, 짧은 문자열들의 집합인 *Patterns*, 정수

출력: *Pattenrs*에 있는 문자열들이 *Text*에서 발견되는 모든 시작 위치. 이때 미스매치의 수가 *d* 이하여야 한다.

먼저 단순한 관찰에서 시작해 보자. 만약 *Pattern*이 *Text*에서 나타나고 1개의 미스매치를 갖고 있을 때 이 *Pattern*을 둘로 나누면 그중 하나는 아래와 같이 *Text*에 완전히 일치하는 조각일 것이다.

$$Pattern \qquad \texttt{acttggct}$$
$$Text \quad \texttt{...ggcacactaggctcc...}$$

따라서 만약 *Pattern*이 *Text*에 1개의 미스매치를 갖고 나타나는지 확인하려 한다면 *Pattern*을 두 조각으로 나눠서 이들 중 정확히 일치하는 조각을 찾으면 된다. *Pattern*의 두 조각 중 하나가 일치하는 것을 찾은 뒤에는 *Pattern* 전체가 하나의 미스매치를 가진 채로 나타나는지 확인하는 것이다.

이 방법은 $d > 1$개의 미스매치에 대한 대략적인 패턴 매칭으로 쉽게 일반화할 수 있다. 만약 *Pattern*이 *Text*에 최대 d개의 미스매치를 가진 채로 발견된다면 *Pattern*과 *Text*는 최소한 충분히 큰 수 k에 대한 k-mer를 공유하고 있어야 한다. 예를 들어, 만약 길이가 20인 패턴을 $d = 3$개의 미스매치로 찾고자 한다면 패턴을 길이 $20/(3+1) = 5$인 4개의 조각으로 나누어서 이 작은 조각들 중 정확히 일치하는 하위 문자열을 찾는 것이다.

$$Pattern \qquad \texttt{acttaggctcgggataatcc}$$
$$Text \quad \texttt{...actaagtctcgggataagcc...}$$

이 방법은 대략적인 패턴 매칭을 더 짧은 패턴에 대한 정확한 패턴 매칭으로 나아가게 도와주며 이는 대략적인 패턴 매칭에는 적용할 수 없지만 정확한 패턴 매칭을 위해 설계된 빠른 알고리듬을 사용할 수 있게 해준다. 접미사 트리와 접미사 배열에 기반한 접근법들이 바로 그것이다.

STOP 잠깐 멈추고 생각해 보자 *Pattern*의 길이가 23이고 *Text*에서 3개의 미스매치를 가진 채로 발견됐을 때 *Pattern*이 *Text*와 6-mer를 공유한다고 할 수 있는가? 또는 5-mer를 공유한다고 할 수 있는가?

길이가 n인 *Pattern*과 *Text*에서의 미스매치 횟수인 d가 주어졌을 때 k-mer 하위 문자열이 *Text*에서 정확히 일치한다고 할 수 있는 최대 k 값을 구하는 방법을 알아내는 것이 문제다.

정리 길이가 n인 두 문자열이 최대 d개의 미스매치를 가진 채로 일치할 때 이 문자열들은 반드시 길이가 $k = [n/(d+1)]$인 k-mer를 공유하고 있다.

증명 첫 번째 문자열을 $d + 1$개의 하위 문자열로 나누어 처음 d개의 하위 문자열은 정확히 k개의 글자로 이뤄져 있으면서 나머지 하위 문자열은 최소 k개의 글자를 갖고 있도록 만든다. $d = 3$인 경우에 대해 23개의 뉴클레오티드로 이뤄진 문자열 ($n = 23$)를 $d + 1 = 4$

개로 나눈 결과가 아래에 있다. 처음 3개의 문자열은 $k = [n/(d+1)] = [23/4] = 5$개의 글자로 돼 있으며 마지막 문자열은 8개의 글자로 돼 있다.

$$\texttt{acttaggctcgggataatccgga}$$

d개의 미스매치를 각 문자열마다 하나씩 갖도록 하면 미스매치들은 최대 d개의 하위 문자열에 영향을 주며 이에 따라 최소한 (길이가 최소 k인) 나머지 하나의 하위 문자열은 바뀌지 않은 채로 남아 있을 것이다. 이 하위 문자열이 바로 두 문자열이 공유하는 하위 문자열이된다.

이제 길이가 n인 문자열 *Pattern*을 최대 d개의 미스매치를 가진 채로 *Text*에서 찾는 알고리듬의 개요를 알게 됐다. 먼저 *Pattern*을 길이가 $k = [n/(d+1)]$인 $d+1$개의 조각으로 나눈다. 이를 **시드**seeds라고 한다. 시드 중 어떤 것이 *Text*에서 정확히 일치하는지(시드 발견 seed detection) 찾아낸 뒤 시드를 양쪽으로 확장해서 *Pattern*이 최대 d개의 미스매치를 가진 채로 *Text*에 나타나는지 확인하면 된다(시드 확장 seed extension).

BLAST: 서열을 데이터베이스에 대조하기

생물학적인 서열들의 유사점을 찾고자 공유하고 있는 k-mer를 사용하는 방법에는 단점이 존재한다. 예를 들어 두 단백질이 비슷한 기능을 갖고 있다 해도 작은 길이의 k-mer조차 공유하지 않을 수도 있다.

BLASTBasic Local Alignment Search Tool는 두 단백질 사이의 유사점을 찾을 수 있는 휴리스틱이다. 심지어 한쪽 단백질의 모든 아미노산에 돌연변이가 존재해도 유사점을 찾는 것이 가능하다. BLAST는 매우 빨라서 단백질 데이터베이스에 있는 모든 알려진 단백질에 대해 어떤 단백질을 대조해 볼 때 자주 사용된다. BLAST를 소개하는 논문은 1990년에 출판됐으며 4만 번 이상 인용됐고 출판된 모든 논문들 중 가장 많이 인용된 논문 중 하나가 됐다.

BLAST가 어떻게 작동하는지 알아보고자 상수 k와 비교해야 할 두 문자열 $x = x_1 \ldots x_n$ 및 $y = y_1 \ldots y_m$이 주어졌다고 가정해 보자(두 문자열은 단백질을 나타낸다). 여기서 x에 있는 k-mer와 y에 있는 k-mer의 쌍으로 이뤄진 조각을 **조각쌍**segment pair이라고 정의하겠다. x의 i번째 위치에서 시작하고 y의 j번째 위치에서 시작하는 k-mer에 해당하는 조각쌍의 점수는 다음과 같이 계산된다.

$$\sum_{t=0}^{k-1} \text{SCORE}(x_{i+t}, y_{j+t})$$

SCORE(x_{i+t}, y_{j+t})는 5장에서 소개했던 PAM과 같은 점수 행렬로 결정된다. **지역 최적 조각쌍**locally maximal segment pair은 두 문자열에서 조각쌍을 연장하거나 줄였을 때 점수가 더 이상 증가하지 않는 조각쌍을 말한다. BLAST는 x와 y 사이에서 점수가 가장 높은 조각쌍을 찾는 것이 아니라 두 문자열 사이에서 점수가 기준값을 넘는 모든 지역 최적 조각쌍을 찾는다.

BLAST는 주어진 문자열에 있는 모든 k-mer에 대해 점수가 기준값을 넘는 k-mer들을 빠르게 찾아내서 이 k-mer들을 모아 후보 시드들의 목록을 만든다. 만약 기준값이 높으면 주어진 문자열과 데이터베이스에 있는 문자열들 사이에서 찾아진 조각쌍은 많지 않을 것이다. 이 경우 데이터베이스는 이 조각쌍들 중 이러한 높은 점수를 획득한 k-mer의 정확한 발생을 검색해 초기 시드 집합을 생성할 수 있다. 이는 지금까지 빠르게 해결하는 방법을 배웠던 다중 패턴 매칭 문제의 한 예시다.

연습 문제 PAM$_{250}$ 점수 행렬이 주어졌을 때 CFC에 대해서 23점을 넘는 3-mer는 5개뿐이다. CIC, CLC, CMC, CWC, CYC, CFC에 대해 20점을 넘는 3-mer는 몇 개가 있는가?

BLAST는 시드를 찾은 뒤 이 시드들을 연장시켜(삽입과 삭제를 허용함) 지역 최적 조각쌍을 찾는다.

연습 문제 PAM$_{250}$ 점수 행렬과 아미노산으로 된 k-mer 펩티드 및 기준값 θ가 주어졌을 때 이 펩티드에 대해 점수가 θ를 넘는 k-mer의 정확한 개수를 알아내는 효율적인 알고리듬을 개발하라.

버로우즈-휠러 변환을 사용한 대략적인 패턴 매칭

버로우즈-휠러 접근법을 대략적인 패턴 매칭으로 확장시키고자 미스매치가 나타나더라도 검색을 멈추지 않을 것이다. 그 대신 대략적으로 일치하는 경우를 찾거나 미스매치의 수가 d를 넘어갈 때까지 검색을 계속할 것이다.

그림 9.19는 미스매치를 1개까지 허용했을 때 "panamabananas\$"에서 "asa"를 찾는 과정을 보여 준다. 먼저 정확한 패턴 매칭의 경우를 진행해 보면 버로우즈-휠러 변환을 사용해 "asa"를 끝에서부터 뒤로 찾아간다. 여섯 번의 a를 발견하고 나면 "sa"와 정확하지 않게 일치하는 다음 문자열을 찾을 수 있다. "pa", "ma", "ba" 그리고 세 번의 "na". 세 문자열들에서는 미스매치가 하나 발생했다는 것을 기억하고 이 6개 문자열에 대해 검색을 계속한다.

다음 단계에서 이렇게 "sa"가 정확하지 않게 나타난 여섯 번 중 다섯 번은 연장했을 때 "asa"에 비교해서 미스매치가 하나만 발생한다. "ama", "aba" 그리고 세 번의 "ana", "pa"는 연장에 실패했으므로 고려 대상에서 제외한다. 이를 일반화하면 ("pa"가 "$"를 만난 것처럼) *Text*의 끝에 다다랐거나 미스매치의 수가 한도를 넘었을 때 연장에 실패했다고 말한다.

실제로는 이 휴리스틱은 복잡한 문제에 직면하고 있다. **BETTERBWMATCHING**에서 초반에 미스매치가 있는 문자열을 허용하면 의심 가는 후보 문자열이 너무 많아질 것이다. 따라서 *Pattern*에서 정해진 길이만큼의 접미사는 *Text*에 정확히 일치하도록 하는 것이 필요하다. 또한 이 방법은 d 값이 커질 때 너무 많은 시간이 드는데 그 이유는 정확히 일치하지 않는 매치를 너무 많이 탐색해야 하기 때문이다. 실제로 적용할 때는 주로 d 값을 최대 3으로 제한한다.

이제 다중 대략적 패턴 매칭을 해결할 수 있는 자신만의 방법을 설계해 실제 시퀀싱 리드 매핑에 사용할 준비가 됐을 것이다.

도전 문제 박테리아 *Mycoplasma pneumoniae*의 유전체 서열과 리드들에 대한 버로우즈-휠러 변환과 부분 접미사 배열이 주어졌을 때 유전체에서 최대 1개의 미스매치를 가진 상태로 발견되는 모든 리드를 찾아라.

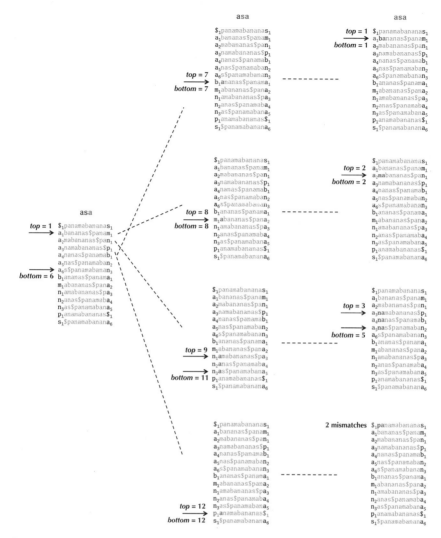

그림 9.19 버로우즈-휠러 변환을 사용해 "panamabananas$"에서 최대 1개의 미스매치를 허용해 "asa"가 대략적으로 일치하는 곳을 찾는 과정. (왼쪽) 여섯 번 나타난 "a"를 찾는다. (가운데) 끝에서 뒤로 가면서 정확하지 않게 일치하는 네 번의 경우를 찾는다. "ba", "ma", "na"(세 번) 그리고 "pa". (오른쪽) 발견한 매치들에서는 추가적인 미스매치는 허용되지 않는다. 이들을 연장하면 "asa"와 정확하지 않게 일치하는 5개의 매치가 만들어진다.

충전소

접미사 트리 구축하기

접미사 트리를 구축하고자 먼저 접미사 트라이를 구축하는 과정을 다음과 같이 수정할 것이다. 접미사 트라이의 각 에지는 SYMBOL(*edge*)라는 글자 하나로 표시돼 있지만 이 글자가 *Text*의 어디에서 왔는지는 알 수 없다. 따라서 각 에지에 POSITION(*edge*)라고 하는 또다른 표시를 해서 각 글자가 *Text*에서 어디에 위치하는지를 나타낼 것이다. 트라이에 있는 각 에지가 *Text*에서 하나 이상의 위치를 가리키는 경우 그중에서 가장 작은 숫자로 된 시작 위치를 할당한다.

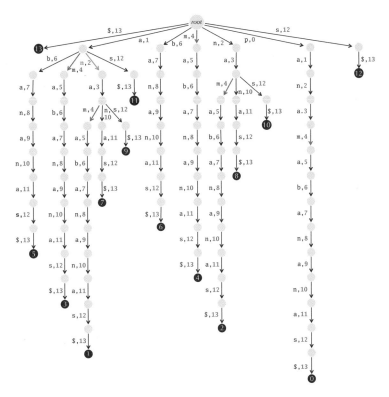

그림 9.20 *Text* = "panamabananas$"에 대해 수정된 접미사 트라이. 각 에지는 에지에 해당하는 글자가 *Text*에서 나타나는 위치 중 가장 작은 숫자로 된 위치가 할당돼 있다.

예를 들어 *Text* = "panamabananas$"에 대한 수정된 접미사 트라이를 살펴보자(그림 9.20). "m"이라고 표시된 에지(보라색)는 5개가 있고 이들은 모두 네 번째 위치라고 표시돼 있다. 그 이유는 네 번째 위치가 "m"이 나타나는 유일한 위치이기 때문이다. 반면에 "n"에 해당하는 초록색 에지들은 이야기가 다르다. 이 에지에서 시작해 잎까지 가는 모든 경로를 따라가 보면 이는 접미사 "anamabananas$", "ananas$", "anas$"가 나타나는 2, 8, 10번째 위치에 해당한다는 것을 알 수 있다. 따라서 이 에지에는 이 중 가장 작은 숫자로 된 위치를 할당한다.

아래의 의사 코드는 문자열 *Text*에 대한 수정된 접미사 트라이를 구축하는 과정을 나타낸다. 이때 *Text*의 가장 긴 접미사부터 가장 짧은 접미사를 거치게 된다. 의사 코드에서는 접미사 하나가 주어졌을 때 일단 트리를 따라 내려가며 접미사를 만들어 간다. 이때 더 이상 갈 수 없을 때까지 에지를 따라 내려간다. 이 시점에서 나머지 접미사들을 잎까지 가는 경로 형태로 트라이에 추가하고 접미사에 있는 각 글자의 위치도 같이 표시한다.

```
MODIFIEDSUFFIXTRIECONSTRUCTION(Text)
    Trie ← a graph consisting of a single node root
    for i ← 0 to |Text| − 1
        currentNode ← root
        for j ← i to |Text| − 1
            currentSymbol ← j-th symbol of Text
            if there is an outgoing edge from currentNode labeled by currentSymbol
                currentNode ← ending node of this edge
            else
                add a new node newNode to Trie
                add an edge newEdge connecting currentNode to newNode in Trie
                SYMBOL(newEdge) ← currentSymbol
                POSITION(newEdge) ← j
                currentNode ← newNode
        if currentNode is a leaf in Trie
            assign label i to this leaf
    return Trie
```

이제 수정된 접미사 트라이를 다음과 같이 접미사 트리로 바꿀 수 있다. 그림 9.6(530페이지)에서 SUFFIXTREE("panamabananas$")에 있는 각각의 에지들은 STRING(edge)이라는 문자열로 표시돼 있다는 것을 알아두자. 본문에서 언급한 것처럼 이 문자열들을 모두 저장하면 너무 많은 메모리를 사용하게 되므로 대신 각 에지를 2개의 숫자로 표시할 것이다. STRING(*edge*)가 처음 나타나는 위치 POSITION(*edge*)와 이 문자열의 길이 LENGTH(*edge*). 그림 9.21에는 *Text* = "panamabananas$"에 대해 만들어진 수정된 접미사 트리가 있는데 이 2개의 숫자가 각각 파란색과 빨간색으로 표시돼 있다. 예를 들어 그림 9.6에서 "mabananas$"라고 표시된 에지는 그림 9.21에서 POSITION(*edge*) = 4와 LENGTH(*edge*) = 10로 표시된다. 그림 9.6에서 "na"로 표시된 에지는 2개인데 둘 모두 그림 9.21에서는 POSITION(*edge*) = 2와 LENGTH(*edge*) = 2로 표시된다.

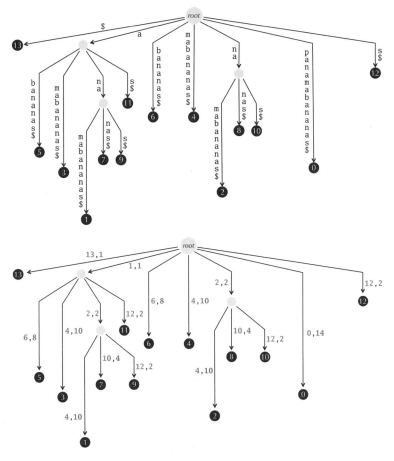

그림 9.21 (위쪽) *Text* = "panamabananas$"에 대한 접미사 트리. (아래쪽) *Text*에 대해 만들어진 수정된 접미사 트리. 에지들은 *Text*에서 각각의 하위 문자열이 시작하는 위치가 파란색으로 표시돼 있으며 이 하위 문자열들의 길이가 빨간색으로 표시돼 있다.

아래의 의사 코드는 **MODIFIEDSUFFIXTREECONSTRUCTION**로 구축된 수정된 접미사 트라이를 사용해 접미사 트리를 구축한다. 이 알고리듬은 수정된 트라이에 있는 각각의 갈라지지 않는 경로(즉 경로에 있는 모든 중간 노드들의 indegree와 outdegree 값이 1인 경로)를 하나의 에지로 합쳐 준다.

```
SuffixTreeConstruction(Text)
    Trie ← ModifiedSuffixTrieConstruction(Text)
    for each non-branching path Path in Trie
        substitute Path by a single edge e connecting the first and last nodes of Path
        Position(e) ← Position(first edge of Path)
        Length(e) ← number of edges of Path
    return Trie
```

최장 공유 하위 문자열 문제의 해결 방법

두 문자열 $Text_1$과 $Text_2$ 사이의 최장 공유 하위 문자열을 찾는 한 가지 단순한 접근 방법은 $Text_1$과 $Text_2$ 각각에 대한 접미사 트리를 하나씩 구축하는 것이다. 이렇게 하는 대신 $Text_1$의 끝에 "#"을 추가하고 $Text_2$의 끝에 "$"를 추가한 다음 $Text_1$과 $Text_2$를 이어 붙인 문자열에 대한 하나의 접미사 트리를 구축하는 방법도 있다(그림 9.22). 이후 각 잎의 색을 표시하는데 만약 접미사의 시작 위치가 $Text_1$에 있는 경우에는 파란색으로 표시하고 접미사의 시작 위치가 $Text_2$에 있는 경우에는 빨간색으로 표시한다.

이후 아래의 규칙에 따라 접미사 트리에 있는 나머지 노드들도 파란색, 빨간색, 보라색으로 표시한다.

- 어떤 노드의 하위 트리(즉 노드 아래쪽에 있는 하위 트리)에 있는 모든 노드가 파란색이면 파란색으로 표시하고, 하위 트리에 있는 모든 노드가 빨간색이면 빨간색으로 표시한다.
- 어떤 노드의 하위 트리가 파란색 잎과 빨간색 잎을 모두 포함하고 있는 경우 보라색으로 표시한다.

노드 v의 색은 Color(v)라고 표시한다.

그림 9.22에는 뿌리를 제외했을 때 3개의 보라색 노드가 있다. 뿌리에서 이 노드들까지의 글자들을 이어 보면 "a", "ana", "na"이다. 이 3개의 하위 문자열들은 $Text_1$ = "panama"와 $Text_2$ = "bananas"가 공유하고 있는 문자열들이다. 이것은 우연이 아니다.

연습 문제 $Text_1$와 $Text_2$의 접미사 트리에서 보라색 노드로 끝나는 경로의 글자들을 이어 보면 $Text_1$과 $Text_2$가 공유하는 하위 문자열이 만들어진다는 것을 증명하라.

연습 문제 $Text_1$와 $Text_2$의 접미사 트리에서 파란색(또는 빨간색) 노드로 끝나는 경로의 글자들을 이어 보면 $Text_1$에는 있지만 $Text_2$에는 없는(또는 $Text_2$에는 있지만 $Text_1$에는 없는) 문자열이 만들어진다는 것을 증명하라.

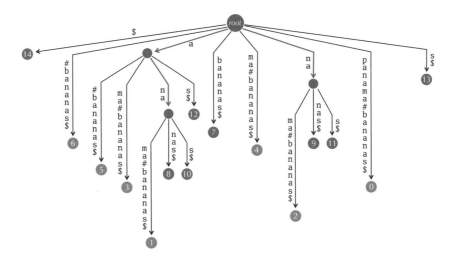

그림 9.22 $Text_1$ = "panama"와 $Text_2$ = "bananas"로 만들어진 접미사 트리 SUFFIXTREE("panama#bananas$"). "panama#"에서 시작하는 접미사들에 대한 잎들은 파란색으로 표시돼 있다. "bananas$"에서 시작하는 접미사들에 대한 잎들은 빨간색으로 표시돼 있다. 뿌리에서 각각의 보라색 노드까지 이어진 경로의 글자들을 이어서 만들어진 문자열들은 $Text_1$와 $Text_2$가 공유하는 하위 문자열에 해당한다.

위의 두 연습 문제로 이야기하고자 하는 것은 $Text_1$와 $Text_2$ 사이의 최장 공유 하위 문자열을 찾으려면 보라색 노드들과 보라색 노드까지 이어진 경로에 있는 문자열들을 모두 검사해야 한다는 것이다. 이 문자열들 중 가장 긴 문자열이 바로 최장 공유 하위 문자열에 대한 해답이 된다.

그림 9.23에 설명돼 있는 **TREECOLORING** 함수는 접미사 트리의 잎의 색을 표시하고자 잎에서부터 위로 올라간다. 이 알고리듬은 접미사 트리의 잎들은 파란색 또는 빨간색으로 표시돼 있고 나머지 노드들은 회색으로 표시돼 있다고 가정한다. 트리에 있는 특정 노드의 하위 노드들 중 회색 노드가 없는 경우 이 노드를 **익었다**[ripe]고 말한다.

TREECOLORING(*ColoredTree*)
   while *ColoredTree* has ripe nodes
     for each ripe node *v* in *ColoredTree*
       if there exist differently colored children of *v*
         COLOR(*v*) ←"purple"
       else
         COLOR(*v*) ← color of all children of *v*
   return *ColoredTree*

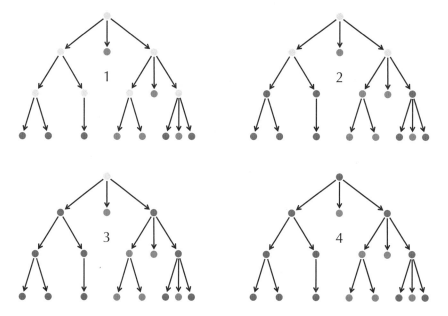

그림 9.23 TREECOLORING의 각 단계를 나타낸 그림. 처음에는 모든 잎들이 빨간색 또는 파란색으로 표시돼 있다 (왼쪽 위).

연습 문제 위의 색칠하는 알고리듬을 수정해서 2개 이상의 문자열 사이의 최장 공통 하위 문자열을 찾는 알고리듬을 만들어 보자.

부분 접미사 배열 구축하기

부분 접미사 배열 SUFFIXARRAY$_K$($Text$)를 구축하려면 먼저 모든 접미사 배열을 구축하고 이 중 K로 나누어 떨어지는 요소와 그 인덱스만 남겨야 한다. 그림 9.24에서는 이 방법을 $Text$ = "panamabananas\$"와 $K = 5$에 대해 설명하고 있다. SUFFIXARRAY$_K$($Text$)는 굵은 글씨로 된 요소에 해당한다.

i	0	**1**	2	3	4	5	6	7	8	9	10	**11**	**12**	13
SUFFIXARRAY($Text$)	13	**5**	3	1	7	9	11	6	4	2	8	**10**	**0**	12

그림 9.24 부분 접미사 배열 구축하기

돌아가기

표준 인간 유전체

여러 기증자에게서 얻은 DNA를 조립해 유전체를 만들게 되면 이 표준 유전체는 기증자 유전체들의 모자이크를 나타낸다. 현재 존재하는 표준 인간 유전체는 13명의 미국인이 기증한 DNA로 만들어졌다. 이 표준 유전체는 오류를 고치고 남아 있는 갭(현재 100개 이상 존재함)을 제거함으로써 계속 향상돼 간다.

표준 유전체는 종종 특정 개인의 유전체를 빠르게 조립할 수 있는 템플릿으로 사용되곤 한다. 표준 유전체와 특정 개인의 유전체를 비교하면 보통 300만 개의 SNP가 발견되고 개인의 유전체 중 0.1%는 표준 유전체와 전혀 일치하지 않는다.

다양성이 매우 높은 영역에서는 표준 유전체와 개인의 유전체가 상당히 다를 수 있다. 인간 유전체에서 다양성이 높은 영역의 예시로는 MHC$^{Major\ Histocompatibility\ Comple}$가 있는데 이 영역의 유전자들은 면역 체계를 작동하게 한다. 이 유전자들은 수많은 대체 형태를 갖고 있기 때문에 두 사람 사이에 MHC 영역의 유전자들이 같은 경우는 거의 없다.

두말할 필요 없이 13명의 미국인으로부터 만들어진 표준 유전체는 전 세계 수십억 명의 사람의 표준이 되기에는 매우 편향됐다고 할 수 있다. 이 편향 때문에 맞춤 의학이라는 신흥 분야에서 표준 유전체를 통해 만들어진 결론들은 한계에 부딪히게 된다. 이런 이유 때문에 연구자들은 수천 명의 유전체를 포함한 새로운 형태의 표준 유전체를 만드는 데에 착수하고 있다. 이렇게 만들어진 표준 **범-유전체**pan-genome는 거대한 그래프로 나타낼 수 있으며 여기서 개인의 유전체는 하나의 경로에 해당한다.

인간 유전체에서의 재배열, 삽입, 삭제

생물학자들은 최근까지도 유전체 재배열이나 indel은 상대적으로 흔치 않을 것이라는 가정하에 작은 크기의 돌연변이에만 집중해 왔다. 2005년에 에반 아이클러Evan Eichler는 두 개인의 유전체에서 다르게 나타나는 수백 개의 유전체 재배열과 indel을 발견해 생물학자들을 놀라게 했다. 이는 굉장히 중요한 발견이었는데 그 이유는 유전체 재배열과 indel은 종종 질병의 특징으로 나타나기 때문이다. 예를 들어 CAG 서열의 삽입이 반복적으로 일어나면 헌팅턴 질환Huntington's disease의 증세를 더 심각하게 만든다.

2013년에 게르톤 룬테르Gerton Lunter는 100여 명의 사람에게서 100만 개가 넘는 indel을 발견함으로써 집단에 존재하는 실제 indel의 범위를 밝혀냈다. 그는 발견된 indel의 절반 이상은 유전체의 4%에 해당하는 영역에서만 발견됐다는 흥미로운 사실을 알아냈다. 다시 말해 인간 유전체의 몇몇 영역은 indel 핫스팟hotspot을 나타낸다는 것이다. 인간 유전체에서 발생하는 재배열과 indel의 목록이 밝혀질수록 생물학자들은 자주 변이가 일어나는 유전자를 찾는 능력뿐 아니라 복합 질환을 진단할 때 재배열 및 indel 정보를 활용하는 능력을 얻게 됐다.

아호-코라식 알고리듬

아호-코라식 Aho-Corasick **알고리듬**은 1975년 앨프리드 아호Alfred Aho와 마거릿 코라식Margaret Corasick이 다중 패턴 매칭 문제를 위해 개발했다. 이 알고리듬의 계산 시간은 $O(|Patterns| + |Text| + m)$인데 여기서 m은 출력되는 매치의 개수다. 그림 9.25의 트라이가 $Text =$ "bantenna" 위에서 움직여간다고 상상해 보자. **TRIEMATCHING**과 유사하게 아호-코라식 알고리듬은 뿌리에서부터 내려가면서 "bantenna"의 접두사와 일치하는 문자열을 찾으려고 시도한다. 이 시도는 세 번째 노드 ("bantenna")에서 실패하게 된다. **TRIEMATCHING**에서는 다시 뿌리에서부터 내려가면서 이번에는 "bantenna"의 두 번째 글자부터 시작하는 문자열과 일치하는 문자열을 찾으려고 시도한다.

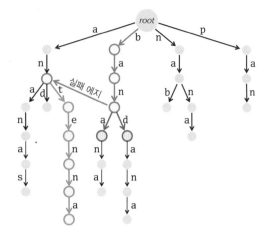

그림 9.25 그림 9.1의 트라이에 실패 에지를 추가한 것. 실패 에지는 "ban"으로 시작하는 경로에서 "an"으로 시작하는 경로로 건너뛰게 해준다.

그런데 여기서 굉장히 중요한 정보를 놓치고 있다. 바로 "bantenna"와 일치하는 문자열을 찾고자 "antenna"의 처음 두 글자가 일치하는 문자열을 이미 찾아 냈다는 것이다. 따라서 더 좋은 전략은 노드 "an"으로 건너뛰어서 경로를 계속 탐색해 가는 것이다. 실제로 이 전략은 결국 "antenna"와 일치하는 문자열을 찾게 된다. 이 건너뛰는 전략은 노드 "ban"에서 "an"으로 연결되는 **실패 에지**failure edge를 추가함으로써 구현할 수 있다(그림 9.25). 일반화하자면 노드 w가 트라이에서 발견되는 노드 v의 최장 접미사일 때 노드 v부터 노드 w까지 실패 에지가 형성된다. 모든 실패 에지를 구축하면 아호-코라식 알고리듬은 미스매치가 발견됐을 때 뿌리로 다시 돌아가지 않고 이 실패 에지를 따라가서 패턴 매칭을 이어가게 해주기 때문에 시간을 절약할 수 있게 된다.

연습 문제   그림 9.25의 트라이에 모든 실패 에지들을 구축하라.

접미사 트리에서 접미사 배열 만들기

SUFFIXTREE($Text$)에 존재하는 모든 나가는 에지가 사전 순서대로 나열돼 있는 경우 SUFFIXTREE($Text$)에 **사전 순서 통과**preorder traversal를 적용해 SUFFIXARRAY($Text$)에서 SUFFIXTREE($Text$)를 만들 수 있다.

뿌리가 있는 트리에서 노드 v에서 w로 이어지는 에지가 존재하는 경우 노드 w를 노드 v의 **자식**child 노드라고 부른다. 트리에서의 사전 순서 통과는 트리의 뿌리에서 시작해서 어떤 노드를 방문하고 그 노드의 하위 트리들을 왼쪽에서 오른쪽 순서로 통과해 가는 것이다 (그림 9.26). 이는 아래 의사 코드를 사용해 구현할 수 있다. 사전에 나열된 순서대로 방문하게 되는 접미사 트리의 잎들의 순서를 얻게 되면 이것이 바로 접미사 배열을 얻게 되는 것이다(그림 9.6과 그림 9.7을 참고하자).

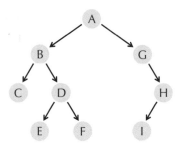

그림 9.26 위의 트리에 대한 사전 순서 통과는 노드들을 오름차순으로 방문하게 된다.

```
PREORDER(Tree, Node)
    visit Node
    for each child Node' of Node from left to right
        PREORDER(Tree, Node')
```

역으로 SUFFIXARRAY(*Text*)로부터 SUFFIXTREE(*Text*)를 만드는 것도 선형적 시간 안에 가능하다. 바로 *Text*에 대한 **LCP 배열**Longest Common Prefix array을 사용하는 방법인데 이것은 *Text*의 접미사들을 사전 순서대로 나열했을 때 연속된 접미사들이 공유하고 있는 접두사 중 가장 긴 접두사의 길이를 저장하고 있는 배열이다. 예를 들어 그림 9.27에서는 LCP("panamabananas$")가 (0, 0, 1, 1, 3, 3, 1, 0, 0, 0, 2, 2, 0, 0)임을 보여 주고 있으며 SUFFIXARRAY("panamabananas$")도 나타나 있다.

LCP 배열	나열된 접미사들	접미사 배열
0		
0	$	13
1	abananas$	5
1	amabananas$	3
3	anamabananas$	1
3	ananas$	7
1	anas$	9
0	as$	11
0	bananas$	6
0	mabananas$	4
2	namabananas$	2
2	nanas$	8
0	nas$	10
0	panamabananas$	0
	s$	12

그림 9.27 "panamabananas$"에 대한 LCP 배열은 "panamabananas$"에 있는 모든 접미사를 사전 순서대로 나열한 뒤 연속된 접미사들이 공유하고 있는 최장 공통 접두사의 길이를 찾아서 만들 수 있다.

접미사 배열로부터 접미사 트리를 구축하는 문제

특정 문자열에 대한 접미사 배열과 LCP 배열로부터 접미사 트리를 구축하라.

입력: 문자열 *Text*, 접미사 배열, LCP 배열

출력: *Text*에 대한 접미사 트리

접미사 배열에서 접미사 트리까지

특정 문자열 *Text*에 대한 접미사 배열 SUFFIXARRAY와 LCP 배열 LCP가 주어졌을 때 접미사 트리 SUFFIXTREE(*Text*)는 그림 9.28에 나와 있는 방법을 사용해 선형적 시간 안에 구축할 수 있다. 이 알고리듬은 사전순으로 나열된 접미사들 중 가장 앞쪽에 있는 *i*개의 접미사들을 사용해 **부분 접미사 트리**partial suffix tree를 구축한 뒤(이를 SUFFIXTREE$_i$(*Text*)라고 하자) 반

복적으로 $(i + 1)$번째 접미사를 트리에 추가해 $\text{SUFFIXTREE}_{i+1}(Text)$를 구축한다.

접미사 트리에서 노드 v에 대해 뿌리에서부터 해당 노드까지의 글자 표시들을 모두 이어 붙였을 때의 길이를 **하강**descent이라고 정의하며 $\text{DESCENT}(v)$라고 하겠다. 예를 들어 그림 9.28(왼쪽 위)에 있는 3개의 잎의 하강 값은 1, 9, 11이며 이와 반대로 보라색 내부 노드의 하강 값은 1이다. 만들어지고 있는 부분 접미사 트리에서 모든 노드의 하강 값이 미리 계산돼 있다고 가정하겠다.

먼저 뿌리만으로 이뤄진 트리 $\text{SUFFIXTREE}_0(Text)$에서 시작한다. $Text$에 대한 접미사 배열의 $\text{SUFFIXARRAY}(i + 1)$에 해당하는 $(i + 1)$번째 접미사를 기존에 구축된 부분 접미사 트리 $\text{SUFFIXTREE}_i(Text)$에 추가하려면 $\text{SUFFIXTREE}_i(Text)$에 있는 경로들 중에서 이 접미사를 나타내는 경로가 어디서 나뉘는지 알아야 한다. 예를 들어 $\text{SUFFIXTREE}_3(Text)$에 "anamabananas\$"를 추가할 때 보라색 노드에서 경로가 나뉘게 되며(그림 9.28 위쪽) $\text{SUFFIXTREE}_4(Text)$에 "ananas\$"를 추가할 때는 보라색 에지에서 경로가 나뉘게 돼 결국 이 에지를 "na"라고 표시된 에지와 "mabananas\$"라고 표시된 에지로 나누게 된다(그림 9.28 아래쪽).

STOP 잠깐 멈추고 생각해 보자 접미사 배열과 LCP 배열로부터 접미사 트리를 구축해 가는 동안 부분 접미사 트리의 어떤 노드나 에지에서 경로가 나뉘게 되는지 어떻게 찾을 수 있는가?

부분 접미사 트리에서 경로가 나뉘는 노드/에지를 찾고자 먼저 부분 접미사 배열의 가장 오른쪽 경로(즉 부분 접미사 배열에서 가장 마지막에 추가된 경로)의 잎에서 시작해 경로를 따라 뿌리까지 올라가야 한다. 이때 $\text{DESCENT}(v) \leq \text{LCP}(i + 1)$를 만족하는 첫 노드 v를 만나면 거기서 멈춘다. 이후 다음과 같은 두 경우를 고려해야 한다. $\text{DESCENT}(v) = \text{LCP}(i + 1)$인 경우(노드 v에서 경로가 나뉨)와 $\text{DESCENT}(v) < \text{LCP}(i + 1)$인 경우($v$에서 이어지는 가장자리에서 경로가 나뉨).

- $\text{DESCENT}(v) = \text{LCP}(i + 1)$인 경우: 뿌리에서 v까지의 경로에 있는 글자들을 이어 붙이면 이는 $\text{SUFFIXARRAY}(i)$와 $\text{SUFFIXARRAY}(i + 1)$에 있는 접미사들의 최장 공통 접두사가 된다. $\text{SUFFIXARRAY}(i + 1)$을 v에 연결된 새로운 잎 x로 추가하고 에지 (v, x)를 $Text$의 $\text{SUFFIXARRAY}(i + 1) + \text{LCP}(i + 1)$에서 시작하는 접미사로 표시한다. 따라서 이 에지의 표시는 뿌리에서 v를 연결하는 경로의 글자들을 이어 붙였을 때 아직 나타난 적 없는 $\text{SUFFIXARRAY}(i + 1)$에 해당하는 접미사의 나머지 글자들이 되는 것이다. 이로써 부분 접미사 트리 $\text{SUFFIXTREE}_{i+1}(Text)$ 구축이 완료됐다(그림 9.28 위쪽 예시 참고).

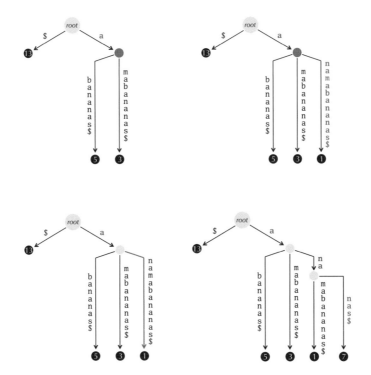

그림 9.28 (왼쪽 위) $Text$ = "panamabananas$"에 대한 SuffixTree$_3$($Text$). (오른쪽 위) 사전 순서대로 나열된 접미사들 중 네 번째 접미사는 "anamabananas$"이고 이 접미사의 첫 번째 글자만 접미사 트리에 놓을 수 있다. 여기서 멈추게 되는 지점은 보라색 노드이고 이 노드에서 "namabananas$"라고 표시된 에지로 새로운 가지를 만들어 SuffixTree$_4$($Text$)를 얻을 수 있다. (왼쪽 아래) SuffixTree$_4$($Text$)에 "ananas$"를 넣는 준비 과정. $Text$의 사전 순서대로 나열된 접미사들 중 다섯 번째 접미사는 "ananas$"이고 이 접미사의 처음 세 글자를 SuffixTree$_4$($Text$)에 놓을 수 있다. 그 결과 에지 "namabananas$"의 중간에서 멈추게 된다. (오른쪽 아래) SuffixTree$_5$($Text$)를 구축하고자 보라색 에지의 중간에 새로운 노드를 만들고 이 노드에서 2개의 가지가 나오도록 한다. 접미사 "anamabananas$"를 만들 수 있는 "mabananas$"라고 표시된 에지와, 접미사 "ananas$"를 만들 수 있는 "nas$"라고 표시된 에지 (새로 추가된 에지의 글자들을 파란색으로 표시했다). 이를 일반화하면 SuffixTree$_{i+1}$($Text$)를 만들고자 SuffixTree$_i$($Text$)의 뿌리부터 글자들을 이어 붙이면서 지나온 빨간색과 보라색 글자들의 수는 그림 9.27에 있는 LCP 배열의 (i+1)번째 항목으로 알 수 있다. 예를 들어 SuffixTree$_5$($Text$)를 만들고자 SuffixTree$_4$($Text$)의 뿌리부터 글자들을 이어 붙이면서 지나온 빨간색과 보라색 글자는 LCP 배열의 다섯 번째 항목으로 알 수 있다(여기서는 3에 해당한다).

- Descent(v) < LCP(i + 1)인 경우: 뿌리에서 v까지의 경로에 있는 글자들을 이어 붙인 것은 SuffixArray(i)와 SuffixArray(i + 1)에 해당하는 접미사들의 최장 공통 접두사보다 더 적은 수의 글자를 갖게 된다. 따라서 없어진 글자들을 어떻게 다시 만들어 내는가 하는 의문이 생긴다. SuffixTree($Text$)에서 v부터 시작하는 가장 오른쪽 에지를 (v, w)라고 하고, 없어진 글자들이 이 에지의 글자들의 접두사라고 주장할 것이다. 이 경우 아래에 설명한 것처럼 이 에지를 쪼개서 SuffixTree$_{i+1}$ ($Text$)를 구축한다(그림 9.28 아래쪽 예시 참고).

1. SuffixTree$_i$($Text$)에서 에지 (v, w)를 제거하라.

2. 새로운 내부 노드 y와 $Text$의 SuffixArray($i+1$) + Descent(v) 위치에서 시작하는 하위 문자열로 표시된 새로운 에지 (v, y)를 추가하라. 새로운 에지는 SuffixArray(i)와 SuffixArray($i+1$) 사이의 최장 공통 접두사에 있는 마지막 final LCP($i+1$) − Descent(v)개의 글자로 표시한다. 이에 따라서 뿌리에서 y까지의 경로에 대한 표시들을 이어 붙이면 이것이 바로 SuffixArray(i)와 SuffixArray($i+1$) 사이의 최장 공통 접두사다.

3. Descent(y)를 LCP($i+1$)라고 정의하라.

4. 새로 만들어진 내부 노드 y에 노드 w를 에지 (y, w)로 연결하라. 이 에지는 $Text$의 SuffixArray(i) + LCP($i+1$)번째 위치에서 시작하고 SuffixArray(i) + Descent(w) − 1 위치에서 끝나는 하위 문자열로 표시한다. 새로운 표시는 삭제된 에지 (v, w)의 글자들 중 에지 (v, y)에 쓰이지 않은 나머지 글자들로 이뤄져 있다.

5. SuffixArray($i+1$)를 새로운 잎 x로 추가하고 $Text$의 SuffixArray($i+1$) + LCP($i+1$)번째 위치에서 시작하는 접미사로 표시된 에지 (y, x)도 추가한다. 이 에지의 표시는 SuffixArray($i+1$)에 해당하는 접미사 중 뿌리에서 노드 v까지의 표시들을 이어 붙였을 때 아직 사용되지 않은 나머지 부분의 글자들로 이뤄져 있다.

연습 문제 이 알고리듬의 계산 시간이 $O(|Text|)$라는 것을 증명하라.

이진 탐색

'The Price is Right'라는 게임 쇼에서는 참가자가 제한된 시간 안에 특정 품목의 가격을 반복적으로 맞추는 '클록 게임$^{Clock\ Game}$'을 진행한다. 진행자는 실제 품목의 가격이 참가자가 바로 전에 추측한 가격보다 높은지 또는 낮은지만 말해 준다.

클록 게임에 대한 똑똑한 전략은 바로 품목의 가격이 무조건 포함되는 합리적인 범위를 고르고 이 범위의 가운데에 해당하는 가격으로 추측하는 것이다. 만약 추측이 틀리면 참가자는 곧바로 가능한 가격대 중 절반을 제거한다. 참가자는 남아 있는 가격대 중 가운데에 해당하는 가격으로 추측해서 다시 한번 절반을 제거한다. 이 전략을 반복하면 품목의 가격을 빠르게 알아낼 수 있다.

클록 게임에 대한 이 전략은 나열된 배열 ARRAY 안에서 특정 요소의 위치를 알아내는 이진 탐색 알고리듬에 대한 아이디어를 떠오르게 한다. BINARYSEARCH라는 이 알고리듬은 초기화할 때 $minIndex$ 값을 0으로 정하고 $maxIndex$ 값을 ARRAY의 마지막 인덱스로 정한다. 그다음 $midIndex$ 값을 $(minIndex + maxIndex)/2$로 정하고, key 값이 ARRAY($midIndex$)보다 큰지 또는 작은지를 확인한다. 만약 key가 이 값보다 크면 ARRAY의 $minIndex$에서 $midIndex - 1$까지에 해당하는 하위 배열에서 BINARYSEARCH를 반복한다. 반대의 경우 ARRAY의 $midIndex + 1$에서 $maxIndex$까지에 해당하는 하위 배열에서 BINARYSEARCH를 반복한다. 이 반복 작업은 결국 key에 해당하는 위치를 알아내게 된다.

예를 들어 $key = 9$고 ARRAY $= (1, 3, 7, 8, 9, 12, 15)$인 경우 BINARYSEARCH는 먼저 $minIndex$를 0으로, $maxIndex$를 6으로, $midIndex$를 3으로 초기화한다. key가 ARRAY($midIndex$) $= 8$보다 크기 때문에 $minIndex$를 4로 설정하고 ARRAY($midIndex$)보다 큰 요소들로 이뤄진 하위 배열을 검사한다. 이때 $midIndex$는 $(4 + 6)/2 = 5$로 다시 계산된다. 이번엔 key가 ARRAY($midIndex$) $= 12$보다 작기 때문에 이 값보다 작은 요소로 이뤄진 하위 배열을 다시 검사한다. 이 하위 배열은 하나의 요소로만 이뤄져 있으며 이것이 바로 key 값에 해당한다.

```
BINARYSEARCH(ARRAY, key, minIndex, maxIndex)
   while maxIndex ≥ minIndex
      midIndex ← ⌊(minIndex + maxIndex)/2⌋
      if ARRAY(midIndex) = key
         return midIndex
      else if ARRAY(midIndex) < key
         minIndex ← midIndex + 1
      else
         maxIndex ← midIndex − 1
   return "key not found"
```

참고 문헌

아호-코라식 알고리듬은 1975년에 아호와 코라식에 의해 소개됐다. 접미사 트리는 1973년에 바이너Weiner에 의해 소개됐다. 접미사 배열은 1990년에 만버와 마이어스에 의해 소개됐다. 버로우즈-휠러 변환은 1994년에 버로우즈와 휠러에 의해 소개됐다. 버로우즈-휠러 변환을 효율적으로 구현하는 방법은 2000년에 페라기나Ferragina와 만지니Manzini가 소개했다. 오도 증후군의 유전적 원인은 Clayton-Smith *et al*., 2011에서 밝혀졌다. 인간 유전체에서의 재배열과 indels은 Tuzun *et al*., 2005 및 Montgomery *et al*., 2013에서 연구된 바 있다. 분자 생물학 분야에서 데이터베이스 검색에 주로 사용되는 BLAST를 개발한 내용은 Altschul *et al*., 1990에서 찾아볼 수 있다.

생명정보학 타임머신을 갖고 있는 게 항상 재밌는 일은 아니다. 어느 날 밤 우리는 19세기 초의 **도쿄**로 돌아가 첫 번째로 발견한 초밥집에서 식사를 하기로 결정했다.

길을 잘못 들어서 보니 우리가 있는 곳은 도박장 밖이었다. 항상 새로운 모험을 위해 나섰던 우리는 게임을 한두 번 시도해 보기로 했다.

야쿠자가 이 카지노 운영한다는 걸 어떻게 알았겠어?!?!...

10
생물학자들은 왜 아직까지 HIV 백신을 개발하지 못했는가?

은닉 마코프 모델

HIV 형질 분류하기

HIV는 어떻게 인간의 면역 체계를 피하는 걸까?

1984년 미국 보건복지부 장관 마거릿 헤클러Margaret Heckler는 HIV 백신이 2년 안에 출시될 것이라고 선언하며 다음과 같이 말했다. "그러나 또 다른 끔찍한 질병이 인내와 끈기 그리고 천재성을 낳으려 하고 있다."

1997년 빌 클린턴Bill Clinton은 HIV 백신을 개발하는 것을 목표로 국립 보건원에 새로운 연구 센터를 설립했다. 그의 말에 따르면 "이제는 AIDS 백신을 개발할 수 있느냐가 문제가 아니라 언제 개발할 수 있느냐가 문제다."

2005년 머크Merck는 HIV 백신에 대한 임상 실험을 시작했으나 2년 뒤 몇몇 참가자에게 서 HIV 감염 위험이 증가했다는 것을 알아내고는 실험을 중지했다.

오늘날 막대한 투자와 진행 중인 임상 실험에도 불구하고 HIV 백신을 만들기까지는 아 직 멀었으며 현재 3,500만 명이 이 질병과 함께 살아가고 있다. 과학자들은 약물을 혼합 하는 방식으로 감염된 환자의 증상을 완화시킬 수 있는 성공적인 **항레트로 바이러스 치료**

antiretroviral therapy를 개발하는 데서 엄청난 발전을 이뤘다. 그러나 이 치료법은 AIDS를 치료하지 못하고 HIV 전염을 예방할 수 없기 때문에 AIDS 전염을 억제할 수 있는 진정한 백신이 되지는 못한다.

바이러스에 대한 전통적인 백신은 바이러스의 표면 단백질로부터 만들어진다. 이러한 백신은 사람의 면역 체계를 자극해 바이러스의 외피 단백질을 인식하도록 하고 그 기록을 간직하도록 함으로써 면역 체계가 향후에 만나게 되는 바이러스를 인식하고 제거할 수 있게 만들어 준다.

636페이지 그러나 HIV 외피 단백질은 매우 변화가 심한데 그 이유는 바이러스가 생존하려면 빠르게 돌연변이를 만들어 내야 하기 때문이다(돌아가기: 붉은 여왕 효과 참고). 감염된 한 사람이 갖고 있는 HIV 집단은 빠르게 진화해서 사람의 면역 체계를 피할 수 있게 되는데(그림 10.1), 이에 따라 여러 환자에게서 발견된 HIV 아종들은 서로 매우 다른 다양한 종류를 이루게 된다. 따라서 성공적인 HIV 백신은 이 다양성에 대처할 수 있도록 충분히 범용적이어야 한다.

HIV의 이런 다양성에 대처하기 위한 노력으로 다양한 HIV 아종들에게서 얻은 외피 단백질에서 가장 다양성이 적은 조각을 포함한 펩티드를 만든 뒤 이를 범용 백신의 기반으로 사용해 모든 HIV 아종에 맞서 싸우는 방법이 있다. 그러나 HIV의 외피 단백질에는 돌연변이가 매우 빨리 생길 뿐 아니라 여기에 더해서 **당화**glycosylation라는 번역 후 변형 과정으로 '가려지게' 되는데 이 과정은 사람의 면역 체계가 이 단백질들을 알아채지 못하게 만든다

637페이지 (돌아가기: 당화 참고). 이에 따라 HIV 백신을 개발하고자 하는 노력은 현재까지 모두 실패로 돌아갔다.

HIV는 단 9개의 유전자만을 갖고 있으며 10장에서는 빠르게 변이가 일어나는 env 유전자에 집중할 것이다. 이 유전자는 뉴클레오티드당 연간 1에서 2%의 비율로 돌연변이가 일어난다. 이 유전자가 암호화하는 단백질은 **당단백질**glycoprotein **gp120**(대략 480개의 아미노산으로 이뤄져 있음)과 **당단백질 gp41**(대략 345개의 아미노산으로 이뤄져 있음)으로 나뉜다. gp120과 gp41 단백질은 함께 **외피 스파이크**envelop spike를 형성하는데, 이것은 HIV 바이러스가 사람 세포로 들어갈 수 있도록 매개한다.

```
VKKLGEQFR-NKTIIFNQPSGGDLEIVMHSFNCGGEFFYCNTTQLFN----------NSTES------DTITL
VKKLGEQFR-NKTIIFNQPSGGDLEIVMHSFNCGGEFFYCNTTQLFN----------NSTDNG-----DTITL
VKKLGEQFR-NKTIIFNQPSGGDLEIVMHSFNCGGEFFYCNTTQLFD----------NSTESNN----DTITL
VDKLREQFGKNKTIIFNQPSGGDLEIVMHTFNCGGEFFYCNTTQLFNSTWNS---TGNGTESYNGQENGTITL
VDKLREQFGKNKTIIFNQPSGGDLEIVMHTFNCGGEFFYCNTTQLFNSTWNG---TNTT--GLDG--NDTITL
VDKLREQFGKNKTIIFNQSSGGDLEIVTHTFNCGGEFFYCNTTQLFNSNWTG---NSTE--GLHG--DDTITL
VKKLGEQFG-NKTIIFNQSSGGDLEIVMHSFNCGGEFFYCNTTQLFNN--TR-----NSTESNNGQGNDTTTL
VKKLREQFGKNKTIIFKQSSGGDLEIVTHTFNCAGEFFYCNTTQLFNSNWTE-----NSITGLDG--NDTITL
VGKLREQFGK-KTIIFNQPSGGDLEIVMHSFNCQGEFFYCNTTRLFNSTWDNSTWNSTGKDKENGN-NDTITL
```

그림 10.1 1명의 HIV 양성 환자에게서 9개의 다른 시간대에 추출한 gp120 단백질의 짧은 영역을 다중 정렬한 결과. 거의 절반 정도의 열(어두운 글자로 나타난 부분)들이 모든 시간대에서 보존돼 있지 않았으며 이를 통해 HIV가 한 사람 안에서조차 얼마나 빠르게 진화하는지 보여 주고 있다. 한 열에서 주로 나타나는 아미노산과 다르게 나타나는 아미노산들은 파란색으로 표시했다.

HIV는 매우 빨리 변하기 때문에 서로 다른 HIV 샘플은 서로 다른 형질을 나타낼 것이며 이에 따라 서로 다른 약물들을 혼합해야 한다. 예를 들어 HIV 바이러스는 빠르게 복제하는 SI^Syncytium-Inducing 분리주와 느리게 복제하는 NSI^Non-Syncytium-Inducing 분리주로 나눌 수 있다. 감염이 일어나는 동안 gp120과 같이 세포로 침투하는 데에 사용되는 바이러스 단백질들은 세포 표면으로 옮겨져 숙주 세포막이 이웃 세포들과 융합될 수 있도록 만든다. 이 과정은 사람 세포막들이 거대하고 기능이 없는 **신시튬**^syncytium, 또는 비정상 다핵 세포^abnormal multinucleate cell를 형성하게 만든다(그림 10.2). 이 메커니즘을 통해 하나의 SI 바이러스가 하나의 사람 세포만을 감염시켜서 다수의 세포를 죽일 수 있게 되는 것이다.

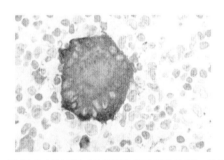

그림 10.2 HIV 환자에서 발견된 핵이 여러 개 있는 신시튬

gp120은 바이러스를 SI 또는 NSI로 분류하는 중요한 기준이기 때문에 생물학자들은 gp120의 어떤 아미노산이 이 분류에 사용될 수 있는지 결정하는 데 관심을 갖고 있다.

1992년 장자크 드종^Jean-Jacques De Jong은 gp120 단백질의 **V3 루프** 영역에 대한 다중 정렬을 분석해서(그림 10.3 위쪽) **11/25 규칙**이라는 것을 만들어 냈다. 이것은 어떤 바이러스의 V3 루프에서 11번째 또는 25번째 아미노산이 아르기닌 또는 라이신인 경우 그 바이러스가 SI 형질을 가질 가능성이 더 높다고 주장하는 규칙이다. 이후 여러 위치의 아미노산들이 SI/NSI 형질에 영향을 준다는 것이 밝혀졌다.

```
CMRPGNNTRKSIHMGPGKAFYATGDIIGDIRQAHC
CMRPGNNTRKSIHMGPGRAFYATGDIIGDTRQAHC
CMRPGNNTRKSIHIGPGRAFYATGDIIGDIRQAHC
CMRPGNNTRKSIHIGPGRAFYTTGDIIGDIRQAHC
CTRPNNNTRKGISIGPGRAFIAARKIIGDIRQAHC
CTRPNNYTRKGISIGPGRAFIAARKIIGDIRQAHC
CTRPNNNTRKGIRMGPGRAFIAARKIIGDIRQAHC
CVRPNNYTRKRIGIGPGRTVFATKQIIGNIRQAHC
CTRPSNNTRKSIPVGPGKALYATGAIIGNIRQAHC
CTRPNNHTRKSININGPGRAFYATGEIIGDIRQAHC
CTRPNNNTRKSININGPGRAFYATGEIIGDIRQAHC
CTRPNNNTRKSIHIGPGRAFYTTGEIIGDIRQAHC
CTRPNNNTRKSININGPGRAFYTTGEIIGNIRQAHC
CIRPNNNTRGSIHIGPGRAFYATGDIIGEIRKAHC
CIRPNN-TRRSIHIGPGRAFYATGDIIGEIRKAHC
CTRPGSTTRRHIHIGPGRAFYATGNILGSIRKAHC
CTRPGSTTRRHIHIGPGRAFYATGNI-GSIRKAHC
CTGPGSTTRRHIHIGPGRAFYATGNIHG-IRKGHC
CMRPGNNTRRRIHIGPGRAFYATGNI-GNIRKAHC
CMRPGTTTRRRIHIGPGRAFYATGNI-GNIRKAHC
```

그림 10.3 20명의 HIV 환자에게서 발견된 V3 루프 영역의 다중 정렬 결과와 이 정렬에 대한 모티프 로고(motif logo). 이 정렬에서 11번째와 25번째 열을 검정색으로 표시했다. 이 열에서 아르기닌(R) 또는 라이신(K)은 빨간색으로 표시했다. 11/25 규칙에 따르면 이 중 6명의 환자는 SI에 의해 감염된 것으로 분류된다. V3 루프가 gp120 단백질에서 중요하고 잘 보존된 영역이긴 하지만 위치에 따라 보존된 정도가 다양하다. 예를 들어 첫 번째와 마지막 위치는 극도로 보존돼 있지만 11번째와 25번째 위치는 매우 다양한 것을 알 수 있다.

서열 정렬의 한계점

생물학자들은 gp120 단백질의 서열로부터 HIV의 형질을 예측하는 문제를 고려하기 전부터 이미 이런 서열들에 대한 다중 정렬을 구축하는 문제에 직면해 왔다. 실제로 SI/NSI 형질에 영향을 주는 위치에 아미노산 하나만 잘못 놓아도 HIV 형질 분류의 오류가 생길 수도 있다. 또한 이미 5장에서 서로 다른 서열들의 다중 정렬을 구축하는 것이 매우 어려운 알고리듬 문제라는 것을 배웠다.

그림 10.3(아래쪽)은 gp120 단백질의 V3 루프에 대한 모티프 로고motif logo를 보여 주고 있다. 이 그림을 보면 gp120 단백질의 어떤 위치는 상대적으로 잘 보존돼 있으나 다른 위치는 매우 다양성이 심한 것을 알 수 있다. 게다가 이 모티프 로고는 삽입이나 삭제를 고려하지 않았는데 실제 gp120 단백질에서 V3 루프보다 보존이 덜 돼 있는 영역에서는 이런

삽입과 삭제가 매우 빈번하게 일어난다. 이런 삽입과 삭제 때문에 gp120 단백질을 분석하는 것이 더욱 어려워진다.

그림 10.3의 다중 정렬은 다양한 보존 정도를 보여 주고 있기 때문에 각각의 열에서 똑같은 아미노산 점수 행렬(그리고 indel 페널티)을 사용하는 것에 대한 의문을 가질 수도 있다. 좀 더 좋은 방법은 열이 달라질 때마다 다른 점수화 방법을 사용하는 것이다. 예를 들어 그림 10.3의 위치 3에서 R과 다른 아미노산이 발견될 때는 위치 11에서 S와 다른 아미노산이 발견되는 것보다 더 큰 페널티를 적용해야 하는 것과 같다.

즉 5장에서 소개된 다중 서열 정렬 공식에 대한 문제는 HIV 분류라는 생물학적인 문제를 알고리듬 문제로 적절히 전환한 문제가 아니다. 따라서 gp120 단백질에 대한 통계적으로 뚜렷한 분석을 하려면 서열 정렬에 대해 새로운 공식을 개발해야 한다.

야쿠자와 도박하기

야쿠자(八九三)라고 불리는 일본의 범죄 조직은 18세기의 여행 도박자들로 이뤄진 바쿠토(博徒)라는 집단의 후손이다(사실 '야쿠자'는 일본 카드 게임에서 이길 수 없는 패를 뜻한다). 바쿠토가 임시 카지노에서 주최하는 가장 유명한 게임은 **조한**Cho-Han, ᐨ半이라고 불린다. 문자 그대로 해석하면 '짝수-홀수'를 뜻하는 이 게임에서는 딜러가 2개의 주사위를 굴리고 참가자들은 주사위의 합이 짝수인지 또는 홀수인지에 대해 베팅하게 된다.

야쿠자 도박장에서 조한을 하면 당연히 즐거운 저녁시간이 되겠지만 이것과 동일하지만 덜 재밌는 게임으로서 동전을 던져서 결과를 맞히는 데에 돈을 거는 '앞면 또는 뒷면' 게임을 해볼 수도 있다. 여기서 어떤 이상한 이유로 사람들이 앞면보다 뒷면에 더 많은 돈을 건다고 가정해 보자. 이때 사기꾼 딜러는 조작된 동전을 사용해 앞면이 뒷면보다 더 많이 나오게 만든다. 이 조작된 동전이 3/4 확률로 앞면이 나온다고 가정해 보자.

> 잠깐 멈추고 생각해 보자 앞면 뒷면 게임을 100번 했다고 가정해 보자. 이때 63번 앞면이 나왔다. 딜러가 속임수를 쓰는 걸까? 공평한 동전일까 아니면 조작된 동전일까?

이 문제는 수식으로 구성하기가 어려운데 그 이유는 어떤 동전이든 모든 가능한 동전의 결과를 만들어 낼 수 있기 때문이다. 그런데 둘 중 사용됐을 법한 동전을 선택하는 방법이 있을까? 공평한 동전 F에 대해 뒷면 ('T')와 앞면 ('H')에 대한 확률을 다음과 같이 나타낼 수 있다.

$$\Pr_F(\text{‘H’}) = 1/2 \qquad \Pr_F(\text{‘T’}) = 1/2$$

그리고 조작된 동전 (B)에 대한 확률은 다음과 같이 나타낸다.

$$\Pr_B(\text{‘H’}) = 3/4 \qquad \Pr_B(\text{‘T’}) = 1/4$$

동전 던지기는 독립적인 시행이므로 공평한 동전을 n번 던져서 ‘H’가 k번 나타난 어떤 결과에 대해 확률을 구해 보면 다음과 같다. $x = x_1 x_2 \ldots x_n$

$$\Pr(x|F) = \prod_{i=1}^{n} \Pr_\Gamma(x_i) = (1/2)^n$$

반면 조작된 동전을 사용해 똑같은 결과를 만들어 낼 확률은 다음과 같다.

$$\Pr(x|B) = \prod_{i=1}^{n} \Pr_B(x_i) = (1/4)^{n-k} \cdot (3/4)^k = 3^k/4^n$$

만약 $\Pr(x|F) > \Pr(x|B)$라면 딜러가 공평한 동전을 사용했을 가능성이 더 크고 만약 $\Pr(x|F) < \Pr(x|B)$라면 딜러가 조작된 동전을 사용했을 가능성이 더 큰 것이다. 숫자 $(1/2)^n$과 $3^k/4^n$는 너무 작아서 비교하기가 힘들기 때문에 **로그 오즈비**^{log-odds ratio}를 사용할 것이다.

$$\log_2 \left(\frac{\Pr(x|F)}{\Pr(x|B)} \right) = \log_2 \left(\frac{2^n}{3^k} \right) = n - k \cdot \log_2 3$$

연습 문제 로그 오즈비가 양수일 때(즉 $k/n < 1/\log^2 3$일 때) $\Pr(x|F)$가 $\Pr(x|B)$보다 크고 로그 오즈비가 음수일 때(즉 $k/n > 1/\log^2 3$일 때) $\Pr(x|F)$가 $\Pr(x|B)$보다 작다는 것을 증명하라.

$n = 100$번의 동전 던지기에서 $k = 63$번의 앞면이 나왔던 예제로 돌아가면 로그 오즈비 값은 양수다.

$$k/n = 0.63 < 1/\log_2 3 \approx 0.6309$$

이는 $\Pr(x|F) > \Pr(x|B)$임을 뜻하며 비록 63이 50보다 75에 더 가깝긴 해도 딜러가 공평한 동전을 사용했을 가능성이 더 크다는 것을 나타낸다.

딜러의 소매에 숨어 있는 2개의 동전

바쿠토 도박장에서 조한 게임의 딜러는 게임이 진행되는 동안 셔츠를 벗고 문신이 가득한 가슴을 내보인다. 이렇게 하는 이유는 주사위 조작에 대한 의심을 줄이기 위함이다(이 문신은 이후 야쿠자의 전통이 된다). 하지만 여기서는 앞면 또는 뒷면 게임에서 사기꾼 딜러가 셔츠를 입고 있고 소매에 2개의 동전을 숨겨 놓고 동전 던지기를 하는 동안 원할 때마다 동전을 몰래 바꿔치기 한다고 가정해 보자. 이때 딜러는 들키지 않으려고 가끔씩만 동전을 몰래 바꾼다.

이 사기꾼 딜러가 각 동전 던지기 후에 0.1의 확률로 동전을 바꾼다고 가정해 보자. 동전을 연속적으로 던지는 동안 딜러가 조작된 동전을 언제 사용하고 공평한 동전을 언제 사용하는지 알아내야 한다.

카지노 문제

연속된 동전 던지기 결과가 주어졌을 때 사기꾼 딜러가 언제 공평한 동전을 사용하고 언제 조작된 동전을 사용했는지 알아내시오.

입력: 2개의 동전 (F와 B)를 사용해 만들어진 연속된 동전 던지기 결과 $x = x_1 x_2 ... x_n$.

출력: 동전 F와 B에 대해 각 동전 던지기 시행 x_i가 공평한 동전(또는 조작된 동전)으로 시행됐을 확률 π로 이뤄진 연속된 확률 $\pi = \pi_1 \pi_2 ... \pi_n$

불행히도 이 문제는 제대로 된 문제라고 하기 어려운데 그 이유는 두 동전 모두 어떤 결과든 만들어 낼 수 있기 때문이다. 대신 딜러가 사용했을 법한 가장 그럴듯한 동전을 선택해야 한다.

잠깐 멈추고 생각해 보자 카지노 문제를 재구성해서 말이 되도록 만들어 볼 수 있을까? **STOP**

딜러가 사용했을 법한 동전의 서열을 찾는 잘 설계된 계산 문제라면 서로 다른 서열 π끼리 비교해서 어떤 것이 더 그럴듯한 답인지 평가할 수 있어야 한다. 시행마다 딜러가 사용한 동전을 맞추는 한 가지 방법은 크기가 $t < n$인 윈도우를 동전 던지기 $x = x_1 ... x_n$에서 한 칸씩 옮겨가면서 각 윈도우에 대한 로그 오즈를 계산하는 것이다. 만약 특정 윈도우에 대한 로그 오즈비 값이 0보다 작아지면 이 윈도우 안에서는 딜러가 조작된 동전을 사용했다고 볼 수 있다. 0보다 크다면 공평한 동전을 사용했다고 볼 수 있다.

윈도우를 한 칸씩 옮겨가는 방법에는 두 가지 이슈가 있다. 첫째, 윈도우 크기를 결정할 수 있는 적절한 방법이 없다. 둘째, 겹쳐지는 윈도우끼리 같은 시행에 대해 공평한 동전 및 조작된 동전이라는 결론을 같이 제시할 수도 있다. 예를 들어 x = 'HHHHHTTHHHTTTT' 일 때 윈도우 $x_1 \ldots x_{10}$ = 'HHHHHTTHHH'에 대한 로그 오즈비는 음수이며 윈도우 $x = x_6 \ldots x_{15}$ = 'TTHHHTTTTT'에 대한 로그 오즈비는 양수다. 이런 경우 $x_6 \ldots x_{10}$ = 'TTHHH'에서 딜러가 사용한 동전을 어떻게 결정할 것인가?

CG-아일랜드 찾기

다음 단락에서는 동전 던지기 시행을 평가하는 방법을 향상시켜 볼 것이다. 이 해결책은 HIV 비교를 포함한 다방면의 생명정보학 문제에 성공적으로 적용돼 온 계산 패러다임에 다다르게 해줄 것이다. 그러나 지금은 동전 던지기가 서열 비교와 도대체 어떤 관련이 있다는 건지 이해하기 어려울 것이다. 따라서 동전 던지기와 좀 더 유사한 또 다른 생물학적인 문제를 간단히 소개해 보겠다.

20세기 초, 피버스 레빈$^{Phoebus Levene}$은 DNA를 구성하는 4개의 뉴클레오티드를 발견했다. 이 시대에는 DNA에 대해 알려진 것이 거의 없었다(왓슨과 크릭의 이중 나선 논문이 출판되기까지는 아직 반 세기나 남았다). 이 때문에 레빈은 DNA가 고작 4개의 알파벳으로 유전 정보를 담을 수 있다고 생각하지 않았으며 DNA에는 아데닌^{adenine}, 시토신^{cytosine}, 구아닌^{guanine}, 티민^{thymine}이 거의 같은 양으로 이뤄져 있을 것이라는 가설을 세웠다.

한 세기 뒤 우리는 DNA에서 반대쪽 가닥에 있는 상보 뉴클레오티드들은 (거의 나타나지 않는 오류를 무시한다면) 염기들이 서로 쌍을 이루고 있기 때문에 같은 빈도를 갖고 있다는 것을 알고 있다. 그러나 한 가닥의 DNA에 뉴클레오티드들의 빈도가 거의 같다는 것은 사실이 아니다. 예를 들어 **GC-함량**$^{GC-content}$이라고 하는 시토신과 구아닌 뉴클레오티드의 비율은 종에 따라 매우 다양하다. 인간 유전체에서 GC-함량은 약 42%다.

인간 유전체의 GC-함량이 편향돼 있다는 것을 이해한 다음에는 디뉴클레오티드^{dinucleotide} CC, CG, GC, GG가 $0.21 \cdot 0.21 = 4.41\%$의 확률로 나타난다고 예상해 볼 수 있다. 그러나 CG가 인간 유전체에서 나타나는 빈도는 1%밖에 되지 않는다. 이 디뉴클레오티드는 **메틸화**^{methylation}라는 과정 때문에 흔하게 나타나지 않는다. 메틸화는 가장 흔한 DNA 변형

중 하나로 CG 디뉴클레오티드에 있는 시토신 뉴클레오티드에 메틸기(CH₃)를 추가하는 과정이다. 이렇게 메틸기가 추가된 시토신은 이후 티민으로 탈아미노화하는 경향이 있다(돌아가기: DNA 메틸화 참고). 메틸화의 결과로 CG는 많은 유전체에서 가장 빈도가 적은 디뉴클레오티드가 됐다.

그런데 이 메틸화는 **CG-아일랜드**$^{CG-island}$라고 불리는 CG가 상대적으로 많이 나타나는 영역의 유전자 주변에서는 잘 일어나지 않는다(그림 10.4). 만약 아직 아무것도 알지 못하는 포유류 유전체의 서열을 알아내게 된다면 유전자를 찾는 데 가장 먼저 해야 할 일 중 하나가 바로 유전체에서 CG-아일랜드를 찾는 일일 것이다.

> **잠깐 멈추고 생각해 보자** 유전체에서 CG-아일랜드를 어떻게 찾을 수 있을까?

	A	C	G	T		A	C	G	T
A	0.053	0.079	0.127	0.036	A	0.087	0.058	0.084	0.061
C	0.037	0.058	0.058	0.041	C	0.067	0.063	0.017	0.063
G	0.035	0.075	0.081	0.026	G	0.053	0.053	0.063	0.042
T	0.024	0.105	0.115	0.050	T	0.051	0.070	0.084	0.084

그림 10.4 CG-아일랜드(왼쪽)과 비-CG-아일랜드(non-CG-islands)(오른쪽)에서 디뉴클레오티드의 빈도를 인간 유전체의 X 염색체 가닥 하나에서 계산한 결과. CG의 빈도를 빨간색으로 표시했다.

CG-아일랜드를 찾는 가장 단순한 방법은 유전체를 따라가면서 윈도우를 한 칸씩 옮겨 가는 것이다. 이때 CG가 높은 빈도로 나타나는 곳을 후보 CG-아일랜드라고 선언한다. 이 법의 단점은 사기꾼 딜러가 각 동전 던지기 시행마다 어떤 동전을 사용했는지 결정할 때와 유사하다. 이 윈도우의 크기가 얼마나 커야 하는지 알 수 없으며 겹쳐지는 영역에서 같은 유전체 위치에 대해 CG-아일랜드에 속한다는 결과와 CG-아일랜드에 속하지 않는다는 결과를 동시에 얻게 될 수 있다.

은닉 마코프 모델

동전 던지기에서 은닉 마코프 모델까지

우리의 목표는 하나의 개념으로 사기꾼 딜러뿐 아니라 유전체에 있는 CG-아일랜드 검색에 대한 모델을 만드는 것이다. 이때 사기꾼 딜러를 사람이 아닌 원시적인 기계라고 생각할 것이다. 이 기계가 어떻게 만들어졌는지는 모르지만 이 기계가 연속된 단계로 작동한다는 것은 알고 있다. 각 단계에서 이 기계는 F, B 둘 중 하나의 감춰진 상태를 갖고 있으며 'H' 또는 'T' 두 글자 중 하나를 방출해 준다. 각 단계가 끝날 때마다 이 기계는 두 가지 결정을 내린다.

- 다음 단계에서는 어떤 감춰진 상태로 바꿀 것인가(즉 어떤 상태로 전이가 일어날 것인가)?
- 해당 상태에서 어떤 글자를 방출할 것인가?

이 기계는 첫 번째 질문에 대해 F 또는 B 상태 중 하나를 무작위로 선택하는데 이때 현재 상태를 유지할 확률은 0.9이며 상태 전이가 일어날 확률은 0.1이다. 두 번째 질문에 대해서는 'H'와 'T' 중 하나를 선택하는데 이때 상태에 따라 확률이 달라지게 된다. 동전 던지기 예제에서 상태가 F일 때의 확률(0.5와 0.5)은 상태가 B일 때의 확률(0.75와 0.25)과는 다르다. 우리의 목표는 기계가 방출하는 글자들을 분석해서 이 기계의 상태 서열을 가장 그럴듯하게 추론하는 것이다.

방금 딜러를 **은닉 마코프 모델**HMM, Hidden Markov Model이라고 불리는 추상적인 기계로 둔갑시켰다. 여기서 '동전 던지기 기계'와 HMM에 대한 일반적 개념에 차이가 있다면 후자는 임의의 수만큼의 상태를 가질 수 있고 어떤 상태로 바뀔지에 대해 임의의 확률 분포를 가질 수 있으며 어떤 글자를 보여 줄지에 대해서도 임의의 확률 분포를 가질 수 있다는 점이다. 일반화하자면 어떤 HMM(Σ, *States*, *Transition*, *Emission*)은 다음 4개의 객체로 정의된다.

- 방출된 글자들을 나타내는 Σ
- **감춰진 상태**hidden states의 집합을 나타내는 *States*
- **전이 확률**transition probability에 대한 $|States| \times |States|$ 행렬 $Transition = (transition_{l,k})$. 여기서 $transition_{l,k}$는 상태 l에서 상태 k로 전이가 일어날 확률이다.
- **방출 확률**emission probability에 대한 $|States| \times |\Sigma|$ 행렬 $Emission = (emission_k(b))$. 여기서 $emission_k(b)$는 HMM의 상태가 k일 때 글자의 집합 Σ 중에서 b라는 글자를 방출할 확률이다.

각 상태 l에 대해서,

$$\sum_{\text{all states } k} transition_{l,k} = 1$$

그리고

$$\sum_{\text{all symbols } b \text{ from } \Sigma} emission_l(b) = 1$$

연습 문제 사기꾼 딜러에 대한 HMM 모델에서 Σ, *States*, *Transition*, *Emission* 각각은 무엇인가?

HMM 도표

그림 10.5에 나와 있는 것처럼 HMM은 **HMM 도표**^{HMM diagram}를 사용해 시각화할 수 있다. 이 도표는 각각의 상태를 실선 노드로 표현한 그래프다. 실선으로 된 방향성 에지가 각 노드 쌍을 연결하며 각 노드를 자기 자신과도 연결하고 있다. 각각의 에지는 한 상태에서 다른 상태로 바뀌는 것에 대한 전이 확률(또는 동일한 상태로 남아 있을 확률)로 표시돼 있다. 또한 HMM 도표에 있는 점선 노드들은 글자들의 집합 Σ에서 나올 수 있는 글자를 뜻하며 점선 에지들이 각 상태와 각 점선 노드를 연결하고 있다. 이 에지들은 HMM에서 각 상태에 따라 해당 글자가 방출될 확률로 표시돼 있다.

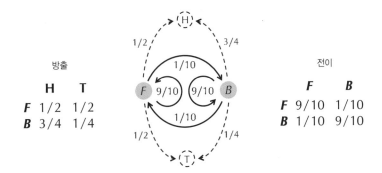

그림 10.5 사기꾼 딜러 HMM에 대한 전이 확률과 방출 확률 행렬을 가운데에 HMM 도표로 나타낸 그림. 이 HMM에는 2개의 상태 (회색 노드) F와 B가 존재한다. 각 상태에서 HMM은 두 가지 글자 (점선 노드) 앞면 ('H') 및 뒷면 ('T') 중 하나를 방출할 수 있고 각 확률은 점선 에지에 나타나 있다. 전이 확률은 실선 에지로 나타나 있다. 사기꾼 딜러 HMM에서 상태 F와 B 사이에 전이가 일어날 확률은 1/10이며 동일한 상태로 남아 있을 확률은 9/10이다.

HMM에서 **감춰진 경로**^{hidden path} $\pi = \pi_1 \ldots \pi_n$은 HMM이 거쳐가는 상태에 대한 확률의 연속이다. 이 경로는 HMM 도표에서 실선 에지를 따라가는 경로에 해당한다. 그림 10.6은 사기꾼 딜러 HMM이 감춰진 경로 π = FFFBBBBBFFF일 때 연속된 동전 던지기 결과 x =

'THTHHHTHTTH'를 만들어 내는 예시를 보여 준다. 즉 공평한 동전은 첫 번째 세 번과 마지막 세 번에서 사용되고, 조작된 동전이 중간에 다섯 번 사용됐다.

카지노 문제를 수식으로 재구성하기

이제 수식으로 구성하지 못했던 카지노 문제를 바꿔서 HMM이 방출한 문자열로 이뤄진 문자열 x에 대해 가장 그럴듯한 감춰진 경로 π를 찾는 것으로 만들 수 있다. 이 문제를 풀고자 먼저 좀 더 단순한 문제를 생각해 볼 것이다. 바로 HMM이 감춰진 경로 $\pi = \pi_1 \ldots \pi_n$를 따르며 문자열 $x = x_1 \ldots x_n$을 만들어 낼 확률 $\Pr(x, \pi)$를 계산하는 문제다. 이 확률은 아래 수식을 만족한다.

i	1	2	3	4	5	6	7	8	9	10	11
x	T	H	T	H	H	H	T	H	T	T	H
π	F	F	F	B	B	B	B	B	F	F	F
$\Pr(\pi_i \to \pi_{i+1})$	$\frac{1}{2}$	$\frac{9}{10}$	$\frac{9}{10}$	$\frac{1}{10}$	$\frac{9}{10}$	$\frac{9}{10}$	$\frac{9}{10}$	$\frac{9}{10}$	$\frac{1}{10}$	$\frac{9}{10}$	$\frac{9}{10}$
$\Pr(x_i \mid \pi_i)$	$\frac{1}{2}$	$\frac{1}{2}$	$\frac{1}{2}$	$\frac{3}{4}$	$\frac{3}{4}$	$\frac{3}{4}$	$\frac{1}{4}$	$\frac{3}{4}$	$\frac{1}{2}$	$\frac{1}{2}$	$\frac{1}{2}$

그림 10.6 사기꾼 딜러 HMM에 대한 감춰진 경로 π를 따라 방출된 연속된 문자열 x. $\Pr(\pi_i \to \pi_{i+1})$은 상태가 π_i에서 π_{i+1}로 전이될 확률 $transition(\pi_i, \pi_{i+1})$를 나타낸다. $\Pr(\pi_0 \to \pi_1)$은 1/2로 정해지는데 이는 딜러가 처음 시작할 때는 공평한 동전과 조작된 동전을 사용할 확률이 같다는 가정을 내포하고 있다. $\Pr(x_i|\pi_i)$는 상태가 π_i일 때 글자 x_i를 방출할 확률을 나타내며 이는 $emission_{\pi_i}(x_i)$와 동일하다.

$$\sum_{\text{all strings of emitted symbols } x} \sum_{\text{all hidden paths } \pi} \Pr(x, \pi) = 1$$

잠깐 멈추고 생각해 보자 그림 10.6에서 x와 π에 대한 $\Pr(x, \pi)$은 무엇을 뜻하는가?

방출된 문자열 x에 대한 확률은 $\Pr(x)$이며 이는 HMM의 감춰진 경로와 독립적이다.

$$\Pr(x) = \sum_{\text{all hidden paths } \pi} \Pr(x, \pi)$$

각 감춰진 경로 π에 대한 확률은 $\Pr(\pi)$이며 이는 HMM이 방출하는 문자열과는 독립적이다.

$$\Pr(\pi) = \sum_{\text{all strings of emitted symbols } x} \Pr(x, \pi)$$

594

'HMM이 감춰진 경로 π를 따라 문자열 x를 방출한다'라는 사건은 두 가지 연속된 사건의 조합으로 생각할 수 있다.

- HMM이 경로 π를 따라간다. 이 사건의 확률은 $\Pr(\pi)$이다.
- HMM이 경로 π를 따라갔을 때 문자열 x를 방출한다. 이 사건의 확률을 주어진 π에 대한 x의 **조건부 확률**conditional probability $\Pr(x|\pi)$라고 말할 수 있다.

HMM이 경로 π를 따라가면서 문자열 x를 방출하려면 두 사건이 모두 일어나야 하며 이는 다음을 뜻한다.

$$\Pr(x, \pi) = \Pr(x|\pi) \cdot \Pr(\pi)$$

이 수식에 대해 더 배우고 싶다면 '돌아가기: 조건부 확률'을 참고하자.

638페이지

$\Pr(x, \pi)$를 계산하려면 먼저 $\Pr(\pi)$를 계산해야 한다. 그림 10.6에 나온 것처럼 HMM이 상태 π_i에서 π_{i+1}로의 전이가 일어날 전이 확률을 $\Pr(\pi \to \pi_{i+1})$이라고 나타낸다. 간단히 하고자 처음에는 딜러가 공평한 동전과 편향된 동전을 사용할 확률이 같다고 가정할 것이다. 이 가정은 그림 10.6에서 $\Pr(\pi_0 \to \pi_1) = 1/2$이라고 설정하는 것이다. 여기서 π_0은 '침묵silent' **시작 상태**initial state이며 어떤 글자도 방출하지 않는다. 따라서 π에 대한 확률은 전이 확률의 부분곱product과 같다(그림 10.6에서 초록색 요소).

$$\Pr(\pi) = \prod_{i=1}^{n} \Pr(\pi_{i-1} \to \pi_i) = \prod_{i=1}^{n} transition_{\pi_{i-1}, \pi_i}.$$

감춰진 경로의 확률 문제

특정 HMM의 감춰진 경로에 대한 확률을 계산하라.

입력: 특정 HMM(Σ, *States*, *Transition*, *Emission*)에 대한 감춰진 경로 π

출력: 이 경로의 확률 $\Pr(\pi)$

사기꾼 딜러의 감춰진 경로가 B 또는 F로만 이뤄져 있을 때에 대한 확률은 이미 계산했다는 것을 알아두자. 이는 각각 $\Pr(x|B)$와 $\Pr(x|F)$로 나타낸다. 일반적인 HMM에 대한 $\Pr(x|\pi)$를 계산하고자 HMM의 상태가 π일 때 글자 x_i를 방출할 확률 $emission_{\pi_i}(x_i)$를 $\Pr(x_i|\pi)$로 나타낼 것이다(그림 10.6). 이에 따라 주어진 경로 π가 있을 때 HMM이 해당 경로를 따라서 존재하는 방출 확률들의 부분곱과 동일한 확률로 문자열 x를 방출한다.

$$\Pr(x|\pi) = \prod_{i=1}^{n} \Pr(x_i|\pi_i)$$

$$= \prod_{i=1}^{n} emission_{\pi_i}(x_i)$$

감춰진 경로가 주어졌을 때 해당 결과의 확률을 구하는 문제

감춰진 경로가 주어졌을 때 HMM이 특정 문자열을 방출할 확률을 계산하라.

입력: HMM(Σ, *States*, *Transition*, *Emission*)이 방출한 문자열 $x = x_1 \ldots x_n$ 및 감춰진 경로 $\pi = \pi_1 \ldots \pi_n$

출력: HMM이 감춰진 경로 π를 따라서 문자열 x를 방출할 조건부 확률 $\Pr(x|\pi)$

$\Pr(x, \pi)$에 대한 수식으로 돌아와서 HMM이 경로 π를 따르고 문자열 x를 방출할 확률은 방출 확률과 전이 확률의 부분곱으로 쓸 수 있다.

$$\Pr(x, \pi) = \Pr(x|\pi) \cdot \Pr(\pi)$$

$$= \prod_{i=1}^{n} \Pr(x_i|\pi_i) \cdot \Pr(\pi_{i-1} \to \pi_i)$$

$$= \prod_{i=1}^{n} emission_{\pi_i}(x_i) \cdot transition_{\pi_{i-1}, \pi_i}$$

연습 문제 그림 10.6에 있는 x와 π에 대한 $\Pr(x, \pi)$를 계산해 보자. x = 'THTHHHTHTTH'에 대해서 π = *FFFBBBBBFFF*보다 더 그럴듯한 π를 찾을 수 있는가?

잠깐 멈추고 생각해 보자 HMM을 배웠으니 이제 유전체에서 CG-아일랜드를 찾는 HMM 모델을 설계해 보자. 어떤 어려움에 봉착하게 되는가?

복호화 문제

비터비 그래프

이전 단락에서 언급한 것처럼 사기꾼 딜러에 대한 HMM 그리고 CG-아일랜드에 대한 HMM 모두 문자열 x를 방출한 가장 그럴듯한 감춰진 경로를 찾는 것이 목적이다. 다시 말해, 가능한 모든 감춰진 경로 π에 대해 $\Pr(x, \pi)$의 최대값을 구하고자 하는 것이다.

복호화 문제

방출된 글자들이 주어졌을 때 특정 HMM의 최적 감춰진 경로를 찾아라.

입력: HMM(Σ, *States*, *Transition*, *Emission*)이 방출한 문자열 $x = x_1 \dots x_n$.

출력: 해당 HMM에서 가능한 모든 경로들 중 확률 $\Pr(x, \pi)$가 최대값이 되는 숨겨진 경로 π.

1967년 앤드류 비터비Andrew Viterbi는 HMM에서 영감을 얻은 유사-맨해튼 격자를 사용해 복호화 문제Decoding problem를 해결하고자 했다. n개의 글자로 된 문자열 $x = x_1 \dots x_n$을 방출하는 HMM에 대해, HMM에 대한 **비터비 그래프**Viterbi graph의 노드들은 |*States*|개의 행과 n개의 열로 이뤄져 있다(그림 10.7 가운데). 즉 노드 (k, i)는 상태 k 및 i번째로 방출된 글자를 뜻한다. 각 노드는 해당 열의 오른쪽 열에 있는 모든 노드에 연결돼 있다. $(l, i-1)$과 (k, i)를 연결하는 에지는 상태 l에서 상태 k로의 전이가 일어난 뒤(이때 전이 확률은 $transition_{l,k}$이다) 글자 x_i를 방출하는 것을 뜻한다(이때 방출 확률은 $emission_k(x_i)$이다). 결국 비터비 그래프의 첫 번째 열의 노드와 마지막 열에 있는 노드를 연결하는 모든 경로는 감춰진 경로 $\pi = \pi_1 \dots \pi_n$에 해당하게 된다.

이때 가중치는 다음과 같이 계산된다.

$$\text{WEIGHT}_i(l, k) = transition_{\pi_{i-1}, \pi_i} \cdot emission_{\pi_i}(x_i)$$

이 가중치는 비터비 그래프에서 $(l, i-1)$과 (k, i)를 연결하는 에지에 할당된다. 또한 비터비 그래프에서 어떤 경로의 부분곱은 에지들의 가중치 부분곱으로 정의한다. 비터비 그래프에서 가장 왼쪽의 열에서 가장 오른쪽의 열까지 이어진 경로 하나는 감춰진 경로 π에 해당하며, 이 경로에 대한 가중치 부분곱은 $n - 1$개 항목의 부분곱과 같다.

$$\prod_{i=2}^{n} transition_{\pi_{i-1}, \pi_i} \cdot emission_{\pi_i}(x_i) = \prod_{i=2}^{n} \text{WEIGHT}_i(l, k)$$

잠깐 멈추고 생각해 보자 이 표현 방식이 이전 단락에서 만들어 낸 Pr(x, π)에 대한 수식과 어떻게 다른가?

위에 언급한 표현 방법과 Pr(x, π)에 대한 아래 표현 방법의 유일한 차이는

$$\prod_{i=1}^{n} transition_{\pi_{i-1}, \pi_i} \cdot emission_{\pi_i}(x_i)$$

$transition_{\pi_0, \pi_1} \cdot emission_{\pi_1}(x_1)$이라는 요소 하나뿐이다. 이 요소는 처음 상태 π_0에서 π_1으로 전이가 일어나면서 첫 번째 글자를 방출하는 부분에 해당한다. 처음 상태에 대한 모델을 만들고자 비터비 그래프에 소스 노드 *source*를 추가하고 이 소스 노드를 첫 번째 열에 있는 각 (k, 1) 노드에 연결한 뒤 가중치를 $\text{WEIGHT}_1(source, k) = transition_{\pi_0, k} \cdot emission_k(x_1)$로 설정할 것이다. 또한 모든 글자들을 방출했을 때 HMM이 갖게 되는 침묵 **마지막 상태**terminal state가 있다고 가정할 것이다. 마지막 상태에 대한 모델을 만들고자 비터비 그래프에 싱크 노드 *sink*를 추가하고 마지막 열의 모든 노드를 싱크 노드에 연결한 뒤 가중치를 1로 설정할 것이다(그림 10.7 아래쪽).

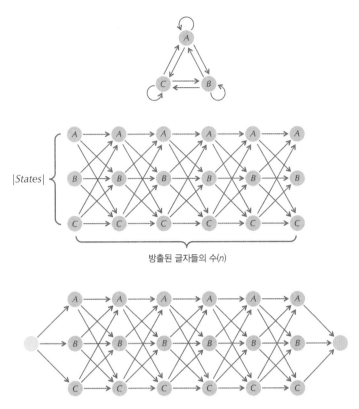

그림 10.7 (위쪽) 3개의 상태가 존재하는 HMM에 대한 도표(emission/transition 확률 및 방출된 글자들에 해당하는 노드들은 생략돼 있다). (가운데) HMM이 방출한 문자열로서 n개의 글자 $x = x_1...x_n$이 주어졌을 때 비터비의 맨해튼(Viterbi's Manhattan)은 |States|개의 행과 n개의 열로 이뤄진 격자이며 각 노드는 해당 열의 오른쪽 열에 있는 모든 노드에 연결돼 있다. 노드 $(l, i-1)$와 노드 (k, i)를 연결하는 에지의 가중치는 $\text{WEIGHT}_i(l, k) = transition_{l,k} \cdot emission_k(x_i)$이다. 5장의 정렬 그래프에서는 에지의 방향이 남쪽, 동쪽, 동남쪽으로 제한됐는데 이와는 다르게 비터비 그래프에서는 특정 열의 모든 노드는 그 오른쪽 열에 있는 모든 노드에 에지로 연결돼 있다. (아래쪽) 비터비 그래프에 추가적으로 소스 노드(파란색) 및 싱크 노드(빨간색)가 추가된 것. 소스 노드에서 싱크 노드까지 연결된 경로 중 부분곱이 가장 큰 경로가 바로 복호화 문제를 해결할 수 있는 최적의 감춰진 경로에 해당한다.

HMM에 있는 모든 경로 π는 비터비 그래프에서 소스 노드로부터 싱크 노드까지 이어지는 경로에 해당하며 이에 대한 부분곱 가중치는 $\Pr(x, \pi)$이다. 이에 따라 복호화 문제는 비터비 그래프에서 소스 노드로부터 싱크 노드까지 이어지는 모든 경로 중 부분곱 가중치가 가장 큰 경로를 찾는 문제로 축소되는 것이다.

> **연습 문제** 사기꾼 딜러의 HMM에서 $x = $ 'HHTT'일 때 비터비 그래프에서 부분곱 가중치가 최대인 경로를 찾아보자.

비터비 알고리듬

이제 복호화 문제를 풀기 위한 동적 프로그래밍 알고리듬을 적용해 볼 것이다. 먼저 $s_{k,i}$를 소스 노드에서 노드 (k, i)까지에 대한 최적 경로(즉 부분곱 가중치가 최대인 경로)의 부분곱 가중치라고 정의한다. **비터비 알고리듬**^{Viterbi algorithm}은 최적 경로의 소스 노드에서 노드 (k, i)까지의 경로에 있는 첫 $i-1$개의 에지가 소스 노드에서 노드 $(l, i-1)$까지의 최적 경로를 형성하게 된다는 사실에 의존한다. 여기서 $(l, i-1)$은 어떤 (알 수 없는) 상태 l에 대한 노드를 뜻한다. 이 사실은 아래의 수식을 반복적으로 만들어 내게 된다.

$$
\begin{aligned}
s_{k,i} &= \max_{\text{all states } l} \left\{ s_{l,i-1} \cdot (\text{weight of edge between nodes}(l, i-1) \text{ and } (k,i)) \right\} \\
&= \max_{\text{all states } l} \left\{ s_{l,i-1} \cdot \text{WEIGHT}_i(l,k) \right\} \\
&= \max_{\text{all states } l} \left\{ s_{l,i-1} \cdot transition_{\pi_{i-1}, \pi_i} \cdot emission_{\pi_i}(x_i) \right\}
\end{aligned}
$$

비터비 그래프에서 *source*는 첫 번째 열의 모든 노드와 연결돼 있기 때문에

$$
\begin{aligned}
s_{k,1} &= s_{source} \cdot (\text{weight of edge between } source \text{ and } (k,1)) \\
&= s_{source} \cdot \text{WEIGHT}_0(source, k) \\
&= s_{source} \cdot transition_{source,k} \cdot emission_k(x_1)
\end{aligned}
$$

이 반복적 수식을 초기화하고자 먼저 s_{source}를 1로 설정한다. 이제 소스 노드에서 싱크 노드까지의 부분곱 가중치를 아래와 같이 계산할 수 있다.

$$
s_{sink} = \max_{\text{all states } l} s_{l,n}.
$$

 잠깐 멈추고 생각해 보자 이 알고리듬을 DAG에 어떻게 적용해야 부분곱 가중치가 최대인 경로를 찾을 수 있을까?

비터비 알고리듬은 얼마나 빠를까?

복호화 문제는 5장에 나왔던 DAG에서의 최장 경로 찾기 문제의 하나로 설명할 수 있다. 그 이유는 가중치 $\prod_{i=1}^{n} \text{WEIGHT}_i(\pi_{i-1}, \pi_i)$을 최대로 만드는 경로 π는 해당 부분곱의 로그 값 또한 최대로 하는 경로이기 때문이다. 이 로그 값은 $\sum_{i=1}^{n} \log(\text{WEIGHT}_i(\pi_{i-1}))$에 해당

600

한다. 따라서 비터비 그래프에 있는 모든 에지의 가중치를 각각의 로그 값으로 치환할 수 있다. 이에 따라 만들 수 있는 경로 중 최장 경로(즉 에지 가중치의 합을 최대로 만드는 경로)를 찾으면 이것이 바로 기존 비터비 알고리듬에서 부분곱을 최대로 만드는 경로에 해당하는 것이다. 이런 이유로 비터비 알고리듬의 계산 시간은 비터비 그래프의 에지 수에 선형적으로 비례하며, 이를 구현할 준비가 됐다. 아래의 예제는 에지의 수가 $O(|States|^2 \cdot n)$라는 것을 보여 주고 있다. 여기서 n은 방출한 글자의 개수를 의미한다.

연습 문제 n인 문자열을 방출하는 HMM의 비터비 그래프에서 에지의 개수는 $|States|^2 \cdot (n-1)$ $+2 \cdot |States|$임을 보여라.

연습 문제 복호화 문제에 대한 해법을 적용해서 인간의 X 염색체의 첫 100만 개의 뉴클레오티드 안에서 CG-아일랜드를 찾아보자. 이 문제에 대한 HMM 설계를 돕고자 CG-아일랜드에서 비-CG-아일랜드로의 전이 확률은 0.001로 거의 일어나지 않는다고 가정해 보자. 또한 비-CG-아일랜드에서 CG-아일랜드로의 전이 확률은 0.0001로 더욱 안 일어난다고 가정해 보자. CG-아일랜드를 몇 개 찾을 수 있었는가?

실제로 적용할 때는 많은 HMM은 몇몇 상태 간의 전이를 금지해 놓았다. 이런 전이에 대해서는 안심하고 HMM에서 해당하는 에지를 제거할 수 있다(그림 10.8 왼쪽). 이 과정은 비터비 그래프를 좀 더 성기게 만든다(그림 10.8 오른쪽). 이는 비터비 알고리듬의 계산 속도를 감소시키는데 그 이유는 DAG에서 최장 경로를 찾는 알고리듬의 계산 시간이 DAG에 있는 에지 개수에 선형적으로 비례하기 때문이다.

연습 문제 어떤 HMM에서 몇몇 상태 간의 전이가 금지돼 있을 때 해당 HMM의 도표에 있는 에지들을 $Edges$라고 하자. 이 HMM에 대한 비터비 그래프의 에지 개수는 $|Edges| \cdot (n-1) + 2 \cdot |States|$임을 증명하라.

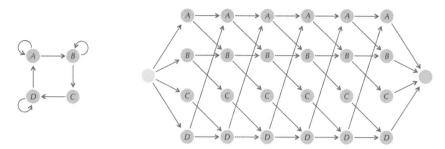

그림 10.8 (왼쪽) 4개의 상태가 있는 HMM에 대한 HMM 도표. 여기서 *A*에서 *D* 그리고 *C*에서 *C*로의 상태 전이가 금지돼 있다. 금지된 상태 간 전이에 해당하는 에지는 HMM 도표에 포함돼 있지 않다. (오른쪽) 이 HMM에 대한 비터비 그래프 및 이 HMM이 방출한 길이 6짜리 문자열

특정 HMM에서 가장 그럴듯한 결과물 찾기

동적 프로그래밍을 사용하면 HMM에서 가장 그럴듯한 감춰진 경로를 찾는 것에서 더 나아가서 다른 질문에 대한 대답도 찾을 수 있다. 예를 들어 이미 감춰진 경로 π에 대한 확률 $\Pr(\pi)$를 계산했다. 그렇다면 HMM 이 특정 문자열 *x*를 방출할 확률 $\Pr(x)$는 어떤가?

연습 문제 사기꾼 카지노에서 'HHTT'와 'HTHT' 중 어떤 결과가 더 나올 가능성이 큰가? 동전 던지기를 네 번 했을 때 가장 가능성이 높은 서열을 어떻게 찾을 수 있을까?

결과 가능성 문제

HMM이 주어진 문자열을 방출할 확률을 계산하라.

입력: HMM(Σ, *States*, *Transition*, *Emission*)이 방출한 문자열 $x = x_1 \dots x_n$

출력: 이 HMM이 *x*를 방출할 확률 $\Pr(x)$

잠깐 멈추고 생각해 보자 결과 가능성 문제를 풀려면 비터비 반복 수식 ($s_{k,i} = \max_{\text{all states } l} \{s_{l,i-1} \cdot \text{WEIGHT}_i(l, k)\}$)을 약간 수정해야 한다. 어디를 수정해야 할까?

602

$\Pr(x)$는 모든 가능한 감춰진 경로 π에 대한 $\Pr(x, \pi)$의 합과 같다는 것을 이미 알고 있다. 그러나 비터비 그래프에 있는 경로의 수는 방출된 문자열 x의 길이에 지수로 비례해 늘어난다. 따라서 $\Pr(x)$를 계산하는 더 빠른 접근법을 개발하고자 동적 프로그래밍을 사용할 것이다.

비터비 그래프에서 소스 노드로부터 노드 (k, i)까지 존재하는 모든 경로의 가중치의 부분곱을 $forward_{k,i}$라고 하겠다. 이때 $forward_{sink}$는 $\Pr(x)$와 같다는 것을 알아두자. $forward_{k,i}$를 계산하고자 먼저 소스 노드에서 (k, i)까지의 모든 가능한 경로를 $|States|$개의 부분 집합으로 나눌 것이며, 각 부분 집합은 노드 $(l, i-1)$을 거쳐가는 경로들로 돼 있다. 따라서 $forward_{k,i}$는 $|States|$개의 요소의 합과 같다.

$$forward_{k,i} = \sum_{\text{all states } l} forward_{l,i-1} \cdot (\text{weight of edge connecting } (l, i-1) \text{ and } (k,i))$$
$$= \sum_{\text{all states } l} forward_{l,i-1} \cdot \text{WEIGHT}_i(l,k)$$

이 반복 수식은 아래의 비터비 반복 수식과 단 한 가지 차이점이 있는데,

$$s_{k,i} = \max_{\text{all states } l} \left\{ s_{l,i-1} \cdot \text{WEIGHT}_i(l,k) \right\}$$

바로 비터비 알고리듬에서 최대를 가리키는 수식이 합을 가리키는 문자로 바뀌었다는 점이다. 이제 $forward_{sink}$를 계산해서 결과 가능성 문제를 해결할 수 있는데 이는 다음과 같다.

$$\sum_{\text{all states } k} forward_{k,n}$$

이제 방출된 문자열 x로부터 $\Pr(x)$를 계산할 수 있게 됐으므로 좀 더 자연스러운 의문으로서 가장 가능성이 높은 문자열이 무엇인지가 궁금해질 것이다. 사기꾼 딜러의 예제에서 이 의문은 딜러가 사용할 수 있는 모든 가능한 공평한 동전 및 조작된 동전의 서열에 대해 가장 나올 가능성이 높은 문자열을 찾는 문제에 해당한다.

최대 가능성 결과 문제

특정 HMM 이 방출할 수 있는 가장 가능성이 높은 문자열을 찾아라.

    입력: HMM(Σ, *States*, *Transition*, *Emission*)과 숫자 n
    출력: 이 HMM이 방출할 수 있는 가장 가능성이 높은 문자열 $x = x_1...x_n$. 즉 이 HMM에서 x가 방출될 확률 $\Pr(x)$를 최대로 하는 문자열

서열 정렬을 위한 프로필 HMM

HMM과 서열 정렬은 어떤 관련이 있는가?

HMM이 열마다 점수를 계산하는 방식의 서열 정렬과 도대체 어떤 관련이 있는지 의문이 들 수 있다. 아래에 설명하겠지만 HMM은 이 문제에 대한 우아한 해법을 제시해 준다.

서로 연관된 단백질들의 집합이 주어졌을 때 새로 서열이 밝혀진 단백질이 이 집단에 속하는지 알고자 이 단백질과 해당 집단의 각 단백질 사이의 서열 쌍 정렬을 구축해 볼 수 있다. 이 정렬 점수 중 하나라도 엄격한 기준 점수를 넘어간다면 이 단백질이 해당 단백질 집단에 속한다고 가정할 수 있다. 그러나 이 접근법은 멀지만 연관된 단백질을 찾는 데는 실패할 수 있다. 그 예시가 바로 서로 다른 HIV 분리주에서 얻은 gp120 단백질인데 이 단백질들은 이 기준 점수에 도달하지 못할 수 있기 때문이다. 어떤 서열이 특정 집단의 많은 구성원들과 유사도가 낮은 경우 이 단백질은 해당 집단에 속할 가능성이 크다.

문제는 새로운 단백질을 해당 집단의 모든 구성원에 대해 한번에 정렬하는 것이다. 이를 위해서는 먼저 해당 단백질 집단에 대한 다중 정렬을 이미 구축했다는 가정이 필요하다. 다행히도 대부분의 경우 두 단백질이 같은 집단에서 온 것이 명확할 것이다(즉 이 단백질들이 서로 가까운 종에서 얻어졌을 가능성이 크다). 따라서 생물학자들은 종종 의심할 여지없이 관련된 단백질에 대한 정렬을 구축하는 것으로 시작한다. 이 단백질은 5장에서 다뤘던 단순한 다중 정렬 방법을 사용해도 정렬하기가 쉬운 편이다.

그림 10.9(첫 번째 그림)에서는 가상의 단백질 집단에 대한 5×10 정렬 *Alignment*를 볼 수 있다. 이 정렬에서 여섯 번째 열과 일곱 번째 열에는 공백이 여러 개 존재하며 이 집단의 의미 있는 특성을 나타내지는 않는다는 것을 알 수 있다. 이에 따라 생물학자들은 종종 제외 기준값인 θ보다 공백의 비율이 크거나 같은 열을 분석에서 제외한다. 열을 제외하는 작업을 거치면 5×8 형태의 **시드 정렬**seed alignment이 만들어진다(그림 10.9 두 번째 그림).

관련된 단백질들의 집단을 나타내는 시드 정렬 *Alignment**이 주어졌을 때 우리의 목표는 글자들의 성향을 현실적으로 모델링하는 HMM을 구축하는 것이다. 이를 프로필 매트릭스 PROFILE(*Alignment**)라고 한다(그림 10.9 세 번째 그림). 기존의 시드 정렬을 주어진 문자열 *Text*에 정렬하는 대신 해당 HMM이 *Text*를 방출할 확률을 계산하는 방법을 생각해 볼 것이다. 만약 HMM이 잘 설계돼 있다면 *Text*가 *Alignment**에 있는 문자열들과 비슷할수록 HMM이 *Text*를 방출할 가능성이 커질 것이다.

먼저 *Alignment**의 첫 번째 열을 **매치 상태**^match state라고 하는 k개의 연속적으로 연결된 상태들로 생각한 간단한 HMM을 구축할 것이다(그림 10.9 네 번째 그림). 이것을 MATCH(1),...,MATCH(k)라고 하자. HMM이 MATCH(i)라는 상태로 들어오면 이 HMM은 PROFILE(*Alignment**)의 i번째 열에서 글자 x가 나타나는 빈도만큼의 확률로 글자 x_i를 방출한다. 이후 HMM은 MATCH($i+1$)이라는 상태로 넘어가며 이때의 전이 확률은 1과 같다.

	1	2	3	4	5	6		6	7	8
	A	C	D	E	F	A	C	A	D	F
	A	F	D	A	-	-	-	C	C	F
Alignment	A	-	-	E	F	D	-	F	D	C
	A	C	A	F	-	-	-	A	-	C
	A	D	D	E	F	A	A	A	D	F

	1	2	3	4	5	6	7	8
	A	C	D	E	F	A	D	F
	A	F	D	A	-	C	C	F
Alignment*	A	-	-	E	F	F	D	C
	A	C	A	E	F	A	-	C
	A	D	D	E	F	A	D	F

		1	2	3	4	5	6	7	8
	A	1	0	1/4	1/5	0	3/5	0	0
	C	0	2/4	0	0	0	1/5	1/4	2/5
PROFILE(*Alignment**)	D	0	1/4	3/4	0	0	0	3/4	0
	E	0	0	0	4/5	0	0	0	0
	F	0	1/4	0	0	1	1/5	0	3/5

$M_1 \longrightarrow M_2 \longrightarrow M_3 \longrightarrow M_4 \longrightarrow M_5 \longrightarrow M_6 \longrightarrow M_7 \longrightarrow M_8$

그림 10.9 5×10 다중 정렬 *Alignment*(첫 번째 그림), 5×8 시드 정렬 *Alignment**(두 번째 그림), 이 시드 정렬에 대한 프로필 행렬 PROFILE(*Alignment**)(세 번째 그림), 이 프로필에 대한 모델을 나타내는 간단한 HMM(네 번째 그림). 시드 정렬은 기존의 정렬에서 잘 보존되지 않은 열들(회색으로 표시됨)을 제외함으로써 만들어진다. 이때 공백의 비율이 제외 기준값 $\theta = 0.35$와 같거나 더 큰 열들을 제외한다. 기존의 정렬과 시드 정렬의 관계를 더 잘 보여 주고자 시드 정렬에서 처음 5개의 열과 나머지 3개의 열을 분리하고 이 열들에 대한 번호를 기존 정렬 위에 표시했다. 각 매치 상태 MATCH(i)는 줄여서 M_i라고 표시했다. 이 HMM에서 가능한 경로는 단 하나다. 초기 상태는 MATCH(1)이며, 상태 MATCH(i)에서 상태 MATCH($i+1$)로의 전이 확률은 모든 i에 대해 1이며 다른 모든 전이는 금지된다. 방출 확률은 프로필에서의 빈도와 같다. 즉 M_2에서의 방출 확률은 A는 0, C는 2/4, D는 1/4, E는 0, F는 1/4 이다.

*Alignment**와 *Text*의 **유사도 점수**^{similarity score}는 *Alignment**에 대한 이 HMM이 *Text*를 방출할 확률 Pr(*Text*)이다. 이 점수는 PROFILE(*Alignment**)에서 *Text*의 각 글자들의 빈도 값의 부분곱과 같다. 예를 들어 그림 10.9에 있는 HMM이 ADDAFFDF를 방출할 확률은 다음과 같다.

$$1 \cdot \frac{1}{4} \cdot \frac{3}{4} \cdot \frac{1}{5} \cdot 1 \cdot \frac{1}{5} \cdot \frac{3}{4} \cdot \frac{3}{5} = 0.003375$$

STOP 잠깐 멈추고 생각해 보자 그림 10.9에 있는 HMM의 한계점은 무엇일까?

여기서 제안한 HMM은 그림 10.9의 각 열을 서로 다른 방식으로 점수를 매기며, *Text*가 *Alignment**와 비슷할수록 유사도 점수가 높아지게 된다. 그러나 이 HMM에는 감춰진 경로가 하나밖에 존재하지 않기 때문에 기존 HMM의 정신을 이어가지 못하고 있다. 게다가 삽입이나 삭제에 대해 고려하지 않는 단순한 관점으로 다중 정렬을 바라보고 있다. 마지막으로 이 방법은 *Text*의 길이가 *Alignment**에 있는 열의 개수와 같은 경우에만 *Text*를 *Alignment**에 '정렬'할 수 있다(그림 10.10). 우리는 이런 HMM의 한계점들을 더욱 강력한 HMM의 기반으로 활용할 것이다.

	A	C	D	E	F	A	D	F
	A	F	D	A	−	C	C	F
Alignment*	A	−	−	E	F	F	D	C
	A	C	A	E	F	A	−	C
	A	D	D	E	F	A	D	F
Text	A	D	D	A	F	F	D	F
방출 확률	1	1/4	3/4	1/5	1	1/5	3/4	3/5

그림 10.10 그림 10.9에서 *Text* = ADDAFFDF를 시드 정렬 *Alignment**에 정렬하는 과정을 단순한 HMM으로 나타낸 그림. 이 HMM에는 한계가 있는데 그 이유는 길이가 8이 아닌 다른 문자열은 정렬할 수 없기 때문이다. 실제로 *Text*에 공백을 추가하거나 *Text*의 글자를 *Alignment**에 있는 열 '사이'에 추가할 수 있는 방법은 없다.

프로필 HMM 구축하기

여기서 제안한 향상된 HMM은 **프로필 HMM**^{profile HMM}이라 불린다. 주어진 다중 정렬 *Alignment*과 시드 정렬 *Alignment**를 만들 때 사용된 열 제외 기준값 θ에 대한 프로필 HMM을 HMM(*Alignment*, θ)라고 할 것이다. 프로필 HMM은 시드 정렬로부터 구축되기 때문에 약식으로는 HMM(*Alignment**)라고도 부를 것이다. 주어진 시드 정렬에 대해 정렬해야 하는 문자열 *Text*가 주어졌을 때 우리의 목표는 이 HMM과 방출된 문자열 *Text*에 대한 복호화 문제를 풀어서 프로필 HMM에 있는 최적의 감춰진 경로를 찾는 것이다.

처음에 그림 10.9에 있는 HMM을 사용해 시도한 것과 같이 프로필 HMM은 여전히 상태들을 정해진 순서대로 거쳐갈 것이다. 이는 *Alignment**에 있는 열을 왼쪽부터 오른쪽으로 순서대로 거쳐가는 것과 일치한다. 그러나 다양한 길이의 문자열 *Text*를 정렬하려면 k개의 매치 상태뿐 아니라 더 많은 상태가 필요하다.

먼저 INSERTION(0),..., INSERTION(k)라고 하는 $k + 1$개의 **삽입 상태**insertion state를 추가한다(그림 10.11). INSERTION(i) 상태에 들어서면 profile HMM이 PROFILE(*Alignment**)의 i번째 열에 도달한 다음 부분 그리고 ($i + 1$)번째 열에 도달하기 전 부분에 추가로 글자를 방출할 수 있게 된다. 이에 따라 상태 MATCH(i)를 INTERSION(i)에 연결하고 INSERTION(i)를 MATCH($i + 1$)에 연결할 것이다. 또한 PROFILE(*Alignment**)의 열들 사이에 여러 개의 글자가 삽입될 수 있도록 INSERTION(i)를 자기 자신과 연결할 것이다.

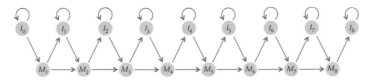

그림 10.11 그림 10.9의 시드 정렬에 매치 상태와 삽입 상태가 추가된 도표. 각각은 *M*과 *I*로 나타냈다. 상태 I_0와 I_8은 각각 *Alignment**에서 시작부분 전과 끝부분 후에 삽입되는 글자에 대한 모델을 나타낸다.

잠깐 멈추고 생각해 보자 그림 10.11의 HMM을 사용해 길이가 8보다 작은 문자열 *Text*를 정렬할 수 있는가?

PROFILE(*Alignment**)에 새로운 글자가 삽입되는 것에 대한 모델을 만든 뒤에는 프로필 HMM이 PROFILE(*Alignment**)의 열들을 건너뛸 수 있도록 하는 '삭제deletion'에 대한 모델 역시 만들어야 한다. 이 삭제에 대한 모델을 만드는 한 가지 방법은 프로필 HMM에 있는 모든 상태를 각각의 오른쪽에 있는 모든 상태에 연결하는 것이다(그림 10.12).

잠깐 멈추고 생각해 보자 601페이지의 연습 문제를 다시 확인해 보고 HMM 도표에서 비터비 알고리듬의 계산 시간이 (전이 확률이 0이 아닌) 에지의 수에 비례한다는 것을 떠올려 보자. 그림 10.12의 도표에 있는 에지의 수는 몇 개인가? 이 HMM 도표에 있는 에지의 수를 줄일 수 있는 방법은 무엇인가?

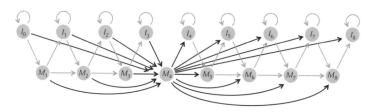

그림 10.12 그림 10.11에 있는 프로필 HMM에서 모든 상태 노드를 해당 노드의 오른쪽에 있는 모든 노드와 연결하는 에지들을 추가함으로써 *Text*를 이 정렬과 비교할 때 *Alignment*의 열들을 건너뛸 수 있게 된다. 위의 HMM 도표는 MATCH(4)로 들어가는 에지들과 MATCH(4)에서 나가는 에지들을 강조 표시한 것이다.

그림 10.12처럼 상태를 건너뛰는 대신 DELETION(1),...,DELETION(k)라고 하는 k개의 침묵 **삭제 상태**^{deletion state}를 추가해서 HMM 도표의 에시 수를 줄일 수 있다(그림 10.13). 예를 들어 MATCH($i-1$)에서 MATCH($i+1$)로 건너뛰는 대신 MATCH($i-1$) → DELETION(i) → MATCH($i+1$)로 이어지는 전이를 만들 수 있다. DELETION(i) 상태에 들어서면 HMM은 글자를 방출하지 않고 정렬에 있는 열 하나를 건너뛸 수 있게 된다.

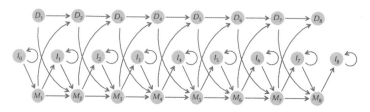

그림 10.13 침묵 삭제 상태(D_i로 줄여서 표시함)를 프로필 HMM에 추가한 그림

잠깐 멈추고 생각해 보자 이제 그림 10.13에 있는 그림은 적절해 보이는가? 또는 추가해야 하는 것이 더 있는데 잊고 있는 것인가?

이제 매치 상태와 삽입 상태 사이에서 서로 전이가 가능하며 매치 상태와 삭제 상태 사이에서도 서로 전이가 가능하다. 그러나 삽입 상태와 삭제 상태 간의 전이는 아직 불가능하다. 따라서 프로필 HMM 도표는 각 i에 대해 INSERTION(i)에서 DELETION($i+1$)로 이어지는 에지와 DELETION(i)에서 INSERTION(i)로 이어지는 에지를 추가해야 한다. 이를 통해 프로필 HMM에서는 어떤 매치/삽입 상태에서 측면에 있는 중간 삭제 상태들을 거쳐가면 해당 상태의 오른쪽에 있는 모든 매치/삽입 상태로 이동할 수 있다. 이제 초기 상태 (S)와 첫 매치/삽입/삭제 상태를 연결하고 마지막 매치/삽입/삭제 상태를 마지막 상태 (E)에 연결하면 그림 10.14에 있는 완벽한 프로필 HMM을 얻을 수 있다.

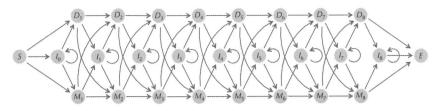

그림 10.14 삽입 상태에서 삭제 상태로의 전이와 그 반대 방향으로의 전이를 추가함으로써 그림 10.9에 있는 프로 필 행렬에 대한 프로필 HMM를 완성하게 된다. 침묵 초기 상태 및 마지막 상태는 각각 S, E로 나타냈다.

잠깐 멈추고 생각해 보자 아래의 질문들을 생각해 보자.

- 그림 10.14에 있는 HMM 도표에서 에지의 수는 몇 개인가? 그림 10.12에 있는 HMM 도표에 비해 어떤가?

- 그림 10.14의 프로필 HMM에서 비터비 그래프는 어떻게 생겼는가? 노드와 에지의 수는 각각 몇 개 인가?

프로필 HMM에서의 전이 확률과 방출 확률

그림 10.15에서는 그림 10.9의 다중 정렬 *Alignment*로 돌아가서 이 정렬에 있는 5개의 행 각각을 HMM(*Alignment**)에 대한 도표의 경로로 표시했다. 시드 정렬 *Alignment**에 있는 (회색 표시가 없는 열의) 글자들은 매치 상태(공백이 아닌 글자) 또는 삭제 상태(공백 글자) 에 해당한다. 시드 정렬에 없는(회색 표시가 있는 열의) 글자들에서 공백 글자들은 무시되고 공백이 아닌 글자들은 삽입 상태에서 방출된다.

잠깐 멈추고 생각해 보자 그림 10.15의 정렬에 대한 프로필 HMM에서 전이 확률과 방출 확률은 어떻 게 할당할 것인가?

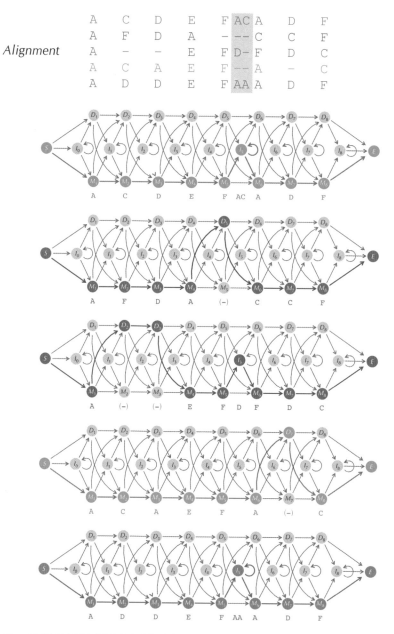

그림 10.15 그림 10.9의 정렬에서 5개의 열에 해당하는 5개의 경로를 나타낸 프로필 HMM. HMM 도표 밑에 있는 공백 글자는 삭제 상태에 해당하고, HMM에서 방출되지 않았다는 뜻으로 괄호로 묶어 놓았다.

전이 확률 $transition_{l,k}$를 할당하려면 단순하게 상태 l을 거쳐가는 모든 경로에 해당하는 이 색칠된 경로들을 통해 상태 l에서 상태 k로 전이가 일어나는 빈도를 사용하면 된다. 예를 들어 그림 10.15에서 색칠된 경로 중 4개가 MATCH(5)를 거쳐간다. 이 경로들 중 3개의 경로는 INSERTION(5)로 전이가 일어나며 하나는 MATCH(6)로 전이가 일어난다. 따라서 MATCH(5)에서의 전이 확률을 다음과 같이 정할 수 있다.

$$transition_{\text{MATCH}(5), \text{INSERTION}(5)} = 3/4$$
$$transition_{\text{MATCH}(5), \text{MATCH}(6)} = 1/4$$
$$transition_{\text{MATCH}(5), \text{DELETION}(6)} = 0$$

초기 상태에서의 전이 확률은 임의로 정의할 수 있다. 그림 10.15에 있는 다중 정렬에 대해서 MATCH(1)로 전이될 확률은 1이다. 일반적인 HMM에서 초기 상태로부터 갈 수 있는 유일한 상태는 INSERTION(0)과 DELETION(1)이다. 완성된 전이 확률에 대한 행렬은 그림 10.16에 나타나 있다.

잠깐 멈추고 생각해 보자 그림 10.15의 정렬의 문자열 개수가 적기 때문에 그림 10.16에서 회색으로 표시된 셀(cell)의 전이 확률은 대부분 0과 같다. 이 0값들로 발생할 수 있는 안 좋은 결과들은 무엇이며, 이를 어떻게 해결할 것인가?

방출 확률 $eimssion_k(b)$를 할당하고자 상태 k에서 글자 b가 방출되는 횟수를 상태 k에서 글자가 방출되는 모든 횟수로 나눠 준다. 예를 들어 그림 10.15의 INSERTION(5)에서는 A가 세 번, C가 한 번, D가 한 번 방출된다. (메모: 이 글자들은 *Alignment*에서 회색으로 표시된 열, 즉 공백 글자의 비율이 열 제의 기준값 θ를 넘는 열에서 나온다.) 또한 MATCH(2)에서는 C가 두 번, D가 한 번, F가 한 번 방출된다. 따라서 이 두 상태에 대한 방출 확률을 다음과 같이 추론할 수 있다.

$$emission_{\text{INSERTION}(5)}(A) = 3/5 \qquad emission_{\text{MATCH}(2)}(A) = 0$$
$$emission_{\text{INSERTION}(5)}(C) = 1/5 \qquad emission_{\text{MATCH}(2)}(C) = 2/4$$
$$emission_{\text{INSERTION}(5)}(D) = 1/5 \qquad emission_{\text{MATCH}(2)}(D) = 1/4$$
$$emission_{\text{INSERTION}(5)}(E) = 0 \qquad emission_{\text{MATCH}(2)}(E) = 0$$
$$emission_{\text{INSERTION}(5)}(F) = 0 \qquad emission_{\text{MATCH}(2)}(F) = 1/4$$

연습 문제 그림 10.9의 *Alignment*로부터 만들어진 HMM(*Alignment*, 0.35)에 대한 27×20 방출 확률 행렬을 구축하라.

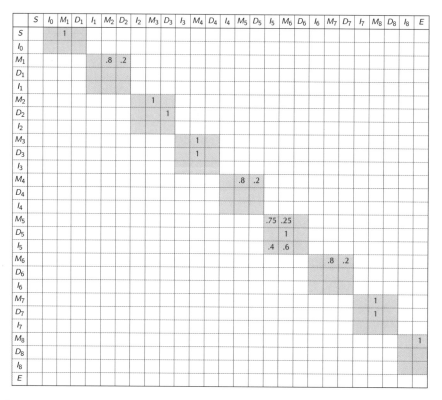

	S	I_0	M_1	D_1	I_1	M_2	D_2	I_2	M_3	D_3	I_3	M_4	D_4	I_4	M_5	D_5	I_5	M_6	D_6	I_6	M_7	D_7	I_7	M_8	D_8	I_8	E
S			1																								
I_0																											
M_1					.8	.2																					
D_1																											
I_1																											
M_2									1																		
D_2										1																	
I_2																											
M_3												1															
D_3												1															
I_3																											
M_4															.8	.2											
D_4																											
I_4																											
M_5																	.75	.25									
D_5																		1									
I_5																	.4	.6									
M_6																					.8	.2					
D_6																											
I_6																											
M_7																								1			
D_7																								1			
I_7																											
M_8																											1
D_8																											
I_8																											
E																											

그림 10.16 HMM(*Alignment*, 0.35)에 대한 27×27 전이 확률 행렬. 여기서 *Alignment*는 그림 10.9의 다중 정렬이며 0.35는 열 제외 기준값이다. 이 행렬에서 각 행과 열은 그림 10.14의 HMM 도표에 있는 27개 노드들에 해당한다. 비어 있는 모든 셀의 값은 0과 같다. 회색으로 표시된 셀들은 그림 10.14의 HMM 도표에 있는 에지들에 해당한다. 흰색으로 표시된 셀들은 전이가 금지된 에지들에 해당한다.

이제 임의의 다중 정렬에 대한 프로필 HMM을 구축할 준비가 됐다.

프로필 HMM 문제

다중 정렬에 대한 HMM을 구축하라.

입력: 다중 정렬 *Alignment*와 기준값 θ

출력: HMM(*Alignment*, θ)

연습 문제 그림 10.1의 HIV에 대해 프로필 HMM을 구축하라. 이때 $\theta = 0.35$로 지정하라.

프로필 HMM을 사용해 단백질 분류하기

프로필 HMM에 단백질 정렬하기

이제 주어진 단백질 집단 *Alignment*이 있을 때 새로 서열이 밝혀진 단백질 *Text*가 이 집단에 속하는지 결정하는 문제로 돌아올 수 있다. 먼저 특정 매개변수 θ에 대한 HMM(*Alignment*, θ)를 만든다. 그림 10.17에 나온 것처럼 HMM(*Alignment*, θ)에 있는 감춰진 경로는 *Text*를 *Alignment*에 정렬할 때 만들어지는 매치, 삽입, 삭제 상태들의 서열에 해당한다.

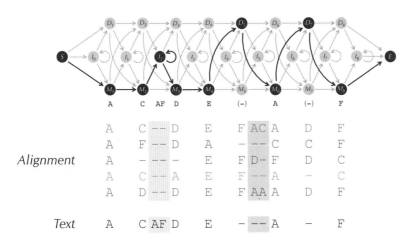

그림 10.17 (위쪽) 그림 10.9에 있는 다중 정렬에 대한 HMM(*Alignment*, 0.35)에 있는 한 가지 경로와 방출된 문자열 *Text* = ACAFDEAF. (아래쪽) *Text*를 *Alignment*에 정렬하는 것에 해당하는 방출된 글자들. 여기서 처음 2개의 글자들은 매치 상태에서 방출된 글자들이며 정렬에서 처음 2개의 위치에 있는 글자들에 해당한다. 다음 2개의 글자들은 삽입 상태에서 방출됐으며 분홍색으로 된 자신들만의 열에 해당한다. 일곱 번째와 여덟 번째 열에 있는 공백 글자는 삭제 상태에 해당한다. 이 글자들은 HMM에서 방출되지 않는다. 회색 열에 있는 공백 글자들은 어떤 상태에도 속하지 않으며 이들은 건너뛴다. 색칠되지 않은 열들은 새로 서열이 밝혀진 단백질을 비교한 6×8 시드 정렬을 형성하고 있다.

*Text*를 *Alignment*에 정렬할 때 '최적의' 정렬을 찾으려면 단순히 비터비 알고리듬을 적용해 HMM(*Alignment*, θ)에 있는 최적의 감춰진 경로를 찾으면 된다. 이렇게 만들어진 최적의 경로에 대한 부분곱 가중치가 이전에 정해 둔 기준값을 넘게 되면 *Text*가 이 단백질 집단에 속한다는 결론을 내릴 수 있으며 기존의 시드 정렬에 *Text*에 해당하는 행을 추가해 보강할 수 있다. 이 방법을 통해 시드 정렬에 더 많은 멤버를 추가할 수 있으며 점점 커지는 다중 정렬에 새로운 단백질을 추가할 수 있다. 이에 따라 연구하고자 하는 단백질 집단을 분석하기에 더욱더 적절한 프로필 HMM을 구축할 수 있게 된다.

프로필 HMM은 결국 우리의 원래 목표를 달성하도록 도와줬다. 바로 다중 정렬에서 각 열에 대한 글자 빈도를 기반으로 열마다 다르게 점수를 매길 수 있도록 하는 것이다. 예를 들어 *Alignment**의 일곱 번째 열에 A가 C보다 더 많이 나왔고 아홉 번째 열에서는 C가 A보다 더 많이 나왔다고 가정해 보자. MATCH(7)을 거치는 감춰진 경로는 A를 방출하는 것에 C를 방출하는 것보다 더 많은 보상을 줄 것이며 MATCH(9)을 거치는 감춰진 경로는 C를 방출하는 것에 A를 방출하는 것보다 더 많은 보상을 줄 것이다.

유사 횟수의 귀환

그림 10.16에서 대부분의 회색 셀의 전이 확률은 0과 같다(방출 확률도 그렇다). 이 0값들은 문제를 발생시킬 수 있다. 예를 들어, 그림 10.17에 있는 경로는 *Text* = ACAFDEAF에 대해서는 완벽하게 들어맞는 것으로 보이지만, 이 프로필 HMM에서 MATCH(2)에서 INSERTION(2)로 가는 전이 확률이 0이기 때문에 $\Pr(x, \pi)$는 0이 된다.

2장에서처럼 그림 10.14의 HMM 도표에서 에지에 해당하는 전이 확률들(그림 10.16에서 회색 요소들)에 대해 매우 작은 값을 더해서 유사 횟수^{pseudocount}를 만들어 낼 것이다. 그림 10.16에서 흰색 셀들은 금지된 전이를 나타내며, 이들은 유사 횟수에 영향을 받지 않는다. 만들어진 행렬은 정규화 과정을 거쳐서 각 행의 합이 1과 같도록 만들어야 한다.

또한 방출 확률의 행렬에도 유사 횟수를 더한 뒤 행렬을 정규화할 것이다. 이렇게 만들어진 전이 확률과 방출 확률에 대한 정규화된 행렬로 정의되는 프로필 HMM을 HMM(*Alignment*, θ, σ)라고 할 것이다.

유사 횟수를 사용한 프로필 HMM 문제

다중 정렬에 대해 유사 횟수를 사용한 프로필 HMM을 구축하라.

　입력: 다중 정렬 *Alignment*, 기준값 θ, 유사 횟수 값 σ

　출력: HMM(*Alignment*, θ, σ)

이제 문자열 *Text*를 다중 정렬에 정렬할 준비가 됐다. 이 문자열에 대한 비터비 그래프를 구축하고(그림 10.18) 복호화 문제를 풀어서 가장 그럴듯한 감춰진 경로를 찾으면 된다.

골치 아픈 침묵 상태 문제

그림 10.18에 대한 의문이 없는 채로 여기까지 왔다면 우리가 침묵 상태가 있는 HMM에 대한 복호화 문제를 해결하는 것이 보는 것만큼 쉽지 않다는 사실을 잘 숨겨 왔다는 뜻이다. 그림 10.18의 그래프는 비터비 그래프가 아니다. 왜 아닌지 알아보고자 그림 10.19를 살펴보자. 이 그림에서는 그림 10.18과 똑같은 문자열을 방출하지만 침묵 삭제 상태 하나를 덜 거쳐가고 이에 따라 열의 개수가 하나 줄어들었다. 그런데 비터비 그래프는 감춰진 경로 π에 따라 바뀌는 것이 허용되지 않는데, 그 이유는 우리가 감춰진 경로를 미리 알 수 없기 때문이다! 대신, 비터비 그래프에 있는 열의 수는 방출된 문자열의 길이와 같아야 하며, 그림 10.18과 10.19는 모두 이 조건을 위반했다.

더 일반화해서 설명하자면 비터비 알고리듬은 시작 상태와 끝 상태를 제외하고는 침묵 상태를 허용하지 않는다. 다시 말해 이 알고리듬에서 비터비 그래프에 있는 노드 (k, i)는 'HMM이 상태 k에 있을 때 글자 x_i를 방출했다'는 사건을 나타낸다. 그런데 k가 침묵 상태라면 비터비 그래프에서 노드 (k, i)의 역할이 제대로 정의되지 않는다. 이 노드로 들어가는 에지에 대한 가중치를 어떻게 정의해야 할지 불분명하기 때문이다.

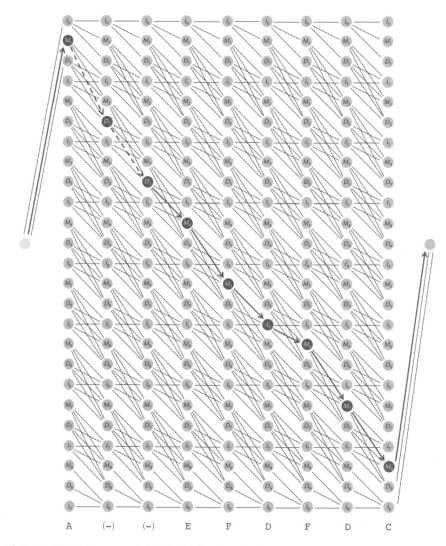

그림 10.18 HMM(*Alignment*, θ)에 대한 비터비 그래프 및 그림 10.15에서 방출된 문자열 AEFDFDC에 대응하는 경로(보라색으로 나타냄). 열 사이의 에지들은 그림 10.14의 HMM 도표에서 허용된 전이들에 해당하며 암시적인 오른쪽 방향을 갖고 있다. 삭제 상태에 해당하는 노드로 들어가는 에지들은 점선으로 표시돼 있다. 방출된 글자들은 각 열의 아래쪽에 표시돼 있다.

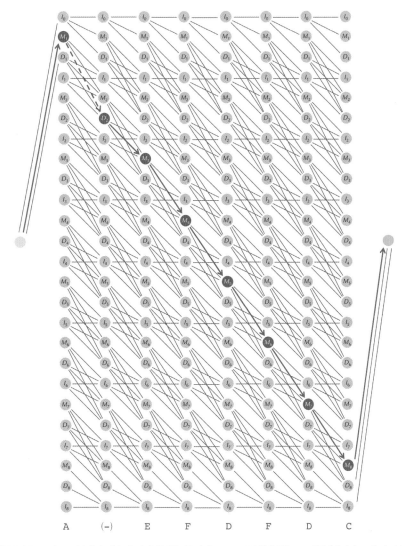

그림 10.19 그림 10.18에서 방출된 것과 똑같은 문자열 AEFDFDC를 방출하는 또 다른 '비터비 그래프'의 경로

다행히도 프로필 HMM의 경우에는 |*States*| 행과 |*Text*| 열이 있는 비터비 그래프를 정의함으로써 이 문제를 해결할 수 있다(그림 10.20). HMM 이 삭제 상태로 들어설 때마다 비터비 그래프의 다음 열로 넘어가는 대신(그림 10.18과 10.19처럼) 같은 열 안에서 움직일 것이다. HMM이 매치 상태 또는 삽입 상태로 들어설 때 다음 열로 넘어갈 것이다. 결국 비터비 그래프의 각 열은 해당 열에서 하나 이상의 상태를 거쳐간다 해도 글자 하나가 방출되는 것에 대응하게 된다.

연습 문제　k가 삭제 상태라고 했을 때 노드 (i, l)과 (i, k)를 연결하는 수직 에지의 가중치는 $transition_{l,k}$과 같다는 것을 증명하라.

잠깐 멈추고 생각해 보자　그림 10.20에 있는 그래프에 또 다른 문제가 남아 있는가?

그림 10.20의 그래프에는 아직 사소한 문제가 남아 있다. 만약 HMM이 시작 상태에서 DELETION(1) 상태로 움직이면 HMM은 첫 번째 열에서 아무 글자도 방출하지 않은 채로 움직이게 될 것이다. 따라서 시작 상태를 바꿔서 시작 상태와 모든 삭제 상태를 포함한 침묵 상태의 열로 만들 것이다(그림 10.21). 이 방법을 사용하면 HMM이 시작 상태에서 DELETION(1)로 들어갈 때 이 HMM은 첫 열에서 매치 상태나 삽입 상태로 바뀌기 전에 아래로 움직여서 삭제 상태로 들어갈 수 있다.

이제 프로필 HMM을 사용해 특정 서열을 시드 정렬에 정렬할 준비가 됐다. 남아 있는 유일한 함정은 $s_{k,i}$—또는 $\log(s_{k,i})$—를 계산할 때 모든 점수가 계산해 놔야 한다는 점이다. 따라서 그림 10.22에 나온 프로필 HMM처럼 위에서-아래로 열이 배치된 순서대로 진행하는 것을 제안하고자 한다.

프로필 HMM을 사용한 서열 정렬 문제

프로필 HMM을 사용해 새로운 서열을 어떤 서열의 집단에 정렬하라.

　입력: 다중 정렬 *Alignment*, 기준값 θ, 유사 횟수 σ, 문자열 *Text*
　출력: HMM(*Alignment*, θ, σ)에서 *Text*를 방출하는 최적의 감춰진 경로

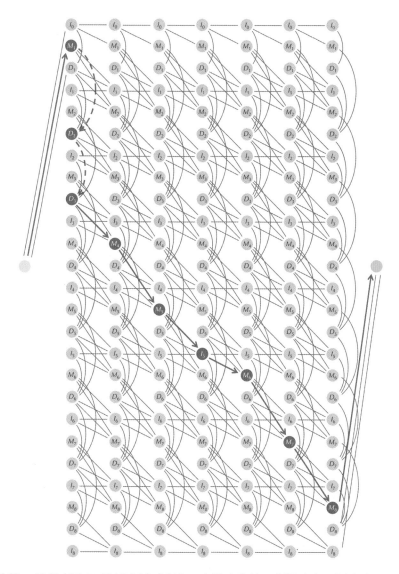

그림 10.20 그림 10.14의 프로필 HMM에 대해 |*States*|만큼의 행과 |*Text*|만큼의 열로 이뤄진 비터비 그래프. 이 프로필 HMM은 길이가 7인 문자열 *Text*를 방출하고 있으며 이에 따라 삭제 상태로 들어가는 에지들은 같은 열 안에서 아래쪽으로 내려간다. 이는 그림 10.18과 10.19에서 열이 바뀌는 것과는 다르다. 보라색 경로는 그림 10.15에서 AEFDFDC를 방출하고 있는 HMM에 대한 경로에 해당한다.

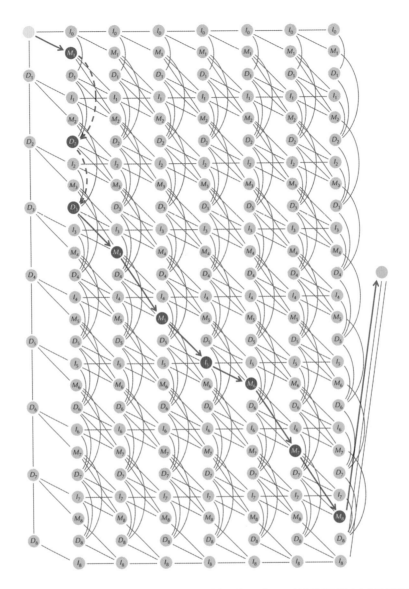

그림 10.21 그림 10.14의 프로필 HMM에 대한 최종 비터비 그래프. 이 프로필 HMM은 길이가 7인 문자열을 방출하고 있다. 같은 열에 있는 에지들의 방향은 아래쪽이다. 열 사이를 연결하는 에지들의 방향은 오른쪽이다. 보라색 경로는 그림 10.15에서 AEFDFDC를 방출하고 있는 HMM에 대한 경로에 해당한다.

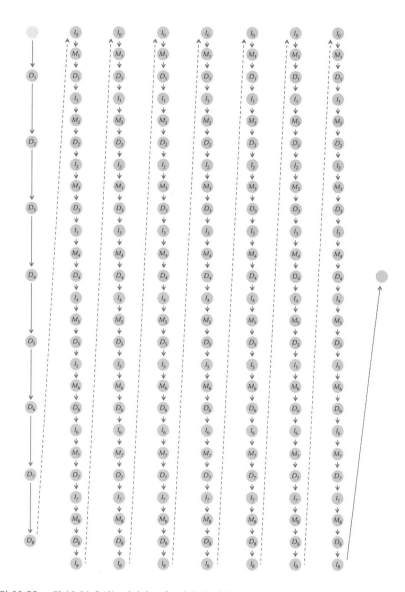

그림 10.22 그림 10.21에 있는 비터비 그래프의 순서. 진행 순서는 위에서 아래로 그리고 열 순서대로다.

연습 문제 침팬지에서 발견된 SIV(Simian Immunodeficiency Virus)에서 얻은 gp120 단백질들에 대한 그림 10.1의 다중 정렬(multiple alignment)을 보자. 이 프로필 HMM을 활용해 '프로필 HMM을 사용한 서열 정렬 문제'(618페이지 참고)를 풀어 보자.

잠깐 멈추고 생각해 보자 침묵 상태가 있는 임의의 HMM에 대한 비터비 그래프는 어떻게 구축할 것인가? 어떤 경우에 침묵 상태가 있는 임의의 HMM에 대한 비터비 그래프를 구축하는 것이 불가능한가?

프로필 HMM은 실제로 유용한가?

비터비 알고리듬은 모든 HMM에 적용할 수 있는데 중요한 점을 강조하고자 이 알고리듬이 프로필 HMM에 대해 어떻게 작동하는지 설명하겠다. 문자열 x가 있을 때 MATCH(j) 상태에서 끝나는 접두사 $x_1...x_i$에 대한 가장 그럴듯한 감춰진 경로를 $s_{\text{MATCH}(j),i}$라고 정의하겠다. $s_{\text{INSERTION}(j),i}$ 및 $s_{\text{DELETION}(j),i}$ 역시 마찬가지로 정의하겠다. MATCH(j)로 들어오는 에지는 세 개만 존재하기 때문에 비터비 반복 수식은 아래 수식을 따르게 된다.

$$s_{\text{MATCH}(j),i} = \max \begin{cases} s_{\text{MATCH}(j-1),i-1} \cdot \text{WEIGHT}_i(\text{MATCH}(j-1), \text{MATCH}(j)) \\ s_{\text{INSERTION}(j-1),i-1} \cdot \text{WEIGHT}_i(\text{INSERTION}(j-1), \text{INSERTION}(j)) \\ s_{\text{DELETION}(j-1),i-1} \cdot \text{WEIGHT}_i(\text{DELETION}(j-1), \text{DELETION}(j)) \end{cases}$$

양쪽에 로그를 씌우면 이 값은 다음 세 합의 최대값을 나타내게 되는데 이렇게 만들어진 반복 수식은 전역 서열쌍 정렬의 반복 관계와 매우 비슷하게 된다.

$$\log\left(s_{\text{MATCH}(j),i}\right) =$$
$$\max \begin{cases} \log\left(s_{\text{MATCH}(j-1),i-1}\right) + \log\left(\text{WEIGHT}_i(\text{MATCH}(j-1), \text{MATCH}(j))\right) \\ \log\left(s_{\text{INSERTION}(j-1),i-1}\right) + \log\left(\text{WEIGHT}_i(\text{INSERTION}(j-1), \text{INSERTION}(j))\right) \\ \log\left(s_{\text{DELETION}(j-1),i-1}\right) + \log\left(\text{WEIGHT}_i(\text{DELETION}(j-1), \text{DELETION}(j))\right) \end{cases}$$

그림 10.23은 유사-맨해튼 정렬 그래프의 경로가 어떻게 프로필 HMM의 경로에 대응되는지를 보여 주고 있다. 유사-맨해튼 그래프에서 대각선 에지, 수직 에지, 수평 에지는 각각 매치 상태, 삽입 상태, 삭제 상태에 해당한다.

622

그림 10.23을 보면 프로필 HMM이 서열쌍 정렬과 다소 동일한 것처럼 보이기 때문에 HMM을 괜히 설명해서 시간을 낭비하게 만든 것처럼 보일 수도 있다. 그러나 그림 10.23에서 에지를 선택하는 기준은 다양한 전이 확률과 방출 확률에 기반하고 있다는 것을 알아두자. 프로필 HMM을 사용하면 정렬 행렬에 있는 각 열의 점수 매개변수가 달라지기 때문에 5장의 단순한 점수화 방법으로는 간과될 수 있는 미묘한 유사성을 잡아낼 수 있게 된다.

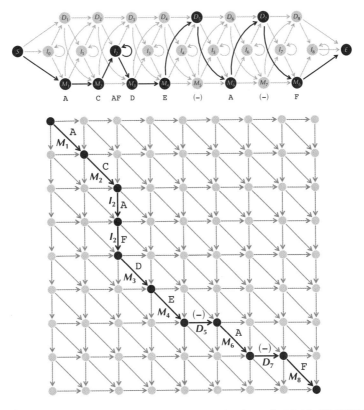

그림 10.23 (위쪽) 문자열 ACAFDEAF를 방출하고 있는 그림 10.17 위쪽의 프로필 HMM에 대한 감춰진 경로. (아래쪽) 감춰진 경로에 대응하는 유사-맨해튼 그래프상의 경로

HMM의 매개변수 배워 보기

감춰진 경로를 알고 있을 때 HMM 매개변수 추정하기

지금까지 했던 분석은 HMM의 매개변수, 즉 전이 확률 및 방출 확률을 알고 있다는 가정 하에 진행됐다. 그리고 프로필 HMM의 매개변수를 선택하는 단순한(그리고 최적은 아닌) 휴리스틱 방법을 설명했다. 그러나 임의의 HMM에 대한 매개변수를 어떻게 선택해야 하는지는 불분명하다.

실제로 HMM을 사용해 생물학적인 문제의 모델을 만들 때 가장 복잡한 부분은 바로 데이터로부터 HMM의 매개변수를 측정하는 작업이다. 시기꾼 카지노로 설명하자면 이미 딜러가 2개의 동전을 갖고 속임수를 쓴다는 것을 알고 있는데 이 동전들이 얼마나 조작됐는지 또는 딜러가 동전을 바꿔치기할 확률을 모른다고 상상해 보자. 동전 던지기의 결과들만으로 이러한 매개변수를 추론할 수 있겠는가?

잠깐 멈추고 생각해 보자 동전 던지기 결과로 'HHTHHHTHHTTTH'가 나왔다고 해보자. 추측하기에 두 동전의 조작된 정도와 동전을 바꿔치기할 확률은 어떻게 되는가? 만약 감춰진 경로 $\pi = $ FFFBBFFFFFBBB라는 것을 알게 된다면 추측은 달라지게 되는가?

여기서 행렬 *Transition* 및 *Emission*을 합쳐서 *Parameters*라고 부르겠다. 목표는 문자열 x만이 주어졌을 때 *Parameters*와 π를 알아내는 것이다. 이를 위해 x와 함께 *Parameters*가 주어지거나 반대로 x와 함께 π가 주어졌다고 가정하고 나머지 요소를 추론해 볼 것이다. 만약 x와 *Parameters*를 알고 있다면 가장 그럴듯한 감춰진 경로 π는 비터비 알고리듬을 사용해 알아낼 수 있다. 그러나 x와 감춰진 경로 π를 알 때 *Parameters*를 알아낼 수 있는 방법은 아직 다루지 않았다.

HMM 매개변수 추정 문제

방출된 문자열과 HMM의 감춰진 경로를 가장 잘 설명할 수 있는 최적의 매개변수를 알아내라.

입력: 전이 확률과 방출 확률을 알지 못하는 HMM이 방출한 문자열 $x = x_1...x_n$ 및 감춰진 경로 $\pi = \pi_1...\pi_n$

출력: 모든 가능한 행렬 중 $\Pr(x, \pi)$를 최대로 만드는 전이 행렬 *Transition*과 방출 행렬 *Emission*

만약 x와 π를 알고 있다면 프로필 HMM의 매개변수를 추정했던 방법과 유사한 방법을 사용해서 전이 확률과 방출 확률의 경험적 추정치를 계산할 수 있다. $T_{l,k}$를 감춰진 경로 π에서 상태 l에서 상태 k로의 전이 횟수라고 할 때 $T_{l,k}$와 상태 l에서 일어나는 전체 전이 횟수의 비율을 계산해서 확률 $transition_{l,k}$를 추정할 수 있다.

$$transition_{l,k} = \frac{T_{l,k}}{\sum_{\text{all states } j} T_{l,j}}$$

한편 감춰진 경로 π에서 상태 k일 때 글자 b가 방출되는 횟수를 $E_k(b)$라고 할 때 $E_k(b)$와 상태 k에서 방출된 전체 글자수의 비율을 계산해서 확률 $emission_k(b)$를 추론할 수 있다.

$$emission_k(b) = \frac{E_k(b)}{\sum_{\text{all symbols } c \text{ in the alphabet}} E_k(c)}$$

$Transition$과 $Emission$을 계산하는 위의 두 수식은 HMM 매개변수 추정 문제를 해결할 수 있는 매개변수들을 만들어 내게 된다.

비터비 학습

만약 x와 $Parameters$를 알고 있다면 비터비 알고리듬을 적용해 복호화 문제를 해결함으로써 가장 그럴듯한 경로 π를 구축할 수 있다.

$$(x, ?, Parameters) \rightarrow \pi$$

이와 달리 만약 x와 π를 알고 있다면 HMM 매개변수 추정 문제를 해결함으로써 $Parameters$를 재구축할 수 있다.

$$(x, \pi, ?) \rightarrow Parameters$$

잠깐 멈추고 생각해 보자 $(x, \theta, ?) \rightarrow Parameters$과 $(x, ?, Parameters) \rightarrow \pi$을 보면 무엇이 떠오르는가?

HMM 매개변수 학습 문제

방출된 문자열을 설명할 수 있는 매개변수를 추정하라.

입력: 전이 확률과 방출 확률을 알지 못하는 HMM이 방출한 문자열 $x = x_1 \ldots x_n$

출력: 가능한 모든 전이 행렬, 방출 행렬, 감춰진 행렬 π 중 Pr(x, π)를 최대로 하는 전이 행렬 *Transition*과 방출 행렬 *Emission*

불행히도 HMM 매개변수 학습 문제는 다루기 어려운 문제이기 때문에 대신 8장에서 배웠던 k-means 클러스터링에 대한 로이드 알고리듬과 유사한 휴리스틱을 개발할 것이다. 이 알고리듬은 그림 8.12에 나온 것처럼 다음 두 단계를 반복한다. '중심점에서 클러스터로' 단계와

$$(Data, ?, Centers) \rightarrow HiddenVector$$

'클러스터에서 중심점으로' 단계.

$$(Data, HiddenVector, ?) \rightarrow Centers$$

HMM 매개변수를 추정할 때처럼 먼저 임의로 추정한 초기 *Parameters*로부터 시작한다. 이후 비터비 알고리듬을 사용해 가장 그럴듯한 경로 π를 찾는다.

$$(x, ?, Parameters) \rightarrow \pi$$

π를 알게 된 뒤에는 처음에 선택한 *Parameters*를 다시 살펴보면서 HMM 매개변수 추정 문제에 대한 우리의 해법을 적용해 x와 π에 기반해 *Parameters*를 갱신한다.

$$(x, \pi, ?) \rightarrow Parameters'$$

이 두 단계를 반복하면서 매개변수의 추정값이 HMM 매개변수 학습 문제의 해답인 매개변수와 계속 가까워지기를 바라는 것이다.

$$(x, ?, Parameters) \rightarrow (x, \pi, Parameters) \quad \rightarrow (x, \pi, ?)$$
$$\rightarrow (x, \pi, Parameters') \quad \rightarrow (x, ?, Parameters')$$
$$\rightarrow (x, \pi', Parameters') \quad \rightarrow (x, \pi', ?)$$

HMM의 매개변수를 학습해 나가는 이 접근법은 **비터비 학습**이라고 부른다.

잠깐 멈추고 생각해 보자 비터비 학습을 진행해 가면서 Pr(x, π) 값이 줄어들 수도 있는가? 비터비 학습 알고리듬을 언제 끝내야 하는지 어떻게 결정하는가?

비터비 학습을 언제 끝내야 하는지 아직 언급하지 않았다는 것을 알아두자. 실제로는 계산 시간을 조절하고자 다양한 중단 규칙들이 존재한다. 예를 들어 반복 횟수가 기존에 설정된 기준값을 넘어가는 경우 또는 $\Pr(x, \pi)$ 값이 반복마다 너무 조금씩 변하는 경우 알고리듬을 중단할 수 있다.

또한 비터비 학습이 *Parameters*에 대한 초기 추정값에 의존하기 때문에 이 알고리듬이 특정 지역의 최적값에서 멈춰 버릴 수도 있다. 다른 휴리스틱과 마찬가지로 이 알고리듬은 여러 번 수행된 뒤 가장 적절한 *Parmeters*를 선택하게 된다.

> 연습 문제 비터비 학습을 적용해 CG-아일랜드에 대한 HMM 및 그림 10.1에 있는 gp120 HIV 정렬에 대한 프로필 HMM에서 매개변수를 학습해 보자.

매개변수 추정을 위한 소프트 결정

소프트 복호화 문제

8장에서 '소프트' 클러스터링 알고리듬을 소개했다. 이는 더 일반적인 기대값 최대화 알고리듬에 기반한 알고리듬이며 로이드 알고리듬이 데이터상의 점들을 클러스터에 할당하는 엄격한 할당을 완화한 방법이다. 이와 비슷하게 최적의 감춰진 경로 하나를 만들어 내고자 비터비 알고리듬은 HMM 이 특정 시간 i에서 상태 k에 있는지에 대해 엄격하게 'yes' 또는 'no'라는 답을 제시하게 된다. 그런데 실제로 그 상태가 맞는지 얼마나 확신할 수 있을까?

사기꾼 카지노로 다시 돌아와서 한 번 더 비유해 보자. i번째 동전 던지기 결과가 앞면이었다고 해보자. 만약 이 동전 던지기가 열 번의 연속된 앞면 결과 중간에 나온 것이었다면 조작된 동전이 사용된 것을 상대적으로 더 확신할 수 있다. 그런데 만약 i번째 동전 던지기 결과가 여섯 번의 앞면과 네 번의 뒷면이라는 열 번의 동전 던지기 결과 중간에 있다면 어떨까? 이런 경우 조작된 동전이 사용됐다는 확신이 덜해질 것이다.

임의의 HMM에 대해 문자열 x가 방출됐을 때 해당 HMM이 주어진 시간 i에서 상태 k에 있을 확률을 알아보려고 조건부 확률 $\Pr(\pi_i = k|x)$를 계산하고자 한다.

HMM이 방출한 문자열이 주어졌을 때 이 HMM이 특정 시간에 특정 상태에 있을 확률을 계산하라.

입력: HMM이 방출한 문자열 $x = x_1 \ldots x_n$

출력: 문자열 x가 방출됐을 때 해당 HMM이 주어진 시간 i에서 상태 k에 있을 조건부 확률 $\Pr(\pi_i = k \mid x)$

감춰진 경로가 특정 시간 i에서 상태 k에 있고 문자열 x를 방출할 확률은 다음과 같이 계산할 수 있다.

$$\Pr(\pi_i = k, x) = \sum_{\text{all paths } \pi \text{ with } \pi_i = k} \Pr(x, \pi)$$

조건부 확률 $\Pr(\pi_i = k \mid x)$은 문자열 x를 방출하는 모든 경로에 대해 해당 HMM이 특정 시간 i에서 상태 k를 거쳐가고 문자열 x를 방출한 경로들의 비율과 같다.

$$\Pr(\pi_i = k \mid x) = \frac{\Pr(\pi_i = k, x)}{\Pr(x)}$$
$$= \frac{\sum_{\text{all paths } \pi \text{ with } \pi_i = k} \Pr(x, \pi)}{\sum_{\text{all paths } \pi} \Pr(x, \pi)}$$

잠깐 멈추고 생각해 보자 사기꾼 카지노에 대한 비터비 알고리듬이 경로 $\pi = \pi_1 \pi_2 \ldots \pi_n$를 방출하고 $\pi_i = B$라고 한 경우 이 딜러는 i번째에 조작된 동전을 사용했을 확률이 더 큰 것인가? $\pi_i = B$이지만 $\Pr(\pi_i = B \mid x)$이 $\Pr(\pi_i = F \mid x)$보다 작을 수도 있는가?

순방향-역방향 알고리듬

알아 둬야 할 것은 $\Pr(\pi_i = k, x)$이 비터비 그래프에서 노드 (k, i)를 지나가면서 문자열 x를 방출하는 모든 경로 π의 부분곱 가중치 $\Pr(\pi, x)$의 합과 같다는 점이다. 그림 10.24(위쪽)에 나타난 것처럼 이와 같은 경로들을 각각 소스 노드에서 노드 (k, i)까지의 파란색 하위 경로(π_{blue}라고 부른다), 그리고 노드 (k, i)에서 싱크 노드까지의 빨간색 하위 경로(π_{red}라고 부른다)로 나눌 수 있다. 이 하위 경로의 부분곱 가중치를 각각 $\text{WEIGHT}(\pi_{\text{blue}})$와

$\text{WEIGHT}(\pi_{\text{red}})$라고 하면 다음 반복 수식을 만들 수 있다.

$$\Pr(\pi_i = k, x) = \sum_{\text{all paths } \pi \text{ with } \pi_i=k} \Pr(x, \pi)$$

$$= \sum_{\text{all paths } \pi_{\text{blue}}} \sum_{\text{all paths } \pi_{\text{red}}} \text{WEIGHT}(\pi_{\text{blue}}) \cdot \text{WEIGHT}(\pi_{\text{red}})$$

$$= \sum_{\text{all paths } \pi_{\text{blue}}} \text{WEIGHT}(\pi_{\text{blue}}) \cdot \sum_{\text{all paths } \pi_{\text{red}}} \text{WEIGHT}(\pi_{\text{red}})$$

이미 모든 파란색 하위 경로의 부분곱 가중치의 합을 계산해 놓았다. 바로 결과 가능성 문제를 풀 때 만났던 $forward_{k,i}$이 그것이다. 이제 모든 빨간색 하위 경로의 부분곱 가중치의 합을 계산하고자 한다. 이를 $backward_{k,i}$라고 하며, 위의 수식은 다음과 같이 바뀐다.

$$\Pr(\pi_i = k, x) = forward_{k,i} \cdot backward_{k,i}$$

$backward_{k,i}$라는 이름은 그 값을 계산하는 방법이 비터비 그래프의 모든 에지 방향을 반대로 바꾸고(그림 10.24 아래쪽) $forward_{k,i}$를 계산할 때 사용한 똑같은 동적 프로그래밍 알고리듬을 적용한다는 사실에서 나온 것이다. 노드 $(l, i+1)$와 (k, i)를 연결하는 방향이 바뀐 에지는 $\text{WEIGHT}_i(k, l) = transition_{k,l} \cdot emission_l(x_{i+1})$라는 가중치를 갖기 때문에 다음 수식을 얻어낼 수 있다.

$$backward_{k,i} = \sum_{\text{all states } l} backward_{l,i+1} \cdot \text{WEIGHT}_i(k, l).$$

잠깐 멈추고 생각해 보자 이 반복 수식은 어떻게 초기화하는가?

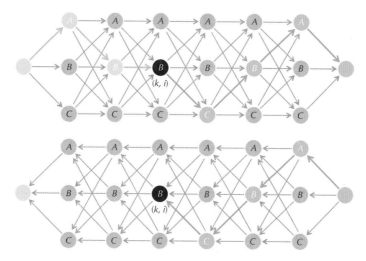

그림 10.24 (위쪽) 그림 10.7(아래쪽)의 비터비 그래프에서 소스 노드부터 (검정색) 노드 (k, i)를 거쳐 싱크 노드로 가는 모든 경로는 2개의 하위 경로로 나눌 수 있다. 하나는 소스 노드에서 노드 (k, i)까지의 경로(파란색)이고 다른 하나는 노드 (k, i)에서 싱크 노드까지의 경로(빨간색)다. (아래쪽) 모든 에지의 방향이 반대로 된 '방향이 바뀐 비터비 그래프'. 싱크 노드에서 (k, i)까지의 경로를 빨간색으로 표시했다. $backward_{k,i}$에 대한 반복 수식은 모든 상태 l에 대한 $backward_{l,i+1}$으로부터 만들어진다.

이렇게 만들어진 $\Pr(\pi_i = k, x)$ 계산을 위한 동적 프로그래밍 접근법을 **순방향-역방향 알고리듬**forward-backward algorithm이라고 부른다. 순방향-역방향 알고리듬과 $\Pr(x)$를 계산하는 결과 가능성 문제를 합하면 다음 수식이 만들어진다.

$$\Pr(\pi_i = k | x) = \frac{\Pr(\pi_i = k, x)}{\Pr(x)} = \frac{forward_{k,i} \cdot backward_{k,i}}{forward(sink)}$$

이제 소프트 복호화 문제를 풀 준비가 됐다.

연습 문제 아래 질문에 답해 보자.

- 사기꾼 딜러 HMM에서 $x =$ 'THTHHHTHTTH'일 때 각 i에 대한 $\Pr(\pi_i = k | x)$를 계산해 보자. $x =$ 'HHHHHHHHHHH'로 바뀌면 결과가 어떻게 달라지는가?
- 위의 해법을 소프트 복호화 문제에 적용해 인간 X 염색체의 첫 100만 개 뉴클레오티드에서 CG-아일랜드를 찾아보자. 이 결과와 비터비 알고리듬을 사용한 결과가 얼마나 다른가?

방금 전 우리는 어떤 HMM이 문자열 x를 방출했을 때 해당 HMM이 비터비 그래프에서 노드 (k, i)를 지나갈 조건부 확률 $\Pr(\pi_i = k|x)$를 어떻게 계산하는지 알아봤다. 그렇다면 조건부 확률 $\Pr(\pi_i = l, \pi_{i+1} = k|x)$, 즉 어떤 HMM이 문자열 x를 방출했을 때 해당 HMM이 노드 (l, i)와 노드 $(k, i+1)$를 연결하는 에지를 지나갈 확률은 어떻게 계산할까? 순방향-역방향 알고리듬을 사용할 때처럼 대상 에지를 지나가는 모든 경로를 소스 노드부터 이 에지까지의 파란색 경로와 이 에지부터 싱크 노드까지의 빨간색 에지로 나눌 수 있다(그림 10.25).

연습 문제　$\Pr(\pi_i = l, \pi_{i+1} = k|x)$ 값이 $forward_{l,i} \cdot \mathrm{WEIGHT}_i(l, k) \cdot backward_{k,i+1}/forward(sink)$와 동일하다는 것을 증명하라.

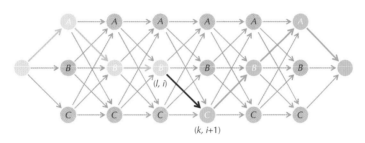

그림 10.25 비터비 그래프에서 검정색 에지 $(l, i) \to (k, i+1)$를 지나가는 모든 소스 노드부터 싱크 노드까지의 경로는 2개의 하위 경로로 나눌 수 있다. 바로 소스 노드부터 (l, i)까지의 경로(파란색으로 나타냄)와 $(k, i+1)$부터 싱크 노드까지의 경로(빨간색으로 나타냄)다.

확률 $\Pr(\pi_i = k|x)$는 $|States| \times n$ 크기의 책임 행렬$^{\text{responsibility matrix}}$ $\prod^{*}$으로 나타낼 수 있다. 여기서 $\prod^{*}_{k,i}$은 비터비 그래프의 노드를 나타내며 $\Pr(\pi_i = k|x)$과 동일하다. 그림 10.26(위쪽)은 사기꾼 카지노에 대한 '책임' 행렬 $\prod^{*}$을 보여 주고 있다.

확률 $\Pr(\pi_i = l, \pi_{i+1} = k|x)$는 또 다른 $|States| \times |States| \times (n-1)$ 책임 행렬 $\prod^{**}$으로 나타낼 수 있다. 여기서 $\prod^{**}_{l,k,i}$은 비터비 그래프의 에지를 나타내며 $\Pr(\pi_i = l, \pi_{i+1} = k|x)$와 동일하다(그림 10.26 아래쪽). 간결하게 나타내고자 $\prod$과 $\prod^{*}$을 모두 $\prod^{**}$으로 나타내도록 하겠다.

연습 문제　행렬 Π^{*}과 Π^{**}을 계산할 때의 복잡도는 어떻게 되는가?

	T	H	T	H	H	H	T	H	T	T	H
F	0.636	0.593	0.600	0.533	0.515	0.544	0.627	0.633	0.692	0.686	0.609
B	0.364	0.407	0.400	0.467	0.485	0.456	0.373	0.367	0.308	0.314	0.391

	1	2	3	4	5	6	7	8	9	10
FF	0.562	0.548	0.507	0.473	0.478	0.523	0.582	0.608	0.643	0.588
FB	0.074	0.045	0.093	0.059	0.037	0.022	0.045	0.025	0.049	0.098
BF	0.031	0.053	0.025	0.042	0.066	0.104	0.051	0.084	0.043	0.022
BB	0.333	0.354	0.374	0.426	0.418	0.351	0.322	0.282	0.265	0.293

그림 10.26 (위쪽) 문자열 x = 'THTHHHTHTTH'이고 방출/전이 행렬 *Parameters*는 그림 10.5의 사기꾼 딜러 HMM으로부터 만들어졌을 때의 책임 행렬 Π^*. $\Pi^*_{k,i}$은 $\Pr(\pi_i = k|x)$와 같다. (아래쪽) 같은 문자열 및 방출/전이 행렬에 대해 Π^{**}일 때 책임 행렬 $\Pi^{**}_{l,k,i}=\Pr(\pi_i = l,\ \pi_{i+1} = k|x)$

바움-웰치 학습

바움-웰치 학습 Baum-Welch learning이라고 불리는 매개변수 추정을 위한 기대값 최대화 알고리듬은 두 단계를 번갈아 수행한다. E-단계에서는 현재 매개변수에 대한 책임 프로필 Π를 추정한다.

$$(x, ?, Parameters) \to \Pi$$

그리고 M-단계에서는 이 책임 프로필을 통해 매개변수를 다시 추정한다.

$$(x, \Pi, ?) \to Parameters$$

이미 기대값 최대화 알고리듬의 E-단계를 구현했지만 M-단계를 어떻게 설계하는지에 대한 의문이 남아 있다.

감춰진 경로를 알고 있을 때 아래에 재현돼 있는 기존에 정의된 추정값 *Parameters*는 감춰진 경로 π에 대한 최적의 선택을 결정짓는다.

여기서 $T_{l,k}$는 감춰진 경로 π에서 상태 l로부터 상태 k로의 전이가 일어난 횟수를 나타내고 $E_k(b)$는 감춰진 경로 π가 상태 k일 때 글자 b가 방출된 횟수를 나타낸다.

연습 문제 감춰진 경로를 모를 때는 이 추정값들을 어떻게 재정의할 것인가?

감춰진 경로를 알지 못할 때 $transition_{l,k}$와 $emission_k(b)$를 어떻게 추정할 수 있는지 알아보고자 특정 경로 π에 대해 $T_{l,k}$와 $E_k(b)$를 약간 다른 방법으로 계산해서 하드 선택에서 소프트 선택으로의 변화를 더 분명하게 보여 주도록 하겠다. 먼저 아래의 이항 변수를 정의한다.

$$T_{l,k}^i = \begin{cases} 1 \text{ if } \pi_i = l \text{ and } \pi_{i+1} = k \\ 0 \text{ otherwise} \end{cases} \qquad E_k^i(b) = \begin{cases} 1 \text{ if } \pi_i = k \text{ and } x_i = b \\ 0 \text{ otherwise} \end{cases}$$

이 개념을 사용하면 $T_{l,k}$와 $E_k(b)$를 계산하는 수식은 다음과 같이 바꿔서 쓸 수 있다.

$$T_{l,k} = \sum_{i=1}^{n-1} T_{l,k}^i \qquad E_k(b) = \sum_{i=1}^{n} E_k^i(b)$$

감춰진 경로를 알지 못할 때 이항 변수 $T_{l,k}^i$와 $E_k^i(b)$를 특정 감춰진 경로가 비터비 그래프에서 주어진 노드 또는 에지를 지나갈 조건부 확률에 대한 계산값으로 대체할 것이다.

$$\begin{aligned} T_{l,k}^i &= \Pr(\pi_i = l, \pi_{i+1} = k | x) & E_k^i(b) &= \Pr(\pi_i = k | x) \\ &= \Pi_{l,k,i}^{**} & &= \Pi_{k,i}^* \text{ if } x_i = b \text{ and } 0 \text{ otherwise} \end{aligned}$$

이전 단락에서 계산한 이 확률들을 사용하면 $Parameters$에 대한 새로운 추정값을 계산할 수 있으며, 이 값은 보통 비터비 학습으로 만들어진 추정값보다 실전에서 더 잘 작동한다.

$$T_{l,k} = \sum_{i=1}^{n-1} \Pi_{l,k,i}^{**} \qquad E_k(b) = \sum_{\text{all } i \text{ such that } x_i = b} \Pi_{k,i}^*$$

이 값들을 위의 $T_{l,k}$와 $E_k(b)$에 대한 수식으로 대체하면 새로운 전이 확률과 방출 확률이 만들어진다. 그림 10.26의 예시에 대해 다음 결과를 얻을 수 있다.

$$\begin{aligned} T_{F,F} &= 0.562 + 0.548 + \cdots + 0.588 & &= 5.512 \\ T_{F,B} &= 0.074 + 0.045 + \cdots + 0.098 & &= 0.547 \\ T_{B,F} &= 0.031 + 0.053 + \cdots + 0.022 & &= 0.521 \\ T_{B,B} &= 0.333 + 0.354 + \cdots + 0.293 & &= 3.418 \end{aligned}$$

$$\begin{aligned} E_F(H) &= 0.593 + 0.533 + 0.515 + 0.544 + 0.633 + 0.609 & &= 3.427 \\ E_F(T) &= 0.636 + 0.600 + 0.627 + 0.692 + 0.686 & &= 3.241 \\ E_B(H) &= 0.407 + 0.467 + 0.485 + 0.456 + 0.367 + 0.391 & &= 2.573 \\ E_B(T) &= 0.364 + 0.400 + 0.373 + 0.308 + 0.314 & &= 1.759 \end{aligned}$$

전이와 방출에 대해 이전에 주어진 수식을 사용하면 다음을 얻을 수 있다.

$$transition_{F,F} = \frac{5.512}{5.512 + 0.547} = 0.910 \qquad emission_F(H) = \frac{3.427}{3.427 + 3.241} = 0.514$$

$$transition_{F,B} = \frac{0.547}{5.512 + 0.547} = 0.090 \qquad emission_F(T) = \frac{3.241}{3.427 + 3.241} = 0.486$$

$$transition_{B,F} = \frac{0.521}{3.418 + 0.521} = 0.132 \qquad emission_B(H) = \frac{2.573}{2.573 + 3.241} = 0.594$$

$$transition_{B,B} = \frac{3.418}{3.418 + 0.521} = 0.868 \qquad emission_B(T) = \frac{1.759}{2.573 + 1.759} = 0.406$$

연습 문제　바움-웰치 학습을 사용해 CG-아일랜드와 HIV 프로필 HMM에 대한 매개변수를 학습해 보자. 이 매개변수를 비터비 학습을 적용해 얻은 매개변수들과 비교해 보자.

HMM의 다양한 모습

다중 서열 정렬에 대한 프로필 HMM과 CG-아일랜드를 찾기 위한 HMM은 생명정보학에서 HMM이 적용된 많은 예시 중 두 가지일 뿐이다. 게다가 HMM을 HIV 분석에 적용한 것은 프로필 HMM에 국한된 것이 아니라 항바이러스 약물 치료에 대한 HIV 내성을 분석하는 것까지 포함한다.

10장을 시작할 때 HIV에 감염된 환자들은 여러 약물을 혼합해 치료한다고 언급했다. 이 약물들을 사용해 바이러스의 복제를 억제하고자 시도하지만 HIV에는 종종 돌연변이가 발생해 약물에 내성을 가진 아종이 만들어지고 이 아종이 숙주의 바이러스 집단을 차지하게 돼 결국 혼합된 약물들의 효과가 점점 줄어들게 된다. 약물 치료가 실패한 뒤에는 해당 HIV 바이러스의 서열을 밝혀내 약물의 혼합을 어떻게 재구성할지 결정하게 된다. 따라서 약물 내성을 갖게 하는 HIV의 대사 경로를 이해하는 것은 효과적인 약물 혼합을 설계하는 데에 중요하다.

그러나 HIV 내성 대사 경로를 모델링하는 것은 어려운 작업이다. 바이러스에 유리한 2개의 돌연변이가 서로 상호 작용해서 시너지 효과를 일으키면 이러한 이중 돌연변이가 정착하게 되는데 이런 경우 정착하는 빈도는 각각의 돌연변이가 개별적으로 일어나 정착할 것으로 예측되는 빈도보다 높다. 또한 돌연변이들은 서로 길항적으로 상호 작용해서 예측값보다 덜 적합한 돌연변이를 만들어 내기도 한다.

2007년 니코 베렌윈켈Niko Beerenwinkel과 마티아스 드르통Mathias Drton은 HIV의 진화 및 약물 내성 생성에 대한 HMM-기반 모델을 소개했다. 그러나 그들의 HMM은 여기에 설명하기에는 너무나 복잡하다. 그럼에도 언급한 이유는 바로 HMM의 힘을 강조하기 위해서다. HMM이 그저 동전을 던지고 글자를 방출하는 단순한 기계처럼 보일 수도 있지만 사실 HMM은 유전자 예측이나 조절 모티프를 찾는 복잡한 생명정보학 문제에도 적용될 수 있는 모델이다.

에필로그: 자연은 발명가가 아니라 수선가다

단백질의 아미노산 서열은 3D 구조를 암호화하고 있으며 이 구조가 보통 단백질의 기능을 결정하게 된다. 예를 들어 **아연 집게**zinc finger는 **아연 집게 단백질**zinc finger protein의 3차원 구조의 한 요소다(그림 10.27). 아연 집게 단백질의 아미노산 서열에서 2개의 시스테인cysteine과 2개의 히스티딘histidine이 서로 가깝게 존재하기 때문에 이 단백질은 아연zinc 이온을 '잡아서' 주변을 꽉 감쌀 수 있게 된다. 아연 집게는 매우 유용한 구조이기 때문에 수천 개의 인간 단백질에서 발견된다. 게다가 아연 집게 단백질은 아연에 붙는 것에 그치지 않으며 많은 아연 집게 단백질이 아연이 아닌 다른 금속 또는 심지어 비금속에도 붙는다.

그림 10.27 초록색으로 표시된 아연 이온이 아연 집게에 있는 2개의 히스티딘 잔기와 2개의 시스테인 잔기에 의해 제자리에 고정돼 있다.

현재까지 10만 개 이상의 단백질의 구조가 실험적으로 밝혀졌는데 이 중 대부분이 굉장히 비슷한 구조를 갖고 있거나 유사한 구조로 된 조각을 공유하고 있다. **단백질 도메인**protein domain은 단백질에서 보존된 부분을 말하는데 이런 도메인은 단백질의 나머지 부분에 상관없이 기능할 수 있다. 도메인의 길이는 다양한데 평균적으로 아미노산 100개 정도의 길이로 돼 있다(아연 집게 도메인은 여기서 아미노산 20~30개 정도 길다). 많은 단백질이 여러 도메인으로 이뤄져 있으며 같은 도메인이 여러 단백질에서 (약간씩 바뀐 모습으로) 발견될 수 있다.

노벨상 수상자인 프랑수아 자코브François Jacob는 1977년에 다음과 같이 말함으로써 유명해지게 됐다. "자연은 발명가가 아니라 수선가다." 이 원칙에 따라 자연은 도메인을 빌딩 블록building blocks으로 사용해 **다중-도메인 단백질**multi-domain protein을 만들고자 서로 다른 배열로 섞는다. 대부분의 도메인은 한때 서로 다른 단백질들에 독립적으로 존재했다. 예를 들어 인간의 다중-도메인 단백질에서 발견되는 많은 도메인들은 박테리아의 단일-도메인 단백질에서 발견할 수 있다.

다중-도메인 단백질은 유전체 재배열을 통해 2개의 유전자에 있는 암호화 서열의 일부가 포함된 새로운 단백질-암호화 서열을 만들어 낼 때 자연스럽게 만들어진다. 2개의 도메인을 하나의 단백질에 연결하는 것은 진화적인 이점을 제공하는데, 예를 들어 두 도메인이 모두 효소일 때 두 효소의 활성도 비율이 일대일로 고정된다는 것이 보장되는 경우 세포에게 유리할 수 있다.

단백질들이 보통 서로 다른 구조와 기능을 가진 여러 도메인으로 만들어지기 때문에 생물학자들은 통상적으로 전체 단백질 대신 개별 도메인을 분석해서 진화적인 관계를 이해하고자 한다. 구조가 비슷한 도메인 간의 서열 유사도는 극도로 낮을 수 있기 때문에 도메인들을 구조에 따라 집단으로 구분하는 것은 어려울 수 있다. **Pfam 데이터베이스**는 단백질 도메인 집단에 대한 1만 개 이상의 HMM-기반 다중 정렬 결과를 보유하고 있는데 이 데이터베이스는 새로운 단백질 서열을 분석하는 데 사용될 수 있다.

도전 문제 gp120 단백질에 대한 Pfam HMM(24개 gp120 단백질의 시드 정렬로 구축된 것)을 사용해서 알려진 모든 gp120 단백질의 정렬을 구축하고 '가장 많은 변화가 일어난(most diverged)' gp120 서열을 찾아라.

돌아가기

붉은 여왕 효과

붉은 여왕 효과 Red Queen Effect란 진화가 개체에게 고정된 환경에 대한 이점을 갖도록 할 뿐 아니라 변화무쌍한 환경에서도 생존할 수 있도록 돕는 데에도 필요하다는 가설을 말한다. 이 가설의 이름은 루이스 캐럴Lewis Carroll의 소설 『거울 나라의 앨리스Through the Looking-Glass』에서 붉은 여왕이 앨리스에게 했던 말에서 유래했다.

자, 여기, 보시다시피, 같은 위치에 계속 있으려면 네가 뛸 수 있는 한 계속 뛰어야 할 거야.

붉은 여왕 효과는 종종 포식자-피식자 관계에서 관찰된다. 예를 들어 늑대가 적응을 통해 좀 더 빠르게 달릴 수 있게 되면 순록은 생존을 위해서 진화해야만 한다. 그 결과 늑대와 순록이 같은 속도로 달리는 것처럼 보이게 되고 가장 느린 늑대는 굶주리게 되고 가장 느린 순록은 잡아 먹히게 된다.

당화

세포는 **글리칸**glycan이라고 불리는 당 사슬로 이뤄진 두꺼운 코팅을 표면에 갖고 있다. glycan은 보통 당단백질glycoprotein이 번역 후 변형돼 만들어지는데 이것은 다세포 개체에서의 세포 간 상호 작용이나 개체 간의 세포 상호 작용(즉 인간 세포와 바이러스)에서 다른 세포들과 상호 작용을 매개한다. 예를 들어 인플루엔자 감염은 바이러스의 표면 단백질과 숙주 세포의 표면에 있는 글리칸이 상호 작용하는 것으로 시작된다.

글리칸은 **단당류**monosaccharides라는 빌딩 블록 계열로 만들어진다. 각 단당류는 서로 연결돼 복잡하고 나무와 같은 구조를 형성하게 된다(그림 10.28).

DNA 메틸화

DNA 메틸화DNA methylation는 메틸기(CH_3)가 시토신이나 구아닌 뉴클레오티드에 추가돼 만들어지는데(그림 10.29) 이를 통해 주변 유전자의 발현량이 달라지게 된다. 메틸화가 일어난 잔기가 상류 지역upstream region에 많이 집중된 유전자는 발현량이 억제된다. DNA 메틸화는 발달에 매우 중요하며 DNA 과메틸화hypermethylation와 저메틸화hypomethylation는 다양한 암과 관련돼 있다.

DNA 메틸화는 배아 줄기세포가 특화된 조직이 되는 **세포 분화**cell differentiation 과정에서 중요한 역할을 한다. 이런 변화는 보통 영구적이어서 세포가 줄기세포로 돌아가거나 다른 종류의 세포로 바뀌는 일을 방지한다. 만들어진 메틸화는 세포 분화를 통해 전달되는데 접합체zygote를 만들 때는 보통 없어지게 된다.

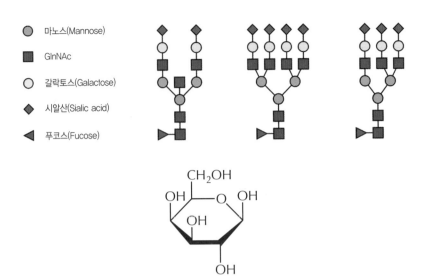

그림 10.28 (위쪽) 다섯 종류의 단당류와 이러한 단당류가 어떻게 인간의 글리칸으로 조립되는지를 보여 주는 3개의 예시. (아래쪽) 단당류 갈락토스(galactose)의 화학식

그림 10.29 시토신 뉴클레오티드 염기에 일어난 DNA 메틸화. 메틸기를 파란색으로 표시했다.

조건부 확률

조한 게임으로 돌아와서 표준 육면체 주사위 2개의 합 s를 분석해 보자. s가 홀수인 사건을 A라 하고 s가 10보다 큰 사건을 B라고 하자. A의 확률은 1/2인데 그 이유는 2개의 주사위가 만들어 낼 수 있는 36가지 가능한 경우의 수 중 절반이 홀수 합을 만들어 내기 때문이다. B의 확률은 3/36인데 그 이유는 $s > 10$인 결과는 3개 존재하기 때문이다($5 + 6, 6 + 5, 6 + 6$).

 잠깐 멈추고 생각해 보자 s가 10보다 크다는 것만 말해 준다면(주사위는 보여 주지 않고), s는 홀수일 확률이 더 클까 아니면 짝수일 확률이 더 클까?

사건 B가 주어졌을 때 사건 A의 **조건부 확률**conditional probability은 $\Pr(A|B)$로 나타내는데 이는 사건 B가 발생했을 때 사건 A가 일어날 확률을 말한다. 주사위 예제에서 B는 s가 홀수인 두 가지 경우($6+5$와 $5+6$) 그리고 s가 짝수인 한 가지 경우($6+6$)에 해당하므로 $\Pr(A|B) = 2/3$이다. $\Pr(A|B)$는 사건 A와 B가 둘 다 일어날 확률 $\Pr(A, B)$와는 완전히 다르다. $\Pr(A, B)$는 $2/36$이다(A와 B는 합이 $6+5$이거나 $5+6$일 때만 동시에 발생한다).

다시 말해, 조건부 확률 $\Pr(A|B)$는 보통 아래 수식을 사용해 정의한다.

$$\Pr(A|B) = \frac{\Pr(A, B)}{\Pr(B)}$$

연습 문제 당신의 조건부 확률 지식을 확인하고자 '몬티 홀 문제(Monty Hall Problem)'라는 다음 문제를 생각해 보자. 이 문제는 1975년 학술지 『미국 통계학자(American Statistician)』에게 전달된 편지에 처음 등장했으며 몇 년 동안 많은 수학자들을 당황하게 했다.

당신이 게임쇼에 출연했다고 해보자. 당신은 3개의 문 중 하나를 선택해야 한다. 이 중 하나의 문 뒤에는 자동차가 있다. 다른 문 뒤에는 염소가 있다. 먼저 문을 하나 고르고 이것을 No.1이라 하자, 그리고 문 뒤에 뭐가 있는지 알고 있는 진행자가 염소가 있는 다른 문(이를 No.3라 하자)을 열어 준다. 진행자는 당신에게 이렇게 말한다 "문 No.2를 고를 것인가요?" 처음 내린 결정을 바꾸는 게 더 이득인가?

참고 문헌

복호화 문제는 1967년 비터비가 개발했다. HMM의 매개변수를 추정하는 첫 알고리듬은 Baum *et al*., 1970 논문에서 소개됐다. Churchill, 1989, Krogh *et al*., 1994, Baldi *et al*., 1994 논문은 컴퓨터 생물학에 HMM을 적용하는 것을 개척했다. Bateman *et al*., 2002 논문은 프로필 HMM 정렬을 적용해 Pfam이라는 단백질 도메인 집단에 대한 데이터베이스를 개발하는 내용을 설명하고 있다. De Jong *et al*., 1992 논문은 11/25 규칙을 발견했다. Beerenwinkel and Drton, 2007 논문에서는 HIV 내성을 분석하기 위한 HMM을 구축했다.

11
티라노사우르스는 단지 큰 닭일까?

전산 단백질학

고생물학과 계산의 만남

1950년대에 몬태나에서 자란 잭 호너Jack Horner는 수줍음 많은 내성적인 사람이었다. 그는 독해력과 수학이 너무 느려 다른 아이들은 그를 바보라고 불렀다. 그러나 공룡에 대한 그의 고등학교 프로젝트는 지역 과학 박람회에서 최고의 영예를 차지해 몬태나 대학의 교수의 눈에 띄게 됐고 그 교수는 잭이 대학에 입학할 수 있도록 도와줬다.

그러나 호너의 성적은 대학에서도 향상되지 않았다. 그는 다섯 학기를 연속으로 낙제한 뒤 대학을 중퇴하고 말았다. 몇 년 후 호너는 정상 또는 평균 이상의 지능을 갖고 있음에도 독해력과 수학에 어려움을 겪는 발달 장애인 난독증dyslexia을 앓고 있다는 것을 알게 됐다.

다행히도 호너는 그의 소명을 찾았다. 베트남 전쟁에 징집돼 트럭 운전병으로 복무한 후 그는 프린스턴의 자연사 박물관의 기술자로 취직했고 그곳에서 동료들로부터 뛰어난 연구원으로 인정받았다. 그는 계속해서 세계에서 저명한 고생물학자가 됐고 베스트셀러 소설인 『쥐라기 공원Jurassic Park』의 주연 중 한 명에게 영감을 줬고 영화화할 때도 스티븐 스필버그Steven Spielberg 감독에게 조언을 해줬다.

호너는 난독증이 있음에도 불구하고 성공할 수 있었는데 그 이유는 고생물학이 전통적으로 뛰어난 수학 실력을 요구하지 않았기 때문이다. 그러나 호너의 제자는 고생물학도 계산에서 자유롭지 않음을 보여 줬다. 2000년도에 호너는 자신이 가장 좋아하는 몬태나주의 공룡 묘지를 탐험하던 중 6,800만 년 된 티렉스[T.rex] 즉 티라노사우루스 렉스[Tyrannosaurus rex]의 다리 뼈 화석을 발견했다. 3년 후 그는 이 화석의 작은 덩어리를 그의 학생인 메리 슈바이처[Mary Schweitzer]에게 줬다. 메리는 성분 연구를 위해 화석을 탈염 용액에 넣었으나 이를 너무 오랫동안 방치하고 말았다(알렉산더 플레밍을 기억하는가?). 그녀가 돌아왔을 때 남은 것은 섬유질뿐이었다. 슈바이처는 뼈 내부에서 기적적으로 남아 있기를 바라는 티렉스의 펩티드를 검출하고자 이 물질을 질량분석가 존 아사라[John Asara]에게 전달했다.

2007년에 아사라와 슈바이처는 수천 개의 스펙트럼을 분석한 뒤 티렉스의 펩티드가 닭의 펩티드와 거의 일치한다는 발견을 「사이언스[Science]」 저널에 논문으로 출판했다. 그들의 결과는 새가 공룡에서 진화했다는 논쟁의 여지가 있는 가설에 대한 최초의 분자적 증거가 됐다.

단백질이 수백만 년 동안 살아남을 수 있다는 사실은 너무나도 놀라웠기 때문에 이는 여러 거창한 주장으로 이어졌다. 고생물학자 한스 라르손[Hans Larsson]은 공룡이 "분자생물학 분야로 진출할 것이며 고생물학이 현대 세계로 나아가게 할 것"이라고 언급했다. 『가디언[The Guardian]』은 "과학자들이 언젠가 공룡을 복제해 쥐라기 공원을 모방할 수 있을 것"이라고 예상했다. 호너는 심지어 『공룡을 만드는 방법[How to Build a Dinosaur]』이라는 책을 출판하기도 했는데 그 책은 닭 유전체의 유전자를 변형해 공룡을 재현하려는 상세한 계획이 서술돼 있다.

그러나 일부 과학자들은 여전히 회의적이었다. 이전의 공룡 연구들은 많은 컴퓨터 계산이 필요하지 않았지만 아사라의 티렉스 분석은 복잡한 통계에 기반한 알고리듬으로 구동됐다. 2008년 『사이언스』 저널은 아사라와 슈바이처가 펩티드 중 일부가 단순히 통계적인 인공물이 아니라는 것을 증명하지 못했다고 주장하는 반박 기사를 발표하기도 했다. 그러나 어느 쪽이 맞는지 어떻게 알 수 있을까? 11장에서는 스펙트럼 분석을 위한 몇 가지 알고리듬을 탐구해 티렉스 펩티드를 조사해 보겠다.

이 샘플에는 어떤 단백질들이 있을까?

노벨상을 두 번 수상한 과학자는 단 네 명에 불과하다. 그중 하나는 3장에서 언급했던 것처럼 1977년 처음으로 유전체를 조립한 프레더릭 생어[Frederick Sanger]다. 그런데 생어는 이미 20년 전에 첫 번째 노벨상을 수상했는데 바로 혈중 포도당을 흡수하는 데 필요한 단백질인 인슐린을 구성하는 52개 아미노산의 서열을 알아냈기 때문이다. 생어는 과학자들이 유전체를 시퀀싱하는 방법과 유사하게 여러 개의 인슐린 분자를 짧은 펩티드로 분해하고 이 펩티드 서열을 분석한 다음 그것들을 인슐린 아미노산 서열로 조립했다(그림11.1).

1950년대에 단백질 시퀀싱은 매우 어려울 뿐이었지만 DNA 시퀀싱은 불가능했다. 오늘날에는 DNA 시퀀싱을 하고자 수백만의 리드를 생성하는 것은 간단하지만 단백질 시퀀싱은 여전히 어렵다. 이러한 이유로 대부분의 단백질은 우선 유전체를 시퀀싱한 다음 이 유전체가 암호화하는 모든 유전자를 예측하는 방식으로 발견하게 된다(돌아가기: 유전자 예측 참고). 생 681페이지 물학자들은 각 단백질-암호화 유전자의 뉴클레오티드 서열을 아미노산 서열로 번역함으로써 특정 종에서 추정해 낼 수 있는 **단백질체**proteome, 즉 모든 단백질의 집합을 만들어 낸다.

그러나 유기체에서 서로 다른 세포들은 서로 다른 단백질을 발현한다. 예를 들어 뇌 세포는 신경 펩티드가 되는 단백질을 발현하지만 다른 세포는 그렇지 않다. 단백질을 연구하는 **단백질체학**proteomics에서의 중요한 문제는 각 생물학적 조직에서 서로 다른 조건일 때 어떤 단백질들이 존재하는지 그리고 이 단백질이 어떻게 상호 작용하는지 알아내는 것이다.

예를 들어 닭의 리보솜을 연구하려 한다고 가정해 보자. 리보솜은 많은 단백질로 구성된 복잡한 분자 기계다. 닭의 단백질체를 안다고 해서 리보솜 복합체를 구성하는 특정 단백질이 무엇인지 알 수는 없다. 그 대신 리보솜을 분리하고 분해해 리보솜에 어떤 단백질이 포함돼 있는지는 알아낼 수 있다. 실제로 닭 단백질에서 알려진 10개 아미노산 길이의 펩티드가 샘플에 존재하는지 확인하는 것만으로도 샘플에 이 단백질이 존재하는지 충분히 확인할 수 있다.

```
GIVEECCA
GIVEECCASV
GIVEECCASVC
GIVEECCASVCSL
GIVEECCASVCSLY
            SLYELEDYC
              ELEDY
              ELEDYCD
               LEDYCD
                EDYCD
                    FVDEHLCG
                    FVDEHLCGSHL
                       HLCGSHL
                        SHLVEA
                          VEALY
                            YLVCG
                            LVCGERGF
                           LVCGERGFF
                               GFFYTPK
                                YTPKA
```

GIVECCASVCSLYELEDYCDFVDEHLCGSHLVEALYLVCGERGFFFYTPKA

그림 11.1 프레더릭 생어가 인슐린 아미노산 서열을 결정하는 데 사용한 펩티드 조립

알려진 단백질체의 펩티드가 샘플에 존재하는지 확인하는 과정을 **펩티드 식별**peptide identification이라고 한다. 그러나 티렉스의 단백질체를 어떻게 만들 수 있을까?

비록 펩티드 식별이 현대 단백질체학 연구의 대부분을 차지하고 있지만 티렉스와 같이 멸종된 종을 포함한 많은 종의 단백질체는 알려지지 않은 채로 남아 있다. 이 경우 생물학자들은 단백질체 없이 펩티드의 아미노산 서열을 알아내는 드노보de novo **펩티드 시퀀싱**peptide sequencing에 의존하게 되는데 우리는 여기서부터 시작할 것이다.

이상적 스펙트럼 해석

이미 4장에서 순환 펩티드 시퀀싱에 대해 논의했기 때문에 기시감을 느끼고 있을 수도 있다. 따라서 먼저 질량 분석의 기본을 다시 떠올려 보면서 선형 펩티드 서열 분석을 강조해볼 것이다. 일반적으로 수백만 개의 세포를 포함하는 샘플에 동일한 펩티드 사본들이 많이 있는 경우 질량 분석기는 각 사본을 2개의 작은 조각으로 나눈다. 여기서 동일한 펩티드의 사본은 다른 형태로 나뉠 수 있다. 예를 들어 REDCA 사본 중 하나는 RE, DCA로 나뉠 수 있고 다른 사본은 RED, CA로 나뉠 수 있다. 조각 RE와 RED는 REDCA의 **접두사**prefix라 할 수 있고 DCA와 CA는 REDCA의 **접미사**suffix라고 할 수 있다. 그림 11.2는 아미노산의 정수 질량들을 보여주고 있다

G A S P V T C I L N D K Q E M H F R Y W
57 71 87 97 99 101 103 113 113 114 115 128 128 129 131 137 147 156 163 186

그림 11.2 20개 표준 아미노산의 정수 질량표(4장에서 재현했음)

먼저 제시하고자 하는 알고리듬적 질문은 순환 항생제에 대해 질문했던 것과 유사하지만 지금은 선형 펩티드에 적용돼 있다. 만약 알려지지 않은 펩티드에서 각각의 접두사와 접미사들의 무게를 측정해 보면 해당 펩티드를 재구축할 수 있을까? 주어진 아미노산 문자열 *Peptide*와 이상적인 스펙트럼 IDEALSPECTRUM(*Peptide*)는 모든 접두사와 접미사의 정수 질량들의 모음이다(그림 11.3 위쪽). 여기서 이상적인 스펙트럼에는 반복되는 질량이 포함돼 있을 수 있다. 예를 들어 IDEALSPECTRUM(GPG) = {0, 57, 57, 154, 154, 211}가 될 수 있다. IDEALSPECTRUM(*Peptide*) = *Spectrum*인 경우 아미노산 문자열 *Peptide*가 정수 모음 *Spectrum*을 설명한다고 말한다.

644

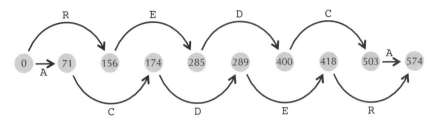

조각	""	R	RE	RED	REDC	REDCA	EDCA	DCA	CA	A
질량	0	156	285	400	503	574	418	289	174	71

그림 11.3 (위쪽) REDCA의 접두사, 접미사의 질량으로 IDEALSPECTRUM(REDCA) = {0, 71, 156, 174, 285, 289, 400, 418, 503, 574}가 만들어진다. (아래쪽) DAG(방향성 비순환 그래프)인 GRAPH(IDEALSPECTRUM(REDCA)). 여기서 스펙트럼의 각 질량은 노드에 할당되며 두 노드 간의 차이가 아미노산의 질량이 되는 경우 이 두 노드를 방향성 에지로 연결한다.

이상적 스펙트럼 해석 문제

이상적 스펙트럼에서 펩티드를 재구성하라.

입력: 정수들의 모음 *Spectrum*

출력: *Spectrum*을 설명하는 아미노산 문자열 *Peptide*

스펙트럼의 질량을 접두사와 접미사 펩티드에서 파생된 질량으로 분리하고 싶지만 그 방법은 불분명하다. 그 대신 두 질량이 '아미노산 하나의 질량만큼 차이나는' 경우 이 2개의 펩티드가 아미노산 하나의 차이를 보이는 2개의 접두사에 해당하거나 2개의 접미사에 해당할 가능성이 있다. 예를 들어 질량 400과 503이 각각 접두사 RED와 REDC에 해당하는지는 알 수 없다(그림 11.3 위쪽). 그러나 이 둘의 질량차인 103은 C와 같으므로 C가 앞 또는 뒤에 붙을 수 있음을 알 수 있다.

이 아이디어는 이상적 스펙트럼 해석 문제를 해결할 때 사용한 그래프를 기반한 접근법을 떠오르게 한다. 스펙트럼 질량을 정수 오름차순으로 구성된 *Spectrum* $s_1, ..., s_m$으로 표기한다. 여기서 s_1은 0이고 s_m은 (알 수 없는) 펩티드의 총 질량이다. *Spectrum*의 각 요소를 노드로 하는 GRAPH(*Spectrum*)을 정의한 다음 $s_j - s_i$가 a의 질량과 같으면 노드 s_i와 s_j를 아미노산 a로 표시된 방향성 에지로 연결한다(그림 11.3 아래쪽). 우리가 항생제 서열을 알아낼 때 가정했던 것처럼 정수 질량이 동일한 아미노산(K/Q 및 I/L 쌍)을 구분하지 않는다.

연습 문제 무작위로 고른 *Spectrum*에서 GRAPH(*Spectrum*)이 DAG인지 증명하라.

그림 11.3(아래쪽) GRAPH(*IdealSpectrum*(REDCA))가 *source* = 0에서 *sink* = s_m로 연결하는 두 경로로 구성된 것을 보여 주고 있다. 이 경로를 따라 아미노산을 연결하면 REDCA와 그 역인 ACDER이 나타나며 둘 다 이상적인 스펙트럼 해석 문제의 답을 나타낸다. GRAPH(*Spectrum*)의 소스 노드에서 싱크 노드까지의 경로를 따라서 글자를 이어 붙이는 시퀀싱 방식은 다음 의사 코드에 **설명**돼 있다.

DECODINGIDEALSPECTRUM(*Spectrum*)
  construct GRAPH(*Spectrum*)
  find a path *Path* from *source* to *sink* in GRAPH(*Spectrum*)
  return the amino acid string spelled by labels of *Path*

연습 문제 이상적인 스펙트럼 {0, 57, 114, 128, 215, 229, 316, 330, 387, 444}를 해석하라.

이 연습 문제를 풀어 봤다면 잘못된 스펙트럼에 대한 펩티드 경로를 찾았을 가능성이 크다 (그림 11.4). *Spectrum*을 설명하는 각 펩티드는 GRAPH(*Spectrum*)의 소스 노드에서 싱크 노드까지의 경로에 해당한다. 그러나 그래프에서 소스 노드에서 싱크 노드까지의 모든 경로가 *Spectrum*을 설명하는 펩티드와 일치하는 것은 아니다. 예를 들어 그림 11.4의 GGDTN의 경로를 살펴보자. 이러한 이유로 위의 잘못된 의사 코드를 다음과 같이 다시 작성해야 한다.

DECODINGIDEALSPECTRUM(*Spectrum*)
  construct GRAPH(*Spectrum*)
  for each path *Path* from source to *sink* in GRAPH(*Spectrum*)
    Peptide ← the amino acid string spelled by the edge labels of *Path*
    if IDEALSPECTRUM(*Peptide*) = *Spectrum*
      return *Peptide*

646

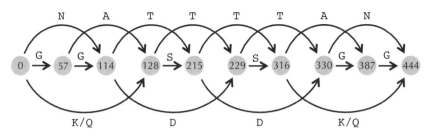

그림 11.4 Spectrum = {0, 57, 114, 128, 215, 229, 316, 330, 387, 444}의 DAG GRAPH(Spectrum). 그래프의 소스 노드에서 싱크 노드까지 연결된 32개 경로 중 8개의 경로만이 펩티드 Spectrum을 설명한다.

연습 문제 그림 11.4의 스펙트럼에서 펩티드 GGDTN이 설명하지 못하는 질량은 무엇인가?

DECODINGIDEALSPECTRUM이 이상적 스펙트럼 해석 문제를 해결할 수 있지만 DAG의 모든 경로를 탐색하는 것은 시간이 많이 소요될 수 있다. 그 이유는 스펙트럼의 질량 수에 따라 경로의 수가 기하급수적으로 늘어날 수 있기 때문이다(돌아가기: 그래프에서 모든 경로 찾기 참고).

682페이지

이상 스펙트럼에서 실제 스펙트럼으로

4장의 항생제 분석에서 이상적인 스펙트럼보다 실제 스펙트럼의 펩티드 분석이 더 힘들다는 사실을 배웠다. 펩티드의 각 사본은 2개의 더 작은 조각으로 나뉜 뒤 질량 분석기는 이를 이온화해 전기적으로 하전된 **조각 이온**fragment ion을 생성한다. 질량 분석기는 각 조각의 **질량/전하 비율**mass/charge ratio과 그 **강도**intensity, 즉 해당 질량/전하 비율에서 감지된 조각의 이온 수를 측정한다(펩티드의 일부 결합은 다른 결합보다 쉽게 끊어지거나 잘 끊어지지 않을 수 있다). 결과적으로 스펙트럼은 그래프의 피크의 모음으로 나타나며 피크의 x 좌표는 질량/전하 비율을 나타내고 높이는 강도를 나타낸다(그림 11.5 위쪽).

현대의 질량 분석기는 감지할 수 있는 질량/전하 비율의 범위에 한계가 있기 때문에 질량 분석기로는 전체 단백질을 분석하기가 어렵다. 결과적으로 단백질은 일반적으로 **단백질 분해 효소**protease를 사용해 먼저 단백질을 더 짧은 펩티드로 분해해서 분석한다. 단백질체학에서 가장 많이 사용하는 단백질 분해 효소, 티렉스 연구에 사용하는 단백질 분해 효소는 **트립신**trypsin이다. 이 단백질 분해 효소는 일반적으로 아미노산 R과 K 다음에 단백질을 분해

하며 평균적으로 길이가 14인 펩티드를 생성한다.

그림 11.5는 티렉스의 스펙트럼(앞으로는 DinosaurSpectrum으로 부르겠다) 중 하나와 2개의 추정되는 해석 ATKIVDCFMTY 및 GLVGAPGLRGLPGK의 스펙트럼을 보여 주고 있다. 주어진 스펙트럼을 만들어 낸 펩티드를 한 번 추정하면 스펙트럼 피크들의 질량들과 펩티드의 접두사/접미사 질량을 대응시킴으로써 스펙트럼에 주석을 달 수 있다. 표준 질량 분석 용어를 따르고자 길이가 i인 접두사로 주석이 달린 피크는 b_i로 표기하고 길이가 i인 접미사로 주석이 달린 피크는 y_i로 표기한다.

 잠깐 멈추고 생각해 보자 그림 11.5에서 DinosaurSpectrum의 두 가지 해석 중 어떤 해석이 더 나은 해석일까?

 실제 스펙트럼에서 펩티드를 시퀀싱하는 것은 살펴본 것보다 더욱 어렵다. 질량 스펙트럼에는 종종 거짓 질량을 나타내는 '잡음' 피크가 있으며 이는 실제 접두사 및 접미사에 해당하는 피크보다 더 높은 강도로 나타날 수 있다. 일부 펩티드 결합은 거의 끊어지지 않기 때문에 질량/전하 비율에 따라서 강도가 몇 자릿수 만큼이나 다를 수 있다. 결과적으로 스펙트럼에는 실제 접두사 및 접미사에 해당하는 피크가 없을 수 있다. 예를 들어 그림 11.5(아래쪽)의 DinosaurSpectrum에는 b_5 또는 y_9로 주석이 달린 피크가 없다. 이러한 이유로 항생제를 시퀀싱할 때는 강도를 무시했지만 11장에서는 좀 더 진지하게 고려할 것이다.

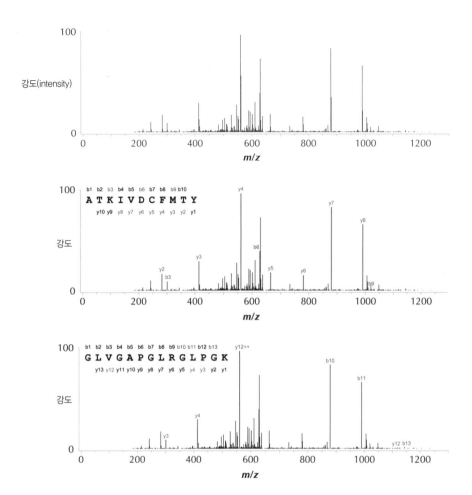

그림 11.5 (위쪽) DinosaurSpectrum의 스펙트럼. (중간) ATKIVDCFMTY 주석이 붙은 스펙트럼. (아래쪽) GLVGAPGLRGLPGK 주석이 붙은 스펙트럼. 길이가 i인 접두사 펩티드에 해당하는 피크는 b_i로 주석이 달리고 길이가 i인 접미사 펩티드에 해당하는 피크는 y_i의 주석이 달린다. 예를 들어 b_{10}으로 주석이 달린 피크는 GLVGAPGLRG에 해당하고 y_3으로 주석이 달린 피크는 PGK에 해당한다. 대부분의 주석이 달린 피크는 +1의 전하를 갖지만 y_{12++}로 표시된 피크와 같은 일부 피크는 +2의 전하를 갖는다. 스펙트럼에서 주어진 피크로 표시된 조각 이온의 전하는 미리 알 수는 없지만 스펙트럼을 생성한 펩티드가 확인되면 종종 유추할 수 있다. DinosaurSpectrum의 6개 피크에만 GLVGAPGLRGLPGK의 주석이 달려 있다. 피크 b_{10}, b_{11}, b_{13}는 접두사 펩티드 주석이며 피크 y_3, y_4, y_{12}는 접미사 펩티드 주석이다.

연습 문제 REDCA 펩티드는 그림 11.6에 있는 질량의 전체가 아닌 일부만을 설명하는 한 가지 가능성일 뿐이다. 그림 11.6에는 틀리거나 누락된 질량이 있기 때문이다. 이 스펙트럼에서 더 많은 질량을 설명하는 다른 펩티드를 찾을 수 있는가?

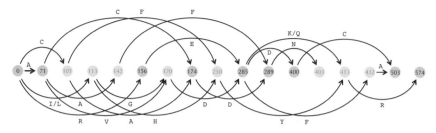

그림 11.6 누락된 질량(418)과 8개의 거짓 질량(초록색으로 표시)들이 있는 *Spectrum* = {0, 71, 103, 113, 142, 156, 170, 174, 250, 285, 289, 400, 403, 413, 432, 503, 574}으로 구축한 DAG Graph(*Spectrum*)과 REDCA의 이상적인 스펙트럼을 비교한 그림

> **연습 문제** 그림 11.6에 있는 DAG Graph(*Spectrum*)에서 소스 노드에서 싱크 노드까지의 경로로 만들어지는 모든 펩티드를 나열하고 발견된 펩티드들이 몇 개의 질량을 설명하는지 계산하라. 이 펩티드 중 REDCA보다 스펙트럼을 더 잘 설명하는 펩티드가 있는가?

거짓 질량과 누락 질량 문제는 질량 분석법의 많은 복잡한 문제 중 하나다. 질량 분석기가 펩티드를 분해할 때 만들어진 조각의 일부분이 손실될 수 있으며 이에 따라 이들의 질량이 낮아질 수 있다. 예를 들어 REDCA를 RE와 DCA로 분해할 때 RE는 질량이 $1 + 1 + 16 = 18$인 물 분자(H_2O)를 잃을 수 있고 DCA는 질량이 $1 + 1 + 1 + 14 = 17$인 암모니아 분자(NH_3)를 잃게 될 수 있다. 결과적으로 각 조각의 질량은 Mass(RE) $- 18$와 Mass(DCA) $- 17$가 될 것이다.

질량 분석법에는 여러 실질적인 복잡성이 있기 때문에 펩티드 시퀀싱을 모델링하는 계산 문제로 넘어가고자 몇 가지 단순화하는 가정을 해야 한다. 펩티드를 재구성할 때 조각의 패턴이 다양하게 나오도록 하는 대신 이들을 잡음으로 처리하겠다. 또한 모든 피크는 +1의 전하를 갖고 스펙트럼은 불연속적이라고 가정한다. 즉 모든 질량은 정수다.

펩티드 시퀀싱

스펙트럼에 맞는 펩티드 점수

펩티드가 각각 질량이 4와 5인 두 아미노산 X와 Z로만 구성된 상상의 세계를 생각해 보자. 예를 들어 주어진 펩티드 XZZXX는 접두사는 질량 4, 9, 14, 18, 22로 구성되며 접미사는 질량 22, 18, 13, 8, 4로 구성된다.

이제 이 펩티드에서 생성되는 가상의 스펙트럼을 생각해 보자.

$$(0,0,0,3,8,7,2,1,100,0,1,4,3,500,2,1,3,9,1,2,2,0)$$

이 벡터의 i번째 요소는 질량 i에서 감지된 강도에 해당한다. 강도가 3, 100, 500, 9, 0인 피크에는 XZZXX의 접두사가 주석으로 달리게 되며 강도가 3, 1, 3, 9, 0인 피크에는 XZZXX의 접미사가 주석으로 달리게 된다. 우리의 목표는 스펙트럼에 대해 펩티드를 점수화하는 방법을 개발하는 것이다. 스펙트럼에 대해 가장 점수가 높은 펩티드를 찾는 방식으로 이 스펙트럼을 만들어 낸 펩티드를 찾을 수 있기를 바라면서 말이다.

잠깐 멈추고 생각해 보자 스펙트럼에 대해 펩티드 점수를 어떻게 매길 수 있는가?

점수를 매기는 방법 중 하나는 **강도 카운트**intensity count다. 즉 펩티드 주석이 달린 모든 피크의 강도를 합하는 방법이다. 예를 들어 XZZXX의 주석이 달린 모든 피크 강도의 합은 $3 + 100 + 500 + 9 + 0 + 0 + 8 + 0 + 2 + 1$로 스펙트럼 펩티드 점수를 매길 수 있다. 그러나 피크 강도가 광범위하게 다르기 때문에 강도 카운트는 실제로 잘 작동하지 않는다. 결과적으로 스펙트럼에서 가장 높은 피크(예시에서는 100과 500)가 점수를 정하는 큰 요소가 된다. 가장 높은 피크가 잡음을 나타낼 수도 있고 낮은 피크가 올바른 접두사/접미사 펩티드를 나타낼 수 있기 때문에 강도 카운트는 좋은 점수 매기기 방법이 아니다.

점수 매기는 다른 방법은 **공유 피크를 세는 것**shared peaks count이다. 이는 단순히 펩티드 주석이 달린 '큰' 피크 수를 세는 것이다. 즉 주석이 달린 피크의 강도가 미리 정해진 임계값을 넘으면 그 피크의 개수를 센다. 예시에서 강도 임계값 5를 적용하면 XZZXX의 접두사는 강도 100, 500, 9가 있고 접미사는 강도 8의 피크가 있으므로 공유 피크 수는 4다. 그림 11.5(중간)의 펩티드에서 공유 피크 수는 10이고, 그림 11.5(아래쪽)의 펩티드는 공유 피크 수가 6이다.

공유 피크 개수를 세는 방법은 강도를 세는 방법보다 실제로 더 잘 작동하지만 여전히 이상적이지 않다. 더 나은 접근 방식은 가장 큰 크기의 피크가 점수를 좌지우지하지 않도록 하는 것이다. 이 목표를 달성하고자 펩티드와 스펙트럼을 벡터로 변환한 다음 이 벡터들의 내적을 계산하는 점수 함수를 정의해 보겠다.

먼저 주어진 길이 n의 아미노산 문자열 $Peptide = a_1 \ldots a_n$에서 접두사 질량을 MASS$(Peptide)$개 만큼의 좌표를 가진 이진 **펩티드 벡터**peptide vector $\overrightarrow{Peptide}$를 사용해 나타낸다.

이 벡터는 n개의 각 **접두사 좌표**prefix coordinate마다 하나의 1을 포함하고

$$\text{MASS}(a_1), \text{MASS}(a_1 a_2), \ldots, \text{MASS}(a_1 a_2 \ldots a_n)$$

그리고 나머지 잡음 좌표에는 각각 0이 들어간다. 접두사 질량이 4, 9, 14, 18, 22인 예지 펩티드 XZZXX의 각 펩티드 벡터는 $(0, 0, 0, 1, 0, 0, 0, 0, 1, 0, 0, 0, 0, 1, 0, 0, 0, 1, 0, 0, 0, 1)$로 길이가 22다.

펩티드를 펩티드 벡터로 변환하는 문제

펩티드를 펩티드 벡터로 변환하시오.

> **입력:** 아미노산 문자열 *Peptide*
> **출력:** 펩티드 벡터 $\overrightarrow{Peptide}$

	1	2	3	4	5	6	7	8	9	10	11	12	13	14	15	16	17	18	19	20	21	22
펩티드 벡터	0	0	0	1	0	0	0	0	1	0	0	0	0	1	0	0	0	1	0	0	0	1
스펙트럼 벡터	0	0	0	4	-2	-3	-1	-7	6	5	3	2	1	9	3	-8	0	3	1	2	1	0

그림 11.7 XZZXX의 펩티드 벡터와 이 펩티드로 만든 가상의 스펙트럼 벡터(X와 Z의 질량은 각각 4와 5라고 가정함). 펩티드 벡터의 접두사 좌표는 굵은 글씨로 표시했다. 스펙트럼 벡터에서 임계값 3을 초과하는 값은 검은색이 아닌 다른 색의 굵은 글씨로 표시했다. 3개의 접두사는 파란색으로 표시했고, 1개의 잡음은 빨간색으로 표시했다. 접두사 좌표는 펩티드 벡터의 1에 해당하고 잡음 좌표는 0에 해당한다.

펩티드로부터 펩티드 벡터가 고유하게 정의되므로 '펩티드 벡터'와 '펩티드'의 용어를 같은 의미로 사용하겠다.

펩티드 벡터를 펩티드로 변환하는 문제

펩티드 벡터를 펩티드로 변환하시오.

> **입력:** 이진 벡터 P
> **출력:** (만약 펩티드가 존재한다면) 펩티드 벡터가 P와 같은 펩티드

접미사 펩티드는 어디에 있는가?

접두사 펩티드와 접미사 펩티드가 모두 스펙트럼 주석spectral annotations에 기여하기에 접두사 펩티드만 펩티드 벡터에 사용하는 이유가 궁금할 것이다. XZZXX의 펩티드 벡터를 접두사 질량 (4, 9, 14, 18, 22)와 접미사 질량 (4, 8, 13, 18, 22)로 정의하는 것이 (0, 0, 0, 1, 0, 0, 0, 1, 1, 0, 0, 0, 1, 1, 0, 0, 0, 1, 0, 0, 0, 1)로 정의하는 것보다 낫지 않을까?

실제로 스펙트럼에서 질량 s의 피크는 스펙트럼을 생성한 미지의 펩티드 Peptide의 접두사 질량 또는 접미사 질량 둘 중 하나로 해석할 수 있다. 또한 질량이 MASS($Peptide$)$-s$인 **쌍 피크**twin peak는 동일한 펩티드 접두사 질량 또는 접미사 질량으로 해석할 수 있다.

이러한 불확실성을 다루고자 질량 분석가는 스펙트럼 $Spectrum$을 **스펙트럼 벡터** $\overrightarrow{Spectrum}$로 변환해서 각 피크 및 쌍 피크의 강도 정보를 이 쌍의 가상 접두사 펩티드의 질량을 나타내는 좌표에서 **진폭**amplitude이라는 단일 값으로 통일한다. 왜 이렇게 할까? 통합 스펙트럼을 해석하는 알고리듬은 두 쌍을 모두 설명하려는 알고리듬보다 더 쉽기 때문이다(돌아가기: 반대칭 경로 문제 참고). 상황을 좀 더 복잡하게 만들자면 스펙트럼 벡터의 진폭은 또한 다양한 전하를 갖는 이온 단편의 강도와 물 그리고 암모니아 분자 손실에 따른 이온 단편의 강도도 설명한다.

683페이지

그림 11.8은 DinosaurSpectrum에서 생성한 스펙트럼 벡터를 나타내며 스펙트럼 벡터의 진폭이 음수일 수 있음을 보여 주고 있다. 음의 진폭은 일반적으로 피크가 없거나 낮은 강도의 피크가 있는 스펙트럼의 위치를 의미한다. 스펙트럼의 강도와 스펙트럼 벡터의 진폭 간의 대응 관계는 복잡하지만 일반적으로 질량 i에서의 진폭은 스펙트럼을 생성한 (알 수 없는) 펩티드가 질량이 i인 접두사를 포함할 가능성을 나타낸다(돌아가기: 스펙트럼을 스펙트럼 벡터로 변환 참고).

684페이지

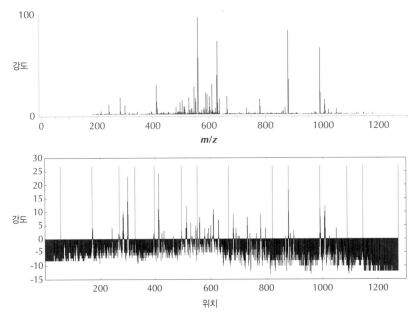

그림 11.8 (위) 그림 11.5로 다시 만들어 낸 DinosaurSpectrum. (아래) DinosaurSpectrum의 스펙트럼 벡터. GLVGAPGLRGLPGK의 펩티드 벡터 위치 요소들(좌표 57, 170, 269, 326, 397, 494, 551, 664, 820, 877, 990, 1087, 1144, 1272)은 빨간색 선으로 표시했다. 이 좌표에서 스펙트럼 벡터의 진폭은 각각 −8, +1, −4, −6, −6, +3, +1, −4, −8, +18, +11, −10, −7, 0와 같다. SCORE(GLVGAPGLRGLPGK, *DinosaurSpectrum*)은 펩티드 벡터와 스펙트럼 벡터의 내적 결과로 −8 + 1 − 4 − 6 − 6 + 3 + 1 − 4 − 8 + 18 + 11 − 10 − 7 + 0 = −19다. 대부분의 진폭은 음수이므로 SCORE(GLVGAPGLRGLPGK, *DinosaurSpectrum*)가 음수라는 사실이 반드시 위의 스펙트럼 해석이 잘못됐다는 것을 뜻하지는 않는다.

펩티드 *Peptide*를 펩티드 벡터 $\overrightarrow{Peptide} = (p_1, \ldots, p_m)$로 변환하고 스펙트럼 *Spectrum*을 같은 길이의 스펙트럼 벡터 $\overrightarrow{Spectrum} = (s_1, \ldots, s_m)$로 변환한 후 SCORE(*Peptide*, *Spectrum*) = SCORE($\overrightarrow{Peptide}$, $\overrightarrow{Spectrum}$)를 $\overrightarrow{Peptide}$와 $\overrightarrow{Spectrum}$의 내적 결과로 정의하겠다.

$$\text{SCORE}(Peptide, Spectrum) = p_1 \cdot s_1 + \ldots + p_m \cdot s_m$$

여기서 SCORE($\overrightarrow{Peptide}$, $\overrightarrow{Spectrum}$) = SCORE(*Peptide*, *Spectrum*)는 단순히 '진폭을 센 것', 즉 $\overrightarrow{Peptide}$로 주석이 붙은 $\overrightarrow{Spectrum}$의 진폭들의 합계라는 것을 알아두자. 그러나 이 점수는 스펙트럼의 강도를 스펙트럼 벡터의 진폭으로 변환했기 때문에 강도 수 제한의 문제가 없다. 결과적으로 스펙트럼의 고강도 피크는 점수에 기여하지만 점수를 좌지우지하지 않는다. 그림 11.7의 펩티드 벡터와 스펙트럼 벡터의 점수는 4 + 6 + 9 + 3 + 0 = 22다. 그림 11.8에서 펩티드 벡터와 스펙트럼 벡터의 점수는 −19다.

잠깐 멈추고 생각해 보자 그림 11.7의 스펙트럼 벡터에서 22보다 높은 점수를 받은 펩티드 벡터를 찾을 수 있는가?

11장의 나머지 부분에서는 스펙트럼 대신 스펙트럼 벡터로 작업을 하겠다. 스펙트럼 벡터 $\overrightarrow{Spectrum}$가 주어졌을 때 우리의 목표는 ($\overrightarrow{Peptide}$, $\overrightarrow{Spectrum}$) 값이 가장 큰 펩티드 $Peptide$를 찾는 것이다. 펩티드 질량과 스펙트럼이 생성하는 모체 질량은 같아야 하므로 펩티드 벡터는 고려 중인 스펙트럼 벡터와 길이가 같아야 한다. 따라서 펩티드 벡터와 길이가 다른 스펙트럼 벡터 사이의 점수를 $-\infty$로 정의한다.

펩티드 시퀀싱 문제

주어진 스펙트럼 벡터에 대해서 점수가 가장 높은 펩티드를 찾으시오.

입력: 스펙트럼 벡터 $\overrightarrow{Spectrum}$

출력: 모든 가능한 아미노산 문자열 중에서 SCORE($\overrightarrow{Peptide}$, $\overrightarrow{Spectrum}$) 값이 가장 큰 아미노산 문자열 $Peptide$

펩티드 시퀀싱 알고리듬

스펙트럼 벡터 $\overrightarrow{Spectrum} = (s_1...s_m)$가 주어졌을 때 $m+1$개의 노드로 된 DAG를 구축하고 각 노드를 정수 0(소스 토드)부터 m(싱크 노드)으로 표시한 뒤 $j-i$가 아미노산의 질량과 같으면 노드 i를 노드 j로 방향성 에지로 연결한다(그림 11.9). 추가로 가중치 s_i를 노드 $i(1 \leq i \leq m)$에 할당하고, 노드 0에는 가중치 0을 할당한다.

잠깐 멈추고 생각해 보자 이 DAG는 이상적인 스펙트럼을 해석하고자 구성한 DAG GRAPH($Spectrum$)와 어떻게 비교되는가?

이 DAG에서 소스 노드와 싱크 노드를 연결하는 모든 경로는 아미노산 문자열 펩티드에 해당하며 이 경로에 있는 노드의 총 가중치는 SCORE($\overrightarrow{Peptide}$, $\overrightarrow{Spectrum}$)와 같다. 따라서 펩티드 시퀀싱 문제를 가중치가 있는 DAG에서 소스 노드부터 싱크 노드까지의 경로들 중 가중치가 최대인 경로를 찾는 문제로 축소할 수 있다.

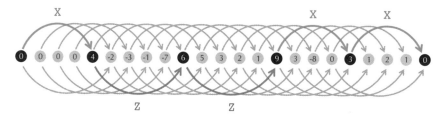

그림 11.9 길이가 $m = 22$이고 각각의 질량이 4, 5인 아미노산 알파벳 {X, Z}인 스펙트럼 벡터에 대한 DAG. 0에서 m까지의 경로는 펩티드 XZZXX를 나타낸다. 이는 펩티드 벡터 (0, 0, 0, 1, 0, 0, 0, 0, 1, 0, 0, 0, 0, 1, 0, 0, 0, 1, 0, 0, 0, 1)에 해당하며 점수 0 + 4 + 6 + 9 + 3 + 0가 강조 표시 됐다. DAG의 노드들은 스펙트럼 벡터의 진폭으로 표시돼 있다.

잠깐 멈추고 생각해 보자 5장에서는 에지에 가중치가 있는 DAG에서 최대 가중치 경로를 찾는 알고리듬을 개발했다. 이 알고리듬을 어떻게 수정해야 노드에 가중치가 있는 DAG에서 최대 가중치 경로를 찾도록 할 수 있을까?

연습 문제 펩티드 시퀀싱 문제에 대한 당신의 알고리듬을 $\overrightarrow{DinosaurSpectrum}$에 적용해 보시오.

$\overrightarrow{DinosaurSpectrum}$에 펩티드 시퀀싱 문제의 알고리듬을 적용해서 점수가 96인 펩티드 ATKIVDCFMTY를 찾았다(그림 11.5 중간). 그러나 아사라는 이와 다르게 점수가 −19점인 GLVGAPGLRGLPGK인 펩티드를 제안했으며 이 펩티드는 $DinosaurPeptide$라고 불린다(그림 11.5 아래쪽). 이 펩티드는 ATKIVDCFMTY보다 점수가 훨씬 낮으며 사실 $DinosaurPeptide$보다 점수가 높은 펩티드가 수십억 개는 존재한다!

잠깐 멈추고 생각해 보자 왜 아사라는 높은 점수를 얻은 ATKIVDCFMTY 대신 $DinosaurPeptide$를 제안했을까?

펩티드 식별

펩티드 식별 문제

항생제 펩티드를 시퀀싱하려고 들인 노력을 생각해 보면 $DinosaurSpectrum$ 최고 점수의 펩티드가 이 스펙트럼을 생성했음에 틀림없다는 결론을 내릴 수 있다.

많은 시도에도 연구자들은 생물학적으로 정확한 펩티드, 즉 스펙트럼을 생성한 펩티드에 가장 높은 점수를 안정적으로 할당하는 점수 함수를 아직 만들지 못했다. 다행히도 올바른 펩티드가 모든 펩티드 중에서 가장 높은 점수를 얻지는 못하지만 일반적으로 종의 단백질체에 국한했을 때는 보통 모든 펩티드 중에서 가장 높은 점수를 받는다. 결과적으로 단백질체에 존재하는 펩티드로 검색을 제한함으로써 펩티드 시퀀싱에서 펩티드를 식별할 수 있다.

연습 문제 펩티드 시퀀싱에서 탐색한 길이가 10인 모든 펩티드(펩티드 시퀀싱을 위해서 우리가 탐색해야 할 펩티드들)의 수는 사람의 단백질체에서 길이가 10인 펩티드의 수와 어떻게 비교되는가? (참고: 인간 단백질에는 약 2만 개의 단백질 코딩 유전자가 있으며 인간 단백질의 평균 길이는 약 400개 아미노산이다.)

펩티드 식별 문제

특정 단백질체 내에서 스펙트럼에 대해 점수가 가장 높은 펩티드를 찾으시오.

> **입력:** 스펙트럼 벡터 $\overrightarrow{Spectrum}$와 아미노산 문자열 $Proteome$
> **출력:** $Proteome$의 하위 서열 중 SCORE$(\overrightarrow{Peptide}, \overrightarrow{Spectrum})$ 값이 가장 큰 아미노산 문자열 $Peptide$

잠깐 멈추고 생각해 보자 실제로 펩티드 식별문제의 입력은 단일 문자열 $Proteome$이 아닌 단백질 세트다. 각 단백질을 개별적으로 분석하는 것이 아니라 모든 단백질을 연결시키는 것의 잠재적인 위험성은 무엇인가?

미지의 티렉스 단백질체에서 펩티드 식별

티렉스의 단백질체를 알 수 없음에도 펩티드 식별로 돌아온 것에 의문이 생길 수 있다. 단백질체가 없으므로 티렉스 화석에서 얻은 스펙트럼에 펩티드 식별 문제를 적용할 수 없는 것처럼 보일 수 있다.

잠깐 멈추고 생각해 보자 티렉스 펩티드 검색을 위한 단백질 데이터베이스를 어떻게 구성할 수 있을까?

동물 뼈를 구성하는 단백질의 약 90%가 **콜라겐**collagen이다. 공룡 뼈에는 의심할 여지없이 콜라겐이 포함됐으며 다른 단백질이 수백만 년 동안 남아 있을 가능성은 거의 없다. 콜라겐 아미노산 서열은 여러 종에 걸쳐 보존되기 때문에 아사라는 티렉스 화석에서 살아남은 모든 단백질은 현존하는 종들의 콜라겐들과 유사할 것이라 추론했다.

이를 검증하고자 아사라는 티렉스 스펙트럼을 전체 UniProt 데이터베이스와 비교했다. 여기에는 수백 종의 단백질이 포함돼 있으며 이는 거의 2억 개의 아미노산에 달한다. 또한 티렉스에서 이러한 콜라겐과 콜라겐 사이의 가능한 차이들을 모델링하고자 현재 종들의 일부 돌연변이가 있는 콜라겐도 포함했다(이렇게 만들어진 단백질 데이터베이스를 UniProt+라고 부르겠다). 이 데이터베이스에서 점수가 높은 펩티드의 대부분은 닭의 콜라겐으로 밝혀졌으며 이는 새가 공룡에서 진화했다는 가설을 뒷받침한다.

사실 *DinosaurPeptide*는 닭 콜라겐 펩티드에서 하나의 변이밖에 차이가 나지 않는다. 그러나 이 펩티드가 *DinasaurSpectrum*의 올바른 해석인지 어떻게 알 수 있을까?

펩티드-스펙트럼 일치 찾기

펩티드 시퀀싱 알고리듬과 마찬가지로 펩티드 식별 알고리듬은 오류가 있는 펩티드를 반환할 수도 있다. 특히 특정 단백질체에서 가장 높은 점수의 펩티드가 전체 펩티드 중 가장 높은 점수를 받은 펩티드의 점수보다 낮은 경우에 오류가 있는 펩티드를 반환할 수 있다. 이러한 이유로 생물학자들은 일반적으로 점수 임계값을 설정하고 해당 점수가 임계값 이상인 경우에만 펩티드 식별 문제의 결과에 관심을 기울인다.

스펙트럼 벡터 *SpectralVector*, 아미노산 문자열 *Proteome*, 점수 임계값 *threshold*가 주어지면 *SpectralVector*의 각 벡터 $\overrightarrow{Spectrum}$에 대한 펩티드 식별 문제를 해결하고 단백질 내 모든 펩티드에 대해 이 스펙트럼 벡터에 대해 최대 점수를 갖는 펩티드 *Peptide*를 식별할 것이다(동점은 임의로 결정한다). 만약 SCORE$(\overrightarrow{Peptide}, \overrightarrow{Spectrum})$가 임계값보다 크거나 같으면 *Peptide*가 샘플에 존재한다고 결론을 내리고 해당 $(Peptide, \overrightarrow{Spectrum})$ 쌍을 **펩티드 스펙트럼 일치**PSM, Peptide-Spectrum Match라고 부른다. *SpectralVectors*의 PSM 결과 모음은 PSM$_{threshold}(Proteome, SpectralVectors)$로 표시한다.

PSM 검색 문제

스펙트럼의 집합과 단백질체가 주어졌을 때 임계값 이상의 점수를 갖는 펩티드-스펙트럼을 찾으시오.

입력: 스펙트럼 벡터 *SpectralVectors* 모음, 아미노산 문자열 *Proteome*, 정수 *threshold*

출력: 집합 $\mathrm{PSM}_{threshold}(Proteome, SpectralVectors)$

다음 의사 코드는 PSM 검색 문제를 해결한다. 이때 **PEPTIDEIDENTIFICATION**이라고 부르는 펩티드 식별 문제를 해결하고자 방금 구현했던 알고리듬을 사용한다.

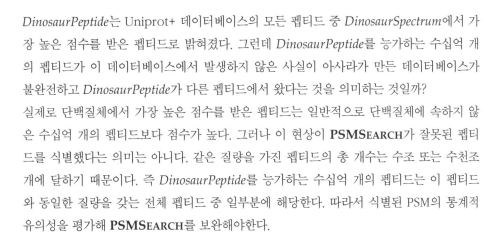

```
PSMSEARCH(SpectralVectors, Proteome, threshold)
    PSMSet ← an empty set
    for each vector Spectrum in SpectralVectors
        Peptide ← PEPTIDEIDENTIFICATION(Spectrum, Proteome)
        if SCORE(Peptide, Spectrum)) ≥ threshold
            add the PSM (Peptide, Spectrum) to PSMSet
    return PSMSet
```

*DinosaurPeptide*는 Uniprot+ 데이터베이스의 모든 펩티드 중 *DinosaurSpectrum*에서 가장 높은 점수를 받은 펩티드로 밝혀졌다. 그런데 *DinosaurPeptide*를 능가하는 수십억 개의 펩티드가 이 데이터베이스에서 발생하지 않은 사실이 아사라가 만든 데이터베이스가 불완전하고 *DinosaurPeptide*가 다른 펩티드에서 왔다는 것을 의미하는 것일까?

실제로 단백질체에서 가장 높은 점수를 받은 펩티드는 일반적으로 단백질체에 속하지 않은 수십억 개의 펩티드보다 점수가 높다. 그러나 이 현상이 **PSMSEARCH**가 잘못된 펩티드를 식별했다는 의미는 아니다. 같은 질량을 가진 펩티드의 총 개수는 수조 또는 수천조 개에 달하기 때문이다. 즉 *DinosaurPeptide*를 능가하는 수십억 개의 펩티드는 이 펩티드와 동일한 질량을 갖는 전체 펩티드 중 일부분에 해당한다. 따라서 식별된 PSM의 통계적 유의성을 평가해 **PSMSEARCH**를 보완해야한다.

잠깐 멈추고 생각해 보자 닭 샘플에서 얻은 1,000개의 스펙트럼을 닭 단백질체에서 검색하고 점수가 임계값을 초과하는 100개의 PSM을 식별한다고 가정해 보자. 이 100개의 PSM 중 잘못된 PSM의 비율을 어떻게 추정할 수 있는가?

펩티드 식별과 무한 원숭이 정리

거짓 발견 비율

$PSM_{threshold}(Proteome, SpectralVectors)$에서 가짜 PSM의 수를 추정하고자 *Proteome*과 동일한 길이를 갖는 무작위로 생성된 아미노산 문자열인 **유사 단백질체**^{decoy proteome} *DecoyProteome*을 구성하겠다. 여기서 각 위치에서 각 아미노산이 생성될 확률은 1/20로 동일하다. 그다음 동일한 점수 임계값으로 *Proteome* 대신 *DecoyProteome*에 대해 PSM 검색 문제를 풀어 볼 것이다.

무작위로 생성된 유사 단백질체에서 식별한 PSM에는 관심이 없는데 이것은 생물학적으로 관련 없는 인공물에 불과하기 때문이다. 요점은 이러한 PSM의 수가 실제 단백질체 수를 추정할 때 잘못된 PSM 수를 추정할 수 있게 해준다는 점이다. 따라서 PSM 검색의 **거짓 발견 비율**^{FDR, False Discovery Rate}을 실제 단백질로 식별된 PSM 수와 유인된 PSM의 수의 비율로 정의할 것이다.

$$\frac{|PSM_{threshold}(DecoyProteome, SpectralVectors)|}{|PSM_{threshold}(Proteome, SpectralVectors)|}$$

예를 들어 *Proteome*의 검색 결과가 100개의 PSM이고 *DecoyProteome*의 검색 결과가 단 5개의 PSM이라 하면 FDR은 5%가 되며 식별된 PSM의 약 95%가 유효할 가능성이 있다고 결론지을 수 있다. 반면에 *Decoyproteome*의 검색 결과가 100개의 PSM에 가깝다고 한다면 FDR은 1에 가까울 것이며 *Proteome* 검색에 확인된 펩티드가 생물학적으로 관련이 있다는 주장을 하기 어려울 것이다.

연습 문제　*threshold* = 80일 때 Uniprot+ 데이터베이스에 대해 모든 티렉스 스펙트럼을 검색할 때의 FDR을 추정해 보시오.

잠깐 멈추고 생각해 보자　FDR이 주어진 임계값과 비교해 매우 높다고 하더라도 신뢰할 수 있는 PSM을 찾을 수 있는 걸까?

FDR이 높다고 해도 스펙트럼 데이터 세트가 쓸모 없다거나 잘못된 단백질 데이터베이스를 검색하고 있다고 단정지어서는 안 된다. FDR은 임계값의 선택에 따라 크게 달라질 수 있기 때문에 단순히 데이터 분석을 위한 점수 임계값을 잘못 선택했을 수도 있는 것이다(그림 11.10).

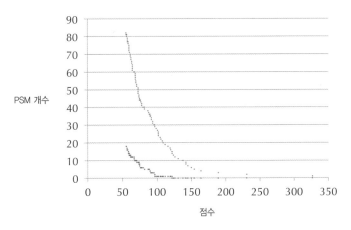

그림 11.10 Uniprot+ 데이터베이스(파란색), 같은 길이의 유사 단백질체(빨간색)의 아미노산 문자열로 *DinosaurSpectrum*을 검색해 식별한 PSM들의 숫자

티렉스 스펙트럼 데이터 세트의 경우 UniProt+에 있는 아미노산 문자열 *Proteome*에서 는 27개의 PSM이 발견됐으며 *DecoyProteome*에서는 $threshold = 100$을 넘는 PSM이 단 하나만 발견됐다(FDR = 3.7%). 불행하지만 공룡 펩티드를 발견했다고 자동적으로 결론지을 수는 없는데 그 이유는 PSM 중 대부분이 흔한 실험실 오염의 결과에 해당하기 때문이다. 우리의 목표는 *DinosaurPeptide*를 포함한 나머지 소수가 실제로 공룡 펩티드에 해당하는 지 알아내는 것이다.

특히 FDR은 모든 티렉스 스펙트럼으로 식별한 전체 PSM 세트를 분석하는 데 도움이 되지만 PSM 각각의 통계적 유의성은 어떻게 알 수 있는가? 특히 *DinosaurPSM*이라고 하 는 PSM(*DinosaurPeptide*, $\overrightarrow{DinosaurSpectrum}$)가 통계적으로 유의미한지 알 수 있을까? 이 질문에 답하려면 먼저 '통계적으로 유의미하다'가 의미하는 바를 정량화해야 한다.

원숭이와 타자기

원숭이와 타자기가 있는 방에 갇혀 있다고 상상해 보자. 원숭이는 타자기를 두드려 일련 의 문자열을 만들어 내기 시작한다(이 원숭이가 특히 스페이스바를 좋아한다고 가정하자). 원숭 이가 만들어 낸 각각의 문자열들을 보고 그 중 일부가 철자가 올바른 영어 단어인지 확인 해 본다(그림 11.11). 결국 **무한 원숭이 정리**infinite monkey theorem에 따르면 원숭이는 언젠가 햄 릿Hamlet을 타이핑해 낼 것이다(돌아가기: 무한 원숭이 정리 참고).

685페이지

그림 11.11 윌리엄 셰익스피어 찾기

원숭이가 즉시 '사느냐, 죽느냐To be, or not to be'를 입력한다면 충격을 받을 것이다. 그러나 원숭이가 100만 개의 문자열을 만든 후 이 10여 개의 영어 단어를 입력한 거라면 과연 그것도 놀라운 일일까?

문자열 세트 $Dictionary$가 주어졌을 때 길이가 n인 무작위로 생성된 문자열에 $Dictionary$에 있는 문자열이 나타날 예상 횟수를 E($Dictionary$, n)라고 정의하자. 이때 문자열의 각 위치에서 각 글자의 출현 확률은 동일하다고 가정한다. 그리고 $EnglishDictionary$가 모든 영어 단어의 집합이라고 하자. 이런 경우 n개의 문자를 입력한 뒤 원숭이가 E($EnglishDictionary$, n)보다 의미 있게 더 많은 영어 단어를 입력한다는 것이 밝혀지면 원숭이가 철자를 할 수 있다고 할 수 있다. 반면에 원숭이가 원숭이가 E($EnglishDictionary$, n)와 같은 횟수의 단어를 입력하면 원숭이는 아마도 셰익스피어의 환생은 아닐 것이다.

원숭이와 타자기 문제

무작위로 생성된 텍스트에서 사전에 있는 문자열이 발견될 예상 횟수를 찾으시오.

입력: 문자열들의 세트 $Dictionary$와 정수 n

출력: E($Dictionary$, n)

 잠깐 멈추고 생각해 보자 원숭이와 타자기는 질량 분석기와 어떠한 관련이 있을까?

 연습 문제 공백이 없고 길이가 2억 글자인 무작위 영어 문자열에서 문자열 SHAKESPEARE가 나타날 예상 횟수는 얼마일까?

펩티드 스펙트럼 일치의 통계적 의의

원숭이가 단어를 타이핑하는 대신 스펙트럼 벡터 $\overrightarrow{Spectrum}$에 대해 임계값을 넘는 모든 펩티드 세트를 생성하는 알고리듬이 있다고 가정해 보자. 이제부터 이 고득점 펩티드들의 집합을 **스펙트럼 사전**spectral dictionary이라고 부르고 다음과 같이 표시할 것이다.

$$\text{DICTIONARY}_{threshold}\left(\overrightarrow{Spectrum}\right)$$

PSM(*Peptide*, $\overrightarrow{Spectrum}$)의 경우 **PSM 사전**PSM dictionary이라는 용어를 사용하고 이를 DICTIONARY(*Peptide*, $\overrightarrow{Spectrum}$)으로 표시해 스펙트럼 사전을 나타내겠다.

$$\text{DICTIONARY}_{\text{SCORE}(Peptide, \overrightarrow{Spectrum})}\left(\overrightarrow{Spectrum}\right)$$

*DinosaurPSM*의 경우 PSM 사전은 DICTIONARY$_{-19}$($\overrightarrow{DinosaurSpectrum}$)로 나타낸다.

원숭이가 생성한 단어가 영어 사전에서 나타나는지 확인하는 대신 스펙트럼 사전의 펩티드를 단백질체와 일치하는지 확인해 볼 것이다. 일치하는 항목을 찾으면 이러한 일치 항목이 생물학적으로 유효한 PSM을 나타내는지 아니면 통계적인 인공 산물인지를 결정해야 한다. 이 결정을 내리고자

$$E\left(\text{DICTIONARY}_{threshold}\left(\overrightarrow{Spectrum}\right), n\right)$$

DICTIONARY$_{threshold}$($\overrightarrow{Spectrum}$)에서 발생할 길이가 n인 유사 단백질체의 예상되는 펩티드 수를 고려해야 한다. 만약 이 값이 1보다 크다면 $\overrightarrow{Spectrum}$에 대해 점수가 임계값을 넘는 펩티드를 찾는 것은 놀라운 일이 아니다. 따라서 통계적 유의성 검사를 원숭이와 타자기 문제라는 특별한 경우로 수식화했다.

예상되는 고득점 펩티드 수 문제

유사 단백질체에서 주어진 스펙트럼에 대해 고득점 펩티드의 예상 횟수를 찾으시오.

　입력: 스펙트럼 벡터 $\overrightarrow{Spectrum}$와 정수 *threshold*, n

　출력: $E\left(\text{DICTIONARY}_{threshold}\left(\overrightarrow{Spectrum}\right), n\right)$

이 문제를 해결하고자 먼저 아미노산 하나로 된 문자열 *Peptide*로 구성된 스펙트럼 사전으로 시작해서 길이가 *n*인 무작위 문자열 *DecoyProteome*과 일치시켜 볼 것이다. *DecoyProteome*은 무작위로 생성됐기 때문에 *Peptide*가 *DecoyProteome*의 주어진 위치에서 시작하는 문자열과 일치할 확률은 $1/20^{|Peptide|}$다. 이 표현을 *Peptide*의 **확률**probability이라 부르겠다. 따라서 *DecoyProteome*에서 *Peptide*가 발생할 예상 횟수는 다음과 같이 표현할 수 있다.

$$\frac{n - |Peptide| + 1}{20^{|Peptide|}} \approx n \cdot \frac{1}{20^{|Peptide|}}$$

다음으로 일련의 펩티드들의 집합 *Dictionary*가 임의의 길이의 여러 아미노산 문자열을 포함하고 있다고 가정하자. 위의 근사 방법을 사용하면 *Dictionary*의 문자열과 *DecoyProteome* 문자열 사이의 예상 일치 횟수는 다음과 같이 근사할 수 있다.

$$\mathrm{E}(Dictionary, n) \approx n \cdot \left(\sum_{\text{each peptide } Peptide \text{ in } Dictionary} \frac{1}{20^{|Peptide|}} \right)$$

위 괄호 안의 합계가 *Dictionary*의 확률을 의미하며 $\mathrm{Pr}(Dictionary)$로 표기할 것이다. 따라서 위의 근사 방법은 다음과 같이 쓸 수 있다.

$$\mathrm{E}(Dictionary, n) \approx n \cdot \mathrm{Pr}(Dictionary)$$

따라서 PSM(*Peptide*, $\overrightarrow{Spectrum}$)의 통계 분석을 PSM 사전의 확률인 $\mathrm{Pr}(\text{DICTIONARY}$(*Peptide*, $\overrightarrow{Spectrum}$))을 계산하는 것으로 줄일 수 있다.

 잠깐 멈추고 생각해 보자 $\mathrm{Pr}(\text{DICTIONARY}(Peptide, \overrightarrow{Spectrum}))$은 1보다 클 수 있을까?

확률적 표기법 $\mathrm{Pr}(Dictionary)$를 사용한 이유가 궁금할 것이다. $\mathrm{Pr}(\text{DICTIONARY}$(*Peptide*, $\overrightarrow{Spectrum}$))가 실제로 확률이며 이에 따라 1을 넘을 수 없다는 것을 확인하려면 '돌아가기: 스펙트럼 사전의 펩티드 확률 공간'을 참고하자.

 686페이지

스펙트럼 사전 문제의 확률

주어진 스펙트럼 및 점수 임계값에 대한 스펙트럼 사전의 확률을 찾으시오.

입력: 스펙트럼 벡터 $\overrightarrow{Spectrum}$와 정수 *threshold*

출력: DICTIONARY$_{threshold}$($\overrightarrow{Spectrum}$)의 확률

이제 *DinosaurPSM*의 통계적 유의성을 검정할 준비가 된 것으로 보인다. 먼저 PSM 사전 DICTIONARY(*DinosaurPSM*)을 만들고 $n \cdot \mathrm{Pr}$(DICTIONARY(*DinosaurPSM*))을 계산한다. 여기서 n은 UniProt+ 데이터베이스를 연결해서 만든 문자열의 길이다. 만약 이 값이 작으면(예: 0.001) *DinosaurPeptide*가 통계적인 인공물이 아닌 티렉스의 펩티드라 주장할 수 있다.

불행히도 DICTIONARY(*DinosaurPSM*)에는 2,000억 개 이상의 펩티드가 포함돼 있어 생성에 시간이 매우 많이 소요된다. 이 사전을 생성하지 않고서 이 사전의 확률을 계산할 수 있을까?

스펙트럼 사전

먼저 스펙트럼 사전에 있는 펩티드 수를 계산해 볼 건데 그 이유는 이 간단한 문제가 스펙트럼 사전의 확률을 계산하는 방법에 대한 아이디어를 제공해 줄 것이기 때문이다.

스펙트럼 사전 크기 문제

주어진 스펙트럼 벡터와 임계 점에 대해 스펙트럼 사전의 크기를 찾으시오.

입력: 스펙트럼 벡터 $\overrightarrow{Spectrum}$와 정수 *threshold*
출력: DICTIONARY$_{threshold}$($\overrightarrow{Spectrum}$)의 펩티드 수

동적 프로그래밍을 사용해 스펙트럼 사전 크기 문제를 풀어 보겠다. 주어진 스펙트럼 벡터 $\overrightarrow{Spectrum} = (s_1,...,s_m)$에서 각 i-**접두사**(i는 1과 m 사이의 정수)를 $\overrightarrow{Spectrum}_i = (s_1,...,s_m)$로 정의하고 질량이 i인 펩티드 *Peptide*의 수를 나타내는 변수 SIZE(i, t)를 정의해 SCORE(*Peptide*, $\overrightarrow{Spectrum}_i$)이 t와 같도록 한다. 예를 들어 길이 14의 스펙트럼 벡터 $\overrightarrow{Spectrum}$ = (4, −3, −2, 3, 3, −4, 5, −3, −1, −1, 3, 4, 1, 3)와 질량이 각각 4와 5인 아미노산 X와 Z를 생각해 보자. 질량이 13인 펩티드는 오직 3개가 존재한다(XXZ, XZX, ZXX). XXZ와 XZX는 $\overrightarrow{Spectrum}_{13}$에 대한 점수가 1점이고 ZXX는 3점이다. 따라서 SIZE(13, 1) = 2, SIZE(13, 3) = 1이고 t가 1, 3을 제외한 나머지 숫자에 대해 SIZE(13, t) = 0이다.

$\textsc{Size}(i, t)$ 계산의 반복적인 관계를 설정하는 열쇠는 $\textsc{Size}(i, t)$에 기여하는 펩티드 집합이 최종 아미노산 a에 따라 20개의 하위 집합으로 분할될 수 있다는 것을 깨닫는 것이다. 펩티드에서 가장 끝에 있는 특정 펩티드인 a를 뺀다면 그 질량은 $i - |a|$가 되고 점수는 $t - s_i$가 된다($|a|$는 질량 a를 의미한다). 따라서 그림 11.12에 설명한 것과 같이 아래 수식이 만들어지게 된다.

$$\textsc{Size}(i,t) = \sum_{\text{all amino acids } a} \textsc{Size}(i - |a|, t - s_i)$$

길이가 0인 단일 '빈' 펩티드가 있으므로 $\textsc{Size}(0, 0) = 1$로 초기화한다. 또한 가능한 모든 점수 t에 대해 $\textsc{Size}(0, t) = 0$을 정의하고, i가 음수인 경우 $\textsc{Size}(i, t) = 0$로 한다. 위의 반복을 사용해 스펙트럼 사전 $\overrightarrow{Spectrum} = (s_1,...,s_m)$의 크기를 계산할 수 있다.

$$\left| \textsc{Dictionary}_{threshold}(\overrightarrow{Spectrum}) \right| = \sum_{t \geq threshold} \textsc{Size}(m, t)$$

잠깐 멈추고 생각해 보자 위 공식은 임계값보다 큰 모든 t에 대해 $\textsc{Size}(m, t)$를 계산해야 한다. 주어진 스펙트럼 벡터 $\overrightarrow{Spectrum}$에서 $t > T$일 때 $\textsc{Size}(m, t) = 0$인 T 값을 찾을 수 있는가?

연습 문제 $|\textsc{Dictionary}(DinosaurPSM)|$을 계산하시오.

사전의 확률 방정식은 아래와 같다.

$$\Pr(Dictionary) = \sum_{\text{each peptide } Peptide \text{ in } Dictionary} \frac{1}{20^{|Peptide|}}$$

이는 사전의 크기 방정식과 유사하다.

$$|Dictionary| = \sum_{\text{each peptide } Peptide \text{ in } Dictionary} 1$$

이러한 유사성은 사전의 크기를 찾는 데 사용하는 것과 유사한 인자를 사용해 반복적인 사전의 확률을 도출할 수 있음을 의미한다.

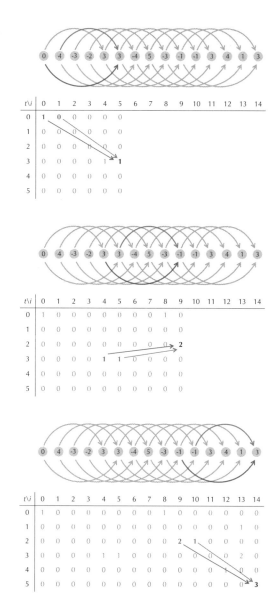

그림 11.12 각각의 질량이 4와 5인 아미노산 X와 Z 그리고 스펙트럼 벡터 (4, −3, −2, 3, 3, −−4, 5, −3, −1, −1, 3, 4, 1, 3)로 이뤄진 예시 문자열에 대해 SIZE(i, t)를 계산하는 과정. 동적 프로그래밍 행렬에서 검은색 굵은 글씨로 표시한 항목은 SIZE(i, t) = SIZE($i − 4$, $t − s_i$) + SIZE($i − 5$, $t − s_i$)에 따라 파란색과 빨간색 항목을 합산해 계산된다. 예를 들어 맨 아래 행렬에서 SIZE(14, 5) = SIZE(14 − 4, 5 − 3) + SIZE(14 − 5, 5 − 3) = SIZE(10, 2) + SIZE(9, 2)다.

$\Pr(i, t)$를 질량이 i이고 $\text{SCORE}(\overrightarrow{Peptide}, \overrightarrow{Spectrum})$가 t와 같은 모든 펩티드의 확률 합으로 정의하자. $\Pr(i, t)$에 기여하는 펩티드의 집합은 최종 아미노산에 따라 20개의 하위 집합으로 나눌 수 있다. 특정 아미노산 a로 끝나는 각 펩티드 $Peptide$에서 a를 제거한다면 길이가 짧아진 $Peptide_a$가 되고 질량은 $i - |a|$, 점수는 $t - s_i$가 된다. $Peptide$의 확률은 $Peptide_a$보다 20배 작기 때문에 $\Pr(i, t)$의 $Peptide$의 기여도는 $\Pr(i - |a|, t - s_i)$인 $Peptide_a$보다 20배 작다. 따라서 $\Pr(i, t)$는 다음과 같이 계산할 수 있다.

$$\Pr(i, t) = \sum_{\text{all amino acids } a} \frac{1}{20} \cdot \Pr(i - |a|, t - s_i)$$

이는 $\text{SIZE}(i, t)$를 계산하는 반복에서 $1/20$만 추가됐다는 점만 차이가 난다.

이제 스펙트럼 사전의 확률을 다음과 같이 계산할 수 있다.

$$\Pr(\text{DICTIONARY}_{threshold}(\overrightarrow{Spectrum})) = \sum_{t \geq threshold} \Pr(m, t)$$

여기서 $\text{DICTIONARY}(DinosaurPSM)$은 219,136,251,374개의 펩티드로 구성됐으며 그 확률은 0.00018이다. 따라서 길이 $n = 194,613,142$(546,799 단백질로 구성)의 UniProt+ 데이터베이스에 대한 검색에서 발견된 $DinosaurPSM$의 통계적 유의성을 검정할 준비가 됐다.

이제 목표는 $n \cdot \Pr(\text{DICTIONARY}(DinosaurPSM))$를 계산하는 것인데 그 이유는 이것이 길이가 n인 유사 단백질체에서 $\text{DICTIONARY}(DinosaurPSM)$의 펩티드가 발견될 예상 횟수를 근사화하기 때문이다. $\Pr(\text{DICTIONARY}(DinosaurPSM)) = 0.00018$이기 때문에 우리는 다음 값을 얻을 수 있다.

$$n \cdot \Pr(\text{DICTIONARY}(DinosaurPSM)) = 35,311$$

따라서 유사 데이터베이스에서 $DinosaurPeptide$만큼 높은 점수를 받는 펩티드를 수만 개 정도 찾을 것이 예상되기 때문에 UniProt+ 데이터베이스를 검색하는 동안 $DinosaurPSM$을 찾게 되는 것은 놀랄 일이 아니다. 따라서 $DinosaurPeptide$가 실제 티렉스 펩티드가 아니라 통계적 인공물이라는 결론을 내릴 수 있다. 그렇다면 다른 티렉스 펩티드는 어떠한가?

연습 문제 아사라가 보고한 다른 모든 티렉스 PSM의 스펙트럼 사전의 확률을 계산하시오. 이러한 PSM들이 통계적으로 유의한가?

티렉스 펩티드: 오염 물질일까 아니면 고대 단백질의 보물 창고일까?

헤모글로빈 수수께끼

아사라는 자신의 주장에 대해 통계적 근거로 비판을 받은 뒤 자신의 분석에 몇 가지 문제가 있음을 인정하고 *DinosaurPeptide*가 *DinosaurSpectrum*를 설명한다는 것을 철회했으며 이전에 제안한 티렉스 펩티드 중 일부를 변경했고 티렉스 화석에서 나온 모든 3만 1,372개의 스펙트럼을 공개했다. 이후 다른 과학자들이 모든 스펙트럼을 재분석했는데 티렉스 PSM 중 일부는 의심스럽기는 하지만 다른 일부는 통계적으로 유의미하다는 것을 확인했다(그림 11.13).

그러나 아사라가 티렉스 스펙트럼을 공개한 것은 해답을 제시하기보다는 더 많은 질문들을 낳게 됐다. 이 스펙트럼에서 매튜 피츠기본Matthew Fitzgibbon과 마틴 매킨토시Martin McIntosh는 타조 헤모글로빈과 완벽하게 일치하는 추가 스펙트럼(그림 11.14)을 확인해 그림 11.13의 7개 콜라겐 펩티드에 더해 또 다른 티렉스 펩티드가 추가됐다. 아사라가 놓쳤던 헤모글로빈 PSM은 이전에 보고된 티렉스 콜라겐 펩티드보다 자릿수 하나만큼 통계적으로 더 유의미했다!

헤모글로빈은 콜라겐보다 훨씬 덜 보존돼 있기 때문에 헤모글로빈 펩티드가 실제로 티렉스에 속했다면 충격적일 것이다. 예를 들어 인간 베타 사슬 헤모글로빈은 146개의 아미노산으로 구성됐으며 27, 38, 45개의 아미노산이 각각 쥐, 캥거루, 닭과 차이가 난다. 더욱이 온전한 헤모글로빈 펩티드는 멸종한 동굴곰의 뼈와 같이 훨씬 최근이자 많이 발견되는 화석에서도 발견된 적이 없다. 이 화석들은 너무 흔해서 제1차 세계대전 중 화약 생산의 인산염 공급원으로도 사용됐다.

ID	펩티드	단백질	확률	$n \cdot$ Probability
P1	GL**V**GAPGLRGLPGK	콜라겐 α1t2	$1.8 \cdot 10^{-4}$	36,000
P2	GVVGLP$_{oh}$GQR	콜라겐 α1t1	$7.6 \cdot 10^{-8}$	16
P3	GVQGPP$_{oh}$GPQGPR	콜라겐 α1t1	$7.9 \cdot 10^{-11}$	$1.6 \cdot 10^{-2}$
P4	GATGAP$_{oh}$GIAGAP$_{oh}$GFPohGAR	콜라겐 α1t1	$3.2 \cdot 10^{-12}$	$6.4 \cdot 10^{-4}$
P5	GLPGESGAVGPAGPIGSR	콜라겐 α2t1	$9.9 \cdot 10^{-14}$	$2.0 \cdot 10^{-5}$
P6	GSAGPP$_{oh}$GATGFPohGAAGR	콜라겐 α1t1	$3.2 \cdot 10^{-14}$	$6.4 \cdot 10^{-6}$
P7	GAPGPQGPSGAP$_{oh}$GP**K**	콜라겐 α1t1	$7.0 \cdot 10^{-16}$	$1.4 \cdot 10^{-7}$
P8	VNVADCGAEALAR	헤모글로빈 β	$7.8 \cdot 10^{-17}$	$1.6 \cdot 10^{-8}$

그림 11.13 아사라가 보고한 7개의 티렉스 후보 콜라겐 펩티드(P1-P7)와 헤모글로빈 펩티드(P8). 마지막 열은 이 펩티드들로 형성한 PSM 사전의 확률을 보여 준다. 빨간색 기호는 UniProt 데이터베이스의 펩티드와 비교했을 때 돌연변이가 일어난 아미노산을 나타낸다. 아미노산 Poh는 콜라겐에서 흔히 볼 수 있는 프롤린의 변형된 형태인 하이드록시프롤린을 나타낸다.

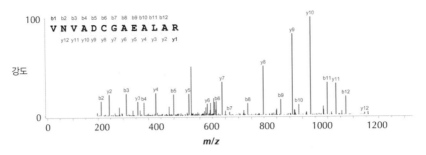

그림 11.14 타조 헤모글로빈 펩티드 VNVADCGGAEAIAR와 일치하는 고품질 티렉스 스펙트럼. 대부분의 가능한 접두사와 접미사가 고강도 피크로 표시되고 있다. 실제로 이 스펙트럼에 처음부터 다시 드노보(de novo) 시퀀싱을 해보면 동일한 펩티드를 만들어 낸다.

아사라는 티렉스 샘플을 분석하기 전 타조 샘플을 분석했기 때문에 피츠기본과 매킨토시는 이 헤모글로빈 펩티드가 **잔재**^{carryover} 형태, 즉 이전 실험 이후 질량 분석기 내부에 남아 있는 펩티드가 발견된 것으로 오염된 샘플을 나타내는 것이라고 주장했다. 오염은 모든 단백질체학 실험실에서 일상적이다. 그렇기에 질량 분석가들은 발견된 것이 인간의 케라틴이라 해도 놀라지 않는다. 실내의 공기에는 일반적으로 수백만 개의 작은 인간 피부 입자가 포함돼 있다.

헤모글로빈 펩티드가 이전 실험의 잔재라면 전체 티렉스 샘플이 오염됐기에 다른 모든 티렉스 펩티드를 폐기해야 한다. 그러나 아사라는 자신의 실험에 오염이 없었으며 타조 헤모글로빈은 티렉스 펩티드임이 틀림없다고 주장했고 콜라겐을 넘어 6,800만 년 동안 생존할 수 있는 단백질의 종류를 확장했다.

그러나 호너의 티렉스 화석이 실제로 고대 단백질의 보고이고 헤모글로빈 펩티드가 티렉스에서 유래했다고 믿는다면 왜 콜라겐 펩티드와 돌연변이들로만 연구를 제한해야 하는가? 모든 척추동물의 알려진 모든 단백질을 검색하지 않는 이유는 무엇인가? 물론 아사라가 사용한 것과 유사한 기준을 사용해야 한다. 예를 들어 최대 하나의 돌연변이를 허용하는 것이다. 이 기준을 따른다면 그림 11.13을 타조, 닭, 쥐, 인간의 놀라울 정도로 다양한 펩티드 세트를 추가해야 한다. 이러한 펩티드 중 일부는 그림 11.15에 나와 있다.

이러한 새로운 펩티드에 비춰 볼 때 새와 공룡 사이의 연결에 분자적 증거를 찾는 아사라의 주장은 훨씬 더 약해지게 된다. 새가 공룡에서 진화했다는 주장을 둘러싼 논쟁의 자세한 내용은 '돌아가기: 육상 공룡은 정말 새의 조상일까?'를 참고하자. 그림 11.15의 펩티드를 통계적인 인공물로 무시하게 되면 경우 그림 11.13의 티렉스 펩티드도 버려야 할 수 있다.

687페이지

670

ID	펩티드	단백질	확률	$n \cdot \text{Probability}$
P9	EDCLSG**A**KPK	ATG7(닭)	$3.2 \cdot 10^{-12}$	$6.4 \cdot 10^{-4}$
P10	ENAGEDPGLAR	DCD(인간)	$2.7 \cdot 10^{-12}$	$5.4 \cdot 10^{-4}$
P11	**E**GVDAGAAGDPER	TTL11(쥐)	$1.2 \cdot 10^{-12}$	$2.4 \cdot 10^{-4}$
P12	S**W**IHVALVTGGNK	CBR1(인간)	$1.2 \cdot 10^{-12}$	$2.4 \cdot 10^{-4}$
P13	SSN**V**LSGSTLR	MAMD1(인간)	$5.9 \cdot 10^{-13}$	$1.8 \cdot 10^{-4}$
P14	DEVTPA**Y**VVVAR	ASPM(쥐)	$1.9 \cdot 10^{-13}$	$3.8 \cdot 10^{-5}$
P15	**R**NVADCGAEALAR	HBB(타조)	$3.5 \cdot 10^{-15}$	$7.0 \cdot 10^{-7}$

그림 11.15 UniProt 데이터베이스의 모든 척추동물 단백질에 대해 최대 1개의 돌연변이를 허용해 티렉스 스펙트럼을 일치시키면 다양한 펩티드 세트가 나타난다. 빨간색 기호는 돌연변이가 일어난 아미노산을 나타낸다. 그림 11.13(P8)에서 이전에 보고된 헤모글로빈 펩티드보다(57Da만큼) 약간 더 무거운 다른 타조 헤모글로빈 펩티드 (P15)의 존재에 주목해 보자. 이러한 질량 변화는 위에서 보인 바와 같이 V에서 R로 돌연변이가 일어났다는 것 혹은 아미노산 하나가 변형됐다는 것을 나타낸다.

공룡 DNA 논란

'티렉스 펩티드' 논문이 나온 뒤로 계속 시간이 흘러갔지만 논쟁은 끝이 보이지 않았다. 그러나 이것이 공룡에서 유전 물질을 얻어낸 첫 번째 논문은 아니다. 1994년 스콧 우드워드 Scott Woodward 는 8,000만 년 된 공룡 뼈의 DNA 염기 서열을 분석했다고 발표했다. 그의 발견에 가장 격렬한 비평가는 믿거나 말거나 메리 슈바이처였는데, 그는 우드워드가 오염된 인간 DNA의 염기서열만 분석했다는 것을 증명해 냈다.

보통 과학적 발견은 분명하고 논쟁의 여지가 없는 것으로 보이지만 실제로는 현대 과학의 흥미로운 방법 중 일부분이 종종 이러한 이상에 미치지 못한다. 어떤 의미에서 학문적인 전쟁터는 애초에 과학자가 되고 싶게 하는 매력의 일부분이다. 그러나 호너의 화석이 수십 명의 독립적인 연구자들과 공유됐다고 해도 그들은 의심할 여지없이 티렉스 샘플에 있는 헤모글로빈의 놀라운 모습을 발견했을 것인데 실제로 공룡의 펩티드를 갖고 있었는지에 대한 결정적인 대답을 얻었을지에 대해서는 의문을 가질 수밖에 없다. 적절하게도 슈바이처는 우드워드의 '공룡 DNA' 논문의 비판에서 "고생물학의 진정한 발전은 그 연구가 독립적인 실험실에서 재현될 수 있다는 것이 입증될 때만 올 것이다"라고 썼다.

에필로그: 변형되지 않은 펩티드에서 변형된 펩티드로

번역 후 변형

PSMSEARCH 알고리듬은 돌연변이가 없는 단백질체에서 발생하는 펩티드만을 식별할 수 있다. 그러나 그림 11.13의 일부 펩티드에는 돌연변이가 있다.

STOP 잠깐 멈추고 생각해 보자 어떻게 **PSMSEARCH**를 일반화해 돌연변이가 있는 펩티드를 찾을 수 있을까?

스펙트럼 벡터와 일치하는 최대 k개의 돌연변이가 있는 최고 점수의 펩티드를 찾고자 단백질체에 있는 모든 펩티드의 모든 돌연변이가 일어난 변이체를 생성하고 이를 아미노산 문자열 *MutatedProteome*에 연결한 다음 **PSMSEARCH**를 실행한다. 불행히도 돌연변이된 펩티드의 수가 너무 많아지기 때문에 펩티드당 최대 하나의 돌연변이를 허용한다고 하더라도 **PSMSEARCH**는 실용적이지 않게 된다.

STOP 잠깐 멈추고 생각해 보자 주어진 길이가 n인 펩티드에서 최대 k개의 돌연변이를 갖는 돌연변이 펩티드는 몇 개가 있는가?

돌연변이된 펩티드를 검색하는 것 외에도 단백질이 RNA에서 번역된 후 아미노산을 변형시키는 **번역 후 변형**post-translational modification을 찾아내야 한다. 실제로 대부분의 단백질은 번역 후 변형되며 지금까지 수백 가지 유형의 변형이 발견됐다. 예를 들어 많은 단백질의 효소 활성은 특정 아미노산에서 인산염 그룹을 추가하거나 제거함으로써 조절된다(그림 11.16). **인산화**phosphorylation라는 이 과정은 가역적이다. **단백질 인산화 효소**protein kinase들은 인산기를 추가하는 반면 **단백질 인산 분해 효소**protein phosphatase는 인산기를 제거한다.

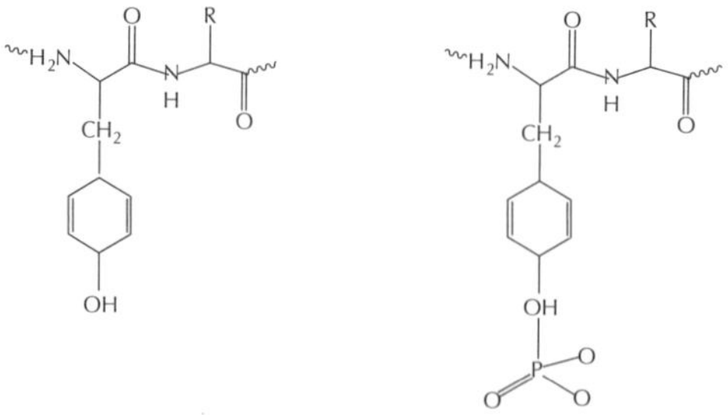

그림 11.16 티로신(왼쪽)과 번역 후 변형돼 인산화된 티로신(오른쪽)

사실 대부분의 후보 티렉스 펩티드가 프롤린(질량 97)이 **하이드록시프롤린**hydroxyproline(질량 113)으로 변형됐다는 것을 그림 11.13에서 눈치챘을 수도 있다. 하이드록시프롤린은 콜라겐의 안정성에 중요한 콜라겐의 주성분으로 인체 전체 아미노산의 약 4%를 차지한다.

또한 중요하지만 드물게 일어나는 **디프타미드**diphthamide와 같은 번역 후 변형이 존재한다. 히스티딘의 이러한 변형은 단일 단백질(단백질 합성 신장 인자-2protein synthesis elongation factor-2)에서만 나타나지만 이는 모든 진핵생물에서는 보편적으로 발생한다. 연구자들은 디프타미드가 다양한 병원성 박테리아가 분비하는 여러 독소의 표적임을 보여 줬다. 그런데 이러한 변형이 취약점이라면 왜 모든 진핵생물에서 이 변형을 유지되고 있는지 그 이유가 궁금해진다. 분명 이것은 정상적인 생리학에서 중요하지만 아직은 알려지지 않은 기능을 수행할 것이다.

변형 탐색을 정렬 문제로

아미노산에 질량 δ만큼 변형이 생기면 결과적으로 아미노산에 δ만큼의 질량이 추가된다. 예를 들어 인산화된 아미노산(세린, 트레오닌, 티로신)의 경우 $\delta = 80$, 프롤린이 하이드록시프롤린으로 변형된 경우 $\delta = 16$, 라이신lysine이 **알라이신**allysin으로 변형된 경우 $\delta = 1$이다. 만약 δ가 양수이면 생성된 변형 펩티드는 기존 펩티드 벡터인 $\overrightarrow{Peptide}$에서 δ 블록이 삽입돼 다른 펩티드 벡터가 된다. 드물게 δ가 음수인 경우 변형된 펩티드는 $\overrightarrow{Peptide}$에서 $|\delta|$ 0 블록이 제거된다.

```
XZZXX       0 0 0 1 0 0 0 0 1 0 0 0 0 1 0 0 0 1 0 0 0 1
XZ⁺³ZXX     0 0 0 1 0 0 0 0 0 0 0 1 0 0 0 0 1 0 0 0 1 0 0 0 1
XZ⁺³ZX⁻²X   0 0 0 1 0 0 0 0 0 0 0 1 0 0 0 1 0 1 0 0 0 1
```

그림 11.17 펩티드 XZZXX를 펩티드 XZ⁺³ZXX로 변환하는 것은 XZZXX의 펩티드 벡터에서 두 번째 발생하는 1전에 3개의 0블록(빨간색으로 표시)을 삽입하는 것에 해당한다. 펩티드 XZ⁺³ZXX를 펩티드 XZ⁺³ZX⁻²X로 변환하는 것은 XZ⁺³ZXX의 펩티드 벡터에서 네 번째 발생하는 1전에 2개의 0블록(녹색으로 표시)을 삭제하는 것이다.

이진 벡터에서 연속적인 0블록을 추가하거나 제거하는 것을 의미하고자 **블록 삽입결실**block indel이라는 용어를 사용하겠다. 따라서 아미노산 문자열 펩티드에 k 변형을 적용하는 것은 펩티드 벡터 $\overrightarrow{Peptide}$에 k 블록 삽입결실을 적용하는 것이다. VARIANTS$_k$(Peptide)를 최대 k 변형이 있는 펩티드의 모든 변형된 변이체 집합로 정의한다.

펩티드 Peptide와 스펙트럼 벡터 $\overrightarrow{Spectrum}$가 주어졌을 때 우리의 목표는 $\overrightarrow{Spectrum}$에 대해 VARIANTS$_k$(Peptide)에서 가장 점수가 높은 변형된 펩티드를 찾는 것이다.

스펙트럼 정렬 문제

펩티드와 스펙트럼 벡터가 주어졌을 때 최대 k개의 수정이 있는 모든 펩티드 변이체 중에서 펩티드 스펙트럼 점수가 가장 높은 펩티드 변이체를 찾으시오.

입력: 아미노산 문자열 $Peptide$, 스펙트럼 벡터 $\overrightarrow{Spectrum}$, 정수 k

출력: $\text{VARIANTS}_k(Peptide)$의 모든 펩티드 중 $\overrightarrow{Spectrum}$에 최대 점수를 갖는 펩티드

스펙트럼 정렬 문제에 무차별 대입$^{\text{brute force}}$ 접근법을 사용하면 스펙트럼에 대해 VARIANTS_k $(Peptide)$의 각 펩티드에 대해 점수를 매길 것이다. 우리의 야심찬 목표는 아래 문제들을 해결하는 것이므로 이 문제를 보다 효율적으로 해결해야 한다. 아래의 문제는 스펙트럼 정렬 문제의 해결책을 여러 번 적용해야 한다.

변형 탐색 문제

스펙트럼과 단백질체가 주어졌을 때 단백질체에서 최대 k개의 변형을 갖는 펩티드 중 스펙트럼에 대해 최대 점수를 갖는 펩티드를 찾으시오.

입력: 스펙트럼 벡터 $\overrightarrow{Spectrum}$, 아미노산 문자열 $Proteome$, 정수 k

출력: 단백질체에서 최대 k개의 변형을 갖는 펩티드 중에서 $\text{SCORE}(\overrightarrow{Peptide}, \overrightarrow{Spectrum})$ 가 가장 높은 펩티드 $Peptide$

변형과 마찬가지로 돌연변이도 블록의 삽입결실로 볼 수 있다. 예를 들어 그림 11.15의 펩티드 P9에서 V(정수 질량 99)가 R(정수 질량 156)로 바뀌는 것은 $\delta = 156 - 99 = 57$인 블록 삽입결실로 볼 수 있다. 따라서 변형 탐색 문제에서 간단히 '변형^{modification}'을 '변이^{mutation}'로 바꿔 '변이 탐색 문제'로 바꿔 볼 수 있다. 이 새로운 문제에서 아미노산에 적용된 질량 δ의 돌연변이는 이 아미노산과 다른 아미노산의 질량 차이에 해당한다. 예를 들어 발린(정수 질량 99)의 돌연변이는 정수 질량 $-42, -28, -12, -2, 2, 4, 14, 15, 16, 29, 30, 32, 38, 48, 57, 64, 87$의 변형에 해당한다.

스펙트럼 정렬을 위한 맨해튼 그리드 생성

최대 k 블록 삽입결실을 갖는 가장 높은 점수의 펩티드 벡터를 찾는 문제는 서열 정렬 문

제를 떠올리게 한다. 이 아이디어는 스펙트럼 정렬 문제를 DAG에서 최장 경로 찾기 문제로 만들어야 한다는 것을 제시해 준다.

잠깐 멈추고 생각해 보자   이 문제를 해결하고자 어떻게 DAG를 생성할 것인가?

질량이 m인 아미노산 문자열 $Peptide = a_1 \ldots a_n$과 변이가 있는 질량 $m + \Delta$의 아미노산 문자열 $Peptide^{\mathrm{mod}} = a_1' \ldots a_n'$를 생각해 보자. $(m+1) \times (m + \Delta + 1)$의 모든 노드 (i, j)가 (i', j')에 모두 연결된 맨해튼 격자를 만들어 보자. $0 \leq i < i' \leq m$이고 $0 \leq j < j' \leq m + \Delta$이다(그림 11.18). 이 그래프를 SOUTHEAST$(m, m+\Delta)$라고 하고 노드 $(0, 0)$과 $(m, m+\Delta)$를 각각 소스source와 싱크sink라고 하자.

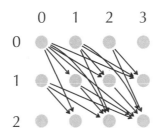

그림 11.18 그래프 SOUTHEAST$(2, 3)$. 그래프의 각 노드는 동일한 행과 열에 있는 노드를 제외하고 남쪽과 동쪽에 있는 모든 노드에 연결돼 있다.

n개의 모서리로 구성된 SOUTHEAST$(m, m+\Delta)$의 경로 PATH$(Peptide, Peptide^{\mathrm{mod}})$를 다음과 같이 정의해 보자.

$$
\begin{aligned}
(0,0) &\rightarrow (\mathrm{MASS}(a_1), \mathrm{MASS}(a_1')) \\
&\rightarrow (\mathrm{MASS}(a_1 a_2), \mathrm{MASS}(a_1' a_2')) \\
&\rightarrow \ldots \\
&\rightarrow (\mathrm{MASS}(a_1 \ldots a_n), \mathrm{MASS}(a_1' \ldots a_n')) \\
&= (m, m + \Delta).
\end{aligned}
$$

예를 들어 각각의 질량이 2, 3, 4인 예시 아미노산 알파벳 {X, Y, Z}를 생각해 보자. 그림 11.19(위)의 파란 경로는 PATH(XYYZX, XY^{+2}YZ^{-3}X)를 나타낸다.

$$(0,0) \rightarrow (2,2) \rightarrow (5,7) \rightarrow (8,10) \rightarrow (12,11) \rightarrow (14,13)$$

초기 노드 $(0, 0)$을 제외하고 이 경로의 모든 노드 (i, j)는 $\overrightarrow{Peptide} = (0, 1, 0, 0, 1, 0, 0, 1,$ $0, 0, 0, 1, 0, 1)$의 i번째, $\overrightarrow{Peptide^{\text{mod}}} = (0, 1, 0, 0, 0, 0, 1, 0, 0, 1, 1, 0, 1)$의 j번째 요소가 모두 1임을 나타낸다.

SOUTHEAST$(m, m+\Delta)$에서 (i, j)와 (i', j')를 연결하는 선은 **대각선**diagonal이라고 하고 그렇지 않으면 **비대각선**non-diagonal이라고 한다. $Peptide^{\text{mod}}$의 아미노산이 변형되지 않은 경우 PATH$(Peptide, Peptide^{\text{mod}})$에서 아미노산에 해당하는 에지는 대각선이다. 아미노산 a에 $Peptide^{\text{mod}}$의 변형 δ가 있는 경우 에지는 비대각선이며 특정 노드 (i, j)와 노드 $(i+|a|,$ $j+|a|+\delta)$를 연결한다.

이제 질량이 m인 아미노산 문자열 $Peptide = a_1...a_n$와 스펙트럼 벡터 $\overrightarrow{Spectrum} = s_1...$ $s_{m+\Delta}$의 스펙트럼 정렬 문제를 해결할 준비가 됐다. 변형된 $Peptide$의 변이의 질량은 $m + \Delta$임을 알고 있다. 따라서 VARIANTS$_k(Peptide)$에서 질량 $m + \Delta$의 모든 변형된 펩티드를 소스에서 싱크까지 최대 k개의 비대각선 에지로 SOUTHEAST$(m, m+\Delta)$ 경로로 나타낼 수 있다.

STOP 잠깐 멈추고 생각해 보자 SOUTHEAST$(m, m+\Delta)$의 소스에서 싱크까지 모든 경로가 질량 $m+\Delta$의 변형된 펩티드 후보인가?

비록 VARIANTS$_k(Peptide, \overrightarrow{Spectrum})$의 모든 펩티드가 SOUTHEAST$(m, m+\Delta)$의 소스에서 싱크까지의 경로에 해당하지만 이 그래프의 많은 경로는 변형된 펩티드에 해당하지 않는다. 실제로 $Peptide$가 고정돼 있기 때문에 $Peptide$의 변형된 변이에 해당하는 경로는 다음 인덱스에 해당하는 행만 통과한다.

$$0, \text{MASS}(a_1), \text{MASS}(a_1 a_2), \ldots, \text{MASS}(a_1 \ldots a_n) = m$$

이는 그림 11.19(위)의 검은색 노드의 행으로 나타난다.

따라서 다른 행의 노드는 SOUTHEAST$(m, m+\Delta)$에서 안전하게 제거할 수 있으며 이를 통해 PSM 그래프가 만들어지게 되고 이를 PSMGRAPH$(Peptide, \overrightarrow{Spectrum})$으로 표기한다 (그림 11.19 아래). PSM 그래프의 노드들 중 $n + 1$행은 다음과 같은 인덱스 i를 가지게 된다.

$$0, \text{MASS}(a_1), \text{MASS}(a_1 a_2), \ldots, \text{MASS}(a_1 \ldots a_n)$$

이는 인덱스 $0, 1, ..., n$과는 다르다.

PSM 그래프에서 인덱스 $i = \text{MASS}(a_1...a_t)$인 행으로 들어가는 모든 에지는 인덱스가 $\text{MASS}(a_1...a_{t-1})$인 행에서 시작한다. 따라서 DIFF$(i)$를 해당 아미노산의 질량으로 정의하겠다. 펩티드 XYYZX의 경우 $\text{DIFF}(2) = \text{MASS}(X) = 2$, $\text{DIFF}(5) = \text{MASS}(Y) = 3$, $\text{DIFF}(8) = \text{MASS}(Y) = 3$, $\text{DIFF}(12) = \text{MASS}(Z) = 4$, $\text{DIFF}(14) = \text{MASS}(X) = 2$다.

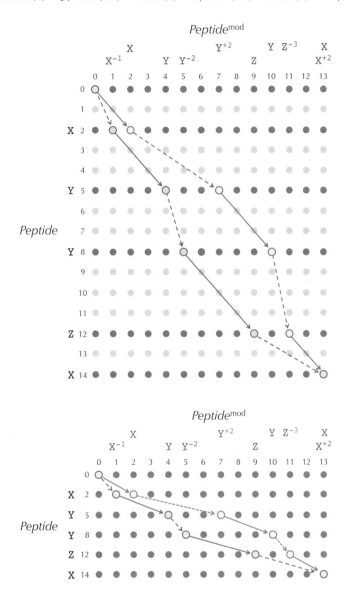

그림 11.19 (위쪽) XYYZX의 변형인 XY^{+2}YZ^{-3}X와 X^{-1}YY^{-2}ZX^{+2}로 형성된 SOUTHEAST(14, 13)의 두 경로. 여기서 X, Y, Z의 각 질량은 2, 3, 4다. 대각선 에지는 실선이고 비대각선 에지는 점선으로 표시했다. 그래프에서 어두운 행의 인덱스는 XYYZX 펩티드 벡터에서 1이 발생한 것에 해당한다. 이 그래프에서 어두운 노드들은 PSM 그래프를 형성하고 있다. (아래쪽) 위 그래프에서 밝은 노드를 제거한 PSM 그래프

잠깐 멈추고 생각해 보자 PSMGRAPH의 노드들에 가중치를 할당해서 경로의 총 가중치가 SCORE ($Peptide^{mod}$, $\overrightarrow{Spectrum}$)와 같도록 만들 수 있는가?

스펙트럼 벡터 $\overrightarrow{Spectrum} = (s_1,\dots,s_{m+\Delta})$가 주어졌을 때 PSM 그래프의 j열에 있는 모든 노드 (i, j)에 s_j의 가중치를 할당한다. 이 가중치를 할당함으로써 $Peptide^{mod}$에 해당하는 경로의 노드들의 총 가중치는 SCORE($Peptide^{mod}$, $\overrightarrow{Spectrum}$)와 같게 된다. 따라서 스펙트럼 정렬 문제를 해결하는 것은 PSM 그래프에서 최대 k개의 비대각선 가장자리를 가진 모든 경로들 중 노드들의 총 가중치가 최대가 되는 경로를 찾는 것과 같다.

스펙트럼 정렬 알고리듬

우리는 이미 노드에 가중치가 있는 DAG에서 최장 경로를 찾는 방법을 알고 있다. 그러나 각 경로에 최대 k개의 비대각선 에지가 있다는 추가 제약 조건이 있는 상황에서 DAG의 최장 경로를 어떻게 찾을지는 명확하지 않다.

해결 방법으로 그림 11.19(아래쪽)의 2차원 PSM 그래프를 $k+1$개의 레이어로 구성된 3차원 **스펙트럼 정렬 그래프**spectral alignment graph(그림 11.20)로 변환해 볼 것이다. 여기서 각 레이어의 노드 집합은 PSM 그래프의 노드 집합과 일치한다. 이 그래프에는 노드 (i, j, t)가 있다. 여기서 $0 \leq i \leq m$, $0 \leq j \leq m+\Delta$, $0 \leq t \leq k$다. 이러한 각 노드는 PSM 그래프에서 노드 (i, j)의 가중치인 $\overrightarrow{Spectrum} = (s_1,\dots,s_{m+\Delta})$의 진폭인 s_j를 물려받는다.

에지의 경우 스펙트럼 정렬 그래프의 각 $k+1$ 레이어는 PSM 그래프의 모든 대각선 에지를 물려받는다. 즉 PSM의 (i, j)에서 $(i+x, j+x)$까지의 각 대각선 에지 그래프는 $0 \leq t \leq k$에 대한 $k+1$ 에지 (i, j, t)에서 $(i', j', t+1)$에 해당한다.

잠깐 멈추고 생각해 보자 구성한 그래프의 레이어가 끊어졌다. 어떻게 연결해야 할까?

PSM 그래프에서 (i, j)를 (i', j')에 연결하는 각 비대각선 에지에 대해 0과 k 사이의 모든 t에서 (i, j, t)를 $(i', j', t+1)$에 연결해 스펙트럼 정렬 그래프에서 연속적인 레이어를 연결하는 k 에지를 만들어 낼 것이다. $(0, 0, 0)$에서 $(m, m+\Delta, t)$까지의 스펙트럼 정렬 그래프의 모든 경로는 t 변형이 있는 변형된 버전의 펩티드에 해당한다(그림 11.20). 이 그래프의 0번째 레이어는 변형이 없는 펩티드들의 점수가 저장될 것이고 첫 번째 레이어는 1개의 수정이 있는 펩티드들의 점수를 저장하는 식으로 진행된다.

678

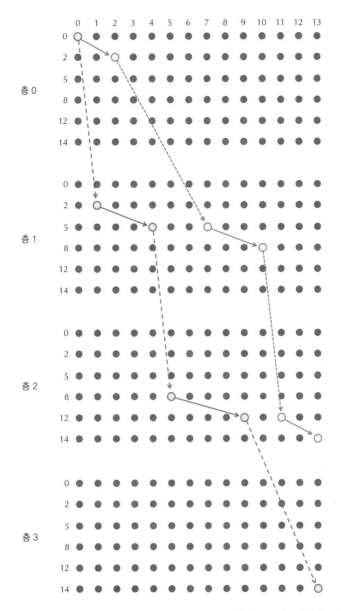

그림 11.20 그림 11.19(아래쪽)의 PSM 그래프는 4개의 레이어($k = 3$)가 있는 스펙트럼 정렬 그래프로 변환됐다. 그림 11.19(아래쪽)의 PSM 그래프에서 파란색 및 빨간색 경로는 표시된 파란색 및 빨간색 경로에 해당하며 이는 XYYZX의 각각의 변형인 $XY^{+2}YZ^{-3}X$와 $X^{-1}YY^{-2}ZX^{+2}$를 나타낸다. 파란색 경로는 2개의 변형이 있는 펩티드에 해당하므로 레이어 2에서 종료되는 반면 빨간색 경로는 3개의 변형이 있는 펩티드에 해당하므로 레이어 3에서 종료된다.

스펙트럼 정렬 문제를 해결하고자 SCORE(i, j, t)를 스펙트럼 정렬 그래프에서 $(0, 0, 0)$ 노드에서 (i, j, t) 노드로 연결하는 모든 경로의 최대 점수로 정의할 것이다. 이 점수는 노드 (i, j, t)에 할당된 가중치 s_j에 (i, j, t) 노드의 모든 선행 노드의 최대 점수를 더한 값과 같다. 선행 노드 중 하나인 $(i - \text{DIFF}(i), j - \text{DIFF}(i), t)$는 (t)와 동일한 레이어에 있고, 다른 선행 노드인 $(i - \text{DIFF}(i), j', t - 1)$, $(j' < j)$는 이전 레이어 $(t - 1)$에 있다. 이러한 추론을 통해 SCORE(i, j, t) 계산을 위한 다음과 같은 반복이 만들어지게 된다.

$$\text{SCORE}(i, j, t) = s_j + \max_{j' < j} \begin{cases} \text{SCORE}(i - \text{DIFF}(i), j - \text{DIFF}(i), t) \\ \text{SCORE}(i - \text{DIFF}(i), j', t - 1) \end{cases}$$

따라서 최대 k 변형을 갖는 모든 펩티드의 최대 점수는 SCORE($m, m + \Delta, t$)의 최대값이다. 여기서 t의 범위는 0과 k 사이의 값이다. 이 반복을 초기화하고자 SCORE($0, 0, 0$) $= 0$이고 $1 \leq t \leq k$에서 SCORE($0, 0, t$) $= -\infty$라고 가정하자.

위 반복은 스펙트럼 정렬 문제를 해결하는 변형 펩티드의 점수를 계산하지만 이 펩티드를 재구성해야 한다. 목표를 달성하려면 5장에서 설명한 역추적 접근 방식과 유사한 역추적 접근 방식을 구현해야 한다. 이는 연습 문제로 남겨 두겠다.

연습 문제 스펙트럼 정렬 알고리듬의 실행 시간은 어떻게 되는가?

도전 문제 티렉스 외에도 아사라는 20만 년된 마스토돈(mastodon)[1]도 분석했다. 1만 년 전 코끼리 같은 마스토돈의 멸종은 기후 변화와 돌무기로 무장한 인간의 사냥이 그 원인이었다. 공룡과 달리 과학자들이 마스토돈이나 동굴 곰과 같이 최근에 멸종된 종의 펩티드를 일상적으로 식별하는 것은 놀라운 일이 아니다.

아사라의 2007년 논문에 보고된 마스토돈 콜라겐 펩티드를 분석하고 이들 중 어떤 펩티드가 통계적으로 유의미한 PSM을 형성하는지 알아내 보자. 이 논문에서 놓친 통계적으로 유의미한 다른 마스토돈 펩티드를 식별할 수 있는가? 마스토돈에서 스펙트럼과 일치하는 비콜라겐 펩티드(특히 헤모글로빈 펩티드)를 찾을 수 있는가? 변형 탐색 문제를 해결해 마스토돈 펩티드의 다양한 번역 후 수정 유형의 수를 알아낼 수 있는가?

---

1 코끼리와 비슷한 동물 – 옮긴이

돌아가기

유전자 예측

연구자들은 분할 유전자^{split gene}를 예측하고자 종종 엑손-인트론 접합부^{exon-intron junction}에서 스플라이싱 신호^{splicing signal} 위치를 인식하는 것을 시도한다. 간단한 예로 엑손의 양쪽에 있는 디뉴클레오티드 AG와 GT는 보존이 매우 잘 돼 있다(그림 11.21). 연구자들은 **통계적 유전자 예측**^{statistical gene prediction}이라고 알려진 이 접근 방식의 정확도를 높이고자 엑손에서 자주 나타나고 인트론에서 드물게 나타나는 유전체 특징을 찾는다.

통계적으로 유전자 예측 방법의 정확성을 향상시키는 시도는 **유사성 기반 유전자 예측** ^{similarity-based gene prediction}이라는 접근법으로 이어졌으며 이는 새로 시퀀싱된 유전자가 다른 종의 알려진 유전자와 종종 유사하다는 관찰을 근거로 한다. 예를 들어 쥐의 유전자들 중 99%는 인간에서 유사체가 존재한다.

그러나 단순히 알려진 인간 유전자만을 기반으로 쥐 유전체에서 유사한 서열을 찾을 수는 없는데 그 이유는 종이 다르면 엑손의 서열 혹은 유전자가 엑손들로 나뉘는 방식이 다를 수 있기 때문이다. 이 복잡성을 해결하고자 이어 붙였을 때 인간의 단백질과 일치하게 되는 후보 엑손들을 찾는 유사성 기반 접근 방식을 종종 사용한다.

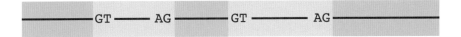

그림 11.21 엑손(빨간색), 인트론(파란색)으로 나뉜 분할 유전자. 인트론은 일반적으로 GT로 시작하고 AG로 끝난다.

그러나 모든 유전자가 분할 유전자는 아니다. 사실 박테리아에는 분할 유전자가 전혀 없기에 박테리아 유전자 예측이 단순해진다. 이러한 유전자는 메티오닌(일반적으로 ATG이며 때때로 GTG나 TTG)을 암호화하는 시작 코돈에서 시작해 종결 코돈(TAA, TAG, TGA)로 끝난다.

길이가 n인 유전체는 연속된 $n/3$개의 코돈들로 나타낼 수 있다. 종결 코돈들은 이 서열을 종결 코돈 쌍 사이에 있는 조각들로 나눈다. 이 조각들에서 각 조각의 첫 번째 시작 코돈^{start codon}에서 시작하는 접미사들을 ORF^{Open Reading Frame}이라 한다. 하나의 유전체에 있는 ORF들은 서로 겹쳐 있을 수 있는데 그 이유는 한 유전체에는 6개의 가능한 리딩 프레임^{reading frame}이 존재하기 때문이다.

종결 코돈은 3개 존재하기 때문에 무작위로 생성된 DNA 문자열에서 각 3개의 뉴클레오티드는 3/64의 확률로 종결 코돈이 될 수 있다. 따라서 무작위로 생성된 뉴클레오티드 문자열에서 리딩 프레임이 주어졌을 때 2개의 종결 코돈 사이의 예상되는 코돈의 개수는 64/3개다. 이는 무작위로 생성된 뉴클레오티드 문자열에서 리딩 프레임이 주어졌을 때 대략 64개의 뉴클레오티드마다 종결 코돈이 발견될 것으로 예상된다는 것을 의미한다.

그러나 박테리아 유전자의 일반적인 길이는 대략 1,000개의 뉴클레오티드다. 따라서 유전자 예측 알고리듬은 일부 임계값 길이보다 긴 ORF를 후보 유전자로 선택할 수 있다. 불행히도 그러한 알고리듬은 짧은 유전자를 찾는 데 실패하게 된다.

또한 많은 유전자 예측 알고리듬은 번역coding과 비번역non-coding 영역 간에 사용되는 **코돈 사용량**codon usage, 즉 코돈 빈도의 미묘한 통계적 차이를 고려한다. 예를 들어 류신leucine을 암호화하는 코돈은 6개 존재하지만 CUG는 대장균(E.coli)에서 나타나는 류신 중 47%를 암호화하는 반면 CUA는 4%만을 암호화한다. 따라서 CUA보다 CUG가 더 많이 발생한 ORF가 후보 유전자가 된다.

또한 박테리아 유전자 예측은 RNA 전사 시작 지점에서 발견되는 여러 보존된 모티프를 활용한다. 예를 들어 **프립나우 박스**Pribnow box는 박테리아에서 전사를 시작하는 데 필수적인 구성 요소인 공통 TATAAT를 갖는 6개 뉴클레오티드 서열이다.

그래프에서 모든 경로 찾기

19세기 샤를 피에르 트레모Charles Pierre Trémaux는 다음과 같은 미로 탐색 알고리듬을 개발했다. 미로를 지나갈 때 뒤쪽에 분필을 하나 끌고 간다. 교차로에 도달했을 때 표시되지 않은 경로는 아직 탐색하지 않은 경로에 해당한다. 따라서 가능하면 탐색하지 않은 경로를 선택한다. 막다른 길을 만나거나 모든 방향에 표시가 돼 있는 교차로를 만나면 출구를 만나거나 표시가 되지 않은 교차로를 만날 때까지 갔던 길을 다시 돌아가도록 한다. 만약 처음 출발 지점을 만난다면 미로는 해답이 없는 것이다.

트레모의 미로 알고리듬은 그래프의 노드를 탐색하는 기술인 **깊이 우선 탐색**DFS, Depth-First Search의 한 예다. DFS는 주어진 노드에서 시작해 나가는 에지가 없거나 이미 모든 에지를 탐색한 노드에 도달할 때까지 그래프를 탐색한다. 그다음 탐색하지 않은 에지가 있는 노드에 도달할 때까지 역추적한다. '돌아가기: 접미사 트리에서 접미사 배열 만들기'에서 만났던 사전 순서 통과preorder traversal는 루트가 있는 트리에 DFS가 적용된 예시 중 하나다.

573페이지

다음 재귀 알고리듬은 DAG 그래프에서 노드 v와 노드 싱크 사이의 모든 경로를 찾는 DFS에 영감을 받은 접근 방식을 보여 준다.

```
ALLPATHS(Graph, v, sink)
    if v = sink
        Paths ← the set of paths consisting of the single-node path v
    else
        Paths ← an empty set of paths
        for all outgoing edges (v, w) from v
            PathsFromDescendant ← ALLPATHS(Graph, v, sink)
            add (v, w) as the first edge to each path in PathsFromDescendant
            add PathsFromDescendant to Paths
    return Paths
```

반대칭 경로 문제

본문에서 GRAPH(*Spectrum*)의 소스에서 싱크까지의 모든 경로가 이상적 스펙트럼 해석 문제의 해결책을 보여 주는 것은 아니라는 것을 확인했다. 이 문제는 스펙트럼의 모든 질량이 접두사의 질량 또는 접미사의 질량으로 해석될 수 있다는 사실 때문에 발생한다. 따라서 질량 s에 해당하는 모든 노드에는 '쌍둥이' 노드가 있다(MASS(*Peptide*) − s에 해당함). GRAPH(*Spectrum*)에서 임의의 노드와 그 쌍둥이 노드가 주어졌을 때 해결 방법을 작성하려면 소스에서 싱크로 가는 올바른 경로가 이들 노드 중 정확히 하나만을 통과해야 한다.

이상적 스펙트럼 해석 문제는 다음과 같이 보다 일반적인 문제의 특별한 경우에 해당한다. 그래프에서 **금지된 노드 쌍**의 모음이 주어지면(펩티드를 재구성할 때 금지된 쌍은 쌍둥이에 해당함) 어떤 그래프의 특정 경로에서 정확히 하나의 노드가 금지된 쌍에 해당한다면 이 경로를 **반대칭**anti-symmetric이라고 부른다.

반대칭 경로 문제

DAG에서 반대칭 경로를 찾으시오.

> **입력:** 소스와 싱크의 노드를 가진 DAG와 이 DAG에 금지된 쌍을 가진 노드
> **출력:** 이 DAG의 소스에서 싱크로의 반대칭 경로

반대칭 경로 문제는 NP-난해$^{\text{NP-Hard}}$지만 이상적 스펙트럼 해석 문제의 효율적인 알고리듬을 찾고자 하는 희망을 버려서는 안 된다. 왜냐하면 후자는 전자의 특정 사례이기 때문이다. 특히 펩티드 시퀀싱에서 금지된 쌍은 각 금지된 쌍의 질량의 합이 전체 펩티드의 질량과 같다는 추가적인 특성을 갖고 있다. 실제로 이 추가적 특성을 만족하는 DAG에 대해 대칭 경로 문제를 해결하는 다항식 알고리듬이 존재하지만 그 알고리듬은 이 책의 범위를 벗어난다.

스펙트럼을 스펙트럼 벡터로 변환

우리의 목표는 펩티드 벡터가 정수값 스펙트럼을 생성하는 방법을 설명하는 확률 모델을 개발하고 이 모델을 사용해 스펙트럼을 스펙트럼 벡터로 변환하는 것이다. 이 문제를 해결하고자 먼저 펩티드 시퀀싱과 아무 관련 없어 보이지만 펩티드 벡터 $P = (p_1, \ldots, p_m)$를 같은 길이의 이진 벡터인 $X = (x_1, \ldots, x_m)$로 변환하는 확률론적 과정을 설명하는 추상적인 모델을 설명할 것이다. 그리고 이 모델을 개발하게 된 아이디어가 실제 스펙트럼을 분석하는 데 어떻게 도움이 되는지 나중에 확인하게 될 것이다.

P가 X를 생성할 확률을 $\Pr(X|P) = \prod_{i=1}^{m} \Pr(x_i|p_i)$로 정의한다. 여기서 $\Pr(x_i|p_i)$는 P의 p_i가 X의 x_i를 생성할 확률이다(그림 11.22). 예를 들어 P의 1이 X의 1을 생성할 확률은 $\Pr(1|1)$이며 매개변수 ρ와 같다. P의 0이 X의 1을 생성할 확률은 $\Pr(1|0)$로 작성되며 매개변수 θ와 같다. P에서 1을 X에서 0을 생성할 확률은 $\Pr(0|1) = 1 - \rho$이고 P에서 0을 X에서 0을 생성할 확률은 $\Pr(0|0) = 1 - \theta$와 같다.

		P의 문자	
		0	1
X의 문자	0	$1 - \vartheta$	$1 - \rho$
	1	ϑ	ρ

그림 11.22 펩티드 벡터 P를 이진 벡터 X로 변환하는 확률적 과정을 설명하는 행렬

그림 11.23은 질량이 2와 3인 2개의 아미노산만 포함하는 예시 아미노산 알파벳에 대해 펩티드 벡터 $P = (0, 1, 0, 1, 0, 0, 1)$가 다음 확률에 따라 이진 벡터 $X = (0, 0, 0, 1, 1, 1, 0, 1)$를 생성하는 과정을 보여 준다.

$$\Pr(X|P) = (1 - \theta) \cdot (1 - \rho) \cdot (1 - \theta) \cdot \rho \cdot \theta \cdot (1 - \theta) \cdot \rho$$

> **연습 문제** 그림 11.23의 펩티드 벡터 P가 생성하는 이진 벡터는 다음 중 어떤 것인가? (0, 0, 0, 1, 1, 0, 1) 또는 (1, 0, 0, 0, 1, 0, 1).

이제 다음 문제에 관심이 생긴다.

가장 가능성 높은 펩티드 벡터 문제

주어진 이진 벡터에서 가장 가능성이 높은 펩티드 벡터를 찾으시오.

입력: 이진 벡터 X와 파라미터 ρ와 θ, $(0 \le \rho, \theta \le 1)$

출력: 모든 가능한 펩티드 벡터 확률 ρ와 θ로 정의되는 $\Pr(X|P)$를 최대화하는 펩티드 벡터 P

이 문제의 해결 방법은 '돌아가기: 가장 가능성 높은 펩티드 벡터 문제 해결하기'에서 살펴보겠다. 688페이지 ▶

펩티드 벡터 P	0	1	0	1	0	0	1
이진 벡터 X	0	0	0	1	1	0	1
$\Pr(X|P)$	$\Pr(0|0) \cdot$	$\Pr(0|1) \cdot$	$\Pr(0|0) \cdot$	$\Pr(1|1) \cdot$	$\Pr(1|0) \cdot$	$\Pr(0|0) \cdot$	$\Pr(1|1)$
	$(1-\theta) \cdot$	$(1-\rho) \cdot$	$(1-\theta) \cdot$	$\rho \cdot$	$\theta \cdot$	$(1-\theta) \cdot$	ρ
$\Pr(X|\vec{0})$	$\Pr(0|0) \cdot$	$\Pr(0|0) \cdot$	$\Pr(0|0) \cdot$	$\Pr(1|0) \cdot$	$\Pr(1|0) \cdot$	$\Pr(0|0) \cdot$	$\Pr(1|0)$
	$(1-\theta) \cdot$	$(1-\theta) \cdot$	$(1-\theta) \cdot$	$\theta \cdot$	$\theta \cdot$	$(1-\theta) \cdot$	θ
$\text{LIKELIHOOD}(X|P)$	$1 \cdot$	$\dfrac{\Pr(0|1)}{\Pr(0|0)} \cdot$	$1 \cdot$	$\dfrac{\Pr(1|1)}{\Pr(1|0)} \cdot$	$1 \cdot$	$1 \cdot$	$\dfrac{\Pr(1|1)}{\Pr(1|0)}$
	$1 \cdot$	$\dfrac{1-\rho}{1-\theta} \cdot$	$1 \cdot$	$\dfrac{\rho}{\theta} \cdot$	$1 \cdot$	$1 \cdot$	$\dfrac{\rho}{\theta}$
$\log_2(\text{LIKELIHOOD}(X|P))$	0	$+\log_2 \dfrac{1-\rho}{1-\theta} +$	0	$+\log_2 \dfrac{\rho}{\theta} +$	0	$+0$	$+\log_2 \dfrac{\rho}{\theta}$

그림 11.23 확률 $\Pr(X|P)$로 펩티드 벡터 $P = (0, 1, 0, 1, 0, 0, 1)$가 이진 벡터 $X = (0, 0, 0, 1, 1, 0, 1)$를 생성

무한 원숭이 정리

조너선 스위프트Jonathan Swift의 『걸리버 여행기Gulliver's Travels』를 보면 레가도 대학Grand Academy of Legado의 한 교수는 학생들에게 기계의 크랭크를 돌려 임의의 문자열을 생성하도록 한다. 이 교수의 말에 따르면 아카데미는 결국 모든 주제에서 훌륭한 작품들을 만들어

낼 것이라고 한다.

스위프트가 아카데미를 비꼬는 것에 영감을 받아 무한 원숭이 이론the infinite monkey theorem 은 타자기에 무한한 문자 서열을 입력하는 불멸의 원숭이가 언젠가는 햄릿을 재현할 것이라고 말한다. 좀 더 기술적인 용어로 말하자면 이 정리는 무한한 무작위 문자열은 거의 확실히, 즉 1의 확률로 임의의 주어진 텍스트를 부분 문자열로써 포함한다고 말한다.

잠깐 멈추고 생각해 보자 2003년에 연구원들은 원숭이 울타리 안에 타자기를 넣었고 원숭이들이 문자 'S'를 계속해서 입력한다는 것을 발견했다. 원숭이가 생성한 무한한 무작위 문자열에는 문자 'S'만 포함할 것이다. 그렇다면 어떻게 이 문자열이 거의 확실하게 햄릿을 포함할 수 있을까?

스펙트럼 사전의 펩티드 확률 공간

본문에서 $Peptide$의 확률을 $1/20^{|Peptide|}$로 정의했고 펩티드 확률의 집합 $Dictionary$를 다음과 같이 정의했다.

$$\Pr(Dictionary) = \sum_{\text{each peptide } Peptide \text{ in } Dictionary} \frac{1}{20^{|Peptide|}}$$

그런데 확률적 표기법을 사용하는 이유는 무엇일까? 결국 $\Pr(Dictionary)$가 1보다 클 수 있음을 나타내는 다음 연습 문제를 살펴보자.

연습 문제 $Dictionary$가 길이가 최대 10인 모든 펩티드들의 집합이라고 했을 때 $\Pr(Dictionary)$는 무엇인가?

펩티드의 질량이 스펙트럼의 질량과 같을 때만 스펙트럼과 일치할 수 있다는 것을 떠올려 보자. 따라서 스펙트럼 사전의 어떠한 펩티드도 사전의 다른 펩티드를 하위 문자열로 포함할 수 없다. 즉 스펙트럼 사전은 하위 문자열이 없는 집합을 형성한다.

연습 문제 만약 $dictionary$가 하위 문자열이 없는 집합이라면 $\Pr(Dictionary) \leq 1$임을 증명하시오.

그러나 여전히 어떠한 사건이 $\Pr(Dictionary)$에 해당하는지 궁금할 것이다. 더 정확히 말하자면 $Dictionary$를 형성하는 결과인 '확률 공간'은 무엇인가? 여기서 제시한 확률 공간

686

은 길이가 n인 모든 유사 단백질체를 포함한다. 여기서 n은 스펙트럼 사전 *Dictionary*에서 가장 긴 펩티드의 길이다. 이 공간에서 각 유사 단백질체가 동일한 확률을 갖는다고 가정할 것이다. 따라서 확률 공간은 각각 확률이 $1/20^n$인 20^n개의 요소로 구성된다. 변경 사항에 주의: 사전의 모든 확률 공간을 고려하는 대신 모든 유사 단백질체를 고려하도록 바꿨다.

*Dictionary*의 각 *Peptide* 문자열은 첫 번째 펩티드로 정확히 $20^{n-|Peptide|}$ 유사 단백질체에 나타난다. 이 모든 유사 단백질체의 결합 확률은 다음과 같고 이는 $\Pr(Peptide)$다.

$$20^{n-|Peptide|} \cdot \frac{1}{20^n} = \frac{1}{20^{|Peptide|}}$$

스펙트럼 사전에는 하위 문자열이 없기 때문에 각 유사 단백질체는 첫 번째 위치에서 시작하는 스펙트럼 사전에서 최대 1개의 펩티드를 갖는다. 그러므로 $\Pr(Dictionary)$는 단순히 사전에 있는 펩티드 중 하나로 시작하는 모든 유사 단백질체의 결합 확률이 된다.

육상 공룡은 정말 새의 조상일까?

아사라가 발견한 티렉스 스펙트럼에서 헤모글로빈 펩티드가 불가사의하게 존재하는 것 외에도 과학자들은 최근 새가 티렉스와 같은 육상 공룡에서 진화했다는 것과 비행이 생물물리학적으로 불가능한 **지상 모델**ground-up model에서 나왔다는 것에 의구심을 나타냈다. 이 가설은 새로 진화하고자 공룡이 먼저 크기를 줄이면서 동시에 깃털을 발달시켜야 했다고 가정한다. 이는 아마도 비행을 위한 가장 복잡한 진화적 발명품일 것이다.

대부분의 초기 공룡 연구는 새 조상에 대한 보다 논리적인 해석으로 작은 수목 동물에 대한 증거를 선호했다. 이 추측은 초기 새들이 지속적인 비행 시스템을 발전시키기 전에는 낙하산과 활공과 같은 중력-보조 공기 역학을 사용했을 것이라는 가정을 하고 있다(활공 시스템은 현대 날다람쥐가 사용하고 있다). 따라서 화석에 깃털 흔적이 있고 발의 적응이 수목 생활 방식을 나타내는 작은 *Scansoriopteryx*(그림 11.24)는 새의 조상이 되는 영예를 놓고 티렉스와 경쟁하고 있다.

그림 11.24 *Scansoriopteryx*의 예술적 재현

새의 기원을 둘러싼 진화론적 논쟁에 대해 더 알고 싶다면 이 논쟁의 양쪽 주장에 대해 논문을 하나씩 소개하겠다.

- Stephen Czerkas와 Alan Feduccica의 "Jurassic archosaur is a non-dinosaurian bird".
- Richard Green *et al.*의 "Three crocodilian genomes reveal ancestral patterns of evolution among archosaurs".

가장 가능성 높은 펩티드 벡터 문제 해결하기

Likelihood$(X|P)$를 $\Pr(X|P)/\Pr(X|\vec{0})$으로 정의한다. 여기서 $\vec{0}$은 0으로만 구성된 **0 벡터** all-zeroes vector다. 그림 11.23은 펩티드 벡터 $P = (0, 1, 0, 1, 0, 0, 1)$가 이진 벡터 $X = (0, 0, 0, 1, 1, 0, 1)$를 생성하는 것을 보여 주고 있다.

$$\text{Likelihood}(X|P) = \frac{\Pr(0|1)}{\Pr(0|0)} \cdot \frac{\Pr(1|1)}{\Pr(1|0)} \cdot \frac{\Pr(1|1)}{\Pr(1|0)}$$
$$= \frac{1-\rho}{1-\theta} \cdot \frac{\rho}{\theta} \cdot \frac{\rho}{\theta}$$

우리는 Likelihood$(X|P)$에서 많은 곱셈으로 만들어지는 매우 작은 값을 처리하는 것을 피하고자 **log-likelihood**(로그 가능도)인 $\log_2(\text{Likelihood}(X|P))$를 사용할 것이다. log-likelihood를 최대화하는 펩티드 벡터를 찾는 것은 가장 가능성이 높은 펩티드 벡터를 찾는 것과 같다. 그림 11.23은 펩티드 벡터 $(0, 1, 0, 1, 0, 0, 1)$가 다음과 같은 log-likelihood를 갖는 이진 벡터 $(0, 0, 0, 1, 1, 0, 1)$를 생성함을 보여 준다.

$$\log_2 \frac{1-\rho}{1-\theta} + \log_2 \frac{\rho}{\theta} + \log_2 \frac{\rho}{\theta}$$

이제 0의 각 발생을 $\log_2[(1-\rho)/(1-\theta)]$로 바꾸고 1의 각 발생을 진폭 $\log_2(\rho/\theta)$로 바꿔서 이진 벡터 $X = (x_1,...,x_m)$를 스펙트럼 벡터 $S = (s_1,...,s_m)$로 변환할 것이다. 예를 들어 이진 벡터 $(0, 0, 0, 1, 1, 0, 1)$은 다음 스펙트럼 벡터로 변환될 것이다.

$$\left(\log_2 \frac{1-\rho}{1-\theta},\ \log_2 \frac{1-\rho}{1-\theta},\ \log_2 \frac{1-\rho}{1-\theta},\ \log_2 \frac{\rho}{\theta},\ \log_2 \frac{\rho}{\theta},\ \log_2 \frac{1-\rho}{1-\theta},\ \log_2 \frac{\rho}{\theta}\right)$$

여기서 $\log_2(\text{LIKELIHOOD}(X|P))$는 단순히 펩티드 벡터 $P = (p_1,...,p_m)$와 스펙트럼 벡터 $S = (s_1,...,s_m)$의 내적이다.

$$P \cdot S = p_1 \cdot s_1 + \cdots + p_m \cdot s_m$$

$P \cdot S$를 $\text{SCORE}(P, S)$로 나타내고(그림 11.25) 서로 길이가 다른 펩티드 벡터와 스펙트럼 벡터 사이의 점수를 $-\infty$로 정의한다. 이렇게 가장 가능성이 높은 펩티드 벡터 문제를 펩티드 시퀀싱 문제로 변환했다.

펩티드 벡터 P	0	1	0	1	0	0	1
이진 벡터 X	0	0	0	1	1	0	1
스펙트럼 벡터 S	$\log_2 \frac{1-\rho}{1-\vartheta}$	$\log_2 \frac{1-\rho}{1-\vartheta}$	$\log_2 \frac{1-\rho}{1-\vartheta}$	$\log_2 \frac{\rho}{\vartheta}$	$\log_2 \frac{\rho}{\vartheta}$	$\log_2 \frac{1-\rho}{1-\vartheta}$	$\log_2 \frac{\rho}{\vartheta}$
$\text{SCORE}(P, S)$		$\log_2 \frac{1-\rho}{1-\vartheta}$	+	$\log_2 \frac{\rho}{\vartheta}$	+		$\log_2 \frac{\rho}{\vartheta}$

그림 11.25 스펙트럼 벡터 S에 대해 펩티드 벡터 P를 내적해 $\text{SCORE}(P, S)$로 점수화하는 과정

이진 벡터 X를 스펙트럼 벡터 S로 변환하는 것은 단 2개의 매개변수 ρ와 θ를 사용하는 간단한 확률 모델(펩티드 벡터가 이진 벡터를 생성하는 방법)을 기반으로 한다. 실제로 스펙트럼이 어떻게 스펙트럼 벡터로 변환되는지 알아보려면 '돌아가기: 스펙트럼을 스펙트럼 벡터로 변환하기 위한 매개변수 선택'을 살펴보자.

689페이지

스펙트럼을 스펙트럼 벡터로 변환하기 위한 매개변수 선택

질량 분석기가 이진 스펙트럼을 생성한 경우 먼저 대규모 **훈련 샘플**training sample을 형성하는 것부터 시작해 볼 수 있다. 훈련 데이터는 해당 스펙트럼을 어떤 펩티드가 만들어 냈는지

가 주석으로 달린 스펙트럼으로 구성된다. 그러면 훈련 샘플에 있는 모든 주석이 달린 스펙트럼에 대해 ρ(이진 스펙트럼의 1이 펩티드 벡터의 1에 의해 생성되는 빈도)과 θ(이진 스펙트럼의 1이 펩티드 벡터의 0에 의해 생성되는 빈도)를 측정할 수 있다. 그러나 실제 질량 분석기는 이진 스펙트럼이 아닌 정수값을 가진 스펙트럼을 생성하므로 매개변수를 알아내는 것은 더 복잡해진다.

STOP　잠깐 멈추고 생각해 보자　펩티드 벡터 (0, 1, 0, 1, 0, 0, 1)를 정수 벡터 (3, 4, 2, 6, 9, 4, 7)로 변환하는 확률 모델을 고안할 수 있는가?

그러나 펩티드 벡터의 0과 1을 0과 1이 아닌 실제 스펙트럼의 다양한 강도로 변환하는 확률을 정의하게 되면 비슷한 확률적 모델도 잘 작동할 것이다. 사실 실제 스펙트럼을 스펙트럼 벡터로 변환하는 것은 수십 개의 확률 매개변수를 사용하는 유사한 log-likelihood 모델을 기반으로 한다. 실제 스펙트럼을 스펙트럼 벡터로 변환하는 알고리듬은 이 매개변수들을 최적화해서 접두사 좌표의 진폭이 최대화되고 잡음 좌표의 진폭이 최소화되도록 한다.

이러한 매개변수를 도출하려면 주석이 있는 스펙트럼의 대규모 훈련 샘플을 다시 만들어야 한다. 모든 스펙트럼에서 특정 수준의 강도를 가진 모든 피크를 고려해서 이 중 얼마만큼에 접두사 또는 접미사 펩티드 주석이 달려 있는지 계산할 수 있다. 예를 들어 아사라의 실험실에서 생성된 것과 유사한 충돌 유도 해리 스펙트럼Collision-Induced Dissociation에서 10개의 가장 높은 강도 피크 중 단지 19%와 45%만이 각각 접두사 및 접미사 펩티드로 설명할 수 있다. 나머지 고강도 피크는 잡음으로 처리된다. 미지의 펩티드 벡터 $P = p_1,...,p_m$로 생성된 스펙트럼이 주어졌을 때 스펙트럼 벡터 $S = (s_1,...,s_m)$는 S_i가 log-likelihood 비율 $\log_2(\text{Pr}_1/\text{Pr}_0)$이 되도록 이러한 빈도를 사용해 유도된다. 여기서 Pr_1은 $p_i = 1$의 확률 추정치고 Pr_0은 $p_i = 0$의 확률 추정치다. 스펙트럼 벡터를 생성하기 위한 알고리듬 세부 사항은 이번 돌아가기의 범위를 벗어난다.

그림 11.26은 DinosaurPeptide의 접두사 질량 세트와 이 질량에 해당하는 스펙트럼 벡터의 진폭을 보여 준다. 스펙트럼 벡터의 대부분 진폭이 음수라는 것을 알아두자(그림 11.8 아래쪽). 그림 11.26의 파란색 요소는 평균 진폭 값을 크게 초과하는 위치들에 해당한다.

	1	2	3	4	5	6	7	8	9	10	11	12	13	14
아미노산	G	L	V	G	A	P	G	L	R	G	L	P	G	K
질량	57	113	99	57	71	97	57	113	156	57	113	97	57	128
접두사 질량	57	170	269	326	397	494	551	664	820	877	990	1087	1144	1272
진폭	-8	+1	-4	-6	-6	+3	+1	-4	-8	+18	+11	-10	-7	0

그림 11.26 GLVGAPGLRGLPGK의 아미노산 질량(두 번째 줄), 이 펩티드의 접두사 질량(세 번째 줄), 그림 11.5(위쪽)에 나온 *DinosaurSpectrum* 스펙트럼 벡터에 해당하는 요소들(네 번째 줄). 파란색 요소는 평균(음수)보다 훨씬 높은 진폭에 해당한다. 스펙트럼에서 두 번째 및 세 번째로 높은 피크(b_{10} 및 b_{11}로 표기)는 *DinosaurSpectrum*의 스펙트럼 벡터에서 최대 진폭 +18, +11에 해당한다. 또한 그림 11.5(아래쪽)에는 피크 b_{12}(또는 y_2)가 없기 때문에 $s_{1087} = -10$이 매우 작다.

참고 문헌

티렉스 펩티드는 Asara *et al.*,(2007)에 보고했고 Pevzner, Kim, Ng(2008) 및 Buckley *et al.*,(2008)이 비판했다. '공룡 DNA' 논문은 Hedges and Schweitzer(1995)에서 반박했다. Czerkas, Feduccia(2014)는 최근 새가 공룡에서 진화한 것이 아니라고 주장한 반면, Green *et al.*,(2014)은 최근에 그렇지 않다고 주장했다.

Chen *et al.*,(2001)은 질량 스펙트럼에서 발생하는 그래프에서의 대칭 경로 문제를 해결했다. 질량 분석에서 펩티드 식별을 위한 단백질 데이터베이스 검색은 Eng, McCormack, Yates(1994)가 선구자로 나섰다. 스펙트럼 정렬 알고리듬은 PEvzner, Danǎk, Tang(2000)이 도입했다. 스펙트럼 사전 및 PSM의 통계적 유의성 검증 알고리듬의 개념은 Kim, Gputa, Pevzner(2008), Kim *et al.*,(2009)이 개발했다.

부록
의사 코드 소개

의사 코드란?

알고리듬algorithm은 입력과 출력의 측면에서 잘 공식화된 계산 문제를 해결하기 위한 일련의 명령들이다. 알고리듬은 **입력**input을 받아 **출력**output을 만든다. 예를 들어 **PATTERNCOUNT**는 문자열 *Text*와 *Pattern*을 입력 받아 숫자인 COUNT(*Text, Pattern*)을 출력으로 생성한다.

계산 문제를 해결하고자 알고리듬이 지정한 명령을 수행해야 한다. 예를 들어 *Text*가 *Pattern*에 몇 번 나타나는지 세고 싶다면 다음을 따르면 된다.

1. *Text*의 처음 위치에서부터 시작해 이 위치에서 *Text*에 *Pattern*이 나타나는지 확인한다.
2. 만약 그렇다면 종이에 점을 그린다.
3. *Text*의 다음 위치로 이동해 이 위치부터 *Text*에 *Pattern*이 나타나는지 확인한다.
4. 만약 그렇다면 같은 종이에 다른 점을 그린다.
5. *Text*의 끝에 도달할 때까지 계속한다.
6. 종이에 점의 개수를 센다.

인간은 느리고 실수를 하고 반복적인 일을 싫어하지만 컴퓨터는 빠르고 반복적인 일을 좋아하고 절대 실수를 하지 않는다. 그러나 *Text*의 *Pattern* 발생 횟수를 계산하는 위 명령들을 쉽게 이해할 수 있지만 세상의 어떠한 컴퓨터도 이를 실행할 수 없다. 이해가 가능한 이유는 오랜 세월 인간의 언어를 이해하도록 훈련을 받았기 때문이다. 예를 들어 점이 없는 백지에서 시작해야 한다고 지정하지 않았지만 가정했다. '*Text*의 끝에 도달'이 무엇을 의미하는지 설명하지 않았다. *Text*의 어느 위치에서 멈춰야 할까?

컴퓨터는 인간의 언어를 이해하지 못하기 때문에 컴퓨터에게 특정한 명령을 내리고자 알고리듬은 **프로그래밍 언어**(Python, Java, C++, Perl, Ruby, Go 또는 수십 개의 다른 언어들)로 바꿔야 한다. 그러나 학습자가 선호하는 언어가 아닐 수 있기 때문에 특정 언어로 알고리듬을 설명하지 않겠다.

초점은 구현의 세부 사항보다는 알고리듬의 아이디어다. 그렇기에 **의사 코드**pseudocode를 사용해 인간 언어와 프로그래밍 언어 사이의 중간 지점에서 독자들을 만날 것이다. 구현 세부 사항보다 아이디어를 강조함으로써 의사 코드는 특정 프로그래밍 언어에 필요한 지루한 세부 사항을 무시하고 형식적이지 않으면서 알고리듬을 설명할 수 있다.

예를 들어 4개의 숫자를 입력 받고(x_1, y_1, x_2, y_2) 출력이 하나의 숫자 d인 **DISTANCE**의 알고리듬인 다음 의사 코드를 살펴보자. 무엇을 하는 것인지 추측할 수 있는가?

```
DISTANCE(x₁, y₁, x₂, y₂)
    d ← (x₂ − x₁)² + (y₂ − y₁)²
    d ← √d
    return d
```

의사 코드의 첫 번째 줄은 알고리듬 이름 (**DISTANCE**)를 지정하고 그 뒤에 입력으로 필요한 **인수**argument 목록 (x_1, y_1, x_2, y_2)이 온다. 다음 줄에는 알고리듬의 작업을 설명하는 명령문이 포함돼 있으며 연산의 반환은 알고리듬의 결과를 보고한다.

인수에 적절한 값을 전달해 알고리듬을 호출할 수 있다. 예를 들어 **DISTANCE**(1, 3, 5, 7)는 2차원 공간에서 점 (1, 3)과 (7, 5) 사이의 거리를 계산해 반환한다. 먼저 다음 식을 계산하고

$$d \leftarrow (7 − 1)^2 + (5 − 3)^2 = 40$$

다음식을 계산한다.

$$d \leftarrow \sqrt{40}$$

DISTANCE의 의사 코드는 일부 값을 포함하고 알고리듬 과정 전반에 걸쳐 다른 지점들에서 새 값을 할당할 수 있는 **변수**variable의 개념을 사용한다. 변수에 새 값을 넣으려면 다음과 같은 표기법을 사용한다.

$$a \leftarrow b$$

이는 변수 a에 변수 b에 저장된 값을 동일하게 설정한다. 예를 들어 위의 의사 코드에서 **DISTANCE**(1, 3, 5, 7)를 계산할 때 d에는 먼저 $(7 - 1)^2 + (5 - 3)^2 = 40$가 할당된다. 그 다음 $\sqrt{40}$ 값이 할당된다.

또한 변수 이름으로는 원하는 아무 이름이나 쓸 수 있다. 예를 들어 아래의 의사 코드는 이전의 의사 코드 **DISTANCE**와 같은 것이다.

DISTANCE(x, y, z, w)
  $abracadabra \leftarrow (z - x)^2 + (w - y)^2$
  $abracadabra \leftarrow \sqrt{abracadabra}$
  return $abracadabra$

컴퓨터 과학자들이 의사 코드에 익숙한 반면 생물학자들은 이 책에서 사용하는 의사 코드가 아리송하고 쓸모없어 보일 수 있다. 현대 생물학자들은 매일 알고리듬을 다루지만 알고리듬을 설명하는 데 사용하는 언어는 일반적인 영어로 설명하는 일련의 단계에 가깝다. 따라서 일부 생물정보학 서적은 의사 코드 없이 작성된다. 불행히도 이 언어는 생물학자들이 매일 사용하는 다양한 생물정보학 툴들의 뒤에 있는 복잡한 알고리듬을 설명하기 충분하지 않다.

복잡한 알고리듬 아이디어를 설명할 수 있으려면 의사 코드의 세부 사항을 깊게 파고들어야 한다. 결과적으로 이 책의 알고리듬을 이해할 수 있을 뿐만 아니라 의사 코드를 사용해 자신만의 알고리듬을 설계할 수 있다.

의사 코드의 기본

이제 이 책 전체에서 사용하는 의사 코드의 세부 사항을 알아보겠다. 지루한 세부 사항을 피하고자 일부분은 영어로 표현하거나 아래에 나열하지 않은 연산자를 사용하거나 생략했다.

if 조건문

아래 표시한 알고리듬 **MINIMUM2**(a, b)는 2개의 숫자 (a, b)를 입력받아 하나의 숫자를 출력한다. 다음 알고리듬이 무엇을 하는지 생각해 보자.

```
MINIMUM2(a, b)
    if a > b
        return b
    else
        return a
```

이 알고리듬은 다음과 같은 구문으로 두 숫자 중 최소값을 계산한다.

```
if statement X is true
    execute instructions Y
else
    execute instructions Z
```

만약 X가 참이면 알고리듬은 Y를 실행한다. 그렇지 않으면 Z를 실행한다. 예를 들어 **MINIMUM2**$(1, 9)$는 '$1 > 9$' 조건이 거짓이므로 1을 반환한다.

다음 의사 코드는 3개의 숫자 중 최소값을 계산한다.

```
MINIMUM3(a, b, c)
    if a > b
        if b > c
            return c
        else
```

```
        return b
    else
      if a < c
        return c
      else
        return b
```

또한 **else if**를 사용해 동일한 **if**문에서 두 가지 이상의 다른 가능성을 고려할 수 있다. 예를 들어 다음과 같이 최소 3개의 숫자의 최소값을 계산할 수 있다.

```
MINIMUM3(a, b, c)
  if a > c and b > c
    return c
  else if a > b and c > b
    return b
  else
    return a
```

이 두 알고리듬 모두 옳은 결과를 내지만 다음은 **서브루틴**subroutine으로 작성한 MINIMUM2 함수를 사용해 더 간결한 버전을 만들었다. 프로그래머는 함수를 짧게 해 가독성을 높이고자 프로그램을 서브루틴으로 나눈다.

```
MINIMUM3(a, b, c)
  if a > b
    return MINIMUM2(b, c)
  else
    return MINIMUM2(a, c)
```

잠깐 멈추고 생각해 보자　의사 코드 단 한 줄만으로 MINIMUM3를 시도해 보시오.

연습 문제　4개의 숫자 중 최소값을 계산하는 MINIMUM4(a, b, c, d)의 의사 코드를 작성하시오.

가끔은 'else'문을 생략할 수 있다(예: 조건을 한 번만 테스트하는 경우).

for 반복문

다음 문제를 생각해 보자.

정수 합 문제

처음 n개의 양의 정수 합을 계산하시오.

입력: 양의 정수 n

출력: 처음 n개의 양의 정수 합

만약 n이 고정된 숫자라면 기존 프레임워크를 사용해 문제를 해결할 수 있다. 예를 들어 다음 프로그램 **SUM5**는 첫 5개 정수의 합을 반환한다. 즉 $1 + 2 + 3 + 4 + 5 = 15$다.

```
SUM5()
    sum ← 0
    i ← 1
    sum ← sum + i
    i ← i + 1
    sum ← sum + i
    i ← i + 1
    sum ← sum + i
    i ← i + 1
    sum ← sum + i
    i ← i + 1
    sum ← sum + i
    return sum
```

SUM6, **SUM7**도 작성할 수 있다. 그러나 이러한 프로그래밍 스타일은 추천할 수 없다. 결국 임의의 정수 n에 대해 정수 합 문제를 해결하려면 n을 입력으로 사용하는 알고리듬이 필요하다. 이는 **GAUSS**로 불리는 다음 알고리듬이 해결한다.

```
GAUSS(n)
  sum ← 0
  for i ← 1 to n
    sum ← sum + i
  return sum
```

GAUSS는 다음 형식의 **for** 반복문을 사용한다.

```
for i ← a to b
  execute X
```

이 **for**문은 먼저 i의 값을 a로 설정하고 명령어 X를 실행한다. 이후 i를 1만큼 증가시키고 X를 다시 실행한다. i의 값이 b와 같아질 때까지 값을 1씩 증가시켜 이 과정을 반복한다. 즉 i는 반복문을 돌며 $a, a+1, a+2, ..., b-1, b$의 값을 가진다.

while 반복문

첫 n 정수를 합하는 다른 방법은 다음에 소개된 ANOTHERGAUSS다.

```
ANOTHERGAUSS(n)
  sum ← 0
  i ← 1
  while i ≤ n
    sum ← sum + i
    i ← i + 1
  return sum
```

이 알고리듬은 다음 형식의 **while** 반복문을 사용한다.

```
while statement X is true
  execute Y
```

while 반복문은 조건 X를 확인한다. X가 참이면 명령 Y를 실행한다. 이 과정은 X가 거짓이 될 때까지 반복된다. (참고: X가 항상 참인 경우 while 반복문은 **무한 반복**infinite loop에 빠지게 되며 어떠한 경우가 있어도 이렇게 되지 않도록 막아야 한다.) **ANOTHERGAUSS**의 경우 반복은 n번 실행된다. 반복에서 i가 결국 $n + 1$과 같아지게 되고 1에서 n까지의 숫자가 합계에 더해졌다.

재귀 프로그래밍

다음은 정수 합 문제를 해결하는 또 다른 알고리듬이다.

```
RECURSIVEGAUSS(n)
  if n > 0
    sum ← RECURSIVEGAUSS(n − 1) + n
  else
    sum ← 0
  return sum
```

RECURSIVEGAUSS(n)이 **RECURSIVEGAUSS**($n − 1$)을 서브루틴으로 호출하는 사실이 혼란스러울 수 있다. 따라서 여러분들이 처음 100개의 양의 정수 합을 구해야 하지만 게으르기 때문에 옆 친구에게 99까지의 합을 계산하도록 부탁한다고 상상해 보자. 친구가 계산하자마자 결과에 100을 더하기만 하면 끝이다. 그러나 여러분들의 친구 또한 게으르다는 사실을 아는 사람은 거의 없을 것이다. 이 친구는 다른 친구에게 98까지의 합을 계산하도록 요청하고 여기에 99를 더한 다음 여러분들에게 전달할 것이다. 이 이야기는 친구가 1로 지정될 때까지 계속된다. 이러한 친구 사슬에서 모든 개인은 게으르지만 그럼에도 불구하고 합계를 계산할 수 있다.

　RECURSIVEGAUSS는 (작은 입력에서) 자신을 호출해 작업을 하청하는 **재귀 알고리듬**recursive algorithm의 예시를 보여 준다.

　연습 문제　의사 코드 한 줄로 함수를 작성해 정수 합 문제를 해결할 수 있는가?

앞선 합산의 알고리듬의 이름을 모두 'Gauss'라고 지은 이유가 궁금할 것이다. 1785년 한 초등학교 교사는 이 작업이 하루 종일 걸릴 것을 기대하고 1에서 100까지의 정수를 더하라고 학생들에게 시켰다. 교사는 8살짜리 소년이 몇 초 동안 생각하고 답을 5,050이라고 적었을 때 충격을 받았다. 이 소년은 칼 가우스^{Karl Gauss}였다. 그는 역사상 가장 위대한 수학자 중 한 명이고 앞으로도 그러할 것이다. 다음 한 줄 알고리듬은 정수 합 문제를 해결하는 가우스의 아이디어를 구현한다. 어떻게 작동하는 것일까?

```
GAUSS(n)
  return (n + 1) * n/2
```

배열

마지막으로 의사 코드를 작성할 때 변수들의 순서가 있는 **배열**^{array}을 사용할 것이다. 배열을 나타내기 위해 종종 하나의 문자를 사용한다. 즉 $a = (a_1, a_2, \ldots, a_n)$이다.

연습 문제   다음 RABBITS 알고리듬은 무엇을 하는가?

```
RABBITS(n)
  a_1 ← 1
  a_2 ← 1
  for i ← 3 to n
    a_i ← a_i − 1 + a_i − 2
  return a
```

RABBITS(n)은 처음 n개의 **피보나치 수**^{Fibonacci number}인 (1, 1, 2, 3, 4, 8, ...)의 배열을 계산한다. 여기서 처음 두 요소는 1이고 이후의 각 요소는 앞선 2개의 요소의 합으로 구성된다. 이를 왜 **RABBITS**라고 부르는지 생각해 보자.

용어 정리

가산적 행렬additive matrix　적합한 트리가 존재하는 거리 행렬.

가지limb　잎 노드와 부모 노드를 연결하고 있는 에지.

감춰진 경로hidden path　HMM이 거쳐가는 (알지 못하는) 연속된 상태들.

강도 카운트intensity count　펩티드에 나타난 모든 피크의 강도를 합한 것.

강도intensity　주어진 질량/전하 비율에 대해 발견된 조각 이온의 수.

갭 문자gap symbol　정렬에서 삽입/삭제를 나타내기 위해 사용되는 공백 문자("-").

갭 생성 페널티gap opening penalty　갭에서 처음 글자에 대해 부여되는 페널티.

갭 연장 페널티gap extension penalty　갭에서 처음 글자 다음에 오는 각 글자들에게 부여되는 페널티.

갭gap　어떤 정렬에서 한쪽 행에 있는 연속된 공백 문자.

거리 행렬distance matrix　대칭이고 음수값이 없으며 삼각 부등식을 만족하는 행렬.

거짓 발견 비율FDR, False Discovery Rate　펩티드-스펙트럼에서 식별된 매치 중 잘못된 펩티드-스펙트럼 식별의 비율.

거짓 질량false mass　실험 스펙트럼에서 나타났지만 펩티드의 이론적 스펙트럼에는 존재하지 않는 질량.

건설적 증명constructive proof　이론에 대한 증명. 원하는 결과를 증명할 뿐 아니라 필요한 객체를 구축하는 방법 또한 제공한다.

결합fusion　두 염색체가 하나의 염색체로 합쳐지는 유전체 재배열.

겹치는 단어의 역설overlapping words paradox　무작위 문자열에서 서로 다른 문자열들이 서로 다른 확률로 나타나는 현상.

겹침 그래프overlap graph　리드 집단에 대한 그래프. 노드가 리드이고 겹치는 리드들은 에지로 연결돼 있다.

겹침 정렬overlap alignment　어떤 문자열의 접미사와 다른 문자열의 접두사 간의 정렬.

경로path 그래프에 있는 연속된 에지들로써 각 후속 에지는 이전 에지가 끝난 노드에서 시작한다.

계층 클러스터링 알고리듬hierarchical clustring algorithm 거리 행렬을 활용해서 데이터상의 점들의 집합을 정돈해 트리를 만드는 알고리듬. 가장 가까운 두 데이터상의 점들에서 시작해 위쪽으로 움직인다.

고세균archaea 진핵 생물, 박테리아와 함께 생물의 세 도메인을 이루는 단세포 개체군.

공유 피크 개수shared peaks count 2개의 스펙트럼, 즉 특정 펩티드의 실험상 스펙트럼과 이론상 스펙트럼이 공유하고 있는 피크의 개수.

그래프 이론graph theory 그래프를 연구하는 수학의 한 분야.

그래프graph 노드들이 에지들로 연결돼 있는 네트워크.

금지된 전이forbidden transition HMM에서 상태 간의 전이가 금지된 것.

기관organelle 세포 안에서 특정 기능을 수행하는 작은 단위.

깊이 우선 탐색DFS, Depth-First Search 그래프에서 노드를 거쳐가는 기술. 주어진 노드에서 시작해 그래프를 탐험하면서 나가는 에지가 없거나 이미 모든 에지를 탐색한 노드에 도달할 때까지 그래프를 탐색한다.

난독증dyslexia 정상 또는 평균 이상의 지능을 갖고 있지만 독해력과 수학에 어려움을 겪는 특징을 가진 발달 장애.

낭포성 섬유증cystic fibrosis 주로 폐에 영향을 미치는 유전 질환.

내부 노드internal node 트리에서 degree가 1보다 큰 노드(잎이 아닌 노드).

내부 에지internal edge 트리에서 가지가 아닌 에지(2개의 내부 노드를 연결하고 있는 에지).

누락 질량missing mass 펩티드의 이론상의 스펙트럼에는 존재하지만 실험 스펙트럼에는 나타나지 않은 질량.

다루기 어려운 문제intractable problem 다항식 시간 안에 환산할 수 있는 알고리듬이 존재하지 않는 문제.

다사성 염색체polytene chromosome 세포 분열 없이 DNA 복제가 여러 번 일어나 만들어지는 '슈퍼 염색체'.

다중 도메인 단백질multi-domain protein 1개 이상의 도메인으로 이뤄진 단백질.

다중 정렬multiple alignment $n > 2$인 n개의 문자열의 정렬을 n개 행으로 나타낸 행렬.

다항식 알고리듬polynomial algorithm 계산 시간이 입력 데이터 길이의 다항식으로 제한되는 알고리듬.

단백질 도메인protein domain 단백질의 나머지 부분과 독립적으로 기능할 수 있는 단백질의 보존된 영역.

단백질 번역protein translation RNA를 단백질로 바꾸는 과정.

단백질 아미노산non-proteinogenic amino acid 단백질을 만드는 데에 가장 흔하게 사용되는 22개의 아미노산(20개의 표준 아미노산에 셀레노시스테인과 파이로라이신을 추가한 것)에 속하는 아미노산.

단백질체proteome 제시된 종에 존재하는 모든 단백질의 집합.

단백질체학proteomics 단백질들에 대한 연구.

단순 트리simple tree degree 값이 2인 노드가 존재하지 않는 트리.

단순성 점수parsimony score 어떤 트리에서 에지들의 가중치 합으로 계산되는 점수 함수.

달톤dalton 분자의 질량 단위(Da로 줄여서 쓴다).

당화gylcosylation HIV의 외피 단백질을 인간의 면역 체계가 알아채지 못하게 하는 번역 후 변형 과정.

돌로의 원리 Dollo's principle 어떤 종이 날개와 같이 복잡한 기관을 잃게 될 때 해당 기관이 후손에게 정확히 같은 형태로 나타나지는 않을 것이라는 가설.

동위원소 질량monoisotopic mass 어떤 분자에 있는 원자들 질량의 합. 각 요소에서 가장 양이 많은 동위원소를 사용한다.

동일성 순열identity permutation 부호가 있는 순열 $(+1, +2,..., +n)$.

동적 프로그래밍dynamic programming 반복적 관계가 포함된 많은 문제를 풀 때 사용되는 알고리듬 패러다임. 작은 값에서부터 큰 값까지의 행렬을 구축해 나간다.

드 브루인 그래프de Bruijn graph 유전체 시퀀싱에서 나온 k-mer의 집단으로 만들어진 그래프. 각 k-mer를 하나의 에지에 할당하고, 이 에지는 해당 k-mer의 접미사와 접두사에 해당하는 두 노드를 연결한다.

라스베가스 알고리듬 Las Vegas algorithm 해법이 정확할 것이 보장되는 무작위 알고리듬.

레트로 트랜스포존retrotransposon DNA에서 RNA가 전사된 뒤 역으로 DNA로 전사돼 새로운 위치에 삽입되는 트랜스포존.

로그-오즈 비율log-odds ratio 두 확률의 비율에 로그값을 취한 것.

로이드 알고리듬(Lloyd algorithm) 클러스터링 알고리듬. k개의 임의의 점을 선택해 중심점으로 사용한 뒤 반복적으로 데이터상의 점들을 가장 가까운 중심점에 할당하고 각 중심점을 해당 클러스터의 무게 중심으로 갱신한다.

루프loop 어떤 노드를 자기 자신과 연결하는 에지.

리드 매핑read mapping 돌연변이를 찾고자 특정 개체에서 얻은 리드들을 해당 종의 표준 유전체에서 '맞는 위치를 찾는' 과정.

리드 절단read breaking 리드들을 더 짧은 k-mer로 쪼개서 포괄 범위를 넓히는 전략.

리드read 시퀀싱 기계가 '읽을 수 있는' DNA 조각.

리드쌍read-pair 유전체상에서 알고 있는 거리만큼 떨어져 있는 리드쌍. 실제로 이 거리는 근사하게만 알 수 있다.

리보뉴클레오티드ribonucleotide RNA를 이루는 블록. 아데닌, 시토신, 구아닌, 우라실로 이뤄져 있다.

리보솜ribosome 단백질 번역을 수행하는 분자 기계.

맨해튼 관광객 문제 Manhattan Tourist Problem 가장 많은 관광지를 방문할 수 있는 합법적인 경로를 찾는 문제.

메신저 RNA Mrna, messenger RNA 엑손에서 전사된 RNA로 이뤄진 RNA 분자. 여기서 인트론으로부터 전사된 RNA는 잘려 나가 있다.

메틸화methylation CG 디뉴클레오티드에 있는 시토신에 메틸기(CH_3)를 추가하는 가장 흔한 DNA 변형.

모순에 의한 증명proof by contradiction 틀렸음을 입증하고자 하는 어떤 전제를 가정하는 것으로 시작해서 이 가정이 맞을 수 없음을 보여 주는 방법.

모티프 로고motif logo 모티프 보존을 시각화한 도표. 각 위치마다 쌓여 있는 글자들로 표현한다.

모티프 찾기motif finding 어떤 문자열들의 집합이 공유하고 있는 '숨겨진 메시지'를 찾는 문제.

몬테카를로 알고리듬 Monte Carlo algorithm 정확한 해답을 제시한다고 보장할 수 없는 무작위 알고리듬.

무게 중심center of gravity i번째 값이 특정 클러스터의 모든 점에 대한 i번째 값의 평균을 나타내는 지점.

무작위 절단 모델 Random Breakage Model 재배열이 일어나는 절단점이 무작위로 선택된다는 유전체 진화 모델. 포유류 유전체에서 재배열 핫스팟이 존재하지 않는다는 의미를 내포하고 있다.

무한 원숭이 이론infinite monkey theorem 죽지 않는 원숭이가 무한한 글자들을 타자기로 계속 친다고 하면 어느 날 햄릿을 작성할 수도 있다는 주장.

미스매치 페널티mismatch penalty 정렬에서 미스매치 글자에 부여되는 페널티 점수.

바움-웰치 학습 Baum-Welch learning 기대값 최대화 알고리듬에 기반한 매개변수 추정 방법.

바이러스 벡터viral vector 유전자가 조작된 바이러스.

반보존 가설semiconservative hypothesis 왓슨Watson과 크릭Crick이 제안하고 메셀슨-스탈Meselson-Stahl 실험을 통해 확인된 가설. 각 부모 DNA 가닥이 딸 가닥을 합성하는 주형으로 사용된다는 가설이다.

반복 관계recurrence relation 함수 $f(n)$을 더 작은 값 m으로 된 $f(m)$으로 표현한 방정식.

반전 거리reversal distance 특정 순열을 다른 순열로 바꾸는 데 필요한 최소한의 반전 횟수.

반전 나열sorting by reversal 특정 순열을 최소한의 반전을 사용해 동일성 순열로 바꾸는 계산 문제.

반전reversal 염색체상의 조각이 뒤집혀서 반대쪽 가닥과 교환하는 유전체 재배열.

방향성 그래프directed graph 에지들에 방향이 있는 그래프.

방향성 비순환 그래프DAG, Directed Acyclic Graph 순환을 포함하고 있지 않은 방향성 그래프.

버로우즈-휠러 변환 Burrows-Wheeler transform 어떤 문자열에 대해 모든 가능한 순환형 회전을 구축하고, 사전 순서대로 나열한 뒤, 만들어지는 행렬의 마지막 열을 가져오는 변환.

버블bubble 드 브루인 그래프에서 같은 노드 2개를 2개 이상의 경로가 연결하고 있는 구조. 시퀀싱 에러 또는 동일하지 않은 반복 서열에 의해 발생한다.

번역 후 변형 과정post-translational modification 특정 단백질이 RNA로부터 번역된 뒤에 아미노산에 일어나는 변형.

번역틀reading frame DNA 문자열을 3배수의 뉴클레오티드로 나누는 방법. 각 DNA 가닥은 3개의 번역틀을 갖고 있다.

복잡도complexity 입력 데이터의 크기에 대해 표현한 알고리듬의 계산 시간.

복제 기점ori, replication origin DNA 복제가 시작되는 염색체상의 영역.

복제 말단ter, replication terminus 박테리아 유전체에서 복제가 완료되는 지점.

복제 포크replication fork 두 가닥의 DNA가 풀려나면서 복제틀로 사용될 때 나타나는 가지branch.

부분 접미사 배열partial suffix array 특정 양의 상수 K의 배수에 대한 값들로만 이뤄진 접미사 배열.

부호가 있는 순열signed permutation 특정 상수 n에 대해 요소 1부터 n으로 이뤄진 순열. 각 요소는 양의 부호 또는 음의 부호를 갖고 있다.

분산 가설dispersive hypothesis DNA 분자가 복제하기 전에 조각으로 나뉘어서, 복제로 만들어진 딸 가닥들이 기존 가닥과 새로운 가닥이 이어 붙여져서 이중 가닥의 딸 DNA가 만들어진다는 (사실이 아닌) 가설.

분열fission 하나의 염색체가 2개의 염색체로 나뉘는 유전체 재배열.

분자 생물학에서의 중심 원리 Central Dogma of Molecular Biology 세포 내에서 유전 정보가 흐르는 원리. DNA에서 시작해 RNA로 전사되고, 이는 곧 단백질로 번역된다.

분할 및 정복 알고리듬divide-and-conquer algorithm 두 단계로 이뤄진 알고리듬: '분할' 단계에서는 문제를 더 작은 문제로 나눠서 각각을 해결한다. 정복 단계에서는 작은 해결책들을 이어 붙여 기존 문제의 해결책을 만들어 낸다.

분할 유전자split gene 연속되지 않은 DNA 구간인 엑손(단백질로 번역되는 부분)과 인트론(단백질로 번역되지 않는 부분)으로 이뤄진 유전자.

붉은 여왕 효과 Red Queen Effect 진화가 개체에게 고정된 환경에 대한 이점을 갖도록 할 뿐 아니라 변화무쌍한 환경에서도 생존할 수 있도록 돕는 데에도 필요하다는 가설.

블록 indelblock indel 이진 벡터에서 연속된 0을 추가하거나 제거하는 것.

비가산적 행렬non-additive matrix 적합한 트리가 존재하지 않는 거리 행렬.

비단백질 아미노산non-proteinogenic amino acid 단백질을 만드는 데에 가장 흔하게 사용되는 22개의 아미노산(20개의 표준 아미노산에 셀레노시스테인과 파이로라이신을 추가한 것)에 속하지 않는 아미노산.

비대칭 다이아그램skew diagram 유전체에서 뉴클레오티드들의 다양한 빈도를 시각화한 도표.

비리보솜 코드non-ribosomal code 비리보솜 펩티드 합성을 조종하는 코드.

비리보솜 펩티드NRP, Non-Ribosomal Peptide NRP 합성 효소에 의해 만들어지는 펩티드.

비방향성 그래프undirected graph 에지에 방향성이 없는 그래프.

비터비 그래프 Viterbi graph HMM의 출력값에 따라서 이 HMM에 대해 정의된 그래프. 가능한 상태와 방출된 글자의 쌍에 대해 하나의 노드가 존재하며, 에지는 한 열의 모든 상태를 다음 열의 모든 상태와 연결하고 있으며, 가중치는 관련된 전이와 방출 확률에 관련된 부분곱이 된다.

비터비 알고리듬 Viterbi algorithm　HMM이 주어진 방출된 문자열을 만들어 내고자 선택한 가장 그럴듯한 감춰진 경로를 찾는 데 사용하는 동적 프로그래밍 알고리듬.

비터비 학습 Viterbi learning　HMM의 매개변수를 추정하는 방법. 매개변수에 대한 초기 예상값에서 시작해 비터비 알고리듬을 사용해 최적의 감춰진 경로를 찾는 것과 이 감춰진 경로에 대한 최상의 매개변수 선택을 다시 계산하는 방법을 번갈아 사용한다.

뿌리가 없는 이진 트리unrooted binary tree　모든 노드의 degree가 1이거나 3인 트리.

뿌리가 없는 트리unrooted tree　루트 노드가 없는 트리.

뿌리가 있는 이진 트리rooted binary tree　뿌리가 없는 이진 트리에 있는 에지 중 하나에 degree 값이 2인 뿌리 하나가 있는 트리.

뿌리가 있는 트리rooted tree　노드 중 하나가 뿌리라고 불리는 특별한 노드이고, 트리에 있는 에지들은 자동으로 뿌리로부터 멀어지는 방향으로 뻗어 있는 트리.

사전 순서 통과preorder traversal　트리의 뿌리에서 시작해서 어떤 노드를 방문하고 그 노드의 하위 트리들을 왼쪽에서 오른쪽 순서로 통과해 가는 방법.

사전식 순서lexicographic order　문자열들을 사전에서 나타나는 순서대로 나열한 것.

상보적 가닥complementary strand　기존의 DNA 가닥에 대해 아데닌이 티민과 결합하고 시토신이 구아닌과 결합하도록 상보적으로 합성된 DNA 가닥.

생물의 도메인domain of life　지구상의 생물을 박테리아, 고세균, 진핵생물로 나누는 가장 높은 분류학적 구분.

생체 시계circadian clock　생명체의 하루 일정을 제어하는 내부적인 시간 기록 메커니즘.

서브루틴subroutine　다른 함수 안에서 호출되는 함수.

세포 분화cell differentiation　배아 줄기 세포가 특화된 조직으로 바뀌는 과정.

소스 노드source node　최장 경로 문제에서의 시작 노드.

수정 거리edit distance　문자열 하나를 다른 문자열로 바꾸는 데 필요한 한 글자짜리 치환, 삽입, 삭제 횟수의 최소값.

수평 유전자 전달horizontal gene transfer　서로 다른 종끼리 유전 물질을 교환하는 과정.

순방향-역방향 알고리듬forward-backward algorithm 어떤 HMM이 주어진 상태 및 시간에서 주어진 문자열을 방출할 확률을 계산하는 동적 프로그래밍 알고리듬.

순열permutation 특정 상수 n에 대해 요소 1부터 n을 재배열한 것. 여기서 '순열'은 부호가 있는 순열을 의미한다.

순환cycle 그래프에서 시작 노드와 끝 노드가 같은 경로.

순환도로 문제 Beltway problem 어떤 점들의 집합에 대해 점들 간의 거리가 주어졌을 때 이 점들을 고리 모양으로 배치하는 문제.

순환형 회전cyclic rotation 어떤 문자열의 끝에서 접미사를 잘라내고 이 문자열의 시작 부분에 추가하는 것.

스펙트럼 벡터spectral vector 각 피크와 그 쌍의 강도 정보를 진폭이라는 단일 값으로 통합한 벡터.

스펙트럼 사전spectral dictionary 특정 스펙트럼에 대해 특정 임계값을 넘는 모든 펩티드의 집합.

스펙트럼 정렬 그래프spectral alignment graph 정해진 펩티드와 스펙트럼에 대해 최대 k개의 변형을 가진 모든 펩티드 중에서 가장 높은 점수를 나타내는 펩티드를 찾을 때 사용하는 그래프.

스펙트럼 주석spectral annotations 스펙트럼 피크와 펩티드의 접미사/접두사에 대한 질량 사이의 대응 관계를 설정하는 것.

스펙트럼 컨볼루션spectral convolution 스펙트럼에서 모든 질량 쌍 사이의 양수 차이값들의 집합.

스플라이소솜spliceosome RNA 절단을 촉매하는 분자 기계.

시드 정렬seed alignment 다중 정렬에서 임계값보다 많은 수의 갭 문자를 가진 열을 제거해서 만들어지는 정렬.

신시튬syncytium 핵이 여러 개 존재하는 비정상적인 세포.

실험 스펙트럼experimental spectrum 질량 분석기로 생성된 조각들의 질량을 모두 모은 집합.

싱크 노드sink node 최장 경로 문제에서의 마지막 노드.

쌍피크twin peak 특정 펩티드의 질량에서 주어진 하위 펩티드의 질량을 뺀 것과 같은 질량에 해당하는 피크.

아데닐화 도메인A-domain, Adenylation domain 비리보솜 펩티드에 아미노산 하나를 추가하는 역할을 담당하는 NRP 합성 효소의 한 조각.

아미노산 문자열amino acid string 20개의 아미노산을 나타내는 글자들로 이뤄진 문자열.

알고리듬algorithm 입력과 출력에 대해 잘 구성된 계산 문제를 해결하는 일련의 명령.

양적 완화dosage compensation 여성에서 X 염색체 하나를 비활성화해 성별 간 유전자 발현량을 동일하게 만드는 것.

어파인 갭 페널티affine gap penalty 갭에 있는 첫 번째 글자에는 특정 페널티를 할당하고 뒤에 추가되는 글자들에는 다른 (더 작은) 페널티를 부여하는 갭 페널티.

엑손exon 단백질 암호화 유전자에서 연속된 조각으로써 단백질로 번역되는 부분.

엔트로피entropy 확률 분포의 불확실성에 대한 지표.

역반가닥reverse half-strand 박테리아 유전체에서 DNA 중합 효소가 ori에서 ter로 $3' \rightarrow 5'$ 방향으로 움직이는 반쪽 가닥. 지연 반가닥이라고도 불린다.

역상보reverse complement 다른 DNA 서열을 거꾸로 한 뒤 각 뉴클레오티드의 상보 뉴클레오티드를 구해서 만들어진 DNA 서열.

역전사 효소reverse transcriptase RNA가 '역으로' 전사돼 DNA가 만들어지게 하는 효소. 분자생물학의 중심 원리에 따라 DNA에서 RNA가 만들어지는 일반적인 전사의 반대.

역추적 포인터backtracking pointer 정렬 그래프에서 현재 노드에 대한 최고 점수를 계산할 때 사용된 노드를 가리키는 참조값.

오일러 경로 Eulerian path 모든 에지를 단 한 번씩만 거쳐가는 그래프상의 경로.

오일러 그래프 Eulerian graph 오일러 순환을 포함하고 있는 그래프.

오일러 순환 Eulerian cycle 그래프의 각 에지를 한 번씩만 거치는 순환.

오카자키 절편 Okazaki fragment DNA 중합 효소가 순방향으로 한 번에 하나의 조각만 복제하는 비대칭 복제가 일어날 때 만들어지는 끊어져 있는 복제된 DNA 조각들.

오캄의 면도기 Occam's razor 어떤 난점이 주어졌을 때 우리가 이미 알고 있는 것과 일치하는 가장 단순한 가설을 사용해 설명해야 한다는 원칙. 'parsimony'라고도 한다.

오픈 리딩 프레임ORF, Open Reading Frame 시작 코돈으로 시작하고 종결 코돈으로 끝나며 프레임에 다른 종결 코돈이 존재하지 않는 유전체 상의 하위 문자열.

완벽 포괄perfect coverage 유전체에 해당하는 모든 k-mer 하위 문자열이 리드로 만들어졌다는 유전체 조립의 이상적인 가정.

위상학적 나열topological ordering 방향성 비순환 그래프에서 모든 에지 (a_i, a_j)가 더 작은 인덱스의 노드로부터 더 큰 인덱스의 노드를 연결하도록, 즉 $i < j$를 만족하도록 노드들

$(a_1, ..., a_k)$를 나열하는 방법.

유료도로 문제 Turnpike problem 점들 간의 거리가 주어졌을 때 이 점들의 집합을 선 위에 배치하는 문제.

유사 유전자pseudogene 기존에 기능이 있었던 유전자가 진화해 만들어진 기능이 없는 잔여물.

유사 코드pseudocode 알고리듬을 설명하는 보편적인 방법. 인간의 언어보다 정확하지만 특정 프로그래밍 언어 구문에 갇힐 필요가 없다.

유사 횟수pseudocount 무작위 알고리듬에서 확률이 낮은 사건도 종종 선택된다는 것을 보장하기 위해 사용하는 작은 숫자.

유사도 기반 유전자 예측similarity-based gene prediction 새롭게 서열이 밝혀진 유전자는 보통 다른 종의 알려진 유전자와 비슷하다는 관찰에 기반한 예측 방법.

유인 단백질체decoy proteome 단백질체학에서 false discovery rate를 측정할 때 사용되는 무작위로 생성된 아미노산 문자열.

유전자 발현 행렬gene expression matrix n개의 유전자에 대한 m개 시점에서의 발현량을 나타내는 $n \times m$ 행렬.

유전자 코드genetic code 가능한 모든 3-mer의 조합 64개를 각각 20가지 아미노산 또는 종결 코돈으로 바꾸는 규칙.

유전체 복제genome replication 세포의 유전체이 복사되는 과정.

유전체 시퀀싱genome sequencing 유전체에 있는 뉴클레오티드의 순서를 알아내는 것.

유전체 재배열genome rearrangement 유전체에서 유전자 블록이 이동하는 큰 단위의 돌연변이.

유전체 점 도표genome dot plot 두 유전체이 공유하고 있는 k-mer들의 위치를 2차원으로 나타내서 두 유전체을 비교하는 방법.

유클리드 거리 Euclidean distance m차원 공간에서 두 점 $v = (v_1, ..., v_m)$과 $w = (w_1, ..., w_m)$을 연결하는 선분의 길이. $d(v, w) = \sqrt{\sum_{i=1}^{m}(v_i - w_i)^2}$으로 계산된다.

은닉 마코프 모델HMM, Hidden Markov Model 4개의 요소로 이뤄진 집합: 방출된 글자들, 감춰진 경로의 집합, 상태 간의 전이 확률에 대한 행렬 그리고 HMM이 각 상태에 있을 때 각 글자를 방출할 확률을 나타내는 방출 확률 행렬.

이론상 스펙트럼theoretical spectrum 특정 펩티드의 하위 펩티드의 질량으로 이뤄진 집합.

이상적인 스펙트럼ideal spectrum 특정 펩티드에서 만들어진 정수 질량들의 스펙트럼 중 해당 펩티드의 이론적 스펙트럼과 일치하는 스펙트럼.

이웃neighbors 트리에서 같은 부모 노드를 갖고 있는 잎 노드들.

이웃-연결 알고리듬neighbor-joining algorithm 진화 트리 재구축에 가장 널리 쓰이는 알고리듬.

이중 영양적 전환diauxic shift 효모가 산소가 있을 때 에탄올을 연료로 포도당을 생산할 수 있게 만드는 대사 전환.

이진 문자열binary string 0과 1로 이뤄진 문자열.

이진 탐색binary search 나열된 배열에서 특정 데이터 지점을 찾는 탐색 기법. 데이터를 절반으로 나눈 뒤 찾고자 하는 데이터 지점이 어느 쪽 절반에 있는지 결정하는 작업을 반복적으로 시행한다.

이코시안 게임icosian game 아일랜드 수학자 윌리엄 해밀턴William Hamilton이 해밀턴 경로 문제를 설명하고자 발명한 게임.

인산화phosphorylation 인산기가 특정 아미노산에 추가되는 번역 후 변형 과정.

인접 목록adjacency list 각 노드에 연결된 모든 노드들의 목록을 열거해서 그래프를 나타내는 방법.

인접 행렬adjacency matrix 그래프를 행렬 A로 나타내는 방법. 어떤 에지가 노드 i를 노드 j와 연결하고 있다면 $A_{i,j} = 1$이고 그렇지 않다면 $A_{i,j} = 0$이다.

인접점adjacency 순열 $P = (p_1 \ldots p_n)$에 있는 연속된 요소들 중 $p_{i+1} - p_i = 1$을 만족하는 연속된 요소 $(p_i\, p_{i+1})$.

인트론intron 유전자에서 단백질로 번역되지 않는 부분.

잎leaf 트리에서 degree가 1인 노드.

잔재carryover 이전 실험 이후 질량 분석기 내부에 남아 있는 펩티드가 발견된 것.

재귀 알고리듬recursive algorithm 자기 자신을 호출하는 알고리듬.

재배열 핫스팟rearrangement hotspot 진화 과정에서 재배열 절단점이 여러 번 나타났거나 나타났을 법한 유전체상의 짧은 지역.

전구체 mRNAprecursor mRNA, pre-mRNA 분할된 유전자에서 전사된 RNA. 인트론과 엑손에서 만들어진 RNA를 모두 포함하고 있다.

전사 인자transcription factor 다른 유전자의 발현량을 조절하는 조절 단백질.

전사체transcriptome 세포가 갖고 있는 모든 전사체의 집합.

전장 유전체 복제WGD, Whole Genome Duplication 전체 유전체이 복제되는 희귀한 진화 현상.

전좌translocation 서로 다른 염색체에 있는 DNA 구간 2개가 잘린 뒤 서로의 위치에 다시 붙게 되는 유전체 재배열.

절단점 그래프breakpoint graph 두 유전체에 있는 합성 블록의 순서를 비교하는 데에 쓰이는 그래프.

절단점breakpoint 부호가 있는 순열 $P = (p_1 ... p_n)$에서 동일성 순열과 비교해 '순서가 어긋나 있는' 연속된 요소들 $(p_i\ p_{i+1})$. 즉 $p_{i+1} - p_i$가 1이 아닌 요소들. 절단점은 이 두 요소가 동일성 순열에 비해 '순서가 어긋났다'는 것을 의미한다.

점수 행렬scoring matrix 글자들 간의 모든 가능한 정렬에 대한 점수를 나타낸 행렬.

접두 반전prefix reversal 특정 순열의 접두사를 뒤집는 반전 과정.

접두사prefix 특정 문자열의 첫 글자를 포함하는 문자열의 하위 문자열.

접미사suffix 특정 문자열에서 마지막 글자를 포함하고 있는 하위 문자열.

접미사 배열suffix array 특정 문자열의 모든 접미사를 사전 순서대로 나열하고 시작 위치의 목록을 취합한 것.

접미사 트라이suffix trie 특정 문자열의 모든 접미사들로 이뤄진 트라이.

접미사 트리suffix tree 접미사 트라이에서 모든 가지가 없는 경로의 에지들을 하나의 에지로 합친 것.

정렬 경로alignment path 정렬 그래프에서 소스 노드로부터 싱크 노드까지의 경로.

정렬 그래프alignment graph 두 문자열에 대한 가능한 정렬을 모두 시각화한 그래프. 이 그래프에서 수평 에지와 수직 에지는 indel을 나타내며, 대각선 에지는 매치 및 미스매치를 나타낸다.

정렬alignment 문자열 v와 w를 비교하는 2행 행렬. 첫 번째 행은 v에 있는 글자들이 (순서대로) 포함돼 있고 두 번째 행은 w에 있는 글자들이 (순서대로) 포함돼 있다. 공백 문자(갭 문자gap symbols라고 부르며 아래에 대시로 표시됨)는 두 문자열에 걸쳐 산재돼 있을 수 있으나 이때 두 공백 문자가 서로 정렬되지 않는다. '다중 정렬multiple alignment' 또한 참고하라.

정수 질량integer mass 어떤 분자의 대략적 질량을 반올림해서 정수로 만든 것(달톤 단위로).

제곱 오차 왜곡squared error distortion 각 데이터상의 점에서 가장 가까운 중심점까지의 거리 제곱들의 평균.

조각 이온fragment ion　전기적으로 하전된 펩티드 조각.

조립genome assembly　리드라고 불리는 작고 서로 겹치는 DNA 조각들로부터 유전체를 구축하는 과정.

조절 단백질regulatory protein　세포에서 다른 단백질의 발현을 조절하는 단백질.

조절 모티프regulatory motif　전사 인자가 결합하는 짧은 DNA 구간.

조한Cho-Han, 丁半　딜러가 2개의 주사위를 굴리고, 플레이어가 주사위의 합이 짝수인지 홀수인지 내기하는 게임.

종결 코돈stop codon　아미노산으로 번역되지 않고 번역을 중단하는 역할을 하는 코돈.

종료 상태terminal state　글자 방출을 완료했을 때 HMM이 들어가게 되는 침묵 상태.

종양 유전자oncogene　감염된 인간 세포들이 종양과 유사하게 변하는 원인이 되는 바이러스의 유전자.

주형 가닥template strand　DNA 복제의 '주형'으로 사용되는 DNA 가닥.

중간 노드middle node　정렬 그래프에서 최장 경로에 있는 노드 중 중간 열에 속한 노드.

중간 에지middle edge　최장 정렬 경로에서 중간 노드로부터 출발하는 에지.

중간 지점midpoint　클러스터링에서 두 중심점에서 거의 같은 거리에 떨어져 있는 지점.

중심점center　어떤 클러스터의 중심 지점을 나타내는 점.

지수식 알고리듬exponential algorithm　어떤 데이터셋의 알고리듬 계산 시간이 입력 데이터의 길이와 지수 관계에 있는 알고리듬.

지역 정렬local alignment　두 문자열의 하위 문자열 간의 정렬.

진폭amplitude　스펙트럼 벡터의 값.

진화 트리(계통 발생)evolutionary tree(phylogeny)　다양한 종 간의 진화적 관계를 표현한 트리.

질량 분석기mass spectrometer　분자들을 조각으로 부숴서 나온 조각들의 무게를 측정하는 값비싼 분자 저울.

질량/전하 비율mass/charge ratio　특정 이온의 질량과 전하의 비율

초거리 트리ultrametric tree　루트에서 모든 리프까지의 거리가 같은 트리.

초기 상태initial state　HMM 경로가 시작될 때 나타나는 HMM의 침묵 상태. 여기서는 어떤 글자도 방출하지 않는다.

최근접 이웃 교환nearest neighbor interchange 트리에서 내부 에지 하나를 없앤 뒤 만들어지는 4개의 하위 트리를 새로운 방식으로 재배열하는 작업.

최근접 이웃nearest neighbor 주어진 트리를 그것의 최근접 이웃 중 하나로 교체한 트리.

최장 경로longest path 에지에 가중치가 있는 그래프에서 2개의 고정된 노드를 연결하는 경로 중 가중치가 최대인 경로.

최장 공통 접두사 배열LCP array, Longest Common Prefix array 사전순으로 나열된 문자열의 접미사들이 있을 때 연속된 접미사들이 갖고 있는 공통 접두사 중 가장 긴 것의 길이를 저장하고 있는 배열.

최장 공통 하위 서열LCS, Longest Common Subsequence 두 문자열에서 (연속되진 않지만) 같은 순서로 나타나는 글자들의 서열.

취약 절단 모델 Fragile Breakage Model 유전체 진화의 한 모델. 모든 포유류 유전체은 재배열에 의해 거의 영향을 받지 않는 긴 영역과 그보다 좀 더 작으면서 재배열이 많이 일어나는 취약한 영역들의 짜깁기로 이뤄져 있다고 주장한다.

컨티그contig 유전체 어셈블러가 만들어 낸 유전체상의 연속된 조각.

코돈codon 아미노산 하나를 암호화하고 있거나 리보솜에게 단백질 번역을 멈추는 신호를 줄 수 있는 3-mer 뉴클레오티드.

코돈 사용량codon usage 특정 유전체 조각에서 나타나는 각 코돈의 빈도.

코로나 바이러스coronavirus SARS를 포함한 바이러스 집단. 바이러스 입자가 태양의 코로나와 비슷하다고 해 이런 이름을 가지게 됐다.

쾨니히스버그 다리 문제 Bridges of Königsberg Problem 프로이센 쾨니히스버그의 모든 다리를 정확히 한 번 건너서 출발 위치로 돌아가는 것이 가능한가에 대한 문제.

쿼럼 센싱quorum sensing 박테리아가 영양 공급원을 위해 또는 위협에 방어하고자 움직이게 하는 의사소통 방법.

클러스터cluster 서로 가까운 위치에 놓여 있는 데이터상의 점들의 집합.

클리크clique 모든 노드 쌍이 에지로 연결돼 있는 그래프.

클리크 그래프clique graph 연결된 요소들이 모두 클리크인 그래프.

탈아미노화deamination 시토신이 티민으로 바뀌는 돌연변이가 일어나는 경향.

통계적 유전자 예측statistical gene prediction 연구자들이 유전체의 암호화 영역에서는 빈번하게 나타나고 비암호화 영역에서는 잘 나타나지 않는 유전적 특징을 찾고자 하는 접근법.

트라이trie 패턴들의 집합을 나타내는 뿌리가 있는 트리. 에지는 하나의 글자로 표시되며, 뿌리에서 노드들까지의 경로를 따라가면 패턴 집합에 있는 패턴을 만들어 내게 된다.

트랜스포존transposon 유전체에서 위치가 바뀔 수 있는 DNA 조각. 종종 복제를 일으킨다.

트리tree 순환이 없이 연결된 그래프.

트리 순환recursion tree 재귀 알고리듬이 사용하는 반복적 호출의 구조를 나타낸 트리.

트립신trypsin 단백질에서 보통 R과 K 다음 부분을 잘라내는 흔히 사용되는 단백질 분해 효소.

특성character 계통 발생을 구축할 때 사용될 수 있는 특징.

특성 벡터character vector 어떤 종의 m가지 특성에 대한 값들이 저장된 배열.

특성표character table m개의 종들에 대한 n가지 특성들의 집합을 $n \times m$ 행렬로 나타낸 것.

티로시딘 B1 Tyrocidine B1 Bacillus brevis가 생산하는 항생제.

페니실린penicillin 세계 최초로 발견된 항생제.

펩티드peptide 짧은 아미노산 서열.

펩티드 검색peptide identification 알려진 단백질체에 있는 펩티드가 샘플에 존재하는지 확인하는 과정.

펩티드 벡터peptide vector 특정 인덱스에 있는 1값을 펩티드의 접두사 질량에 대응하게 만든 이진 벡터.

펩티드 스펙트럼 매치PSM, Peptide-Spectrum Match 사전에 정의된 임계값을 초과하는 점수를 가진 펩티드(벡터)와 스펙트럼(벡터).

펩티드 시퀀싱peptide sequencing 특정 펩티드를 구성하는 아미노산의 순서를 알아내는 과정.

포괄 범위coverage 특정 k-mer에 대해 이 k-mer가 포함된 read의 수.

표적 치료법targeted therapy 특정 종류의 암에서만 나타나는 특별한 분자를 공격하는 암 치료법.

표준 인간 유전체reference human genome 개인이 표준과 어떻게 다른지 알아내고자 개인에게 얻은 리드를 매핑할 때 사용하는 인간 유전체.

프라이머primer 부모 가닥에 결합해 DNA 중합 효소가 복제를 시작하게 만드는 DNA 중합 효소에 상보적인 짧은 DNA 조각.

프로그래밍 언어programming language 컴퓨터에 특정 지침을 제공하는 언어.

프로테아제protease 펩티드를 더 짧은 펩티드 조각으로 자르는 효소.

프로필 HMMprofile HMM 서열 정렬에 사용되는 은닉 마코프 모델Hidden Markov Model.

피보나치 숫자 Fibonacci numbers 처음 두 요소가 1이고 그다음 요소가 이전 두 요소의 합으로 만들어지는 순열(1, 1, 2, 3, 5, 8, ...).

피크peak 질량 분석기에 나타나며 특정 질량/전하 비율을 의미하는 뾰족한 모양.

필라델피아 염색체 Philadelphia chromosome 9번 염색체와 22번 염색체에 일어난 전좌 현상으로 인해 만들어진 염색체. 만성 골수성 백혈병을 일으킨다.

하위 펩티드subpeptide 특정 펩티드의 선형 조각.

합성 블록synteny block 서로 다른 두 종에서 지속적으로 나타나는 유사한 유전자들로 이뤄진 조각.

항레트로 바이러스 치료antiretoroviral therapy HIV에 감염된 환자의 증상을 완화시킬 수 있는 약물 혼합

항생제antibiotic 고리형의 항박테리아 펩티드.

해밀턴 경로 Hamiltonian path 그래프에서 모든 노드를 한 번씩 방문하는 경로.

해밍 거리 Hamming distance 같은 길이의 두 문자열을 비교했을 때 미스매치의 개수.

확률 분포probability distribution 합해서 1이 되는 음수가 아닌 숫자들의 집합.

휴리스틱heuristic 근사적인 해결책을 찾고자 정확도를 일부분 포기하고 속도를 빠르게 만든 고속 알고리듬.

0-based 인덱싱indexing 문자열의 글자들이나 배열의 요소들을 인덱싱하는 방법. 1이 아닌 0부터 시작한다.

2-절단 거리2-break distance 어떤 유전체을 다른 유전체으로 바꾸는 데 필요한 최소한의 2-절단 횟수.

2-절단 나열2-break sorting 어떤 서열을 다른 서열로 바꿀 수 있는 가장 짧은 2-절단 시퀀스를 찾는 문제.

2-절단2-break 유전체의 두 부분을 자르고 만들어진 조각들을 새로운 방법으로 연결하는 유전체 정렬.

3진 문자열ternary strings 세 글자 {0, 1, 2}로 이뤄진 문자열.

Alu 서열 Alu sequence 인간 유전체에서 약간씩 변한 채로 100만 번 이상 나타나는 약 300 뉴

클레오티드 길이의 서열.

big-O 표기법big-O notation 입력 데이터의 크기에 기반해 어떤 알고리듬의 계산 시간을 최악의 상황을 가정해 압축적으로 표현하는 방법.

BLASTBasic Local Alignment Search Tool 주어진 단백질과 유사한 모든 단백질을 데이터베이스에서 찾아내는 휴리스틱.

CG-아일랜드CG-island 디뉴클레오티드 CG가 상대적으로 빈번하게 발견되는 유전체상의 영역.

degree 특정 노드에서 발생한 에지의 수.

DNA 리가아제DNA ligase DNA 복제의 일부분으로서 DNA 조각, 특히 오카자키 절편을 꿰매는 효소.

DNA 문자열DNA string 뉴클레오티드로 이뤄진 문자열.

DNA 어레이DNA array 초기 DNA 시퀀싱 방법. 가능한 모든 k-mer가 어레이 위에 합성돼 있고, 시퀀싱 리드가 어레이에 붙을 때 형광을 내게 된다.

DNA 중합 효소DNA polymerase 각 뉴클레오티드 단위의 DNA 복제를 촉진하는 효소.

DNA 트랜스포존DNA transposon 전이 효소에 의해 복제되고 유전체상의 다른 위치에 삽입되는 트랜스포존.

forward 반가닥forward half-strand 박테리아 유전체에서 DNA 중합 효소가 3′ → 5′ 방향으로 움직이기 위해 ter에서 ori까지 거꾸로 따라가게 되는 반쪽 가닥, 지연 반가닥lagging half-strand이라고도 불린다.

GC-함량CG-content 유전체에서 시토신과 구아닌의 비율.

HMM 도표HMM diagram HMM을 시각화한 그래프. 각 상태를 노드로 나타내고 방향이 있는 실선 에지는 각 노드 쌍을 연결하며 한 상태에서 다른 상태로 움직일(또는 같은 상태로 남아있을) 전이 확률로 표시한다.

indegree 방향성 그래프에서 특정 노드로 들어가는 에지의 수.

indel 페널티indel penalty 정렬에서 각 갭 문자에 대해 부여하는 점수.

k-mer 구성k-mer composition 특정 문자열에 나타나는 모든 k-mer 하위 문자열의 집합.

k-universal 이진 문자열k-universal binary string 각 이진 k-mer를 한 번씩만 갖고 있는 이진 문자열.

NF-KB 초파리에서 면역 유전자들을 활성화시키는 전사 인자.

NP-완전 문제NP-complete problem 다항식 시간 안에 해결할 수 있는 알고리듬이 발견되지 않았고, 누구도 다루기 쉬운 증명을 한 적 없는 문제들의 분류에 속하는 계산 문제.

outdegree 방향이 있는 그래프에서 어떤 노드로부터 나가는 에지의 개수.

Pfam 데이터베이스 Pfam database 단백질 도메인 집단에 대해 1만 개 이상의 HMM-기반 다중 정렬을 갖고 있는 데이터베이스.

PSM 사전PSM dictionary PSM에 속하는 스펙트럼 중 주어진 PSM보다 높은 점수를 가진 모든 펩티드에 대한 스펙트럼 사전.

RNA 문자열RNA string 4글자 알파벳 {A, C, G, U}로 이뤄진 문자열.

RNA 바이러스RNA virus DNA 대신 RNA를 처리하는 바이러스.

RNA 스플라이싱RNA splicing mRNA 전사체에서 인트론을 잘라내 mRNA로 바꾸는 과정. 이 mRNA는 단백질로 번역될 준비가 갖춰지게 된다.

RNA 시퀀싱RNA-seq, RNA sequencing 유전자 발현량을 알아내는 과정. 세포에 있는 RNA를 얻어서 만든 리드들을 시퀀싱하고 이 리드들을 사용해 샘플에 있는 각 RNA 전사체의 양을 측정한다.

RNA 전사RNA transcription DNA 가닥을 RNA 가닥으로 바꾸는 과정.

SARSSevere Acute Respiratory Syndrome 2003년에 세계적인 공포를 몰고 왔던 바이러스성 호흡기 질환.

SISyncytium-Inducing 분리주isolate 수십 개의 인간 세포를 융합시켜 거대하고 기능이 없는 신시튬syncytium으로 만듦으로써 많은 인간 세포를 죽일 수 있는 HIV의 형태.

SNPSingle Nucleotide Polymorphism 사람 집단에서 상당한 비율로 발견되는 (보통 1%) 단일 뉴클레오티드 돌연변이.

UniProt 다양한 종의 단백질 정보를 가진 데이터베이스.

UniProt+ UniProt에서 현존하는 종에 돌연변이가 일어난 버전의 콜라겐들과 티렉스T.rex의 콜라겐들의 가능한 차이점을 모델링하고자 해당 콜라겐들의 정보를 추가한 UniProt을 부르는 용어.

UPGMA 분자 시계를 사용해 초거리 진화 트리를 구축하는 계층 클러스터링 휴리스틱.

참고 문헌

Aho, A. V. and M. J. Corasick (1975). "Efficient String Matching: An Aid to Bibliographic Search." *Communications of the ACM* Vol. 18: 333 – 340.

Alekseyev, M. A. and P. A. Pevzner (2009). "Breakpoint graphs and ancestral genome reconstructions." *Genome Research* Vol. 19: 943–957.

Alon, U., N. Barkai, D. A. Notterman, K. Gish, S. Ybarra, D. Mack, and A. J. Levine (1999). "Broad patterns of gene expression revealed by clustering analysis of tumor and normal colon tissues probed by oligonucleotide arrays." *Proceedings of the National Academy of Sciences* Vol. 96: 6745–6750.

Altschul, S. F., W. Gish, W. Miller, E. W. Myers, and D. J. Lipman (1990). "Basic local alignment search tool." *Journal of Molecular Biology* Vol. 215: 403–410.

Arthur, D. and S. Vassilvitskii (2007). "k-means++: The Advantages of Careful Seeding." In: *Proceedings of the Eighteenth Annual ACM-SIAM Symposium on Discrete Algorithms*. New Orleans, Louisiana: Society for Industrial and Applied Mathematics, 1027–1035.

Asara, J. M., M. H. Schweitzer, L. M. Freimark, M. Phillips, and L. C. Cantley (2007). "Protein Sequences from Mastodon and Tyrannosaurus rex Revealed by Mass Spectrometry." *Science* Vol. 316: 280–285.

Bafna, V. and P. A. Pevzner (1996). "Genome Rearrangements and Sorting by Reversals." *SIAM Journal on Computing* Vol. 25: 272–289.

Baldi, P., Y. Chauvin, T. Hunkapiller, and M. A. McClure (1994). "Hidden Markov models of biological primary sequence information." *Proceedings of the National Academy of Sciences* Vol. 91: 1059–1063.

Bateman, A., E. Birney, L. Cerruti, R. Durbin, L. Etwiller, S. R. Eddy, S. Griffiths-Jones, K. L. Howe, M. Marshall, and E. L. L. Sonnhammer (2002). "The Pfam Protein Families Database." *Nucleic Acids Research* Vol. 30: 276–280.

Baum, L. E., T. Petrie, G. Soules, and N. Weiss (1970). "A Maximization Technique Occurring in the Statistical Analysis of Probabilistic Functions of Markov Chains." *The Annals of Mathematical Statistics* Vol. 41: pp. 164–171.

Beerenwinkel, N. and M. Drton (2007). "A mutagenetic tree hidden Markov model for longitudinal clonal HIV sequence data." *Biostatistics* Vol. 8: 53–71.

Ben-Dor, A., R. Shamir, and Z. Yakhini (1999). "Clustering Gene Expression Patterns." *Journal of Computational Biology* Vol. 6: 281–297.

Bezdek, J. C. (1981). *Pattern Recognition with Fuzzy Objective Function Algorithms*. Kluwer Academic Publishers.

Buckley, M., A.Walker, S. Y.W. Ho, Y. Yang, C. Smith, P. Ashton, J. T. Oates, E. Cappellini, H. Koon, K. Penkman, B. Elsworth, D. Ashford, C. Solazzo, P. Andrews, J. Strahler, B. Shapiro, P. Ostrom, H. Gandhi,W. Miller, B. Raney, M. I. Zylber, M. T. P. Gilbert, R. V. Prigodich, M. Ryan, K. F. Rijsdijk, A. Janoo, and M. J. Collins (2008). "Comment on 'Protein Sequences from Mastodon and Tyrannosaurus rex Revealed by Mass Spectrometry'." *Science* Vol. 319: 33.

Burrows, D. and M. J. Wheeler (1994). "A block sorting lossless data compression algorithm." *Technical Report 124, Digital Equipment Corporation*.

Butler, J., I MacCallum, M. Kleber, I. A. Shlyakhter, M. Belmonte, E. S. Lander, C. Nusbaum, and D. B. Jaffe (2008). "ALLPATHS: de novo assembly of whole-genome shotgun microreads." *Genome Research* Vol. 18: 810–820.

Cann, R. L., M. Stoneking, and A. C.Wilson (1987). "Mitochondrial DNA and human evolution." *Nature* Vol. 325: 31–36.

Ceppellini, B. R., M. Siniscalco, and C. A. B. Smith (1955). "The Estimation of Gene Frequencies in a Random-Mating Population." *Annals of Human Genetics* Vol. 20: 97–115.

Chen, T., M.-Y. Kao, M. Tepel, J. Rush, and G. M. Church (2001). "A Dynamic Programming Approach to De Novo Peptide Sequencing via Tandem Mass Spectrometry." *Journal of Computational Biology* Vol. 8: 325–337.

Churchill, G. (1989). "Stochastic models for heterogeneous DNA sequences." *Bulletin of Mathematical Biology* Vol. 51: 79–94.

Clayton-Smith, J., J. O'Sullivan, S. Daly, S. Bhaskar, R. Day, B. Anderson, A. K. Voss, T. Thomas, L. G. Biesecker, P. Smith, A. Fryer, K. E. Chandler, B. Kerr, M. Tassabehji, S. A. Lynch, M. Krajewska-Walasek, S. McKee, J. Smith, E. Sweeney, S. Mansour, S. Mohammed, D. Donnai, and G. Black (2011). "Whole-exome-sequencing identifies mutations in histone acetyltransferase gene KAT6B in individuals with the Say-Barber-Biesecker variant of Ohdo syndrome." *The American Journal of Human Genetics* Vol. 89: 675–681.

Cohen, D. S. and M. Blum (1995). "On the Problem of Sorting Burnt Pancakes." *Discrete Applied Mathematics* Vol. 61: 105–120.

Conti, E., T. Stachelhaus, M. A. Marahiel, and P. Brick (1997). "Structural basis for the activation of phenylalanine in the non-ribosomal biosynthesis of gramicidin S." *The EMBO Journal* Vol. 16: 4174–4183.

Conti, E., N. P. Franks, and P. Brick (1996). "Crystal structure of firefly luciferase throws light on a superfamily of adenylate-forming enzymes." *Structure* Vol. 4: 287–298.

Cristianini, N. and M. W. Hahn (2007). *Introduction to Computational Genomics*. Cambridge University Press.

Cristianini, N. and M.W. Hahn (2006). *Introduction to Computational Genomics: A Case Studies Approach.* Cambridge University Press.

Czerkas, S. and A. Feduccia (2014). "Jurassic archosaur is a non-dinosaurian bird." *Journal of Ornithology* Vol. 155: 841–851.

De Jong, J., A. De Ronde,W. Keulen, M. Tersmette, and J. Goudsmit (1992). "Minimal Requirements for the Human Immunodeficiency Virus Type 1 V3 Domain To Support the Syncytium-Inducing Phenotype: Analysis by Single Amino Acid Substitution." *Journal of Virology* Vol. 66: 6777–6780.

de Bruijn, N. (1946). "A Combinatorial Problem." In: *Proceedings of the Section of Sciences, Koninklijke Akademie van Wetenschappen te Amsterdam.* Vol. 49: 758–764.

DeRisi, J. L., V. R. Iyer, and P. O. Brown (1997). "Exploring the metabolic and genetic control of gene expression on a genomic scale." *Science* Vol. 278: 680 – 686.

Do, C. B. and S. Batzoglou (2008). "What is the expectation maximization algorithm?" *Nature Biotechnology* Vol. 26: 897 – 899.

Doolittle, R. F., M. W. Hunkapiller, L. E. Hood, S. G. Devare, K. C. Robbins, S. A. Aaronson, and H. N. Antoniades (1983). "Simian sarcoma virus onc gene, v-sis, is derived from the gene (or genes) encoding a platelet-derived growth factor." *Science* Vol. 221: 275 – 277.

Drmanac, R., I. Labat, I. Brukner, and R. Crkvenjakov (1989). "Sequencing of megabase plus DNA by hybridization: Theory of the method." *Genomics* Vol. 4: 114 – 128.

Eisen, M. B., P. T. Spellman, P. O. Brown, and D. Botstein (1998). "Cluster analysis and display of genome-wide expression patterns." *Proceedings of the National Academy of Sciences* Vol. 95: 14863 – 14868.

Eng, J. K., A. L. McCormack, and J. R. Yates (1994). "An approach to correlate tandem mass spectral data of peptides with amino acid sequences in a protein database." *Journal of the American Society for Mass Spectrometry* Vol. 5: 976 – 989.

Euler, L. (1758). "Solutio Problematis ad Geometriam Situs Pertinentis." *Novi Commentarii Academiae Scientarium Imperialis Petropolitanque,* 9 – 28.

Felsenstein, J. (2004). *Inferring Phylogenies.* Sinauer Associates.

Ferragina, P. and G. Manzini (2000). "Opportunistic Data Structures with Applications." In: *Proceedings of the 41st Annual Symposium on Foundations of Computer Science.* IEEE Computer Society, 390 – 398.

Gao, F. and C.-T. Zhang (2008). "Ori-Finder: A web-based system for finding *oriCs* in unannotated bacterial genomes." *BMC Bioinformatics* Vol. 9: 79.

Gao, F., E. Bailes, D. L. Robertson, Y. Chen, C. M. Rodenburg, S. F. Michael, L. B. Cummins, L. O. Arthur, M. Peeters, G. M. Shaw, P. M. Sharp, and B. H. Hahn (1999). "Origin of HIV-1 in the chimpanzee Pan troglodytes troglodytes." *Nature*

Vol. 397: 436 – 441.

Gardner, M. (1974). "Mathematical Games." *Scientific American* Vol. 230: 120 – 125.

Gates,W. H. and C. H. Papadimitriou (1979). "Bounds for sorting by prefix reversal." *Discrete Mathematics* Vol. 27: 47 – 57.

Geman, S. and D. Geman (1984). "Stochastic Relaxation, Gibbs Distributions, and the Bayesian Restoration of Images." *IEEE Transactions on Pattern Analysis and Machine Intelligence* Vol. PAMI-6: 721 – 741.

Good, I. J. (1946). "Normal Recurring Decimals." *Journal of the London Mathematical Society* Vol. 21: 167 – 169.

Green, R. E., E. L. Braun, J. Armstrong, D. Earl, N. Nguyen, G. Hickey, M.W. Vandewege, J. A. St. John, S. Capella-Gutiérrez, T. A. Castoe, C. Kern, M. K. Fujita, J. C. Opazo, J. Jurka, K. K. Kojima, J. Caballero, R. M. Hubley, A. F. Smit, R. N. Platt, C. A. Lavoie, M. P. Ramakodi, J. W. Finger, A. Suh, S. R. Isberg, L. Miles, A. Y. Chong, W. Jaratlerdsiri, J. Gongora, C. Moran, A. Iriarte, J. McCormack, S. C. Burgess, S. V. Edwards, E. Lyons, C. Williams, M. Breen, J. T. Howard, C. R. Gresham, D. G. Peterson, J. Schmitz, D. D. Pollock, D. Haussler, E.W. Triplett, G. Zhang, N. Irie, E. D. Jarvis, C. A. Brochu, C. J. Schmidt, F. M. McCarthy, B. C. Faircloth, F. G. Hoffmann, T. C. Glenn, T. Gabaldón, B. Paten, and D. A. Ray (2014). "Three crocodilian genomes reveal ancestral patterns of evolution among archosaurs." *Science* Vol. 346:

Grigoriev, A. (1998). "Analyzing genomes with cumulative skew diagrams." *Nucleic Acids Research* Vol. 26: 2286 – 2290.

Grigoriev, A. (2011). "How do replication and transcription change genomes?" In: *Bioinformatics for Biologists.* Ed. by P. A. Pevzner and R. Shamir. Cambridge University Press, 111 – 125.

Guibas, L. and A. Odlyzko (1981). "String overlaps, pattern matching, and nontransitive games." *Journal of Combinatorial Theory, Series* A Vol. 30: 183 – 208.

Hannenhalli, S. and P. A. Pevzner (1999). "Transforming Cabbage into Turnip: Polynomial Algorithm for Sorting Signed Permutations by Reversals." *Journal of the ACM* Vol. 46: 1 – 27.

Harmer, S. L., J. B. Hogenesch, M. Straume, H. S. Chang, B. Han, T. Zhu, X. Wang, J. A. Kreps, and S. A. Kay (2000). "Orchestrated transcription of key pathways in *Arabidopsis* by the circadian clock." *Science* Vol. 290: 2110 – 2113.

Hedges, S. and M. Schweitzer (1995). "Detecting dinosaur DNA." *Science* Vol. 268: 1191 – 1192.

Hertz, G. Z. and G. D. Stormo (1999). "Identifying DNA and protein patterns with statistically significant alignments of multiple sequences." *Bioinformatics* Vol. 15: 563 – 577.

Idury, R. M. and M. S. Waterman (1995). "A New Algorithm for DNA Sequence

Assembly." *Journal of Computational Biology* Vol. 2: 291‒306.

Ivics, Z., P. Hackett, R. Plasterk, and Z. Izsvák (1997). "Molecular reconstruction of Sleeping Beauty, a Tc1-like transposon from fish, and its transposition in human cells." *Cell* Vol. 91: 501‒510.

Kellis, M., B. W. Birren, and E. S. Lander (2004). "Proof and evolutionary analysis of ancient genome duplication in the yeast Saccharomyces cerevisiae." *Nature* Vol. 428: 617‒624.

Kim, S., N. Gupta, and P. A. Pevzner (2008). "Spectral Probabilities and Generating Functions of Tandem Mass Spectra: A Strike against Decoy Databases." *Journal of Proteome Research* Vol. 7: PMID: 18597511, 3354‒3363.

Kim, S., N. Gupta, N. Bandeira, and P. A. Pevzner (2009). "Spectral dictionaries: Integrating de novo peptide sequencing with database search of tandem mass spectra." *Molecular & Cellular Proteomics* Vol. 8: 53‒69.

Konopka, R. J. and S. Benzer (1971). "Clock mutants of Drosophila melanogaster." *Proceedings of the National Academy of Sciences of the United States of America* Vol. 68: 2112‒2116.

Krogh, A., M. Brown, I. Saira Mian, K. Sjolander, and D. Haussler (1994). "Hidden Markov Models in Computational Biology: Applications to Protein Modeling." *Journal of Molecular Biology* Vol. 235: 1501 ‒1531.

Lawrence, C. E., S. F. Altschul, M. S. Boguski, J. S. Liu, A. F. Neuwald, and J. C. Wootton (1993). "Detecting subtle sequence signals: a Gibbs sampling strategy for multiple alignment." *Science* Vol. 262: 208‒214.

Levenshtein, V. I. (1966). "Binary codes capable of correcting deletions, insertions, and reversals." *Soviet Physics Doklady* Vol. 10: 707‒710.

Liachko, I., R. A. Youngblood, U. Keich, and M. J. Dunham (2013). "High-resolution mapping, characterization, and optimization of autonomously replicating sequences in yeast." *Genome Research* Vol. 23: 698‒704.

Lloyd, S. (1982). "Least squares quantization in PCM." *IEEE Transactions on Information Theory* Vol. 28: 129‒137.

Lobry, J. R. (1996). "Asymmetric substitution patterns in the two DNA strands of bacteria." *Molecular Biology and Evolution* Vol. 13: 660‒665.

Lundgren, M., A. Andersson, L. Chen, P. Nilsson, and R. Bernander (2004). "Three replication origins in *Sulfolobus* species: Synchronous initiation of chromosome replication and asynchronous termination." *Proceedings of the National Academy of Sciences of the United States of America* Vol. 101: 7046‒7051.

Lysov, Y., V. Florent'ev, A. Khorlin, K. Khrapko, V. Shik, and A. Mirzabekov (1988). "DNA sequencing by hybridization with oligonucleotides." *Doklady Academy Nauk USSR* Vol. 303: 1508‒1511.

Ma, J., A. Ratan, B. J. Raney, B. B. Suh, W. Miller, and D. Haussler (2008). "The infinite sites model of genome evolution." *Proceedings of the National Academy of Sciences of the United States of America* Vol. 105: 14254 – 14261.

Manber, U. and G. Myers (1990). "Suffix Arrays: A New Method for On-line String Searches." In: *Proceedings of the First Annual ACM-SIAM Symposium on Discrete Algorithms*. Society for Industrial and Applied Mathematics, 319 – 327.

Martin, N., E. Ruedi, R. LeDuc, F.-J. Sun, and G. Caetano-Anolles (2007). "Geneinterleaving patterns of synteny in the Saccharomyces cerevisiae genome: Are they proof of an ancient genome duplication event?" *Biology Direct* Vol. 2: 23.

Maxam, A. M. andW. Gilbert (1977). "A new method for sequencing DNA." *Proceedings of the National Academy of Sciences of the United States of America* Vol. 74: 560 – 564.

Medvedev, P., S. K. Pham, M. Chaisson, G. Tesler, and P. A. Pevzner (2011). "Paired de Bruijn Graphs: A Novel Approach for Incorporating Mate Pair Information into Genome Assemblers." *Journal of Computational Biology* Vol. 18: 1625 – 1634.

Metzker, M. L., D. P. Mindell, X.-M. Liu, R. G. Ptak, R. A. Gibbs, and D. M. Hillis (2002). "Molecular evidence of HIV-1 transmission in a criminal case." *Proceedings of the National Academy of Sciences* Vol. 99: 14292 – 14297.

Montgomery, S. B., D. Goode, E. Kvikstad, C. A. Albers, Z. Zhang, X. J. Mu, G. Ananda, B. Howie, K. J. Karczewski, K. S. Smith, V. Anaya, R. Richardson, J. Davis, D. G. MacArthur, A. Sidow, L. Duret, M. Gerstein, K. Markova, J. Marchini, G. A. McVean, and G. Lunter (2013). "The origin, evolution and functional impact of short insertiondeletion variants identified in 179 human genomes." *Genome Research* Vol. 23: 749 – 761.

Nadeau, J. H. and B. A. Taylor (1984). "Lengths of chromosomal segments conserved since divergence of man and mouse." *Proceedings of the National Academy of Sciences of the United States of America* Vol. 81: 814 – 818.

Ng, J., N. Bandeira, W.-T. Liu, M. Ghassemian, T. L. Simmons, W. H. Gerwick, R. Linington, P. Dorrestein, and P. A. Pevzner (2009). "Dereplication and *de novo* sequencing of nonribosomal peptides." *Nature Methods* Vol. 6: 596 – 599.

O'Brien, S. J., W. G. Nash, D. E. Wildt, M. E. Bush, and R. E. Benveniste (1985). "A molecular solution to the riddle of the giant panda's phylogeny." *Nature* Vol. 317: 140 – 144.

Ohno, S. (1970). *Evolution by Gene Duplication*. Springer-Verlag.

Ohno, S. (1973). "Ancient linkage groups and frozen accidents." *Nature* Vol. 244: 259 – 262.

Park, H. D., K. M. Guinn, M. I. Harrell, R. Liao, M. I. Voskuil, M. Tompa, G. K. Schoolnik, and D. R. Sherman (2003). "Rv3133c/dosR is a transcription factor that mediates the hypoxic response of Mycobacterium tuberculosis." *Molecular Microbiology* Vol. 48: 833 – 843.

Pevzner, P. and G. Tesler (2003a). "Genome rearrangements in mammalian evolution: lessons from human and mouse genomes." *Genome Research* Vol. 13: 37–45.

Pevzner, P. and G. Tesler (2003b). "Human and mouse genomic sequences reveal extensive breakpoint reuse in mammalian evolution." *Proceedings of the National Academy of Sciences of the United States of America* Vol. 100: 7672–7677.

Pevzner, P. A. (1989). "1-Tuple DNA sequencing: computer analysis." *Journal of Biomolecular Structure and Dynamics* Vol. 7: 63–73.

Pevzner, P. A., H Tang, and M. S.Waterman (2001). "An Eulerian path approach to DNA fragment assembly." *Proceedings of the National Academy of Sciences of the United States of America* Vol. 98: 9748–53.

Pevzner, P. A., V. Dančík, and C. L. Tang (2000). "Mutation-Tolerant Protein Identification by Mass Spectrometry." *Journal of Computational Biology* Vol. 7: 777–787.

Pevzner, P. A., S. Kim, and J. Ng (2008). "Comment on 'Protein sequences from mastodon and Tyrannosaurus rex revealed by mass spectrometry'." *Science* Vol. 321: 1040.

Robinson, D. F. (1971). "Comparison of labeled trees with valency three." *Journal of Combinatorial Theory, Series B* Vol. 11: 105–119.

Rosenblatt, J. and P. Seymour (1982). "The Structure of Homometric Sets." *SIAM Journal on Algebraic Discrete Methods* Vol. 3: 343–350.

Saitou, N. and M. Nei (1987). "The neighbor-joining method: a new method for reconstructing phylogenetic trees." *Mol Biol Evol* Vol. 4: 406–425.

Sanger, F, S Nicklen, and A. Coulson (1977). "DNA sequencing with chain-terminating inhibitors." *Proceedings of The National Academy of Sciences of The United States Of America* Vol. 74: 5463–5467.

Sankoff, D. (1975). "Minimal Mutation Trees of Sequences." *SIAM Journal on Applied Mathematics* Vol. 28: 35–42.

Sedgewick, R. and P. Flajolet (2013). *An Introduction to the Analysis of Algorithms.* Addison-Wesley.

Sernova, N. V. and M. S. Gelfand (2008). "Identification of replication origins in prokaryotic genomes." *Briefings in Bioinformatics* Vol. 9: 376–391.

Smith, T. F. and M. S. Waterman (1981). "Identification of common molecular subsequences." *Journal of Molecular Biology* Vol. 147: 195–197.

Sokal, R. R. and C. D. Michener (1958). "A statistical method for evaluating systematic relationships." *University of Kansas Scientific Bulletin* Vol. 28: 1409–1438.

Solov'ev, A. (1966). "A combinatorial identity and its application to the problem about the first occurence of a rare event." *Theory of Probability and its Applications* Vol. 11: 276–282.

Southern, E. (1988). "Analysing Polynucleotide Sequences." Patent (United Kingdom).

Stachelhaus, T., H. D. Mootz, and M. A. Marahiel (1999). "The specificity-conferring code of adenylation domains in nonribosomal peptide synthetases." *Chemistry & Biology* Vol. 6: 493–505.

Studier, J. A. and K. J. Keppler (1988). "A note on the neighbor-joining algorithm of Saitou and Nei." *Mol Biol Evol* Vol. 5: 729–731.

Sturtevant, A. H. (1921). "A Case of Rearrangement of Genes in Drosophila." *Proceedings of the National Academy of Sciences of the United States of America* Vol. 7: 235–237.

Sturtevant, A. H. and T. Dobzhansky (1936). "Inversions in the Third Chromosome of Wild Races of Drosophila Pseudoobscura, and Their Use in the Study of the History of the Species." *Proceedings of the National Academy of Sciences of the United States of America* Vol. 22: 448–450.

Tang, Y. Q., J. Yuan, G. Osapay, K. Osapay, D. Tran, C. J. Miller, A. J. Ouellette, and M. E. Selsted (1999). "A cyclic antimicrobial peptide produced in primate leukocytes by the ligation of two truncated alpha-defensins." *Science* Vol. 286: 498–502.

Thomson, J. M., E. A. Gaucher, M. F. Burgan, D. W. De Kee, T. Li, J. P. Aris, and S. A. Benner (2005). "Resurrecting ancestral alcohol dehydrogenases from yeast." *Nature Genetics* Vol. 37: 630–635.

Tuzun, E., A. J. Sharp, J. A. Bailey, R. Kaul, V. A. Morrison, L. M. Pertz, E. Haugen, H. Hayden, D. Albertson, D. Pinkel, M. V. Olson, and E. E. Eichler (2005). "Fine-scale structural variation of the human genome." *Nature Genetics* Vol. 37: 727–732.

Venkataraman, N., A. L. Cole, P. Ruchala, A. J. Waring, R. I. Lehrer, O. Stuchlik, J. Pohl, and A. M. Cole (2009). "Reawakening retrocyclins: ancestral human defensins active against HIV-1." *PLoS Biology* Vol. 7: e95.

Viterbi, A. (1967). "Error bounds for convolutional codes and an asymptotically optimum decoding algorithm." *IEEE Transactions on Information Theory* Vol. 13: 260–269.

Wang, X., C. Lesterlin, R. Reyes-Lamothe, G. Ball, and D. J. Sherratt (2011). "Replication and segregation of an Escherichia coli chromosome with two replication origins." *Proceedings of the National Academy of Sciences* Vol. 108: E243–E250.

Weiner, P. (1973). "Linear Pattern Matching Algorithms." In: *Proceedings of the 14th Annual Symposium on Switching and Automata Theory*. IEEE Computer Society, 1–11.

Whiting, M. F., S. Bradler, and T. Maxwell (2003). "Loss and recovery of wings in stick insects." *Nature* Vol. 421: 264–267.

Wolfe, K. H. and D. C. Shields (1997). "Molecular evidence for an ancient duplication of the entire yeast genome." *Nature* Vol. 387: 708 – 713.

Woodward, N.Weyand, and M Bunnell (1994). "DNA sequence from Cretaceous period bone fragments." *Science* Vol. 266: 1229 – 1232.

Xia, X. (2012). "DNA replication and strand asymmetry in prokaryotic and mitochondrial genomes." *Current Genomics* Vol. 13: 16 – 27.

Yancopoulos, S., O. Attie, and R. Friedberg (2005). "Efficient sorting of genomic permutations by translocation, inversion and block interchange." *Bioinformatics* Vol. 21: 3340 – 3346.

Zaretskii, Z. A. (1965). "Constructing a tree on the basis of a set of distances between the hanging vertices." *Uspekhi Mat. Nauk* Vol. 20: 90 – 92.

Zerbino, D. R. and E. Birney (2008). "Velvet: Algorithms for de novo short read assembly using de Bruijn graphs." *Genome Research* Vol. 18: 821 – 829.

Zhao, H. and G. Bourque (2009). "Recovering genome rearrangements in the mammalian phylogeny." *Genome Research* Vol. 19: 934 – 942.

Zuckerkandl, E. and L. Pauling (1965). "Molecules as documents of evolutionary history." *Journal of Theoretical Biology* Vol. 8: 357 – 366.

찾아보기

ㄱ

가산적 404
가중치 271
가지 400
감춰진 경로 593
강도 245, 647
강도 카운트 651
갭 308
갭 문자 268
갭 생성 페널티 308
갭 연장 페널티 308
거리 행렬 499
거짓 발견 비율 660
거짓 질량 236
건설적 181
결합 357
겹치는 단어 역설 69, 94
겹침 159
겹침 그래프 162
겹침 정렬 306
경로 160
계층 클러스터링 500
고리형 펩티드 227
공백 문자 268
공통 하위 서열 268
그래프 159, 209
그래프 이론 176
금지된 전이 614
깊이 우선 탐색 682

ㄴ

난독증 641

ㄷ

낭포성 섬유증 256
내부 노드 400
내부 에지 408
누락 질량 236

ㄷ

다루기 어려운 212
다사성 염색체 387
다중-도메인 단백질 636
다중 정렬 321
다항식 알고리듬 176
단백질 도메인 635
단백질 분해 효소 647
단백질 생성 아미노산 241
단백질체 643
단백질체학 643
단순성 점수 431
단순 트리 404
단일 염기서열 다형성 517
달톤 229, 256
돌로의 비가역성 원리 429
동위원소 질량 256
동일성 순열 346
동적 프로그래밍 277
드 브루인 166

ㄹ

라스베가스 알고리듬 125
로그 오즈비 588
루프 166
리드 153, 185
리보뉴클레오티드 223

리보솜 227

ㅁ

맨해튼 관광객 문제 270
메틸화 590
모순에 의한 증명 369
모티프 로고 109
모티프 찾기 100
몬테 카를로 알고리듬 125
무게 중심 477
무작위 절단 모델 342
무한 원숭이 이론 686
무한 원숭이 정리 661
미스매치 59
미스매치 페널티 296

ㅂ

바움-웰치 학습 632
바이러스 벡터 34
반보존 가설 88
반전 65, 339
반전 거리 346
반전 나열 347
방향성 비순환 그래프 274
버로우즈-휠러 변환 536, 562
번역 223
번역틀 225
번역 후 변형 672
보존된 코어 265
복제 기점 34
복제 말단 47
복제 포크 47
부분 접미사 557
부분 접미사 배열 571
부호가 있는 순열 345
분기 한정법 알고리듬 234
분열 357
분자생물학의 중심 원리 223
분할 및 정복 알고리듬 312

분할 유전자 259
붉은 여왕 효과 636
브루트 포스 알고리듬 232
블록 삽입결실 673
비가산적 404
비단백질 아미노산 241
비대칭 다이어그램 56
비리보솜 228
비리보솜 코드 264
비방향성 162
비터비 그래프 597
비터비 알고리듬 600
비터비 학습 625
뿌리 없는 이진 트리 416
뿌리 없는 트리 400
뿌리 있는 이진 트리 416

ㅅ

사전 순서 573
사전식 155
산술 평균을 사용한 가중치가 없는 쌍 그룹 방법 416
삼진 문자열 85
상보적 가닥 33
생체 시계 99
서브루틴 697
세포 분화 637
소스 노드 271
수정 거리 304
수정 작업 304
수평으로 전달하는 기전 66
순방향-역방향 알고리듬 630
순열 345
순환 도로 문제 247
순환형 회전 536
스펙트럼 벡터 653
스펙트럼 사전 663
스펙트럼 정렬 그래프 678
스펙트럼 컨볼루션 242
스플라이소솜 259

시간 복잡도 40
시드 정렬 604
시작 상태 595
신시튬 585
실험 스펙트럼 229
싱크 노드 271
쌍 피크 653

ㅇ

아데닐화 도메인 264
알고리듬 693
암 유전자 266
양적 완화 387
어파인 갭 페널티 307
엑손 259
엔트로피 109
역방향 반가닥 49
역상보 43
역전사 효소 208, 508
역추적 293
역추적 포인터 293
오일러 순환 176
오일러식 176
오카자키 단편 51
오컴의 면도기 345
완벽히 포괄 155
위상학적 나열 290
유료 도로 문제 247
유사 단백질체 660
유사성 기반 유전자 예측 681
유사 유전자 249
유전자 발현 행렬 464
유전체 복제 33
유전체 시퀀싱 152
유전체 재배열 65, 338
유전체 점 도표 371
유전 코드 223
은닉 마코프 모델 592
의사수 121

의사 코드 38, 694
이론 스펙트럼 230
이상적인 스펙트럼 231
이웃 405
이웃-연결 알고리듬 421, 449
이중영양적 전환 462
이진 문자열 84, 165
이진 탐색 534
이코시안 게임 211
인산화 672
인접 목록 164
인접점 351
인접 행렬 164
인트론 259
잎 400, 520

ㅈ

잔재 670
재귀 알고리듬 700
재배열 핫스팟 341
적합 정렬 305
전구체 mRNA 259
전사 223
전사 인자 100
전역 정렬 297
전좌 357
절단점 351
절단점 그래프 362
점수 행렬 297
접두 반전 389
접두사 644
접미사 644
접미사 배열 532
접미사 트라이 524
접미사 트리 529, 565
정렬 268
정렬 경로 276
정렬 그래프 276
정방향 반가닥 49

제곱 왜곡 오차 475
조각 이온 647
조절 단백질 100
조절 모티프 100
조한 587
종결 코돈 223
주형 33
중간 노드 313
중간 에지 318
중간 지점 485
중심 471
중증 급성 호흡기 질환 396
지역 정렬 300
직전 노드 288
진폭 653
진화 트리 397
질량 분석기 229
질량/전하 비율 244, 647

초

초거리 진화 트리 416
초거리 트리 416
최근접 이웃들 438
최대-가중치 경로 272
최장 경로 272
최장 공통 접두사 576
최장 공통 하위 서열 268
취약 절단 모델 370
취약한 영역 370

ㅋ

컨티크 195
코돈 223
코돈 사용량 682
코로나 바이러스 396
쾨니히스버그의 다리 문제 174
쿼럼 센싱 255
클러스터 467
클리크 511

클리크 그래프 511
키메라 유전자 356

ㅌ

탈아민화 55
탐욕적 접근법 272
통계적 유전자 예측 681
트라이 520
트랜스포존 208
트리 400
트리비얼 고리 363
트리비얼 절단점 그래프 363
트리 순환 333
트립신 647
특성 427
특성 벡터 427
티로시딘 B1 223

ㅍ

페니실린 221
펩티드 222
펩티드 벡터 651
펩티드 스펙트럼 일치 658
펩티드 시퀀싱 644
펩티드 식별 644
표적 치료법 356
프라이머 48
프로그래밍 언어 694
프로필 HMM 606
피보나치 수 701
피크 245
필라델피아 염색체 356

ㅎ

하위 펩티드 230
합성 블록 338
항레트로 바이러스 치료 583
항생물질 221
해밀턴 164

해밍 거리 59
헥손 259
확률 분포 109

A

additive 404
Adenylation domain 264
adjacency 351
adjacency list 164
adjacency matrix 164
A-domain 264
algorithm 693
alignment 268
alignment graph 276
alignment path 276
Alu sequence 158
Alu 서열 158
amplitude 653
antibiotic 221
antiretroviral therapy 584

B

backtracking 293
backtracking pointer 293
Baum-Welch learning 632
Beltway Problem 247
Big-O 표기법 83
binary search 534
binary string 84, 165
BLAST 561
block indel 673
branch-and-bound algorithm 234
breakpoint 351
Bridges of Königsberg Problem 174
brute force 232
Burrows-Wheeler transform 536

C

carryover 670

cell differentiation 637
center 471
CG-아일랜드 590
character table 427
character vector 427
chimeric gene 356
Cho-Han 587
circadian clock 99
clique 511
clique graph 512
cluster 467
codon 223
codon usage 682
common subsequence 268
complementary strand 33
conserved core 265
contig 195
convolution 242
coronavirus 396
cyclic peptide 227
cyclic rotation 536
cystic fibrosis 256

D

Da, Dalton 229
DAG, Directed Acyclic Graphs 274
deamination 55
decoy proteome 660
degree 210
DFS, Depth-First Search 682
distance matrix 499
divide-and-conquer algorith 312
DNA array 142
DNA ligase 51
DNA polymerases 34
DNA transposon 208
DNA 문자열 35
DNA 시퀀싱 206
DNA 어레이 101, 142

DNA 연결 효소 51
DNA 중합 효소 34
DNA 트랜스포존 208
Dollo's principle of irreversibility 429
dosage compensation 387
dynamic programming 277
dyslexia 641

E

edit distance 304
edit operation 304
Eulerian cycle 176
evolutionary tree 397
exon 259
experimental spectrum 229

F

false mass 236
FDR, False Discovery Rate 660
Fibonacci number 701
fission 357
forward-backward algorithm 630
forward half-strand 49
Fragile Breakage Model 370
fragile region 370
fragment ion 647
fusion 357

G

gap 308
gap extension penalty 308
gap opening penalty 308
gap symbol 268
GC-content 590
GC-함량 590
gene expression matrix 464
genetic code 223
genome rearrangement 65, 338
genome replication 33

genome sequencing 152
genomic dot plot 371
graph theory 176
greedy appraoch 272

H

Hamming distance 59
hexon 259
hidden path 593
hierarchical clustering 500
HMM diagram 593
HMM, Hidden Markov Model 592
HMM 도표 593

I

ideal spectrum 231
identity permutation 346
indegree 177
indel penalty 296
indel 페널티 296
infinite monkey theorem 661
initial state 595
intensity 245, 647
intensity count 651
internal edge 408
internal node 400
intron 259

K

k-mer 38
k-universal 165

L

Las Vegas algorithm 125
LCS, Longest Common Subsequence 268
leaf 400, 520
limb 400
local alignment 300
log-odds ratio 588

longest path 272

loop 167

M

Manhattan Tourist Problem 270

mass/charge ratio 244, 647

mass spectrometer 229

maximum-weight path 272

messenger RNA 259

methylation 590

middle edge 318

middle node 313

midpoint 485

mismatch 59

mismatch penalty 296

missing mass 236

monoisotopic mass 256

Monte Carlo algorithm 125

motif finding 100

mRNA 259

multi-domain protein 636

multiple alignment 321

N

nearest neighbors 438

neighbor 405

neighbor-joining algoirhtm 421

NF-χB 101

non-additive 404

non-proteinogenic amino acids 241

non-ribosomal 228

non-ribosomal code 264

Non-Ribosomal Peptide 228

NRP 228

O

Occam's razor 345

Okazaki fragment 51

oncogene 266

Open Reading Frame 681

ORF 681

outdegree 177

overlap alignment 306

overlap graph 162

overlapping words paradox 69

P

parsimony score 431

peak 245

penicillin 221

peptide 222

peptide identification 644

peptide sequencing 644

peptide vector 651

perfect coverage 155

permutation 345

Pfam 데이터베이스 636

Philadelphia chromosome 356

phosphorylation 672

polynomial algorithm 176

polytene chromosome 387

post-translational modification 672

precursor mRNA 259

predecessor 288

prefix 644

prefix reversal 389

pre-mRNA 259

primer 48

probability distribution 109

profile HMM 606

proof by contradiction 369

protease 647

protein domain 635

proteinogenic amino acids 241

proteome 643

proteomics 643

pseudocode 38, 694

pseudocount 121

pseudogene 249

PSM dictionary 663

PSM, Peptide-Spectrum Match 658

PSM 사전 663

Q

quorum sensing 255

R

Random Breakage Model 342

read 153

reading frame 225

rearrangement hotspot 341

recursion tree 333

recursive algorithm 700

Red Queen Effect 636

regulatory motif 100

regulatory protein 100

replication fork 47

replication origin 34

replication terminus 47

reversal 65, 339

reversal distance 346

reverse complement 43

reverse half-strand 49

reverse transcriptase 208, 508

ribonucleotide 223

ribosome 227

RNA sequencing 508

RNA 바이러스 397

RNA 시퀀싱 508

rooted binary tree 416

S

SARS, Severe Acute Respiratory Syndrome 396

scoring matrix 297

seed alignment 604

semiconservative hypothesis 88

signed permutations 345

similarity-based gene prediction 681

simple tree 404

sink node 271

SI 분리주 585

skewed diagram 56

SNPs, Single Nucleotide Polymorphisms 517

sorting by reversals 347

source node 271

spectral alignment graph 678

spectral dictionary 663

spliceosome 259

split gene 259

statistical gene prediction 681

stop codon 223

subpeptide 230

subroutine 697

suffix 644

syncytium 585

Syncytium-Inducing 585

synteny block 338

T

targeted therapy 356

template 33

ternary strings 85

the infinite monkey theorem 686

theoretical spectrum 230

topological ordering 290

transcribe 223

transcript factor 100

transcriptome 508

translate 223

transposon 208

tree 400

trivial breakpoint graph 363

trivial cycle 363

trypsin 647

Turnpike Problem 247

t-way alignment 321

t-way 정렬 321
twin peak 653
Tyrocidine B1 223

U

ultrametric tree 416
unrooted 400
unrooted binary tree 416
UPGMA, Unweighted Pair Group Method with
    Arithmetic Mean 416

V

viral vector 34
Viterbi algorithm 600
Viterbi graph 597

W

weight 271

번호

0-based 인덱싱 38
2-break 360
2-break distance 361
2-break sorting 367
2-절단 360
2-절단 거리 361
2-절단 나열 367
3×2 특성표 427

생물정보학 알고리듬 3/e

발 행 | 2022년 2월 21일

지은이 | 필립 콤포 · 파벨 페브즈너
옮긴이 | 한 헌 종 · 한 주 현

펴낸이 | 권 성 준
편집장 | 황 영 주
편 집 | 이 지 은
디자인 | 송 서 연

에이콘출판주식회사
서울특별시 양천구 국회대로 287 (목동)
전화 02-2653-7600, 팩스 02-2653-0433
www.acornpub.co.kr / editor@acornpub.co.kr

한국어판 © 에이콘출판주식회사, 2022, Printed in Korea.
ISBN 979-11-6175-603-5
http://www.acornpub.co.kr/book/bioinformatics-3e

책값은 뒤표지에 있습니다.